프로이트 연구 I

정신분석의 성립과 발전과정

Freud-Handbuch. Leben-Werk-Wirkung: Hans-Martin Lohmann/Joachim Pfeiffer
Published by J. B. Metzler'sche Verlagsbuchhandlung und Carl Ernst Poeschel Verlag
GmbH Stuttgart, Germany
Copyrights ⓒ 2006

Korean Translation Copyrights ⓒ 2016 by Sechang Publishing Co.
Korean edition is published by arrangement with J. B. Metzler'sche
Verlagsbuchhandlung und Carl Ernst Poeschel Verlag GmbH
through BC Agency, Seoul

프로이트 연구 I
정신분석의 성립과 발전과정

초판 1쇄 인쇄 2016년 7월 5일
초판 1쇄 발행 2016년 7월 15일

–

엮은이 한스 마르틴 로만 · 요아힘 파이퍼
옮긴이 원당희
펴낸이 이방원
편 집 김민균 · 김명희 · 이윤석 · 안효희 · 강윤경 · 윤원진 　**디자인** 손경화 · 박선옥 　**마케팅** 최성수

–

펴낸곳 세창출판사
신고번호 제300-1990-63호
주소 03735 서울시 서대문구 경기대로 88 냉천빌딩 4층
전화 02-723-8660 　**팩스** 02-720-4579
이메일 sc1992@empal.com 　**홈페이지** http://www.sechangpub.co.kr

–

ISBN 978-89-8411-618-4 94180
　　　978-89-8411-617-7 (세트)

정 가 45,000원

이 도서의 국립중앙도서관 출판시도서목록(CIP)은 서지정보유통지원시스템 홈페이지(http://seoji.nl.go.kr)와
국가자료공동목록시스템(http://www.nl.go.kr/kolisnet)에서 이용하실 수 있습니다. (CIP제어번호: CIP2016016007)

프로이트 연구 I

정신분석의 성립과 발전과정

한스 마르틴 로만 · 요아힘 파이퍼 엮음

원당희 옮김

세창출판사

정신사에서 정말 대작이라고 부를 수 있는 모든 작품이 그렇듯이 프로이트의 저작도 여러 논란에서 자유롭지 못하다. 프로이트를 둘러싼 논란에 어떤 정당성을 부여할 수 있고 또 마땅히 정당성을 부여해야 하느냐라는 물음과 무관하게 프로이트의 저작은 아무리 강조해도 지나치지 않을 만큼 권위를 지닌 정신사의 기념비로 우뚝 솟아 있다. 근대 관념사와 정신사의 사가(史家)들은, 이를테면 에릭 푀겔린(Eric Voegelin)의 평가처럼, 프로이트가 마르크스나 니체, 막스 베버와 대등한 위상을 지녔다고 생각한다는 점에서 의견이 일치한다. 적지 않은 모순이 담긴 프로이트의 저작은 매우 다양한 학문적 분파와 이론을 낳았다. 그렇지만 오늘날 우리의 일상적 의식과 우리가 사용하는 언어, 행동규범에 결정적인 영향을 미친 것이 사실이다. 누군가 분명하게 비판과 거부감을 표할 때조차 프로이트의 영향이 엿보인다. 프로이트 개인의 면모나 저작을 대할 때 반복적으로 나타나는 거부감에도 불구하고 과거와 현재의 문화사나 사회사를 해석할 때 프로이트가 엄청난 의미를 지녔다는 점에는 의심할 여지가 없다. 미셸 푸코(Michel Foucault)에게 프로이트는 현대 "담론성의 창립자(Diskursivitätsbegründer)", 즉 새로운 언어질서의 창안자에 속한다. 푸코가 이런 평가를 하는 저자는 극소수에 지나지 않는다.

프로이트의 저작에 대한 수용이 직업적으로 일하는 정신분석가의 영역에서 오랫동안 임상치료에 집중되었다면, 문화이론적 측면에서는 무엇보다 불편하면서도 논리적으로 파악하기 어려운 특성 때문에 조심스럽게 이루어져 왔다. 프로이트에게 문화이론은 —요컨대 문화의 기원이나 생성, 문화의 쇠퇴에 관한 그의 생각은— 그것에 담긴 임상적, 메타심리학적 측면과 분리할 수 없는 것이었다. 이 두 가지는 오히려 불가분의 단일체라고 할 수 있다. 프로이트의 자기인식에서 그의 문화이론적인 논의와 성찰이 어떤 핵심적 역할을 하는가는 《나의 이력서(Selbstdarstellung)》(1935)에 대한 후기에서 분명하게 드러난다.

"나의 관심은 평생 자연과학과 의학, 정신치료라는 우회로를 거친 다음 젊은 시절에는 거의 각성하지 못했던 문화적인 문제로 되돌아왔다. 이미 1912년 한창 정신분석에 매달리던 와중에도 나는 종교와 풍속의 기원연구를 위해 《토템과 터부》에서 새로 얻은 분석적 통찰을 활용하려고 시도한 바 있었다. 이후에 나온 두 편의 에세이 《환영의 미래(Die Zukunft einer Illusion)》(1927)와 《문화 속의 불쾌감》(1930)에서도 이런 작업 방향은 계속 이어졌다. 나는 인류사의 사건들 그리고 인간의 본성과 문화발달, 종교로 대표되는 원시적 체험의 잔재 사이의 상호작용이 단지 자아와 이드, 초자아 사이의 역동적인 갈등을 반영하는 것에 지나지 않는다는 것을 점점 더 분명하게 인식했다. 정신분석은 개별 인간에게서 이 세 가지 요인의 갈등을 연구하며, 다른 연장된 무대에서도 이와 동일한 과정을 반복한다"(전집16, 32쪽 이하).

프로이트는 정신분석이 결코 개인을 단편적으로 다루는 심리학 이론이라고 생각하지 않는다. 오히려 그가 주목하는 것은 개인과 문화발달, 개인과 사회조직, 개체발생(Ontogenese)과 계통발생(Phylogenese) 간의 관계이다.

개인적인 '인간본성'과 집단적인 인류사의 관계규정이야말로 프로이트 이론의 핵심이라고 할 수 있다. 이런 배경에서 볼 때 ―다수의 학제 간 연구에서 연구프로젝트가 추진되고 의문이 제기되기도 한― 그간에 일깨워진 정신분석의 문화학적 관심도 이해가 된다. 프로이트가 생각하는 의미에서 무의식(das Unbewußte)은 ―물론 이 말은 오해를 피하기 위해 매우 조심스럽게 표현해야 하지만― 단순히 개인적인 차원에 그치는 것이 아니라 문화와 문명의 과정인 동시에 사회적 과정이자 예술적, 지적 창조의 활동이기도 한 것이다.

　이 책은 이런 관계를 염두에 둘 것이다. 물론 임상적인 문제를 비롯하여 다른 관점을 완전히 무시하지는 않겠지만, 문화학적인 측면에 무엇보다 관심을 기울일 것이다. 또한 프로이트의 저작을 모든 측면에서 파악할 것이다. 전집은 주제별로 묶고, 때로는 연대순으로 분류해서 소개할 것이며 프로이트 이론에서 아주 중요한 주제와 명제를 언급하되 수용사와 영향사의 측면에서 물음을 제기할 것이다. 저작의 소개와 분석에 앞서 프로이트 저작의 사회사적, 정치적, 학술사적, 전기적인 맥락의 개요를 담은 포괄적인 장을 소개할 것이다. 이 책의 Ⅱ권으로 편성된 제3부에서 "주제와 동기"의 선정기준은 무엇보다 문화사적인 관점과 이에 대한 문제제기를 참고로 한 것이다. 물론 다른 정신분석 안내서와 광범위한 참고문헌에서 다루는 임상치료적인 관점도 고려했다. 다양한 학문 분야와 분파에서 이루어진 프로이트 저작의 수용에 대해서는 ―철학에서부터 문예학을 거쳐 영화이론에 이르기까지, 민족학에서 사회학, 정치심리학에 이르기까지, 마르크스주의와 비판이론을 거쳐 페미니즘에 이르기까지― 제4부에서 다루었다. 특히 여기서는 프로이트 정신분석의 아주 광범위한 영향사의 의미가 두드러진다. 정신분석의 생산적이면서도 비판적인 힘, 오래된 문제점을 다시 부각하는 동시에 새로운 문제점에도 관심을 돌릴 것이다. 과거의 어느 때보다 오늘날 중요한 사실은 이 정신분석의 창시자가 사망하기 4년 전에 이미 "독일인처럼 거대한 민족이 경청할 준비가 되어 있는 저자들 중에 속한다"(전집 16, 33쪽)는 점이었다. 당시에 그의 저작은 나치에 의해 치명적인 위협을 당하면서도 이런 소망과 '환상'을 품고 있었다. 이 책의 많은 부분에서 언급되듯이 프로이트의 저작을 수용하고 이에 공감한 사람들은 비단 독일인만이 아니었다.

물질적으로나 정신적으로 적극적인 후원이 없었다면 이 책과 같은 프로젝트는 성사될 수 없었을 것이다. 우리 편저자 일동은 누구보다 프라이부르크의 '문학 및 정신분석 연구소' 그리고 로타르 바이어(Lothar Bayer)와 울리케 크레스포(Ulrike Crespo), 우테 헤히트피셔(Ute Hechtfischer), 카테리네 슈트록찬(Katherine Stroczan)에게 심심한 감사를 드린다.

엮은이

차 례

I

II

1. 이 책은 2013년 독일의 메츨러(J. B. Metzler) 출판사에서 간행된 《프로이트 핸드북. 삶-작품-영향(Freud-Handbuch. Leben-Werk-Wirkung)》의 번역본으로, 분량이 너무 방대하여 두 권으로 나누었다. 우리 글로 번역된 1권은 《프로이트 연구 I – 정신분석의 성립과 발전과정》, 2권은 《프로이트 연구 II – 정신분석의 영향과 수용》이다. 2권은 1권보다 7-8개월 뒤에 출간될 예정이다.

2. 외래어 표기는 가능한 한 표준 외래어 표기법에 준하여 통일하려고 노력했다.

3. 이 책에 나오는 리포트, 에세이, 논문, 저서 등의 제목은 일괄 《 》으로 표기하였다. 그 이유는 이 책에 나오는 문헌들이 워낙 많고, 특히 프로이트의 저작이 너무 다양한 형태로 출간되어 그것들을 어느 범주에 넣어야 할지 구별할 수 없을 때가 많았기 때문이다.

4. 본문 중에 간혹 고딕으로 표기된 곳은 엮은이들이 특별히 강조하려는 부분이다.
   원서에서 괄호, 하이픈, 사선, 번호와 부호 등을 사용한 곳은 번역에서도 대부분 그대로 따랐지만, 사정에 따라서는 간혹 변형하거나 삭제하기도 하였다.

5. 문장이 지나치게 길거나 가독성이 너무 떨어진다고 생각될 때에는 옮긴이가 임의로 줄표나 괄호를 넣어 처리하였다.

6. Affekt(정동), Übertragung(전이), Libidobesetzung(리비도 점령)처럼 정신분석과 관련된 용어들은 용어색인을 만들어 부록에 추가하였다. GW(전집), B(편지), F(빌헬름 플리스에게 보낸 편지들) 등의 약어 및 약부호의 번역문 역시 부록에 수록하였다.

7. 독일어의 'Kultur'를 영미 언어권의 영향을 받은 번역서는 대체로 문명으로 번역하였으나 이 책에서는 모두 문화로 번역하였다.

8. 이 책에서 전문적 내용의 수정에는 정신분석학자인 홍준기 박사님이, 프랑스어 번역에는 언어학자인 최인령 박사님이 도움을 주었다.

제1부

프로이트와
그의 시대

1. 시대배경

프로이트가 생존하던
당시 빈(Wien)의 정치와 사회(1860-1938)

1860년 무렵의 합스부르크 제국

합스부르크 왕조가 지배하던 오스트리아의 영토는 유럽 남부와 동남부까지 뻗어 있기는 했지만, 수백 년간 정치적·문화적으로 독일제국의 운명과 긴밀하게 맞물려 있었다. 그러다가 먼저 19세기에 들어서면서 나폴레옹에게 군사적이고 정치적인 타격을 입은 뒤, 이어서 1866년의 프로이센-오스트리아 전쟁(쾨니히그레츠 전투)에서 오스트리아의 패배로 절정에 오른 "소독일안(kleindeutsche Lösung)"[1]의 흐름이 가시화되면서 오스트리아와 독

---

1) 역주: 1848년 독일 국민의회의 통일안건으로 오스트리아를 배제한 것이며 오스트리아를 포함하는 대독일안과 대립한 방식.

일은 궁극적으로 분리되었다. 이후 중부유럽의 이 두 강대국은 비록 최소한의 정치동맹체로 곧 다시 뭉치기는 했지만 줄곧 독자노선을 걸었다. 동시에 문화 정치적인 측면에서 볼 때, 독일어를 사용하는 상류층이 포진한 합스부르크 왕조는 그럼에도 여전히 독일적인 성향이 강했다.

제국의 다민족적 기반을 뒤흔든 1848-1849년의 유럽혁명이 끝난 뒤 프란츠 요제프 1세(1848-1916) 황제가 통치하는 합스부르크 정권은 다민족 국가의 연방조직을 다시 세우고 영방(領邦)의회(Landtag)를 폐지하며 헝가리의 헌법을 무효화시키는 등, 혁명 이전의 구질서를 회복하려고 노력했다. 치밀한 계획 하에 설치된 관료기구의 수단으로 절대주의와 중앙집권주의가 —로베르트 무질(Robert Musil)의 시대소설 《특성 없는 남자》에서 풍자적으로 세밀하게 묘사된— 전면적으로 실시되는 가운데 군대와 비밀경찰의 뒷받침을 받으면서 정치체제의 주도원리로 자리 잡았다. 이탈리아에서 군사적으로 실패했다는 인상과 이에 따라 왕조의 위신이 추락했다는 공감대가 국민 사이에 형성된 1859년이 지나서야 합스부르크 정권은 마지못해 국내정치를 개혁하기 위한 노력을 기울였다. 물론 이런 노력은 전체적으로 볼 때 일관성도 없었고, 특히 복종을 강요받은 국민의 관심사라는 측면에서 모순이 두드러졌다. 비록 1861년 왕국 전체에 양원제 의회가 설립되기는 했지만, 선거과정을 거치며 독일계 의원이 늘 다수를 차지하는 현상이 나타났다.

합스부르크는 프로이센과의 전쟁에서 패배함으로써 유럽 강대국의 패권적 지위를 위협받게 되었다. 그 결과는 무엇보다 독일인의 정치적, 문화적 주도권에 오랫동안 강하게 저항한 헝가리와의 타협으로 이어졌다. 이후 1867년에 이중 군주국이 탄생함으로써 헝가리는 계속 자주권과 국내 정치적인 자율권을 허용 받았다. 반면에 외교, 군사, 재무정책에 있어서는 제국의 두 지역이 공동으로 통치되었다. 오스트리아의 황제는 헝가리 국왕을 겸직했다. 이와 같은 타협은 한편으로 합스부르크 왕조의 유지와 유럽의 패권적 지위를 안정시키는 동시에, 다른 한편으로 서부지역 소수의 독일인과 동부지역 소수의 헝가리인 사이의 정치적 조정이란 폴란드인과 체코인, 슬로바키아인, 크로아티아인, 세르비아인, 루마니아인의 희생 위에서 이루어진 것을 의미했다. 이들 여러 민족은 계속 정치적으로 억압받는 상황을 벗어나지 못했다. 국적문제는 계속 위험요인으로 잠재해 있었다. 이 문제는 1918-1919년에 이르러 과거의 다민족국가가 해체되고 나서야 비로소 해결되기에 이르렀다.

　아무튼 19세기 중반 합스부르크 제국은 서유럽의 발전상과 비교할 때는 정치적으로뿐만 아니라 경제적으로도 정체상태에 있었다. 무엇보다 이런 실태를 극적으로 보여 주는 사례는 1866년 프로이센과 오스트리아가 전쟁을 할 당시 철도연결망이 부족해 오스트리아 군대가 이탈리아 전선에서 보헤미아의 전투지역으로 제때에 이동하지 못했던 데서 드러난다(Craig 1974/1981, 176쪽). 이와 관련된 지표는 오스트리아가 오랫동안 현대 산업사회의 활력을 일으키지 못했다는 것을 보여 준다. 이에 대한 책임은 한편으로 역사가들이 무관심과 무책임을 지적하고 부분적으로는 무능하다고 비난하는 독일계 지도층에 있었다. 하지만 정치권력의 중심에 있으면서도 이 권력을 현실적으로 일관되게 행사하지 못한 황제에게도 문제가 있었다. 작가인 카를 크라우스(Karl Kraus)는 프란츠 요제프를 모든 제도에 똑같은 도장을 찍는 '몰개성적' 인격이라며 "평범한 악령이 우리의 운명을 결정했다"라고 표현하기도 했다(같은 곳, 294쪽 재인용). 무질은 평범하면서도 서투른 이 오스트리아의 악령에게 "카카니엔(Kakanien)"[2]이라는 멋진 이름을 부여했다(Musil 1952, 31쪽 이하).

2)　역주: 황제와 국왕이 동시에 다스리는 오스트리아-헝가리 제국을 조롱하는 표현.

자유를 향한 도약

이런 상황에서 상대적인 정체상태는 헌법 개정과 자유화에 일차적인 관심을 가진 사회세력들에게 활발한 동기부여가 되었다. 누구보다 신흥 시민계급은 —기업가, 상인, 지식층은— 상업의 발전과 정신적 자유에 관심을 기울이는 가운데 개혁을 외치며 지배적인 교권주의와 귀족의 특권에 맞섰다. 프로이트 가문이 이런 흐름 속에서 빈의 레오폴트 구역에 정착하던 1860년대 초반에는 타성에 젖은 체제를 뒤흔든 일련의 입법조치와 법령반포가 이어졌다. 이후 정치적인 유용성의 이유로 의회에서 황제의 지원을 받은 자유당은 언론법의 자유화, 재판절차의 개선, 유대인 권리제한법 폐지, 군대개혁 및 경제성장 촉진을 위한 조치 등 두드러진 성공을 거두었다. 이 밖에도 학교는 교회의 감독에서 벗어났고 종교수업은 자유선택 과목으로 바뀌었다. 또한 국가가 법률상 결혼에 대한 인정주체가 되었다.

특히 제국 내의 소수민족인 대부분의 유대인에게 완전히 동등한 시민권을 가져다준 이런 변화는 급격한 여건 개선을 의미했다. 한나 아렌트(1951/1993, 89쪽 이하)의 흥미로운 지적에 따르면 유대인은 오스트리아의 별칭인 도나우 왕국에서 독특한 "국민(Staatsvolk)" 계층을 형성했다. 그 이유는 유대인이 귀족이나 시민계급, 노동자 같은 독자적인 계급을 가진 것도 아니고 각각 개별적인 이해관계를 요구하는 독일인이나 체코인, 폴란드인, 우크라이나인처럼 독자적인 국적을 주장하는 것도 아니었기 때문이다. 유대인은 어떤 면에서 국가권력의 핵심을 직접 돕는다는 점에서 그들만이 지닌 '변칙적' 지위가 분명히 드러난다. "국가와 유대인의 변칙적인 관계는 그들 자체로는 정치적 대표성이 없는 민족이 정치적인 역할로 내몰렸다는 사실에 있다"(같은 곳, 58쪽). 물론 이런 상황으로 유대인이 얻는 것은 많았다. 시민으로서 유대인의 존재는 사회계급이나 민족공동체의 지분이 아니라 자유국가가 보장하는 자유의 척도와 거주권에 달려 있었기 때문이다. "황제와 자유 체제는 유대인에게 국적을 요구하지 않는 지위를 제공했다. 유대인은 다민족 국가에서 국적을 초월한 민족이 되었으며 사실상 이전의 귀족계급의 발자취를 좇는 민족이 되었다. 유대인의 행복은 세계주의적 자유국가의 전망에 달려 있었다"(Schorske 1980/1982, 123쪽).

프로이트는 《꿈의 해석》에서 어린 시절의 일화 하나를 소개한다. 이 일화는 1860년대와 1870년대에 유대인에게 불어닥친 변화의 바람을 단적으로 보여 주기 때문에 프로이트 연구문헌에서 반복적으로 예시된다. 프로이트의 아버지 야코브는 빈 시가지를 산책할 때 어린 아들을 데리고 다니며 눈에 보이는 세상을 설명해 주곤 했다. 언젠가 야코브는 오스트리아에서 유대인의 환경이 근본적으로 어떻게 변했는지를 다음과 같이 설명했다. "내가 젊었을 때는 토요일이면 네가 태어난 곳에서 잘 차려입고 머리에는 털모자까지 쓰고 시내를 산책했단다. 그때 기독교도 한 사람이 오더니 갑자기 내 털모자를 벗겨 진흙탕으로 던지고는 '유대인 놈아, 보도에서 내려가!'라고 소리치는 거야. '그래서 아빠는 어떻게 하셨어요?' 나는 보도에서 마찻길로 내려가 가만히 모자를 줍기만 했지"(전집2/3, 203쪽). 물론 아들은 수동적이고 굴종적인 아버지의 반응이 마음에 들지 않았지만, 이 이야기는 그 사건 이후로 시대가 얼마나 많이 변했는지 프로이트에게 명확히 보여 주었다.

자유주의의 승리는 이중왕국(Doppelmonarchie)[3]에서 유대민족에게 확고한 이득을 가져다주었다. 특히 이런 상황은 몇몇 유대인이 이른바 시민내각에 진출하면서 두드러졌다. 그 직전까지만 해도 상상할 수 없었던 출세가 가능해졌다. 이런 현상은 경제생활은 물론이고 대학이나 학문, 정치 분야에서도 일어났다. 수십 년 뒤에 프로이트는 이 당시를 "부지런한 유대

---

3)   역주: 오스트리아-헝가리 제국을 가리킨다.

인 소년이라면 누구나 … 장관의 업무를 책가방에 넣고 다니던" 시대로 기억했다(같은 곳, 199쪽). 프로이트 자신도 아비투어를 준비하던 당시 법학을 공부해서 정치적 경력을 쌓겠다는 생각을 했다는 것이 확실하다(같은 곳; Jones I, 48쪽; Gay, 34쪽). 같은 세대의 많은 유대인이 그랬듯이 프로이트도 평생 자유주의자였다. 단순히 정치적 자유주의와의 유대가 자명하고 쉽게 떠오르는 생각이었기 때문이다.

자유주의의 위기

하지만 1870년대로 들어서면서 이미 자유주의의 전망은 불투명해지기 시작했다. 대기업과 은행의 도산뿐만 아니라 소규모 상인과 수공업자, 예금주의 파산까지 불러온 1873년의 주식폭락 사태는 —오스트리아 사회의 전통적 반유대주의를 과거로 묶어 놓은— 문명화의 보호막이 얼마나 얇은지 보여 주었다. 물론 유대인 기업가나 은행가, 소액 예금주들도 다른 사람들과 마찬가지로 "대폭락"의 직격탄을 맞았다. 게다가 "유대인"을 희생양으로 낙인찍으려는 흐름 속에서 사회적으로 반유대주의의 광풍이 거세게 몰아쳤다. 이는 물론 뒤늦은 산업사회의 진입으로 인한 예측가능한 반발이기는 했지만, 근본적으로는 카카니엔 왕국의 성급한 산업화와 상업화에서 나타나는 전형적인 부수적 현상이었다. 이른바 '신경제'는 성장의 열기로 엄청난 투기이익을 가져다주었지만 결국은 똑같은 손실을 발생시켰다. 이때 자체의 정치적 활로를 모색해야만 했던 산업프롤레타리아가 형성되기 시작했다. 아울러 온갖 노력의 대가와 타협을 통하여 끊임없이 제기된 국적문제가 여전히 잠재해 있었다. 1873년의 위기 와중에 경제적 재난을 감수해야 했던 계층도 유대인이었다.

당시에 빈은 급속히 대도시로 발전한 제국의 수도였다. 프로이트가 의

학부를 졸업할 무렵 빈의 인구는 70만 명이 넘었고 이 가운데 많은 주민 중에서 특히 유대인은 그 직전 몇 년간 멀리 떨어진 제국의 동부지역에서 이주해 온 사람들이었다. 프로이트가 한 살 되던 1857년의 인구조사에 따르면 빈의 유대인 수는 6000명 남짓으로 전체 시민의 2퍼센트였다. 그러다가 유리한 정치적 조건과 개선된 경제 환경의 영향으로 불과 10년이 지났을 때 수도의 유대인 수는 4만 명으로 빈 전체 인구의 6퍼센트를 차지하게 되었다. 1880년에는 이 인구가 7만 2000명으로 늘어나 빈 시민 열 명 가운데 한 명은 유대인이었다(Gay 30쪽; Hamann 1996/2004, 468쪽).

스위스의 학자 야콥 부르크하르트(Jacob Burckhardt) 같은 당대의 지식인이 카카니엔 왕국의 중심지가 '유대인화'되었다고 표현했을 때, 이 말이 당시 일반 **여론**과 크게 다르지 않았다는 것은 놀랄 일이 아니다. 빈에 정착한 적지 않은 독일인이 볼 때, 반유대주의적인 은어로 표현되는 대대적인 '유대인의 침공'은 견디기 어려운 것이었다. 한편으로 이런 태도는 눈에 띄게 드러나는 이질적인 사람들, 종종 빈곤한 출신에다 합스부르크 제국의 변두리에 있는 동부지역, 특히 갈리시아에서 이주해 온 특징에 기인했다. 더구나 이 유대인들은 그들만의 관습도 함께 가져왔다. 피터 게이(Peter Gay)는 모라비아[4]에서 이주해 온 유대인의 아들로서 젊은 시절의 프로이트 역시 동부 유대인에 대한 반감의 성향이 있었다는 점을 지적한다(Gay, 29). 다른 한편으로 빈에 새로 정착한 유대인이 부지런하고 영리하며 야심을 품은 가운데 점차 영향력 있는 사회적 지위를 획득했다는 점도 간과할 수 없었다. 적지 않은 유대인 기업가, 은행가, 상인들은 많은 돈을 벌고 영향력을 행사했다. 유대인 지식계층은 특정 직업군에서 지나치게 많은 비중을 차지했다. 평가에 따르면 1880년대에 빈 전체의 변호사, 의사, 기자 중에

4)   역주: 체코의 한 지역 이름이다.

적어도 절반이 유대인이었다. 무엇보다 빈의 문화생활에서 유대인의 지배가 인상적이었다. 출판사와 잡지사 편집실, 음악, 극장, 문학, 조형예술, 철학, 과학 분야는 유대인의 지적 능력과 지적 천재성에 대한 동의어나 마찬가지였다(Beller 1989/1993, 46쪽 이하). 카를 크라우스, 페터 알텐베르크, 아르투르 슈니츨러, 야콥 바서만, 후고 베타우어(Hugo Bettauer), 오토 바이닝거(Otto Weininger), 한스 켈젠(Hans Kelsen), 오토 노이라트, 구스타프 말러 같은 이름은 유대인 시민이 담당하는 교양과 문화적 노련함에 대한 거대한 능력의 상징이었다. 유대인은 어떤 면에서 볼 때, 통계적으로 가톨릭이 지배적인 환경에서 도시적 환경, 개방성, 사업가 기질을 바탕으로 일종의 효소활동을 한다는 점에서(Wassermann 1921/2005, 107쪽) 빈의 '프로테스탄트'(같은 곳, 264쪽)였다. 그리고 비록 빈의 많은 유대인이 정치적 자유주의와 긴밀하게 연관되고 다수를 차지하는 비유대인의 기준에 동화되려고 애를 쓰기는 했지만 ―신분상승의 목적으로 가톨릭으로 개종하는 유대인이 많았다(같은 곳, 19쪽)― 반유대주의적 분위기는 시간이 갈수록 확산되었다. 고든 크레이그(Gordon Craig)는 오스트리아에서 자유주의적이면서 비교적 친유대적인 시대가 끝나고 반유대주의 추세가 다시 강화된 시점을 1879년으로 꼽는다(Craig 1974/1981, 296쪽). 유대인의 적대자들이 볼 때 자유주의와 유대주의는 똑같은 것이었다. 그리고 정치적으로 독일제국을 선호하며 반反 합스부르크 성향을 보이는 많은 독일인조차 모두 오스트리아-헝가리의 국적을 지닌 상태에서 반유대주의 성향을 드러냈다. 그리고 바로 이 해에 프로테스탄트 출신의 궁정목사 아돌프 슈퇴커(Adolf Stoecker)와 역사가 하인리히 폰 트라이치케(Heinrich von Treitschke; "유대인은 우리의 불행이다") 같은 반자유주의적이고 민족주의적 성향의 인물들이 독일에서 강력한 반유대주의 운동을 벌였다는 사실을 기억해야 할 것이다(Craig 1978/1983, 146쪽 이하; Winkler 2000, 228쪽 이하; Bergmann 2002, 40쪽 이하 참조). 프로이트 전기

작가인 피터 게이가 말한 대로 짧은 자유주의 시대의 특징은 전반적으로 "구 반유대주의와 신 반유대주의 사이에 있었던 긴장된 막간극"(Gay, 30)이었거나 달리 표현한다면 오스트리아-헝가리 제국의 유대인에게 "역사상 가장 행복한 시기"(Hamann 1996/2004, 468쪽)였다.

대중영합적인 반유대주의

다시 불붙기 시작한 오스트리아 유대인에 대한 적대감은 두 개의 구심 또는 두 개의 운동을 중심으로 조직화되어 있었다. 한쪽은 엄격한 독일민족주의 노선을 드러내며 새로운 반유대주의 성향을 ―시끄러운 소요로 치닫는 반유대주의를― 지닌 게오르크 폰 쇠네러(Georg von Schönerer, 1842-1921) 주변으로 몰려들었다. 쇠네러는 일반 여론에 반유대주의 분위기를 확산시켰다. 카를 쇼르스케의 평가에 따르면 쇠네러는 오스트리아에서 "가장 열렬하고 철저한 반유대주의자"(Schorske 1980/1982, 123)였으며, 온갖 불이익을 당하고 사회적으로 몰락하는 사람들이 속출하는 상황에서 사리사욕을 채우는 인물이었다. 쇠네러보다 지속적으로 더 많은 영향력을 행사한 인물은 서민출신이면서 1870년대 이래 빈의 지방정치에 간여한 카를 뤼거(Karl Lueger, 1844-1910)였다. 원래 자유주의자로서 프로이센 중심의 소독일안에 반대하던 뤼거는 시간이 지나면서 하층민과 소시민의 사회적 이익을 대변하고 민주주의자로 자처하는 반 자유주의 노선의 정치가가 되었다. 뤼거는 1880년대 말 기독교사회당이 설립되면서 정치적 수단을 동원해 민주주의와 사회개혁, 반유대주의, 가톨릭 신앙을 하나로 융합할 기회를 얻었다. 이렇게 새로운 정치적 가톨릭주의 속에서 '소시민'의 사회적 불만, 자유방임주의와 근대자본주의의 사회적 무관심에 대한 저항, 그치지 않고 타오르는 반유대주의는 자신의 은신처를 발견했다. 그 결과 뤼거는 1890년대 중반에 오스트리아 자본세력 중에서 가장 영향력이 큰 정치가로 발돋움했다. 그는 1895년 시장선거에서 다수표를 얻어 당선되었다. 프로이트는 빌헬름 플리스(Wilhelm Fließ)에게 보내는 편지에서 이 일을 언급하며 자신의 거주 지역은 일반적인 추세와는 달리 여전히 자유주의 노선을 보였다고 말한 적이 있다(F, 144). 그러나 자유주의자와 보수주의자의 압력을 받던 황제는 처음에 뤼거를 빈 시장에 임명하기를 거부했다. 쇼르스케가 말한 대로 이것은 자유주의 "최후의 임무"였다(Schorske 1980/1982, 136). 2년 뒤 프란츠 요제프 황제가 어쩔 수 없이 거부권을 포기해야 하는 처지로 내몰리자 뤼거는 당당히 시장에 취임할 수 있었다. 아마 프로이트가 반유대주의 선동가들이 빈의 시청사로 난입하던 1897년에 유대인 결사체인 브나이 브리스(B'nai B'rith)[5]에 가입한 것도 단순히 우연이라고 할 수는 없을 것이다. 이는 프로이트가 불안한 시대에도 자신의 유대인 신분을 부인하려 하지 않았다는 증표이다. 또한 게오르게 폰 쇠네러뿐만 아니라 카를 뤼거도 어느 정도는 종교적인 차원에 그치지 않고 인종주의에 기반을 둔 반유대주의 경향의 대표로서 훗날 아돌프 히틀러의 모델 역할을 했다는 점을 덧붙여야 할 것이다(쇠네러와 뤼거의 상세한 역사에 대해서는 Schorske 1980/1982, 115쪽 이하, 126쪽 이하; Hamann 1996/2004, 337쪽 이하, 393쪽 이하 참조).

자유주의가 참담한 정치적 패배를 맛봄으로써 합스부르크 제국의 유대인은 온갖 동화 노력에도 불구하고 적어도 일시적으로는 동등하고 완전한 시민권을 획득하려는 시도가 수포로 돌아갔다는 쓰라린 현실을 깨달을 수밖에 없었다. 프로이트 자신은 빈 대학교 의학부의 원외교수가 되려는 지속적인 노력이 끊임없이 무산되는 경험을 해야만 했다(Eissler 1966). 그러

---

5) 역주: 히브리어로 계약의 자손이란 뜻으로 세계에서 가장 오래되고 가장 큰 유대인 봉사 기구.

다가 1902년 3월에 가서야 비로소 ―보통 8년의 대기기간보다 두 배가 넘는 17년을 기다린 끝에― 비종신 원외교수가 되었다. 다음에서 보듯, 이마저도 여러 가지 '사정'을 고려해서 이루어진 결정이었다(Schorske 1980/1982, 190쪽; Charle 1997, 152쪽). "그리하여 나는 엄격한 덕목을 깨고 다른 사람들처럼 목표를 향해 나가기로 결심했다. 무언가로부터 구원을 기대하며 구원자의 칭호를 선택했다. … 나는 달러가 지배하는 새로운 세계와 마찬가지로 여전히 권위라는 낡은 세계가 지배하리라는 것을 배웠다. 나는 처음으로 권위에 고개를 숙였기 때문에 보상을 기대해도 좋을 것이다"(F, 501쪽, 503쪽). 전반적으로 볼 때 위기가 이어지던 1897년 무렵에는 유대인이 경력을 쌓고 대학에서 승진하는 것이 한층 더 어려워졌다. 이를테면 《꿈의 해석》에서 프로이트는 똑같이 승진을 기다리는 유대인 동료에게 고관이 전해 준 정보를 아이러니한 어조로 전하고 있다. "하지만 ―현재의 추세로 볼 때― 각하께서는 당분간 종파를 고려해 … 할 수 없는 상황이라고 합니다… 등등"(전집 2/3, 142쪽). 카를 뤼거가 프로이트에게 가장 혐오하는 적이 되었다는 것은 당연한 일이다. 반면에 그는 이 무렵 프랑스에서 배척받은 유대인 대위 알프레드 드레퓌스를 위해 싸우며 깊은 공감을 불러일으킨 작가 에밀 졸라, 과거에 ―프로이트에게 반유대주의적인 가톨릭과 동일시되는― 로마와 싸운 '셈족'의 영웅 한니발을 좋아했다. 물론 그는 자유주의의 좌절에 실망하면서 일반적인 정치 지형의 악화에 대해 전반적으로는 오히려 비정치적으로 대응했다. 그는 외부권력과의 싸움을 어느 정도 인간의 내면과 정신세계로 옮겨 놓음으로써 "영혼의 정치"를 정초했다(상세한 것은 Schorske 1980/1982, 169쪽 이하 참조).

그러나 점증하는 반유대주의라는 비극과 갈수록 극심해지는 유대인 차별에 대하여 전혀 다른 반응들도 있었다. 부다페스트의 유복한 유대인 가문 태생인 ―종교적으로 교화되고 정치적으로 자유주의 노선이자 문화적

으로는 독일에 동화된— 테오도르 헤르츨(Theodor Herzl, 1860-1904)은 1890
년대 **노이에 프라이에 프레세**(Neue Freie Presse)의 파리 통신원으로서 계몽주
의와 혁명의 나라에서도 자유주의가 곤경에 빠진 상황을 경험해야만 했
다. 제3공화국 치하의 프랑스는 프롤레타리아의 군중시위와 국가 차원의
부패, 반유대주의의 폭발 등으로 갈가리 찢긴 채, 친 프랑스적인 헤르츨에
게 엄청난 충격을 주었다. 무엇보다 1894년 12월 드레퓌스에게 유죄선고
가 내려지는 것을 목도하면서, 결국 헤르츨은 비유대인의 관용이란 것이
매우 제한적이며 동화를 통해서 유대인과 비유대인의 화해를 꾀하는 것
은 무의미하다는 결론을 내렸다. 1895년 5월 프랑스 의회에서 유대인 "침
입"을 저지하기 위한 토론을 벌이고 며칠 뒤 카를 뤼거가 처음으로 빈 참
사회에서 다수 의원을 확보했을 때, 헤르츨은 이것을 되돌릴 수 없는 사태
로 받아들였다. 《탄호이저》 공연을 보고 전기충격을 받은 것처럼 놀란 헤
르츨(Schorske 1980/1982, 153쪽 이하; Janik/Toulmin 1972/1998, 73쪽)은 처음으
로 유럽으로부터 유대인이 이주해 나가는 꿈을 설계했다. 《유대인 국가.
유대인 문제의 현대적인 해결 시도》(1896/2004)에 요약된 헤르츨의 시온주
의적인 프로젝트는 —팔레스타인에 유대인 자체의 국가를 세운다는 프로
젝트는— 오스트리아 및 여타 유럽국가에서 드러난 반유대주의에 대한 아
주 단호한 대응이었다(Wassermann 1921/2005, 109쪽 이하 참조). 국가사회주의
의 "최종해결(Endlösung)"[6]이라는 발상이 싹튼 바로 그 도시에서 유대인의
자유와 해방에 대한 가장 급진적인 꿈을 꾸었다는 것은 오늘날 돌이켜보
아도 기이하게 생각된다(Janik/Toulmin 1972/1998, 70쪽). 빈은 헤르츨과 프로
이트, 비트겐슈타인의 도시였을 뿐만 아니라 히틀러의 빈이기도 했기 때
문이다(Hamann 1996/2004). 그러나 유대인 문제 해결을 위한 헤르츨의 제

---

6)   역주: 나치 독일의 유대인 말살 계획.

안은 프로이트에게 별로 매력이 없었던 것으로 보인다.

저물어 가는 카카니엔 왕국

20세기로 넘어오는 세기전환기 무렵에 이 이중왕국은 사상누각으로 드러났다. 겉으로 볼 때 빈 시민들은 큰 걱정 없이 무사태평하게 살아가는 것 같았으나, 그들에게는 "쇠퇴라는 김빠진 맛"(Timms 1995/1996, 14쪽)에서 느껴지는 지속적인 몰락의 분위기가 깔려 있었다. 당대의 많은 사람들은 미래가 좋아지지 않으리라는 것을 알고 있거나 적어도 예감했다. 독일을 필두로 유럽 열강이 식민지나 세력권을 확장하기 위해 뜨겁게 경쟁을 벌이면서 전투함대를 파견하고 새로운 시대의 역동성을 구현하는 동안 빈은 여전히 과거와 다를 것이 없었다. "구태의연한 방식이 합스부르크 왕국의 정치원리가 되었다"(Scheuch 2000, 8쪽). 이 나라는 해결되지 못한 국적문제, 즉 체코인과 폴란드인, 우크라이나인, 루마니아인, 크로아티아인이 원심력으로 작용하는 가운데, 만인 위에 군림하는 황제의 힘으로도 통제할 수 없는 국적문제로 마비되다시피 했고 경제발전은 지지부진하기만 했다. 독일과 프랑스, 영국과 비교할 때 이 다민족 국가는 거의 모든 분야에서 뒤처졌다. 특히 산업과 군사 분야에서 차이가 컸다. 비록 오스트리아-헝가리는 면적으로 볼 때 유럽에서 러시아 다음으로 큰 나라였고 인구도 5000만 명에 육박해 프랑스와 영국을 제치고 3위를 차지했지만, 1900년에 세계 산업생산에서 차지하는 비율은 고작 4.7퍼센트에 불과했다(Neitzel 2002, 49쪽). 물론 니더외스터라이히(Niederösterreich)[7]와 보헤미아를 비롯해 번창하는 몇몇 산업지역이 없었던 것은 아니었다. 하지만 이 나라는 완전히 낙후한 지역

---

7) 역주: 오스트리아 동북부의 주.

을 포함해 농업국가의 상태를 벗어나지 못하고 있었다. 이 왕국은 경제나 재무정책상 실용적인 개혁이나 활력을 불어넣을 능력이 없었다. 이 거대한 제국은 계속 제자리걸음을 면치 못했다. 무질은 이런 상황을 다음과 같이 표현했다. "이 나라에서 우리는 감각적으로 항상 자기 실존의 이유를 충분히 느끼지 못하고 살아갈 따름인 부정적 의미에서의 자유민이었다"(Musil 1952, 35쪽).

제국이 전통적으로 발칸반도에 적용하던 정책을 안정과 지속적 결실로 바꾸지 못하는 한, 이런 침체된 상황은 대외정책에도 그대로 나타났다. 1878년 베를린 회의 이후 오스트리아는 보스니아와 헤르체고비나를 점령하고 지배했다. 물론 이 지역은 여전히 공식적으로 오스만 제국의 일부였다. 1908년 가을 보스니아를 공식적으로 합병하는 일에 착수했을 때, 이 사태는 인접한 세르비아뿐 아니라 러시아와 영국, 프랑스 같은 열강들의 우려와 반발을 불러일으켰다. 결국 이중왕국의 정책은 계속해서 불안 요인이었던 남부지역의 세르비아 민족주의를 강화하고 슬라브 민족의 통일주의를 부추기게 되었다.

그럼에도 1900년부터 1914년 사이의 시기는 광채와 포만의 시대로서 "긴" 19세기가 끝났다는 의미가 담겨 있었다. 독일문화와 유대인 문화가 공존하던 아름다운 시절(Belle Epoque)[8]의 빈은 의심할 바 없이 구세계를 이끄는 대표적인 대도시로서 찬란한 빛을 발하는 정신의 중심지였다. 1880년대와 90년대에 쇠네러와 뤼거 때문에 강렬하게 타오르던 반유대주의의 소요가 세기의 전환기 이후 차츰 수그러들었다는 한나 아렌트의 평가(Arendt 1951/1993, 88쪽)가 맞는지는 의심스럽다. 브리기테 하만(Brigitte

---

8) 역주: 서유럽이 평화와 번영을 누렸던 시기로 1871년부터 1914년까지 제1차 세계대전 이전의 시절을 가리킴.

Hamann)의 평가는 전혀 다르다. 빈은 반유대주의라는 강박관념이 계속 위험요인으로 남아 있던 도시였다는 것이다. 이 강박관념 때문에 반유대주의가 다시 활력을 얻어 빈에서는 유대인과 러시아 혁명가, 사민당원을 똑같은 부류로 취급했다(Hamann 1996/2004, 488쪽 이하). 전쟁 이전의 외형적인 영광도 이로 인해 훼손되었다. 1906년 12월에 있었던 좌파의 군중시위로 보통선거권(남자만 해당, 여자는 1919년에 허용됨)이 허용된 결과 1907년의 의회선거에서는 사회민주당과 기독교사회당이 가장 강력한 정치세력으로 부상했다. 현대적인 대중정당으로 조직된 이 두 당은 친 합스부르크 성향을 보였고 독일민족주의자들처럼 독일제국과 더 긴밀히 결합하는 것에 반대했다. 또 두 당은 왕국이 붕괴된 이후에도 잔존했고 두 차례의 세계대전을 치르면서 가장 크고 영향력 있는 정당으로 발돋움했다(Arendt 1951/1993, 92쪽). 1911년 선거에서 사회민주당과 기독교사회당은 민족주의적인 흐름에 밀려 세력이 꺾일 수밖에 없었다. 그 사이에 사회적인 대립이 다시 민족적인 긴장에 가려졌기 때문이다.

전쟁 중의 오스트리아

1914년 6월 28일에 발생한 암살사건으로 왕국이 오랫동안 고수하던 기만적인 평온상태는 갑자기 종말을 고했다. 프란츠 페르디난트(Franz Ferdinand) 대공 부부가 세르비아의 배후조종을 받은 것으로 추정되는 가브릴로 프린치프(Gavrilo Princip)라는 대학생에게 피살된 사건은 "구태의연한" 정치에 무한히 신물을 느끼던 빈의 모든 세력에게 활력을 불어넣었다. 이로써 세르비아를 "응징"하기 위한 단호한 조처를 지지하는 분위기가 형성되었다. 오스트리아 총참모장 콘라드 폰 회첸도르프(Conrad von Hötzendorf)의 다음과 같은 발언이 이 같은 분위기를 단적으로 입증한다. "정치적 목표를 지닌 공격적 정치만이 몰락을 막아 주고 성공을 가져다줄 것이다"(Scheuch 2000, 30쪽에서 재인용). 빈은 가장 가까운 맹방인 베를린으로부터 오스트리아의 대 세르비아 전을 포함해 모든 사태에 대한 전권위임을 확인한 뒤(Winkler 2000, 330쪽; Neitzel 2002, 168쪽 이하) 7월 23일 베오그라드에 받아들일 수 없는 조건의 최후통첩을 분명하게 전했다. 비록 멀리 떨어져 있기는 했지만 세르비아 정부는 흔쾌히 수용할 수 없는 통첩이었다. 오스트리아는 7월 28일 지체 없이 세르비아에 선전포고를 했고, 이 사태는 다시 7월 30일 세르비아의 보호국이라고 할 수 있는 러시아의 총동원령을 유발했다. 이후 차례로 독일이 러시아에(7월 31일) 그리고 프랑스와 러시아 동맹국(8월 3일)에 선전포고하는 사태로 이어졌다. 독일은 중립국인 벨기에를 침공한 뒤, 8월 4일에는 프랑스와 러시아 편에 선 영국이 독일에 선전포고했다. 이틀 뒤, 오스트리아-헝가리도 독일의 대 러시아 선전포고에 가세했다. "불가피한 전쟁"이라는 표현은 주관적으로만 예측한 생각을 객관적인 사태로 만들었다"(Neitzel 2002, 169). 20세기의 "근원적 재앙"(George F. Kennan)이 예정된 방향으로 나아가는 가운데 프로이트는 산도르 페렌치(Sándor Ferenczi)에게 보내는 편지에서 "지금은 암담한 시대"라는 표현을 사용했다(F/Fer II/1, 63쪽).

오스트리아-헝가리에서는 독일과 마찬가지로 처음에는 정치적 좌파까지 포함해 개전을 열렬히 지지하는 분위기가 퍼져 나갔다. 데카당스적인 정체상태와 우유부단하게 기다리기만 하던 시대는 마침내 끝난 것처럼 보였다. 만프레트 쇼이히(Manfred Scheuch)는 애국적인 측면에서 전쟁에 도취했다는 의미로 "집단적 신경증(kollektive Neurose)"이라는 말을 사용한다(Scheuch 2000, 35쪽). 그러나 사실은 집단적 정신병(kollektive Psychose)이라는 말이 더 어울릴 것이다. 수많은 젊은이가 속속 지원병으로 신고했고, 언론은 연일 반세르비아 노선을 부추기는 국수주의적인 논조의 기사를 쏟아 냈다("세르비아인은 죽어 마땅하다"). 릴케나 호프만스탈처럼 명망 있는 작가들이 《전쟁 신》과 그 밖의 오스트리아 선전기관에 글을 실었다(Gay, 394쪽). 프로이트 역시 적어도 처음에는 개인적인 의견을 표명할 때 민족주의와 주전론이 팽배한 분위기로부터 자유로울 수 없었다(Brunner 1995/2001, 161쪽 이하 참조).

　전쟁이 장기화되고 동맹국이 서부전선과 동부전선에서 승리하기가 어렵다는 사실이 점점 더 확실해질수록 합스부르크 제국의 상황은 점점 더 긴박해졌다. 이탈리아가 연합국 편에서 참전한 이후(1915) 왕국은 사력을 다해 군사력과 경제력을 동원해 가며 전선을 확대해야 하는 처지가 되었다. 게다가 많은 전투에서, 특히 러시아 전선에서 결정적인 패배를 당했다. 이미 1914년 말에 오스트리아-헝가리는 전사자가 20만 명에 달했고 러시아에 포로가 된 병사만 25만 명에 이르렀다. 갈수록 암담해지는 이중 왕국의 상황은 독일제국의 군사적 노력에도 회복될 기미가 보이지 않았고, 민족주의 세력은 반대파의 정책에 점점 더 힘을 실어 주었다. 체코인과 슬로바키아인, 폴란드인 그리고 발칸반도의 민족들이 제국에서 완전히 이탈하는 것은 단지 시간문제로 보였다.

　1916년 11월, 그때까지 자신이 직접 궁색하게 거대한 국가 조직을 통솔하던 늙은 황제가 사망함으로써 원심력으로 작용하던 노력이 처음으로 우위에 서게 되었다. 1917년 봄, 마침내 미국이 프랑스와 영국, 이탈리아의 편에서 참전한 것은 동맹국이 수세에 몰릴 것이라는 절망적인 신호였다. 독일이 러시아에 승리를 거두며 브레스트-리토프스크(Brest-Litowsk) 강제 강화조약을 맺은 것도 전반적인 전황을 호전시키기에는 너무 늦었다. 1917년에서 1918년으로 넘어가는 시기에 빈 시민들을 시련으로 몰아넣은 "궁핍한 겨울"은 오스트리아의 에너지가 바닥났다는 것을 보여 주었다. 향토전선의 상황이 점점 암담해지는 가운데 생필품과 땔감도 떨어졌다.

1918년 초 프로이트는 자신과 가족이 겪은 '혹독한 추위'를 언급하기도 했다(F/A, 253쪽). 게다가 전선에서는 온통 패배했다는 소식만 들려왔다. 무조건 사수하자는 구호가 난무했지만 ―**인류 최후의 날**[9]은 아닐지라도― 이미금이 간 합스부르크 왕조가 최후의 날을 맞이한 것이 분명하다는 카를 크라우스의 말은 옳았다. 1918년 11월 3일 독일제국이 서부전선에서 참담한 패배를 당한 뒤, 마지막 황제가 거느리는 정부가 휴전에 조인함으로써 "전쟁의 악몽"(같은 곳, 266쪽)은 끝났다. 11월 11일 베를린에서 공화국이 선포된 지 이틀 후 그리고 독일이 콩피에뉴 숲에서 연합군과 휴전조약을 맺은 바로 그날 정부는 해산하고, 황제 카를 1세는 왕권을 포기했다. "나는 오스트리아를 위해서나 독일을 위해서 한 방울의 눈물도 흘리지 않을 것이다" 라고 쓴 프로이트(F/E, 140쪽)는 "합스부르크 왕조가 남긴 것이라곤 오물더미밖에 없다"라는 말을 남기기도 했다(F/Fer II/2, 186쪽 이하). 11월 12일에는 독일-오스트리아 공화국이 선포되었고 빈에서는 수많은 시민이 극심한 기아와 독감에 시달렸다. 한 오스트리아 전문가의 평가에 따르면 1918년 부터 1919년 사이에 빈 시민의 1인당 영양 섭취는 746kcal에 지나지 않았다(Gay 429쪽). 수도의 거리에서는 소요가 끊이지 않았고, 혁명세력과 반동 세력 간의 대립이 극에 달해 다시 정상화되기까지는 수개월이 걸렸다.

소국 오스트리아와 대도시 빈

새로 모습을 드러낸 오스트리아 공화국의 영토는 8분의 1에 지나지 않았다. 인구가 200만에 가까운 대도시 빈은 일종의 뇌수종 환자처럼 500만 주민으로 급격히 줄어든 주변지역을 통치하는 형국이었다. 폴란드는 독립

---

9) 역주: 카를 크라우스의 5막짜리 희곡 제목.

국이 되었고 헝가리와 체코슬로바키아도 마찬가지였다. 남부 슬라브족 지역은 새롭게 세르비아와 크로아티아, 슬로베니아 왕국으로(1929년부터 유고슬라비아 왕국) 거듭났다. 베르사유 조약과 생 제르맹 라에 강화조약으로 소국이 된 오스트리아는 독일어를 사용하는 주데텐란트와 남부 티롤을 포기해야 했으며 마찬가지로 세력이 약화되고 영토가 찢겨 나간 독일제국과의 합병금지 조건을 받아들이지 않을 수 없었다.

전쟁 전의 대표적인 두 정당인 사민당(69석)과 기사당(63석)의 승리로 끝난 1919년 2월의 초대 총선 이후 ―또 24석은 대독일국민당(Großdeut schevolkspartei)에 돌아감― 오스트리아는 힘겹게 새 출발을 맞이하게 되었다. 새로 출범한 의회는 국가형태를 확정하면서 이른바 합스부르크 법에서 구축된 왕국 구조의 무효를 선언했다. 새 정부는 혁명적인 책동과 요구를 방지하기 위해 ―인접한 헝가리에서는 인민공화국이 선포되었다― 포괄적인 사회정책법안을 의결했으며, 이 결과 1일 8시간 노동과 여성 및 아동노동을 규제하는 법안이 통과되었다. 다른 한편으로 오스트리아는 높은 피해배상금을 지급해야 하는 처지로 내몰렸다. 이것이 정치적으로나 경제적으로 새로운 출발을 어렵게 만들었다. 1920년 10월 1일 발효된 새 민주헌법에 따라 다시 총선이 실시되어 사민당은 패배를 맛보았고 중도우파, 특히 기사당이 손쉬운 승리를 거두었다. 이후 보수파에서 연방총리를 배출했으며, 반면에 사민당은 계속해서 야당 신세를 면치 못했다.

그러나 빈은 오스트리아가 아니었다. 1934년까지 중도우파 정부가 국가를 다스리는 동안 빈은 이 기간에 이론의 여지가 없는 사민당의 보루였다. 전쟁 직후 궁핍한 시절이 지나간 뒤 좌파 지방행정부는 야심찬 사회적 프로젝트를 실현하는 데 성공을 거두었다. 이것은 국내외의 많은 사람에게 무척이나 매력적으로 보였다. 예컨대 제1차 세계대전 이후 팔레스타인으로 이주한 유럽출신의 유대인이나 사민주의 노선의 빈은 일종의 모범으로서 사회적 모델이라고 할 수 있었다(Segev 2000/2005, 279쪽). 1920년대에 흔히 일컬어지던 '빨갱이 빈'(Scheuch 2000, 71쪽 이하)은 건축학적으로 까다로운 사회주택건설을 장려했으며, 이는 하층노동자와 서민근로가족에게 큰 도움이 되었다. 또한 학교를 세우고 교육개혁을 단행하여 하층민의 자녀들에게도 대학교육의 기회를 제공했으며 다른 유럽의 대도시에 뒤지지 않는 포괄적인 사회복지 체계를 갖추었다. 전과 다름없이 유럽문화의 중심지로서, 특히 국제적인 명성을 안겨 준 프로이트의 정신분석을 태동시킨 빈은 1920년대 들어 1860년대와 1870년대를 능가할 만큼 자유주의가 꽃을 피웠다. 프로이트가 이런 정치적 분위기와 풍토에 동화되었으리라는 점은 쉽게 추측할 수 있다. 이를 입증하는 것으로는 그가 1924년 5월 6일, 68회 생일을 맞아 사민당 시정부로부터 '빈 시민' 칭호를 부여받은 것과(F/Fer 3/1, 217쪽 이하 참조) 다른 한편으로 1927년 총선에서 사민당을 지원해 달라는 호소문에 서명했다는 사실을 들 수 있다(Scheuch 2000, 75). 프로이트와 함께 일한 직원들이나 제자들도 어느 정도는 공개적으로 좌파에 공감을 표했다.

그러나 오스트리아도 빈은 아니었다. 국내의 나머지 지역에서 집권하던 기독교사회당과 독일민족당은 사민당과 유대인에 대해서 —특히 폴란드와 루마니아, 우크라이나에서 자행된 소수민족 학살 이전에 흘러들어 온 새 유대인 이주자들에 대해서— 극단적인 혐오감을 선동했다(Gay, 502). 전쟁 전과 똑같이 오스트리아 사회의 다수가 보여 주는 반유대주의는 절박한 위협이었다. 1926년 프로이트가 한 인터뷰에서 밝힌 다음의 언급은 이런 실태를 확인시켜 준다. "나의 모국어는 독일어이다. 내가 포함된 문화와 내가 쌓은 교양도 독일적이다. 독일과 오스트리아에서 반유대주의적인 편견이 확대될 때까지 나는 나 자신을 정신적으로 독일인이라고 생각했다. 하지만 이후로 나는 스스로를 유대인이라고 부르기를 좋아한다"(같은 곳, 504쪽에서 재인용). 프로이트의 정신분석은 당연히 대부분의 보수파나 가톨릭교도의 눈에는 "유대인의 학문"으로 비쳤다.

오스트리아의 종말

세계경제공황은 그때까지 어느 정도 안정을 찾아가던 오스트리아를 경제적인 혼란으로 몰아넣었다. 이런 혼란과 더불어 정치적으로는 파시스트 대중운동이 확산되면서 이탈리아를 모범으로 삼는 파시스트 정당이 모습을 드러냈다. 파시스트당을 지지하는 계층은 주로 중산층과 소시민계급이었지만 부분적으로는 노동자 계급도 포함되었다(Hobsbawm 1994/1995, 158쪽 이하). 특히 대학생 중심의 청년들이 급진적인 파시즘 구호에 쉽게 빠져들었다. 독일과 마찬가지로 오스트리아에서도 무장 자위조직이 ―우파에서는 향토방위대, 좌파에서는 공화국 수호연맹이― 결성되었다. 이들은 시간이 지날수록 거리에서 극심하게 대립했다. 오스트리아에서도 점점 자부심을 드러내며 공격적인 성향을 보이는 나치운동이 공공연히 반유대주의적인 공격목표를 내세우며 자리를 잡았다. 1932년 5월의 긴급조치에 따라 통치하던 돌푸스(Dollfuß) 내각은 나치당(NSDAP)[10]을 금지하기는 했지만 불법적인 활동을 계속하는 것은 막지 못했다. 특히 빈에서 공화국 수호연맹과 가까웠던 사민당의 봉기가 유혈 진압된 뒤 1934년 2월에는 오스트리아 사민당(SPÖ)이 금지되었고, 얼마 지나지 않아 5월에는 민주주의 법치국가 원칙에서 벗어난 새 헌법이 공식적으로 선포되었다. 이후로 활동이 허용된 정당은 향토방위연맹과 권위주의적인 가톨릭의 색깔을 띤 조국전선(Vaterländische Front)이 유일했으며 "절반은 파시스트 정권"이나 다름없었다

10) 역주: 민족사회주의 독일노동자당.

(같은 곳, 188쪽). 1934년 7월 25일 나치의 쿠데타 시도로 돌푸스 총리가 암살되었을 때, 히틀러는 공식적으로 이 사건과 거리를 두었다. 이후 동맹자가 되는 무솔리니가 오스트리아의 독립을 보장하고 알프스의 브레너 고개로 군대를 파견했기 때문이다.

그럼에도 이 인접 소국에 대한 나치독일의 압력도 이후 몇 년간 꾸준히 증가했다. 이런 흐름은 특히 히틀러와 무솔리니가 이탈리아의 아비시니아(에티오피아) 침공 이후 가까워지면서 본격화되었다. 돌푸스의 후임자인 쿠르트 폰 슈슈니크(Kurt von Schuschnigg)는 1936년 오스트리아의 국가주권을 보장받기 위해서는 친 독일 노선의 외교정책을 펼칠 수밖에 없다고 생각했다. 하지만 이 모든 노력은 나치의 압력이 갈수록 커지고 나치세력이 정부기구에 점점 더 유입되는 상황에서 별 도움이 되지 못했다. 1938년 2월 슈슈니크 정부는 마침내 나치당원인 아르투어 자이스 잉크바르트(Arthur Seyß-Inquart)를 내무장관에 임명할 수밖에 없었다. 이로써 "트로이의 목마"(Peter Gay)는 이미 **담장 안으로** 들어와 직접 "합병"을 준비하게 되었다. 슈슈니크가 독일의 압력으로 오스트리아의 독립유지를 놓고 예정된 국민투표를 포기하고 1938년 3월 11일 물러난 뒤 ─프로이트는 이날 자신의 일기에 "오스트리아의 종말"이라고 썼다(Freud 1992/1996, 62쪽)─ 3월 12일이 되자 독일군대가 오스트리아와 빈으로 진격해 들어갔다. "독일에 합병"(같은 곳)되는 순간이었다. 독일의 독재자가 이틀 뒤 빈에 입성하고 궁성 앞에 있는 영웅광장에서 그의 평생 "최대의 성취"를 달성했을 때 엄청난 인파가 환호했다. 빈은 이제 자유롭지도 않고 빨갛지도 않은(이미 1930년대로 접어들면서 그랬다) 갈색의 도시로 변했다. 반유대주의의 승리였다. 그리고 빈과 오스트리아의 유대인에게는 모든 면에서 1880년대와 1890년대에 겪은 것보다 더 암담한 고난의 시기가 시작되었다. 기자인 후고 베타우어(Hugo Bettauer)가 자신의 풍자적인 유토피아 소설에서 재앙의 징후로 벽에 썼던 다음의 말(Bettauer 1922/1996)은 곧 현실이 되고 말았다. "빈은 유대인이 사라진 도시가 되었다."

─── 참고문헌 ────────────────────────────────

Arendt, Hannah: Elemente und Ursprünge totaler Herrschaft(총체적 지배의 요소와 근원들). München 1993(영어판 1951).

Beller, Steven: Wien und die Juden(빈과 유대인들) 1867-1938. Wien 1993(영어판 1989).

Bergmann, Werner: Geschichte des Antisemitismus(반유대주의의 역사). München 2002.

Bettauer, Hugo: Die Stadt ohne Juden. Ein Roman von übermorgen(유대인 없는 도시. 내일 모래의 소설) [1922]. Hamburg/Bremen 1996.

Brunner, José: Psyche und Macht. Freud politisch lesen(정신과 힘. 프로이트를 정치적으로 읽기). Stuttgart 2001(영어판 1995).

Charle, Christophe: Vordenker der Moderne. Die Intellektuellen im 19. Jahrhundert(현대의 선각자. 19세기의 지식인들). Frankfurt a. M. 1997.

Craig, Gordon A.: Geschichte Europas im 19. Jahrhundert(19세기의 유럽사). München 1981(영어판 1974).

_____: Deutsche Geschichte(독일의 역사) 1866-1945. München 1983(영어판 1978).

Eissler, Kurt R.: Sigmund Freud und die Wiener Universität(지그문트 프로이트와 빈 대학교). Bern 1966.

Freud, Sigmund: Tagebuch 1929-1939. Kürzeste Chronik(일기. 아주 짧은 연대기). Hg. von Michael Molnar. Basel/Frankfurt a.M. 1996(영어판 1992).

Hamann, Brigitte: Hitlers Wien. Lehrjahre eines Diktators(히틀러의 빈. 한 독재자의 수업시기) [1996]. München 2004.

Herzl, Theodor: Der Judenstaat. Versuch einer modernen Lösung der Judenfrage(유대인의 국가. 유대인 문제의 현대적 해결의 시도) [1896]. Hg. von Ernst Piper. Berlin/Wien 2004.

Hobsbawm, Eric J.: Das Zeitalter der Extreme. Weltgeschichte des 20. Jahrhunderts(극단의 시대. 20세기의 세계사). München/Wien 1995(영어판 1994).

Janik, Allan/Stephen Toulmin: Wittgensteins Wien(비트겐슈타인의 빈). Wien 1998(영어판 1972).

Musil, Robert: Der Mann ohne Eigenschaften(특성 없는 남자). Hamburg 1952.

Neitzel, Sönke: Kriegsausbruch. Deutschlands Weg in die Katastrophe(전쟁의 발발. 독일의 재앙으로의 길). 1900-1914. Zürich 2002.

Scheuch, Manfred: Österreich im 20. Jahrhundert. Von der Monarchie zur Zweiten Republik(20세기의 오스트리아. 왕국에서 제2공화국으로). Wien/München 2000.

Schorske, Carl E.: Wien. Geist und Gesellschaft im Fin de siècle(빈. 세기말의 정신과 사회). Frankfurt a. M. 1982(영어판 1980).

Segev, Tom: Es war einmal ein Palästina. Juden und Araber vor der Staatsgründung Israels(예전에 팔레스티나가 있었다. 이스라엘이라는 국가 창립 이전의 유대인과 아랍인). München 2005(영어판 2000).

Timms, Edward (Hg.): Freud und das Kindweib.[11] Die Erinnerungen von Fritz Wittels(프로이트와 어린아이 같은 여성. 프리츠 비텔스의 기억). Wien 1996(영어판 1995).

Wassermann, Jakob: Mein Weg als Deutscher und Jude(독일인과 유대인으로서의 나의 길) [1921]. Frankfurt a. M. 2005.

Winkler, Heinrich August: Der lange Weg nach Westen(서방으로의 먼 길). Bd. 1. München 2000.

Hans-Martin Lohmann

철학적 전후관계

프로이트는 대학시절 이래로 자신을 '자연과학자' 또는 '경험론자'로 생각했다. 이는 그가 철학의 '불순한' 영향으로부터 과학의 영역을 지키고 싶

---

11) 역주: 'Kindweib'는 나이가 들어서도 아이와 같은 의상과 헤어스타일을 고수하면서 아내와 어머니로서의 역할을 혐오하는 퇴행적인 여성을 가리킨다.

어 했다는 것을 의미한다. 19세기 경험론은 경험에 기초하지 않은 모든 형이상학적 인식을 배격했고 "끝까지 계몽주의와 과학적 진보의 임무"를 대표하고자 했다(Schnädelbach 1983, 102쪽, 110쪽). 이 때문에 경험론은 과학과 철학의 분리에, 특히 철학으로부터 과학적 심리학을 '해방'시키는 데 기여했다.

후기 저작에서 프로이트는 정신분석이 "과학적 세계관"에 편입되어야 한다고 말한다(전집 15, 171쪽 이하). 그 이유는 정신분석에서 "검증된 관찰의 지적인 가공" 외에 세계인식의 다른 원천이 없기 때문이라는 것이다. 이 말대로라면 과연 프로이트 철학이라는 말이 성립할 수 있을까? 프로이트 자신은 분명히 이 물음에 아니라고 대답했을 것이다. 그가 정확한 과학과는 달리 철학에는 진실의 권리를 인정하지 않았기 때문이다. 프로이트가 볼 때 철학자들이 제시하는 '직관(Intuition)'과 '사변(Spekulation)'은 신학자들의 주장만큼이나 의문스러운 것이었다. 그렇다면 프로이트는 단순히 지금까지의 형이상학적인 철학을 자연과학으로 대체할 수 있다고 믿는 반(反)-형이상학적 시대정신에 굴복한 것일까? 그가 사변적 사고나 '체계형성'과 철학을 동일시해서 단축되고 왜곡된 철학의 형상을 구상한 것은 아닐까? 그래서 마치 과학이 사회적 조건이나 이데올로기적 가치에서 자유롭기 때문에 유일하게 '진리'의 인식을 보장할 수 있는 것처럼 과학의 이상화를 의도한 것은 아닐까? 니체는 과학에 대해 훨씬 더 회의적인 태도를 보였으며 도대체 '조건 없는 과학'이란 것이 있을 수 있는지에 대하여 맹렬히 의문을 제기했다. 니체는 이런 물음에 단연코 부정적인 반응을 보이며 "과학이 존재에 대한 방향과 의미, 한계, 방법, 권리를 획득하기 위해서는 언제나 그에 앞서서 하나의 '믿음'이 있어야만 한다"(1887, 400쪽)고 말했다.

다음에 제시하는 내용들은 프로이트의 자기이해와 모순된다. 앞으로 보다시피 프로이트는 사고발전의 모든 단계마다, 또 정신분석 이론의 형성기에조차도 '독특한 철학'의 문제제기라는 틀에서 움직였다. 물론 본인은 철학에 대한 접근을 "조심스럽게 기피했다"고 주장한다(전집14, 86쪽).

유물론, 자연주의와 경험론

프로이트는 아비투어를 준비하고 있을 때 인기를 끈 강의에서 —괴테가 쓴 것으로 잘못 알려진— "자연"이라는 미완성 논문이 있다는 말을 들었다. 그는 이 자연철학적인 글에 너무 매혹된 나머지 의학을 공부하기로 결심했다(전집 2/3, 443쪽; 전집14, 34쪽). 자연찬가라고 할 이 글은 우리 인간이 "사방에 둘러싸인 채" 발을 들여놓고 있는 자연에 대한 호소로 시작해서 자연의 섭리에 인간을 맡겨 놓았다는 신뢰가 듬뿍 담긴 찬양으로 끝난다. 자연이 과거에 동경하고 숭배한 신상(神像)의 대체물로 이상화된다면 자연과학자는 스스로 자연에 몰두하면서 "속세에서 복음을 전하는 사도"로 느낄 수 있다는 글이다(Hemecker 1991, 75쪽 이하). 하지만 19세기 후반의 많은 자연과학자가 그랬듯이 프로이트도 의학수업(1873-81) 초기에 벌써 범신론적 자연철학관에서 실증주의의 자연과학적 세계관으로 넘어간 상태였다. 빈 대학교에서 프로이트가 공부한 자연과학은 유물론, 자연주의, 경험론이었다. 그것은 기본적으로 '철학적' 방향성을 함축하고 있었다. 이때 두드러진 역할을 한 것은 서로 연관성이 있는 네 가지 분야로서 진화론과 생물리학, 영국의 경험론, 인간학적 유물론이었다(Gödde 1991, 78쪽 이하 참조).

진화론은 영구적으로 변함없이 생명과 생명의 종을 창조했다는 창조주에 대한 전통적인 믿음의 불합리성을 논증함으로써 인간의 모습을 혁명적으로 변화시켰다. 다윈의 선구적인 저작이라고 할 《종의 기원》이 1859년에, 《인간의 기원》이 1871년에 나왔다는 사실을 주목할 필요가 있다. 또한 에른스트 헤켈(Ernst Haeckel)은 다윈의 새로운 인식을 이데올로기적이고 세계관적인 진화론으로 확대시켰다. 프로이트가 1875년 소년시절에 쓴 편지에서 다윈과 헤켈이 "우리 시대에 가장 현대적인 성자"라고 묘사된 것도 놀랄 일이 아니다(S, 111쪽). 수십 년 뒤《나의 이력서》에서 설명하듯이 소년시절 다윈의 학설은 그를 강력하게 매혹시켰다. "이 이론이 세계이해를 탁월하게 촉진시킬 것을 약속"(전집 14, 34쪽)했기 때문이다. 진화론은 훗날 정신분석적 인간학과 정신분석의 이론형성에도 근본적인 영향을 미쳤다. 프로이트는 다윈의 진화론을 인류가 받은 세 가지 큰 모욕(Kränkung) 중의 하나로 생각했다. "그것이 오만에 의하여 만들어진 인간과 동물 사이의 칸막이"(전집 14, 109쪽)를 허물었기 때문이라는 것이다.

생물리론(Biophysikalismus)은 자연철학에 대한 낭만주의의 반응에서 유래한 것으로 온갖 생기론(Vitalismus)[12]과 목적론(Finalismus)[13]으로부터 의학을 해방시키려는 목표를 갖고 있었다. 생물리론 운동의 중심에는 헬름홀츠(Helmholtz), 뒤 부아레이몽(Du Bois-Reymond), 카를 루트비히(Carl Ludwig) 그리고 프로이트의 스승인 에른스트 브뤼케(Ernst Brücke)로 대표되는 생리학자들이 있었다. 이 운동에서 중요한 것은 철저한 증명이었다. 이에 따르면 "유기체 내에는 물리적-화학적 힘 외에 다른 어떤 힘도 작용하지 않는다는 것, 이것이 이제까지 충분히 해명되지 않은 상태라면 물리적-수학적 방법을 동원하여 효과적으로 구체적 사례에서 밝혀져야 한다는 것, 또는 물리적-화학적으로 동일한 가치를 지니고 물질에 고유한 성격으로 존재하는 새로운 힘, 끊임없이 밀어내거나 끌어당기는 구성요소에 기인하는 새로운 힘은 수용되어야 한다"(Bernfeld/Cassirer Bernfeld 1981, 62쪽 이하에서 재인

---

12) 역주: 생명 현상은 물질적 요인과 자연법칙만으로는 설명할 수 없는 독자적인 원리에 의해 지배되고 있다고 주장하는 이론.
13) 역주: 만사는 그것의 목적이나 목표에 따라 결정된다는 이론.

용)는 것이다. 생물리론은 이렇게 단호한 반-생기론 관점으로 사변적인 자연철학의 퇴조에 결정적으로 기여했다. '과학의 통일'이나 '자연과학', '물리적 힘' 같은 새 시대의 중심사상은 단지 과학적 노력을 위한 가설에 그친 것이 아니라 일종의 의식의 도구가 되었다. 문제는 연구방법이 아니라 세계관이었다(Bernfeld/Cassirer Bernfeld 1981, 69쪽). 생물리론은 1870년대 진화론처럼 시대를 대표하는 메시지 비슷한 것이었다. 5년 동안 브뤼케의 생리학 실험실에서 연구생활을 거친 프로이트도 생물리론의 신봉자에 속했다.

프랜시스 베이컨과 존 로크, 데이비드 흄이 인식의 기초를 확립한 영국의 경험론은 19세기에 들어 존 스튜어트 밀과 허버트 스펜서가 더욱 발전시켰다. 경험론에서 자연연구의 가장 중요한 인식수단은 경험과 관찰, 실험이었다. 하지만 엄밀히 말해 경험론은 그 자체로서는 유물론과 밀접하게 연관된 인식의 원리에 지나지 않는다. 연구대상에 대한 경험적 방법의 수단을 통해 감각적으로 인지하고 확인할 수 있는 존재와 현상으로만 제한되기 때문이다. 프로이트는 프란츠 브렌타노(Franz Brentano)의 강의와 빈 대학교의 그리스 학자 테오도르 곰페르츠(Theodor Gomperz)가 번역한 밀의 몇몇 글을 접하면서 밀을 좀 더 자세히 알게 되었다. 밀의 사상은 "당시 대체로 철학이라고 불린 형이상학의 체계와 분명하게 대립된" 그리고 "오히려 브뤼케 연구소의 경험적-물리학적 정신에 더 가까운" 것이었다(Bernfeld/Cassirer Bernfeld 1981, 142쪽 이하). 밀과 곰페르츠, 브렌타노는 프로이트에게 정신적 방향을 제공한 경험적이고 자유주의적인 태도를 대표하는 인물로, 그가 의식의 기초를 세우는 데 평생 중요한 역할을 했다.

행복의 요구, 육체적 존재, 고통과 죽음에 좌우되는 감각적인 인간 존재가 지닌 현실적인 조건에서 출발한 루트비히 포이어바흐(Ludwig Feuerbach)의 인간학적 유물론은 신학이나 관념철학과는 반대되는 것이었다. 포이어바흐는 (신 대신) 인간과 (절대성 대신) 유한성의 관점을 받아들였다. 이에 따라 그는 '생명의 원리'로서 사유 대신에 관조를 내세웠고 정신적인 것보다 자연에 명백한 우위를 두었다. 그리고 이런 토대에서 인간의 본질을 자연과학적이고 유물론적인 방법으로 파악하려고 했다. 프로이트는 대학생 시절에 이미 포이어바흐와 다비드 프리드리히 슈트라우스(David Friedrich Strauß)의 유물론적 인간학과 종교비판에 심취했다(F/B, 203쪽 이하).

이런 관점은 젊은 시절의 프로이트가 4학기 동안 ―1874년 겨울학기부터 1876년 여름학기까지― 철학 스승 격인 프란츠 브렌타노의 강의를 듣고 세미나에 참석한 영향으로 완화된 것으로 보인다. 브렌타노는 1874년에 빈 대학교의 신학교수직에 초빙된 사람이었다. 브렌타노는 취임강의에서 "철학적인 문제에서도 경험 외에 다른 스승이 있을 수 없으며 … 철학자도 다른 학자처럼 단계적으로 자신의 분야를 정복해 나갈 수 있다"(Fischer 1995, 3쪽에서 재인용)는 점을 의심하지 않았다. 그는 전통적인 형이상학과 마찬가지로 유물론도 단호하게 배격한 신학자였다. 브렌타노는 인간영혼의 불멸성과 신이 실재한다는 이론을 철저히 신봉했으며, 신의 존재를 과학적으로 밝히는 데서 자신의 종교철학의 주요 목표를 찾았다. 브렌타노의 신학적 논증은 젊은 프로이트에게 커다란 영향을 주었고 그 결과 프로이트는 당시 친구였던 질버슈타인에게 자신은 "단순한 유신론적 주장에 반박할 입장이 아니다"라고 털어놓기도 했다. 하지만 프로이트는 "당장 완전히 승복하기보다 유신론과 유물론에 대한 결정을 유보할" 생각이라고 덧붙이면서 "현재로서 나는 유물론자도 아니고 유신론자도 아니다"라고 했다(S, 118쪽). 게이가 언급하듯이(1987/1988, 49쪽 이하) 여기서 확인되는 것은 일시적인 "철학적 신학의 감정"에 지나지 않는다. 프로이트는 일관되게 계몽주의와 그 후계자들의 충성스러운 아들로 머물렀으며 포이어바흐를 그중 한 사람으로 꼽고는 "모든 철학자 중에서 자신이 가장 존경하고 감동을 받은"(S, 111쪽) 인물로 여겼다. 아마 볼테르와 디드로, 슈트라우스, 포이어바흐, 다윈과 같은 인물들과 연관된 종교비판의 전통이 끝내 그가 브렌타노에 반대하고 무신론을 선택하는 데 결정적인 계기가 된 것으로 보인다. 수십 년 후 프로이트는 논문 《환영의 미래》에서 자신의 결정에 전반적인 계기가 된 배경을 이렇게 표현했다. "과학적 정신은 사물에 접근할 때와 같은 특정한 태도를 만들어 낸다. 사람은 종교 문제 앞에서도 잠시 발을 멈추고 망설이다가 이윽고 문지방을 넘게 마련이다"(전집 14, 362쪽).

형이상학적 인간관과 합리적 인간관의 '해체'

오스트리아에서 자유주의 성향의 중산층이 정치적인 주도권을 잡기 시작한 것은 1860년대 였지만 이런 흐름은 겨우 1890년대까지 지속하는 데만 그쳤다. 19세기 빈(Wien)의 자유주의적인 문화에 담긴 본질적인 특징은 자연과 사회를 합리적으로 지배하려고 한 태도에서 찾을 수 있다. 무엇보다 시민계급이 지닌 낙관론의 근거는 과학의 진보를 거역할 수 없고 기술의 적용가능성이 엄청나게 확산되리라는 믿음에 있었다. 사람들은 개인의 자율성을 믿었다. 슈테판 츠바이크(Stefan Zweig)는 회상록 《어제의 세계》에서 이렇게 쓰고 있다. "19세기는 자유주의적인 이상주의 속에서 '최선의 세계'를 향해 똑바로 난 길을 흔들림 없이 갈 것이라고 확신했다. 전쟁과 기아, 반란으로 점철된 이전의 시대는 인류가 미성숙하고 충분히 계몽되지 않았던 시대라고 경멸했다. 하지만 지금은 불과 20-30년만 관심을 기울여도 최후의 악과 폭력을 결국은 극복하게 될 것이라고 생각한다. 끊임없는 '진보'에 대한 이런 믿음은 19세기에 실로 종교적인 힘을 발휘했다. 사람들은 '진보'를 성서 이상으로 신뢰했고, 진보의 복음은 나날이 과학과 기술의 새로운 기적으로 명백하게 입증되는 것으로 보였다"(1944, 16쪽).

사회적 의무를 진지하게 받아들이고 감정과 정열을 통제하는 합리적 인간이 자유주의 문화의 모범으로 간주되었다. 이들은 불합리하고 혼란스러우며 부적절한 대상에는 거부하는 태도를 보였다. 이미 프로이트처럼 젊은 세대는 대부분 자유주의의 문화적 이상과 정치적 현실에 깊이 실망하고 있었다. 거의 모든 문화 분야에서 최초의 반대운동이 모습을 드러냈다. 1871년에 설립된 "빈 대학교 독일학생 독서회"는 이 반대운동의 본거지였다. 프로이트는 5년 동안, 그러니까 1873년부터 이 모임이 금지될 무렵인 1878년까지 이 단체에 가담했다. 독서회의 정치적, 사회적, 철학적 프로그램은 무엇보다 독일민족에 초점이 맞춰져 있었다. 이들은 비스마르크 제국과 합스부르크 왕국의 정치적 통일에 희망을 걸었고 이와 더불어 "독일민족의 문화적 부활"에 대한 기대도 있었다. 독서회의 활동에서 쇼펜하우어와 바그너 그리고 당시 젊었던 니체에게 —안티 아카데미의 특징을 지닌 세 국외자에게— 기울어진 관심이 결정적인 역할을 했다. 쇼펜하우어와 바그너, 니체에 대한 관심은 "오스트리아 자유주의의 이상과 현실에 대한 실망의 정도와 비례해서"(McGrath 1974, 248쪽) 커졌다고 해도 지나친 말은 아니다.

쇼펜하우어의 흡인력은 그가 계몽주의적이고 관념론적인 이성철학의 낙관론과 진보에 대한 신앙을 부조리하게 논증한 데서 설명될 수 있다. 한스 파이힝거(Hans Vaihinger)는 쇼펜하우어가 젊은 세대에게 미친 영향에 대해 1870년대의 철학을 회고하며 그 인상을 다음과 같이 전하고 있다. "쇼펜하우어는 나에게 새롭고 위대하고 지속적인 것이라고 할 비관주의, 비이성주의, 주의주의(Voluntarismus)를 가르쳐 주었다. … 그때까지 내가 배운 철학체계에서 통용된 세계와 삶의 비합리성은 없거나 적어도 완전히 만족스럽지는 못했다. 철학의 이상은 만사를 합리적으로, 다시 말해 논리적으로 의미가 깊고 합목적적으로 입증하는 것이었다. … 그러다가 비합리성을 솔직하게 인정하고 자신의 철학체계에서 설명하려고 한 사람이 내 앞에 처음으로 나타난 것이다. 이렇게 쇼펜하우어의 진리에 대한 사랑은 나에게 일종의 계시처럼 보였다"(1923, 188쪽 이하).

19세기에 들어 인간의 자율에 대한 가능성을 점점 회의적으로 바라보는 시각이 늘어났다. 셸링과 쇼펜하우어, 에두아르트 하르트만(Eduard v. Hartmann), 리하르트 바그너, 니체는 자아의 의존성을 강조하기 위하여 비합리적-충동적인 '의지'의 지배와 '무의식'의 힘에 대하여 말하기 시작했다. 니체의 경우에는 비합리성에 대한 관심을 점점 병리학적인 것, 즉 데카당스와 신경과민, 심리물리학적인 질병과 결합했다. 니체는 "폭로 심리학(entlarvende Psychologie)"의 수단으로 자아의 가면 뒤로 숨는 충동 간의 갈등을 발견했다. 그는 충동억제가 질병을 일으키는 수단이 된다는 점을 문제시했다.

1890년대 들어 이미 오랫동안 은근히 잠재하던 자유주의와 합리주의의 위기가 '빈 모더니즘'으로 합류했다(대략 1890-1910). 구세계, 특히 과학적이고 인식론적이며 형이상학적인 태도의 해체에 가담한 것은 철학자뿐만 아니라 자연과학자도 마찬가지였다. 빈 대학교의 철학과 교수로 재직하며 동시에 '자연과학자'로 불리던 물리학자 에른스트 마흐(Ernst Mach)와 루트비히 볼츠만(Ludwig Boltzmann)은 빈의 신세대에게 본질적인 자극을 주었다. 마흐는 자신의 주저 《감각의 분석(Analyse der Empfindungen)》(1886)에서 세계의 본질이 자아가 아니라 감각의 요소들이라고 설명하면서 자아의 '상대적 지속성'에 관해 언급했다. 통일적 자아의 예비구조는 일시적인 방향설정과 어떤 실용적인 목표를 위한 임시방편에 지나지 않는다는 것이다. 이후 오래지 않아 커다란 주목을 받은 "구할 수 없는 자아(das unrettbare Ich)"라는 명제가 나타났다. 마흐의 감각심리학은 모든 형이상학적 세계를 감각의 흐름으로 해체하는 "인상주의 철학"의 핵심으로 간주될 수 있다. 자유시민이 무엇에 자부심을 갖느냐라는 문제를 비롯해 그들의 자아, 그들의 주관성, 그들의 자기평가에 대한 물음은 바르(Bahr), 호프만스탈, 슈니츨러 같은 "청년 빈" 시인들에게 큰 공명을 불러일으켰다. 이후 무질과 브로흐, 철학자 빌헬름 예루살렘(Wilhelm Jerusalem), 프리츠 마우트너(Fritz Mauthner), 그 뒤로는 루트비히 비트겐슈타인과 '빈 학파'에게도 마찬가지였다. 형이상학적 전통의 기본개념들, 이를테면 본질과 실체, 이성, 정신, 의식, 자아, 주관, 의지 같은 개념이 급격히 문제시되었다.

프로이트도 자신의 새로운 심리학을 세우기 전에 먼저 의지나 자아, 의식 같은 형이상학의 기본개념을 '해체'하지 않을 수 없었다(Gödde 2000, 96쪽 이하 참조). 《정신분석의 난점(Eine Schwierigkeit der Psychoanalyse)》(전집 12I, 8쪽 이하)이라는 논문에서 프로이트는 합리적인 인간이 자신의 내면생활을 어떻게 보는지를 묘사하고 있다. 프로이트에 따르면 인간의 의식은 심리적 (또는 정신적인) 활동 중에 모든 의미 있는 과정을 자아에게 보고하며, 이 보고에 통제를 받는 의지는 자아가 명령하는 것을 이행하거나 독자적으로 수행하고 싶어 하는 것을 수정한다. 의지는 자신의 영향력을 실효성 있게 하도록 사방으로 움직이고, 자아는 의식이 보고한 것의 신뢰성과 의지를 통한 명령의 수행가능성에 확신을 갖는다. 하지만 프로이트는 이런 합리적 인간상을 불안정한 것으로 간주한다. 바로 신경증에서 드러나듯이 자아에 복종하지 않고 의지의 모든 확고한 권력수단에 저항하는, 의식에 다가서지 못하는 표상들이 작용한다는 것이다. "아주 중요하기만 하다면, 당신은 영혼 속에서 일어나는 모든 과정을 경험한다고 믿는다. 당신의 의식이 그것을 당신에게 알려 주기 때문이다 … 여기서 깨달을 것이 하나 있다! 내면의 심리적인 것은 당신이 의식하는 것과 일치하지 않는다는 점이다. … 보통 의식의 보고활동은 당신의 욕구에 충분하다고 말할 수 있다. … 그러나 빈번하게 … 의지는 거부하며, 당신의 의지는 당신이 아는 범위 이상을 벗어나지 않는다. 그러나 그 어떤 경우에도 당신 의식의 이 보고는 늘 불완전하고 신뢰하기 힘들 때가 많다"(전집 12, 10쪽 이하). 이런 설명은 "**자 아는 자기 집의 주인이 아니다**"(같은 곳, 11쪽)라는 주장과 동일하다. 자유주의 시대의 합리적인 인간상은 "더 풍요롭지만 더 위험하게 흔들리는 인간인 심리적 인간(homo psychologicus)"에게 자리를 내줄 수밖에 없었다"(Schorske 1982, 4쪽).

의식의 철학 대 무의식의 철학

처음에 프로이트와 심리학의 관계에는 19세기 오스트리아에서 주류 심리학이었던 헤르바르트주의(Herbartianismus)의 징후가 엿보였다. 오스 트리아 고등학교의 교과 과정에는 논리학과 심리학 두 분야에 '철학입문 (Philosophisches Propädeutikum)'이 들어 있었다. 여기서는 헤르바르트주의자 인 구스타프 아돌프 린트너(Gustav Adolf Lindner)의 교과서 두 가지가 사용 되었다.

헤르바르트는 19세기 초에 이상주의 철학을 비판적 '사실주의'로 대체하 기 시작했다. 그는 심리적 삶의 규칙성을 자연과학의 방법으로 설명하려 고 하는 "학문적 심리학"을 발전시켰지만 여전히 형이상학에 사로잡혔다. 그의 표상 및 연상 심리학(Vorstellungs- und Assoziationspsychologie)은 의식에 주어진 사실의 연구로 초점을 맞추었다.

린트너의 《귀납적 학문으로서의 경험심리학 교과서》에서 의식은 지속 적인 표상의 흐름으로 이해된다. 이렇게 명백한 표상 외에 인간의 표상 대 다수가 어둠에 싸여 있는 까닭은 그것이 '의식의 문턱(Bewußtseinsschwelle)' 아래에 억눌러 있기 때문이다. 이렇게 '저지된' 그리고 '감춰진' 또는 밀려 난 표상은 '저항'을 극복할 때만 다시 의식으로 돌아올 수 있다. 이것은 연 상의 방법으로 심리학적으로 재생될 수 있다. 린트너가 "심리적 질병의 본

보기"로 지칭하는 꿈에서는 깨어 있는 영적 삶의 표상에서 분리된 덩어리가 다소간 의식의 완전한 암흑화를 야기한다(Lindner 1873, 220쪽). 이런 설명은 헤르바르트 심리학에 영적 삶의 의식적이고 무의식적인 표상 사이의 역동성이 (이미 관련되어 있지만) 주로 추상적인 개념으로 다루어졌다는 것을 알 수 있다.

1875년 젊은 프로이트 및 그의 친구인 요제프 파네트(Josef Paneth)와 대화를 나누던 프란츠 브렌타노(Franz Brentano)는 헤르바르트가 주장하는 "심리학의 선천적 구성"에 단호히 반발했다. 그리고 "경험 또는 실험을 참고할 생각을 하지 않거나 … 헤르바르트 사변의 무근거성을 보여 주는 이상한 심리적 관찰에 대해 우리에게 이야기하는 것을 용서할 수 없는 것으로 간주했다. 철학과 심리학은 아주 새로운 학문이고 특히 생리학으로부터 어떤 지원도 기대할 수 없기 때문에 철학 전체를 파악하려는 것보다 더 안전한 개별적 결과에 이르기 위해서는 개별적 물음에 대하여 철저히 탐구할 필요가 더 커졌다는 것"(116쪽)이다. 이렇게 브렌타노는 기본적인 방향을 제시하면서 이후 몇십 년 동안 오스트리아에서 두 번째로 큰 심리학의 흐름을 주도했다. 자신의 저서인 《경험적 관점에서 본 심리학》(1874)에서 브렌타노는 1870년대 철학서 가운데 베스트셀러였던 에두아르트 하르트만(Eduard v. Hartmann)의 《무의식의 철학》(1869)을 비판하며 대립각을 세웠다. 그가 무의식적 표상이 존재할 수 있느냐라는 의문에 집요하게 매달린 것은 인상적이었다. 브렌타노는 '최근에' 무의식적 심리현상의 학설을 주장하는 학자가 많다는 사실을 부인하지 않는다. 하지만 의식에 주어진 사실에서 무의식적 심리현상의 결과라는 결론을 내리려면 먼저 사실 자체를 충분히 검토해야 한다는 것이다. 게다가 이렇게 가정한 무의식적 현상의 법칙을 제시하고 경험적으로 확인할 필요가 있다는 것이다. 하르트만은 이런 요구를 올바로 평가하는 것이 아니라 기계론적인 설명에 실패할 때

면 늘 "영원히 무의식적인 것"을 끌어들였다. "조금만 정확한 사고를 하는
사람이라면 누구나 그런 가정에 기초한 난센스는 받아들일 수 없는 것으
로 내버릴 것이다"(Brentano 1874, 152쪽 이하). 결국 브렌타노는 모든 심리적
행위가 그것과 관련된 의식을 동반한다는 결론에 이르렀다. 그는 사실적
의식 외에 "내적 지각"에 접근 가능한, 고유한 인격과 관련된 제2의 의식이
존재한다고 주장했다.

프로이트는 1890년대 들어와 자신의 임상적인 경험을 토대로 신경증치
료(히스테리, 신경쇠약, 강박 및 불안 신경증 등)에서 과학적인 심리학을 세우는
계획에 몰두했다. 이때 프로이트는 의식적인 정신 외에 '무의식적인 정신'
이 존재하는지 여부를 둘러싼 전통적인 철학적 의문에 매달리지 않을 수 없
었다. 이 의문을 해소하려면 의식철학 및 심리학과 씨름할 필요가 있었다.

의식과 무의식이라는 상반되는 개념은 18세기 계몽주의 시대에 나
온 것이다. 데카르트는 "영혼이란 언제나 사유 상태에 있다(anima semper
cogitans)"고 말함으로써 반발을 자아냈다. 이렇게 합리적인 영혼의 모형에
서 무의식적인 감각 및 표상활동, 사유활동이 들어설 여지는 없었다. 데카
르트의 주장에 따라 의식과 사유(Cogitatio)를 동일하게 본다면, 인간의 영
혼이 의식을 **갖는** 것이 아니라 영혼 자체가 의식이 된다. 엄격하게 현상에
대한 인식론적 방향에서 출발한 칸트의 관점으로 볼 때, 의식의 '배후에' 영
적 과정의 담지자로서 실체적 영혼을 가정했던, 당시 폭넓게 퍼진 심리학
이 들어설 자리는 없었다.

하지만 데카르트가 영혼과 육체를 분리한 결과, 우리가 영적 과정을
직접 의식하지 못한 채 실존하는 그 과정을 어떻게 배열할 수 있느냐라
는 문제가 제기된다. 이런 의문에 라이프니츠가 개입했다. 라이프니츠
는 의식의 변두리에 있는 또는 전혀 의식에 들어오지 않는 "감지할 수 없
는 작은 표상들"을 기본적인 영적 능력으로 보았다.《인간오성신론(Neue

Abhandlungen über den menschlichen Verstand)》(1704)에서 라이프니츠는 우리가 매 순간 무수히 많은 "감지할 수 없는 표상"을 지니고 있지만, 그것이 너무 약하거나 너무 많아서 또는 너무 똑같은 형태라 알지 못한다고 기술했다. 아무리 불명료하고 어둠에 싸인 인지(Kognition)일지라도 인지는 지각과 사고, 기호, 습관에 다양한 영향을 미치며 명확하게 의식한 각 표상의 구성요소로 관여한다는 것이다. 또한 감지하기 어려운 표상도 기억 속에서 지나간 영적 상태의 흔적을 남기며 혼란한 미결정 상태로 표현되거나 의지를 자극함으로써 영적인 부조화에 대항할 수 있다는 것이다. 이 유명한 미세지각(pétites perceptions) 이론으로 라이프니츠는 "인지적 무의식(das kognitive Unbewußte)"이라 부를 수 있는 철학의 전통을 개척했다(Gödde 1999, 29쪽 이하 참조). 이 이론은 칸트, 페히너, 폰 하르트만 등에 의해 계승되었고 오늘날 인지심리학으로 이어지고 있다(Mertens 2005).

정신분석이 생성되는 단계에서 프로이트의 관심은 무의식의 심적 과정에서 나타나는 효과와 인식가능성 그리고 그에 따른 인지적 무의식에 집중되었다. 앞으로 보겠지만 프로이트는 라이프니츠를 넘어 무의식에 대한 독자적인 생각을 발전시켰다. 이때 그는 표상의 저항과 재생을 헤르바르트 심리학에서 착안한 억압의 역동성과 연결할 수 있었다. 프로이트의 혁신적인 업적은 이 정리(定理)를 추상적이고 합리적인 철학의 관계 틀에서 분리시켜 그의 임상이론과 실제에서 삶으로 채우는 동시에 '소외이론(Entfremdungstheorie)'에 접근시켰다는 데 있다(Marquard 1987, 229쪽; Gödde 1999, 172쪽 이하 참조).

물론 브렌타노의 심리학은 본질적으로 헤르바르트의 심리학보다 경험론에 가까웠다. 그러나 내적인 지각판단이 다른 인식에 부합되지 않는 "직접적인 확실한 증거"를 지니고 있다는 브렌타노의 낙관적인 가정은(1874, 177쪽) 지나치게 합리적인 인간상에 집착해 있었기 때문에 프로이트는 결국 이것을 자신의 신경증치료의 임상경험과 일치시킬 수 없었다.

프로이트는 헤르바르트와 브렌타노 대신에 무의식의 인간학적이고 심리학적인 파급효과를 인식한 사상가들 쪽으로 방향을 틀었다. 1890년대에 빌헬름 플리스에게 보낸 편지를 보면 프로이트가 빈 대학교에서 철학을 가르치는 빌헬름 예루살렘과 프랑스 철학자 이폴리트 텐(Hippolyte Taine), 구스타프 테오도르 페히너(Gustav Theodor Fechner) 그리고 뮌헨 대학교의 철학교수인 테오도르 립스(Theodor Lipps)를 언급하는 부분이 분명히 나타난다.

페히너는 헤르바르트의 전통에서 출발하고 있다. "정신물리학 외에도 다른 문헌을 많이 읽었다"는 페히너에 대한 첫 번째 인용은 이미 프로이트의 청소년기 편지(F/B, 202쪽)에서 나타난다. 헤르바르트가 다소간 의식적인 표상에 관심을 돌렸다면, 페히너는 "정신물리학의 문턱" 너머에 있지만 그에 못지않게 영향을 주는 "무의식의 감각"에 주목했다(Wegener 2005, 참조). 정신물리학의 문턱이라는 개념은 페히너의 저서인《정신물리학의 요소》에서 쓴 대로 핵심적인 비중을 차지한다. 그 이유는 다음과 같은 표현에서 알 수 있다. "그것은 무의식의 개념에 확고한 기초를 제공한다. 심리학은 무의식적 감각과 표상을 도외시할 수 없다. … 감각과 표상은 추상적으로 그 토대를 파악하는 한 무의식의 상태에서는 물론 현실적인 것으로서 존재하기를 멈추었지만 우리의 내면에서는 어떤 것, 즉 그것의 기능인 정신물리학적 활동이 계속된다. 그리고 여기에 감각의 재발가능성이 있다"(1868, 438쪽 이하). 이런 맥락에서 헤르만 헬름홀츠(Hermann v. Helmholtz)가 자신의 지각이론의 중심으로 내세운 '무의식적 추론(unbewußte Schlüsse)' 이론 또한 언급되고 있다.

특히 프로이트가 분트와 브렌타노 외에 과학적 심리학의 대표에 속했던 테오도르 립스를 무의식적 심리학의 학술성에 대한 주요 증인으로 생각한 것은 타당한 결과였다. 1880년대에 브렌타노의 주도 하에 립스는 매우 수동적이었던 종전의 연상심리학에 반기를 드는 운동에 가담했으며 소망과 의도가 담긴 적극적인 자아에서 출발하는 작용심리학(Aktpsychologie)의 길로 들어섰다. 브렌타노와 달리 그는 무의식의 개념이 심리학에 필수적이라고 확신했다. 립스는 1896년에 뮌헨에서 열린 제3차 국제 심리학회에서 《심리학에서 무의식의 개념》이란 주제로 방향을 제시하는 강연을 했다. 이 강연에서 립스는 심리학에서 무의식의 문제가 "심리학적인 물음이라기보다 심리학의 물음"이라는 명제를 내세웠다(Lütkehaus 1989, 235쪽에서 재인용; 전집 2/3, 616쪽 참조). 프로이트는 감격에 찬 말로 립스의 견해에 동조했다. 말년에 쓴 논문에서도 프로이트는 여전히 립스가 최초로 무의식의 개념을 과학적인 의미로 '사용하는' 법을 알았다고 회고했다. 이후 정신분석이 "이 개념을 이용하고 진지하게 받아들였으며, 이 개념에 새로운 생명을 채워 넣었다"(전집 17I, 147쪽)는 것이다.

프로이트는 《꿈의 해석》 제7장에서 무의식을 정신분석의 기본개념으로 도입했고 억압이론의 도움으로 그 개념의 기초를 세웠다. 프로이트는 임상적 측면에서 억압된 것을 '역동적' 무의식으로 표현했다. 그럴 것이 억압된 소망, 열정과 환상은 자발적으로 의식으로 다시 진입하기 때문이다. 프로이트가 발견한 역동적 무의식을 동기부여의 측면에서 볼 때 철학적 전통의 인지적 무의식과 전혀 다른 배경이 있다는 것은 확실하다. 이 때문에 그는 라이프니츠로 대변되는 의식의 연속성이라는 원칙을 본래적인 무의식에 적용할 수 없다고 보았다. 단순히 인지적인 수행에서는 해명과 설명이 전의식(das Vorbewußte) 단계에 머무르며 지나치게 합리적인 인간상에 사로잡힐 수도 있다는 것이다.

'메타심리학' 프로젝트

프로이트는 새로운 심리학의 학술성에 기초를 마련하기 위해 임상치료 상의 신경증 연구와 병행하여 훗날 '메타심리학'이라고 불릴 제2의 프로젝 트에 매달렸다. 이는 심적인 것 내지 '심리적 장치(psychischer Apparat)'에 대한 일반이론을 가능하게 해 줄 수 있는 계획이었다. 프로이트는 메타심리 학으로 신학과 철학이 전통적으로 권리를 주장한 활동 영역을 개척했다. "나는 실제로 최근의 종교에까지 이어지는 신화적 세계관의 커다란 부분 이 **외부세계로 투사된 심리학**일 따름이라고 믿는다. … 심적인 요인에 대한 어두운 인식과 무의식의 상황들은 … **초감각적인 현실** 구조에서 반영된다. 이런 현실은 과학에 의해 다시 무의식의 심리학으로 바뀌어야 한다. 어쩌 면 우리는 **형이상학을 메타심리학**으로 전환할 수도 있을지 모른다"(전집4, 287-288쪽).

1895년에 프로이트는 처음으로 "신경학자들을 위한 심리학" 프로젝트 를 언급했는데(F, 124쪽), 여기서 그는 생리학과 심리학 사이에 다리를 놓으 려고 했다. 그 직후 프로이트는 이 프로젝트를 두고 한계를 모르는 자신의 '독재(Tyranne)'라고 부르며 다음과 같이 말했다. "전부터 장기적으로 영향 을 주는 내 목표는 심리학이며, 이후로 나는 이 목표에 가깝게 접근하기 위 해 신경증에 매달렸다. 나는 두 가지 의도에 골몰했다. 첫 번째는 양적인 관찰로서 일종의 신경이 지닌 힘의 경제학을 도입할 때 심적인 것의 기능 이론이 어떤 형태를 취할 것인지를 살피는 것이고, 두 번째는 정상적인 심 리학을 위하여 정신병리학으로부터 이득을 얻는 것이었다"(F, 130쪽 이하).

무의식에 대한 물음과 마찬가지로 유물론적인 맥락에서도 중요한 것 은 전통적인 철학의 물음인 정신과 육체의 문제였다. 여기서 떠오르는 것 은 18세기 프랑스의 계몽주의자였던 라 메트리(La Mettrie)가 창안한 "인간 기계론(L'homme machine)"의 공식이라는 것이다. 라 메트리는 인간이 고도로 복잡한 기계장치와 다를 바 없다는 것을 입증하려고 했던 인물이다. 기계론적인 유물론의 전통에는 또 생물리학적인 운동도 있었다. 프로이트는 사후에 공개된《심리학 초고(Entwurf einer Psychologie)》(1895)에서 "심리적 과정을 제시 가능한 물질적 부분의 양적으로 규정된 상태로 묘사하려는" 의도를 가지고 있었다(부록, 387쪽). 물리적 형상을 따라 만든 기계 및 '장치'의 '심적인 메커니즘'에 대한 헤르바르트와 프로이트의 기본개념을 비교해 보면 커다란 유사점이 나타난다(Dorer 1932; Hemecker 1991). 마찬가지로 안정성과 쾌감/불쾌감에 대한 페히너의 정신물리학적인 원리도 항상성 및 쾌락원리(Konstanz- und Lustprinzip)에 대한 프로이트의 경제학적 가설의 토대가 되었다.《심리학 초고》의 직접적인 모델은 폰 브뤼케의 제자인 지그문트 엑스너(Siegmund Exner)가 1894년에 발표한《정신현상의 생리적 설명을 위한 초고》였을 것이다. 이 책은 심적인 것의 물질적인 운반체로서 뉴런에 대한 이론을 담고 있었다.

프로이트가 이미 1895년 11월에 자신의《초고》에서 멀어졌다는 것(F, 153쪽 이하, 158쪽)은 그가 빌헬름 플리스와의 분업 속에서 도달해야 할 계획, 즉 유기체설(Organologie)과 심리학을 결합하는 계획을 당시에 포기했다는 것을 의미하지는 않는다. 다음을 보면 프로이트가 이것과 거리를 둔 것은 1898년 9월이 되어서였다. "나는 … 유기체적인 토대 없이 심리학을 미결 상태로 유지할 의도는 결코 없다. 나는 단지 이론적으로나 치료적으로 확신하지 못할 뿐이며, 그래서 내 앞에는 마치 심리학적인 것만 있는 것처럼 행동하지 않을 수 없다"(F, 357쪽).

《심리학 초고》는 ─항상성 및 쾌락원리, 1차 과정과 2차 과정만이 아니라 무의식적이고 전의식적인 심적 활동처럼─ 후기의 메타심리학의 중요한 측면을 선취하고 있었다. 이 글은 아울러 "프로이트의 심리학적 전체 사고에 미치는 강력한 발견술적(heuristisch) 효과를 수행했다"(Sulloway 1982,

182쪽). 프로이트는 이후 《꿈의 해석》에서 신경계의 생리적인 장치와 함께 "심리 장치"라는 개념을 창안했다. 그는 처음에는 신체적인 것을 배제한 상태에서 심적인 것의 고유한 의미에 관심을 기울였다. 프로이트는 이렇게 엄격한 분리에 의해 심리학을 한편으로는 의학과 생리학적 심리학의 신체적 사고로부터, 다른 한편으로는 철학의 형이상학적 전제에서 해방하는 운동에 합류했다. 이에 걸맞게 프로이트는 이후 생리적인 '에너지' 대신 심적인 '항상성의 원칙(Konstanzprinzip)'으로서 심적인 에너지라는 말을, '뉴런 체계' 대신 심리적인 체계라고 말했다. 프로이트는 반사장치와 인간의 심리 장치의 비교로부터 출발하여 심적인 과정이 특정 체계를 가동한다고 가정했다. 예컨대 지각체계에서 기억의 흔적을 거쳐 무의식으로, 경우에 따라서는 전의식으로 그리고 마침내 운동을 유발하는 결말로 이어진다는 것이다. 이로써 프로이트는 메타심리학의 지평에서 심적인 '위상론(Topik)'을 도입했고 검열장벽을 통하여 '본래' 무의식적인 것을 전의식 및 의식의 체계와 구분했다. 위상적 의미의 무의식에는 무엇보다도 응축(Verdichtung) 및 전치(Verschiebung), 불멸성과 무모순성이라는 특징, 쾌락원리에 따른 조절과 1차 과정의 기능방식이 주어진다는 말이다.

요약하자면 무의식에 대한 프로이트의 메타심리학은 두 가지 철학적 전통에서 형성된 것이라고 말할 수 있다. 그것은 한편으로 무의식을 심적인 것에 포함하는 철학적 전통이고, 다른 한편으로는 심적인 것을 세 가지 체계로 나누어 장치모델로 분류하려는 유물론적인 사유전통이다.

정신물리론(Psychophysikalismus) 대 정신생기론(Psychovitalismus)

이미 《꿈의 해석》은 여러 곳에서 장치모델의 기계론적인 표상의 범위를 넘어서고 있다. 소망이 충족된 꿈과 환상에서만이 아니라 2차 과정에서도 인간 주체의 고유한 활동이 나타난다. 이런 맥락에서 프로이트는 브렌타노의 심리학과 아리스토텔레스적인 사유전통에 가까운 동기나 의도, 의미와 같은 지향적 범주에 의존한다. 그는 이것을 꿈, 나아가 실수행위와 증상 그리고 위트 개념에도 적용한다. 이것으로 정상적 의미이해에서 배제된 현상들에 "대안적인 다른 의미"를 부여할 수 있었다. "이렇게 다른 의미, 이해할 수 있는 명백한 의미의 수용은 과학을 구성하는 정신분석의 전제가 된다"(Schöpf 1982, 135쪽).

그 밖에도 《꿈의 해석》에는 다음과 같이 무의식의 존재론적인 시각이 들어 있다. "우리는 **립스**(Lipps)의 표현에 따라 무의식을 심리적 삶의 일반적인 토대로 받아들여야 한다. 무의식은 좀 더 작은 의식의 세계를 자체 내에 포함하는 더 넓은 세계이다. 모든 의식에는 무의식적인 전단계가 있다. 무의식은 이 단계에 머무르는 동안 심적인 성취라는 온전한 가치를 내포할 수 있다. 무의식은 본래 현실적이고 심적인 것이다 …"(전집 2/3, 617쪽).

과학적인 맥락에서 볼 때 자연과학에서는 패러다임의 변환을 고려해야 한다. 이 같은 패러다임의 변환은 19세기 말에 시작되어 인간학과 심리학 전체에 지속적으로 영향을 주었다. 논리적 경험론의 초기 활동가 중 한 사람인 필립 프랭크(Philipp Frank)는 1907년에 있었던 토론을 회상하며 "우리는 기계론적인 과학이 마침내 우리의 모든 생각을 사로잡으리라는 믿음이 점차 쇠퇴한 것을 알았다"(Fischer 1995, 247쪽에서 재인용)라고 쓰고 있다. 심리학에서는 차츰 '생물리학적' 모델이 '(생물)발생론적' 모델에게 밀려났다(Sulloway 1982). 과학사적으로 볼 때 이런 몰락의 이유로 다윈과 라마르크의 진화론, 성(性) 과학적인 연구의 등장과 현대적인 소아과의학, 발달심리학을 들 수 있다. 유아기의 성욕과 성 심리의 발달, 충동, 기관억압, 고착과 퇴행 등에 대한 프로이트의 이론은 (생물)발생론적인 시각의 특징을 담고 있다. 또한 "전반적으로 정신분석 이론의 역동적이고 발생론적인 핵심도 마찬가지다"(Sulloway 1979/1982, 571쪽). 일반적으로 생리학이나 물리학에 의존하는 방식은 심적인 것의 기계론적 모델을 선호하고 그와 달리 생물학이나 진화론에 의존하는 방식은 유기체 모델을 선호한다고 말할 수 있다.

부르크홀츠(1995)는 1880년대에 등장한 신라마르크설이 생기론적 사고의 부활에 기여한 것에 주목했다. 여기서 자연철학의 '생명력'은 정신주의적(mentalistisch) 용어인 세포 및 식물정신(Zell-Planzenpsyche), 사이코이드(Psychoid)로 대체된 바 있었다. 프로이트는 다음 세 가지 무의식의 생기론 개념에 명시적으로 반대하는 태도를 취했다. 그것은 칼 융의 "무의식의 심적 에너지론"(전집 10, 108쪽)과 "정신물리론적 병행론의 해결할 수 없는 난점들"(전집 10, 266쪽), 그리고 한스 드리시(Hans Driesch)가 발전시킨 '사이코이드'의 개념(전집 13, 241쪽)이었다. 동시에 프로이트는 후기저서에서 '이드'를 통하여 무의식의 고유한 유기체적 개념을 발전시켰다. 이미 1917년에 그로데크에게 보내는 편지에서 프로이트는 무의식을 "육체적인 것과 심리적인 것 사이의 올바른 매개, 어쩌면 오랫동안 찾고자 했던 '비어 있는 연결고리(missing link)'일 것"이라고 표현했다(F/G, 15쪽).

무게 중심에서 인간학이 기계론적인 것에서 생기론적인 것으로 이동한 것은 다음처럼 무의식을 다룬 문헌에서도 드러나고 있다. "전의식의 전체적인 심적 활동이 이루어지는 동안 무의식이 조용히 머물러 있다고 생각한다면, 또한 무의식이 뭔가 끝난 것이거나 미발달의 유기체, 발전의 잔재라고 생각한다면 그것은 아마 잘못된 생각일 것이다. 그리고 이 두 가지 체계의 교류가 억압 행위로 제한된다고 보는 것도 마찬가지다. … 무의식은 이보다 훨씬 더 생생하고 발전가능성이 있으며 전의식과 일정한 관계를 유지한다. … 그것은 생명의 발전에 문을 열어놓고 있으며, 끊임없이 전의식에 영향을 미치면서 나름대로 전의식의 영향에 종속되기까지 한다"(전집 10, 288쪽 이하). 이 문헌의 뒷부분에서는 "특히 전의식과 무의식의 상호작용에서 이루어지는 완벽한 활동" 가능성이 설명된다(전집 10, 293쪽). 이런 맥락에서 생명과 발달, 창조력은 충동이나 본능, 본성, 육체처럼 생기론적 사고의 핵심 개념에 속한다는 것을 알 수 있다(Pongratz 1984, 196쪽 참조).

육체적인 것과 심적인 것 사이의 한계개념으로 '충동'이 등장하고 유아기의 '충동의 운명(Triebschicksal)'이라는 측면을 고려하게 됨으로써 그때까지 정신분석의 생기론적 사고를 강하게 금기시하던 풍조는 분명히 약화되었다. '충동적'이라는 말을 프로이트가 말한 활발한, 불안한, 강박적인, 정동적인(affektiv), 발달촉진적인처럼 질적인 특징으로 이해한다면, 충동적-생기적 무의식이라는 표현도 가능할 것이다. 그렇다고 계몽주의적인 목표 설정에서 달라질 것은 아무것도 없었다. 프로이트는 계속해서 무의식을 과학적 연구에 해당하는 독특한 내적 질서로 이해하려고 했다. 그가 무의식이 철학자에게 "손으로 잡을 수 있거나 보여 줄 수 있는 것이 아니라 뭔가 신비로운 것"(전집 8, 406쪽)이라고 말할 때는 낭만적-생기적 무의식의 전통을 주시하는 것처럼 보였다. 더욱이 프로이트가 무의식의 역동성을 자기보존과 종의 보존이라는 기본적인 충동과 결합했기 때문에 그의 충동 심리학적 구상은 유물론적-혁명적인 것으로 특징화할 수 있다.

에로스 및 죽음의 충동 이론에서 무기물-무생물은 더 오랜 자연의 질서로 나타나며, 유기체-생물은 죽음을 통하여 이 질서로 회귀한다. 《쾌락원리의 저편(Jenseits des Lustprinzips)》(1920)에는 다음과 같은 설명이 나온다. "생명체의 진행과정에 대한 헤링스(E. Herings)의 이론에 따르면 끊임없이 상반된 두 가지 작용이 펼쳐진다. 하나는 형성-동화작용이고 다른 하나는 해체-이화작용이다. 이 두 가지 생명의 과정에서 인간은 과연 삶의 충동과 죽음의 충동을 인식하는 모험을 해야 할까? 그러나 다른 어떤 것, 뜻밖에 **쇼펜하우어** 철학의 항구로 진입하는 일을 숨길 수는 없을 것이다. …"(전집 13, 53쪽). 우리는 에로스와 죽음의 충동이 일반적으로 대립한다는 세계

해석에 동의할 수도 있고 반대할 수도 있다. 하지만 본질적인 것은 우리가 철학적인 차원을 외면할 수는 없다는 점이다. 프로이트 자신도 "과학과 생명의 중대한 문제를 다루는 최후의 사물들과 관련해 우리는 유감스럽게도 불편부당한 경우가 드물다는 사실"을 인정했다. "나는 인간은 누구나 내적으로 깊이 뿌리 내린 편애에 지배를 받는다고 생각한다. 충분한 근거를 가지고 불신하는 것은 스스로 깊이 숙고한 결과 내리는 냉정한 호의와 전혀 다르지 않다고 할 수 있다"(전집 13, 64쪽 이하).

쇼펜하우어와 니체의 철학적 전통

프로이트가 저술활동 중기에 이미 쇼펜하우어나 니체와 정확히 견해를 같이했다는 것을 인정했다면, '의지(Wille)'의 힘과 '지성(Intellekt)'의 무기력에 대한 그의 친화적 관계는 ―그가 앞서 생철학에 깊은 인상을 받은 것처럼― 후기의 저작에서 분명하게 드러난다. 의식과 무의식의 변증법 대신에 자기결정과 타자결정의 변증법이 전면에 부각된다.

쇼펜하우어와 니체는 무의식의 전통적 노선을 밟으며 선험적 관념론과 낭만적 자연철학이라는 대립된 위치에서 성장한 대표적인 인물들로 통한다. 두 사람은 '의지'를 갈망과 충동, 욕구로 새롭게 규정한 셸링의 생각과 궤도를 같이하면서 인간의 위험한 충동본성(Triebnatur)을 돌파하도록 도움을 주었다. 오도 마르크바르트(Odo Marquard; 1987, 198쪽 이하)에 따르면 인간의 본성은 이런 "현실로의 전환" 속에서 "조화와 자기지향, 합목적성, 이성적인 역사성, 유기적-치료의 속성"을 상실했다. 이런 과정을 우리는 "낭만적 본성의 탈마법화"라고 부를 수 있다.

프로이트가 1923년에 '이드(Es)' 개념을 도입했을 때, 그는 "비개성적이고 말하자면 본성에 필연적인 것에 대한 이런 문법적인 표현이 우리의 존재에 철저히 통용되는" 맥락에 따라 이 개념을 분명히 니체와 연관시킨다. 이어서 프로이트가 "자아는 마치 고유한 존재인 양 이드의 의지를 행위로 전환하는"(전집 8, 251쪽; Fn 2쪽, 253쪽) 습관이 있다고 설명할 때, 이런 규정은 정확히 —후기의 셸링에서 쇼펜하우어를 거쳐 니체에 이르기까지— '의지'를 영적 현상의 '배후'에서 조종하는 힘으로 간주하는 반 관념론적 전통을 가리킨다.

쇼펜하우어와 관련하여 프로이트 자신은 일련의 중요한 일치점이 있음을 인정했다. 쇼펜하우어는 어느 누구보다 먼저 무의식의 영적인 진행과정을 간파했으며 "그의 무의식적인 '의지'는 정신분석의 영적인 충동과 동일하다"는 것이다(전집 12, 12쪽). 막스 호르크하이머(Max Horkheimer; 1972, 454쪽 이하)는 어느 인터뷰에서 쇼펜하우어의 주저인 《의지와 표상으로서의 세계》에서 표출되는 형이상학과 프로이트의 메타심리학 사이에는 기본적인 일치점이 성립된다고 다음과 같이 강조했다. "무의식은 쇼펜하우어에게 본래 '거대한 사실이라고 할 의지'이다. 인간은 일반적으로 이 의지를 기술할 줄 모른다. 그러나 쇼펜하우어의 철학에서 의지를 '인간의 본질'로 보는 예컨대 그의 결론을 우리가 심리학적으로 해석할 수 있고, 역으로 프로이트의 무의식이라는 개념을 철학의 의미에서도 해석할 수 있다는 점에서 두 사람은 동일하다 ….."

프로이트 역시 쇼펜하우어가 "정동성(Affektivität)[14]의 우위와 성욕의 두드러진 의미를 표현"하고 "억압의 기제 자체를 알고 있었다"고 지적한 바 있다(전집 14, 86쪽). 실제로 쇼펜하우어가 저작을 통해 프로이트라면 '억압'이라고 부를 것을 앞서 미리 언급했다고 볼 근거는 많다. 물론 실제적인 유

---

14) 역주: 위키피디아의 정의에 따르면 정동성은 본래 오이겐 블로일러(Eugen Bleuler)가 사용한 용어로, 그것은 충동성을 포괄하는 "감각적, 감성적 삶의 총체"이다.

사성이 아무리 많다고 해도 프로이트가 억압개념에 대한 이론적 인식과 임상적 활용이라는 측면에서 쇼펜하우어를 훨씬 능가한다는 점을 간과해서는 안 될 것이다(Gödde 1999, 443쪽 이하).

프로이트는 니체를 쇼펜하우어와 같은 철학자로 평가하면서 "그의 예감과 통찰은 종종 놀라울 정도로 정신분석의 힘든 성과와 비견된다"(전집 14, 86쪽)고 말한 바 있다. 하지만 실증주의적인 과학적 이상에 의무감을 느낀 프로이트는 니체를 단지 철학자와 도덕주의자로만 보았을 뿐 수요회(Mittwoch-Gesellschaft)의 두 차례 모임에서는(1908년 4월, 10월) 그를 **비-과학자**로서 의미를 제한하고 배제했다(Nunberg/Federn 1962/1976, 334쪽 이하, 1967, 22쪽 이하). 프로이트가 니체를 이렇게 표현한 것은 아마도 과학에서 출발했지만 "자기지양"을 위해 과학을 배척한 그런 "지적 허무주의자들"에게 그가 비판적 태도를 취했기 때문인 것으로 보인다. 실로 과학은 그에게 진리의 유일한 보증수표였다. 그렇기에 이제 "진리는 관용적일 수 없고 타협과 조건을 허용치 않는다는 것, 연구는 인간 활동의 모든 영역을 그 자체의 것으로 관찰하고 다른 세력이 그것의 일부를 압류하려 할 때에는 가차 없이 비판적이어야 한다는 것"(전집 15, 190쪽)이 프로이트의 신조였다. 이와는 달리 니체는 진리 인식에 대한 요구를 거부했다. 진리란 "은유와 환유, 의인화의 움직이는 무리 같은 것, 요컨대 시적이고 수사적으로 고조되고 전달되며 장식되는 인간관계의 총합이다. … 그것은 인간이 어떤 존재인지 망각한 환상 같은 것이고, 너무 많이 사용하여 의미상으로 무기력해진 은유이자 모양을 상실하여 이제 단순한 쇳조각에 지나지 않는 동전 같은 것이다"(Nietzsche 1873, 880쪽 이하). 프로이트는 니체의 관점주의(perspektivismus)[15] 인식과 과학비판을 완전히 낯설어 했던 것으로 보인다.

"초감각적 사실의 구성"에 대한 프로이트의 비판과 니체적인 사고의 노선에서 움직이는, "형이상학을 메타심리학으로 전환하는"(전집 4, 287쪽 이

하) 태도에 아이러니가 없는 것은 아니다. 두 사람은 19세기 관념론적 형이상학의 거대한 전환기적 운동에 속하는 인물들이다(Wucherer-Huldenfeld 1994, 179쪽 이하). 니체는 프로이트보다 더 멀리 나갔고 '인식'이나 '진리', '과학'처럼 신성시되는 가치 자체에서 벗어난 것이며, 이때 '힘(Mahct)'을 해석하는 그의 관점이 핵심적 역할을 수행한다. 이런 점에서 니체는 푸코나 데리다, 들뢰즈 등의 의미에서 포스트모더니즘의 선구자였다.

비판적 도덕철학과 문화철학

쇼펜하우어와 니체, 프로이트는 모두 '폭로'의 사고라는 공동의 전통에 포함될 수 있다. 베이컨의 편견비판과 유럽의 도덕주의적 특징, 계몽주의 그리고 19세기의 종교, 이데올로기, 문화 비판, 특히 셰익스피어와 스탕달, 도스토옙스키, 입센, 슈니츨러 같은 작가의 심리적인 폭로기술도 이런 전통에 속한다.

니체는 "19세기 형이상학적 윤리의 결정적인 전환기"를 개척했다(Schulz 1972, 641쪽). 그의 비판은 무엇보다도 기독교에 들어 있는 —그리고 쇼펜하우어에게 여전히 남아 있는— 동정, 자비, 금욕, 신성 같은 도덕적 가치를 겨냥하고 있으며 "모든 가치의 전도(Umwertung aller Werte)"에 대한 요구로 집중된다. 니체는 《도덕의 계보》에서 기독교적 도덕을 삶에 적대적인 것으로 설명했다. 그것은 개인에게 견디기 어려운 충동의 억제를 강요하고 외부에 대하여 자신의 성향을 '내면화'시키면서 "본래의 개성에 등을 돌리게 한다"는 이유에서였다. 이렇게 병적인 역동성은 니체에게(1887, 322-

---

15) 역주: 니체가 사용한 용어. 객관적 사실의 진리성에 대한 실증주의자의 신념과는 반대로 그런 것은 없으며 오직 관점들과 해석들만 있다고 보는 견해.

324쪽) 계통발생학에 기원을 둔 문화적 문제이기도 했다. "본디 두 개의 피부 사이에 긴 것처럼 얇은 전체적인 내면세계는 덩이로 서로 갈라지고 융기된 채 외부를 향해 인간성의 발산이 억제될 때 폭과 깊이와 높이가 생겼다." 국가권력의 개입으로 "야성을 지니고 자유롭게 방황하던 인간의 모든 본능은 후퇴하고 **인간 자신에게 등을 돌리는**" 결과에 이르렀다. 이와 더불어 인류사에서 "가장 크고 기분 나쁜 질병", 즉 "**인간 자신에 대한** 인간의 고통"이 양심의 가책을 받으며 등장했다.

프로이트는 기본 성향에 따라 니체와 유사한 비판적 관점을 《문화 속의 불쾌감(Das Unbehagen in der Kultur)》[16]에 끌어들였다. 문화로의 도정에서 결정적인 진일보는 "야만적인 힘"으로 판정받은 개인의 힘이 공동체의 힘으로 대체될 때 이루어진다는 것이다. 또 이런 대체과정에서 본질적인 것은 "공동체의 구성원이 만족 가능성 내에서 제한되지만, 개인은 이런 제한을 알지 못했다는 사실"(전집 14, 454쪽 이하)이다. 또 억제된 공격적 본능의 운명에 대해서도 프로이트는 니체와 일치한다. "공격성은 내사되고 내면화되지만, 본래 출발한 곳으로 되돌아가서 요컨대 고유한 자아에게 등을 돌린다"(전집 14, 482쪽).

니체는 '양심의 가책'과 '금욕적 이상'에 대한 설명을 계속하면서 프로이트가 초자아(Über-Ich)의 병리학으로 다룬 주제에 파고들었다. 엄격한 초자아와 여기에 굴복하는 자아 사이의 긴장에서 —의식적이든 무의식적이든— 죄책감이 발생한다. 문화는 "개인의 위험한 공격욕구를 약화시키고 무장을 해제하며, 도시의 점령군처럼 내면의 법정에 감시를 받도록 하면

---

16) 역주: 국내에 소개된 번역서에는 대체로 '문명에 대한 불만' 또는 '문명 속에서의 불만'으로 번역되고 있다. 하지만 독일어 'Kultur'는 문화로 번역하는 것이 타당하다고 생각된다. 역자의 감각으로는 'Unbehagen'도 불만보다는 불쾌감에 더 가까운 것 같다.

서"(전집 14, 282쪽) 그 욕구를 극복한다는 것이다. 프로이트는 니체와 비슷하게 지적하면서 죄책감이 "문화발전에서 가장 중요한 문제"라고 설명한다. 왜냐하면 "문화발전의 대가로서" 행복의 손실은 무엇보다 죄책감의 상승을 통하여 보상받기 때문이라는 것이다(전집 14, 493쪽 이하).

이런 맥락에서 프로이트는 공동체에 기여하는 "문화-초자아(Kultur-Über-Ich)"가 이상적인 요구에 역점을 두기도 하지만 지나치게 극기와 금욕이라는 도달 불가능한 이상을 강조할 때 위험해질 수도 있다고 단언한다. 프로이트가 지나친 요구라고 보는 ―니체와 비슷한 취지로― 기독교의 계율이 이런 이상에 해당한다. "'네 이웃을 너 자신처럼 사랑하라'라는 계율은 인간적인 공격본능에 대한 매우 강력한 방어 장치이자 문화-초자아의 비심리적 행태에 대한 탁월한 예이다. 이 계율은 이행될 수 없다. 이렇게 사랑을 크게 부풀리는 것은 사랑의 가치를 깎아내릴 뿐 궁핍을 제거하지는 못한다"(전집 14, 505쪽).

프로이트는 이와 같이 도덕비판으로부터 기독교에 대한 심리학적 비판으로 넘어간다. 기독교는 기만적인 소망충족을 통하여, 그리고 몸에 밴 권위에 대한 믿음과 사유의 장애를 통하여 인간을 정서적이고 정신적으로 종속시키기 때문이라는 것이다. 결국 프로이트는 기독교의 전체적 윤리체계를 의문시했다.

전체적으로 보았을 때 문화-초자아의 병리학에 대한 프로이트의 명제는 사회의 이성과 그 제도의 신뢰성을 뒤흔드는 데 기여했다.

'충동 문제'에 대한 쇼펜하우어와 니체의 상반되는 두 가지 극복전략을 하나는 충동의 부정과 충동 억제의 의미에서 '의지의 부정(Verneinung des Willens)'으로, 다른 하나는 충동의 긍정과 충동 형성의 의미에서 '힘에의 의지(Wille zur Macht)'로 분류한다면, 《문화 속의 불쾌감》에 나오는 프로이트의 상술은 쇼펜하우어보다 니체의 시각에 가깝다는 것을 보여 준다. 프로이트에게 충동 억제는 "인간이 다른 모든 활동 역시 포기했다(삶을 희생했다)"는 결정적인 단점을 지닌다. 이에 대해 그는 고유한 충동 갈등의 극복을 위해 "충동적 삶의 지배"를 훨씬 더 나은 수단으로 본다. 하지만 끊임없이 이상(理想)의 관점에서 철학적 모색을 강조하는 니체와 달리 프로이트는 "일반적으로 적용할 수 없고 소수의 인간에게만 접근을 허용하는" 승화(Subliemierung)를 강조한다. "승화가 이런 소수의 인간에게도 완전한 고통의 방지를 보장하는 것은 아니다. 자신의 육체가 고통의 원천이 될 때, 승화는 그들에게 운명의 화살을 피할 갑옷을 만들어 주지는 못하며 잘 작동되지 않는 경향이 있다"(전집 14, 437-438쪽).

"과학적 세계관"과 철학

프로이트는 자신의 문화비판을 온갖 형태의 과오와 환상, 미신, 편견, 집단병리학에 맞서는 투쟁의 선언과 결부시켰다. 그는 자신이 심혈을 기울인 초자아교정(Über-Ich-Korrektur)이라는 주제를 폭넓은 토대에서 완성하기 위해 원칙적으로 "세계관의 제작"에 등을 돌리고, 이 교정을 인생여정에 대한 온갖 정보를 제공한다는 베데커(Baedeker) 여행안내서와 비교했다. 프로이트는 이 "삶의 길잡이"의 최신판들이 "매우 편리하고 완벽한 과거의 교리문답서를 대체하려는"(전집 14, 123쪽) 시도라고 말한다. 안내서 하나하나는 "우리 현존재의 모든 문제를 상위의 가설로부터 통합적으로 해결하는 지적 구조가 기초를 이루고 있으며, 따라서 이 가설에서는 어떤 물음도 미해결로 남아 있지 않고 우리가 관심을 갖는 모든 것이 특정한 자리를 찾는다"(전집 15, 170쪽)는 것이다. 프로이트는 '과학적 세계관'이 애니미즘과 종교, 끝으로 철학처럼 이렇게 확고하고 흔들림이 없는 사고체계와 달리 끊임없이 잠정적인 특징만을 지니는 것으로 보았다.

《빈정신분석학회 회의록》을 보면 프로이트는 인간 정신의 발전사에서 철학을 시대에 뒤진 단계의 것으로 분류했다. 오귀스트 콩트(Auguste Comte)의 3단계 법칙에 따르면 인류의 사고발달은 이론적인 단계에서 형이상학적인 단계를 거쳐 과학적(실증적)인 단계로 이어진다. 콩트는 여전히 존재하는 신학적이고 형이상학적인 사변에서 해방되고 모든 영역에서 경험적이고 객관적이며 반 사변적인 '실증적' 방법에 활로를 열어 주는 것을 과학시대의 과제로 보았다. 프로이트는 《토템과 터부(Totem und Tabu)》에서 버넷 타일러가 변형한 3단계 법칙에 의거하여 3대 세계관을 애니미즘 단계와 종교적 단계, 과학적 단계로 구분했다(전집 9, 96쪽). 여기에 형이상학적인 단계는 없지만 프로이트는 다른 기회에 철학을 "종교적 세계관의 시대로부터 '살아남은 것'으로" 본다는 것을 분명히 했다(B, 389).

프로이트가 《일상생활의 정신병리학(Psychopathologie des Alltagslebens)》에서 처음으로 "현대 종교에까지 이어지는 신화적 (또는 애니미즘적) 세계관의 커다란 줄기"를 언급하면서 이것을 "외부세계로 투사된 심리학"에 다름 아니라고 말했을 때, 그는 이를 편집증과 유사한 것으로 보았다(전집 4, 287쪽 이하). 프로이트는 1907년 수요학회 모임에서 이런 입장을 표명했고, 이후로는 '섬망(Delirium)'을 끌어들였다. "체계적인 것을 따르는 조합된 결과"로서 섬망을 "거대한 (철학적) 체계와 같은 것"으로 볼 수 있다는 것이다(Protokolle I, 141쪽). 나아가 철학적 사유행위도 강박적 숙고(논리의 과잉) 및 나르시시즘적인 자기연관성(자기관찰의 만연)과 연관되었다.

빈의 프로이트 학파에서 개최한 토론에서도 철학자의 병리학이라는 주제가 중요한 역할을 했다. 특히 니체가 정신분석자들의 주목을 받았다(Protokolle I, 334쪽 이하, II, 22쪽 이하). 프로이트는 《정신분석에 대한 관심(Das Interesse an der Psychoanalyse)》이라는 논문(1913)에서 처음으로 철학 자체를 정신분석의 대상으로 삼는 과제에 대하여 자세히 언급했다. 즉 정신분석에서만이 비로소 "철학론의 주관적이고 개인적인 동기부여"를 인식하는 것이 가능하다. 더욱이 정신분석은 "비판 자체에 체계의 약점을 보여 줄 수"도 있다. 그러나 이런 비판을 수행하는 것은 "물론 한 학설의 심리학적 결정과정이 결코 과학적 정확성을 배제하지 않기 때문에" 정신분석의 과제가 아니라는 것이다(전집 8, 407쪽).

빈의 정신분석학회에 등장한 철학비판은 프로이트가 심리학과 심리요법에 집중된 연구영역과 응용분야를 현저히 확대하고 언어학과 철학, 생물학, 발전사, 문화이론, 예술학, 사회학, 교육학 등 "비심리학적인 과학"과 연결하던 시기에 등장했다. 이후 정신사에서 정신분석의 "응용"은 그에게 뚜렷한 목표가 되었다.

1929년 "과학적 세계이해(Wissenschaftliche Weltauffassung)"라는 제목으로 발표된 '빈 학파'의 유명한 선언에는 다음과 같이 프로이트와 관련된 언급이 발견된다. "과학적 세계이해에서 형이상학적 철학은 배제된다. 그렇다면 형이상학의 오류를 어떻게 설명할 수 있을까? 이런 물음은 심리학적, 사회학적, 논리학적인 방향 등 다양한 관점에서 제기될 수 있다. 심리학적 방향에서의 연구는 아직 시작단계에 있다. 철저한 설명의 조짐은 프로이트의 정신분석 연구에서 자주 등장한다"(Fischer 1995, 133쪽에서 재인용). 여기서 '세계이해'라는 개념은 형이상학적으로 처음부터 부담스런 용어인 '세계관(Weltanschauung)'의 폐기를 강조하기 위해 선택되었다.

몇 년 뒤 프로이트는 —분명히 빈 학파의 선언을 알고 있던— 《정신분석 입문 강의(Vorlesungen zur Einführung in die Psychoanalyse)》 마지막에서 "과학적 세계이해"를 지지했는데, 여기서 그는 "과학적 세계관"에 대해 주로 언급한다. 정신분석이 자체의 세계관을 형성하는 데 적합하지 않기 때문에 과학의 용어를 받아들여야 한다는 것이다. 그는 이때 일관되게 과학적 세계관을 철학과 확실하게 구분한다. "철학은 과학과 대립되는 것이 아니다.

철학은 스스로 과학처럼 행세하며 부분적으로 똑같은 방법을 사용하지만, 환상에 매달린 채 새로운 지식의 발전 단계마다 타파해야 할 빈틈없고 연관적인 세계상을 제공함으로써 과학에서 멀어진다. 철학은 우리의 논리적 활동의 인식가치를 과대평가하고 여전히 직관처럼 뭔가 다른 지식의 원천을 인정한다는 점에서 방법론적인 오류를 범하고 있다"(전집 15, 173쪽).

프로이트의 비판은 본질적으로 철학적 인식이 경험 및 현실관계를 결여하고 있다는 것과 연관된다. 동시에 그는 '직관'의 방법을 마치 그것이 일시적이고 우연히 성립되기라도 하는 양 대체로 부정적인 억양으로 파악하면서 ─오직 심혈을 기울인 세부연구로만 얻어질 수 있는─ 적확한 이론에서 도출된 인식만을 직관과 대비한다. 직관은 소망자극의 충족에 기여하며 아주 쉽게 환상(Phantasie)이나 투사(Projektion)와 뒤섞이기 때문에 마땅히 '환영(Illusion)'으로 간주해야 한다는 것이다. 그는 "이런 소망을 무시하고 외면하거나 인간의 삶을 위한 소망의 가치를 평가절하 하는 것"은 적절치 않다고 말한다. 하지만 이런 소망과 환상에 인식의 능력을 인정하는 것은 "옳지 못하고 지극히 부적절할" 수도 있다(전집 15, 172-173쪽). 게다가 철학자는 추상적-논리적 사유의 자체 역동성과 이론화에 전념하기 때문에 현실의 발판에서 멀어지게 될 것이라는 것이다. 프로이트가 "말과 무의식적 사물표상의 관계를 소홀히 하고"(전집 10, 303쪽) "언어의 마술"(전집 15, 178쪽)을 과대평가하는 위험을 주시할 때는 언어비판적인 숙고도 중요한 역할을 한다.

프로이트의 철학비판에서 철학과 관련된 상투적 사고형성의 위험성을 간과해서는 안 된다. 인식론적으로 볼 때 철학이 직관이나 사변, 체계형성, 세계관 같은 부정적 함의를 담고 있다면, 반면에 과학은 진리와 객관성, 경험적 안정성의 영역으로 분류된다. 병리학적 관점에서 볼 때 철학은 나르시시즘적인 자기연관성과 천착증세, 편집증적 투사와 같은 병적 속성을 갖는 데 반해, 과학은 냉정과 투명한 인지 및 사고능력, 현실적 유용성과 동일시된다. 실증주의적인 역사철학에 비춰 볼 때 철학이 시대에 뒤처진 것으로 보인다면, 오직 과학만이 진보적인 것으로 간주된다. 이런 맥락에서 프로이트에게 "과학적 객관성의 서술과 그 실용적 결과에서 부분적으로는 이상화(Idealisierung) 자체가 오류에 빠지는 것은 아닌지, 그리고 과학 또한 소망사유와 관심의 대상이 되어 중립성과 몰가치한 객관성의 외양만을 유지할 수 있는 것은 아닌지"(Schöpf 1978, 256쪽) 의문이 제기될 수 있다.

'반-철학자' 프로이트의 신화

철학비판적인 입장과 관련하여 프로이트는 당연히 '반-형이상학자'로 지칭되었다. 그는 이 점에서 결코 혼자가 아니었다. 오스트리아 철학에서 니체나 마흐, 후설, 비트겐슈타인처럼 큰 영향을 끼친 다른 사상가들도 전통적 형이상학을 극복하려고 애썼다. 비록 조금씩 차이가 나기는 해도 이 모든 사상가에게 '과학성'은 구원의 공식과도 같았다. 우리는 이 사상가들의 "공통적 기본태도" 내지 "가족적 유사성"에 관해 거론할 수 있을 것이다 (Giampieri 1990, 41쪽 이하 참조).

하지만 한층 더 나아가 프로이트를 '반-철학자'(Herzog 1988 참조)로 성격화하는 것은 큰 오해로 이어질 수밖에 없다. 이때 두 가지 사안이 고려되어야 한다. 첫째로 프로이트가 젊은 시절 한결같이 철학에 부정적인 태도를 취했다는 가정은 잘못된 것이라는 점이다. 이와 관련된 프로이트의 언급은 오히려 사고 발전단계의 다양한 시기에 걸쳐 여러 차례 철학을 강조했으며, 결코 양가적인 태도에서 자유롭지 못했음을 보여 준다. 다른 한편으로 철학에 대한 그의 공식적인 입장과 비공식적인, 특히 편지로 드러난 입장이 일치하지 않는다는 점이다. 가령 에두아르트 질버슈타인과 빌헬름 플리스에게 보낸 편지를 보면 프로이트가 의학을 공부할 때나 정신분석이 태동하던 단계에서도 철학에 매우 개방적인 태도로 관심 있게 대했다는 것을 보여 준다. 반면에 그가 저서를 출판할 때는 "예전의 이런 개인적인 경험"을 "정말 체계적으로 감추었다"(Hemecker 1991, 10쪽).

프로이트가 연구기간에 철학에 관심을 두었다는 명백한 증거는 1896년 정신분석이 태동하던 무렵에 플리스에게 보낸 두 통의 편지에서 드러난다. 첫 번째 편지에는 다음과 같은 구절이 있다. "나는 자네가 의사라는 과정을 거쳐 생리학자로서 인간을 이해한다는 최초의 목표에 도달하려는 것을 알고 있네. 똑같은 과정을 거쳐 내가 철학을 하려는 희망을 은밀히 품은 것처럼 말일세. 철학은 사실 애초에 내가 이 세상에서 어떤 존재인지 전혀 알 수 없을 때 하고 싶었던 것이지"(F, 165쪽). 몇 달 뒤 프로이트는 좀 더 핵심을 찌르는 표현을 하고 있다. "나는 젊은 시절에 철학적 인식 말고는 달리 동경하는 것이 없었다네. 그리고 지금은 의학에서 심리학으로 전향하면서 그런 동경을 충족하려는 것일세"(F, 190쪽).

이 말은 그가 1873년 대학에 들어간 첫 해를 "내 전공과는 아무 관계도 없는 순수 인문학에 전적으로 사용하게 될 것"(S, 30쪽)이라고 쓴 청소년기의 편지로 거슬러 올라간다. 이는 분명히 프란츠 브렌타노에게 듣는 철학 수업을 말한 것이었다. 하마터면 당시에 브렌타노가 의학도인 프로이트를 철학자로 만들 뻔한 것이다. 1874년부터 1936년까지 오스트리아 철학의 특징으로 간주할 수 있는 "과학적 철학"에 대한 브렌타노의 구상 중 세 가지 요인이 젊은 프로이트의 마음을 유난히 사로잡았을 수 있다. 세 가지란 경험론과 콩트의 3단계 법칙에 따른 인간의 사고발달에 대한 구분, 그리고 체계에 대한 적대성이었다(Fischer 1996, 9쪽 이하 참조; Stadler 1997). 1875년 3월 7일, 19세의 프로이트는 당시 친구였던 질버슈타인에게 "특히 브렌타노의 영향을 받아 철학과 동물학으로 철학박사 학위를 따기로 결심했다"(S, 109,115쪽)는 말을 털어놓았다. 하지만 이 계획은 동물학부와 철학부에서 동시에 공부할 수 없다는 규정 때문에 좌절되었다.

철학에 대한 프로이트의 양면적인 태도는 청년시절에 쓴 편지 곳곳에서 감지된다. 철학과 명백히 선을 그었다는 것을 보여 주는 증거는 1875년 9월 9일에 보낸 다음의 편지뿐으로, 이것은 수 주간에 걸친 영국여행을 마치고 돌아와서 쓴 것이다. "… 내가 영국의 과학 서적을 접하다보니 공부할 때도 늘 영국인의 측면에서 생각하게 됩니다. 이런 태도는 나에게 매우 유익한 편견을 갖게 해 줍니다. … 나는 어느 때보다 철학을 불신하게 되었습니다. …"(S, 144쪽 이하). 아마 프로이트가 대학에서 철학공부에 등을 돌리게 된 계기는 1876년 에른스트 브뤼케(Ernst Brücke)의 생리학 실험실에 들어간 것이 결정적이었을 것이다. 바로 이렇게 노출된 곳에서는 엄격한 관찰의 의미에서의 경험적 과정이 최고의 법칙으로 고양되기 마련이다. 이럴 경우 모든 사변이나 이론화의 시도는 엄격하게 금지된다.

프로이트의 경우 철학을 병리적으로 표현하려는 시도는 빈 정신분석자 토론회에서 처음으로 나타난다. 회의록을 보면 객관적인 과학과 주관적으로 왜곡된 철학을 극명하게 대조한 것이 눈에 띈다. 프로이트에게 "철학이 병적 개인의 주관적 세계관"으로 파악되었다면, 이는 정신분석이 '객관성 요구'의 학문이라는 것을 확증한다는 의미였다(Behrendt 1986, 19, 46쪽 참조). 여기서는 프로이트가 철학을 희생하는 대가로 정신분석의 과학적 지위를 확고히 하려는 성공적인 전략을 읽을 수 있다(Herzog 1988, 165쪽).

프로이트는 이런 전략의 틀에서 동조할 사람들을 찾아 나섰다. 이후 그는 에른스트 마흐, 알베르트 아인슈타인, 요제프 포퍼 린코이스(Josef Popper-Lynkeus) 등과 공동으로 "실증주의 철학회"의 설립을 위한 호소문에 서명했다. 전단지에 나온 대로 이 학회의 관심은 "개별 과학자들이 끌어모은 실제자료에 기초하여 포괄적인 세계관을 준비하는 것"(Wucherer-

Huldenfeld 1994, 187쪽에서 재인용)이었다.

후기의 저서에서 프로이트는 자신이 "먼 거리를 돌아 처음의 방향을 되찾았다"고 하면서 "세계의 수수께끼를 이해하려는" 청년기의 강렬한 욕구에 그 원인이 있음을 밝혔다(전집 14, 290쪽). 주목할 것은 그가 《쾌락원리의 저편》에서 자연철학적 관점과 종교, 《환영의 미래》와 《문화 속의 불쾌감》, 《세계관에 대하여》, 《인간 모세와 유일신교(Der Mann Moses und die monotheistische Religion)》에서는 예술 및 세계관의 철학으로 다시 돌아갔다는 점이다. 그럼에도 프로이트가 정신분석을 철학과 확연히 구분했다면, 이는 무엇보다 풀리지 않는 모순에서 자유롭지 못한 것처럼 보이는 그의 경험론적 과학이론에 원인이 있다. 프로이트는 정신분석의 철학적-해석학적 독서법이 '주관주의'에 길을 터 줄 수 있다는 것을 두려워했다. 주관주의는 그가 "끊임없이 강조한 저작활동의 과학적 성격을 위협할 뿐만 아니라 저작 자체가 주관적인 애착에 맡겨짐으로써 그 근간을 약화시키기" 때문이다(Lohmann 1998, 106쪽).

오늘날의 관점에서 볼 때, 철학과 과학의 분리는 시대적 조건에 국한된 현상으로서 오류라는 것이 입증되었다. 양자의 분리는 10년간 지속된 "상호접촉 금지"와 이와 결부된 "성찰의 봉쇄"(Schmidt 1995, 9쪽)로 이어졌지만, 이런 것은 이제 철폐될 필요가 있기 때문이다. 반-철학자의 신화라는 관점과 달리 우리는 프로이트를 "철학적 의미에서 실제의 계몽주의자"로 볼 수 있을 것이다. 철학적 사고과정을 환상과 무의식적 소망의 합리화로 설명하려는 프로이트의 노력은 다음과 같은 호르크하이머(1948/1987, 379쪽)의 언급에 따라 그 자체로 철학적 기본태도의 표현이라고 할 수 있다. "철학은 진리 없이는 인간의 삶이 존재하지 않는다는 확신이며, 타협이 없는 진리를 자신의 삶의 주도원리로 삼고 모든 개인적인 관심을 이런 목표에 종속시키려는 의지이다. 그 외에도 철학은 새로운 현실적 경험을 할 수 있는 능력,

최면술적인 마술이 지배하는 이데올로기를 타파하는 힘을 의미한다. 철학은 나아가 우리의 인지능력에 미치는 진부한 일상의 파괴력에 저항하고 자연과 인류에 대한 우리의 이해에 새로운 지평을 열어 주는 힘을 의미한다."

최종적인 숙고

프로이트의 저작이 발전되어 온 철학적 맥락을 살펴보면, 그의 메타심리학의 본질적 구성요인을 표현하는 그의 특유의 '철학'이 나의 눈에 선명하게 들어온다. 물론 모든 장에서 계속 이 문제를 언급하기는 하겠지만, 프로이트의 전체 저작과 편지에서 이 부분을 체계적으로 세밀하게 발굴할때, 그리고 빈스방거나 리쾨르, 아도르노, 로렌처, 마르크바르트, 라캉, 데리다 등 중요한 프로이트 해석자들의 해석을 끌어들일 때에만 비로소 메타심리학의 철학적 연관성을 전체적인 틀에서 이해할 수 있으리라는 것을 지적해 둘 필요가 있다(Nagl, Vetter & Leupold-Löwenthal 1990; Hegener 1997; Buchholz/Gödde 2005a, b 참조).

그의 여러 입장표명에 따라 일반적인 거부로 나타나는 프로이트의 철학에 대한 비판은 특히 의식철학과 사변적 형이상학의 특정 학파와 (신칸트주의도 포함하는) 체계사상가에 대한 비판보다 어쩌면 더 잘 이해될지도 모른다. 현상학이나 실존 및 선험적 방향의 철학, 사회적 방향의 철학도 그에게는 이질적인 것으로 남아 있다. 그러나 그의 사유가 과학지향적인 철학이나 유물론적, 자연주의적, 무신론적 인간학, 그리고 이데올로기 및 문화비판, 의지 및 무의식의 철학처럼 중요한 흐름들과 가까웠다는 것은 오해의 여지가 없다. 만일 정신분석과 심층심리학이 임상심리학적 또는 과학적 방향 때문에 철학적 기본가정을 포기하거나 전적으로 부인한다면, 이는 중대한 본질의 상실을 의미할 뿐만 아니라 무반성적 철학이나 세계관에 의해 점령되고 포섭될 수 있는 위험을 자초하게 될지도 모른다.

───── 참고문헌 ─────────────────────────────────

Behrendt, Gisela: Psychoanalytische Philosophiekritik: Die philosophiekritischen Beiträge der
    »Imago«(정신분석적 철학비판. 《이마고》의 철학비판적 기고). Essen 1986.

Bernfeld, Siegfried/Suzanne Cassirer Bernfeld: Bausteine der Freud-Biographik(프로이트 전기 작
    성의 초석). Eingel., hg. u. übers. von Ilse Grubrich-Simitis. Frankfurt a. M. 1981.

Brentano, Franz: Psychologie vom empirischen Standpunkt(경험적 관점의 심리학). Hamburg
    1874.

Buchholz, Michael B./Günter Gödde (Hg.): Macht und Dynamik des Unbewußten. Ausein-
    andersetzungen in Philosophie, Medizin und Psychoanalyse(무의식의 힘과 역동성. 철학,
    의학과 정신분석에서의 논쟁들). Gießen 2005a.

_____: Das Unbewußte in aktuellen Diskursen. Anschlüsse(실제적 담론에서의 무의식. 연
    관관계). Gießen 2005b.

Burkholz, Roland: Reflexe der Darwinismus-Debatte in der Theorie Freuds(프로이트의 이론
    에서 다위니즘 논쟁의 반사). Stuttgart-Bad Cannstatt 1995.

Dorer, Maria: Historische Grundlagen der Psychoanalyse(정신분석의 역사적 토대). Leipzig
    1932.

Fechner, Gustav Theodor: Elemente der Psychophysik(정신물리학의 요소). 2 Bde. [1860].
    Leipzig 21868.

Fischer, Kurt Rudolf (Hg.): Das goldene Zeitalter der Österreichischen Philosophie(오스트리
    아 철학의 황금시대). Wien 1995.

Gay, Peter: »Ein gottloser Jude«. Sigmund Freuds Atheismus und die Entwicklung der Psy-
    choanalyse("신이 없는 유대인". 지그문트 프로이트의 무신론과 정신분석의 발전).
    Frankfurt a.M. 1988(영어판 1987).

Giampieri, Patrizia: Freud und die österreichische Philosophie(프로이트와 오스트리아 철학).
    In: Nagl/Vetter u. a. 1990, 41-54쪽.

Gödde, Günter: Freuds philosophische Diskussionskreise in der Studentenzeit(대학생 시절의
    프로이트의 철학적 토론서클). In: Jb. der Psychoanalyse 27 (1991), 73-113쪽.

_____: Traditionslinien des Unbewußten. Schopenhauer-Nietzsche-Freud(무의식의 전통
적 계열. 쇼펜하우어-니체-프로이트). Tübingen 1999.

_____: Die Öffnung zur Denkwelt Nietzsches — eine Aufgabe für Psychoanalyse und Psy-
chotherapie(니체의 사유세계로의 입구 — 정신분석과 정신요법에 대한 과제). In: Psy-
choanalyse. Texte zur Sozialforschung 4, H. 7 (2000), 91-122쪽.

Goldmann, Stefan: Von der »Lebenskraft« zum Unbewußten — Stationen eines Konzeptwan-
dels der Anthropologie("삶의 힘"으로부터 무의식으로 — 인간학의 개념변전의 정거장).
In: Buchholz/Gödde 2005a, 125-152쪽.

Hegener, Wolfgang: Zur Grammatik Psychischer Schrift. Systematische und historische Un-
tersuchungen zum Schriftgedanken im Werk Sigmund Freuds(영적인 글의 문법. 지그문
트 프로이트의 저작에서 글 사고에 대한 체계적이고 역사적인 연구). Tübingen 1997.

Hemecker, Wilhelm: Vor Freud. Philosophiegeschichtliche Voraussetzungen der Psychoanaly-
se(프로이트의 앞에서. 정신분석의 철학사적 전제들). München 1991.

Herzog, Patricia: The Myth of Freud as Anti-philosopher(반 철학자로서의 프로이트 신화).
In: Paul E. Stepansky (Hg.): Freud: Appraisals and Reappraisals. Bd. 2. Hillsdale, New
Jersey 1988, 163-189쪽.

Horkheimer, Max: Ernst Simmel und die Freudsche Philosophie(에른스트 짐멜과 프로이트의
철학) [1948]. In: Ders.: Gesammelte Schriften. Bd. 5. Frankfurt a. M. 1987, 396-405쪽.

_____: Das Schlimme erwarten und doch das Gute tun(나쁜 일을 예상하면서도 좋은 일
을 행하는 것) (Gespräch mit Gerhard Rein) [1972]. In: Ders.: Gesammelte Schriften.
Bd. 7. Frankfurt a. M. 1987, 442-465쪽.

Lindner, Gustav Adolf: Lehrbuch der empirischen Psychologie als inductive Wissenschaft(귀
납적 과학으로서 경험적 심리학의 교과서). Wien 31872.

Lohmann, Hans-Martin: Sigmund Freud(지그문트 프로이트). Rheinbek 1998.

Lütkehaus, Ludger (Hg.): »Dieses wahre innere Afrika«. Texte zur Entdeckung des Unbe-
wußten vor Freud("이 참된 내적인 아프리카". 프로이트 이전의 무의식의 발견에 대한
문헌들). Frankfurt a.M. 1989.

Mann, Thomas: Schopenhauer(쇼펜하우어) [1938]. In. Ders.: Essays. Bd. 3. Frankfurt a. M.
1978, 193-234쪽.

Marquard, Odo: Transzendentaler Idealismus, Romantische Naturphilosophie(선험적 이상주

의, 낭만적인 자연철학). Psychoanalyse. Köln 1987.

McGrath, William: Dionysian Art and Populist Politics in Austria(오스트리아에서 디오니소스적 예술과 대중주의 정치). New Haven 1974.

Mertens, Wolfgang (2005): Das Unbewusste in der Kognitionspsychologie — wird damit Freuds Unbewusstes hinfällig?(인지심리학에서의 무의식 — 이것으로 프로이트의 무의식은 무효가 되는가?) In: Buchholz/Gödde 2005b, 264-309쪽.

Nagl, Ludwig/Helmuth Vetter/Harald Leupold-Löwenthal(Hg.): Philosophie und Psychoanalyse. Symposium der Wiener Festwochen(철학과 정신분석. 빈 축제주간의 심포지엄). Frankfurt a. M. 1990.

Nietzsche, Friedrich: Ueber Wahrheit und Lüge im aussermoralischen Sinne(비도덕적 의미로 본 진리와 거짓에 대하여) [1873]. Kritische Studienausgabe (KSA), hg. v. Giorgio Colli und Mazzino Montinari, Bd. 1, 873-890쪽.

_____: Zur Genealogie der Moral(도덕의 계보) [1887]. KSA 5, 245-412쪽.

Pongratz, Ludwig: Bewußtsein und Unbewußtes(의식과 무의식). In: Ders.: Problemgeschichte der Psychologie. München 21984, 85-243쪽.

Protokolle der Wiener Psychoanalytischen Vereinigung(빈정신분석학회 회의록), Bd. I, 1906-1908. Hg. von Herman Nunberg und Ernst Federn. Frankfurt a. M. 1976(영어판 1962).

Protokolle der Wiener Psychoanalytischen Vereinigung(빈정신분석학회 회의록), Bd. II, 1908-1910. Hg. von Herman Nunberg und Ernst Federn. Frankfurt a. M. 1977(영어판 1967).

Schmidt, Nicole D.: Philosophie und Psychologie. Trennungsgeschichte, Dogmen und Perspektiven(철학과 심리학. 결별의 역사, 독단과 관점). Reinbek 1995.

Schnädelbach, Herbert: Philosophie in Deutschland(독일에서의 철학) 1831-1933. Frankfurt a. M. 1983.

Schöpf, Alfred: Die psychoanalytische Kritik Freuds am Philosophieren(철학함에 대한 프로이트의 정신분석적 비판). In: Perspektiven der Philosophie. Bd. 3. Hildesheim/Amsterdam 1978, 251-274쪽.

_____: Sigmund Freud(지그문트 프로이트). München 1982.

Schorske, Carl E.: Wien. Geist und Gesellschaft im Fin de Siècle(세기말의 정신과 사회). Frankfurt a. M. 1982(영어판 1980).

Schulz, Walter: Philosophie in der veränderten Welt(변화된 세계에서의 철학) [1972]. Stuttgart 1993(6).

Stadler, Friedrich: Studien zum Wiener Kreis. Ursprung, Entwicklung und Wirkung des Logischen Empirismus im Kontext(빈 서클 연구. 맥락으로 본 논리적 경험주의의 기원, 발전과 영향). Frankfurt a. M. 1997.

Sulloway, Frank J.: Freud, Biologie der Seele. Jenseits der psychoanalytischen Legende(프로이트, 영혼의 생물학. 정신분석적 전설의 저편). Köln-Lövenich 1982(영어판 1979).

Vaihinger, Hans: Wie die Philosophie des Als Ob entstand(가정의 철학이 어떻게 생성되었는지). In: Raymund Schmidt (Hg.): Die deutsche Philosophie der Gegenwart in Selbstdarstellungen. Bd. II. Leipzig 1923(2), 183-212쪽.

Wegener, Mai: Unbewußt/das Unbewußte(무의식/무의식적인 것). In: Karlheinz Barck u. a. (Hg.): Ästhetische Grundbegriffe. Historisches Wörterbuch in 7 Bden. Bd. 6. Stuttgart/Weimar 2000ff., 202-240쪽.

Wucherer-Huldenfeld, Augustinus: Philosophisches im Denken Sigmund Freuds(지그문트 프로이트의 사유에서 철학적인 것). In: Ders.: Ursprüngliche Erfahrung und personales Sein. Wien/Köln/Weimar 1994, 149-337쪽.

Zweig, Stefan: Die Welt von Gestern(어제의 세계) [1944]. Frankfurt a.M. o. J.

Günter Gödde

빈 모더니즘

과거의 것: 자유주의와 사실주의

"미사의 파견성가(Ite, missa est)[17]를 늘 '암탕나귀를 보내셨네!'라고 노래하던 노부인에 대한 얘기를 아시나요? 친구가 잘못을 지적하면 이 노부인은 자신의 습관을 변화시키려고 아주 진보적인 시대를 사는 것이라고 대답했죠. 바로 이런 상황에서 나는 현대적인 천재와 마주칩니다." 이 일화의 출처는 오스트리아의 사실주의 여류작가인 마리 폰 에브너 에셴바흐(Marie von Ebner-Eschenbach, 1830-1916)가 1889년에 쓴 편지이다. 이런 말장난은 동시대의 여류작가들에게서 통상적으로 행해지던 자기비하의 전형적인 예이다. 여기서 미사의식대로 "미사가 끝났으니 가서 복음을 전합시다!" 대신 "암탕나귀를 보내셨네!"라는 핵심적인 표현은 세상 속에 퍼져 사는 작중 인물들에게만 해당하는 것은 아니다. 그 말은 당시 60세가 다 된 이 여류작가 자신에 대한 자조적인 표현이기도 하다. 예컨대 "현대적인 천재"란 말은 젊은 세대가 열광적으로 찬양하던 비도덕의 대가인 프리드리히 니체를 가리킨다. 이 일화의 구조는 10년(또는 15년) 뒤에 프로이트가 비슷한 여운을 사용하여 위트의 기법을[또는 실수행위(Fehlleistung)를] 기술한 것과 전적으로 일치한다. 이런 착오가 일어날 경우 (자기) 공격적 성향이 있음을 부인할 수 없다. 마리 폰 에브너 에셴바흐의 편지가 흥미로운 것은 이뿐만이 아니다. 수취인은 바로 그녀와 친하게 지내던 주치의인 요제프 브로이어(Josef Breuer, 1842-1925)였기 때문이다. 브로이어는 훗날 프로이트와 《히스테리 연구》를 공동 저작한 인물이다. 하지만 이 책에 대한 에브너 에셴바흐의 논평은 알려지지 않았다. 두 사람이 주고받은 서신은 문학사 및 의학사, 이념사적인 시대전환에 대하여 거론하고 있다. '파견성가'는 이후 10년간 새로운 문예사조에 밀려나야만 했던 오스트리아 후기 사실주의에서 회고적으로 편지의 맺음말로 쓰이는 부수적인 의미를 갖는다(Ebner-Eschenbach/Breuer 1969, 20-21쪽). 브로이어가 자신이 발견한 결과에 충격을 받아 정신병리학적 연구를 그만둔 일은 이 두 서신교환자를 결정적으로

---

17) 역주: "가라, 끝났도다!"라는 뜻. 흔히 "미사가 끝났으니 가서 복음을 전합시다. 주님을 찬미합시다"로 이어진다.

"구시대"의 대변자로 만든다. 이로써 그녀의 미학적이고 인문학적인 이상도 의식적으로 등한시되었다.

1889년 합스부르크 왕조의 문학계는 패러다임의 변환이 이루어지기는 했지만 아직 분명하게 눈에 띄는 것이 거의 없었다. 여전히 "시적", "시민적" 사실주의가 문학생산을 지배하고 있었다. 두드러진 현상은 오스트리아 사실주의가 "시민성"의 특징을 지나치게 비유적으로만 다루고 있다는 점이다. 대표적인 작가들은 두브스키 백작의 딸로 태어난 에브너 에셴바흐 또는 관료귀족인 페르디난트 폰 자르(Ferdinand von Saar, 1833-1906)처럼 귀족계층이다. 그러나 폰 자르는 큰 빚을 지고 오스트리아 명문귀족의 후원이나 대접을 받으며 연명했다. 그리고 1899년 12월에 사망한 루트비히 안첸그루버(Ludwig Anzengruber, 1839년생)와 페터 로제거(Peter Rosegger, 1843-1918)처럼 농민출신에서 신분상승을 한 경우도 있다. 안첸그루버의 할아버지는 오버오스트리아에 농장이 있었고, 로제거의 아버지는 슈타이어마르크의 산림관리인이었다. 그 밖에 렘베르크 출신인 레오폴트 리터 폰 자허마조흐(Leopold Ritter von Sacher-Masoch, 1836-1895)나 초르트코프 태생으로 유대인 의사의 아들이었던 카를 에밀 프란초스(Karl Emil Franzos, 1848-1904)처럼 오스트리아의 황제령인 갈리시아 출신도 있었다.

이들의 출신이 독일어를 사용하는 중산층 교양시민보다 상층계급 또는 하층계급을 형성하거나 그 범위에서 벗어난다고 할 때, 이들의 작품도 지리적으로나 장르별로 다양하게 뒤섞여 있다. 마리 폰 에브너 에셴바흐의 《마을과 성 이야기(Dorf-und Schloßgeschichten)》는 작가 자신의 출생지인 모라비아를 주 배경으로 하고 있다. 내용은 농촌 봉건사회의 묘사로 시민계급 주위를 맴돈다. 이들 작품 중에 아주 유명한 《보육원의 아이(Das Gemeindekind)》는 1887년이 되어서야 나왔다. 1877년 이후 페르디난트 자르는 오스트리아-헝가리 제국의 시대사적 파노라마를 보여 주는 《오스트리아 노벨레(Novelle aus Österreich)》를 발표했다. 자르는 이 작품으로 "심층심리의" 재능이 뛰어나다는 평가를 받았는데, 이는 등장인물의 심리적 불안으로 사회사적 변화를 표현한 묘사기법을 말한다. 안첸그루버의 《민중극(Volksstücke)》도 그의 농민소설처럼 시골의 분위기에서 펼쳐지고 있고, 로제거의 《숲 속의 고향(Waldheimat)》에 나오는 단편들은 민속적인 특징에도 불구하고 또는 바로 그런 특징 때문에 엄청난 인기를 끌었다. 프란초스의 《문화양상(Culturbilder)》과 자허마조흐의 《게토 이야기(Ghetto-Geschichten)》는 마치 민족학 연구서 같은 역할을 했다고 볼 수도 있다. 이 작품들은 이미 소외된 출신성분의 세계를 조명하고 있기 때문이다. 사회적, 계층적 다양성과 문학적으로 묘사된 지역의 다채로움은 오스트리아의 사실주의를 합스부르크 왕조의 시대사적 연대기로 만들어 준다. 여기서 프란치스코-요제핀 시대의 사회적, 민족적, 종파적, 인종적 긴장이 뚜렷하게 또는 함축적으로 반영된다.

언급한 작가들은 적어도 기본적으로는 자유주의적이고 사회비판적인 관심에서 하나로 연결된다. 에브너 에셴바흐의 경우에는 때때로 박애주의가, 자르에게서는 쇼펜하우어적인 우울한 색채가 드러난다. 안첸그루버가 국민 계몽적이고 반교권주의적인 의도를 로제거보다 더 철저히 유지한다면, 자허마조흐와 프란초스는 유대인 해방을 지지했고 1880년 이후 나타난 정치적 경향의 반유대주의에 반대하는 글을 썼다. 이 작품들에는 현실에 대한 그 모든 거부감에도 불구하고 문학적으로는 철저히 진보적 낙관주의가 들어 있었다. 지그문트 프로이트는 비록 그가 "우리 시대의 최고 시인"(전집 7, 220쪽)이라고 부른 안첸그루버의 글을 인용하는 형식이기는 했지만 이런 오스트리아 문학전통의 측면을 충분히 알고 있었다. 그는 희극 《낙인찍힌 문맹자들(Die Kreuzelschreiber)》(1872)에 등장하는 석수장이가 "너에게는 아무 일도 일어나지 않을 거야(Es kann dir nix geschehen)"라고 한 말을 두고 "멋진 표현"이라고 말했다. 프로이트에 따르면 자기 자신에 바탕을 둔 이런 확신은 "백일몽을 꾸는 모든 소설의 주인공"(같은 곳)이 지닌 특징이다. 안첸그루버의 작품에서 이 문장은 종파적 대립과 문화투쟁적 적대감을 건드리지 않는 가운데 자유주의적 삶의 확신으로서, 완전히 현세적 윤리의 사도신경과 같은 기능을 한다. 이 문장은 명언이 되었고 "놀라운 성공"을 거두었다. 이 문장을 인용한 작가로는 로제거와 자르 외에도 후고 폰 호프만스탈과 슈테판 츠바이크, 루트비히 비트겐슈타인이 있다 (Rossbacher 1992, 212쪽 이하). 프로이트는 이 문장을 에세이 《시인과 환상행위(Der Dichter und das Phantasieren)》(1908)에서뿐만 아니라 ―"나의 제왕" 같은 확신으로서― 《전쟁과 죽음에 대한 시대적 고찰(Zeitgemäßes über Krieg und Tod)》(1915)에서도 언급하고 있다. 영웅정신은 흔히 무의식에 바탕을 둔 "안첸그루버의 석수장이의 확신"에 근거를 두고 있다는 것이다(전집 10, 351쪽).

이제 이 문장은 오스트리아의 자유주의와 진보에 대한 믿음에서 치료효과를 주는 선언이 된다. 하지만 이 선언은 오스트리아의 창업시대라는 일대 위기가 일어나기 이전의 일이었다. 누군가에게 "아무 일도 일어나지 않을 것"이라는 말은 주식시장 붕괴(1873)를 경험한 빈 시민들에게는 더 이상 믿을 수 없는 것이 되었다. 이 재앙의 충격은 고스란히 다음 세대까지 이어졌고, 모더니스트 예술가들이 말한 이전의 역사를 진보낙관주의의 전(前)단계로서가 아니라, 안정을 믿을 수 없는 시대로 경험하게 하는 원인이 되었다. 다음 세대의 판단은 가혹했다. 이에 대해 아르투르 슈니츨러는 다음과 같이 언급했다. "나는 이른바 자유주의로 규정된 60년대와 70년대의 분위기에서 아동기와 청소년기를 보내는 형벌을 받았다. 내가 볼 때 이런 세계관의 근본적인 오류는 어떤 관념상의 가치관을 처음부터 고정되고 나무랄 데 없는 것으로 받아들이고 젊은 세대 사이에 잘못된 믿음을 일깨움으로써 이들이 당장 자신의 가정과 세계를 확실한 토대 위에 건설하도록 미리 분명하게 정해진 노선에서 설정된 목표를 추구하게 한다는 점이었다"(Schnitzler 1968, 325쪽). 슈테판 츠바이크는 "운명의 침입에 맞서기 위해 끝까지 믿음과 삶의 빈틈에 말뚝을 치던 것을" 회고하면서 그것을 "낙관주의의 광기", "몽상의 성(城)"으로 묘사했다(Zweig 1981, 16-17쪽, 19쪽).

이렇게 삭막한 —어쨌든 뒤늦은— 후세대 오스트리아 작가들의 판단은 이전 세대와의 대립을 정치적 범주로 끌어들이지 않은 것과도 분명히 관계가 있어 보인다. 1880년대 독일제국의 "혁명적 비약"이라는 표현에서 보듯이, 1860년을 전후해 출생한 세대의 문학개혁에 대한 강령적인 의사표출(Sprengel 1998, 108쪽)이 합스부르크 왕국에서는 없었다. 오스트리아의 문학이 어떤 점에서 자연주의를 거치지 않고 건너뛰었다는 말은 여러 차례 나온 바 있다. 특정 주제와 분위기, 비참한 산업프롤레타리아, 사회주의적이고 과학적인 토대를 갖춘 문학이론의 구상이 결여되었다는 것은 분명하다. 문학적으로 이전 세대에 맞선 봉기 수준의 반항, 나아가 오이디푸스 콤플렉스적인 반항도 오스트리아에서는 없었다. 그러다가 결정적인 개혁운동 같은 것이 일어났을 때, 이는 모라비아의 수도인 브륀에서 처음으로 산발적인 형태로 나타났다. —이 역시도 처음에는 "자연주의적"인 것으로 간주하기에는 무리한 것이었다.

어쨌든 마리 폰 에셴바흐가 요제프 브로이어에게 '당나귀' 편지를 보내고 난 2개월 뒤에 빈 모더니즘이 시작되었다. 여름이 되자 당시 22세의 대학생이었던 에두아르트 미하엘 카프카(Eduard Michael Kafka, 1868-1893)는 "오스트리아 문학"의 토대를 세우기 위해 헤르만 바르(Hermann Bahr)에게 관심을 돌렸다(Rieckmann 1985, 17, 43-67쪽). 이어 1890년 1월 1일 브륀에서 문학잡지인《모데르네 디히퉁(Moderne Dichtung)》1호가 발행되었다. 이 소박한 지면에 오스트리아의 "현대적인 천재"가 모여든 것으로 보인다.

유사활동이 시작되다

실제로 《모데르네 디히퉁》은 ─1891년 4월부터 빈에서 《모데르네 룬트샤우》로 바뀌었고, 1892년 1월에는 베를린의 《현대적인 삶을 위한 자유 무대》와 합병되어야 했다─ 오스트리아에서 자연주의 및 사실주의의 문학을 끝없이 친숙하게 만들려고 하는 것처럼 보였다. 아루트르 슈니츨러와 펠릭스 잘텐(Felix Salten, 1869-1945) 같은 작가들이 처음 기고한 글은 똑같이 잘못된 깃발을 꽂고 항해하는 것이나 다름이 없었다. 여기서 빈의 모더니즘은 일종의 기만으로 출발했는데, 일례로 제2 포럼이라고 할 《아름답고 푸른 도나우 강변》지는 전통적인 '가정오락지'로서 노련한 젊은 편집장의 주도 하에 "새로운" 문학을 표방하게 되었다. 1889년에서 1890년으로 해가 바뀌는 시점에 처음으로 "청년 오스트리아파(Junges Österreich)"라고 불리는 작가들이 편집실이나 구(舊) 부르크테아터 맞은편에 있는 카페 그리엔쉬타이들에 모였다. 이들 중에는 슈니츨러와 잘텐 외에 고등학생인 호프만스탈과 리하르트 베어호프만(Richard Beer-Hofmann), 펠릭스 되르만(Felix Dörmann) 등이 있었다. 이 밖에 중요한 토대가 된 잡지로는 1891년 4월에 창간된 《입센-보헤(Ibsen-Woche)》가 있었다. 헨릭 입센의 희곡공연 시리즈를 '삶의 기만'이라는 평론과 함께 소개한 이 잡지도 문학의 "새로운 방향"을 위한 신호탄이 되었다. 그리고 자연주의에 대하여 명백히 다른 기준이 적용되기 시작했다. 입센의 손을 빌려 "청년 빈 파"의 역할을 자임하려고 했던 바르는 이미 1887년에 입센을 "구세주"에게 길을 일러 준 문학의 세례요한으로 표현했다. 바르는 에세이 《자연주의의 극복》(1891)에서 자연주의와 노골적인 심리주의를 넘어서 "신경과민"의 전율을 대상으로 삼아야 할 문학의 시대가 왔다고 설명했다.

사실상 빈의 모더니즘은 이 말로 개시를 알린 것이나 다름없다. 해당 작가들의 엄청난 이론절제의 태도는 감각과 정취의 묘사를 신경쇠약과 히스테리의 단계까지 몰고 갈 만큼 자기관찰에 헌신하려는 데서 일치했다. 여기에 적합한 묘사전략이 엿보이기도 했다. "청년 빈 파"의 "신경증적인 예술"은 유미주의와 심층심리학의 통합을 염두에 둔 것이었다. 이들이 당시의 심리학을 알았든 몰랐든, 당대의 작가들은 "실제 상태"보다 "영적 상태"에 ―헤르만 바르가 앙리 프레데릭 아미엘(Henri Frédéric Amiel)의 "심정(état d'âme)"을 번역한 말에― 우선하는 특권을 부여했으며, 화자의 서술로만 내면성이 종결되는 문학을 시대에 뒤진 것으로 설명했다. 하지만 이 말은 이제 텍스트가 각기 고유한 의식이론(Bewußtseinstheorie)을 보여 주어야 한다는 것을 의미했다. 이로써 이후 10년 동안의 문학과 지그문트 프로이트의 이론형성 사이에 뭔가 유사한 행동이 전개되었다. 여기서 세기말의 작가들이 프로이트의 연구결과를 "예측"하거나 "선취했다"는 말은 정확하지 않은 풍문에 불과하며, 문학과 정신분석의 관계를 경쟁의 범주에서만 생각한 결과에 지나지 않는다. 무의식에 대한 보다 깊은 또는 좀 더 완성된 통찰은 분명히 경쟁의 틀에서만 도달할 수 있는 인식론적 목표이기 때문이다. 실제로 더 오래된 과학사적 위치로 거슬러 올라가는 동시에, 다른 한편으로는 이뿐만 아니라 추후의 정신분석과도 구분되는 "심리학" 텍스트들이 나오기 시작한다. 문학적인 "영혼"은 결국 되찾을 수 없는 낯선 것이었다.

어쨌든 과거세대에 대한 대립이라는 특징으로 동질화된 매우 긴밀한 분위기에서 프로이트에 대한 "접촉지점"이 형성되었다. 작가들은 합스부르크 왕국의 수도로서 가속화한 문화적 교류를 제공하는 빈에 살고 있었다. 이들 가문의 역사는 한 가지 이상의 공통적인 특징을 보여 주었다. 무엇보다 이들은 유대인 혈통이었다. 그리고 아버지나 할아버지는 지방에서 대도시의 지리적 구심점 역할을 했으며, 기업이나 대학사회에서 사회적인 신분상승을 위해 노력했다. 이들은 정치적 활동의 자제에도 불구하고 창궐하는 반유대주의와 부딪쳤다. 한 연구에 따르면 작가활동을 선택한 데에는 밥벌이에 대한 속박에서 잠시 벗어날 수 있다는 이유도 있었다. 문화에 대한 두드러진 관심은 "신경증적" 모더니즘의 색깔을 드러내며 때로는 정신병리학적인 연구와 결부되었다. 15세의 호프만스탈은 이미 1889년에 "롬브로소, 크라프트 에빙의 책 구입, 정신의학에 대한 관심"이라고 기록했다(Hofmannsthal 1979/80, Reden und Aufsätze Ⅲ, 313쪽). 아르투르 슈니츨러는 자신의 의학수업 때문에 당연히 초기 정신분석의 언저리에 있었다. 프로이트보다 6세 아래인 그는 예컨대 정신의학자인 테오도르 마이네르트(Theodor Meynert)처럼 부분적으로는 프로이트와 같은 교수에게 배웠다. 슈니츨러는 아버지가 주관하던 의학지인 《빈 의학지(Wiener Medizinische Presse)》와 《국제적 임상현황(Internationalle Klinische Rundschau)》의 편집자로서 1886년부터 1892년 사이에 항상 장 마르탱 샤르코(Jean Martin Charcot)와 이폴리트 베른하임(Hippolyte Bernheim)의 논문을 언급했다. 그중에는 샤르코의 《신경계 질환에 대한 새 강의(Neue Vorlesungen über Krankheiten der Nervensystem)》와 베른하임의 《최면술, 암시와 정신요법에 대한 새로운 연구(Neue Studien über Hypnotismus, Suggetion und Psychotherapie)》가 있었다. 슈니츨러가 이 논문을 평가할 때는 "프로이트 박사가 아주 모범적으로"(Schnitzler 1988, 215쪽) 이 글을 독일어로 옮겼다는 말을 잊지 않았다. 빈 학파가 예술과 저널리즘, 과학, 의학 사이에서 여러 모로 겹치기는 했지만—그리고 1900년 무렵 빈의 놀라운 창조적 활동을 위해 필수적인 토대라고는 해도— 당시 두 사람의 만남이 있었다는 말은 없다. 각자가 개별적이었으나 비슷한 준비과정을 거쳐서 신경정신의 탐구에 매달렸다.

《꿈의 해석》(1900)이 나오고 천천히 이 책이 수용되면서 이런 단계는 끝나게 된다. 이후 프로이트의 이론은 문학작품의 인물을 구상하는 데 갈수록 영향을 미쳤고, 정신분석에 반발하는 영역에서도 다를 바 없었다. 인접 분야 사이에서 여러 가지로 신중한 관계를 위해 노력했음에도 끊임없이 경계를 지으려는 시도가 있었다는 것은 —비록 쌍방의 문제라고는 하지만—이 책을 통해서는 대중문학과 정통 의학 사이에 자리 잡은 새로운 과학의 출범이 어렵다는 것을 보여 주었다. 나아가 이를 무시하거나 심지어 기피하는 풍조도 없지 않았다. 프로이트는 이미 노쇠한 "청년 빈 파"에 대해서도 수십 년 동안 "대표"로 인식되었다. 그것도 슈니츨러(1913)와 베어호프만(1912, 1919)에 관한 글을 쓴 그의 제자 테오도르 라이크(Theodor Reik, 1888-1969)로부터였다. 이들의 산발적인 만남이 이루어진 것은 1920년대 들어서였다고 한다. 그럼에도 빈 모더니즘 작가들과 프로이트는 개혁의 물결과 전통에 대한 고집이 아주 다양하게 분포해 있던 합스부르크 대도시라는 공동의 지적 분위기에 속한다. 어쨌든 양측이 서로 인정한 것은 사회적 언어 규정에 맞서서 영적인 것의 '진리'를 관철하려는 열렬한 노력이었다.

영혼의 피난처: 헤르만 바르

결정적 역할을 맡았던 인물은 헤르만 바르(Hermann Bahr, 1863-1934)이다. 그는 단순히 "청년 빈파"의 지도자 역할만을 한 것이 아니다. 바르는 동시대의 많은 사람들에게 저널리즘의 기회주의자로 통했다. 바르는 "나는 정신적 풍조가 유행되기 전에도 항상 그 풍조에 관여했다. … 나는 시대의 모든 과오를 반복해서 접하는 것이 형벌로 느껴졌다"라고 회고한 바 있다(Bahr 1918, 98쪽 이하). 정신적 사건의 표현 및 해석 모델에 대한 필요성이나 문학적 영역의 구조전환을 일찍이 깨달았다는 데 바르가 의미를 지닌다는 점에 대해서는 논란의 여지가 없다. 어쨌든 바르는 유럽 모더니즘을 오스트리아에 소개한 중재자로서의 업적이 있다. 린츠에서 주 의회의 자유당 의원의 아들로 태어난 바르는 오스트리아 학생으로서 독일민족주의 운동에 참여했다가 좌절을 맛보았다. 이후 그는 베를린 시절(1884-1887)에 마르크스-사회주의당에 입당했고, 파리에 체류할 때(1888/89)는 발작과 졸라 뿐만 아니라 특히 보들레르, 마테를링크(Maeterlinck), 위스망스(Huysmans) 같은 상징주의 작가들의 작품에 심취했다. 그는 빈으로 돌아온 후 베를린 모더니즘에 대한 일종의 경쟁적 시도로서 자연주의와 상징주의를 융합하는 문학적 노선을 정립했으며, 이때 어떤 정신적인 지진계 같은 역할을 수행했던 것으로 보인다. 이후 바르가 주장하듯이 늘 자유분방했던 "청년 빈 파" 작가들이 연맹을 결성할 때 그가 핵심적인 역할을 했다는 것은 그가 그들의 창작활동을 힘껏 장려했고 지원자로서 작품을 발표할 수 있는 출판사를 소개해 주었다는 점에서 맞는 말이라고 할 수 있다. 베를린의 사무엘 피셔 출판사에서는 대표적인 **자연주의적** 모더니스트들의 작품(에밀 졸라, 헨리크 입센, 게르하르트 하우프트만의 작품)이 출판된 데 그치지 않고 오스트리아 작가들의 작품도 ─당시의 시대적인 알력에도 불구하고─ 바르라는 명망가의 후원을 받아 출판되었다. 이후 피셔 출판사는 몇몇 작가들에게 평생 출판의 보금자리가 되었다.

바르는 베를린에 두 번째로 머물던 시기(1890/91)에 첫 번째 소설 《좋은 학교(Die gute Schule)》를 집필하다 중단했는데 이 작품은 파리에서 출판되었다. "영혼의 상태"라는 부제가 붙은 이 책은 새로운 예술이념에 대한 표현을 찾아 헤매던 젊은 화가가 이를 포기하고 애인과 육체적 쾌락에 빠지는 이야기를 다루고 있다. 이런 흐름은 결국 냉소적 좌절로 끝난다. 이 작품에 대한 당대의 비평은 대체로 도발적 내용에 대한 분노가 주된 반응이었다. 동성애의 묘사는 대소동을 불러일으켰다. 리하르트 폰 크라프트 에빙의 《성적인 정신병(Psychopathia sexualis)》(1886)에서 진단하듯이 "상반된 성적 감각"은 당대의 사람들에게 여전히 치료가 필요한 현상으로 간주되었다. 게다가 《좋은 학교(Die gute Schule)》의 주인공이 보여 주는 사드-마조히스트적인 행태는 이미 유럽의 데카당스 문학에서 여러 차례 주제로 다루어진 현상이기도 했다. 하지만 "마조히즘"이란 개념은 바로 그 전 해에 크라프트 에빙의 《성적 정신병의 새로운 연구》(1890)에서 소개된 것으로 저자는 레오폴트 자허마조흐(Leopold von Sacher-Masoch)의 소설 《모피를 입은 비너스》(1869)를 불쾌하게 받아들이고 있다. 이와는 달리 바르는 아방가르드를 금기타파 현상으로 이해하고 일탈이라는 주제에 적합한 형식을 부여하는 식으로 전통에 도전했다.

바르는 그의 에세이 《새로운 심리학(Die neue Psychologie)》(1890)에 소설을 발표한 직후 이에 적합한 심리학적-시학적 사고를 발전시켰다. 그는 자연주의에서 묘사된 외적인 사실 이상으로 사람들이 관심을 갖는 것이 내면의 상태라고 생각했다. 시대가 요구하는 "새로운 심리학"은 경험적-자연주의적 정확성으로 다시 돌아가서는 안 되며 "결정론적, 변증법적, 해체적"이어야 한다는 것이다. 바르는 "결정론적(deterministisch)"이라는 용어를 자연주의가 전용한 경향, 다시 말해 작품에 등장하는 인물들의 환경제약성을 받아들이는 경향을 지칭했다. 그는 영적 삶의 복합성을 정당화하면서 어떤 감각이 다른 감각으로 급변하는 것을 묘사하는 시도를 "변증법적"이라고 표현했다. 끝으로 '해체적(decompositiv)'이란 "첨가와 부가, 의식의 온갖 수정작업을 배제하고 감각을 의식 이전의 원초적 현상으로 되돌림으로써" 이루어지는 방법이다. 새로운 심리학은 말로 표현되지 못한 심적인 것의 "첫 번째 요소", 즉 광명으로 나오기 이전에 어둠에 싸인 영혼의 최초 상태를 언어화하려는 역설을 추구한다. 바르에 따르면 전통적이고 성찰적인 "1인칭 서술"은 기껏해야 새로운 심리학에 "피난처"를 마련해 주는 데 지나지 않는다. 작가는 "신경과 감각이 의식에 도달하기 이전, 가공되지 않은 순수한 상태에서 드러나는 현상"을 위한 형식을 찾아내야 한다. 이런 기법으로 쓴 이야기는 분명히 놀라울 정도의 "강렬한 진리"에 도달할 수 있으리라는 것이다(Wunberg 1976, I쪽, 92-101쪽).

물론 소설 《좋은 학교》는 여전히 3인칭으로 서술된다. 바르는 마치 검증되지 않은 주인공의 의식 기록을 보여 주려는 듯, 전지적 화자의 거리뿐만 아니라 1인칭의 회상방식을 피하려고 했다. 이때 심리적 분열현상은 인상주의 화가의 기법과 유사하게, 말하자면 개별적인 인지 조각들의 불연속적인 나열처럼 묘사되어야 한다는 것이다. 그러나 그의 소설은 그렇지 않았다(Thomé 1993, 393-433쪽). 말로 표현된 것은 당연히 주인공의 의식이 실제로 도달한 상태였다. 이 결과 언어화된 것은 근본적으로 추후에 발생한 주인공의 감각적 성찰뿐이다. 《좋은 학교》는 다만 심적 과정을 적절히 언어로 포착하는 어려움 또는 불가능성이 고려됨으로써 언어비판적인 측면에서 때 이른 자극을 주었다. 주인공의 영적인 삶이 언어표현을 통해 언제나 "추후에" 그리고 간접적으로만 묘사될 수 있다면, "무의식"은 신경이 감각을 생산할 때 충분히 강렬하여 의식의 문턱을 넘어서는 경우에만 생각될 수 있었다. 그러므로 "잊어버린", 나아가 "억압된" 내용에 대한 표상은 여기서는 전적으로 배제되어 있고, 이 때문에 바르의 새로운 심리학은 정신분석을 예견한 것이라고 보기는 어려웠다. 내면의 성찰에서는 인물의 의식이 충분히 해명되지 못한 채 작품에 대한 이해가 표현된다. 바르는 "사실적으로" 납득할 만한 인물심리가 결여되었다는 것, 즉 감각의 양면성 같은 현상에 대한 자극이 부족하다는 것을 깨달았다. 이런 점에서 그의 작품은 "낡은" 경험심리학과 "낡은" 사실적 서술형식으로는 더 이상 대답할 수 없었던 "새로운" 문제들을 보여 주는 하나의 지표이다. 그리고 바르 자신도 이 두 가지 문제에 대한 대답을 더는 발전시키지 못했다.

최면, 꿈과 비판: 아르투르 슈니츨러

아르투르 슈니츨러(Arthur Schnitzler)의 아버지 요한 슈니츨러(1835-1893)

는 **자수성가한** 유대인이었다. 헝가리의 소도시 너지커니저에서 의학수업을 위해 빈으로 온 그는 빈 종합병원의 설립자 겸 원장으로 출세하여 개척자 세대 출신의 전형적인 신분상승을 이루었다. 이런 아버지의 모범적인 생활을 보고 자라면서 아르투르 슈니츨러(1862-1931)는 많은 고통을 겪었으며 의학공부에도 별 성과를 올리지 못했다. 아버지의 조수로서 근근이 편집 일을 거들면서 아버지의 그늘에서 벗어나지 못했다. 의학과 문학에 대한 관심 사이에서 겪은 정신적 갈등은 아버지의 사망 이후 비로소 해결되었고 결국 문학의 길을 가기로 결심했다. 슈니츨러의 의학 체험은 많은 작품의 주제가 되었을 뿐 아니라 문학 인간학의 특징을 띠게 된 배경이라는 것이 분명하다. 무엇보다 슈니츨러는 처음부터 정신병리학과 히스테리 연구에 관심이 컸으며, 이 점에서 그는 빈 학파의 정통파들과 확연하게 구분된다. 슈니츨러는 1888년 종합병원의 이비인후과에서 그의 유일한 의학논문인 "실성증(失聲症)과 최면 및 암시요법을 통한 치료에 대하여"를 위한 최면실험을 시행했다. 슈니츨러의 실험규정 기록에 여러 차례 환상적인 착상과 허구적 연출이 보이는 것으로 미루어 볼 때 최면술을 기초로 한 진료를 문학적으로 형상화한 것은 놀랄 일이 아니다. 《아나톨(Anatol)》연작(1893)에 나오는 유명한 단막극인 "운명에 대한 질문"(1889년 완성)은 실험상황에서 개인적인 혹사장면을 무대에 올린다. 질투심에 시달리며 우울증을 겪는 바람둥이 레베만 아나톨은 애인인 코라의 사랑의 맹세를 믿지 못하며 코라에게 최면술을 걸어 진실을 캐내려고 한다. 하지만 코라가 수면 상태에 들었을 때, 아나톨은 수상쩍은 의문을 제기하기도 전에 자존심의 손상을 감수할 용기가 없어서 코라를 다시 깨운다. 극의 맥락으로 미루어 이미 아나톨의 희생뿐만 아니라 불륜이 관객에게 암시되는 코라의 희생이 문제의 핵심이라고 할 때, 실험자는 코라의 심적인 개인영역이 침해받는 것에는 아랑곳하지 않는다. 일견하여 이 단막극에는 코라의 심적 상태와 관련하여 큰 성과를 암시하는 표제어가 나온다.

> 아나톨: 말하자면 뭔가 머리에 떠올랐어.
> 막스: 그게 과연…?
> 아나톨: 무의식일세! (Schnitzler 1962, 1권, 38쪽)

이어서 아나톨은 자연스럽게 코라의 "무의식"을 단순히 통제받지 않는 최면상태로만 상상한다. 이미 사전에 암시되듯이 코라가 자신의 과오를 기억할 수 없다는 것이다. 비록 아나톨에게는 전반적으로 쇼펜하우어를 연상시키는 아주 낯익은 남성적 심리학이 작용하는 것도 사실이지만, 그의 아주 대중적인 심적 모형은 어쨌든 ―억압활동을 통하여 의식과 분리된― 충동대리자들(Triebrepräsentanzen)의 토포스(Topos)로서의 "무의식"을 미리 예시한다. 뚜렷한 차이에도 불구하고 우리는 이 단막극에서 프로이트의 의식 능력 없는 "무의식체계"와의 유사점을 아주 정확하게 읽을 수 있다.

슈니츨러는 다시 한 번 최면이라는 주제를 사용하면서 역사적인 기록을 남겼다. 단막극 《파라셀수스(Paracelsus)》(1898)는 16세기 초의 바젤이 배경인데 신비로운 기적의 치료사가 등장해 바젤의 정통파 의사들과 대립한다. 고전적인 무운시(Blankvers)에서는 빈 학파와 프랑스 히스테리 연구진 사이의 대립이 암시되기도 한다. 하지만 파라셀수스는 진보적인 주인공이 아니다. 그는 과거의 연인인 유스티나에게 최면을 걸어 고루한 남편에게 복수하기 위해 간통을 저지르도록 유도한다. 여기서 불륜 문제는 나오지 않지만, 불륜은 충족되지 못한 충동적 소망으로 남는다. 줄거리는 어렵사리 해피 엔드로 끝난다. **운명에 대한 물음** 앞에서 명백하게 문제시되는 것은 여성의 무의식이다. 《파라셀수스》는 1900년 이전에 문학과 정신분석의 결정적인 접근을 보여 준다. 유스티나의 동생 세실리아는 사랑의 결실을 얻지 못해 히스테리 증상을 보이지만 파라셀수스에게 치료받으려고 하지는 않는다. 이런 점에서 이 단막극은 《히스테리 연구》의 문학적 사례 같다는 인상을 주는 것 같지만(슈니츨러는 1903년이 되어서야 이 책을 읽었다), 전언에 따르면 프로이트는 이 연극을 본 뒤에 "작가가 히스테리를 얼마나 많이 알기에"라는 표현을 했다고 한다(Jones I, 402쪽, 1898, 3월 19일). 프로이트는 《히스테리 분석》(1905)에서 다시 한 번 《파라셀수스》를 언급한다. 슈니츨러가 세실리아의 히스테리 현상을 아주 정확하게 해석했다는 것이다(전집 5, 203쪽, 각주).

슈니츨러는 1900년 이전에 최면술 외에도 여러 차례 꿈을 주제화한다. 역사적인 르네상스-드라마인 《베아트리체의 면사포(Der Schleier der Beatrice)》에서는 꿈을 소망충족의 형태로 묘사한다. 볼로냐 문장조각가의 딸이자 시인 필리포의 애인인 여주인공은 어느 날 밤 자신이 공작부인이 된 꿈을 꾸는데, 필리포는 여주인공을 "몽상적인 매춘부"라고 욕하며 내쫓는다. 그리고 이 꿈은 터무니없게도 현실이 되어 충족된다. 아무튼 구조적인 완성도와 현실성이 결여된 이 실험적인 연극은 큰 성공을 거두지는 못했다. 그렇지만 슈니츨러가 꿈을 소망충족의 형태로 파악했다는 데는 의심할 여지가 없다.

> 하지만 꿈은 용기가 없는 욕구이다.
> 한낮의 빛살이 우리의 영혼의 한구석으로
> 몰아내는 뻔뻔스런 소망은
> 밤이 되면 다시 기어 나온다 … (Schnitzler 1962, 1권, 576쪽).

다만 꿈에 나타나는 암호화의 특징은 묘사되지 않는다. 베아트리체의 충동목표는 완전히 적나라하게 묘사되고, 소망 자체의 존재는 "무의식적"

이다. 그러므로 1890년대에 슈니츨러가 묘사한 인물심리에서는 사실상 진화된 프로이트 이론과 "혈통적인 유사성"(루트비히 비트겐슈타인)이 발견된다. 슈니츨러의 수용사 측면에서 볼 때 두드러진 것은 그가 일찍이 "프로이트 이전의" 인물 묘사에 —아나톨과 "요염한 여자"에— 큰 비중을 두었고, 여기서 인물의 심리적 상태를 여러 차례 "인상주의적 인간"의 위기 증상으로 해석했다는 점이다. 인물의 불연속성과 자아 상실의 경험은 곳곳에서 에른스트 마흐의 경험비판론(Empiriokritizismus)[18]의 명제와 연관된다. 하지만 "청년 빈파"의 마흐 수용은 1903년에서야 이루어졌기 때문에 "구제할 수 없는 자아"라는 마흐의 표현은 추후에 해석도구로만 투입되었을 뿐이다. 물론 꿈과 정취에 넘치는 관능을 세기말의 상투적 표현으로 읽을 가능성은 슈니츨러의 초기작품의 매력에 기여한다고 볼 수 있다.

1900년 봄 《꿈의 해석》을 읽고 난 뒤로 슈니츨러의 인물구상은 의심할 여지없이 변화를 맞이하였다. 슈니츨러는 이때부터 —특히 꿈과 관련하여— 인물구상을 정신분석적으로 일치시키려고 시도했다. 그는 이후 자신의 꿈을 관찰하고 기록하는가 하면, 때때로 꿈을 해석하곤 했다. 소설 《베르타 갈란 부인과 구스틀 소위(Frau Berta Garlan und Lieutenant Gustl)》(1900년 1월에서 4-7월 사이 완성)에서는 이미 프로이트의 흔적이 엿보인다. 시골의 과부인 베르타 갈란은 새로운 사랑의 시도에 쓰라린 실패를 맛보고 낮의 잔여물(Tagesrest)이나 합성인(Mischperson),[19] 각성자극(Weckreiz)처럼 이미 정신분석적으로 정의된 조건에 따라서 꿈을 꾼다. 빵집 주인에게 모욕을 당했다고 느끼며 손상된 명예 때문에 자살해야 한다고 생각하는 구스틀은 슈니츨러가 도입한 —현재시제로 된 "내적 독백(Innerer Monolog)"과 분열적

---

18) 역주: 인식주관이 객관적 실재를 인식할 수 없다는 불가지론.
19) 역주: 꿈속의 한 인물에 여러 사람의 특징이 겹쳐 나타나는 현상.

사고와 연상으로 이루어진 몽타주(Montage)라는― 서술기법 속에서 제한된 의식을 드러낸다. 여기서 몽타주는 전의식적인 내지 무의식적인 자극, 대체로 공격적인 자극을 눈앞에 직접 생생하게 나타나게 하는 기법이다.

그러나 슈니츨러는 정신분석의 특정 명제에 대해서는 평생 유보적인 태도를 분명히 했다. 산발적으로 발표된 《정신분석에 대하여》라는 글에서도 단호하게 회의적인 반응을 보인다. 그는 치료할 때 면역효과에 반대하는 것처럼 "편집증적"인 상징해석에도 이의를 제기했다. 그는 의지의 자유와 의식의 힘을 최소한으로 억제하는 것을 도덕적 계율로 본 후기 계몽주의적 위치를 고수했기 때문에 자신만의 독특한 진료에 적합하다고 하는 "중간의식(Mittelbewußtsein)"이라는 개념을 발전시켰다. 정신분석에 대한 슈니츨러의 평가는 다음의 표현에서 보듯 심리유보(reservatio mentalis)의 태도가 엿보인다. "정신분석은 전에는 … 소심하거나 두려워서 제대로 연구되지 못한 것을 과감하게 깊이 연구함으로써 영혼에 대한 지식을 확대했다. … 동시에 정신분석은 쓸데없이 그 깊이에 필요 이상으로 머무르며 그 내부를 끊임없이 파헤치는 과오를 범했다"(Schnitzler 1976, 281쪽). 이와 같은 거리감 또는 거부감은 문학이 정신분석에 비해 자율적일 뿐만 아니라 우월하다는 슈니츨러의 확신과 관련된다. 그가 볼 때 영적인 것의 미적 형상화는 여러 가지 의미에서 심리적 결정성을 벗어난 것이었다.

하지만 슈니츨러에게도 잘 알려진 "도플갱어 불안(Doppelgängerscheu)[20]"이 있었다. 이 말은 프로이트가 1922년 5월 15일, 60회 생일을 맞은 슈니츨러에게 보낸 유명한 편지(Freud 1955, 97쪽)에서 그때까지 개인적인 만남이 이루어지지 않은 이유 때문에 사용한 표현이다. 프로이트의 환자에 대한 사례 설명과 슈니츨러의 단편소설은 문학과 정신분석 사이에 고도의 상호침

---

20) 역주: 자신이 상대와 비슷해 보이는 것이 두려워 상대에게 길을 피해 주는 심리.

투성이 있음을 보여 준다. 물론 슈니츨러는 상호침투 현상을 허용할 의도가 없었다. 또 프로이트의 편지를 계기로 여러 차례 방문과 만남이 이루어졌지만 슈니츨러는 원칙적으로 유보적인 태도를 버리지 않았다. 1900년 이후 슈니츨러의 작품은 점점 더 언어의 오용과 심적 조작과는 대립되는 방향으로 나갔다. 슈니츨러는 개인적 책임에 대한 문제를 무의식에 내맡기고 싶지 않은 것 같았다.

신화와 정신(Psyche): 후고 폰 호프만스탈

하지만 슈니츨러는 유아성욕에 대한 이론을 완전히 인정했다. 다만 유아의 성적 열망이 "개체가 관계를 맺는 최초의 이성과 결합된다"는 것은 그에게는 "거의 진부한 말"처럼 보였다. 그는 프로이트가 이렇게 당연한 것을 고대신화를 동원하여 예증한 것을 받아들이고 싶지 않았다. 프로이트가 오이디푸스의 무의식을 관객의 무의식과 관련시키려는 데 반해, 슈니츨러는 다음처럼 신화적 우화와 심리적-경험적 현상의 분리를 고집한다. "성적 감정(신화에서처럼, 필자의 첨언)이 미지의 어머니에게 고착될 때만 이른바 오이디푸스 콤플렉스가 더 깊은 형이상학적 의미를 갖게 될 것이다. 사실 오이디푸스의 여행은 이른바 오이디푸스 콤플렉스와는 상관이 없다. 오이디푸스는 그녀가 자신의 어머니라는 사실을 모른 채 어머니를 사랑한다"(Schnitzler 1976, 278쪽). 슈니츨러는 여기서 고대의 아나그노리시스(Anagnorisis)[21]를 무의식의 새로운 영역에서 일어나게 하는 것에도 반대했다. 이 문제에서 놀라운 방식으로 슈니츨러와 프로이트를 능가한 사람이

---

21) 역주: 비극의 플롯을 이루는 결정적인 부분. 인지(認知)라고도 번역되는데, 예컨대 오이디푸스가 출생의 비밀과 친부살해의 사실을 알게 되는 것이 이에 해당한다.

바로 후고 폰 호프만스탈(Hugo von Hofmannsthal, 1872-1929)이었다.

호프만스탈은 어디서나 환영받는 신동으로서 "청년 빈파"에 합류했다. 그는 귀족작위를 받은 유대인 기업가의 증손자이자 빈 담보대출은행장의 외아들로서 온갖 교육의 특혜를 누리며 성장했다. 이미 고등학교 시절에 작품을 출판한 호프만스탈은 학생 신분으로 책을 낼 수 없어서 "로리스(Loris)"라는 가명을 사용했다. 로리스는 문학적 재능뿐 아니라 독서한 내용을 자신의 것으로 체화하는 능력이 뛰어나서 주위를 놀라게 했다. 그는 비상한 재주로 빠른 시간에 과거로부터 전래하는 소재와 당대의 지적 지평을 흡수했다. 호프만스탈은 프로이트와의 관계에서 주변의 다른 작가들은 포기해야만 했던 영역, 즉 고대의 수용 분야에서 대표적인 존재였다.

호프만스탈이 《히스테리 연구》를 비교적 뒤늦게 읽은 것은 분명하다. 그는 1902년 봄에 가서야 이 책을 헤르만 바르에게 빌렸다. 《꿈의 해석》은 그의 서재에 있었지만 읽었다는 증거는 없다. 물론 슈니츨러와 마찬가지로 호프만스탈도 "프로이트를 알기 이전의" 작품에서 미적 해결책을 찾았다. 이는 동시에 "새로운 심리학"의 요구를 충족할 수 있는 방법이었다. 호프만스탈은 바르에게 빌린 논문을 살펴보다가 폴 부르제(Paul Bourget)의 《현대적 사랑의 생리학(Physiologie de l'amour moderne)》(1891)에 나오는 평론을 명시적으로 언급하게 된다. 호프만스탈은 여기에 나오는 자아분열이라는 모더니즘 증후군을 정확하게 기술하고 있지만, 그것을 "신경질환의" 현상으로 보고 있다. 같은 해에 그는 이런 "현대적"이고 신경질적이며 초기 르네상스의 모습을 한 인물을 운문 단막극 《어제》(1891)에서 보여 준다. 계획적으로 고안되고 세대에 전형적인 주인공 안드레아는 불연속적인 "순간의식(Augenblicksbewußtsein)"을 대변한다. 그는 스스로 "인상주의자"라 자처한다.

기분이라는 것은 바뀌지 않는가? 힘도 변하지 않는가?

정열이라는 것도 모두 발산되었다가 소멸되지 않는가?

수많은 생명이 모여 사는 우리에게 누가 "영혼"이라는

이름을 부여하도록 가르쳤던가?

하지만 그는 이와 아주 유사하게 심리란 늘 변하는 것이라고 말하는
―"하나의 심연이 어제와 나를 갈라놓는 것 같아요, / 그리고 내 자신이 오
늘은 아주 낯설기만 합니다"― 연인 아를레테의 불륜을 극복할 수가 없다
(Hofmannsthal 1979/80, Dramen I, 223쪽, 242쪽).

호프만스탈이 이 짤막한 격언극에서 주인공의 우아한 반발을 시도했다
면, 1890년대의 산문에서는 인과율과 연속성이라는 일상적 심리학의 가정
을 훨씬 더 철저하게 문제화했다. 《672번째 밤의 동화(Das Märchen der 672.
Nacht)》(1895)는 4명의 하인을 두고 호화로운 은둔생활을 하다가 어쩔 수
없이 혐오스러운 도시생활과 부딪칠 수밖에 없는 상인의 아들에 대한 이
야기를 다룬다. 말발굽 소리처럼 악몽 같은 장면들이 눈앞에서 펼쳐지는
가운데 주인공은 끝내 죽음을 맞이한다. 왜 심리적으로 그럴듯한 근거를
동원하지 않았는지는 수수께끼로 남는다. 동기부여가 부족할 때는 오랫동
안 생철학의 도덕적인 설명이 ―상인의 아들은 도피적 삶 때문에 파멸한
다― 또는 아주 그럴듯한 오이디푸스적 형태의 증거가 **임시방편으로** 그 자
리를 대신했다. 작품이 나온 시기를 고려할 때 상인의 아들이 보여 주는
심적인 상태는 이와 반대로 피에르 자네(Pierre Janet)가 정의한 "인격분열
(désagrégation)"(1889)이라는 개념에 해당한다. 이 개념은 인격의 분열과 인
지 및 의지 기능의 붕괴를 뜻한다.

《기병이야기(Reitergeschichte)》(1898)는 기병대 하사관 안톤 레르히에 관
한 내용이다. 레르히는 1848년 기병소대와 함께 황폐해진 밀라노를 점령

한 다음 고립되었다가 기병대를 따라 인적이 끊긴 어느 마을로 들어간다. 그의 의식 속에서는 성적인 환상과 극단적 증오심 및 무관심의 지각이 교차한다. 그는 앞에서 다가오는 기병을 보고 마치 거울에 비친 자기 자신의 모습을 보는 느낌을 받는다. 결국 레르히는 기병대장의 명령을 거부한 뒤 총살된다. 여기서도 ─오토 랑크(Otto Rank)의 《도플갱어-연구》(1925)나 칼 융의 원형이론처럼─ 추후의 심층심리적 해석 수단이 설득력이 있는 것으로 입증되었다. 이야기 자체는 "다양한 형상의 … 의식이 … 흘러넘치는"(Hofmannsthal 1979/80, Erzählungen, 131쪽) 것으로 서술되며, 이런 형상은 이미 영화에서 주목할 만한 미학기법에 따라 연출되고 있다.

매몰된 광부의 시체가 수십 년 동안 전혀 부패하지 않고 생생한 상태를 유지한 끝에 약혼녀가 이 시체를 알아보았다는 낭만적인 모티브는 《팔룬 광산(Das Bergwerk zu Falun)》(1899년 완성)에 결정적인 소재[22]를 제공한다. 호프만스탈의 주인공 엘리스는 삶의 화신인 안나와 산의 여왕의 매혹적인 지하세계 사이에서 방황하다가 지하세계의 매혹을 견디지 못하고 이에 굴복한다. 여기서도 다시 심층심리적인 토포스가 나타난다. 호프만스탈 자신은 과거를 회고하면서 ─헤르베르트 질버(Herbert Silber)의 《신비주의와 그 상징성의 문제》의 의미에서─ 주인공 엘리스를 "내성(Introspektion)"이라는 위험에 빠져서(Hofmannsthal 1979/80, Reden und Aufsätze III, 601쪽) 나락으로 떨어지는 인물로 해석했다.

호프만스탈이 이 텍스트에서 정신분석 연구와 관련이 있다고 할 상징적 형상으로 영적인 것을 보여 주었다면, 《히스테리 연구》와 《꿈의 해석》을 읽은 경험은 《엘렉트라》(1904)와 《오이디푸스와 스핑크스》(1906)에 직

---

22) 역주: 수십 년 동안 매몰되었다가 생생한 시체로 약혼녀에게 발견된 이 실화는 요한 페터 헤벨, 리하르트 바그너, 게오르크 트라클 등 많은 작가들에게 소재가 되었다.

접 반영되었다. 요제프 브로이어의 안나 오(Anna O.)에 대한 사례가 어느 정도 "본보기"로 작용했다는 것은 호프만스탈이 묘사한 엘렉트라의 여러 가지 히스테리 증상에서 알 수 있다. 아버지의 죽음에 대한 기억에 시달리는 엘렉트라는 —어머니에 대한 복수의 기대 속에 살면서— 오레스테스의 범행 이후 도취적인 춤에 빠져 지내다가 결국 무너진다. 오이디푸스 삼부작의 서막으로 계획된 두 번째 작품인 《오이디푸스와 스핑크스》는 어느 정도 소포클레스 원작의 이전 이야기를 다루고 있다. 오이디푸스는 델포이에서 미래에 펼쳐질 자신의 운명을 꿈에서 보았다. 신탁의 해석은 다음과 같다. "그대는 때려죽이는 쾌락을 아버지에게 참회하고, 어머니에게는/동침하는 쾌락을 참회하는 꿈을 꾸었으니/꿈대로 이루어지리라"(Hofmannsthal 1979/80, Dramen II, 397쪽). 《오이디푸스와 스핑크스》는 깨달음과 자기징벌 이전에 이오카스테를 아내로 얻는 장면에서 끝난다. 당시 사람들은 —때때로 "히스테리적인 것"으로 간결하게 표현된— 《엘렉트라》에서 프로이트 이론과의 연관성을 쉽게 인지했지만, 《오이디푸스와 스핑크스》에서는 뒤늦게 산발적으로 발견했다. 그러나 호프만스탈이 정신분석적인 방법으로 고대의 소재를 현실화시켰다는 것은 그의 종합적인 성과를 평가하기에는 지나치게 단순한 공식일 수도 있다. 고도로 복잡하며 동시에 요한 야콥 바흐오펜(Johann Jakob Bachofen)이나 에르빈 로데(Erwin Rohde)에 대한 연구를 통해 연마한 호프만스탈의 신화해석은 오히려 정신분석적인 해석을 —매번 거기에 국한되지 않고— 통합하는 역할을 하고 있다. 호프만스탈의 텍스트에는 일반적으로 당대의 담론과 문학의 원칙적인 차이가 극명하게 나타난다. 이 차이는 당대의 담론을 수용할 뿐만 아니라 동시에 대조를 이루기도 한다. 프로이트와 호프만스탈 사이의 거리는 이후 호프만스탈의 보수적인 종합문화(Kultursynthese)라는 유토피아가 나타나면서 더욱 벌어졌다.

유대인 혈통과 무의식: 리하르트 베어호프만

변호사의 아들이자 독학한 법률가인 리하르트 베어호프만(Richard Beer-Hofmann, 1866-1945)은 "청년 빈파" 사이에서 미적 취향의 문제에서 심판관으로 통했다. 그는 활동초기에 전형적인 유럽식 멋쟁이로 인기를 끌었지만, 이에 비해 발표한 작품 수는 빈약했다. 1890년대에 베어호프만은 겨우 두 편의 중단편소설 《카멜리아(Camelias)》(1891)와 《어린아이》(1893)를 발표했을 뿐이고 세 번째 작품인 《게오르크의 죽음》(1893-1899 사이에 완성)은 1900년에 가서야 나왔다. 자기도취적이고 신경질적인 첫 작품의 주인공 프레디는 젊은 처녀와의 결혼을 귀찮다고 거절하고 평생 정부의 곁에서 지낸다. 두 번째 작품에서 **어린아이**는 하녀와 관계를 맺고 사생아로 낳은 파울의 딸이다. 어린아이는 양부모에게 맡겨지지만 제대로 돌보지 않아 죽고 만다. 이에 대해 파울은 ―생철학에 근거한― 자연과의 조화를 경험하는 방법으로 위로를 받는다.

베어호프만이 두 번째 작품에서 세기말적인 유미주의자의 자기중심적인 양식화를 비판적으로 해부했다면, 《게오르크의 죽음》에서는 유아론적인 고립에서 주인공 파울을 끌어낸다. 죽음과 나이, 증오심에 직면한 파울은 자신의 주관적인 우주에서 빠져나와 종국에는 자신이 유대인 혈통이라는 것을 의식하고 육체적으로 조상들과의 일체감을 체험한다. "왜냐하면 그의 몸속에 흐르는 피를 전해 준 사람들의 삶 위로 정의가 태양처럼 비쳤지만 그 빛은 그들을 따뜻하게 해 준 적도 없고 그들에게 비춘 적도 없었기 때문이다. 그럼에도 그들은 눈부신 광채 앞에서 떨리는 두 손으로 공손히 고통에 가득 찬 그들의 이마를 가렸다. … 그도 그들의 혈통이었다"(Beer-Hofmann [1900], 133 쪽 이하). 이에 앞서 상당히 복잡한 꿈이 묘사된다. 파울은 죽어 가는 여자를 얻는 꿈을 꾼다. 어린 시절의 기억이 떠올랐다가 사라지고 시리아의 사원 축제 광경이 나타난다. 풍경의 모습은 끊임없는 상상 속에서 기괴하게 일그러진 노인들의 모습으로 교체된다. 이처럼 상상 속의 여행에서 보이는 수수께끼는 정신분석의 교재가 되었다. 그러므로 파울의 사회적인 발전은 분석적인 자기치료로 해석되었다. 좀 더 신중한 해석자들은 같은 시기에 나온 《꿈의 해석》과 두드러지게 일치하는 점에 주목했다. 그들은 이 단편을 1890년대의 문학과 정신분석의 유사한 특징을 보여 주는 인상적인 사례로 받아들였다. 그러나 실제로는 차이가 훨씬 더 많았다. 몽상적인 형상의 고리를 만들어 내는 파울의 연상논리는 무의식적 요인보다는 오히려 미학적-구성적 요인에 지배된다. 먼저 분위기 묘사로 전개되는 심적인 사건은 개인을 넘어서는 역사적 차원을 내포한다. "왔다가 가 버리는 모든 시간은 끊임없이 손가락을 움직여 영혼을 형성했다. … 그러나 다시 올 수 있는 시간은 없기 때문에 … 영혼은 언제나 결코 발생하지도 않고 들어 보지도 못한, 유일한 기적의 수호자였다"(Beer-Hofmann [1900], 122쪽). 이뿐만 아니라 사실상 느닷없이 유전적이고 계보적인 요소가 동원된다. 어쨌든 파울의 영적 삶은 결국 개인적인 충동자극이 아니라 집단적인 특징에 좌우되는 것으로 나타난다.

베어호프만은 1900년 이후에도 정신분석에 대해서는 거의 주목하지 않았다. 정반대로 관심을 보인 사람은 프로이트였다. 이번에도 프로이트는 1936년 7월 10일 베어호프만의 70회 생일을 맞아 축하편지를 보내면서 "내가 들은 바에 따르면 … 당신과 나 사이에 두드러진 공통점"이 있는 것이 틀림없는 것 같다고 조심스럽게 자신의 견해를 언급했다(Scherer 1993, 354-363쪽). 1905년부터 성서를 주제로 한 미완의 희곡 연작 《다윗 왕의 역사(Die Historie von König David)》를 쓰기 시작한 베어호프만은 등장인물들의 심적 상태를 이제는 전혀 다른 식으로 묘사했다. 등장인물들의 "무의식"은 비록 어떤 역할을 할지라도 내면의 심적인 어떤 것이 아니라 형이상학적인 어떤 것이다. 무의식은 신의 요구를 표현하는 토포스가 되고 있다.

신경증과 식이요법:
펠릭스 되르만, 레오폴트 폰 안드리안, 페터 알텐베르크

느슨한 관계든 긴밀한 관계든 1890년대에는 "청년 빈파"와 결속된 일련의 작가들이 더 있었다. 마찬가지로 이들의 작업도 심리학이나 정신병리학적 문제를 중심으로 하여 전개되었다. 데카당스라는 추세 속에서 "신경과민"이 창조력의 조건이 된다. 문학은 미학적 예외상황을 만들어 내기 위해 신경증의 영역으로 향하게 된다. 가령 초기의 신호탄으로 취급된 작품은 펠릭스 되르만(Felix Dörmann, 1870-1928)의 시집 《노이로티카(Neurotica)》(1891)와 《센세이션》(1892)이었다. 상류층 시민계급 출신으로서 편집장과 보들레르 작품의 번역자, 연극비평가로 활동한 되르만은 작가로서는 아류 수준을 벗어나지 못했다. 신성모독과 부도덕 때문에 압류와 소송에 시달린 결과 오히려 《노이로티카》는 의외의 성공을 거두었다. 여기에 실린 시들이 유럽 데카당스적인 시의 모방이라는 것은 쉽게 알 수 있다. 자기 자신을 "영혼이 쇠약하고 가련한 남자"로 표현하는 완전히 자기중심적인 자아는 성적 강박관념과 죽음에 대한 동경을 이렇게 털어놓는다. "내 영혼은 병든 상태로 태어났다/거기엔 쾌락, 힘, 삶에의 용기가 결여되어 있다"(Dörmann [1891], 11쪽, 16쪽). 이어서 《센세이션》에서는 영혼 자체가 "오물로 얼룩진 자포(紫袍)를 입은" 모습으로 서정적 자아 앞에 나타난다(Dörmann 1892, 45쪽). 이 시는 "모더니즘의" 징후에 매료된 생각을 늘어놓지만 그 징후라는 것은 완전히 전통적인 영혼의 알레고리 기법과 연관된 것이다. 전체적으로 볼 때 이 시집은 이론의 여지가 없을 정도로 명백하게 1880년대 초에 조지 비어드(George Beard)가 소개한 용어인 "신경쇠약(Neurasthenie)"의 형상을 제공했다. 피로성-신경증은 모더니즘의 지나친 자극에 원인이 있었다. 하지만 되르만의 경우 이런 세대의 전형적 고통은 오직 미적으로만 드러난다.

"자아의 자기도취(Ego Narcissus)"는 1890년대에 폭발적인 인기를 끌었던 책의 좌우명 가운데 하나였다. 이 책은 바로 피셔출판사에서 나온 레오폴트 폰 안드리안(Leopold von Andrian, 1875-1951)의 《인식의 정원(Der Garten der Erkenntnis)》(1895)으로 뜻밖의 아주 높은 평가를 받았다. 인간학자의 아들로 빈의 기숙학교에서 교육을 받은 안드리안은 학업을 마친 뒤에 외교관 활동을 시작했으며, 이때 작가로서의 경력도 중단되었다. 그 자신이 심한 우울증이 있었던 안드리안은 과민성 신경쇠약을 앓으며 "인생의 비밀"을 찾아다니는 젊은 영주의 아들을 묘사했다. 하지만 주인공인 "에르빈"은 얻고자 하던 인식에는 이르지 못하고 죽는다. 그의 허약한 체질은 미에 대한 숭배의식과 하나가 되고, 전체적으로 이 의식은 예술적 대상과 화려한 조화를 이루는 인식으로 양식화된다. 자아와 외부세계가 거리를 두는 가운데 몽상적이고 동화적인 분위기가 이어지면서 금지되고 신비로운 영역, 어떤 "다른 존재"에 대한 동경이 싹튼다. 현실은 결국 그 자체가 자기투사와 자기도취의 반영으로 인식된다. "그 자신이 세계였다. 세계와 똑같은 크기를 가진, 똑같이 유일무이한 존재였다. … 그는 … 세계의 모습에서 자신의 모습을 보기를 바랐다"(Andrian [1895], 54쪽). 해브록 엘리스(Havelock Ellis)가 "나르시시즘"이란 개념을 창안하기 4년 전에 우울증환자인 에르빈이 자기도취적인 신경증의 희생자로 등장한 것이다. 신경증의 고통은 동시에 다른 측면에서 현실의 미학적 형상화를 위해 도입된다. 말하자면 병리학이 미학의 토대가 되고 있었다.

시대적 질환을 치료할 수 있는 해법을 찾은 사람은 결국 "청년 빈파"와 느슨한 관계에 있던 페터 알텐베르크(Peter Altenberg, 1859-1919)였다. 알텐베르크의 작가활동은 1896년 피셔출판사에서 《나는 그것을 어떻게 보는가?》를 발행했을 때 시작되었다. 이 책에서는 이미 아기자기한 서정적 스케치라는 알텐베르크 특유의 형식이 엿보인다. 도매상 공동출자자인 유대인의 아들로 태어난 알텐베르크는 학업과 서점경영에 실패했다. 그는 "신경계의 과민증상" 때문에 직업 활동을 할 수 없다는 진단을 받았으며, 이것이 가족과 떨어져 지내는 계기가 되었다. 잘 알려진 보헤미안으로서 지속적인 재정적 압박과 약물중독, 알코올중독으로 건강의 위기를 겪은 알텐베르크는 이런 상황에서도 식이요법에 대한 글을 썼다. 그는 《프로드로모스(Pròdrŏmŏss)》(1906)를 "최초의 생리학 소설"이라 부르며 이를 문학과 위생학의 통합으로 간주했다. 영양과 소화, 운동, 마사지, 맑은 공기 마시기 등에 대한 그의 간결한 설명은 1900년을 전후한 전환기 문화의 흐름에서 나온 것으로 사실 건강 조언과는 거의 관련이 없다. 시급히 이런 감탄문이 필요했다는 것은 이보다는 당시의 시대적 특징에서 나온 분열과 파편화의 경험에 맞서 육체와 영혼을 통합하는 구상이 어려웠다는 사실과 관련된다. 그 기록의 형식도 영적으로는 파편화라는 현상과 동일했다. "인간의 신경계는 순간의 인상에 어떤 책임도 없다. 매 순간 신경계에는 나름대로의 법칙이 있다. 내가 5시에 어떤 사람이었는지 6시에 물어 본다면? 아마 6시에는 더 높거나 낮은 인간이었을 것이다"(Altenberg 1906, 206쪽). 자기치료(Selbstheilung)라는 유토피아는 자체의 에너지로는 더 이상 "영혼의 소화불량"에서 벗어나도록 해 줄 수 없는 상황 때문에 실패한다.

동맹과 저항: 카를 크라우스

슈니츨러와 호프만스탈은 정신분석과 조금 거리를 두긴 했어도 일정한 관계를 맺고 있었지만, "청년 빈파"의 다른 작가들은 프로이트에게 별 반응을 보이지 않았다. 물론 일시적으로 청년 빈파 이외의 국외자들과 일종의 동맹이 맺어지기도 했다. 카를 크라우스(Karl Kraus, 1874-1936)는 단기간 정신분석과 동맹 관계에 있을 때 "청년 빈파"와 불화를 겪었다. 1874년 북보헤미아의 이친에서 제지공장을 경영하는 유대인의 아들로 태어난 크라우스는 1877년 가족을 따라 빈으로 이주했고 빈 대학교에서 법학과 철학, 독문학을 공부했다. 그리고 1890년대 초반에 "청년 빈파"의 작가들과 교류하기 시작했다. 하지만 처음부터 크라우스는 정회원 대접을 받지 못했으며, 오히려 출판 활동과 신작에 대한 선전을 둘러싸고 헤르만 바르와 심각한 갈등을 빚었다. 대학입학 자격시험을 치르고 이듬해인 1893년에 그는 이미 《헤르만 바르의 극복》이라는 제목으로 바르를 비판하는 글을 발표했다. 이 글에서 크라우스는 바르의 "화젯거리나 찾는 터무니없는 감각과 독창성에 매달리는 태도"뿐만 아니라 바르가 추구하는 "파슬리 냄새를 풍기는 저급한 데카당스와 얌전한 볼로냐 산 강아지 같은 태도"를 격렬하게 비판했다(Wunberg 1976, I쪽, 392쪽). 1896년 크라우스가 속편 형태로 《비너 룬트샤우》에 《파괴된 문학(Die demolirte Literatur)》을 발표했을 때 불화는 극에 달했다. 이 풍자적인 제목은 빈의 미하엘 광장에 있는 카페 그리엔슈타이들을 암시한 것이다. 그곳은 "청년 빈파"의 회합장소였는데, 고등학교 시절부터 크라우스가 드나들던 이 카페가 침체되고 초라해졌다는("파괴"되었다는) 것이다. 이 카페는 지금도 그렇지만 유난히 창조적인 분위기가 풍겼다. 이 카페는 별로 폐쇄적이지 않은 공간에서 풍기는 영감과 공개적인 소통의 논단으로서 빈 예술가들의 활발한 창작활동을 가능하게 해 준 곳이었다는 것이다. 크라우스는 토포스의 민속적인 측면이나 작가들의 매너리즘을 배격했다. 그의 공격목표는 텍스트와 등장인물들에 대한 과장된 양식화였다.

　1901년에는 카를 크라우스와 헤르만 바르가 소송을 벌이는 일까지 있었다고 한다. 그 사이에 크라우스는 전설이 된 자신의 잡지 《횃불(Fackel)》을 창간했다. 여기서 크라우스는 오스트리아의 상황, 무엇보다 언론의 실태를 신랄하게 공격했다. 제1호가 발행된 것은 1899년 4월이었다. 크라우스는 1911년부터 유일한 필자로 활동했으며 죽을 때까지 오스트리아의 후진

성과 거짓에 맞서는 무기로서 유명했던 빨간 잡지를 발행했다. 그는 때로는 주석을 넣기도 하고 빼기도 하면서 여러 가지 글을 인용하는 형식을 취했다. 불순한 언어는 그 자체로 언어 주체들이나 주제의 불순성을 드러냈다. 특히 크라우스는 윤리적인 문제와 관련된 판결에 대해서까지 극렬하게 비판했다. 그는 법이 성적으로 이중도덕적인 사생활에 개입하는 것을 "불행한 위선"이라고 비판했다. 그리고 "금전을 목적으로 하는 결혼을 장려하면서 매춘을 경멸하고, 여자를 창녀로 만들면서 창녀를 욕하며, 사랑하지 않는 여자보다 사랑하는 연인을 하찮게 여기는"(Kraus, Fackel 115, 1902. 9. 17, 23쪽 이하) 당시의 풍속을 공격했다. 실제로 합스부르크 왕국의 수도는 성적으로 문란한 상황—1890년 무렵 빈의 매춘부는 2만 5000명에 달했다고 한다—이었지만, 공적으로는 위선적인 분위기가 지배했다. 크라우스는 수많은 비판 활동을 벌이며 한편으로 침묵의 계율과 제재로 여성의 성생활을 억압하는 풍토에 맞섰고, 다른 한편으로는 법과 언론의 수단으로 사생활을 공개하고 상품화하는 것에 맞섰다.

사회적 위선에 맞서는 저항에는 동맹세력이 있는 것처럼 보였다. 1904년 10월 프로이트는 크라우스와 접촉하고 최근의 "풍속소동"에 대한 크라우스의 입장을 지지했다. 크라우스의 사회비판과 프로이트의 정신분석적 통찰은 계몽주의적인 충격이라는 측면에서 서로 일치했다. 이어서 프로이트는 1906년 11월에 크라우스에게 "우리가 별로" 보조를 맞추지는 못했지만, 비도덕적으로 검열하는 사회적 심급과 그것의 저항이라는 공동의 적에 맞서 앞으로 이성의 동맹을 기대할 수 있을 것이라고 분명히 말했다(Worbs 1983, 149-177쪽; Timms 1986/1995, 141-174쪽).

그러나 이런 기대는 오래 가지 못했다. 정신분석적 정리의 원리적인 철저함에 대해 크라우스가 곧 회의적인 생각을 품었기 때문이다. 크라우스는 분석적 방법의 자기면역성에 적대적인 반응을 보인 데다가 프로이트의 제자인 프리츠 비텔스(Fritz Wittels, 1880-1950)와 불화까지 겪었다. 《햇불》에서는 프로이트를 개인적으로 공격하지는 않았지만, 그의 이론에 대해서는 풍자적인 수법으로 비방하는 일이 점점 더 늘어났다. 이런 비방은 다음과 같이 정신분석에 대한 가장 잘 알려진 비판적 경구에서 절정에 달했다. "정신분석은 그 자체가 치료를 요하는 정신병이다"(Kraus, Fackel, 376/377, 1913. 5. 30, 21쪽). 크라우스는 《꿈의 연극(Traumstück)》(1922)에서도 "정신의 항문(Psychoanalen)" 합창대가 "자체의 결함"을 노래한다고 썼다. 크라우스가 볼 때 절대 허용할 수 없는 점은 그가 신성하게 여겼던 시적 영역에 조야한 해석자들이 멋대로 간섭하는 것이었다. "창조정신에서 나온 시를 / 그럴듯한 속임수라고 생각한다 / 개인의 수음을 / 세상을 위해 승화시킨 것이라고 / 아니 이것이 예술이라고?"(Kraus 1989, 99쪽). 크라우스와 정신분석의 알력은 문학에서의 자율성 고수의 표현이기도 하다. 크라우스로서는 언어예술의 미학적인 숭고함이 건드려서는 안 될 금기영역으로 남기를 바랐다. 그는 여기서 정신분석적인 해석의 소망을 검열관의 역할로 보고 이에 맞설 수밖에 없었다.

"인접권력"에 대한 경계선 왕래: 로베르트 무질

로베르트 무질(Robert Musil, 1880-1942)과 슈테판 츠바이크(1881-1942)에게 "프로이트로부터 탈피"는 더 이상 필요 없었다. 두 사람은 크라우스와 몇 살 차이밖에 나지 않지만 오스트리아 모더니즘의 제2세대에 속한다. 이들의 작품세계는 프로이트의 활동이 전개되는 시기와 맞물려 성장했다. 프로이트의 이론을 언제 읽기 시작했는지 분명치는 않지만, 또 그것을 알아도 간접적이고 대중화된 형태였을지도 모르지만 정신분석의 지식은 이미 이들 두 작가의 초기작품에서 전제조건이 된 것으로 보인다.

로베르트 무질에게 빈이라는 도시는 뒤늦게 생애와 작품의 중심지가 되었다. 클라겐푸르트에서 태어난 무질은 브륀 대학에서 기계제작을 공부한 다음 베를린 대학에서 철학과 심리학을 공부했고, 1911년 이후에야 합스부르크 왕국의 수도에서 거주하기 시작했다. 그의 첫 소설인 《퇴를레스(Törleß)》(1906)는 메리슈-바이스키르헨에 있는 군사-실업학교 기숙사의 추억을 담고 있다. 창녀 보체나를 찾아다니며 사춘기의 정욕을 달래는 퇴를레스는 두 명의 동급생이 바시니 생도에게 사디스트적인 행동을 하는 것을 목격하고 심각한 위기에 빠진다. 이후 퇴를레스는 바시니의 유혹을 받는다. 이 작품이 프로이트의 영향을 받은 것은 의심할 여지가 없는 것으로 여겨졌다. 프로이트의 영향이 아니고서는 작품에 나오는 전문지식을 당시의 무질이 알 수 없었다는 것이다. 어쨌든 무질이 적어도 《히스테리 연구》를 주목한 것은 부인할 수 없다. 무질은 졸업논문을 쓸 때 에른스트 마흐를 인용했고, 이때 오토 바이닝거(Otto Weininger)도 알았다. 생물학적인 성적 동종이형(Geschlechtsdimorphismus)으로 시작하여 존재론적인 성적 극단성에 대한 열광적인 옹호로 끝나는 바이닝거의 《성과 개성(Geschlecht und Charakter)》(1903)은 당시 사람들에게 엄청난 영향을 미쳤다. 남성적, 정신적 승화능력이 여성의 위협적인 성욕과 대조된다는 이 강박적인 글의 발상은 제1차 세계대전과 제2차 세계대전 사이까지만 해도 분명한 근거가 있었다. 아무리 간접적이라고 해도 퇴를레스의 느낌과 오이디푸스 콤플렉스에 대한 프로이트의 기본 가정 사이에는 뚜렷한 유사성이 나타난다. 자신의 모친과 보체나 사이에서 흔들리는 퇴를레스의 "뒤얽힌 생각"(Musil 1978, 6권, 33쪽)은 매우 입체적으로 묘사되고 있으며, 프로이트의 《남성의 대상선택의 특수한 유형에 대하여(Über einen besonderen Typus der Objektwahl beim Manne)》(1910)보다 앞선 것 같은 인상을 준다. 놀랍게도 어머니와 창녀가 고통스럽고도 강요된 관계로 제시되기 때문이다(Corino 1973, 151쪽 이하). 사실의 이중성과 자아분열 사이에 있는 그의 위치로부터 합리적으로 접근할 수 없는 "제2의" 현실이 출현하는 퇴를레스는 결국 "혼란"에서 벗어나 어느 정도는 현실을 과거의 환영으로 생각하며 불문에 붙인다.

이후 피에르 자네와 샤르코의 용어에 친숙해졌을 뿐 아니라 갈수록 정신분석의 정확한 지식을 습득한 무질은 작가 입장의 원칙적인 견해를 공유하게 된다. 즉 그는 정신분석이 금단의 영역에 대한 발언의 자유를 쟁취했고 마찬가지로 문학적인 것에도 그런 자유를 열어 주었다고 생각했다. "정신분석은 (이제까지 낭만주의와 저급함에 허용된) 성적인 것에 관해 말을 할 수 있도록 영향을 미쳤다. 이것은 정신분석이 이룩한 엄청난 문명사적 업적이다"(Musil 1955, 573쪽). 하지만 이런 감사의 표현은 아주 복잡한 반발과 관련된 것이기도 했다. 반대로 무질은 정신분석이 문학의 기반을 무너트렸다고 생각했기 때문이다. 1926년 무렵에 무질은 다음과 같이 기술했다. "과학은 자체의 영역을 축소하고 있다. 정신분석이 과학적 독창성과 저널리즘을 뒤죽박죽 혼란스럽게 만들고 시인이 이를 거의 이해하지 못하는 한, 정신분석은 시인에게 대단히 위협적이면서도 매혹적인 인접권력(Nachbarmacht)이다. 심리적인 영역이 명쾌하게 설명되자마자, 그것은 전기제품의 놀라운 기능을 적은 사용설명서처럼 거의 작품화되기가 어렵다"(Musil 1978, 8, 1404쪽).

무질은 주권자의 위치에서 이 "인접권력"과 대치한다. 다음과 같이 이후에 나타난 비판적이면서도 경멸적인 언급은 정신분석과 그 면역전략(Immunisierungsstrategie)뿐만 아니라 특히 정신분석적 문학해석을 겨냥하고 있다. "문학작품의 등장인물을 살아 있는 사람처럼 취급한다면, 이는 거울을 보고 손을 내미는 원숭이처럼 순진한 생각이다"(Corino 1973, 125쪽). 이렇게 분명한 거리두기는 자율적인 태도인 동시에 정신분석의 "부분적 진실"(Musil 1978, 3, 1018쪽)을 인정한 것이기도 하다. 《특성 없는 남자(Der

Mann ohne Eigenschaften)》에서 매력적인 아이러니의 수법으로 서술되는 슈
툼 폰 보드베어 장군의 정신의 진격계획에는 무엇보다 "이념사령관"(Musil
1978, 2, 374쪽)으로서의 창작자 모습이 투영되어 있는 것처럼 보인다.

고별사: 슈테판 츠바이크

1881년 빈에서 방직회사 경영주의 아들로 태어난 츠바이크는 1904년부
터 소설가, 역사적 전기작가, 인물평전 작가, 번역가로 대중에게 알려졌다.
끊임없이 여행하고 수많은 당대의 유럽 인사들과 교류를 맺은 츠바이크는
제1차 세계대전이 끝난 다음 평화주의자로서 범유럽적인 활동에 매달렸
다. 그는 자신을 위대한 정령과 다양한 민족의 해석자로 이해하면서 이런
중재기능 속에서 역사적 행위를 철저하고 공감적인 방식으로 납득시키는
것을 목표로 하는 문학적 심리학을 발전시켰다. 그러므로 정신분석에 대
한 츠바이크의 표현이 "불쾌감을 자아내는" 표현을 자제하고 부드러운 데
는 그럴 만한 이유가 있다. 슈테판 츠바이크가 형상화하는 문학이 정신분
석 덕분이라면, 이는 프로이트의 이론을 샅샅이 조사하지 않고는 있을 수
없는 일이다.

프로이트와 직접 만난 것은 1908년 이후의 일이었다. 이후 두 사람은 새
로 발표한 작품을 서로 주고받았다. 츠바이크가 휠덜린과 클라이스트, 니
체를 대상으로 펴낸 에세이집《마신과의 투쟁(Der Kampf mit dem Dämon)》
(1925)은 프로이트에게 헌정되었다. 츠바이크는 프로이트와 서신을 주고받
으며 프로이트적인 색채가 뚜렷한 시대의 대변자로 등장한다. 그는 1920년
3월에 "나는 선생님 외에는 그 누구도 이토록 엄청난 인식의 혜택을 주지
못한 세대에 속합니다"라는 편지를 보냈다. 1926년 9월에 보낸 편지는 다음
과 같다. "선생님은 시대를 통틀어 무수히 많은 개별적 문학가들이 한 것만

큼이나 많은 **장애를 제거했습니다.** 선생님 덕분에 우리는 많은 것을 알게 되었습니다. 선생님 덕분에 우리는 많은 것을 말하게 되었습니다. 선생님이 아니라면 우리는 알지도 못하고 말하지도 못했을 것입니다. … 우리는 이토록 위대한 창시자의 업적을 부인하지 못할 것입니다"(Zweig 1989, 130쪽, 142쪽). 이로써 그는 오이디푸스적인 반항을 애초에 포기했다. 이토록 존경심이 깊이 배어 있는 사제관계 속에서 프로이트 역시 발전된 것들에 대해, 그리고 호의적이면서도 단호한 비판에 대해 관심을 표명한다. 프로이트는 서신을 교환하면서 츠바이크의 작품에 대한 해석 대신에 역사적 인물에 대한 츠바이크의 해석을 지적하면서 전문적인 시각에서 동의하거나 반대하기도 했다. 이는 사실상 문학과 정신분석의 협동체계를 새로운 단계로 끌어올렸음을 의미한다.

물론 이런 관계는 정신분석 자체로 볼 때 기형적인 면도 있었다. 츠바이크가 프로이트에 대해 찬사를 보내며 그를 영웅시하고 미화시킨 것은 분명하다. 그가 이런 방법으로 자신의 이상적 자아를 투사하고 "영웅적 동일시(heroische Identifizierung)"를 추구한 것(Cremerius 1975)은 납득할 수 있는 것처럼 보인다. 이때 억제된 반항심도 작용했던 것은 부정할 수 없다. 반면에 프로이트는 츠바이크에게 거리를 두면서 의사표명을 자제했다. 그는 츠바이크의 전기 《정신을 통한 치료(Heilung durch den Geist)》(1931)에 나타난 자신의 정신적 초상을 제한적으로만 인정하려고 했다. 이후 프로이트는 기회가 생겼을 때 츠바이크에게 전기작가와 그가 묘사한 대상 사이에는 전달과정에서 차이가 발생한다는 점을 조심스럽게 지적했다(Zweig 1989, 173쪽; Hoffer 1994). 츠바이크는 오직 인간의 어두운 면에만 관심을 갖는, 금욕적으로 진리에 집착하는 인물을 허구화해 왔었다. 하지만 츠바이크가 결국 자신의 이런 계획을 철회한 것은 프로이트를 대단히 존경했으면서도 인간에게 위로와 정신적 고양을 선사할 수도 있는 "정신의 종합

(Psychosynthese)"을 성취하기 위함이었다. 여기서 그는 정신분석을 문학의 질로 ―물론 모더니즘 이전의 문학의 질로― 능가한다. 아르투르 슈니츨러가 자신의 전기를 쓴 라이크에게 "나의 무의식에 대하여 … 그러나 나는 언제나 당신보다 아는 것이 더 많습니다"(Urban 1975, 240쪽 이하)라고 말했듯이 프로이트는 이번에 츠바이크 "그 인물은 좀 더 복잡해요"라고 응수했다(Zweig 1989, 154쪽). 요컨대 문학과 정신분석은 전기의 영역에서 서로 승부를 가르지 못했다. 작가가 해당인물의 사이코그래피보다 삶의 역사를 더 소중히 할 것을 요구한다면, 정신분석자는 전기작가의 무의식적 노력을 알고 있다. 생애와 작품의 역사를 더 타당하게 중재하려는 경쟁도 미결정으로 끝날 수밖에 없었다.

1934년이 되자 츠바이크는 잘츠부르크의 집을 처분하고 런던으로 이주했으며, 제2차 세계대전이 발발한 이후 영국국적을 취득했다. 1938년 츠바이크는 빈에서 추방된 프로이트를 찾아가 인사했다. 두 사람의 고향에서는 계몽주의적 창작의 충동이 비극적으로 좌절되었다. 이들의 세계적인 명성에 대해서는 의심할 여지가 없다. 1939년 9월 14일, 츠바이크는 "친구겸 은사"에게 마지막 편지를 보냈다. 이로부터 12일 후 그는 프로이트의 관 앞에서 고별사를 전했다. 여기에 담긴 양가적인 측면은 두 사람 모두에게 더는 타당성을 인정받을 기회가 없었다. "정신적이고 예술적인 창작과 정신적인 의사소통에 대한 도덕, 철학, 시문예술, 심리학, 이 모든 것 그리고 정신적이고 예술적인 창조와 영적 이해의 그 모든 형식을 우리 시대의 어느 누구도 이분만큼 2-3세대에 걸쳐 풍요롭게 하고 재평가한 사람은 없었을 것입니다. ― 이분의 작품을 모르는 사람이나 이분의 인식에 반발하는 사람조차, 또 이분의 이름을 한 번도 들어 보지 못한 사람조차 무의식적으로 은혜를 느끼게 될 것이며, 이분의 정신적인 의지에 복종할 것입니다. 20세기에 사는 사람이라면 누구나 이분이 아니었다면 알지 못할 사고와 이해방식에 혜택을 받았습니다. 이분이 우리에게 전해 준 선견지명과 내면에 대한 강력한 인식충동이 아니었다면 우리는 누구나 더 협소하게, 더 부자유스럽고 부당하게 생각하고 판단하고 느꼈을 것입니다"(Zweig 1989, 188쪽, 250쪽).

────── 참고문헌 ──────────────────────────────────

Altenberg, Peter: Pròdròmõs(프로드로모스). Berlin 1906.

Andrian, Leopold: Der Garten der Erkenntnis(인식의 정원) [1895]. Zürich 1990.

Bahr, Hermann: 1917. Tagebuch(일기책). Innsbruck 1918.

Beer-Hofmann, Richard: Der Tod Georgs(게오르그의 죽음) [1900]. Paderborn 1994.

Berlin, Jeffrey B. (Hg.): Turn-of-the-century Vienna and its legacy(빈 세기의 전환과 그 유산). Berlin/Wien 1993.

Brix, Emil/Allan Janik: Kreatives Milieu(창조적 환경). Wien um 1900. München 1993.

_____/Patrick Werkner (Hg.): Wien um 1900. Aufbruch in die Moderne(1900년 무렵의 빈. 현대로의 태동). München 1986.

Corino, Karl: Ödipus oder Orest? Robert Musil und die Psychoanalyse(오이디푸스 또는 오레스트? 로베르트 무질과 정신분석). In: Uwe Baur/Dietmar Goltschnigg (Hg.): Vom »Törless« zum »Mann ohne Eigenschaften«. München/Salzburg 1973, 123-235쪽.

Cremerius, Johannes: Stefan Zweigs Beziehung zu Sigmund Freud, »eine heroische Identifizierung«(지그문트 프로이트와 슈테판 츠바이크의 관계. "영웅적 동일시"). In: Jahrbuch der Psychoanalyse 8 (1975), 49-89쪽.

Dörmann, Felix: Neurotica(신경증환자) [1891]. Leipzig 31894 [Erstaufl. in Dresden].

_____: Sensationen(센세이션). Wien 1892.

Ebner-Eschenbach, Marie von/Dr. Josef Breuer: Ein Briefwechsel(서신교환) 1889-1916. Hg. v. Robert A. Kann. Wien 1969.

Faure, Alain: Sigmund Freud et Stefan Zweig(지그문트 프로이트와 슈테판 츠바이크). In: europe 73 (1995), 794/5, 83-87쪽.

Fischer, Jens Malte: Fin de Siècle. Kommentar zu einer Epoche(세기말. 한 세대에 대한 주

석). München 1978.

Freud, Sigmund: Briefe an Arthur Schnitzler(아르투르 슈니츨러에게 보내는 편지). [Hg. v.] Henry Schnitzler. In: Die Neue Rundschau 66 (1955), 95-106쪽.

Fuchs, Albert: Geistige Strömungen in Österreich(오스트리아의 정신적 흐름) 1867-1918. Wien 1949.

Greve, Ludwig/Werner Volke (Hg.): Jugend in Wien. Literatur um(1900빈에서의 청춘기. 1900년대의 문학) [1974]. Marbach 21987 (Sonderausstellungen des Schiller-National-museums 24).

Hoffer, Peter T.: Stefan Zweig, Freud, and the Literary Transference(슈테판 츠바이크, 프로이트, 그리고 문학적 전이). In: Literature and Psychology 40 (1994), 1/2, 10-23쪽.

Hofmannsthal, Hugo von: Gesammelte Werke(전집). Hg. v. Bernd Schoeller. Frankfurt a. M. 1979/80.

Jones, Ernest: Das Leben und Werk von Sigmund Freud(지그문트 프로이트의 삶과 작품). 3 Bde. Bern/Stuttgart 1960-1962(영어판 1953-1957).

Kraus, Karl: Die Fackel(횃불) [1899-1936]. Reprint München 1968-1976.

_____: Dramen(숙녀들). Frankfurt a. M. 1989.

Leiß, Ingo/Hermann Stadler: Wege in die Moderne(현대로의 길) 1890-1918 [1997]. München 2/1999.

Le Rider, Jacques: Das Ende der Illusion. Die Wiener Moderne und die Krisen der Identität(환영의 끝. 빈의 현대와 정체성의 위기). Wien 1990.

Lorenz, Dagmar: Wiener Moderne(빈의 현대). Stuttgart/Weimar 1995.

Musil, Robert: Gesammelte Werke(전집). 9 Bde. Reinbek 1978.

_____: Tagebücher, Aphorismen, Essays und Reden(일기. 경구, 에세이와 연사). Hg. von Adolf Frisé. Hamburg 1955.

Nagl, Johann Willibald/Jakob Zeidler/Eduard Castle (Hg.): Deutsch-Österreichische Literaturgeschichte. Ein Handbuch zur Geschichte der deutschen Dichtung in Österreich-Ungarn(독일-오스트리아 문학사. 오스트리아-헝가리에서 독일 시문학의 역사에 대한 안내서). Bd. 4: Von 1890 bis 1918. Wien 1937.

Nautz, Jürgen/Richard Vahrenkamp (Hg.): Die Wiener Jahrhundertwende Einflüsse, Umwelt, Wirkungen(빈 세기전환의 효과, 환경, 영향). Wien/Köln/Graz 1993.

Rasch, Wolfdietrich: Die literarische Décadence um 1900(1900년경의 문학적 데카당스).
München 1986.

Rieckmann, Jens: Aufbruch in die Moderne. Die Anfänge des Jungen Wien. Österreichische
Literatur und Kritik im Fin de Siècle(현대로의 태동. 젊은 빈의 시작. 세기말에서의 오
스트리아 문학과 비판). Königstein, Ts. 1985.

Rossbacher, Karlheinz: Literatur und Liberalismus. Zur Kultur der Ringstraßenzeit in
Wien(문학과 자유주의. 빈의 링슈트라세 시대의 문화). Wien 1992

Scheible, Hartmut: Literarischer Jugendstil in Wien(빈에서 문학적 유겐트 슈틸). München/
Zürich 1984.

Scherer, Stefan: Richard Beer-Hofmann und die Wiener Moderne(리하르트 베어호프만과
빈의 현대). Tübingen 1993.

Schnitzler, Arthur: Die Dramatischen Werke(희곡 작품들). 2 Bde. Frankfurt a. M. 1962.

_____: Jugend in Wien. Eine Autobiographie(빈에서의 청춘기. 자서전). Hg. v. Therese
Nickl u. Heinrich Schnitzler. Wien 1968.

_____: Über Psychoanalyse(정신분석에 대하여). [Hrsg. von Reinhard Urbach.] In: Proto-
kolle 1976, 2, 277-284쪽.

_____: Medizinische Schriften(의학적 저술들). [Hg. v.] Horst Thomé.Wien 1988.

Schorske, Carl E.: Geist und Gesellschaft im Fin de Siècle(세기말의 정신과 사회). Frankfurt
a. M. 1982(영어판 1980).

Sprengel, Peter: Geschichte der deutschsprachigen Literatur 1870-1900. Von der Reichsgrün-
dung bis zur Jahrhundertwende(독일어문학의 역사)(1870-1900). (제국창립에서 세기
말까지). München 1998.

Sprengel, Peter/Gregor Streim: Berliner und Wiener Moderne. Vermittlungen und Abgren-
zungen in Literatur, Theater, Publizistik(베를린과 빈의 현대. 문학과 극, 저널리즘에서
매개와 경계). Wien u. a. 1998.

Thomé, Horst: Autonomes Ich und ›Inneres Ausland‹. Studien über Realismus, Tiefenpsycho-
logie und Psychiatrie in deutschen Erzähltexten(자율적 자아와 '내적인 외국'. 독일 서사
적 텍스트에서 사실주의, 심층심리학과 정신의학에 대한 연구) 1848-1914. Tübingen
1993.

Timms, Edward: Karl Kraus. Satiriker der Apokalypse. Leben und Werk(칼 크라우스. 묵시

록의 풍자가. 삶과 작품) 1874-1918. Wien 1995(영어판 1986).

_____/Ritchie Robertson (Hg.): Vienna 1900. From Altenberg to Wittgenstein(빈 1900년. 알텐베르크로부터 비트겐슈타인으로). Edinburgh 1990.

Urban, Bernd: Hofmannsthal, Freud und die Psychoanalyse. Quellenkundliche Untersuchungen(호프만스탈, 프로이트와 정신분석. 원전의 전문적 연구). Frankfurt a. M. 1978.

_____(Hg.): Vier unveröffentlichte Briefe Arthur Schnitzlers an den Psychoanalytiker Theodor Reik(정신분석가 테오도르 라이크에게 보내는 슈니츨러의 공개되지 않은 네 통의 편지들). In: Modern Austrian Literature 8 (1975), 3/4, 236-247쪽.

Worbs, Michael: Nervenkunst. Literatur und Psychoanalyse im Wien der Jahrhundertwende(신경예술. 세기말의 빈에서의 문학과 정신분석). Frankfurt a. M. 1983.

Wunberg, Gotthart (Hg.): Das junge Wien. Österreichische Literatur- und Kunstkritik(젊은 빈. 오스트리아 문학 및 예술비평) 1887-1902. 2 Bde. Tübingen 1976.

Zeman, Herbert (Hg.): Die österreichische Literatur. Ihr Profil von der Jahrhundertwende bis zur Gegenwart(오스트리아 문학. 세기말에서 현재까지의 그 윤곽) 1880-1980. 2 Tle. Graz 1989.

Zweig, Stefan: Die Welt von Gestern. Erinnerungen eines Europäers(어제의 세계. 한 유럽인의 기억) [1944]. Frankfurt a. M. 1981.

_____: Über Sigmund Freud. Porträt -Briefwechsel -Gedenkworte(지그문트 프로이트에 대하여. 초상-서신교환-기억의 말). Frankfurt a. M. 1989.

Konstanze Fliedl

현대적인 성과학의 출발

계몽적인 의미에서 성과학(Sexualwissenschaft)은 역사적으로 다음과 같은 세 가지 전제조건이 충족될 때만 존재할 수 있다. ① **인간**은 자체 역량을 강화한 주체로서 인식론의 문제가 되었다. ② **과학**은 객관성을 달성하는 기준이 되었고 성생활 및 애정생활에 대한 새롭고 보편적인 연구와 평가의 척도를 제공한다. ③ 지금까지의 성생활 및 애정생활은 다른 인간적 능력이나 활동의 문제와 구분된 채 주로 **성욕**(Sexualität)[23]으로서 사회적 형식이 되었다.

성의 형태에 대한 인식론의 탄생

유명한 철학자들의 일치된 견해에 따르면 1800년을 전후한 20-30년 동안에 인식론의 대전환이 이루어졌다. 인간은 그 자체로 지식의 질서, 이른바 에피스테메(Episteme)의 영역에서 자체 역량을 강화한 주체로 등장하게된다. 이 문턱에 이르기 전까지 인간에 대한 인식론적 의식은 그 자체로서는 존재하지 않았다. 이전의 인식은 인간 특유의 영역을 따로 구분하지 않았기 때문에 푸코는 《말과 사물》(1966/1971, 373쪽)에서 "18세기 말 이전에 인간은 존재하지 않았다"고 논평할 수 있었다.

이때가 되어서야 대상영역과 주체능력, 즉 노동과 노동력, 생과 생의 의지, 성욕과 성충동, 언어와 언어능력 같은 문제가 우리에게 인식론적으로 낯익은 지식의 중심에 섰다가 다시 퇴조한 것으로 보인다. 그러다가 삶과죽음, 생명이 있는 것과 없는 것 등 기본적으로 반대되는 것이 대조되기 시작했으며, 여기서 생물학이 나올 수 있었다. 유기체는 성장하고 번식하면서 생산 활동을 하는 생명체가 되었다. 무기물은 생산능력도 없고 죽음과 더불어 동작을 중단하는 일도 없는 무생물이 되었다. 그러나 200년이 지나

---

23) 역주: 'Sexualität'는 성욕보다는 더 넓은 의미를 지니지만, 성 개념의 혼란을 막기 위하여 편의상 성욕으로 통일하고자 한다. 앞으로는 성, 성별, 남성성, 여성성, 성애, 성욕이라는 용어를 가급적이면 차별하여 사용할 것이다.

자 이런 반대 현상은 더 이상 기본적인 조건이 되지 못했다. 삶과 죽음의 형태가 다양화되고 서로 경계를 넘나들었기 때문이다. 그리고 주체의 상태는 부수현상적(epiphänomenal)[24]인 것이 된다. 주체는 결코 자기 집과 체계의 주인이 아니고 ─물론 주부도 아니고─ 통일체도 아니며, 본질적인 구성요소는 더욱 아닌 것으로 생각이 바뀐다. 체계와 의미, 의식의 구성요소 중심에는 객체가 자리 잡고(Sigusch 2005c, 192쪽 이하 참조), 보편적인 것과 "인격"으로 생각된, 그리고 특수한 것과 "개성", 유일한 자의식으로 생각된 "주관성"은 어쩔 수 없이 중심적인 위치에서 밀려난다.

   그러므로 성욕이 문화적 측면에서 일반적으로 이루어진 고립적이고 극화된 형태로서 단지 유럽과 북아메리카의 노동 및 생활 공동체에서만 형성되었다는 것은 놀라운 일이 아니다. 오늘날까지 성학(Sexuologie)이나 건강 증진을 위한 세계회의에서 혼란이 우려되는 것도 사실이다. 우리가 알고 있는 성의 형태는 인식론적, 도덕적, 미학적, 의학적, 심리학적인 문제로 발전하면서 종교적 영역과 인식론적 영역으로 분리되었다. 세속적인 세계관은 반성철학과 담론의 토양에서 버섯처럼 자라난 많은 학문의 도움으로 육체, 영혼, 성욕, 자의식 등 새로운 단편적 개념들을 전혀 다르게 정리하기 시작했다. 성욕의 느낌은 **그 자체로** 생성되었다. 그러나 이는 경험적 심리학, 주체-성학 및 정신분석이라는 생각하지도 못했던 학문들의 전제였다.

   이런 과정을 전후하여 반-수음(Anti-Masturbation) 캠페인이 일어났다. 이 캠페인은 독단적이고 통제하기 어려운 수음행위를 대증(對症) 및 자가병리화(Allo- und Autopathologisierung)를 통하여 자녀를 감독하고 교육하는 성인으로 하여금 끊임없이 태만함과 죄책감을 느끼게 하는 원천으로 만들었다. 그것은 청소년의 무력감과 삶의 부담뿐만 아니라 성인과 청소년 양쪽

---

24) 역주: 의식은 단순히 뇌의 생리적 현상에 부수된 것이라는 의미로.

의 병적 상태와 비정상을 야기하고 감시 및 교정의 힘을 필연적인 것으로 만든 불안한 과정이었다. 요컨대 이 캠페인은 칸트(1797/98, 1803) 자신에게도 자기경멸과 자기파괴가 되어 버린, 역설적으로 흥미진진한 소동을 통하여 어떻게 시민적 주체가 형성되자마자 지리멸렬하면서 자멸하려 하는가를 보여 준다.

이른바 자위(오나니)의 희열이 발산됨으로써 비난받는 사람들은 성의식을 갖게 되는데, 방종한 이 행위는 추적을 피해 망아적인 비밀로 자리 잡는다. 이제 자위행위자들은 무해한 행위가 내세의 지옥이나 현세의 육체적 파멸로 이어지는 행위라고 알기 시작한다. 왜냐하면 그들은 그야말로 문제가 되지 않는 쾌락을 제공했기 때문이다. 이런 상황에서 자위를 하면 급기야 두개골에서 딸그락거리는 소리가 난다고 주장하는 티소(Tissot; 1758/1760)와 같은 인물이 나오기까지 했다. "마스터베이션"이란 말은 현재까지도 유출과 유입을 떠올리게 하고, "자신의 몸에 손을 대는 것"은 자기 자극 및 자살과 유사한 의미로 해석될 수 있다.

1960년대까지 지속된 이 캠페인은 시민의 성적 형태가 형성되는 순간, 그 내부에서 죄와 범죄에 대한 과거의 악습이 어떻게 부자연스러움, 통제불가능, 귀중한 생명자산의 낭비, 자신에 대한 남용, 기능장애 및 변태라는 야수적인 악습과 교차함으로써 음탕/위법/악덕/기능장애/질병에 기인하는 기괴한 구성물로 변하는가를 보여 준다. 다른 한편으로 일반적인 성적 형태가 형성될 수 있었던 이유는 실험적이고 경제적인 교환 및 지식사회 내에서 인간의 궁핍이 더는 주로 굶주림을 의미하지 않았고, 동시에 인간의 모든 능력이 고립화되고 그 자체로 사회화되었기 때문이다. "성적인 물음"은 점점 더 단지 "사회적" 물음의 일부가 되었다. 성적인 물음은 "변태행위"와 반음양을 제거하고 양성(Zweigeschlectlichkeit)을 자리 잡게 하는 것에 더 이상 국한되지 않았고, 매번 지배적인 평가에 따라 "번식"을 계속하거나 그만두는 것에 국한되지도 않았다.

"성적 본질을 지닌 인간"의 등장

19세기 말에 성적인 물음은 삶의 의미에 대한 물음, 행복과 열정, 고양된 조화, 인간과 인간의 관계에 대한 물음과 동일하게 되었다. 이렇게 된 것은 시민계급이 자유롭고 평등한 개인의 성생활이라는 발상을 새로운 윤리의 척도로 정착시켰기 때문이다. 사랑은 남녀 모두의 인권이 되었다. 또한 사랑은 자율적인 주체의 자유로운 합의로서 사랑하는 사람 사이에 지속적이고 뜨거운 애정관계와 양심의 관계가 전제된 상호적인 것이었다.

영민한 헤겔(1798, 268쪽 이하)은 시민시대 초기에 다음과 같이 썼다. "더욱 개선되고 정의로운 시대상이 인간의 영혼 속으로 생생하게 들어왔다. 그리고 좀 더 순수하고 자유로운 상태에 대한 동경과 갈망이 모든 사람의 마음을 흔들며 현실과 갈등을 일으켰다." 궁핍의 감정은 견딜 수 없는 것이었고, 변화에 대한 욕구가 분출했다. 동성애자인 독일인 카를 하인리히 울리히스(Karl Heinrich Ulrichs; 1864)와 이성애자인 이탈리아인 파올로 만테가차(Paolo Mantegazza; 1873)는 "더 순수하고 자유로운 상태"에 대한 갈망을 표출하면서 과학에 성별로 구분되는 존재로서의 인간을 이제 사랑과 성적 존재로서 탐구할 임무, 나아가 이를 위해 "더 개선되고 정당한 시대"를 쟁취해야 할 임무를 부여했다.

현재의 시점은 "시대정신"으로서는 일시적이고 "점차 깨어져 조각나는 것"으로 보였다(Hegel 1807, 18쪽). 운동과 위기, 발전, 진보, 해방, 혁명과 같은 정신적 성향과 변화의 개념이 나타났다. 하지만 생성단계에서 이미 와해된 자율적인 시민은 "현실과 갈등"을 빚고 있었다. 무엇보다 시민계급이 여성성(Weiblichkeit)을 열등한 성으로 보았기 때문이다. 다시 말해 여성성을 두 번째로 갈라져 나온 성으로 격하한 것이다. "탄식"은 계속되었고 삶의 궁핍은 사라지지 않았으며, 이런 문화 속에서 사람들이 느끼는 불쾌감은 줄어들지 않았다. 사람들은 끊임없이 계속되는 성의 혁명에 질질 끌려다녔다. 그러나 서구의 문화권에서는 다른 문화권과는 달리 200년 전부터 변함없이 —비물질적이고 영적인 만족과 호기심의 충족이 아니라— 물질적이고 외적인 만족이 더 중시되어 왔다. 육체적인 욕구가 고대 유럽이나 고대 중국에서처럼 적절히 성찰적으로 제한되지 못했고, 고대 인도에서처럼 정교하게 제거되지도 않았다. 욕구는 오히려 무절제하고 투박하게 충족되었다. 그것도 대체로 낮은 의식 및 성찰의 수준에서, 다시 말해 화장품 가방[25] 문화(Kulturbeutel-Kultur)의 수준에서 충족되었다.

문화적인 성의 형태는 비너스에서 니수스(Nisus)에 이르도록 무수히 많은 선행자를 포함하는 (최근에는 충동이 이에 속한다) 집단적 단수(Kollektivsingular)라는 적절한 이름을 19세기에 들어와서야 비로소 얻는다. 그제야 "성적(sexuell)"이라는 형용사가 비로소 "현대적"이라는 형용사처럼 유럽의 언어에서 명사화된다. 요컨대 "성욕(Sexualität/sexualité/sexuality)"이라는 명사가 처음으로 식물에서 사용되다가 이어서 동물에도 사용되는 것이다. 이는 언제나 인과율의 그림자를 드리우는 인식론의 지참금과 같은 것이다. "성욕"이라는 명사는 성서와 호메로스, 셰익스피어에게서는 보이지 않는다. 성과학의 측면에서 볼 때 이 낱말은 부수적인 사태가 아니라 사태 그 자체이다. 즉 이 낱말은 성별과 사랑, 에로스, 연정, 욕정, 피아체르, 아모르 등의 사회화를 의미한다. 수백 년 동안 수없이 많은 말로 표현될 수 있던 것이 19세기부터는 종종 단 하나의 낱말로 고려된다.

그러나 켄틀러(Kentler; 1984)가 명명한 대로 "성적 본질을 지닌 인간"이

---

25) 역주: 세면도구나 화장품, 위생도구 등을 넣는 핸드백.

등장하기까지는 훨씬 더 오래 걸렸고, 형용사가 명사화되는 과정보다 더 잔혹했다. "근대사회와 비교할 때 중세사회의" 특징은 "행동의 극단적인 불일치성"(Elias 1969, 1권, 157쪽 이하)이다. 단 한 가지의 "문명화 과정"이 지속되면서 고대 유럽인이 보편적이고 효과적인 임금노동과 도덕, 성적 문제를 처리하기까지는, 그리고 "다른 어떤 자연현상과도 달리"(Hirschfeld 1908, 9쪽) 성적인 것을 강조하는 동시에 숨길 수 있기까지는 수백 년이 걸렸다. 오늘날 우리에게 당연히 똑같이 해당되는 문제를 중세 사람들은 상상할 수 없었다. 어두컴컴한 영화관에 앉아서 "성적인 대상"을 손에 잡힐 듯 가까이 보면서 충동과 욕정에 사로잡힌 채 자극적인 영화를 본다는 것을 어떻게 상상하겠는가?

이렇게 만들어진 "성적 본질을 지닌 인간"은 단순히 자유가 없는 것도 아니었고 또 처음으로 자유를 찾은 것도 아니었다. 이는 오히려 부자유스러운 자유였다. 헤겔의 견해(1798-1800, 323쪽)에 따르면 야성적인 "무굴인"은 이성적이고 성적인 근대 유럽사회의 대변자와는 분명히 차이를 보인다. "전자는 자기 외부에 주인을 갖지만, 후자는 주인을 자기 내부에 갖는 동시에 자기 자신의 노예이다. 특수한 것, 즉 충동이나 성향, 병적인 사랑, 관능에 대해 (또는 우리가 그것을 어떻게 부르든 간에) 보편적인 것은 필연적으로 영원히 낯선 것, 대상적인 것이다. 여기서 보편적 의무명령에 의하여 획득되는 내용이 모순을 제한하는 동시에 보편적일 수 있는 특정한 의무를 포함함으로써 그리고 보편성의 형식을 얻기 위해 그 일방성에 대하여 가장 혹독한 요구를 함으로써 완전히 격앙되는, 파괴될 수 없는 긍정성은 남아 있다." 이는 바로 **주체**(subiectum)를 의미한다. 그러므로 주관성의 원리는 지배의 원리로 이해될 수 있다.

현대 최초의 성과학자

프로이트가 1890년대에 성적인 문제로 관심을 돌렸을 때는 이미 이에 해당하는 학문이 존재했다. 아직 성과학(Sexualwissenschaft)이라고 부르지는 않았지만, 성 문제에서 무엇이 자연스럽고/건전하고/본질적인 것인지 또 무엇이 부자연스럽고/병적이며/꾸며낸 것인지를 논한다는 점에서 그것은 근대적인 성학(Sexuologie)이었다. 성과학을 다루는 역사가들이 대개 리하르트 폰 크라프트 에빙(Richard von Krafft-Ebing, 1840-1902)이나 이반 블로흐(Iwan Bloch, 1872-1922)로 시작하는 데 반해, 나는 카를 하인리히 울리히스(Karl Heinrich Ulrichs, 1825-1898)와 파올로 만테가차(Paolo Mantegazza, 1831-1912)가 1세대 성과학자라는 것을 강조하고 싶다.

북이탈리아의 명문가 출신인 만테가차는 의학과 철학을 공부한 다음 왕국의회의 상하원 의원을 지냈고, 파비아 대학에서 병리학 교수로, 피렌체 대학에서는 인간학과 인종학 교수로 근무했다. 만테가차는 21세에 이미 동물과 사람에 대한 실험 및 관찰로 엄청난 지식을 축적했고, 세계 곳곳을 돌아다니며 견문을 넓혔다. 그는 1세대 연구자의 한 사람으로서 다른 문화권의 사람들이 유럽인에게 "성애적(erotisch)"이고 불변적인 것처럼 보이는 것에 대하여 어째서 그리고 무슨 이유로 아주 다른 의미를 부여하는 것인지를 밝혀내기 시작했다. 학술적이면서도 인기를 끈 그의 과학저서는 유럽과 미국에서 엄청난 발행 부수를 기록했다. 주제는 사랑과 증오, 고통과 도취, 기독교적으로 각인된 사랑 및 성도덕의 허위성, 여성의 성적 권리박탈, 여성의 지적 무능과 성적 능력, 남녀 성의 강점 비교, 자신의 조국이나 이민족의 성적 관계, 발전적인 미래를 보장하는 위생문제 같은 것이었다. 그 밖에 만테가차는 소설을 쓰기도 했다. 그의 저작의 파급 효과로 볼 때, 그는 1870년에서 1930년 사이의 시대에 알프레드 킨제이(Alfred Kinsey)[26]와 같은 역할을 했다고 볼 수 있다. 기본적으로 만테가차가 중시한 문제는 남녀 사이의 "관능"과 사랑의 사회화였다. 그리고 여기서 잣대가 된 것은 이 념적이고 낙관적인 자연주의였다. 오늘날의 관점으로 볼 때 이성애(異性 愛)의 심리학과 사회학, 사회적-물질적 성의 불평등, 성생활을 중심으로 한 인종학에 대한 그의 논문은 부분적으로 이후의 성과학보다 단연코 수 십 년 앞서는 것이었다(Mantegazza 1854, 1873, 1886, 1893; Sigusch 2007 참조).

동-프리스란트 출신의 하노버 공국 관리시보(試補)이자 계관 변호사, 서 정시인, 라틴어학자였던 카를 하인리히 울리히스는 계몽주의의 장점을 활 용하여 독자적인 방법으로 연구를 시도했다는 점에서 명백히 1세대 성과 학자였다. 울리히스의 문화-정치적 근대성은 자유주의 사상과 인권 측면 에서 종종 19세기 정신의 배경이 되었다. 그에게 인간은 누구나 동등한 존 엄성을 갖고 태어났으며 똑같은 권리를 요구해야 하는 것은 당연한 일이 었다. 모든 성적 기호는 존중되고 가치 없는 기호란 없으며, 성인들 사이 의 습관을 멋대로 처벌해서는 안 된다는 것이 그의 생각이었다. 그가 볼 때 모든 성적 습관은 건전하고 자연스러운 것이며 무엇보다 남자와 남자 의 사랑도 당연히 여기에 포함된다. 울리히스는 이런 주관적인 확신을 토 대로 남성 동성애를 해방시키는 데 가장 과감하고 단호하며 가장 큰 영향 을 미친 선구자가 된다. 그는 이 사이에 사회적으로 자리 잡은 객관적 지 식의 규정을 부지중에 자의적으로 따르는 가운데 가장 은밀하고 비밀스러 우며 대담한 동시에 말로 표현할 수 없는 것에 이름을 명명할 수 있게 되었 다. 1860년대 들어 울리히스는 최초로 남성 동성애의 매혹에 대한 근대적 인, 즉 "자연과학적"인 이론을 쓰고 "성과학"의 방향에서 연구했다(Ulrichs 1865, 1868, 1994; Sigusch 1999, 참조). 그는 남성의 경우 —반음양에서 아직 동

---

26) 역주: 남자와 여자의 성행동에 관한 연구서인 《킨제이 보고서》(1948, 1953)로 유명한 생물 학자.

성애(Homosexuelle)라는 말 대신 쓰이던 남색(Urningen)에 이르기까지— 성적으로 주목받고 금기시된 행동에 주목하면서 오늘날에야 어느 정도 문화적 측면에서 소수의 형태로 정착되고 힘들게 학문적으로 유지된 입장을 대변했다. 중요한 것은 병, 변태, 음탕, 악덕이나 과도한 충동이 아니라 개성, 변화, 제3유형이나 제4유형, 아니면 다른 것이었다.

만테가차의 관점에서는 성적으로 여자가 남자보다 강했다. 울리히스의 경우에 남성 동성애자는 집요하면서도 건전한 성적 주체였다. 그러나 두 사람은 의학계가 그 사이에 정착된 질병대상으로부터 어떻게 담론을 몰고 갔는지 체험하지 않을 수 없었다. 새로운 규정에 따르면 여성의 성욕은 열등하고 남성의 동성애는 질병이라는 것으로, 이는 일단 100년 동안 변하지 않았다.

만테가차와 울리히스의 발상과 사전작업을 무시한 인물 중에 가장 유명한 사람은 리하르트 폰 크라프트 에빙이었다. 그의 정식 이름은 리하르트 프리돌린 요제프 프라이헤르 크라프트 폰 페스텐부르크(Richard Fridolin Joseph Freiherr Krafft von Festenburg)로 프론베르크 지역에서는 폰 에빙으로 불렸다(Sigusch 2002b). 그는 남독-오스트리아 가문 출신으로서 부계는 고위관리를 지낸 지배계층이었고, 모계는 신분상승을 한 시민계급으로서 자유를 주장하는 가풍을 지녔다. 이런 혈통상의 배경이 크라프트 에빙의 저작에 반영된다. 그는 한편으로 성애적이고 성욕적인 기호나 눈에 띄는 유별난 행위를 경직된 정신의학적 체계로 파악했으며, 다른 한편으로는 성충동의 비정상적인 침전물에 인간적 관심을 보이면서 그의 저서에서 검증없이 병리적 인간들과 범죄적 인간들을 거론했다. 그의 주저라고 할 《성적 정신병(Psychopathia sexualis)》(1886)은 유럽과 북아메리카의 정신의학계 및 법의학계에 축적된 질병의 징후와 지식을 요약한 성적 병리학의 베스트셀러로서 널리 인기를 끌었다. 1840년 만하임에서 태어난 크라프트 에빙은 이후 슈트라스부르크와 그라츠, 빈 대학의 정신의학과 교수를 역임했고 19세기에는 자신의 분야에서 가장 명망 높은 인물이었다. 당시 유명하면서도 영향력이 큰 독일-오스트리아의 성연구가 중에서 크라프트 에빙은 비-유대인으로서는 유일했으며, 이런 이유로 유명 대학병원장에 오른 유일한 인물이기도 했다. 그는 이론과 임상적 측면에서 볼 때 오히려 현대적인 성과학의 한 분야인 법의학적 정신의학(Forensische Psychiatrie)의 기초를 세운 인물이었다(Sigusch 2002a, 2004). 그는 의학과 법의 관점을 범행으로부터 범법자로, 처벌 가능한 행위로부터 손상을 받고 위험하며 고통스러운 주체로 전환하면서 귀책능력의 문제를 강조했다. 그는 판사 외에도 정신과 의사를 필수적인 전문가의 위치에 올려놓았다.

그는 완벽을 기한다는 이유로 만테가차와 울리히스를 비롯하여 (본인이 정리하고 인용한) 독일과 프랑스, 러시아, 북아메리카, 이탈리아의 수많은 성-정신병리학자들 이후로 수십 년 동안 성과학을 독립분야로 이끌어 올린 연구자들을 적어도 짤막하게나마 언급했다. 그동안 이 연구자들은 잡지와 전문가협회, 연구소를 설립했고, 국가적이고 국제적인 학술회의를 개최하면서 교과서와 입문서를 저작했다. 그리고 무엇보다 본래의 의미에서 성과학의 이론을 발전시켰다. 이 연구자들 중에는 특히 베를린에서 의사로 활동한 알베르트 몰(Albert Moll, 1862-1939), 마그누스 히르슈펠트(Magnus Hirschfeld, 1868-1935), 이반 블로흐(Iwan Bloch, 1872-1922), 막스 마르쿠제(Max Marcuse, 1877-1963) 그리고 많은 책에서 높은 수준의 신뢰할 만한 연구 성과를 창의적으로 요약한 영국의사 해브록 엘리스(Havelock Ellis, 1859-1939) 등이 있다. 그 밖에 특별한 업적을 세운 수많은 전문가들, 가령 대학의학에 성공한 새롭지만 "불결한" 분야의 수호신으로 알려진 알베르트 오일렌부르크(Albert Eulenburg, 1840-1917), 성병과 원시적인 매춘에 맞서 열심히 싸운 알베르트 블라슈코(Albert Blaschko, 1858-1922), 1세대 성의학자의 한 사람인 헤르만 롤레더(Hermann Rohleder, 1866-1934), 유일한 여성으로 성과학에 깊은 관심을 보인 헬레네 슈퇴커(Helene Stöcker, 1869-1943) 등이 있다. 특히 슈퇴커는 편모와 편모슬하에서 자라나는 아이들을 도우면서 가부장제와 성차별에 맞서 싸웠으며 "자유로운" 사랑에 깊은 관심을 보였다.

프로이트와 성과학

프로이트는 1905년에 《성이론에 대한 세 편의 논문》을 발표하고 나서야 비로소 성과학자로서 인상적인 모습을 보여 주었다. 이 글은 비록 83쪽에 불과했지만 실험과 경험에 기초한 자료, 개념과 이론적인 측면에서 당시까지 성과학이 쌓아올린 성과를 훨씬 뛰어넘는 획기적인 수준이었다. 어느 정도 혼란을 불러일으킨(Sigusch 2005a) 첫 번째 논문의 첫 각주에는 다음과 같은 간단한 언급이 있다. "첫 번째 논문에서 언급한 내용은 폰 크라프트 에빙, 몰, 뫼비우스, 해브록 엘리스, 네케, 폰 슈렝크노칭(Schrenk Notzing) [Schrenck Notzing의 오기], 뢰벤펠트, 오일렌부르크, J. 블로흐[I. 블로흐의 오기] 등의 유명 간행물 그리고 M. 히르슈펠트가 펴낸 《성적 중간단계에 대한 연감》을 참조한 것이다. 이 글에는 해당 주제에 대한 그 밖의 문헌들이 빠짐없이 열거되어 있어서 나로서는 상세하게 입증할 수고를 덜 수 있었다"(Freud 1905, 80쪽).

이렇게 프로이트는 일괄적으로 참고내용을 언급한 뒤로 더는 성연구자들의 관점을 개별적으로 논할 필요는 없었다. 하지만 그는 이 문헌들에서 많은 생각을 차용하고도 마치 자신이 발견한 것처럼 태도를 계속 취할 수 있었다. 기술적으로 볼 때 이런 태도는 끝없이 이어질 찬반논쟁과 연구방향에 대한 자신의 신조 및 전략을 공개하지 않아도 되는 지극히 노련한 수법이었다. 내용적으로 볼 때 역사적으로 이미 거대하게 불어난 물줄기 밖으로 모습을 드러낸 프로이트의 공식적인 등장은 이미 어느 정도는 완전히 정착된 과학적 객관성을 충족하는 문학적 측면에서 가히 천재적이었다. 말하자면 하나의 과학적-문학적 물줄기가 형성된 것으로, 이미 그 안에는 **병적 환상**(phantasia morbosa), **즐거움과 사랑, 여성의 생리학, 퇴화, 번식욕구, 성감대, 자기 성애, 성적 상징주의, 남성과 여성**, 그 밖에도 성의 인간학, 리비도, 접촉충동(Kontrektationstrieb)과 수축충동(Detumeszenztrieb), 성적인 정신질병(Psychopathia sexualis), 역 성감각(Konträre Sexualempfindung), 성적 장애, 음란증과 무성욕증, 산모보호와 자유연애, 불감증, 음핵절제, 매춘, 성병, 맬서스주의[27] 등과 같은 온갖 징후와 문제성이 뒤섞여 흐르고 있었다. 그러나 천재적인 프로이트는 인식론적이고 그 외의 복잡한 문화적 혼잡을 깔끔하게 정리하면서 이를 냉정하고도 읽기 쉬운 새로운 형식에 담아 당시까지 나온 성과학의 연구상황을 불과 몇 쪽에 요약했다. 그럼에도 20년이 넘는 동안 증보판으로 나온 《세 편의 논문》과 내용상 차이가 나는 것에 대한 역사적 논란은 주목할 만하다. 예컨대 알베르트 몰(Albert Moll)은 그의 유명한 《리비도-연구(Libido-Studie)》(1897)를 위해 이 논문 분량의 약 10배에 해당하는 872쪽을 썼으며, 이 밖에도 수없는 각주를 필요로 했다.

프로이트는 자신이 "참고했다"면서 자료의 원천을 언급한 것처럼 주장하는 첫 번째 각주에서 선배 연구자들의 저작들 중 적어도 제목을 언급한 것은 단 한 편도 없었다. 헤르만 요제프 뢰벤슈타인(Hermann Joseph Löwenstein)의 《성기의 비정상적인 상태에 기인한 정신적 혼란에 대하여》(1823)나 요제프 호이슬러(Joseph Häussle)의 《정신 일반과 특히 선천성 갑상선 기능 저하증에 대한 성적 체계의 관계에 대하여》(1826)는 물론이고, 기능적-수압적으로 생각한 환상 충동, 특히 극심한 **병적 환상**의 욕구라는 이

---

27) 역주: 맬서스주의(Malthusianismus)란 맬서스의 인구론에 입각하여 인구증가율을 줄이려는 출산정책이나 사고를 말한다.

름의 성적 충동과 이론적으로 접목한 하인리히 카안(Heinrich Kaan)의 《성적인 정신질병(Psychopathia sexualis)》(1844) 제1권에 대해서도 전혀 언급이 없었다(Gutmann 1998; Sigusch 2002a, 2003a 참조). 또한 폴 모로 드 투르(Paul Moreau de Tours)의 《성적 충동의 일탈(Des aberrations du sens génésique)》(1880)과 벤야민 타르노프스키(Benjamin Tarnowsky)의 《성별의식의 병적 현상(Die krankhaften Erscheinungen des Geschlechtssinnes)》(1886), 당시 세계적으로 알려진 파스칼레 펜타(Pasquale Penta)가 펴낸 《성적 정신병의 기록(Archivio delle Psicopatie Sessuali)》(1896)도 찾아볼 수 없었다. 게다가 이상한 점은 전반적으로 방향을 제시한 만테가차의 《남자의 사랑—인류의 성》(1886)이나 해브록 엘리스의 《자기 성애(Auto-eritism)》(1898), 《여성의 성적 충동》(1902) 같은 저작도 보이지 않는다는 사실이다. 이 모든 저작을 제외한다 해도 프로이트는 적어도 성과학에 선구적인 업적을 남겼다고 할 알베르트 몰의 《성적 리비도에 대한 연구》(1897)와 이반 블로흐의 《성적인 정신병의 병인학을 위한 기고(Beiträge zur Aetiologie der Psychopathia sexualis)》(1902, 1903)와 같은 두 주요 저작은 언급했어야 정상이었을 것이다.

이반 블로흐는 이 책에서 성적 변형을 "보편적이며 널리 퍼져 있는 인간적 현상"이자 동시에 "생리적"인 현상으로 본 폰 크라프트 에빙의 성적 도착에 대한 견해(1886)에 근본적으로 반대했다. 블로흐 자신은 이 이론을 "의학적, 역사적인 것과 대치되는 인간학-인종학적"인 것으로 간주하면서 이것이 "변종의 영역을 유난히" 제한한다고 보았다(1902, 14). 이전에 알베르트 몰은 이미 이론적으로나 정신적으로 크라프트 에빙과 모렐의 변종 가설에 영향을 받은 다른 성정신병리학자들이 생각했던 수준을 훨씬 넘어서 있었다(Morel 1857 참조). 이 밖에도 몰은 성과학의 측면에서 프로이트와 정신분석이 자랑스럽게 생각하는 이론 몇 가지를 앞서 깨우친 인물이었다(이에 대해서는 Sulloway 1982의 개별적인 언급과 Sigusch 1995 참조).

몰은 "정상적인 성적 충동"을 [무엇보다 이후의 해브록 엘리스(Havelock Ellis)처럼] 상세하게 기술했는데, 이것은 당시까지 "상세한 연구가 발표된 적이 거의 없는" 것이었다(Moll 1897, 5쪽). 몰은 이성애(異性愛)와 타고난 "내면을 충족하는 충동"(같은 곳, 100쪽)의 유전을 자명한 것으로 생각하지 않으며, 정상인의 잠재적 동성애와 동성애자의 잠재적 이성애라는 발상을 보여 주면서(같은 곳, 326쪽 이하) 175번째 단락은 삭제하는 것이 마땅하다고 주장한다(같은 곳, 841쪽). 그의 견해에 따르면 성적 충동은 "정상적인 것"이든 "도착적인 것"(같은 곳, 521쪽 이하)이든 두 가지 발달과정의 성감대충동으로 이루어진 것이다. 하나는 "분비물을 비워 내려는 기관의 충동으로 볼 수 있는"(같은 곳, 94쪽) "수축충동"이며, 또 하나는 "육체적, 정신적 접근을 원하는"(같은 곳) "접촉충동"이라는 것이다. 몰은 인간에게 번식충동(Fortpflanzungstrieb)은 "거의 드러나지 않는다"고 주장한다(같은 곳, 4쪽). 전체적으로 인간의 충동은 "오히려 계통발생사를 통하여 이해할 수 있다"(같은 곳, 522쪽)는 것이다. 예를 들어 그는 인간의 후각 감퇴를 자세하게 언급하며(같은 곳, 133쪽 이하, 376쪽 이하, 513쪽) 프로이트도 큰 관심을 기울인 문제를 언급한다(표제어: 기관의 억압과 유기된 성감대). 그 밖에 몰은 에르네스트 샹바(Ernest Chambard; 1881, 65쪽)와 페레, 비네 같은 다른 프랑스 학자들과 성감중추나 성감대에 대해서도 논의한다["성감대(zones érogènes)", Moll 1897, 93쪽].

그리고 몰은 아이들의 성적 반응과 성적 쾌감, 사랑의 감정을 임상적, 경험적으로 잘 알고(예컨대, 같은 곳, 13쪽, 45쪽 이하 참조, Moll 1891 und 1909도 참조) 있으며, 훗날 오이디푸스 콤플렉스라고 불리게 될 내용을 암시적으로 기술하고 있다(1897, 43쪽 이하). 여기서 하나를 인용하겠다. "사랑의 열정을 담은 온갖 신호로 이성에 쏠리는 성향은 사춘기 훨씬 전에 (찾아온다). 나의 경우에는 이미 5세나 6세에 성적 충동에 따른 이성에 대한 애착이 분명히 확인된다." 또한 "성적인 접촉충동은 이미 성기의 성장 이전에 나타날 수 있으며"라는 표현도 나온다. 그리고 정자에 비교할 만한 —배설이 없는— 여성 성기에서도 수축충동이 있다는 설명도 마찬가지다. 이 외에도 성기에 "일종의 성적 쾌감, 일종의 욕정"을 느낀다든가, 발기는 "사춘기 훨씬 전에" 나타나며 마스터베이션은 1-2세의 유아들에게서도 목격된다(같은 곳, 44쪽 이하)는 말도 나온다. 특이한 것은 이론적 주장을 제기하는 몰의 지식이 아주 인상적일 정도로 정통할 뿐만 아니라 모든 주장에 임상증례를 덧붙이려고 한다는 점이다.

그러므로 프로이트가 특히 몰의 연구서에 열심히 밑줄을 그은 것을 근거로 설로웨이(Sulloway; 1979/1982)가 타당성을 입증했듯이, 프로이트의 성이론적인 생각과 개념에 몰이 큰 영향을 미쳤다는 것은 놀라운 일이 아니다. —이전에는 정적(靜的)으로 생각된 성적 리비도의 계통발생사적-개인사적 역동성의 문제, 유전적인 것과 후천적인 것의 교차, 이성애와 동성애의 불가분성, 결코 단일체가 아닌 성충동으로부터 남녀를 불문하고 사춘기 이전의 어린아이에게 나타나는 성욕에 이르기까지 몰이 프로이트에게 미친 영향은 지대하다.

1905년을 전후한 성의 혁명

프로이트가 《성이론에 대한 세 편의 논문》을 발표했을 때 중부유럽에는 "첫 성의 혁명"이 절정에 이르렀다. 따라서 이 무렵은 특히 정신분석과 성과학의 관계사에서 전환점이자 분열의 시기로 특히 주목을 받는다고 할 수 있다.

1905년에 일어난 많은 사건 중 몇 가지만 열거해 보면, 매독의 병원체가 발견되고 1년 후에는 최초의 효과적인 치료제인 살바르산이 개발된다. 헬레네 슈퇴커는 "산모보호 연맹"의 창설을 제안하고 《성 윤리 개선을 위한 잡지(Zeitschrift zur Reform der sexuellen Ethik)》를 창간한다. 아우구스트 포렐(August Forel)은 베스트셀러가 된 《성적인 물음》을 출간하고, 헤브록 엘리스는 1905년과 1906년에 주로 인간의 "성 선택"과 "성적 상징주의"를 주제로 한 《성의 심리연구》 제4권과 5권을 출간한다. 마그누스 히르슈펠트는 1905년과 1906년에 이른바 성의 변천, 사랑의 "본질"과 양성애의 문제 "해결"이라는 주제로 무엇보다 알코올에 맞서는 투쟁에 앞장선다.

1904년과 1905년을 전후한 시기에 이반 블로흐가 훗날 자신에게 권리가 있다고 주장하게 되는 "성과학(Sexualwissenschaft)"이라는 표현이 처음으로 등장한다. 사실 프로이트도 ─게다가 어쩌면 최초로─ 1898년의 논문에서 "성과학"이란 말을 했지만(전집 1, 498쪽) 유감스럽게도 "신뢰를 받지 못하는" 상태였다.

2년 후 블로흐는 《현대 문화와의 관계에서 본 우리 시대의 성생활(Das sexualleben unserer Zeit in seinen Beziehungen zur modernen Kultur)》(1907)을 발표한다. 이 책은 이후 "성과학"이라고 불린 학문의 방향에 인간학적-윤리적 강령을 제시한 저작이다. 1년 후에 히르슈펠트는 최초의 《성과학지(Zeitschrift für Sexualwissenschaft)》를 창간하며, 막스 마르쿠제는 《성적 문제》를 창간한다. 1909년에 몰은 《정신요법과 의학 심리학 잡지》를 창간하는데 이후 잡지 명칭에 "정신분석을 포함한"이라는 말을 추가하자고 요청한다.

프로이트는 "제3의 성" 회원들, 매춘과 성병추방 운동가, 빛과 자유육체 운동가, 산모보호 운동가, 자유연애주의자 등 부분적으로 "성적 운동"과 시기적으로 겹치는 여성 해방론자들의 "성 정치 운동"에는 제한적인 관심을 두었을 뿐이다. 프로이트는 나름대로 "정신분석 운동"을 전개하자는 자신만의 생각에 빠져 있었다. 프로이트는 영향력이 없었기 때문에 유명한 성연구자들과 가깝게 지내려고 했다. 이들은 20세기로 들어서기 이전에 이미 리하르트 폰 크라프트 에빙처럼 정평이 난 저서를 출간했으며, 마그누스 히르슈펠트처럼 "과학-인문학" 위원회를 창설하거나 파스칼레 펜타(Pasquale Penta)처럼 잡지를 창간했다. 이들은 이제 자신들이 펴낸 학술적 책자와 전문단체를 세계적으로 알릴 수 있었고, 국제학술회의를 개최하는 등 언론의 주목을 받았다. 이 때문에 프로이트는 이들의 간행물이나 잡지에 게재할 목적으로 몇 편의 논문을 보내기도 하였다(Freud 1908a, 1908b, 1908c, 1923a, 1923b 참조). 그러다가 그는 결국 이론적, 정책적으로 또는 개인적으로 모두 자신과 차이가 난다는 사실을 더는 숨길 수가 없게 되었다.

경 쟁

크라프트 에빙이 죽은 뒤 성 문제에서 유럽의 권위자가 된 알베르트 몰과 프로이트의 대립은 처음부터 해소할 수 없는 것이었다. 몰은 1889년에 이미 최면술 분야에서 정평이 난 독일어 저서를 발표했고, 1891년에는 당시까지 "역 성감각"으로 불린 동성애에 대한 포괄적인 단일논문을 출간했으며, 1902년에는 현재까지도 추천할 만한 《의학 윤리(Ärztliche Ethik)》를 출간했다. 몰은 자신이 프랑스에서 독일로 정신요법을 도입했다고 생각했고 실제로 의료보험에 정신요법이 적용되게 한 인물이었다. 그를 독일 의학심리학의 창시자라고 말해도 과언은 아니다(Sigusch 1995, 참조).

프로이트는 늦어도 1905년 이후로 몰과 우선권을 놓고 다투었다(Sulloway 1979/1982, 참조). 몰은 슈타이어탈이 말하고 있듯이 "첫 번째 논문에 소개된 프로이트의 무의식은 막스 데스와르(Max Dessoir)와 몰의 무의식과 다를 것이 없다"(Moll 1936, 71쪽)라고 주장했다. 이에 대해 프로이트는 추밀원에 나가 제대로 말을 하지 못했다. 왜냐하면 몰이 자신의 용어를 표절했다고 하면서도 "좀 우스꽝스럽게 들릴지 모르지만" 과거에 프로이트가 "발견한" 그 자신의 "유아의 성적 특징에 대한 우선권"을 몰이 인정하지 않는다고 어설프게 반박했기 때문이다(Nunberg/Federn, 제2권, 1977, 44쪽). 물론 프로이트의 반박은 우스꽝스럽게 들릴 뿐만 아니라 잘못된 것이다. 몰은 1897년에 이미 자신의 저서 《성적 리비도의 연구(Untersuchungen über die Libido sexualis)》에서 이전의 저자들 대부분과는 달리 "정상적인" 유아기의 성적 특징을 단지 일시적인 것으로만 보지 않고 어느 정도 체계적으로 "발견"했고 경험적으로 입증했으며, 이론적으로 분류한 바 있었다. 이 책을 즉시 열심히 밑줄까지 그어 가며 공부한 프로이트는 이 사실을 알고 있었지만 공개적으로 인정하려고 하지 않았다.

빈정신분석학회가 몰의 저서 《어린아이의 성생활(Das Sexualleben des Kindes)》(1909)에 대한 토론을 벌였을 때, 몰의 좋지 못한 성격에 여러 의견이 제기된다. 회의록에 따르면 "몰은 편협하고 악의적이며 소심한 성격이다. 그는 결정적으로 중요한 견해를 밝힌 적이 없다"(같은 곳, 44쪽 이하)라고 프로이트가 발언한 것으로 되어 있다. 이 회의는 너무 적대적인 분위기라서 몰의 생각이 가치 있다고 인정된 것은 하나도 없을 정도였다. 게다가 몰이 "결정적으로 중요한 견해"를 밝힌 적이 없다는 프로이트의 주장도 근거가 없다(Sigusch 1995, 참조). 예컨대 몰은 의학과 심리학을 효과적으로 연구한 몇 안 되는 유명한 의사 가운데 한 사람이었을 뿐만 아니라 당시에 만연한 우생학적 사고와 행위에 재치 있고 용감하게 맞서 싸운 몇 안 되는 학자의 한 사람이었다(공동연구를 하면서도 마찰이 없지 않았던 해브록 엘리스나 마그누스 히르슈펠트, 막스 마르쿠제 같은 다른 성연구가들과 프로이트의 관계에 대해서는 Sigusch 2005b 참조).

차 이

전체적으로 볼 때 프로이트와 그 당시 성연구자들의 관계는 단순히 외적이고 개인적인 토대에서만 긴장에 휩싸인 것은 아니었다. 그 차이는 너무 컸다. 역사적으로 볼 때 정신분석은 무의식과 의식, 내적인 환상과 외적인 현실, 구조와 징후, 체험과 행동, 잠복과 현시의 차이에 따라 갈리기 때문이다. 극단적으로 말하자면 긍정적인 정신분석자는 다중도착적인 (polymorphperversive) 성향이 추상적인 상태에 머물러 있을 때 아주 기뻐하지만, 긍정적인 성연구자는 도착증이 다양하게 나타날 때 매료된다.

심사숙고한 프로이트의 학설이 밝힌 바 있듯이 대부분의 성연구자들은 부르주아의 최고 목표인 그들 자신의 이성이 주체와 서로 비교될 수 없다는 것에 동의할 수 없었다. 프로이트는 "예측 불허의 실존"을 유지하는 일종의 저승 같은 세계에서 "억제된 의도(gehemmte Vorsätze)"가 잠복해 있다가 그것이 끝내는 "유령으로 출현하는" 것을 보았다(전집 1, 15쪽). 마르크스가(1867) 이미 물신적 특징의 개념을 설명하면서 언급했던 이런 유령을 프로이트는 이반 블로흐나 알베르트 몰이 사로잡혀 있던 숭고한 이상과 자유의지, 자명한 이성과 대립시켰다. 프로이트는 승리에 도취한 시민의 행위가 당대의 앞서가는 성과학자들도 지탄한 바 있었던 충동포기 (Triebverzicht)뿐만 아니라 소망억압(Wunschverdrängung)과 사고의 장애에 기인한 것으로 파악했다. 잘 알려진 대로 프로이트는 "자아는 자기 집의 주인이 아니다"(전집 12, 11쪽)라고 주장했다. 그는 이것을 심리적인 특징으로서 코페르니쿠스의 우주적인 것과 다윈의 생물학적인 것에 이어지는 "자기애의 세 번째 모욕(die dritte Kränkung der Eigenliebe)"이라고 불렀다. 이전의 성과학자들과 마찬가지로 프로이트도 아도르노(1966)가 선험적 주체 (Transzendentalsubjekt)를 의식 없는 것(bewußtlos)으로 인식함으로써 네 번째 모욕을 이어 가리라는 것을 예측할 수는 없었다. 그리고 같은 시기에 푸코가 "인간은 바닷가 모래밭에 그려진 얼굴처럼 사라진다"며 "고고학적"으로 주장(1966/1971, 462쪽)하리라는 것 또한 예측할 수 없었다.

20세기의 문화철학은 좌우익을 막론하고 계속해서 다음과 같은 견해에 동의하고 있다. 즉 주관성을 따라가면 더는 사유가 진행될 수 없으며 개인적인 것은 부수적 현상에 불과하다는 것, 헤겔의 주체는 역사적으로 허구라는 것이 판명되었고, 개성은 철학적으로 기만될 수 있으며 실제로도 이미 오래 전부터 기만되어 왔다는 것이다. 두 진영은 보편적인 결과를 진단할 때는 아주 가까우면서도 사상가에 대해 근본적 가치평가를 할 때는 극단적으로 대립했다. 한쪽이 근절될 때까지 개인적인 것을 평가절하하고 그것을 극복하는 것에 갈채를 보내면, 다른 한쪽은 개인적인 것의 저항이 약화되는 것을 한탄하고 모든 주관적 성과학이 그렇듯이 이런 저항이 강화되는 것을 옹호했다.

대체로 철학자들에 의해 분리된 보편적 판정에도 불구하고 정신분석에서는 오늘날까지 다수가 개인적인 것에 집착한다. 정신분석은 구조, 분야, 인식, 담론적 구성 또는 명령적이고 객관적인 구성이 개체에게 그가 무엇을 어떻게 실천해야 하는지를 지시한다는 사실을 인정하려 하지 않는다. 개체의 시각과 감각은 정신분석에 뿌리내렸을 뿐만 아니라 계속해서 자발성을 띠고 있다. 주체성학(Subjektsexuologie)과 마찬가지로 정신분석은 개인이 성적인 것을 계속해서 재해석하고 성적인 것에 새로운 의미를 부여한다고 믿는다. 또한 정신분석은 개인이 성적인 것을 어떤 명칭으로 부르든 환원 불가능한 것으로 만든다고 확신한다. 그럴 것이 만일 우리가 보편성, 체계, 규칙, 담론, 코드, 힘의 전략이 규정하는 것 그리고 그런 것들이 연체동물 같은 반사-주체(Reflex-Subjekt)의 유무와 상관없이 실현하는 것만을 자동적으로 행하는 성적인 기계라면, 성적인 것은 개인적인 것이 아닐 것이기 때문이다. 그렇다면 성욕이나 사랑 그리고 ―그 모든 연합과 분열, 그 모든 성욕의 분산과 다양화에도 불구하고― 지배적 인습이 의존하고 있는 성적 또는 충동적인 것으로 간주되는 반복성(Iterabilität; Sigusch 1998, 2005c,

2006)은 완벽한 것이며 많든 **또는 적든** 주어진 것은 아닐 것이다.

인습을 통하여 개인에게서 성적인 것을 멀리하는 것은 성적 행위 자체에 자리 잡은 현상이며, 우리가 200년 전부터 성욕이라고 부르는 것의 기본적 성격이다. 왜냐하면 다른 의미, 그러니까 비-성욕적인 것과 명확하게 반복해서 구분됨으로써만 그 의미를 획득하는 성욕은 동시에 자기 자체와도 거리를 두기 때문이다. 성적인 것의 일반적 계기와 개인적 계기는 서로 뒤섞여 작동하지만, 다시 과거식으로 비판하자면 이 두 계기는 서로 함께 그리고 자체 내로 매개되면서도 동일한 것은 아니다. 성적인 것이 그 현시의 순간에 소통을 통하여 사회적 성 체계의 초주관적 구조로 순응할 때에는 개인과 거리를 두게 된다. 그리고 성적인 것은 그것이 아무리 무기력하고 부수적일지라도 개체에게서 벗어날 때는 생명체의 표현으로서 사회적 성 체계와 멀어진다. 주체성학뿐만 아니라 정신분석은 이런 자기 벗어남 속에서 인습적인 위선이 영원할 수 없고 "순수 사실(facta bruta)"의 유령이 전부가 아니라는 희망으로 겨울을 나게 될 것이다.

─────── **참고문헌** ───────────────────────────────

Adorno, Theodor W.: Negative Dialektik(부정변증법). Frankfurt a.M. 1966.

Bloch, Iwan: Beiträge zur Ätiologie der Psychopathia sexualis[성적인 정신병(프시코파티아 섹수알리스)의 병인론에 대한 기고]. Dresden 1902 (1. Teil) und 1903 (2. Teil).

_____: Das Sexualleben unserer Zeit in seinen Beziehungen zur modernen Kultur(현대적 문화와의 관계에서 우리 시대의 성생활). Berlin 1907.

Chambard, Ernest: Du somnambulisme en général: Analogies, signification nosologique et étiologie(일반적 몽유병에 관해: 유사성, 질병분류학적 의미 그리고 병인론). Paris 1881.

Elias, Norbert: Über den Prozeß der Zivilisation. Soziogenetische und psychogenetische Untersuchungen(문명의 과정에 대하여. 사회발생적이고 정신발생적인 연구들) [1939]. 2

Bde. Bern 1969(2).

Ellis, Havelock: Auto-erotism. A psychological study(자기 성애. 심리학 연구). In: Alienist and Neurologist (1898), 260-299쪽.

_____: The sexual impulse in women(여성에게서 성적인 자극). In: American Journal of Dermatology and Genito-Urinary Diseases (1902), 46-57쪽.

_____: Sexual selection in man(남자에게서 성적인 선택). Philadelphia 1905.

_____: Erotic symbolism. The mechanism of detumescence. The psychic state in pregnancy (성애의 상징성. 수축의 기제. 임신기의 심적인 상태). Philadelphia 1906.

Forel, August: Die sexuelle Frage. Eine naturwissenschaftliche, psychologische, hygienische und soziologische Studie für Gebildete(성적인 물음. 형성된 것에 대한 자연과학적, 심리학적, 위생학적이고 사회학적인 연구). München 1905.

Foucault, Michel: Die Ordnung der Dinge. Eine Archäologie der Humanwissenschaften(사물의 질서. 인문학의 고고학). Frankfurt a. M. 1971(불어판 1966).

Freud, Sigmund: Drei Abhandlungen zur Sexualtheorie(성이론에 대한 세 편의 논문). Leipzig/Wien 1905, Reprint Frankfurt a. M. 2005.

_____: Hysterische Phantasien und ihre Beziehung zur Bisexualität(히스테리적 환상과 양성애와의 관계). In: Zeitschrift für Sexualwissenschaft (1908), 27-34쪽(=1908a).

_____: Die »kulturelle« Sexualmoral und die moderne Nervosität("문화적" 성도덕과 현대적 신경쇠약). In: Sexual-Probleme (1908), 107-129쪽(=1908b).

_____: Über infantile Sexualtheorien(유아기 성이론에 대하여). In: Sexual-Probleme (1908), 763-779쪽(=1908c).

_____: Libidotheorie(리비도 이론). In: Marcuse 1923, 296-298쪽(=1923a).

_____: Psychoanalyse(정신분석). In: Marcuse 1923, 377-383쪽(=1923b).

Gutmann, Philipp: Zur Reifizierung des Sexuellen im 19. Jahrhundert(19세기에서 성적인 것의 성숙에 대하여). Frankfurt a. M. u. a. 1998.

Häussler, Joseph: Ueber die Beziehungen des Sexualsystemes zur Psyche überhaupt und zum Cretinismus ins Besondere(정신 일반 및 크레티안병과 성체계의 관계를 넘어서서 특수한 것으로). Würzburg 1826.

Hegel, Georg Wilhelm Friedrich: Daß die Magistrate von den Bürgern gewählt werden müssen(고위관리는 시민들에 의해 선발되어야만 한다는 것) [1798]. Werke in 20 Bänden.

Bd. 1. Frankfurt a. M. 1971.

_____: Der Geist des Christentums und sein Schicksal(기독교의 정신과 그 운명) [1798-1800]. Werke in 20 Bänden. Bd. 1. Frankfurt a. M. 1971.

_____: Phänomenologie des Geistes(정신현상학) [1807]. Werke in 20 Bänden. Bd. 3. Frankfurt a. M. 1970.

Hirschfeld, Magnus: Über Sexualwissenschaft. Programmartikel(성과학에 대하여. 프로그램 항목). In: Zeitschrift für Sexualwissenschaft (1908), 1-19쪽.

Kaan, Heinrich: Psychopathia sexualis(성적인 정신병). Leipzig 1844.

Kant, Immanuel: Die Metaphysik der Sitten(도덕의 형이상학) [1797/1798]. In: Werke in 6 Bänden. Hg. von W. Weischedel. Bd. IV. Darmstadt 1956.

Kentler, Helmut (Hg.): Sexualwesen Mensch. Texte zur Erforschung der Sexualität(인간이라는 성적 존재. 성욕의 탐구를 위한 텍스트). Hamburg 1984.

Krafft-Ebing, Richard von: Psychopathia sexualis. Eine klinischforensische Studie(성적인 정신병. 임상에 대한 법적인 연구). Stuttgart 1886.

Löwenstein, Hermann Joseph: De mentis aberrationibus ex partium sexualium conditione abnormi oriundis. Med. Diss(성기의 비정상적인 상태에 기인한 정신적 혼란에 대하여. 의학 논문) Bonn 1823.

Mantegazza, Paolo: Fisiologia del piacere(향락의 생리학). Milano 1854 (dt.u. a.: Physiologie des Genusses. Leipzig 1881).

_____: Fisiologia dell'amore(사랑의 생리학). Milano 1873 (dt.: Physiologie der Liebe. Leipzig 1877).

_____: Gli amori degli uomini. Saggio di una etnologia dell'amore(인간의 성별관계에 대한 인간학적-문화사적 연구). 2 Bde. Milano 1886 (dt.: Anthropologisch-kulturhistorische Studien über die Geschlechtsverhältnisse des Menschen. Jena 1886).

_____: Fisiologia della donna(여성의 생리학). 2 Bde. Milano u. a. 1893 (dt. u. a.: Physiologie des Weibes. Jena 1893).

Marcuse, Max (Hg.): Handwörterbuch der Sexualwissenschaft. Enzyklopädie der natur- und kulturwissenschaftlichen Sexualkunde des Menschen(성과학의 길라잡이 사전. 인간의 자연 및 문화과학적 성지식 백과사전). Bonn 1923.

Marx, Karl: Das Kapital. Kritik der politischen Ökonomie(자본론. 정치경제학 비판). Bd. I,

Buch I: Der Produktionsprozeß des Kapitals [1867]. MEW, Bd. 23 [nach der 4., durch-ges. Aufl. von 1890]. Berlin 1972.

Moll, Albert: Der Hypnotismus(최면술). Berlin 1889.

_____: Die conträre Sexualempfindung. Mit Benutzung amtlichen Materials(역 성감각. 관청의 자료를 이용하여). Mit einem Vorwort von R. v. Krafft-Ebing Berlin 1891.

_____: Untersuchungen über die Libido sexualis(성적인 리비도에 대한 연구). Bd. 1 in 2 Teilen (alles Erschienene). Berlin 1897.

_____: Ärztliche Ethik(의사의 윤리). Stuttgart 1902.

_____: Das Sexualleben des Kindes(어린아이의 성생활). Berlin 1909.

_____ (Hg.): Handbuch der Sexualwissenschaften(성과학의 길라잡이 사전). Mit beson-derer Berücksichtigung der kulturgeschichtlichen Beziehungen. Leipzig 1912.

_____: Ein Leben als Arzt der Seele. Erinnerungen(영혼의 의사로서의 삶. 기억). Dres-den 1936.

Moreau [de Tours], Paul: Des aberrations du sens génésique(유전적 감각의 착란). Paris 1880.

Morel, Bénédicte-Auguste: Traité des dégénérescences physiques, intellectuelles et morales de l'espèce humaine et des causes qui produisent ces variétés maladives(인류의 신체적, 지적, 정신적인 퇴화들과 이러한 다양한 병들을 발생시키는 원인들에 대한 개론). Paris 1857.

Nunberg, Hermann/Ernst Federn (Hg.): Protokolle der Wiener Psychoanalytischen Vereini-gung(빈정신분석학회 회의록). 4 Bde. Frankfurt a.M. 1976-1981(영어판 1962-1975).

Penta, Pasquale: Archivio delle Psicopatie Sessuali(성적 정신병의 기록). (1896).

Sigusch, Volkmar: Albert Moll und Magnus Hirschfeld(알베르트 몰과 마그누스 히르슈펠트). Über ein problematisches Verhältnis vor dem Hintergrund unveröffentlichter Briefe Molls aus dem Jahr 1934. In: Zeitschrift für Sexualforschung (1995), 122-159쪽.

_____: Die neosexuelle Revolution. Über gesellschaftliche Transformationen der Sexualität in den letzten Jahrzehnten(신 성혁명. 지난 몇십 년 사이에 일어난 사회적 변형에 대하여). In: Psyche 52 (1998), 1192-1234쪽.

_____: Ein urnisches Sexualsubjekt(동성애적 성주체). In: Zeitschrift für Sexualforschung (1999), 108-132쪽, 237-276쪽.

_____: Richard von Krafft-Ebing zwischen Kaan und Freud. Bemerkungen zur 100. Wie-derkehr seines Todestages(칸과 프로이트 사이의 크라프트 에빙. 그의 사망 100주년에

대한 논평). In: Zeitschrift für Sexualforschung (2002), 211-247쪽(=2002a).

_____: Richard von Krafft-Ebing: Bericht über den Nachlass und Genogramm(유산과 가계도에 대한 보고). In: Zeitschrift für Sexualforschung (2002), 341-354쪽(=2002b).

_____: Heinrich Kaan — der Verfasser der ersten »Psychopathia sexualis«. Eine biografische Skizze(하인리히 칸 — 최초의 《성적 정신병》의 저자). 전기적 개관. In: Zeitschrift für Sexualforschung (2003), 116-142쪽(=2003a).

_____: Richard von Krafft-Ebing(리하르트 폰 크라프트 에빙). (1840-1902). In: Nervenarzt (2004), 92-96쪽.

_____: Sexualwissenschaft als Fußnote(각주로서의 성과학). In: Zeitschrift für Sexualforschung (2005), 93-97쪽(=2005a).

_____: Freuds »Drei Abhandlungen zur Sexualtheorie« und die Sexualwissenschaft seiner Zeit(프로이트의 《성이론에 대한 세 편의 논문》과 그의 시대의 성과학). In: Ilka Quindeau/Volkmar Sigusch (Hg.): Freud und das Sexuelle. Neue psychoanalytische und sexualwissenschaftliche Perspektiven. Frankfurt a. M./New York 2005 (=2005b).

_____: Neosexualitäten. Über den kulturellen Wandel von Liebe und Perversion(새로운 성애. 사랑과 도착의 문화적 변화에 대하여). Frankfurt a.M./New York 2005 (=2005c).

_____: Strukturwandel der Sexualität(성애의 구조변화). Frankfurter Beiträge zur Soziologie und Sozialphilosophie. Hg. Axel Honneth. Frankfurt a.M./New York 2006 (in Vorb.)

_____: 150 Jahre Sexualwissenschaft. Eine illustrierte Geschichte(150년의 성과학. 삽화로 설명되는 역사). 2007 (in Vorb.).

Stöcker, Helene: Die Liebe und die Frauen(사랑과 여성들). Minden 1906.

Sulloway, Frank J.: Freud. Biologe der Seele. Jenseits der psychoanalytischen Legende(프로이트. 영혼의 생물학. 정신분석적 설화의 저편). Köln-Lövenich 1982(영어판 1979).

Tarnowsky, Benjamin: Die krankhaften Erscheinungen des Geschlechtssinnes(성별감각의 병적인 현상들). Berlin 1886.

Tissot, Samuel Auguste David: Tentamen de morbis ex manustupratione(자위로부터 생겨나는 질병들에 대한 시론). Lausanne 1758 [Anhang zu: Dissertatio de febribus biliosis etc. Lausanne 1755] (dt.: Versuch von denen Krankheiten, welche aus der Selbstbefleckung entstehen. Aus dem Lateinischen übersetzt. Frankfurt a. M./Leipzig 1760).

_____: L'onanisme, ou dissertation sur les maladies produites par la masturbation(자위에 관해 또는 자위로부터 생겨나는 질병에 대한 논문). Lausanne 1760 (dt.: Von der Onanie oder Abhandlung über die Krankheiten, die von der Selbstbefleckung herrühren. Nach der 3., beträchtlich verm. Aufl. aus dem Franz. übers. Eisenach 1770).

Ulrichs, Karl Heinrich (u. d. Pseud. Numa Numantius): Vindex. Social-juristische Studien über mannmännliche Geschlechtsliebe. Erste Schrift über mannmännliche Liebe(보증인. 남성동성애의 성적 사랑에 대한 사회적-법학적 연구. 남성동성애에 대한 첫 번째 글). Leipzig 1864.

_____: Formatrix. Anthropologische Studien über urnische Liebe. Vierte Schrift.(형식의 틀. 동성애적 사랑에 대한 인간학적 연구. 네 번째 글). Leipzig 1865.

_____: Memnon. Die Geschlechtsnatur des mannliebenden Urnings. Siebente Schrift(멤논. 남성을 사랑하는 동성애자의 성적 본성. 일곱 번째 글). Schleiz 1868.

_____: Forschungen über das Räthsel der mannmännlichen Liebe(남성 동성애의 수수께끼에 대한 연구). 4 Bde. Hg. von Hubert Kennedy. Berlin 1994.

Volkmar Sigusch

2. 지적인 경력

인간적 삶에 얽힌 수수께끼를 심리학적으로 풀고자 학술적인 접근을 시도하는 사람에게 프로이트의 생애가 수수께끼에 휩싸여 논란의 여지가 많은 것처럼 보이는 것도 놀랄 일은 아니다. 금지된 연애사건과 마약의존 단계에 대하여, 심지어 적절성을 이유로 뒤로 미루어진 정확한 생일에 대한 수많은 억측과 가설이 있었고 지금도 마찬가지다. 게다가 프로이트와 정신분석의 적들은 프로이트의 개인적, 학술적 생애에 흠집을 남기려는 시도를 소홀히 하지 않았다(Zaretsky 1996/1999).

진지한 프로이트 연구에서 밝혀낸 모든 것을 종합해 볼 때 프로이트의 외적인 삶은 평생 가족과 경력, 직업적인 요구를 충족하려는 모범생의 모습에 더 가깝다. 그의 생애에 화젯거리나 추문, 혼돈이 들어설 자리는 없다. 노년의 프로이트는 에드바르트 베르나이스(Edward Bernays) 앞에서 자신의 삶을 "외적으로 평온했고 내용이 없이 흘러갔으며 별로 얘기할 거리도 없다"(B, 408)고 말한 적이 있다. 그리고 이와 같은 자기진술을 근본적으로 의심할 만한 이유는 없다. 프로이트의 전기를 쓴 피터 게이(Peter Gay)도 "그는 태어나서 공부하고 여행하고 결혼하고 개업활동을 했다. 그는 강의하고 출판하고 논쟁하다가 나이 들어 사망했다"(Gay, 6)라고 쓰면서 이런 견해를 공유한다. 프로이트가 실제로 78년에 걸친 전 생애를 오스트리아의 빈이라는 애증으로 뭉친 도시에서 보냈다는 사실은 눈에 띌 만한 것이라고는 없는 이런 인생과 어울린다. 프로이트는 세상을 떠나기 직전 빈을 떠날 수밖에 없었을 때 이렇게 썼다. "해방의 승리감이 슬픔을 견디기 위한 노력과 뒤범벅이 된 기분이다. 감옥에서 석방되었지만 그 감옥을 여전히 매우 사랑하기 때문이다"(F/E, 903쪽).

복잡한 가족관계 – 프로이트의 부모

친가 쪽 가족용 성서에 지기스문트 슐로모 프로이트(Sigismund Schlomo Freud)라고 기록된 프로이트는 그가 좋아하던 시인 하인리히 하이네가 사망한 해인 1856년 5월 6일에 모라비아의 소도시 프라이베르크(오늘날의 프리보)에서 태어났다. 아버지 칼라몬 야콥 프로이트(Kallamon Jacob Freud)는 별로 풍족하지 못한 유대인 양모 상인으로서 1855년에 20년이나 젊은 아말리아 나탄손(Amalia Nathanson)과 세 번째 결혼을 했다. 야콥의 두 번째 결혼은 오늘날까지 베일에 덮여 있고 연구자들 사이에 논란이 분분하다(Schur 1972/1973, 32쪽 이하; Clark 1979/1981, 17쪽 이하; Bernfeld/Cassirer Bernfeld 1944/1981, 82쪽; Gay, 4쪽, 830쪽; Krüll 1992, 151쪽 이하 참조). 아말리아는 지그문트 ―프로이트가 16세 이후로 불린 이름― 뒤로 7명의 아이를 더 낳았다.

가족 간의 복잡한 관계, 오이디푸스 콤플렉스적인 삼각형과 이후 이와 연관된 프로이트의 정신분석 이론에 나타나는 환상이 두드러진 역할을 했다는 배경을 고려할 때, 이 아이가 자란 가정환경이 매우 혼란스러웠다는 것은 그리 놀랄 일이 아니다. 그의 어머니인 아말리아는 야콥의 첫 부인에게서 태어나 이 당시 이미 결혼을 하고 자녀까지 둔 맏형 에마누엘보다 나이가 어렸고, 지그문트의 둘째 이복형인 필립과도 나이 차이가 별로 나지 않았다. 아이의 눈에는 젊고 매력적인 아내에 비해 훨씬 나이가 많은 야콥보다 대략 동년배라 할 에마누엘과 필립, 아말리아가 서로 훨씬 잘 어울려 보이는 것이 아주 당연했다. 《일상생활의 정신병리학(Psychopathologie des Alltagslebens)》에서 프로이트는 ―세 살도 채 되지 않은 나이에― 누이동생 안나가 태어날 때 아버지가 아니라 필립이 어머니의 몸속에 아기를 "집어넣은 것"일 수도 있다(전집 4, 60쪽)고 상상하는 암시의 글을 적었다. 실제로 아이에게는 성인이 된 두 이복형이 아버지보다 어머니에게 어떤 식으로든 더 가까웠고, 자연히 아버지가 자신의 할아버지일 수 있으며 에마누엘의 아들인 욘이 삼촌인 자신보다 한 살 더 많은 등의 상황이 매우 혼란스러웠을 것이다. 이 모든 것은 프로이트의 전기를 이용하여 "가족소설"(전집 5, 127쪽; 정신분석 7, 227쪽 이하 참조)을 쓸 수 있을 만큼 소재와 모티브로서 충분할 정도였다(Jones I, 26쪽 이하; Bernfeld/Cassirer Bernfeld 1944/1981, 78쪽 이하; Clark 1979/1981, 14쪽 이하; Krüll 1992, 159쪽 이하; 이와 달리 아이슬러는 신중하다. Eissler 1976, 11쪽 참조).

어린 나이의 프로이트에게 각인된 복잡한 가족관계에는 부모의 집에 보모가 있었던 상황도 한몫을 한다. 보모에 대한 이야기는 《꿈의 해석》에도 나온다. 프로이트가 1897년 10월 3일 빌헬름 플리스에게 보내는 편지에서 말하고 있듯이 모니카 차이크(Monica Zajíc)라는 이름의 이 "선사시대의 보모"(전집 2/3, 253쪽)는 "성적인 문제에서 나를 가르친 선생이었고, 내가 미숙하여 제대로 못 하자 욕을 했다"(F, 290쪽)고 묘사되어 있다. 보모는 어머니가 생후 6개월 만에 죽은 둘째 아들 율리우스를 낳느라 지그문트를 돌보지 못하는 사이에 그 빈 공간을 채워 주었다. 이 직전에는 아말리아의 남동생 율리우스가 빈에서 죽었다. 같은 해인 1858년에 프로이트의 어머니는 딸 안나를 낳았다. 당시 지그문트가 2-3세였을 때 아말리아는 두 차례의 임신과 출산에 두 번이나 아이가 죽는 일로 몹시 상심했다. 더욱이 그녀가 지그문트를 낳은 지 얼마 지나지 않아 결핵에 걸려 장기 요양이 필요했다는 사실을 고려한다면 체코 출신의 이 보모가 프로이트에게 그야말로 은인일 수밖에 없었던 상황이 충분히 짐작이 된다. 보모의 온정은 의지하고 위로해 줄 대상을 찾는 아이에게 이따금 어머니가 우울한 "죽은 어머니"(André Green)처럼 비치는 현실을 달래는 데 도움이 되었다. 안나가 태어날 무렵 이 보모가 도둑질을 해서 집에서 쫓겨난 일은 어린 지그문트에게 정서적으로 큰 타격이었다. 프로이트는 40년이 지난 뒤에도 이 사건을 잊지 못했다(F, 289쪽).

이런 전기적인 에피소드는 프로이트의 저작에서 주목할 만한 상황을 언급할 때마다 여러 차례 등장한다는 점에서 중요하다. 프로이트는 어머니가 두 명인 남자들, 가령 오이디푸스나 모세, 레오나르도 다 빈치, 부오나로티 미켈란젤로에게 관심을 쏟으며 이들과 자신을 동일시했다(Harsch 1994, 참조). 오이디푸스는 신탁에 따라 어머니와 떨어져 지내야 했고 낯선 왕궁에서 성장했다. 모세는 (유대인) 어머니에게 버려진 뒤 파라오의 딸에게 발견되어 이집트의 궁정에서 자랐다. 레오나르도는 한 살밖에 안 된 나이에 어머니의 배려로 대리모(또는 계모?)의 보호를 받았다. 미켈란젤로는 생후 한 달 만에 숨겨 놓은 유모에게 보내졌고, 그의 어머니는 그가 여섯 살이 되었을 때 세상을 떠났다. 프로이트는 자신의 작품에서 이런 신화적이고 역사적 인물들에 대해 인상적인 언급을 하고 있다(전집 2/3, 267쪽 이하; 전집 8, 127 쪽 이하; 전집 10, 171쪽 이하.; 전집 16, 101쪽 이하). 그는 이들에게 의미를 부여하는 가운데 한편으로는 남성상과 부성상을, 다른 한편으로는 여성상과 모성상을 그려 낸다. 이런 형상은 오늘날까지 지극히 큰 논란을 불러일으킨다.

어머니와 프로이트의 관계는 전혀 간단치 않았던 것으로 보이며 아이슬러가 믿었던 것과는 달리 결코 "조화로운" 것이 아니었다(Eissler 1976, 30쪽). 1933년에 나온 《정신분석 입문 강의의 새로운 연속(Neue Folge der Vorlesungen zur Einführung in die Psychoanalyse)》(전집 15)에서 프로이트는 어린 아이의 감정을 다음과 같이 표현한다. "다음 아이가 아이들 방에 나타나면, 자리에서 쫓겨나고 권리를 빼앗긴 느낌이 들면서 어린 동생을 향해 질투심에 따른 증오심을 발산하였고, 어머니에 대한 믿을 수 없는 원한이 싹텄다"(같은 곳, 131쪽; 정신분석 2/3, 257쪽 이하 참조). 어린 지그문트의 상황은 동생 율리우스가 태어났을 때에도 마찬가지였으며, 모친의 전폭적인 관심과 애정을 자신 쪽으로 돌리려고 애썼다. 문헌에서는 아말리아가 한편으로 말씨가 다정하고 따뜻한 성격으로 묘사된다. 이것을 볼 때 모자간의 관계도 다정하고 훈훈했을 것으로 추정할 수 있다(Jones II, 479; Eissler 1976, 30쪽 이하). 다른 한편으로 이런 추정을 의심케 하는 묘사도 등장한다. 아말리아의 까다롭고 이기적이며 지배적인 성격을 드러내는 이런 설명은 모친에 대한 아이의 강렬한 양가적 감정을 암시하고 있다(Krüll 1992, 178쪽; Hardin 1987-1988/1994). 성인이 된 프로이트의 어머니에 대한 표현은 비교적 드물고 언제나 신중했던 것만은 분명하다. 오히려 어떤 거리감 같은 것이 보인다. 프로이트가 어머니를 사랑한 것이 아니라 어머니가 재주가 많은 장남인 프로이트를 사랑했다고 봐야 할 것이다. 프로이트는 괴테의 《시와 진실》에 나오는 어린 시절의 추억에 대해 "당연히 어머니의 사랑을 받는 소중한 존재일 때, 아이는 평생 정복자의 감정과 성공에 대한 확신을 품게 되고 실제로 성공을 거두는 일이 드물지 않다"(전집 12, 26쪽)라고 적고 있다. 《꿈의 해석》에도 이와 비슷한 표현이 등장한다(전집 2/3, 404쪽). 하지만 여기서 일요일마다 어머니를 방문할 때 드러나는 "아들 입장에서의 진정한 존경심"(Schur 1972/1973, 499쪽)이 사랑과 다를 바 없을 것이라는 결론은 분명히 성급한 것이다. 그것은 애정 어린 감정이라기보다 오히려 존경심과 감사의 표시로 봐야 할 것이다. 무엇보다 아말리아가 1930년 고령으로 세상을 떠났을 때, 아들이 장례에 직접 참석하기를 거부했다는 주목할 만한 사실을 언급하지 않을 수 없다. 프로이트는 딸 안나를 대신 장례식에 보냈다(F/Fer 3/2, 246쪽). 여기서 우리는 아들이 전에 어머니가 자신에게 한 짓을 그대로 되갚아 주었다는 심리적 추정을 할 수 있을 것이다. 아들은 어머니의 정이 중요하던 어린 시기에 어머니가 자신을 대리모의 보호에 내맡긴 것처럼 눈에는 눈, 이에는 이 식으로 "대리 아들"을 보낸 것이다. 이런 증거를 종합할 때 프로이트는 이런 양가적인 어머니상에 무의식적으로 얽매인(F/E, 660쪽) 심리를 완전히 풀지 못한 것으로 보인다(Gay, 20쪽). 그의 저작에 유독 잘 드러나지 않은, 그가 노년이 되어 "어두운 대륙"(전집 14, 241쪽)이라는 비유로 몰아낸 여성성(Weiblichkeit)도 이런 신화적 비밀의 결과일 수 있다고 조심스럽게 결론을 내릴 수도 있을 것이다. 프로이트는 평생 이런 비밀을 어머니와 여성의 형상과 결부시켰다.

프로이트와 아버지와의 관계는 덜 복잡하면서도 불투명해 보인다. 전체적으로 성공하지 못한 소규모 사업가로서 자주 다른 사람의 —가령 영국으로 이주한 아들 에마누엘과 필립의— 재정 지원에 의존한 야콥은 정통적인 유대교 환경에서 자랐다. 그러나 그는 훗날 종교적으로 자유로운 정신의 소유자가 되었고, 아들에게 "매우 현명하면서도 지극히 경솔한" 남자로, 또 "예절과 품위"를 갖춘(F, 212, 206쪽) "마음이 태평한 흥미로운 사람"으로 묘사된다. 당시 "엄격한 무신론자"(Eissler 1976, 12쪽)로서 "완전히 신을 부인하는 유대인"을 자처한(F/P, 64쪽) 프로이트가 아버지를 사랑했으면서도 때때로 오이디푸스적인 경쟁심을 드러냈다는 것은 여러 언급으로 볼 때 숨길 수 없는 것으로 보인다. 프로이트는 어릴 때 로마의 적인 한니발과 자신을 동일시했는데, 한니발의 아버지는 아들에게 로마에 보복한다는 맹세를 하도록 한 인물이었다. 이는 위대한 부친(하밀카르 바르카스/야콥)에 대한 더 위대한 아들(한니발/프로이트)의 승리를 암시한다.

야콥은 아주 사교적이고 친절하면서도 엄격하고 가부장적인 인물이었다. ─ 아들도 이런 성향을 상당 부분 그대로 물려받았다. 프로이트가 권위적인 **가부(家父)**로 묘사한 ─위압적이고 벌을 주는 법정으로서의─ 아버지는 어린 지그문트에게 성기를 가지고 노는 것을 금지하면서 거세하겠노라고 위협했다고 한다. 하지만 이런 말은 근거가 확실한 사실이라기보다 야콥이 첫 번째 결혼에서 낳은 장성한 아들들을 영국으로 보낸 것이 필립과 아말리아를 떼어 놓기 위해서, 즉 필립이 아말리아에게 성적 충동을 느끼는 데 대한 처벌이라는(Krüll 1992, 168, 191쪽 이하) 주장만큼이나 억측에 불과하다. 어쨌든 이런 가족의 풍경에서 프로이트의 정신분석적 이론의 토대를 형성한 주제가 나타난다. 이를테면 성적인 것의 힘, "인간과 동물에 있는 성적 욕구의 사실"(전집 5, 33쪽) 그리고 이런 배경에서 아버지를 통한 거세와 욕구근절에서 도망치기 위해 성적 충동을 억제해야 하는 필연성 등의 문제가 어렴풋이 모습을 드러낸다. 이 때문에 프로이트의 《토템과 터부(Totem und Tabu)》(전집 9)에서 계획된 "원시부족(Urhorde)"의 형상, 즉 아버지의 성적 독재에 반란을 일으켜 아버지를 살해하고, 이어서 충동해방(Triebenthemmung)에 맞서 새로운 금지표를 만드는 아들들의 형상은 자신의 가족 경험에 근거하고 있다는 추정을 가능하게 한다(Krüll 1992, 192쪽). 어쨌든 지극히 복잡하게 뒤얽힌 가족관계와 거의 근친상간에 가까운 여러 세대의 풍토에서 보낸 프로이트의 유아기는 심지어 외상의 충격을 받았다고까지 할 수 있을지도 모른다(Kollbrunner 2001, 91쪽 이하).

빈의 청소년시절

야콥의 재정상황이 점차 악화되면서 가족은 잠시 라이프치히에 머무른 뒤, 1860년 빈으로 이주해 유대인이 주민의 다수를 차지하는 레오폴트슈타트에 정착했다. 프로이트가 유년시절을 보낸 프라이베르크는 향수를 자극하는 곳으로서 그는 끊임없이 이곳을 회상했다. 생가에서 기념현판의 제막식이 있던 1931년에 프로이트는 자신이 "이 공기, 이 땅에서 처음으로 잊을 수 없는 인상을 받은 행복한 프라이베르크 아이"였다고 고백했다(전집 14, 561쪽). 1860년대와 1870년대에 개혁적인 자유주의 바람이 불던 이 이중왕국의 수도에서 프로이트는 사립학교에 들어갔고, 이어서 레오폴트 공립 실업계 김나지움에 다녔다. 여기서 그는 17세의 이른 나이에 학급 수석이라는 우수한 성적으로 아비투어를 마쳤다. 프로이트는 이미 고등학교 시절에 교사의 눈에 띌 만큼 독일어 실력이 출중했다. 그가 당시 쓴 편지를 보면 "담당교사가 나에게 ⋯ 헤르더라도 어리석게 보일 만큼 완벽하면서도 독특한 문체를 갖췄다고 말했다"라는 조소적인 표현이 보인다(B, 6쪽). 프로이트는 당시에 이미 대작가로서의 면모가 엿보였으며 또 실제로 그렇게 되었다. 독일어는 프로이트가 평생 거주하면서 깊고 열정적으로 일체감을 느낀 집과 같았다(Mahoney 1982/1989; Goldschmidt 1988/1999; Lohmann 1998/2004, 127쪽 이하, 참조).

자부심이 강하고 자신감에 찬 프로이트에게 첫 아이의 천재성을 확신하고 야심을 품은 부모는 이 재능을 키워 주기 위해 투자를 아끼지 않았다. 이런 이유로 동생들, 특히 누이들은 모든 면에서 뒤로 밀릴 수밖에 없었다. 전해지는 말에 따르면 가정의 살림 형편이 넉넉지 않은 가운데에서도 프로이트는 계속 자기 방을 따로 썼다고 한다. 큰 인물이 될 것으로 보이는 집안의 총명한 아이로서 프로이트는 온갖 특혜를 누렸다.

소년시절의 친구인 하인리히 브라운(Heinrich Braun) — 훗날 오스트리아의 유명 정치인—의 자극을 받아 법학을 공부하고 정치계로 진출하려는 바람을 가졌던 프로이트는 갑자기 의학수업을 위해 이 계획을 포기했다. 1873년 가을 프로이트는 빈 대학교에 등록했고 뒤늦은 1881년 3월에 이 대학에서 박사학위를 받았다. 1870년대 초반에 프로이트는 동급생 에밀 플루스의 누이인 기젤라 플루스(Gisela Fluss)를 보자 청소년기의 열정으로 첫사랑에 빠졌다. 하지만 당시의 친구인 에두아르트 질버슈타인과 주고 받은 편지에서는 프로이트의 감정이 이 처녀보다 자신의 어머니에게 향했다는 암시가 나타난다. 그는 어머니의 매력에 뒤늦게 일종의 오이디푸스적인 연모의 정을 품었다. 자신의 친모를 향해 도취상태에 빠진 것이다 (S, 23쪽). 질버슈타인과 주고받은 편지에서 표현된 "도룡뇽(Ichthyosaura)"(같은 곳, 151쪽)이라는 암호는 청소년기의 프로이트도 아주 적절하다고 생각한 표현으로, 이 말이 기젤라 플루스를 지칭한다는 것은 전설의 영역에 속한다(Heim 1992/1994). 잘 알려지지는 않았지만 또 다른 젊은 여자가 있었던 것이 분명하다. 이 여자는 일시적인 사랑에 사로잡힌 강력한 상대로서 프로이트가 자신을 지키기 위해 싸워야 했던 여자였다.

그럴 것이 프로이트의 경우에 지식에 대한 갈망과 유명인사가 아니면 적어도 정교수가 되겠다는 바람이 더 강했기 때문이다. 학생이라기보다 연구자로서 프로이트는 잠시 철학에 한눈을 팔다가 재빨리 철학의 "사변적 경향"(Jones I, 49쪽)에 등을 돌린 "무신론적인 의학도이자 경험론자"(S, 82쪽)였다. 이 때문에 나중에 몇 가지 문제에 직면했을 때 철학의 영향을 받았다는 것, 특히 니체의 철학을 자신의 이론에 끌어들였다는 것을 시인해야 했던(Yovel 1989/1994, 423쪽 이하; Gasser 1997, 128쪽 이하) 프로이트는 처음에는 동물학에 관심을 쏟았다. 동물학 연구에서는 주목할 만한 성과를 이루어 빈 교육청에서 두 차례나 장학금을 탈 기회를 얻었다. 이 돈으로 두 번이나 당시까지 합스부르크 왕국에 속한 트리에스트로 가서 연구 활동을 할 수 있었다. 그리고 그곳의 동물연구소에서 물고기의 신경계를 현미경으로 관찰하고 뱀장어의 고환을 연구했다. 이때의 연구 성과는 1877년에 발표되었다. 여기서 우리가 기억해야 할 것은 천재적인 신경해부학자였던 프로이트의 자연과학적 초기 활동이 이후에 업적을 쌓은 정신분석적 해석학에 밀려 완전히 가려졌고, 전반적으로 후세 사람들에게 잊혔다가 오늘날에 와서야 신경과학과 정신분석을 접목하는 과정에서 비로소 재발견되고 재인식되었다는 점이다(Kaplan-Solms/Solms 2000/2003; Der Spiegel 2005도 참조).

자신의 신경해부학 연구에 만족하지 못한 프로이트는 아마 담당교수인 칼 클라우스(Carl Claus)에게도 불만이 있었던지(프로이트의 전기를 다룬 어떤 글에서도 이 사람은 등장하지 않는다) 전공을 바꾸고 유명한 학자였던 에른스트 빌헬름 폰 브뤼케(Ernst Wilhelm von Brücke)가 이끌던 생리학과로 옮겼다. 그 시기는 1876년에서 1882년 사이였던 것으로 보인다. 헬름홀츠 학파의 대표적인 인물인 브뤼케는 19세기 중엽에 꽃을 피운 생기론에 맞서 성공적인 독자노선을 세운 의학 실증주의의 열렬한 옹호자이기도 했으며, 프로이트가 평생 과학에 자리매김하는 데 결정적인 영향을 끼친 사람이었다(Bernfeld/Cassirer Bernfeld 1944/1981, 54쪽 이하 참조). 《나의 이력서》에는 "나는 마침내 에른스트 브뤼케의 생리학 실험실에서 안정을 찾았고, 완전히 만족했다"(전집 14, 35쪽)라는 말이 나온다. "일찍이 나에게 영향을 준"(같은 곳, 290쪽) 것으로 묘사되는 브뤼케는 프로이트에게 엄청난 권위자로 비쳤다. 브뤼케에 대한 프로이트의 애착은 정신적-영적인 현상으로서 생리학에서 심리학으로 관심을 돌렸을 때까지도 변함이 없었다. 그리고 1932년에 정신분석은 "과학의 일부이고 과학적인 세계관에 가깝다"라고 썼을 때도(전집 15, 197쪽), 이 말은 스승인 브뤼케에 대한 뒤늦은 존경심의 표현으로 이해할 수 있다. 프로이트의 —나중에 종종 왜곡되기도 한— 전반적인 심리는 19세기 후반에 찰스 다윈이나 에밀 뒤 부아레몽(Emil Du Bois-Reymond), 헤르만 헬름홀츠, 루돌프 피르코(Rudolf Virchow), 나아가 에른스트 폰 브뤼케 같은 인물이 업적을 남기고 전파한 과학적 세계관의 마력에 빠진 것으로 볼 수 있다. 프로이트의 자기이해의 측면에서 보면 최종 심급에서 정신분석은 생물학을 토대로 한 영혼의 자연과학으로 남아 있었다(Lohmann 1998/2004, 99쪽 이하 참조).

프로이트는 1879년에서 1880년까지 1년간 군복무를 하면서 심심풀이로 존 스튜어트 밀의 여성해방에 대한 에세이 몇 편을 독일어로 번역하는 작업을 했다. 이후 브뤼케의 연구소에서 앞으로 경력을 쌓을 생각을 했지만 처음에는 아무런 결실도 얻지 못했다. 1882년에는 빈곤한 상태에서 사랑에 빠졌다. 이런 상황에서 과학자로서의 경력과 더불어 교수가 되겠다는 야심을 포기할 수밖에 없었다. 의기소침해진 프로이트는 빈의 일반병원에 일자리를 구하기로 결심했다. 훗날 여러 차례 강조하듯이(같은 곳, 110쪽 이하) 비록 의사가 될 생각은 전혀 없었지만 처음에는 의사 지원자로 있다가 보조 의사로 일할 생각이었다. 전반적인 "물질적인 궁핍"(전집 14, 35쪽)이 그가 돈을 벌려고 한 이유였을 것이다. 또 다른 더 중요한 이유를 들자면 그가 1882년 4월에 마르타 베르나이스와 사귀면서 사랑에 홀딱 빠졌기 때문이었을 것이다.

사랑과 직업

프로이트보다 다섯 살 아래인 마르타(Marta)는 함부르크의 유서 깊고 개화된 유대인 가문 출신이었다. 마르타의 조부인 이자크 베르나이스는 함부르크의 수석 랍비로, 가문 내에서 고전 언어학자인 야콥 베르나이스만큼이나 훌륭한 학자로 통했다.

1882년에 프로이트와 약혼한 마르타는 명문가 태생이기는 했지만 프로이트와 마찬가지로 가정이 빈한했기 때문에 직업 활동을 피할 도리가 없었다. 이런 상황에서 프로이트는 가까운 장래에 중산층 시민생활로 진입하기 위해 임상의사가 되었다.

이 무렵은 프로이트에게 극도로 궁핍한 시기였다. 《음지의 빅토리아 시대》(Steven Marcus)에 나오는 이야기나 ―신뢰할 만한 조사에서 드러나듯이― 《나의 비밀 인생》을 쓴 익명의 작가가 묘사한 성적 일탈이 실제로 작가 자신의 경험담이라는 것은 프로이트에게 해당되지 않았다. 혼외정사가 금기시된 엄격한 환경에서 자란 빅토리아 시대의 빈 시민으로서 그리고 전도유망한 신경과 의사로서 프로이트는 끝없이 길어 보였던 4년간의 약혼시절 동안 완전한 금욕생활을 했을 것으로 추정된다. 수십 년 뒤 프로이트는 제임스 퍼트넘(James Putnam)에게 보내는 편지에서 청소년이 성적 문제에서 아주 개방적인 태도를 드러내는 문제를 거론하며 "나 자신은 비록 전혀 자유를 누리지 못했지만 개방적인 성생활을 매우 지지합니다"라고 썼다(Jones I, 126쪽 재인용). 자신의 성적 욕망을 억압해야 한다는 것에 프로이트가 내심 얼마나 증오와 분노를 드러냈는가는 그가 약혼녀에게 보내는 다음의 (현재까지 완전히 출간되지 않은) 편지로 알 수 있다. "… 나는 당신도 알고 있겠지만 옛날 플라톤 우화의 의미에서 단지 반인(半人) 같은 존재에 불과하다오. 일에서 벗어나자마자 나의 단면이 나를 고통스럽게 하지요." 이와 거의 같은 호흡으로 양심의 가책도 없이 정욕에 빠지는 사람들에 대한 분노와 경멸감으로 흥분한 심정은 다음과 같이 표출된다.

"우리는 서로 지조를 지키기 위해 절제하고 있지요. 우리는 우리의 건강, 향락능력과 자극을 아끼고 있습니다. 우리는 뭔가를 위해 자신을 포기하지만 정작 무엇 때문인지는 모릅니다. 그리고 자연스러운 충동을 끊임없이 억압하는 이 습관은 우리에게 승화라는 특성을 제공합니다. … 그러므로 우리의 노력은 향락을 허용하기보다 우리의 정열을 가로막는 쪽으로 향하는 것이지요. 그리고 삶과 죽음의 굴레에 속박당한 인간으로서 우리 두 사람은 엄청난 능력이 있는데도 여러 해 동안 서로가 부정해지지 않으려고 절제하면서 서로 그리워하는 것이지요 …"(Freud 1971, 36쪽 이하).

이와 같은 열정의 폭발에서는 훗날 전개된 이론에서 핵심 역할을 하게 될 일련의 정서적 동기가 미리 "간결하게" 표현된 흔적을 발견할 수 있다. 프로이트가 1890년대 신경증의 성적 병인에 대한 생각을 접고 20세기 초에 개방적인 태도로 자유로운 성적 교류에 동조했을 때는 약혼기간의 힘든 체험이 배경으로 작용했다. 그가 충동의 승화라는 개념을 "문화"의 틀로 바꾸어 표현했을 때 실제적인 삶의 체험과 연결될 수 있었다. 그리고 자신의 쾌락을 찾기보다 "불쾌함을 피하려 한"(부록, 404쪽) 동기는 ―프로이트가 영국 작가이자 풍자가인 버나드 맨더빌(Bernard Mandeville; 1714/1968, 181쪽)의 유명한 《꿀벌의 우화》에서 차용한 것일 수도 있는 동기는― 마침내 프로이트 전체 저작의 심리적인 주도동기(Leitmotiv)가 된다.

프로이트는 빈 일반병원에서 낮은 급여를 받고 일하면서 무엇보다 개업의로 정착한다는 목표를 추구했다. 이 일을 하면서 그는 야심 있는 연구가이자 과학자로서 지식욕을 충족하고 의학의 여러 분야에서 지식을 쌓을 시간이 넉넉했다. 이때 전문영역으로서 중심 역할을 한 것은 물론 신경병리학(Neuropathologie)이었다. 처음에는 유명한 내과의사인 헤르만 노트나겔(Hermann Nothnagel) 밑에서 일했고, 1883년 5월 이후로는 이에 못지않게 유명한 뇌 해부학자이자 정신과 의사인 테오도르 마이너르트(Theodor Meynert)의 병원에서 일했는데, 두 사람 모두 프로이트의 연구 활동에 호의적이었다. 프로이트의 자신감은 눈에 띌 정도로 두드러진 것이었다. 1885년 1월 교수자격시험을 통과하고 동시에 빈 대학교에서 사강사(Privatdozent) 자리를 얻으려고 할 때, 프로이트는 옛 스승인 브뤼케는 물론 마이너르트와 노트나겔에게 추천서를 받는 데 어려움이 없었다. 대학 측에서도 프로이트를 사강사로 임명하는 데 그리 주저하지 않았다. 당연히 강사직은 전문의 수련을 하는 데 도움이 되고, 학술적인 이득이 따르는 자리였다.

또한 1880년대 들어서는 마취제인 코카인 연구에 매달렸다. 당시는 물론 코카인의 마약 특성이 아직 알려져 있지 않을 때였다. 프로이트는 1884년부터 1887년 사이에 새로운 전신무력증 약품을 발견하고 그의 학술적 스승의 흥미를 끌던 것과는 다른 연구 분야에서 성공을 거두려는 희망으로 트로판알칼로이드 코카인(Freud 1884-1887/1996)에 대한 다섯 편의 논문을 발표했다. 그런데 운이 나빠서인지 프로이트는 자기 실험을 포함하여 동료인 에른스트 플라이쉴 폰 마르크소프(Ernst Fleischl von Marxow)의 모르핀 중독을 코카인을 처방하여 치료하려고 시도하다가 결국 실패하고 말았다. 게다가 —프로이트도 발견 직전까지 갔지만— 코카인의 국부마취 효과를 발견하여 프로이트 자신이 바라던 학술적 명성을 얻은 사람은 동창생인 칼 콜러(Carl Koller)였다(Bernfeld 1953/1981, 206쪽 이하). 1884년 가을에 살짝 정신을 차린 프로이트는 "코카인 연구는 나에게 많은 명성을 안겨 주었지만, 결국 알맹이는 다른 사람에게 돌아갔다"(Freud/Bernays 2005, 96쪽)라고 썼다.

그동안 프로이트는 늘 "돈과 지위, 명성"(B, 137쪽)에 관심을 기울이면서 개인병원을 개업할 준비를 해 나갔다. 개업하기 전 6개월간의 여행 장학금 덕분에 그에게 유명한 장 마르텡 샤르코(Jean-Martin Charcot)의 살페트리에 병원에서 추가 자격을 획득할 기회가 찾아왔다(이로부터 거의 100년이 지난 뒤 임상적 견해에 대한 예리한 진단학자이자 비판자였던 철학자 미셸 푸코가 하필 살페트리에 병원에서 사망한 것은 아이러니가 아닐 수 없다). 파리에 도착하기도 전에 프로이트는 감격에 겨워 약혼녀에게 다음과 같이 편지를 썼다. "아, 얼마나 멋진 일인가! 나는 … 엄청난 명예를 얻고 빈으로 돌아갈 것이란 말입니다. 그럼 즉시 결혼해요. 나는 치료를 못 하던 온갖 신경질환을 고치게 될 것이오. …"(Freud 1971, 94쪽).

당시 샤르코는 생리학 분야의 브뤼케와 마찬가지로 특별한 신경질환, 무엇보다 당시 의학계에서 진지하게 취급하지 않던 히스테리의 진단법과 치료에서 절대적인 권위자로 통했다. 프로이트는 샤르코의 인격에 매혹되었으며, 그의 연구들과 이따금 무대에 선 배우처럼 환자들을 대강당 앞에 모아 놓고 설명하는 장면에 깊은 인상을 받았다. 샤르코 밑에서 지낸 짧지만 강렬했던 수습기간은 ―프로이트 자신이 "임상적으로 보는 법을 배웠다"(B, 228쪽)고 고백한 이 기간은― 의사로서의 학문적 사고 속에 히스테리가 적절히 자리를 차지하는 계기가 되었을 뿐 아니라 최면술을 건 환자에게 인위적으로 히스테리 증상을 드러나게 할 수 있다는 증거를 모으는 계기가 되었다. 이로써 프로이트는 정신병리학의 원인을 비-생리학적으로, 즉 심리학적으로 설명하는 안목을 갖게 되었다. 물론 빈의 역량 있는 의사인 요제프 브로이어와 교제하며 친교를 가진 덕분에 이런 가능성을 앞서 경험할 수 있었는지도 모른다.

프로이트는 파리에서 돌아온 뒤 심한 반발을 받았다. 빈 의학계의 권위자들 사이에서 받은 반발은 이것이 끝이 아니라고 할 수 있다. 당시 세간에서 널리 통용되던 인식과는 달리 남자들에게도 히스테리가 일어날 수 있다는 샤르코의 생각에 영향을 받은 프로이트는 1886년 10월에 남성 히스테리를 주제로 강연한 뒤 곳곳에서 항변에 부딪쳤다. 어쩌면 이런 거부감은 프로이트가 전파한 새로운 이론 때문이라기보다 그 이론이 파리의 **최신 유행**(dernier cri)인 것처럼 과시하는 어조 때문일 수도 있었다. 이런 태도가 자부심에 넘치는 빈 사람들에게 모욕으로 받아들여진 것이다. 프로이트는 서투르고 흔들린다는 인상을 주기는 했지만 자신의 새로운 인식에 대해서는 확고했다. 다만 최면상태는 오로지 히스테리 환자에게만 가능하다는 샤르코의 생각을 따를지, 아니면 앙브로와즈 오귀스트 리보(Ambrose Auguste Liébault)와 이폴리트 베른하임(Hippolyte Bernheim) 같은 다른 프랑스 학파처럼 거의 누구나 최면에 이르게 할 수 있다는 이론을 따를지 확신이 없었다. 프로이트는 1893년 8월에 사망한 존경하는 스승 샤르코에 대한 추모사에서 다음과 같이 쓰고 있다. "최면연구를 히스테리 환자로 제한하고 큰 최면과 작은 최면을 구분했으며, '큰 최면'을 3단계로 보여 주고 신체현상을 통하여 그 특징을 제시하는 등, 이 모든 것은 리보 학파인 베른하임이 최면이론을 포괄적인 심리학적 토대 위에서 구축하고 암시를 최면의 핵심이론으로 삼으려고 시도했을 때 동시대인의 평가를 받기에 이르렀습니다"(전집 1, 34쪽). 프로이트는 어느 정도 현명하게 처신함으로써 양측 모두가 옳다고 인정했다. 1889년에 그는 베른하임을 찾아가 이런 방법으로 낭시학파를 파리학파와 동등하게 본다는 자신의 불편부당한 입장을 강조하고는, 샤르코뿐만 아니라 베른하임의 저작도 독일어로 번역했다. 프로이트는 1890년대에 이르기까지 여러 중간 단계를 거치면서 최면기술의 실험을 거듭했고 점차 정신분석적 이론으로 전환하면서 마침내 최면이론에서 벗어났다.

그 사이에 프로이트는 1886년 파리에서 돌아온 뒤 일반병원을 그만 두고 라트하우스 거리 7번지에 개인병원을 개업했다. 그러자 노트나겔과 브로이어가 소견서와 함께 환자들을 보내 주었다. 동시에 프로이트는 1주일에 3일간 오후 시간에 막스 카소비츠(Max Kassowitz)의 아동병원에서 신경과 의사로 일했다. 때로는 "빈(Wien)과의 싸움"(Freud 1971, 136쪽), 다시 말해 풍족한 삶을 이루지 못할 것이라는 비관적인 기분에 젖은 것과는 달리 프로이트 개인병원은 처음에는 돈벌이가 잘 되었다. 그리고 4년간의 고통스러운 기다림 끝에 마침내 마르타와의 결혼도 가시화시킬 수 있었다. 신부의 친척들이 넉넉한 지참금을 보내오고, 유복한 친구들이 기부금을 주거나 대출을 해 준 덕택에 프로이트는 자신의 가정을 꾸릴 수 있었다. 정식 결혼식은 1886년 9월 13일 함부르크의 반츠베크에서 열렸다. 1년 뒤에 마르타는 첫 아이인 딸 마틸데를 낳았고 이 뒤로 속속 장 마르텡(1889), 올리버(1891), 에른스트(1892), 조피(1893), 안나(1895) 등 다섯 자녀를 더 낳았다. 막내딸인 안나는 아버지의 정신적 유산을 대표하는 유일한 자식이라는 평가를 받았다.

신경정신과 의원이 계속 재미만 본 것은 아니고 실망도 뒤따랐다. 당시 통상적인 치료요법인 전기요법, 마사지, 온천욕은 효과에 한계가 있다는 것이 드러났다. 환자들은 그가 기대한 것 이상으로 완치되지 않았고 실제로 차도가 있는 경우도 드물었다. 그래서 프로이트는 점차 프랑스 낭시에서 익혔던 최면요법으로 돌아갔다. 하지만 이 기술도 성공적으로 치료하기에는 한계가 있었다. 프로이트는 이 시기에 대해 불편한 심경을 다음과 같이 회고했다. "1886년에서 1891년까지 나는 별로 학술적인 연구에 매달리지 못했으며, 발표한 것도 거의 없었다. 나는 새로운 일거리를 찾지 않을 수 없었고, 나 자신의 물질적인 삶과 빠르게 늘어나는 가족을 돌볼 대책을 세워야 했다"(전집 14, 41쪽). 당시에 프로이트는 자신이 1890년대 초반에 뇌해부학 및 뇌생리학에 열심히 매달렸으며, 이로부터 중요한 연구 성과가 1891년에 나온 《실어증의 이해(Zur Auffassung der Aphasien)》(Freud 1891/1992)라는 사실을 미처 생각하지 못한다.

교우관계

1890년대에 프로이트의 개인적이고 학문적인 과정을 특징짓는 두 명의 가까운 친구는 먼저 나이가 더 많은 요제프 브로이어와 이어서 "카리스마를 갖춘"(Eli Zaretsky) 빌헬름 플리스였다. 이미 1880년대 초반에 브로이어는 프로이트에게 어떤 여자 환자에 대해 설명한 적이 있다. 환자는 의학 문헌에 "안나 오(Anna O.)"라는 이름으로 나오고 훗날 유대인 페미니스트로 알려진 베르타 파펜하임(Bertha Pappenheim)이다(Konz, 2005 참조). 그녀는 중증 히스테리 증상으로 고통에 시달렸다. 비범한 능력을 지닌 의사이자 학자인 브로이어는 우연하게 이 환자가 최면상태에서 히스테리를 자아낸 원초적 상황을 자세하게 기억할 수 있으며, 이때 과거에 억압 받은 정동(Affekt)을 말로 표현하면 증상이 사라진다는 것을 관찰했다. 정신분석 초기에 있었던 이 관찰은 어떤 점에서 많은 단서를 제공하는 것이었지만 —훗날 프로이트는 자신의 "창안"에 브로이어의 공로가 중요했다고 아주 공정한 평가를 내린 바 있다(정신분석 14, 46쪽)— 처음에 프로이트는 별로 관심을 두지 않았다. 하지만 인습적인 치료법이 실패한 마당에 최면요법으로 돌아가지 않을 수 없었고, 이번에는 실제로 성공을 거두기까지 했다. "정신분석의 최초저서"(Grubrich-Simitis 1995)로 불리는 브로이어와 공동 저작한 《히스테리 연구(Studien über Hysterie)》(1895)의 첫 장에는 다음과 같은 말이 나온다. "동기를 제공한 기억을 분명하게 되살리고, 그 기억에 수반되는 정동을 일깨우는 동시에 환자가 가능하면 자세하게 그 과정을 묘사하면서 말로 드러낼 수 있다면 즉시 재발하는 일 없이 각각의 히스테리 증상이 사라진다는 것을 … 발견하고 우리는 깜짝 놀랐다." 프로이트와 브로이어는 "히스테리가 대부분 기억의 잔재 때문에 고통을 받는다"(전집 1, 85쪽 이하)는 결론에 이르렀다. 덧붙이자면 이 회상은 원초적인 외상과 관계가 있다는 것이다.

그러나 브로이어가 이른바 자신의 정화방법(kathartische Methode)을 "안나 오"라는 환자에게만 시험하는 동안, 프로이트는 이 방법의 포괄적 의미를 인식하면서 그것을 점차 우선적인 치료기법의 위치로 끌어올렸다. 그리고 시간이 지나면서 "신경증 현상의 배후에서 영향을 주는 것은 임의의 정동 자극(Affektregung)이 아니라 실제적인 성적 갈등이든 예전의 성적 체험의 여파든 규칙적으로 기억되는 성적 체험"이라는 것을 확인했다(전집 14, 48쪽). 장차 프로이트에게 두드러진 의미를 갖게 될 신경증의 성적 병인이라는 가설은 처음에는 오로지 히스테리에만 적용되었지만 이후로는 신경증의 모든 형태로 확대되었다. 프로이트는 《나의 이력서》에서 이에 대해 언급한다. "나는 히스테리 이론에서 벗어나 이른바 신경쇠약증 환자의 성생활을 연구하기 시작했다. … 이 실험은 의사로서 나의 인기를 손상하기는 했지만, 거의 30년이 지난 오늘날까지도 여전히 식지 않는 확신을 가져다주었다. 거짓이라는 온갖 억측과 비밀스러운 일을 하는 척한다는 비난을 이겨내야 했지만 결국 실험에 성공하자, 이런 환자들은 모두 성적 기능을 심각하게 악용한다는 사실을 발견하게 되었다"(같은 곳, 49쪽).

프로이트는 의사와 의학자로서 의심할 여지없이 경력의 전환점에 있었다. 《히스테리 연구》가 나왔을 때 프로이트와 브로이어가 가는 길은 이미 오래 전에 엇갈려 있었다. 그도 그럴 것이 브로이어는 프로이트가 관심을 기울이는, 신경증의 성적 병인이라는 위험하고 불쾌한 분야를 따를 준비가 되어 있지 않았기 때문이다. 게다가 "공동연구모임(Arbeitsgemeinschaft)"(같은 곳, 47쪽)에도 빠지겠다고 통보한 상태였다. 프로이트는 이에 관해 플리스에게 이렇게 언급했다. "내가 브로이어를 《히스테리 연구》에 끌어들인 것이나 그가 하나의 진리라는 자리에 늘 세 후보만을 생각하면서 보편적인 것을 모두 불손하다고 꺼리는 어떤 일에 참여하게 한 데 대해서 그는 나를 결코 용서하지 않으리라 생각한다네"(F, 185쪽). 플리스에게 보낸 편지에서 알 수 있는 것은 프로이트가 직업적으로나 재정적으로 끊임없이 자신에게 친절히 후원해 준 브로이어와 헤어지는 것을 가볍게 생각한 것이 전혀 아니라는 사실이다.

브로이어의 자리는 베를린에서 이비인후과 전문의로 일하던 플리스가 차지한 지 오래되었다. 프로이트는 1887년부터 플리스와 서신으로 교류하고 있었다. 물론 플리스가 생각하는 이상한 숫자의 사변, 코와 생식기관의 생리학적 관계, 바이오리듬의 주기라는 그의 가설은 오늘날 괴상한 것으로 취급되기는 하지만, 프로이트는 어느 정도 플리스를 무비판적으로 신뢰하는 태도를 보였다. 이와 관련하여 프로이트의 다음 말은 흥미롭다. "내가 볼 때 가까운 친구와 혐오하는 적은 언제나 내 내면생활의 필연적인 요구였다. 나는 그 두 요소가 언제나 내가 새로운 것을 창안하는 데 도움을 준다는 것을 알았다"(전집 2/3, 487쪽). 프로이트가 깊은 불화에 휩싸이게 되는 플리스나 칼 융과 본래는 우호적인 관계였다는 점을 생각한다면, 친구와 적이라는 두 요소는 때로는 한 사람에게 내재한 특징이라고 할 수 있다. 프로이트는 플리스에게서 자신에게 꼭 필요한 친구로서의 요인을 발견했다. 프로이트는 플리스를 지극히 이상화하면서 여러모로 ―어떤 경우에는 거의 나쁜 결과에 이르도록 의사로서 심각한 과오를 저지르면서까지― 주저 없이 그를 따랐다. 이는 프로이트가 당시에 고립된 상황에서 ―프로이트는 당시를 회고하면서 "극도의 고립"이라고 말한 바 있다(전집 10, 60쪽)― 플리스를 "나이가 든 유일한 상대"(F, 66쪽)라고 열광적으로 강조한 바와 같이 그와 전이관계(Übertragungsbeziehung)에 빠짐으로써 그를 있는 그대로 지각할 수 없었다고 설명될 수밖에 없을 것이다.

프로이트는 빈의 의료계에서 새로운 성적 발상을 가지고는 이렇다 할 지지와 공감을 얻지 못했다. 성실하게 가정과 가족을 돌보며 그런 "일종의 포르노그래피"(Gay, 75쪽에서 재인용)에 일체 지적인 관심을 보이지 않았던 마르타 역시 이해심을 가진 대화 상대가 되지 못했다. 오직 1896년부터 프로이트의 집에 살던 처제 민나만이 적어도 제한적으로 프로이트의 생각을 이해하는 것처럼 보였다(Freud/Bernays 2005). 이렇게 뼈저린 공허감을 채워준 사람이 바로 플리스였다. 프로이트는 전례 없는 태도로 플리스에게 속마음을 털어놓았다. 훗날 제자가 된 마리 보나파르트 덕분에 보존된 플리스에게 보내는 프로이트의 편지(반면에 프로이트는 플리스가 보낸 편지를 파기했다)를 보면, 거의 잔인하다 싶을 정도로 자기 자신에게 엄격한 태도가 엿보인다. 동시에 그 자신의 감정, 환상, 사변, 심신의 부담, 니코틴 중독, 결혼생활의 기쁨과 고통에 대한 증거가 여실히 드러난다. 모든 점에서 강렬하고 철저히 동성애적 색깔이 비치는 플리스와의 우정은 바로 무한한 관용 때문에 그에게 서슴없이 자신의 사유실험을 추진할 수 있는 유희공간을 열어 주었다. 역설적으로 들릴지 모르지만 프로이트의 정신을 혼란스럽게 만든 플리스의 독창적인 "광기"와 과학적 기벽, 끊임없는 사변은 ―충동 및 정동에 가까운 전의식과 의식의 층 사이에 놓인 검열의 빗장을 풀어줌으로써― 흔히 억압의 지배를 받는 자기관찰과 통찰을 허용하는 프로이트의 창조정신과 능력을 위한 토양을 형성했다. 플리스는 흡사 프로이트의 창의적인 과정과 오늘날까지 정신분석의 탄생 시점으로 간주되는 프로이트의 "자기분석"이라는 표현의 발견과정(F, 288, 291쪽)을 위한 촉매제와 같았다. 브로이어가 프로이트에게 "말로 치료하기(talking cure)"(부록, 229쪽)로 환자의 기억에 대한 비밀에 접근하게 했다면, 플리스는 그에게 무의식에 대한 비밀에 다가서게 하였다.

"내가 쓴 병의 역사를 소설처럼 읽을 수 있다는 것"(전집 1, 227쪽)에 대해 프로이트 본인이 깜짝 놀랐다고 말한 책인 《히스테리 연구》가 나온 해에, 그는 플리스에게 나중에 유고집으로 출판하게 될 원고를 보냈다. 그것은 프로이트가 학자로서 갖고 있던 관심을 숨김없이 드러내는 신경학에 관한 글이었다. 프로이트는 이른바 이 《심리학 초고(Entwurf einer Psychologie)》 (1950, 1987)를 "신경학자를 위한 심리학"이라고 불렀다(F, 129). 그가 《히스테리 연구》에서 성적 외상과 히스테리 질환의 관계에 대한 새로운 인식을 서술적으로 기술했다면, 《심리학 초고》에서는 다시 자연과학자로서의 면모를 뚜렷이 보여 준다. 물론 프로이트가 나중에 "메타심리학"(같은 책, 181쪽)이라는 이름으로 다시 한 번 접근한 야심 찬 계획을 곧 포기하기는 했지만, 《꿈의 해석》 제7장에서 전개된 심리적 장치의 모형이 전체적으로 《심리학 초고》의 생각을 받아들인 것만은 의심할 여지가 없다. 그러므로 훗날 그는 표면적인 모든 증거와 달리 《꿈의 해석》이 "본질적으로 1896년 초에 마무리되었다"고 주장할 수 있었다. 물론 그것이 "1899년 여름에 가서야 탈고되기는 했지만"(전집 10, 60쪽 이하) 이 시기는 《심리학 초고》를 마칠 무렵이었다.

하지만 그 밖에 프로이트가 "내가 돌보는 주요 환자는 나 자신이다"(F, 281쪽)라고 말했듯이 자기분석의 흔적을 보였고, 브로이어와 협동연구를 할 때는 이미 "자유연상(freie Assoziation)"(전집 11, 104쪽)이라는 방법을 시험했다. 자유연상이란 환자가 치료 중에 ―진부한 것이든, 상스럽거나 무의미한 것이든, 상관없이― 무엇이든 방금 떠오른 생각을 끊임없이 말해야 하는 방법을 말한다. 환자의 이야기를 들은 프로이트는 모든 신경증이 어렸을 때 성인이나 나이가 더 많은 아이에게서 성적 학대를 받은 결과라는 자신의 생각에 더욱 확신을 하게 되었다. 나아가 신경장애란 언제나 "비밀의 골방"과 관계가 있다는 브로이어의 언급과 이전에 샤르코에게서 전해 들은 "언제나 생식기의 문제 … 언제나 … 언제나"(Gay, 109쪽 재인용)라는 말이 프로이트의 견해를 강화하였다. 무엇보다 플리스도 이런 생각을 공유했기 때문에 결국 프로이트는 자신 있게 이런 견해를 공공연히 내세웠다. 1896년 4월 21일 프로이트는 정신의학 및 신경학 학회에서 "히스테리의 병인학에 대하여(Zur Ätiologie der Hysterie)"라는 강연을 하면서 동료의사들에게 히스테리의 실마리가 규칙적으로 유아기의 성적 남용으로 거슬러 올라간다는 것을 납득시키려고 하다가 실패했다. 전문적인 지식을 갖춘 청중이 적대적인 반응을 보이는 가운데 유명한 성과학자인 리하르트 폰 크라프트 에빙은 "과학적인 동화"(F, 193쪽)라고 신랄하게 비꼬았다. 이 순간부터 프로이트는 빈에서 상당히 고립되는 상황을 맞았다.

프로이트의 성적 외상이론(sexuelle Traumatheorie)이 일반화될 것인지는 어느 정도 불분명했지만, 그가 이 이론과 거리를 두기까지는 좀 더 시간이 걸렸다. 어쨌든 프로이트는 그의 환자들이 진료실에서 현실적인 사건보다는 환상과 소망에 기초한 이야기를 만들도록 점차 실제화하기 시작했다. 이 때문에 환자들이 주장하는 "어린이들에 대한 성도착의 전파는 거의 개연성이 없다"(F, 283쪽)는 것과 "무의식에는 사실의 징표가 없기 때문에 정동(Affekt)으로 싸인 허구를 진실과 구분할 수 없다"(같은 곳, 284쪽)는 것이 밝혀진다. 단적으로 말해 프로이트는 "나는 나의 신경증 이론을 더는 믿지 않는다"(같은 곳, 283쪽)고 자인하게 되었다. 이런 사고의 전환에서 얻은 소득은 ―이른바 유혹이론(Verführungstheorie)의 포기와 무의식적 소망 및 환상의 힘에 대한 인정은― 프로이트로 하여금 어린아이가 성적으로 결백하다는 통념을 조화에 집착하는 시대의 맹신으로 폭로할 수 있게 해 주었다.[28] 나아가 (남자)아이는 아버지와 경쟁하면서 어머니를 차지하려 한다는 점에서 아이의 발달과정에 존재하는 오이디푸스 콤플렉스를 발견하게 해 주었다. 그는 이와 관련하여 "나는 어머니에 대한 사랑에 빠졌고, 나에게 아버지에 대한 질투가 있다는 것을 알았다. 그리고 이제 나는 이런 것을 유아기

---

28) 이 문장을 원문 그대로 번역하였으나 '유혹이론의 포기'라는 말을 감안하면 내용상 앞뒤가 맞지 않는 것 같다.

의 일반적인 현상으로 보고 있다. …"(같은 곳, 293쪽)고 말한다. 그러나 이런 오이디푸스적인 소망은 남성의 심적인 법칙으로 작용하기 때문에 지속적인 발달과정에서 가혹한 억압을 받을 수밖에 없으며, 이 억압은 성인이 되었을 때 성적인 남용과 유혹환상의 증상 형태로 되풀이된다는 것이다.

프로이트는 유혹이론의 교정과 기억의 의미 및 말하기치료의 효과로 접근할 수 있었던 오이디푸스 법칙의 요구와 더불어 새로운 정신분석 이론의 핵심적인 토대를 갖추게 되었다. 하지만 여기서 덧붙여야 할 것은 그가 유혹이론을 결코 완전히 포기한 것이 아니라 단지 유효범위를 제한시켰을 뿐이라는 점이다. 왜냐하면 성적인 남용과 유혹이 실제로 있다는 것을 부인할 수는 없었기 때문이다. 《성이론에 대한 세 편의 논문》에는 다음과 같은 언급이 나온다. "… 비록 당시에는 정상적인 개인이 유아기에 그런 체험을 할 수 있었고 그래서 유혹을 성적 체질이나 발달에서 주어지는 요인보다 더 높게 평가했다는 것을 몰랐다고는 해도, 나는 1896년의 논문 《히스테리의 병인학에 대하여》에서 내가 그것[유혹]의 빈도와 의미를 과장했다는 것을 인정할 수 없다. 분명한 것은 유혹이 일어나야만 유아의 성적 삶이 일깨워지는 것은 아니라는 사실이다. 이런 일깨움은 내적 원인으로부터 자발적으로 일어날 수 있다는 것은 분명하다"(전집 5, 91쪽). 이를 통해 프로이트가 주장하는 두 가지는 유아가 이미 성적 체질을 드러내 보이며, 성적 유혹과 신경증 사이에는 아무런 억압적 관계가 없다는 것이다. 프로이트가 기회주의적 이해관계 때문에 유아의 행복을 저버렸다고 비난받음으로써 1880년대와 1890년대에 이런 사실들을 포기했다는 것은 프로이트의 수용에서 아이러니에 속한다(Masson 1984/1984).

프로이트는 플리스와 끊임없이 대화를 나누는 가운데 일종의 자기성찰로서 어조를 조절하는 데 신경을 쓰면서 그 자신의 꿈과 환자들의 꿈에 대해서, 그리고 겉으로 보기에 무의미하고 부수적인 것에 대해서 자기분석을 계속해 나갔다. 동시에 그는 상징적인 질서를 해석하는 기술을 발전시켰다. 이런 기술 때문에 프로이트의 저작은 근본적으로 새롭고 혁명적인 어떤 것으로 보였다. 이렇게 새롭고 혁명적인 특징은 《꿈의 해석》에서 타당성 있는 형태를 갖추었다. 20세기에 이 저작보다 더 지속해서 인간에게 문화적인 자기이해의 틀을 갖추게 한 책은 거의 없다고 말해도 무방할 것이다. 《꿈의 해석》은 현대 정신사에서 프로이트의 지위와 위상에 물음을 제기하는 그 어떤 사람도 모두 제목을 떠올리는 책이다.

정신병리학에서 정상심리학까지

《꿈의 해석》은 1899년에 나왔지만 출판사에서는 전략상의 이유로 발행일을 1900년으로 표시했다. 프로이트는 이 책으로 갑자기 유명해졌으며, 그 자신도 이 사실을 알았다. 물론 저자는 전문가와 비전문가를 막론하고 독자가 신중한 반응을 보이는 것에 대해 처음에는 불평하고(Gay, 155쪽 이하) 판매가 부진한 것이 불만스럽기도 했지만, 이 저작은 장기적으로 성공한 것으로 판명되었다. — 1930년까지 무려 8판이나 발행되었다(Grubrich-Simitis 1999, 47쪽). 프로이트는 거의 신판이 나올 때마다 이 세기를 빛내는 도서에 계속 추가로 자료를 보충했기 때문에 해를 거듭할수록 책은 두꺼워졌다.

오늘날의 독자가 읽는다면 일단 내용에 별 문제가 없다는 생각이 들 것이다. 100여 년 전 사람들의 눈에는 특히 프로이트가 모종의 폭로 심리학적 자세로 제공하여 섞어 놓은 자전적인 소재가 선정적으로 보일 수도 있었을 것이다. 하지만 오늘날의 독자라면 이를 보고 그저 어깨를 한번 움찔할 정도의 반응밖에 보이지 않을 것이다. 모든 광고마다 선정적인 사진이 흘러넘치고 영화나 텔레비전, 인터넷에서 인간의 온갖 성적 묘사를 다양하게 접할 수 있는 이 시대에는 추문을 일으키기는커녕 오히려 권태로운 내용일지도 모른다. 《꿈의 해석》에 담긴 거대한 문화사적, 정신사적 의미는 일차적으로 작품의 개별적인 내용이 아니라 당시까지 말하지 못하던 것을 표현할 수 있는 공간을 열었다는 데 있다. 우리가 무의식을 감각에 대해 "부분으로 전체를 대표함(pars pro toto)"의 현상으로 간주한다면(Hastedt 2005, 38쪽), 프로이트는 당시까지 알려지지 않았던 감각의 세계에 접근하는 길을 열었다고 말할 수 있다. 프로이트는 과거의 전통에 따라 감정(Gefühl)/무의식의 우주를 불합리의 영역에 가두어 놓는 대신에 우주의 전능 요구를 완화하도록 그것에 나름대로 오성(Verstand)을 끌어들이는 독특한 논리성을 부여했다. 프로이트는 《꿈의 해석》으로 지옥의 세계를 ―이 책의 좌우명에서 언급되듯이 "지옥을 움직이리라(acheronta movebo)"[29](전집 2/3, 6권)는 식으로― 움직이게 할 생각이었다. 말하자면 그때까지 이성의 보편적인 담론에서 배제되어 있던 영혼의 영역을 글자 그대로 언어화하여 열어나갈 생각이었다.

그러나 또 다른 이유에서 이 책을 20세기의 문화적인 기본 문헌에 포함시키지 않을 수 없다. 질병에 대하여 의사의 관점에서 바라본 프로이트의 이전 글들 대부분과는 달리 《꿈의 해석》은 병원이라는 제한된 영역에서 벗어나 정신병리학적 견해와 무관하게 일반적인 심적 현상을 주목한 프로이트 최초의 위대한 작업이다. 프로이트가 어느 편지에서 언젠가 "정상심리학(Normalpsychologie)"(Gay, 153쪽 재인용)이라는 표현을 사용했다는 것은 학자로서의 관심이 ―신경증의 원인에 대한 탐구가― 뜻밖에 더는 심적인 질병의 영역에 국한되지 않고 보편타당성을 주장할 수 있는 영역으로 이

---

29) 역주: 로마의 시인 베르길리우스의 《아네이스》에 나오는 '하늘을 감동시킬 수 없다면 지옥을 움직이리라'에서 프로이트가 인용한 구절.

어졌다는 고백과 다를 것이 없다. 사람은 누구나 꿈을 꾸며, 꿈이란 고대의 작가들도 매달릴 만큼 어느 문화에서나 두루 퍼져 있는 현상이기 때문에 정신병리학은 더 이상 말이 안 된다. 꿈을 이해하는 데 필요한 모든 가설과 개념은 병리학적인 과정이 아니라 인간의 보편적이고 정상적인 영혼의 생활과정과 관계된다(전집 14, 73쪽 참조). 심적인 생산물로서 소위 불합리하고 무의미하게 보이는 것은 더 이상 병든 인간만의 특징이 아니라 오히려 **인간조건**(conditio humana)의 정당한 부분임이 입증된다.

이 틈새를 채우는 것이 프로이트가 1901년 발표한 《일상생활의 정신병리학(Zur Pathologie dea Alltagslebens)》(전집 4)과 4년 뒤에 발표한 《위트와 무의식의 관계(Der Witz und seine Beziehung zum Bewußtsein)》(전집 6)이다. 꿈과 마찬가지로 실수행위(Fehlleistung)와 위트도 건강한 사람이라면 누구나 저지르거나 할 수 있는 이른바 정상적인 심적 상태의 산물이다. 이것들의 공통점은 소망과 현실 사이의 갈등에서 비롯되었다는 점이다. 프로이트에 따르면 의식적으로 노력을 기울일 목표가 없지만 전혀 해를 끼칠 일이 없는 약속, 명확한 표현을 피하는 재기발랄하거나 풍자적인 위트는 무의식적인 소망을 통하여 결정되며 이런 점에서는 즐거운 행위를 묘사한다. 의식의 지평에서 놓치는 것은 꿈이나 위트, 실수행위 등 무의식의 지평에서 충족된다.

그러므로 프로이트는 이 세 권의 저서로 의학의 영역에서 빠져나와 명실상부한 심리학이 될 것을 거만하게 요구했던 과학적 심리학의 넓은 세계로 향했다고 말할 수 있다. 이렇게 그는 연구관심을 근본적으로 바꿈으로써 이후의 후계자들이 그랬듯이 필연적으로 긴장감 넘치는 상황에 빠지게 되었다. 무엇보다 정신분석이 그 창안자의 의지대로 보편적 형식을 띤 채 영적인 삶의 규칙성과 심리 장치의 기능을 설명하는 과학이라고 할지라도, 실제는 이와 반대로 정신분석은 당분간 전통적으로 과학의 사회적 공간이라고 할 대학으로 향하는 길이 차단되고, 병원과 의료실무의 경험으로 제한되었다. 결국 지체된 끝에 겨우 정원외 교수(Extraordinarius)로 임명된 프로이트 자신과 마찬가지로(Lohmann 1998/2004, 39쪽 이하 참조) 그의 후계자들도 대부분 개업의였으며 학술활동에서 고립되어 있었다. 그럼에도 프로이트는 끝까지 정신분석이 과학이라고 주장했다. 《정신분석 입문 강의의 새로운 연속(Neue Folge der Vorlesungen zur Einführung in die Psychoanalyse)》을 보면 다음과 같은 구절이 나온다. "나는 여러분에게 정신분석이 치료요법으로서 시작되었다고 말씀드렸지만, 그것은 치료요법으로서가 아니라 거기에 담긴 진실한 내용 때문에, 그리고 그것이 인간과 가장 가까운 인간 자신의 본질에 대한 내용을 설명하고 있기 때문에 여러분이 그것에 관심을 갖기를 권고하고자 하였습니다"(전집 15, 169쪽). 이런 측면에서 생각하면 왜 프로이트가 훗날 자신이나 빈의 지지자들보다 학계에 더 가까운 스위스의 오이겐 블로일러(Eugen Bleuler)와 루트비히 빈스방거(Ludwig Binswanger) 그리고 특히 칼 융(Carl Gustav Jung)에게 유난히 호의적이었는지 이해가 더 잘 될 것이다.

1905년 위트에 관한 책과 《성이론에 대한 세 편의 논문》(전집 5, 27-145쪽) 출판이 큰 반향을 일으키자 프로이트는 자신의 "불가사의한 5년(quinquennium mirabile)"(K. R. Eissler)을 끝내는 동시에 정신분석의 구성단계를 마쳤다. 그는 《성이론에 대한 세 편의 논문》에서 다시 한 번 1890년대에 열심히 매달렸던 주제, 요컨대 그가 끊임없이 교양 대중의 저항에 부딪쳤다고 확신한 "생물학과 인접이론의 일부"(같은 곳, 31쪽)인 인간의 성욕에 대한 문제로 되돌아왔다. 이와 같은 저항은 예상할 수 있는 일이었다. 왜냐하면 프로이트가 유아의 성적 "순결"이라는 신화를 겨냥하는 독립적 유아 성욕을 주장했을 뿐만 아니라 최초로 "정상적인" 또는 "자연적인" 성인의 성욕을 해체하려고 시도했기 때문이었다. 이런 견해는 오늘날의 우리가 볼 때 당연한 것이지만 당시의 성이론이나 성의 정치적 측면에서는 분쟁의 씨앗이 될 만한 것이었다. 프로이트가 친구인 플리스의 오랜 생각에 따라 개인을 모종의 "해부학적인 반음양(anatomischer Hermaphroditismus)" 및 "근원적으로 양성애적인 체질(bisexuelle Veranlagung)의 수준"에서 파악한 다음에(같은 곳, 40쪽), (이후에 각주에 덧붙인 대로) "여성에 대한 남성의 독단적인 성적 관심은 계몽할 필요가 있으며 옳지 않다"(같은 곳, 44쪽)는 주장을 제기했을 때, 이런 발언에 후유증이 따르지 않을 리가 없었다. 이성애적 특징이 자연스러운 인체의 화학 작용이고 동성애는 부자연스러운 것, 즉 도착적이라는 것은 프로이트 시대에는 결론이 난 문제였기 때문이다. 그리고 오스카 와일드(Oscar Wilde)[30]의 재판에 대한 반응에서 충분히 입증되었듯이 대중의 분노는 당연한 것이었다. 프로이트는 용감하고 끈질기게 성욕에 대한 문제에서 윤리적인 재판관으로 접근하는 것이 의사의 임무가 아니라는 견해를 굽히지 않았다. 그는 《히스테리 분석의 단편(Bruchstück einer Hysterie-Analyse)》에서 다음과 같이 말하고 있다. "우리가 성적 도착(sexuelle Perversion)이라고 부르는 것, 신체영역에 따른 성기능과 성적 대상을 위반한다는 것에 대해서는 분노하지 않고 말할 수 있어야 한다. 다양한 민족, 다양한 시대에 걸쳐 정상이라고 부를 수 있는 성생활의 한계가 불확실하다는 것을 생각하면 흥분을 진정시킬 수 있을 것이다. … 좀 더 시야를 넓혀서 보면 여기저기서 누구나 자신의 성생활에서 정상이라고 부르는 비좁은 한계를 벗어난다는 것을 알 것이다. 도착은 야수적인 행위도 아니고 격앙된 의미에서의 변종(Entartung)도 아니다"(전집 5, 210쪽). 100여 년이 지난 지금 적어도 서구 문화에서는 성 문제의 표준과 일탈에 대한 생각이 근본적으로 변했다는 것을 고려하면(Sigusch 2005, Quindeau/Sigusch 2005 참조),

---

30) 역주: 1854-1900, 영국출신의 작가로 동성애 때문에 재판을 받았음.

프로이트가 그의 성이론적 관념으로 그 자신의 시대를 얼마나 앞서갔는지 잘 알 수 있다(같은 곳, 76쪽 이하 참조).

초기 프로이트 학파

프로이트의 시각에서 오랫동안 필수적이고 대체 불가능한 것으로 여겨졌던 플리스와의 우정은 우선권에 대한 작은 다툼으로 끝나고(F, 508쪽 이하), 1902년 이후에는 네 명의 의사와 맺은 관계가 그 자리를 채웠다. 그들은 알프레드 아들러(Alfred Adler), 막스 카네(Max Kahane), 루돌프 라이틀러(Rudolf Reitler), 빌헬름 슈테켈(Wilhelm Stekel)이었다. 그들은 매주 수요일 저녁이면 베르크가세 19번지에 있는 프로이트의 집에 모여서 프로이트의 새로운 이론을 놓고 토론을 벌였다. 이후 몇 년간 수요회는 1908년에 설립된 빈정신분석학회의 전신으로 발전하면서 속도는 느리지만 꾸준히 세를 확장했다. 정신분석학회의 논의 쟁점은 문서담당인 오토 랑크(Otto Rank)의 필사 덕분에 1906년부터 1918년까지 기록되어 전승되었다(Nunberg/Federn 1962-1975/1976-1981 참조). 1903년에는 파울 페더른(Paul Federn)이 아직까지 비공식 모임인 학회에 가담했고, 이어서 에두아르트 히치만(Eduard Hitschmann)과 이지도르 자드거(Isidor Sadger), 그리고 최초로 프로이트의 전기를 쓴 프리츠 비텔스(Fritz Wittels)도 합류했다(Wittels 1924). 또 의사가 아닌 회원들도 있었는데, 이들은 나중에 "비전문가(Laie)"로 불렸다. 예를 들어 막스 그라프(Max Graf; 프로이트의 유명한 사례사에 나오는 "꼬마 한스"의 아버지), 출판업자인 후고 헬러(Hugo Heller), 한스 작스(Hanns Sachs) 같은 사람이 여기에 해당한다. 프로이트는 이들의 관심과 협조에 언제나 특별한 가치를 부여했다. 그는 자신의 과제가 포괄적인 의미에서 "의사의 영역으로 제한되지 않는 것에" 중점을 두었다(전집 10, 64쪽). 1920년대에 이른바 비전문인분석(Laienanalyse; 전집 14, 207쪽 이하 참조)의 정당성을 놓고 공개적이면서도 치열하게 진행된 프로이트의 투쟁은 20세기의 첫 10년에 이미 시작되었다. 물론 이 무렵은 정신분석의 단체형성이 비로소 태동하던 시기여서 투쟁이 표면적으로 드러나지 않았고, 당시의 주역들에게도 그 자체로 심각하게 인지된 것은 아니었다.

  프로이트는 자신의 첫 학파와 지지자들 사이에서 이론적인 파급범위와 자신의 이론에 대한 다양한 임상 및 임상 외적인 관계를 시험하고 토론에 부칠 수 있었다. 토론은 이따금 열띤 분위기로 진행되었으며, 특히 인적 사항을 토론할 때면 극심한 논쟁이 벌어졌다. 주로 유대인으로 이루어진 작은 모임은 우호적인 분위기가 유지되는 가운데 비교적 대규모의 대중 앞에서라면 불가피하게 정신분석의 위상이 실추될 수도 있는 많은 주제가 논의되었다. 실제로 토론 결과가 외부로 알려졌을 때, 가령 수요모임의 회원인 비텔스가 빈에서는 유명한 잡지《햇불》의 발행인이 걸렸다는 신경증을 놓고 자신의 견해를 밝혔을 때, 프로이트는 즉시 적대적인 조롱을 받아야 했다. 프로이트는 "중요한 업무가 처리되어야 하는 곳에서는 신경증을 전면에 내세우는"(Nunberg/Federn 1962-1975/1976-1981, 제2권, 355쪽; F/A 121쪽도 참조) 행동을 하지 말라고 경고했지만 아무 소용이 없었다. ― 카를 크라우스의 경우가 분명히 이에 해당한다. 정신분석에 대해서, 특히 프로이트의 혁신적 성이론에 대해서 처음에는 아주 우호적이었던 크라우스는 이런 소동이 있고부터는 프로이트의 이론에 날카롭게 대립각을 세웠다. 결국 프로이트는 빈에서 중요한 잠재적 동맹자를 잃고 말았다(Timms 1986/1995, 141쪽 이하; F/Fer I/1, 213쪽도 참조). 하지만 문학사가인 에드워드 팀스(Edward Timms 1995/1996, 9쪽)가 주장하는 대로 프로이트와 크라우스의 관계, 그보다는 비텔스와 크라우스의 관계가 프로이트와 프로이트 학파에 부정적인 효과를 주었는지는 의심스럽다.

정신분석은 갈수록 빈 외부에서도 소문이 났다. 1906-1907년 이후에는 여러 명의 외국인이 프로이트 학파에 합류했다. 이들 중에는 훗날 베를린 정신분석 연구소의 설립자이자 재정후원자였던 막스 아이팅곤(Max Eitingon), 베를린 정신분석학회의 설립자인 카를 아브라함(Karl Abraham), 헝가리에 정신분석을 도입한 산도르 페렌치(Sándor Ferenczi), 영국에서 프로이트의 대리인 역할을 하면서 결정적인 프로이트 전기를 통하여 필생의 역작을 완성했다고 할 수 있는 월리저 어니스트 존스(Waliser Ernest Jones), 그 밖에 스위스의 칼 융이 있었다. 이들은 모두 의사로서 정신분석이 널리 확산되는 데 중요한 기여를 했다. 하지만 시간이 지나면서 각자 지적으로 자기노선이 있다는 것이 드러났다. 프로이트와 만난 융과 페렌치, 존스 같은 사람에게는 몇 가지 사례에서 결국 고통스럽게 끝날 갈등의 요인이 잠복해 있었다. 프로이트가 자기 일에 무조건적인 충성을 요구한 공인된 학파의 수장으로서 자신 외에 다른 사람의 정신적 독창성과 독립성을 참을 수 있었는지에 대한 물음이 실제로 제기되고 있지만, 어쨌든 그 스스로는 이런 점에 대해 충분히 관용적이라고 생각했다(Gay, 276-277쪽). 전반적으로 프로이트는 의사들과 의심스럽고 갈등적인 상황에서 만날 때에는 "비전문인들"보다 의사들에게 덜 관용적인 태도를 취한 것으로 보인다. 프로이트가 "친애하는 루"(F/AS, 124쪽)라고 표현한 러시아 출신의 여류작가인 루 안드레아스 살로메는 ―수요회를 몸통으로 1908년에 설립된― 빈 정신분석학회에 니체 및 릴케와의 만남에서 비롯된 신비로운 분위기를 몰고 왔다. 그녀가 프로이트에게 지속적으로 호감이 가게 하려고 의도한 것은 아니지만, 가끔 프로이트의 이론을 예컨대 서정시적인 것, 키치적인 것으로까지 표현하기도 했다. 자신의 프로테스탄티즘과 프로이트의 호전적인 무신론 사이에서 힘들어했던 스위스의 목사 오스카 피스터(Oskar Pfister)의 경우나 정신분석에 대해서 미심쩍어하면서도 긍정적인 세계관을 가지고 있던 작가 아르놀트 츠바이크(Arnold Zweig)에 대해서 프로이트는 놀랄 정도로 따뜻한 태도를 취했다. 프로이트의 시각에서 볼 때 오히려 위험한 것은 의사들 쪽이었다. 그들은 끊임없이 정신분석을 치료술의 영역으로 제한하려는 경향을 보였다. 이런 상황에서 프로이트가 의사들을 불신하고 의사가 아닌 회원들에게 호의를 보인 것은 당연한 결과였다.

정신분석이 하나의 '운동'이 되다

프로이트가 과학자와 의사로서 자신의 궁극적인 길을 발견하기까지는 오랜 시간이 걸렸고 많은 실험을 해야만 했다. 명확한 목표설정 하에서 지속적인 노선이 확정된 것은 그가 50세가 된 1905년 이후였다. 이즈음 신경학자와 정신과의사 조합 쪽에서 계속해서 그의 새로운 이론을 차별한 것도 ─1910년까지만 해도 비밀 위생국 참사관인 빌헬름 바이간트(Wilhelm Weygandt)는 프로이트의 이론이 "경찰이 다뤄야 할 문제"라고 판결했다 (Jones II, 136쪽 재인용)─ 프로이트의 자신감을 심각하게 흔들지는 못했다. 왜냐하면 프로이트를 향해 쏟아지는 공격은 부분적으로 무례할 정도로 거칠었지만, 동시에 그것은 갈수록 논란을 일으키는 그의 이론이 널리 인지되고 논의된다는 분명한 증거였기 때문이다. 아브라함에 의하여 퍼져나가 나중에 미국의사들이 건네게 된 "당신은 프로이트에 대해 어떻게 생각합니까?"(F/A, 100쪽)라는 질문은 궁극적으로 정신분석에 대한 명시적 거부 이상의 의미를 지니고 있었다. 실제로 프로이트는 미국에서 예기치 못한 호응을 얻었다. 매사추세츠의 우스터에 있는 클라크 대학교 총장 스탠리 홀(Stanley Hall)은 프로이트에게 명예박사학위를 제안하고 미국에서 강연하도록 초대했다. 1909년 9월 프로이트는 페렌치와 융을 동반하여 선박 편으로 브레멘에서 뉴욕으로 향했다. 존스와 미국의 번역자인 아브라함 브릴(Abraham A. Brill)이 뉴욕에서 프로이트 일행과 합류했다. 프로이트가 죽을 때까지 평생 편견으로 바라보던 "그토록 쌀쌀맞은 미국"(전집 10, 70쪽)에서 그는 예상외의 환대를 받았다. 《나의 이력서》에는 다음과 같은 구절이 나온다. "… 나는 유럽에서 배척받았지만, 이곳에 와서 보니 동등한 시민처럼 극진한 대접을 받는 느낌이 들었다. 우체스터에서 연단에 오를 때는 믿을 수 없는 백일몽이 현실화된 것 같았다. … 정신분석은 그러니까 더는 환상이 아니었다. 그것은 이제 소중한 사실의 일부가 되었다"(전집 14, 78쪽).

1910년은 프로이트가 주도하고 아주 신중하게 추진된 정신분석 운동이 최초로 절정에 이른 해였다. 그 사이에 최초의 잡지인 《정신분석 및 정신병리학 연구 연감(Jahrbuch für psychoanalytische und psychopathologische Forschungen)》이 창간되었고 이어서 《정신분석 중앙지》, 《이마고》, 《국제의학적 정신분석을 위한 국제적 잡지》 등이 속속 창간되었다. 1908년에는 잘츠부르크에서 최초의 국제 정신분석자 회의가 개최되었다. 조직의 정치적인 측면에서 성공을 거둔 이 회의의 성과는 1910년 뉘른베르크에서 국제정신분석학회(IPV)를 창립한 일이었다. 프로이트의 명시적인 희망에 따라 회장에는 융이 선출되었다(Jones II, 90쪽; Gay, 249쪽).

프로이트가 융을 회장으로 선출하려고 한 데에는 개인적인 동기뿐만 아니라 정치적인 동기도 있었다. 두 사람 사이에 집중적으로 이루어진 교류에서 분명히 드러나듯이 프로이트는 대부분의 다른 지지자들보다, 특히 빈 회원들보다 융에게 더 많은 신뢰를 보였다. 그리고 평소보다 더 그에게 공을 들였다. 프로이트는 마케도니아의 필립 왕과 야심만만한 그 아들의 관계를 암시하면서 융에게 충분한 정복지를 약속하듯이 말하기도 했으며, 융을 사랑하는 "아들 알렉산더"라고 부른 적도 있었다(F/J, 331쪽). 서신 교환에서 부자관계와 같은 역할이 드러난 것은 분명하다(예컨대 같은 곳, 594쪽). 다른 한편으로 프로이트가 융을 후계자로 여기고 "유산"(같은 곳, 191쪽)

을 물려주려고 한 것은 단순히 개인적인 동기에서 나온 판단이라고만 할 수는 없다. 이보다 프로이트는 비유대인을 자신의 합법적인 후계자로 앉히는 것을 정치적으로 현명한 전략이라고 생각했다. 이뿐만 아니라 융이 회장이 되면 학계의 영향력이라든가 취리히 대학정신병원이라고 할 부르크휠츨리 병원에서 융이 차지하는 지위에 힘입어 정신분석이 과학계는 물론 비유대인 대중들에게도 호감을 살 수 있다는 계산이 작용했다. "물론 솔직하게 털어놓자면 내가 수행하고 있는 이기적인 의도는 당신을 내 과제의 계승자로 그리고 완성자로 앉히는 것입니다. 그리하여 내가 신경증으로 시작했던 것을 당신이 정신병에 적용하게 될 것입니다. 더구나 당신은 강력하고 종속되지 않은 인물로서 또한 쉽게 주변의 공감을 살 수 있는 게르만인으로서 내가 아는 다른 어떤 사람보다 나에게는 더 유용한 것처럼 보이지요." 프로이트는 이렇게 말하면서 덧붙여 말했다. "이참에 말하지만 나는 당신을 좋아합니다 …"(같은 곳, 186쪽).

융에 대한 프로이트의 공공연한 호의는 그가 그다지 살갑지 않은 태도로 이따금 자신의 "일파"라고 표현한(Gay, 205쪽에서 재인용) 빈의 추종자들에게는 모욕으로 느껴졌다. 이런 분위기 속에서 "뉘른베르크 제국의회 의사당"(F/J, 338쪽; F/Fer I/1, 235쪽)에서 페렌치의 주도로 프로이트가 멋대로 융을 초대 국제정신분석학회(IPV) 회장으로 지명하는 것에 반발하는 사건이 본격적으로 일어났다(Jones II, 90쪽 이하; Gay, 249쪽 이하). 프로이트는 온갖 수사를 다 동원하여 융의 회장 취임을 관철하려고 했다. 비텔스의 전언에 따르면 프로이트는 다음과 같이 말했다고 한다. "여러분은 대부분 유대인이기 때문에 새로운 이론을 위해 동지를 규합하는 데는 적합하지 않습니다. 유대인은 문화의 거름 역할을 하는 것으로 만족해야 합니다. 나는 과학과 연결고리를 찾아야만 합니다. 이제 나이도 들었고 계속해서 적대적인 대접을 받고 싶지는 않습니다. 우리는 모두 위험에 처해 있습니다."

그러면서 프로이트는 "스위스인들이 우리를 구원해 줄 것입니다"(Wittels 1924, 124쪽)라고 덧붙였다. 아무튼 프로이트가 융에게 부여한 광범위하고 거의 독재적인 전권을 몇 가지 핵심적 사항으로 제한하려는 빈 회원들의 간섭은 성공을 거두었다.

그러나 프로이트의 계산은 차질을 빚었다. 프로이트가 젊은 융의 마음을 얻으려고 노력했지만, 융은 그와 날카롭게 경쟁하면서 이른바 부자관계의 갈등을 참아내고 있다는 사실이 계속 은폐될 수는 없었다. 융은 이런 갈등 때문에 부당한 것이 아니라 빛나는 업적에 바탕을 둔 프로이트의 권위조차 인정하기 힘들었다. 프로이트는 오랫동안 감정의 갈등을 관용으로 조정하고 학술적인 견해 차이를 가능하면 상대화시키려고 애썼다. 그러나 늦어도 1912년 이후로 두 사람은 이론적인 불일치를 더는 감출 수가 없었다. ― 융의 확대된 리비도개념과 목사의 아들로서 보여 주는 변덕스럽고 신비적이며 종교적인 기질은 합리주의자이자 무신론자인 프로이트의 눈에 애매하게 보일 수밖에 없었다. 지금까지 가장 중요했던 전우를 잃느냐 아니면 자신의 이론에 대해 기본적인 확신을 희생하느냐의 갈림길에서 프로이트는 전자를 선택했다. 자신의 가장 충성스러운 가신이라고 할 페렌치와 존스가 충동질하고 여기에 아브라함과 랑크, 작스까지 가세함에 따라(이후 아이팅곤도 가담) 프로이트는 정신분석학회 이사회에서 융의 권한, 즉 IPV-회장의 권한을 사실상 무효로 하는 조치를 취했다. 프로이트는 "엄밀히 비밀스럽게"(C, 148쪽) 존재하면서 활동할 수 있는 위원회(Schröter 1995, 참조)를 구성했다. 그 위원회의 임무는 프로이트의 핵심 사상을 수호하는 것이었다. 이에 대해 존스는 "우리 자신의 무의식적인 의도를 운동의 요구 및 관심과 일치시키는 것 … 카를 대왕의 십이 용사인 팔라딘처럼 주군의 왕국과 정치를 수호하는 것"(같은 곳, 149쪽; 원문은 영어)이 임무라고 적었다. 프로이트는 정신분석의 권력중심을 민주적으로 선출된 이사회에서 그 자신이 통제하는 비공식적이고 은밀한 집단으로 바꾸었다. 이처럼 의심스러운 조치는 한편으로 "순수한 이론"의 존속을 보장했지만, 다른 한편으로 프로이트의 솔직성과 직선적인 성격에 의혹을 불러일으켰다. 피터 게이의 판단에 따르면 프로이트는 정치적인 면에서는 "다른 어떤 태도에서보다 더 정직하지 못했다"(Gay, 249쪽).

프로이트는 이미 1912년에서 1913년 사이에 출판된 《토템과 터부》(전집 9)로 자신이 융의 본래 영역이라고 할 신화연구에서 융을 능가하고, 동시에 아버지 같은 위치에서 융을 거세하겠다는 태도를 드러내면서 융이 멋대로 하도록 방치하고 좌시하지 않겠다는 것을 분명히 했다(Mahoney 1982/1989, 191쪽). 프로이트에게 심각한 감정의 타격이라고 할 융과의 단절은, 프로이트가 1914년 여름에 융 및 아들러와 관용할 수 없는 논쟁적인 관계를 청산하겠다는 의지를 보여 주는 《정신분석 운동사(Zur Geschichte der psychoanalytischen Bewegung)》(전집 10, 43-113쪽)를 출간하면서 "폭탄"(F/Fer I/2, 297, 308, 312쪽)을 터트렸을 때, 돌이킬 수 없는 것이 되고 말았다.

왜냐하면 그사이에 아들러마저도 시작한 지 얼마 안 되는 정신분석 운동에서 떠나 버렸기 때문이다. 프로이트에 따르면 신경증의 병인과 관련된 아들러의 "기관열등감(Organminderwertigkeit)" 이론이나 "남성의 저항", 자아심리학적 논리가 포함된 "힘에의 의지"에 대한 관념(Mühlleitner 1992, 17쪽; Handlbauer 1990/2002, 123쪽 이하 참조)은 자아의 우스운 역할을 "서커스의 바보스러운 어릿광대"(전집 10, 97쪽)로 오인하는 것이며, 이런 결과는 "정신분석의 암호"라고 할 무의식, 성욕과 오이디푸스 콤플렉스, 꿈의 의미를 무시하는 것(같은 곳, 101쪽; 정신분석 5, 128쪽도 참조)이라는 것이다. 프로이트는 이 모든 것을 자신의 의도와 모순되게 "유리한 양지를 쫓는"(전집 10, 95쪽) 공명심에 들뜬 부당한 노력으로 간주했다. 심리적인 "사랑 부재의 세계체계"는 프로이트가 창안한 체계를 벗어나는 것이었다. 그래서 결국 프로이트는 융에게 했던 것처럼 망설임 없이 아들러에게 "리비도의 신성모독에 대한 … 보복"을 감행했다(F/P, 47쪽). 1911년 가을이 되자 아들러를 독창적이고 지적이라고 생각하여 오랫동안 방치했던 프로이트는 그와 자신의 이론이 불일치하다는 사실을 확증했다. 결국 프로이트는 그의 이론을 "적대적인 경쟁의 성격"(Nunberg/Federn 1962-1975/1976-1981, 3권, 272쪽)으로 규정하고 아들러와 그 지지자들을 빈 학회에서 제명하게 되었다. 일정 부분 아들러와 견해를 공유했던 빌헬름 슈테켈이 처음에 양측 사이에서 중재를 시도했지만(Mühlleitner 1992, 321쪽), 결국 그 역시도 1년 뒤에는 학회를 떠나고 말았다. 하지만 회원의 다수는 프로이트 곁에 남았다. 이에 대해 비텔스는 "프로이트에 대한 문하생들의 교황권력화"가 이 무렵에 시작되었다고 신랄한 어투로 적고 있다(Wittels 1924, 207쪽).

학문적 탐구

이 시기에 그가 감내해야 했던 모든 갈등과 고통스러운 결별에도 불구하고 프로이트는 새로운 대상을 놓고 자신의 이론을 시험하고, 미지의 영역을 개척해 나가는 작업을 계속했다. 《성이론에 대한 세 편의 논문》(1905)에서 《나르시시즘 입문(Zur Einführung des Narzißmus)》(1914) 사이의 10년 동안은 낡은 유럽 시민사회가 무너지기 시작하면서 엄청난 과학적 성과를 이루어 낸 시기이다. 프로이트는 글을 쓰는 대로 속속 저서로 출간했고, 동시에 제자들과 지지자들에게 끊임없이 새로운 성과를 내도록 격려했다. 한편으로 프로이트는 자신의 병리학과 정신분석의 치료기법을 발전시켰고, 이 기법을 새로운 관점과 통찰, 예컨대 그가 "전이(Übertragung)"라고 부른(전집 8, 54쪽 이하; 같은 곳, 363쪽 이하) 방향으로 확대했다. 프로이트의 자기고백에 따르면 그는 이런 특성을 몰라서 "도라(Dora)"를 치료하는 데 실패하기도 했다(전집 5, 282쪽; Decker 1998)고 한다. 말하자면 그는 "도라"를 치료할 당시 그녀의 현재 대상(의사)에게 —부모, 자매 등과 같이— 과거의 특성 및 인과관계를 제공하는 이런 무의식의 자발적 기제를 간파하지 못했던 것이며, 이 때문에 도라 치료와 관련된 사람들의 이야기는 매우 불만스러운 결과로 끝났다(오늘날까지도 프로이트 문헌에서 크게 논란이 되고 있다). 프로이트는 1900년을 전후한 시기에 전이를 올바로 해석한다면 환자의 전이 및 전이실행이 치료에 유용할 수 있다는 것을 알지 못했다. 더구나 의사가 —자신의 무의식에 미치는— 환자의 영향에 노출되는 한 오히려 의사 쪽에서 감정(Gefühle)을 일으킨다는 것을 알지 못했다. 프로이트는 이런 정동(Affekte)을 당연히 "극복되어야" 할 "역전이(Gegenübertragung)"라는 개념으로 요약했다(전집 8, 108쪽; F/Fer I/1, 312쪽). 이후의 많은 정신분석가들, 특히 멜라니 클라인(Melanie Klein) 학파의 연구자와는 반대로 프로이트는 역전이에 제거해야 할 장애요인이 있다고 보았는데, 자크 라캉(Jacques Lacan)을 중심으로 한 프랑스 학파도 이를 따랐다.

1905년부터 1914년 사이에 프로이트의 유명한 사례사 가운데 두 가지가 출판되었다. 그것은 바로 《5세 사내아이의 공포증 분석》(전집 7, 243-377쪽)과 《강박신경증 사례에 대한 언급》(같은 곳, 379-463쪽)이었다. "꼬마 한스"와 "쥐인간(Rattenmann)"의 엄청난 병력은 다니엘 파울 슈레버(Daniel Paul Schreber)의 《주목할 만한 신경병 사례(Denkwürdigkeiten eines Nervenkranken)》(1903)에 대한 프로이트의 주석을 통하여 보충되거나 임상적으로 거의 난치에 가까운 사례로 확대되었다. 이후로 슈레버의 저서는 정신의학 문헌에서 고전으로 간주되었고, 슈레버는 어느 정도 불멸의 명성을 얻게 되었다. 프로이트가 슈레버의 광중체계에 접근할 수 있었던 이유는 편집증 환자가 "다른 신경증 환자라면 비밀로 감추는 것을 … 왜곡된 형태로 드러낸다"는 것을 알았기 때문이다(전집 8, 240쪽). 여기서 왜곡된 편집증은 동시에 공개된 것이라고 말할 수도 있으리라 생각된다.

다른 한편으로 프로이트는 이 무렵에 무의식을 과학영역으로 확대 적용하기 위하여 온갖 노력을 기울였다. 물론 이에 대한 의학적 배경이자 "모태"(F/Fer I/1, 342쪽)인 신경증 이론은 지속적인 탐구의 대상이었다. 하지만 늦어도《꿈의 해석》이후 프로이트에게 중요한 것은 정신분석을 의학에 적용하는 것보다 정신분석이 일반심리학이라는 인식을 굳히고 관철하는 것이었다. 이런 노력에는 프로이트가 비-의학 잡지에 글을 발표하는 전략도 포함되어 있었다. 예를 들어 그는 "강박행위와 종교의 관습(Zwangshandlung und Religionsübungen)"에 대한 글(전집 7, 129-139쪽)을《종교심리학》지에 실었고 "문화적 성윤리와 현대의 신경과민"(같은 곳, 141-167쪽)과 "유아기의 성이론에 대하여"(같은 곳, 169-188쪽) 같은 논문은 잡지《성문제(Sexualprobleme)》에 발표했다.《성문제》는 여성운동가인 헬레네 슈테커가 시민 여성운동지로 발행하던(Reiche 2005, 122쪽)《산모보호(Mutterschutz)》의 후속 잡지였다. 자신의 주제와 무관하게 이런 발표공간을 활용했다는 것은 프로이트가 학술활동의 폭을 확장하려고 했다는 것을 분명히 보여 주었다.

이런 맥락에서 프로이트의 명백한 의도와는 반대로 오늘날까지 집요하게 거론되는 오해에 주목할 필요가 있다. 정신분석의 "응용"이라는 말이 나오면 사람들은 그것을 흔히 임상 외적인 사용으로 이해한다. 예컨대 문학이나 음악, 조형예술의 작품을 바라보고 해석하는 태도 또는 종교학이나 신화연구, 민족학, 인간학, 철학, 사회학 같은 문화과학 분야를 대하는 태도로 이해하는 것이다. 하지만 프로이트의 원전에서 이 말은 다른 뜻으로 이해된다. 물론 "응용 정신분석에 대한 프로이트의 글(Schriften Freuds über angewandte Psychoanalyse)"(Gay, 352쪽)에 대해 언급하는 게이 같은 탁월한 전문가조차 응용을 문화이론적 활용으로 이해하면서 사용하고 있다. 하지만 프로이트의 원전에는 정신분석의 비의학적인 것보다 의학적인 것의 우위라는 말, 말하자면 "본래" 의학의 중심에서 갈라져 나온 응용이라는 말은 어디에도 없다. 오히려 프로이트는 다양한 응용을 가능케 하는 기초과학으로서 무의식의 과학을 확립했다. 여기서 의학적인 부분은 여러 요소 가운데 일부로서 특권이 부여된 것이 아니다. 1920년대에 이른바 "비전문인분석"의 적법성에 대한 논쟁에서 프로이트는 구체적인 경계가 "전문적인 병리학과 신경증 치료"(전집 13, 419쪽)의 의미에서 의학적 분석과 그 밖의 분석의 응용 사이에서 설정되는 것이 아니라 "과학적 정신분석과 그것의 의학 및 비의학적 영역에서의 응용" 사이에서 설정된다고 주장했다(전집 14, 295쪽). 이어서 프로이트는 "정신분석이 의학의 전문분야가 아니"(같은 곳, 289쪽)라는 점을 강조하면서 다음과 같이 말했다. "정신분석은 의학에 흡수되지 않을 것이며 … 신경증 치료를 위한 분석의 사용은 이것의 응용일 뿐이다. 아마 미래는 이것이 가장 중요한 것은 아니라는 것을 보여 주게 될 것이다"(같은 곳, 283쪽). 이때부터 당분간 프로이트에 대한 반박의 조짐이 보인 것도 사실이지만, 이런 그의 진단이 잘못된 것은 아니라고 할 수 있다.

자신이 발견한 보편적 "문화의 가치"(F/J, 375쪽)에 깊이 천착하면서 프로이트는 제1차 세계대전 이전의 몇 년 동안 호기심과 정복 욕구에 불타올라 임상 외적인 현상에 크게 관심을 기울였다. 그는 1903년에 출간된 빌헬름 옌센(Wilhelm Jensen)의 《그라디바. 폼페이의 환상 이야기》에 나타난 "광기와 꿈"을 열광적으로 수용하면서(전집 7, 29-125쪽) 여기에 인류사(폼페이-현재)와 개인의 영적 발달사(아동기-성인)의 상응관계가 성립된다는 자신의 관점을 예증했다. 하나의 고고학(개체발생)을 추적하는 동안 다른 고고학(계통발생)에 이를 수 있고, 그 반대도 가능하다는 것이다. 나아가 프로이트는 옌센이 신경학자와는 달리 환상 속에서 현실을 교정하는 데 성공함으로써 "미적 쾌락이득(ästhetischer Lustgewinn)"의 효과가 일어나는 동시에 《시인과 환상행위(Der Dichter und das Phantasieren)》라는 짧은 글에서 말하고 있듯이 "고유한 시학"의 행복한 성공이 이루어진다고 평가한다(전집 7, 223쪽).

또한 프로이트의 《레오나르도 다 빈치의 어린 시절에 대한 추억(Eine Kindheitserinnerung des Leonardo da Vinci)》(전집 8, 127-211쪽)과 《미켈란젤로의 모세(Moses des Michelangelo)》(전집 10, 171-201쪽)도 포괄적인 의미에서 정신분석의 의학 외적인 응용이라는 범주에 들어간다. 프로이트의 저작에서 이런 글은 점점 더 넓은 영역을 차지하게 된다. 다빈치 연구가 "지금까지 내가 쓴 글 중 유일하게 미적인 것"(F/AS, 100쪽)이라는 언급도 프로이트가 조형예술과 문학의 세계로 답사를 나간 것에 얼마나 가치를 부여하는지를 입증했다. 프로이트 연구에서 종종 제시되는(예컨대 Jones II, 101쪽) 이 두 글은 프로이트 전기의 자취와 물음을 섬세하게 반영하고 있다. 어린 시절 두 어머니 밑에서 자란 소심한 동성애자 다빈치는 —프로이트의 두 "어머니"를 기억할 것이다— 자신의 성적 본성을 위대한 예술적, 과학적 능력으로 승화시켰다. 하지만 다빈치는 억압 때문인지 자신의 정신적 '자녀들'을 조용히 성장시키지 못한 채 완성되지 못한 새로운 계획에 끊임없이 관심을 돌린다. — 프로이트도 과거를 회고하며 다빈치에 관한 글을 "필생의 작품"(전집 11, 96쪽)이라고 말한다. 이런 형상이 —창조적인 힘과 승화능력이 같은 정도로 아주 지배적이던— 프로이트와 같은 역동적인 성격의 소유자를 틀림없이 매료시켰을 것이다. 프로이트의 다빈치 해석이 지극히 불안정하고 사실상 그의 해석기반을 취약하게 하는, 특히 번역의 오류에 기인한다는 것은 여기서 그리 중요한 문제가 아니다(Schapiro 1956, 150쪽 이하 참조; Chotjewitz 2004, 94쪽 이하; 이와는 다른 견해로 Eissler 1961/1992, 35쪽). 중요한 것은 프로이트가 다빈치-에세이로 오늘날까지 문화과학을 매혹적으로 만드는 "우리 시대의 가장 중요한 담론 창시자"(Herding 1998, 10쪽) 가운데 한 사람이 되었다는 점이다.

이런 지적은 미켈란젤로의 모세에 대한 프로이트의 연구에도 똑같이 해당한다. 여기서도 "자기초상(Selbstporträt)"의 경향을 발견할 수 있다(Mannoni 1968/1971, 99쪽). 우리는 이스라엘 민족의 우상숭배에 분노하면서 율법 판을 부수는 종교적 입법자 모세의 모습에서 정신분석의 입법자인 프로이트를 인식한다. 그는 제자인 칼 융의 배신에 흥분하면서도 방임하려고 하다가 결국은 법에 따라 관용을 거두어들이기로 결심한다. 모세는 프로이트처럼 "헌신하던 운명의 과제를 지키기 위해 자신의 열정을 억제하기로"(전집 10, 198쪽) 결정한다. 프로이트는 레오나르도 논문의 경우와 흡사하게 미켈란젤로 조각상의 해석에서도 뚜렷한 실수를 범한다(Verspohl 1991, 158쪽 이하; Grubrich-Simitis 2004, 59쪽 이하; Lohmann 2004, 36쪽). 그렇다고 이 실수가 핵심을 아주 훼손하는 것은 아니다. 프로이트의 모세 연구가 오늘날까지 예술학에 대하여 표방하고 있는 지적 도전이 얼마나 불굴의 의지를 나타내는지를 보는 것은 매력적인 일이다.

리비도와 문화

시대상황에 비춰 보았을 때 프로이트는 성 정치적인 자유정신의 인물이었다. 이에 대해서는 《성이론에 대한 세 편의 논문》과 "문화적" 성도덕에 대한 글이 충분한 증거가 될 것이다. 그는 지배적인 인습에 전혀 아랑곳하지 않고 위선적인 규범과 주장이 담긴 억압적 성도덕을 ―특히 이로 인해 가장 크게 고통을 당할 수밖에 없었던 여성들과 관련하여― 완화할 것을 공공연히 주장했다. 그는 리비도라는 다채로운 기치를 내걸고 "억압받는 문화적대적인 영혼의 힘과 성욕에" 넓은 공간을 제공하는 사회를 위해, 또 남녀를 막론하고 "어느 정도 개인적인 행복의 충족"이 가능한(전집 7, 166쪽 이하) 사회를 위해 싸웠다. 프로이트는 그렇지 않으면 지배적인 성적 억압이 저지하려고 하는 바로 그것, 즉 문화 자체에 대한 전반적인 정체불명의 적대성을 걱정해야 할 날이 올 것이라고 예언했다.

동시에 프로이트는 《토템과 터부》에서 모든 인간의 문화가 사회적 터부와 금지, 제한의 토대에서만 생겨날 수 있다고 적절하게 표현했다. 가령 어린아이가 오이디푸스 콤플렉스를 겪으면서 가정 내에서 사회적 공동생활의 규칙과 계율을 받아들이고 내면화하는 법을 배워야 하듯이, 프로이트의 원시적인 "형제무리(Brüderschar)"(전집 9, 172쪽)는 그들의 근원적인 충동과 자극을 억제하고 그 힘을 공동체를 위한 봉사에 ―집단적이고 사회적인 생존과 문화를 위하여― 사용하지 않으면 안 된다. 이런 의미에서 오이디푸스가 사회적 집단 내에서 권력 및 권위관계와 맞서도록 강요받는 한, 그것은 언제나 "정치적 오이디푸스(Oedipus Politicus)"(Brunner 1998)이다. 프로이트에 따르면 문화는 충동과 소망을 다스리고 특정 행위를 금기시하는 데서 시작한다. 근친혼 금지와 족외혼 규정은 다시 죄의식이나 양심, 최초의 원시법의 진화와 불가분의 관계에 있는 사회성의 형태를 띤다. 요컨대 죄를 지은 인간이라는 사실 없이 문화는 존재하지 않는다.

이런 인상적인 장면에 의하여 프로이트의 전체 문화론에서 핵심을 차지하는 긴장 및 갈등의 영역이 표현된다. 한편으로 프로이트가 지배적인 문화적 성도덕과 맞서 싸울 때는 도처에서 억압받고 시달리는 것으로 보이는 그리고 이 때문에 더 많은 자유와 개인적 표현을 허용하고 싶은 성욕의 편을 분명하게 지지한다. 다른 한편으로 프로이트가 문화와 문화의 필연성, 억압에 대하여 말을 할 때는, 적어도 암묵적으로라도 늘 규정화된 "문화적" 성도덕을 합법적으로 인정하지 않을 수 없게 된다. 이런 모순으로는 프로이트 이론의 어떤 것도 이해할 수 없다. 아마 프로이트 이론의 중요성 (그리고 그것의 발견적 잠재력)은 그것이 갈등의 명백한 해결을 요구하는 것을 무엇보다 거부하는 데 있는지도 모른다. 프로이트는 심지어 "성충동의 요구가 문화 일반의 요구로 상쇄될 수는 없을 것"(전집 8, 91쪽)이라는 가능성까지도 고려한다. 모든 사람에게 내재된 인간적 충동이 어떤 식으로든 문화적 형태와 뒤얽혀 있는 쟁점화된 모순을 우리는 프로이트의 문화이론에서 적절한 예를 발견한다. 그의 문화론 자체가 쟁점화된 모순이기 때문이다. 프로이트가 획기적인 글을 발표한 뒤로 100년이 지났지만, 탈승화되고 (entsublimiert) 속박에서 풀려난 "네오섹슈얼리티"(Sigusch 2005)의 특징 속에서 현대문명의 성적 자유와 성에 대한 무관심이 어느 정도나 유익한 것인지, 그리고 그 너머에서 문화적 억압은 어느 정도 위협적인지는 여전히 물음으로 남아 있다.

전쟁 중의 정신분석

1914년 여름에 제1차 세계대전이 발발하고 유럽이 전쟁의 양 진영으로 극단적으로 갈리는 바람에 정신분석의 계획은 외적으로 진척되지 못했다. 프로이트의 많은 제자와 지지자들, 가령 카를 아브라함과 산도르 페렌치, 빅토르 타우스크, 에른스트 짐멜 같은 사람은 직접 전쟁에 휩쓸려 들어가는 가운데 의사의 가운을 군복으로 갈아입고 군의관으로 복무해야 하는 상황에 놓였다. 영국인으로서 이제는 오스트리아와 독일의 적국에 속하는 처지가 된 어니스트 존스는 영국이 "부당한 편"(F/A, 184쪽)으로 치부되는 아이러니 속에서 어쩔 수 없이 "적"(같은 곳, 188쪽 이하)으로 간주됨으로써 친영국적인 프로이트의 애를 태웠다. 또한 전쟁이라는 제한된 조건에서 프로이트 중심의 학술교류와 출판정책은 완전히 차단되었다. 그 밖에도 전쟁은 프로이트 본인에게 점점 환자가 떨어져 나가는 곤혹스러운 결과를 가져왔다.

전쟁에 대한 프로이트의 태도는 간단히 규정할 수 없다. 개인적 언급으로 볼 때 처음에는 민족주의적이고 주전론적인 어조가 강해서 동시대 사람들 다수와 전반적으로 의견이 일치했다. 많은 사람들처럼 프로이트 자신도 "갑자기 오스트리아-헝가리를 위해 리비도를 활성화했다"(F/Fer 2/1, 66쪽)든가 "어쩌면 나는 … 30년 만에 처음으로 오스트리아 사람이라는 느낌이 들었고, 별로 가망이 없는 이 제국과 같이 가고 싶다"(F/A, 180쪽)라고 말한 바 있다. 게다가 그는 모든 점에서 동맹국 독일도 신뢰했다. 편협한 애국주의에 물든 프로이트는 존스를 "고루한 영국인"(F/Fer 2/1, 86쪽)이라고 비난하기도 했는데, 왜냐하면 존스가 그에게 보내는 편지에서 독일이 전쟁에서 승리할 능력에 의문을 표명했기 때문이다(C, 303쪽). 전쟁에 열광하던 프로이트의 기분이 시들고 점점 회의가 들기까지는 상당한 시간이 걸렸다. 이런 회의는 급격히 가시화되는 전쟁의 상황 속에서 점점 커졌다. 오스트리아-헝가리 군대는 세르비아처럼 작은 나라와 교전하는 데도 군사적 난관에 처하더니 급기야 러시아 전선에서 악전고투로 침묵했다. 그러므로 "강력한 동맹국"인 독일이 "우리를 곤경에서 구해 내야만"(F/Fer 2/1, 66쪽) 한다는 프로이트의 판단이 아주 틀렸다고 할 수는 없을 것이다. 그동안 전쟁에 급격히 쏠렸던 프로이트의 애국심이 전쟁이 길어질수록 희미해진 것은 그와 가까운 문하생뿐만 아니라 "집안의 세 명의 병사"(F/Fer 2/2, 142쪽)인 아들 마르틴과 올리버, 에른스트가 전쟁에 동원되어 위험해진 상황 때문이었다(입대한 아들들의 운명에 대해서는 Jones II, 243쪽 이하에 자세히 나온다). 1917년 5월 프로이트는 마침내 전쟁을 솔직하게 "불행"이라고 칭하며 평화를 동경하는 발언을 하게 되었다(F/A, 238쪽). 더구나 전쟁이 길어지면서 배급으로 나오던 식품과 땔감이 부족해진 상황을 프로이트와 가족도 피해 갈 수 없었다(Jones II, 231쪽). 프로이트는 중부 유럽제국의 패배를 더 이상 부인할 수 없는 지경에 이르자 페렌치에게 편지를 보냈다. "내 예상으로는 독일에서 암담한 상황이 전개되기 시작할 것이요. … 여기에 그치지 않고 항쟁이, 유혈사태가 일어날 거요. 빌헬름 황제는 구제불능의 낭만적인 바보에 지나지 않소. 혁명을 오판했듯이 전쟁도 오판하니 말이요. … 낡은 오스트리아 제국이 몰락한다면 나로서는 만족이요. 유감스럽게도 나는 독일-오스트리아 편이거나 범독일적이지도 않으니까"(F/Fer II/2, 185쪽 이하).

따라서 프로이트가 전쟁 초기에는 적어도 개인적인 범위에서 왕국의 군사적 목표와 동일한 태도를 드러내고 민족주의적인 목소리를 냈다면, 공적인 언행과 태도에서는 어떤 군사적인 파당과도 엄격한 거리를 두었다고 볼 수 있다. 학자로서 프로이트는 많은 동료들이 그랬듯이 전쟁을 찬양하고 조국 운운하며 주전론을 떠벌이는 것을 정당하지 않다고 생각했다. 1915년에 발표된 《전쟁과 죽음에 대한 시대적 고찰(Zeitgemäßes über Krieg und Tod)》(전집 10, 323-355쪽)에서 프로이트는 많은 지식인이 전쟁에 직면하여 겪은 정신적 혼란을 다음과 같이 한탄했다. "학문조차도 냉철한 공정성을 상실했다. 극도로 분노한 학문 종사자들이 적을 말살하는 데 기여하려고 무기를 꺼내 든다. 인간학자는 적을 열등하고 타락했다고 말하고, 정신의학자는 적에게 정신장애 내지 영적인 장애라는 진단을 내린다"(같은 곳, 324쪽). 특이하게도 프로이트는 개인적으로 아브라함 앞에서 전쟁과 죽음에 대한 자신의 생각을 "시류를 따르는 잡담"(F/A, 205쪽)이라고 매도하면서 다시 학자로서의 중립적인 태도를 부인한 바 있었다. 그러다가 1916년에 발표된 《덧없음(Vergänglichkeit)》(전집 10, 357-361쪽)에서는 다시 전쟁을 문화적 야만행위라고 맹비난하면서 "전쟁은 학문의 숭고한 불편부당성을 더럽혔고 인간의 본능을 적나라하게 노출하면서 우리가 수백 년 동안 길들였다고 생각한 우리 내부의 악령을 풀어놓았다. …"(같은 곳, 360쪽)라고 말했다. 실제로 프로이트는 전쟁에 대한 태도에서 개인적인 민족주의와 공적인 인류보편주의를 엄격하게 분리하는 노선을 드러냈다. 이는 의학과 정신의학 출신의 동료들이 정치적으로 고정된 수사법을 사용한 것과는 완전히 반대되는 태도였다(Brunner 1995/2001, 162쪽).

프로이트는 필연적으로 많은 것이 정지된 전쟁의 제한된 여건에서 하나의 계획에 착수할 시간과 힘을 발견했다. 이 연구 계획은 이미 과거에《심리학 초고》와《꿈의 해석》제7장에서 매달린 주제였다. 그것은 그가 "메타심리학"이라고 부르던 것으로, 플리스와 서신을 주고받으며 자주 언급하던 문제였다(F, 181, 228, 329쪽). 프로이트는 메타심리학을 "역동적이고 (dynamisch) 위상학적이며(topisch) 경제적인 관계"(전집 10, 281쪽)에 따라, 다시 말해 갈등심리학적 관점에서 심적 현상의 표현가능성의 척도에 따라 무의식의 심리학을 가장 보편적이면서도 추상적인 개념으로 요약한 것으로 이해했다. 이는 차별화된 시각으로 보면 무의식적 힘에서 나오는 역동적 작용과 관련되며, 정신의 다른 체계 및 "장소"와 관련되는 동시에 에너지론의 시각에서 보면 심적인 에너지 양 및 변화와 관련된다. "이와 같은 일련의 [메타심리학적 원전들의] 의도는 정신분석체계의 기초를 세울 수도 있는 이론적 가설의 해명이자 심화이다"(같은 곳, 412쪽). 철학자가 형이상학을 대하는 것과 비슷하게 프로이트의 "이상적 소산이자 고통의 소산"(F, 228쪽)이라 할 메타심리학은 인간의 심적 우주의 최종적인 토대와 맥락을 설명하는 데 쓸모가 있다. 그것은 프로이트가 늘 반복해서 강조하듯이(예컨대 전집 8, 410쪽) 분명히 생물학을 포함하는 개념이다. 그에게 해부학이 "운명"이라는 말(같은 곳, 90쪽)은 전혀 단순한 수사가 아니다. 비록 당시에 그가 쓴 편지에서 메타심리학에 대한 논문이 총 열두 편 언급되기는 하지만 (F/Fer 2/1, 124쪽; F/AS, 35쪽), 1915년에서 1917년 사이에 실제로 발표된 것은 다섯 편밖에 되지 않는다. 나머지는 그 이후 망실된 것으로 간주되었다(또는 쓴 적이 없는 것으로 간주되었다). 그러다가 1983년이 되어서야 그 열

두 편의 논문 초고가 우연히 발견되었고, 다시 2년 뒤에 《전이신경증 개관(Übersicht der Übertragungsneurosen)》이라는 제목으로 간행되었다(부록, 625-651쪽). 프로이트의 메타심리학적인 글은 《충동과 충동의 운명》"(전집 10, 209-232쪽), 《강박증》(같은 곳, 247-261쪽), 《무의식》(같은 곳, 263-303쪽), 《꿈의 이론에 대한 메타심리학적 보완》(같은 곳, 411-426쪽) 그리고 《애도와 멜랑콜리》(같은 곳, 427-446쪽)이다. 그 밖에도 1911년에 나온 《심적인 사건의 두 가지 원칙에 대한 규정》(전집 8, 229-238쪽)과 1920년의 《쾌락 원리의 저편(Jenseits des Lustprinzip)》(전집 13, 1-69쪽), 1923년의 《자아와 이드(Das Ich und das Es)》(같은 곳, 235-289쪽)를 여기에 추가해야 할 것이다. 이 저작들은 저자가 쓴 것 중 가장 중요한 이론이자 가장 힘들고 까다로운 글에 속한다. 프로이트의 후계자들 사이에서도 메타심리학을 완전히 방치하도록 권유하는 의견들이 계속해서 있었다.

프로이트의 메타심리학은 지극히 불투명한 구조로 나타난다. 예컨대 전쟁의 와중에 나온 《정신분석입문 강의(Zur Vorlesungen zur Einführung in die Psychoanlyse)》(전집 11)는 정신분석 이론을 알기 쉽게 설명한 개요이자 대중화에 성공한 책으로서 프로이트의 이론서 중에서 판을 거듭한 횟수가 대단히 많았다. 실수행위(Fehlleistung)의 해명, 즉 일상 및 정상심리학의 기본요소로 시작하는 《강의》에서 프로이트는 세 가지 나르시시즘적인 모욕(narzißtische Kränkung)이라는 유명한 말을 사용했다. 그것은 인류가 현대과학 때문에 감수할 수밖에 없는 모욕이다. 이 세 가지 모욕 중에서도 정신분석은 "자아는 … 자기 집의 주인이 아니며, 영적인 삶에서 무의식적으로 일어나는 일에 대한 희박한 정보에 의존한다"(같은 곳, 295쪽)는 사실을 보여 줌으로써 가장 "민감한 모욕"에 속한다는 것이다. 이 모욕의 메시지는 《꿈의 해석》 이후로 프로이트가 말하려고 했던 모든 것의 응축(Verdichtung)이다. 그것은 얼마 뒤 자아가 통제하지 못하는 "낯선 손님"이라는 말이 나오는《정신분석의 난점(Eine Schwierigkeit der Psychoanalyse)》이라는 글(전집 12, 9쪽)에서도 반복되었다.

전쟁이 끝나 갈 즈음에 프로이트는 두 가지 성공을 거둠으로써 계획을 추진하는 데 탄력을 받았다. 헝가리의 부유한 맥주제조업자로서 프로이트와 거래를 했던 안톤 폰 프로인트(Anton von Freund)가 전쟁 때문에 상황이 어려워진 정신분석 프로젝트에 기부를 한 것이다. 존스의 판단에 따르면(Jones II, 236쪽) 프로이트는 여기서 생긴 상당한 자금 덕분에 사이가 좋지 않았던 출판업자 후고 헬러와 결별할 수 있었다. 자신의 출판사를 직접 차림으로써 출판업자의 횡포에 휘둘리지 않게 된 것이다(같은 곳, 236쪽 이하; Eissler 1976, 27쪽; Gay, 423쪽). 이후 비록 끊임없이 추가지원이 필요하기는 했지만, 프로이트가 생전에 이룬 공로 중에 무시하지 못할 1919년에 차린 국제정신분석 출판사는 커다란 성공을 거둔 것으로 평가된다. 그는 이 일로 자신의 글을 발표함에 있어서 스스로 결정할 수 있게 되었다. 그가 결코 사업수완이 없고 세상물정을 모르는 책상물림이라는 세간의 평가는 사실과 전혀 다르다. 오히려 그는 자신이 열정적이면서도 유능한 출판업자라는 것을 입증해 보였다(Grubrich-Simitis 1993, 31쪽 이하; Jones III, 46쪽 이하). 출판업자로서 자신의 취향대로 출판할 수 있다는 것은 "책벌레"인 그에게《꿈의 해석》(전집 2/3, 178쪽)에서 "내 인생 최초의 정열"이 바로 책이라고 고백한 대로 상상할 수 없을 정도의 행복을 의미했다. 이 행복의 발판을 제공한 폰 프로인트는 1920년에 세상을 떠났다. 프로이트는 감사의 뜻으로 폰 프로인트에게 고귀한 추도사를 헌정했다(전집 13, 435쪽 이하).

또 한 가지의 성공은 전쟁의 여파와 직접 관계가 있는 일이었다. 당시 전선에서 큰 충격을 받은 병사들을 일컫던 이른바 전쟁신경증 환자의 참상은 정신분석에 대해서는 말하자면 행운의 사례임이 입증되었다. 당연히 투입 가능한 '병력'에 우선적으로 관심을 둔 참전국의 이해관계에서 자유로울 수 없었던 당시 정신과 군의관들은 대부분 새로 전선에 투입할 병력을 충당하기 위해 "귀신의 왕의 힘을 빌려 귀신을 쫓아낸다"(마태복음 7:24)는 식으로 큰 충격을 받은 병사들에게 야만적 치료법을 ―격리고문, 강박훈련, 전기충격 등을― 사용했다. 이 때문에 프로이트는 이와 같은 치료방식을 "전선 뒤의 기관총"에 비유했다(Freud 1920/1972, 947쪽). 프로이트 학파의 연구자들은 전쟁 신경증의 경우에도 "평화 시에 나타나는 신경증"(부록, 707쪽), 예컨대 히스테리에서 도출해 냈던 증상이 똑같이 나타난다는 사실을 확인했다. 국가에 고분고분했던 정신과 군의관들은 전쟁신경증 증상을 보이는 병사들에게 꾀병이나 징집기피 의도가 있다는 고정관념에서 벗어나지 못했다. 1918년 9월 28/29일 오스트리아와 헝가리, 독일의 정부 대표들도 참석한 제5차 정신분석 국제회의(부다페스트)에서 프로이트의 관련 치료법을 포함한 질병이론이 일종의 공인을 받게 되었다. 정신분석이라는 말이 갑자기 이구동성으로 곳곳에서 터져 나왔다. 프로이트의 지지자들 중에서 ―카를 아브라함, 막스 아이팅곤, 산도르 페렌치, 에른스트 짐멜 등― 가장 뛰어난 임상의학자들은 관련논문을 발표하면서 정신분석에 예상치 못한 명성을 안겨 주었다. 이들에게 전쟁은 현장에서 정신분석적 공식을 성공적으로 실험할 수 있게 해 주는 "거대한 실험실"이었다(Gay, 423쪽). 그것은 프로이트에게 이제까지 철저히 냉대를 받았던 정신분석을 위한 최초의 승리였다. 여기서 덧붙여야 할 것은 프로이트의 애제자인 페렌치가 1919년 4월에 잠시 집권하던 벨라 쿤스 공산당 정권 하에서 세계 최초로 부다페스트 대학교의 정신분석 교수에 임명되었다는 사실이다. 하지만 이런 성공은 그리 오래 가지 못했다. 얼마 뒤 미크로슈 호로티(Miklós Horthy) 장군이 헝가리 소비에트공화국에서 반혁명을 일으키는 바람에 페렌치는 교수직을 상실했기 때문이다(F/Fer 2/1, 23쪽).

정신분석의 승리

전후에 프로이트에게는 영광의 시절이 시작되었다. 작은 국가형태로 축소된 오스트리아의 대외관계는 빈약했다. 프로이트 역시 이런 전후 분위기에 시달리기는 했지만, 이제 정신분석은 계속해서 국제적인 주목을 받는 가운데 관련 사업도 번창했다. 프로이트는 페렌치에게 "우리는 모두 형편이 안 좋지만 … 우리가 하는 일은 아주 잘 나간다"(F/Fer 3/1, 92쪽)라는 소식을 보냈다. 이렇게 번창한다는 것을 가시적으로 알 수 있게 해 주는 흔적으로는 자체 출판사를 차린 것 외에 정신분석 전문병원과 교육연구소를 설립한 것을 꼽을 수 있다. 이런 종류의 첫 기관, 즉 전도유망한 정신분석가를 위한 관련 교육원을 포함하여 외래진료가 가능한 종합병원은 (연구소의 대대적인 후원을 받는 형태로) 막스 아이팅곤과 에른스트 짐멜의 주도 하에 1920년 베를린에 세워졌다. 이 병원은 이후에 들어선 모든 시설에 지침을 제시하는 표준적인 역할을 했다(F/E, 7쪽 이하; F/Fer III/1, 59쪽 이하).

프로이트는 이제 유명해져서 많은 사람에게 자문을 해 주는 인사가 되었다. 미국과 영국을 비롯한 유럽 각국에서 관심을 가진 사람들이 대가로부터 더 높은 전문인 자격을 얻기 위해 빈으로 몰려왔다. 훗날 프로이트 저작의 **표준판**(Standard Edition)을 영어로 옮기고 발행하는 동시에 레너드와 버지니아 울프 주변의 블룸즈버리 그룹과 전위파적인 이들의 호가스 출판사를 보호해 준 조안 리비에르(Joan Riviere), 앨릭스(Alix)와 제임스 스트래치(James Strachey)가 런던에서 찾아왔다. 미국인으로서는 정신과 의사이자 인간학자로서 훗날 저서 《프로이트에 의거한 나의 분석(Meine Analyse bei Freud)》을 발표한 아브람 카디너(Abram Kardiner)가 대표적인 예였다. 프로이트는 1920년대 후반과 30년대 초반에 이르기까지 스마일리 블랜튼(Smiley Blanton)과 여류작가 힐다 둘리틀(Hilda Doolittle) 같은 미국인 환자를 치료했다. 이들이 사례비로 지급하는 달러는 계속 프로이트의 수중에 쌓였다. 유럽 명문귀족의 일원이자 에드거 앨런 포에 대한 정신분석 연구서를 쓴 프랑스인 마리 보나파르트(Marie Bonaparte)는 1920년대 중반 프로이트의 측근 중 한 사람이 되었다(보나파르트는 빌헬름 플리스의 사후에 프로이트가 플리스에게 보낸 편지 꾸러미를 고문서 거래에서 사들이고 후세를 위해 보관한 인물이었다). 그뿐만 아니라 안나 프로이트와 절친한 사이였다는 미국인 도로시 벌링햄(Dorothy Burlingham)도 있었다. 이탈리아에서는 에도아르도 바이스(Edoardo Weiss)가 프로이트 이론을 번역하고 전파하는 일에 힘썼다. 이 밖에 훗날 프로이트의 전기를 쓴 지크프리트 베른펠트(Siegfried Bernfeld; Bernfeld/Cassirer Bernfeld 1981)와 정신분석적 신경증이론의 필독서를 저술한 오토 페니첼(Otto Fenichel; Fenichel 1945/1974-1977)을 비롯하여 카렌 호나이(Karen Horney), 멜라니 클라인(Melanie Klein), 빌헬름 라이히(Wilhelm Reich) 등 독일과 오스트리아, 스위스에서 무수히 많은 지지자들이 생겨났다.

유명한 작가와 예술가, 과학자들은 빈의 이 권위자와 개인적으로 교류하거나 서신으로 연락하는 데 관심을 가졌다. — 가장 중요한 몇 사람만 열거하자면 로맹 롤랑, 아르놀트 츠바이크, 슈테판 츠바이크, 토마스 만, 살바도르 달리, 알베르트 아인슈타인이 있다. 보통 사람이라면 이제 직업적으로 은퇴할 나이였지만 프로이트는 1920년대 초반에 다시 3권의 저서를 발표했다. 이는 그가 당시까지도 정신분석 지식의 기준을 마무리하고 관리하는 데 만족하지 않고 여전히 새로운 것을 탐구하는 데 관심을 두었다는 것을 말해 준다. 프로이트는 정신분석의 생물학적 기초를 계속해서 세워 나간다는 자신의 오랜 계획에 따라 《쾌락 원리의 저편(Jenseits des Lustprinzips)》(전집 13, 1-69쪽)을 발표함으로써 정신분석적 세계의 본질을 표현하는 글을 기대했다. 하지만 이에 대한 글의 급진적인 무게와 신랄함은 일반적으로 무리한 기대로만 느껴졌다. 프로이트가 10년 뒤에 《문화 속의 불쾌감》에서 러시아의 정신분석가 사비나 슈필라인(Sabina Spielrein)을 명시적으로 거론하면서(같은 곳, 59쪽) 다음과 같이 고백했다는 점에서 그는 파괴충동 및 죽음의 충동의 요구를 통하여 그의 추종자들에게 불러일으킨 공포를 어느 정도 인정한 셈이었다. "나는 파괴충동의 관념이 최초로 정신 분석적 문헌에 나타났을 때, 나 자신의 방어태세를 기억하고 있으며, 또한 내가 그것을 받아들이기까지 얼마나 오래 걸렸는지도 기억하고 있다. 다른 사람들이 이런 거부 반응을 보였고 앞으로도 그럴 것이라는 것에 나는 거의 놀라지 않는다." 이어서 약간은 농담조로 덧붙이며 왜냐하면 애송이들이 "그 말을 귀담아 들으려 하지 않을 것이기 때문이다"(전집 14, 479쪽)라고 말했다. 이 얄팍한 책의 출판에 대하여 아이팅곤이 프로이트에게 그 책이 "우려된다"(F/E, 217쪽; Jones III, 315쪽 이하도 참조)고 편지에서 썼을 때, 아마도 그의 이런 반응은 대다수 정신분석가의 생각을 대변하는 것이었을 것이다. 그런데 프로이트는《쾌락 원리의 저편》끝 부분에서 "절뚝거리며 가는 것이 주저앉는 것보다는 낫다. …"(전집 13, 69쪽)는 시인 프리드리히 뤼케르트(Friedrich Rückert)의 말을 인용했다. 그러면서 자신의 글에서 충동 이론과 관련하여 얻었던 것이 새로운 과학적 인식을 향한 아주 힘든 첫걸음에 지나지 않는다는 것을 환기시켰을 때, 그것은 프로이트의 놀라운 자기반어적 표현 능력을 보여 준다.

1921년에 발표된《집단심리학과 자아분석(Massenpsychologie und Ich-Analyse)》(같은 곳, 71-161쪽) 역시 새로운 관점을 보여 주는 사회심리학(전집 14, 73쪽)에 대한 가장 중요한 성과물이다. 프로이트는 귀스타브 르 봉(Gustave Le Bons)의《군중 심리학(Psychologie der Massen)》(1895)을 재수용하면서 시대에 걸맞게 어느 정도 군중을 경멸하는 지식인 개인의 시각도 드러낸다. 그러면서 그는 군중이 얼마나 응집력이 있으며, 그들이 한 개인인 "총통(Führer)"의 권위에 어떻게 복종하는지, 그리고 이런 현상을 어떻게 설명할 것인지의 물음에 대답을 시도하고 있다. 군중에 의하여 독일이 "총통국가"로 출발하기 직전인 1930년에 출간된 토마스 만의 《마리오와 마술사》[31]를 읽은 사람은 이 소설의 특정한 구절에서 —이를테면 작가가 치폴라와 대중의 관계를 "총통"과의 최면술적인 관계로 묘사한 대목에서— 이것이 프로이트의 집단심리학을 문학적으로 가공한 것이라는 것을 짐작할 수 있을 것이다.

마침내 프로이트는 1923년에 삶의 충동과 죽음의 충동이라는 이원론으로 설명되는 교정된 충동이론과 나란히 새로운 위상론을 부각시켰다. 그것은 무의식-전의식-의식이라는 본래의 위상론이 《자아와 이드》(전집 13, 235-289쪽)에 대한 글을 통하여 이드-자아-초자아로 대체되는 위상론이었다. — 프로이트가 자신의 이론적 토대에 접목한 마지막으로 가장 큰 이론적 혁신에 속했다. 이 기본적인 글 이후에 나온 모든 것은 절대적 무구속성(absolute Zwanglosigkeit)의 특징을 띤다고 할 수 있다. 명성이 절정에 이르고 대중적인 인지도가 최고조에 달했을 때 프로이트는 저술가로서 수십 년간 소홀히 해 왔다고 생각한 자신의 성향과 관심으로 방향을 돌릴 여유가 생겼다. 프로이트 자신은 1935년 《나의 이력서》에 대한 추고에서 연구자의 열정을 다른 곳으로 돌리는 이 변화와 방향전환의 이유를 밝힌 바 있다. "어느 정도는 퇴행적인 발전이라고 할 수 있다. … 평생 자연과학과 의학, 정신요법에 걸쳐 길게 우회한 뒤에 나의 관심은 일찍이 깨닫지 못한 소년을 사로잡은 문화적 문제로 돌아갔다"(전집 14, 32쪽). 이후로는 그가 20년 전에 간헐적으로 관심을 쏟은 문화, 종교, 인간학, 역사 및 선사시대, 문학, 고고학, 유대교, 나아가 신비주의 같은 주제들이 그의 연구에 지배적이었

---

31) 역주: 1924년에 출간된 《마법의 산》에서 토마스 만은 정신과 의사 크로코프스키 박사라는 인물을 통하여 사랑의 현상을 정신분석적으로 해부하고 있다. 이런 시도가 《마리오와 마술사》에서는 무솔리니를 겨냥하면서 정치화된다.

다. 물론 프로이트는 이런 주제에 몰두하면서도 결코 사고구조의 이른바 상위영역이 아니라 전반적으로 "일층과 지하층(Parterre und Souterrain)"에 머무르는 태도를 고집했다(F/B, 236쪽).

프로이트의 승리에는 분명히 개인적인 좌절도 섞여 있었다. 1920년 1월 안톤 폰 프로인트와 거의 동시에 프로이트가 "행운아"라고 부른(Jones Ⅲ, 33쪽에서 재인용) 딸 조피가 당시 유럽에 유행한 스페인 독감에 걸려 26세의 나이로 죽었다. 프로이트는 다음과 같이 기록하고 있다. "오랫동안 아들들을 잃을 것을 각오하고 있던 나는 딸을 잃게 되었다. 전혀 신을 믿지 않는 나로서는 책임을 물을 대상이 없으며, 어디에 대고 원망을 할 수 있을지 알지 못한다"(F/Fer 3/1, 51쪽). 1923년 6월 애지중지하던 네 살 반의 손녀 하이넬레의 죽음은 프로이트에게 딸의 죽음보다 정신적으로 더 큰 충격이었다. 그는 스스로 생애 최초로 우울증에 걸렸다고 기록할 정도였다(같은 곳, 169쪽). 그로부터 두 달 전인 4월에 프로이트에게 구강종양이 발견되어 수술로 종양을 제거하는 일이 있었다. 프로이트를 진찰한 의사들은 처음에는 말을 아꼈지만, 결국 그것은 암으로 판명되었다(Jones Ⅲ, 113쪽 이하; Schur 1972/1973, 424쪽 이하; Gay, 470쪽 이하).

악성종양

의사들은 처음에 프로이트의 병이 심각하다는 것을 사실대로 밝히려고 하지 않았으나 프로이트는 속지 않았다. 프로이트는 자신이 암에 걸렸다는 사실을 알고 있었다(C, 521쪽; Schur 1972/1973, 425쪽). 첫 외과수술 이후 프로이트가 사망할 때까지 16년 동안 총 30차례의 수술이 이어졌다. 유명한 전문의 한스 피흘러(Hans Pichler) 교수는 첫 수술을 받은 지 6개월 만에 대대적인 수술을 감행하고 턱과 입천장의 환부를 잘라 낸 다음 인공물을 끼워 넣었다. "그것은 만성적인 후유증을 남겼으며 민감한 부위를 건드린 수술이었다"(Eissler 1976, 29쪽). 암 때문에 그리고 인공물 삽입으로 —흔히 "끔찍한", "무시무시한"이라는 수식어가 붙는(Jones III, 119쪽; Kollbrunner 2001, 24쪽)— 엄청난 고통이 따르고 육체적·심적으로 제약을 받았음에도, 게다가 이미 나이가 들었음에도 프로이트가 의료 활동을 지속하고 강한 정신력으로 계속 글을 썼다는 것은 놀라운 일이었다. 이에 대해 의지력과 자제력이 대단히 뛰어나다는 말을 하지 않을 수 없었다. 프로이트는 1926년 아이팅곤에게 보내는 편지에서 "나는 사람이 무슨 일이 있어도 명확한 판단을 유지할 때 승리하는 것을 보게 된다. …"(F/E, 448쪽)고 적고 있다.

프로이트도 편지에서 여러 차례 밝혔듯이 암의 원인을 우선은 평생의 니코틴 의존성에서 찾는 것(Schur 1972/1973, 413쪽 이하)이 당연할 것이다. 그는 매일 평균 20개비의 여송연을 피우는 것을 무엇보다 정신적인 생산력과 건강을 유지해 주는 수단으로 보았다. 흡연은 그에게 "정신적인 능력"을 동원하는 데 도움이 되며 "그렇지 않으면 잘 되지 않는다"(F, 134쪽)는 것이다. 그 밖에 프로이트는 흡연이 수음이라는 "원초적 욕구(Ursucht)"(같은 곳, 312쪽 이하)의 대용수단이라고 생각했다. 처음으로 암수술을 받고 난 이후 의사가 엄격히 금연할 것을 권유했을 때도 프로이트는 계속 흡연을 했다. 따라서 프로이트의 고질적인 니코틴 중독이 결정적인 암 유발의 요인이 되었다는 것은 그리 놀라운 일이 아닐 것이다.

사실 많은 프로이트의 전기작가들, 특히 어니스트 존스, 막스 슈르, 아이슬러, 피터 케이 등은 프로이트 자신과 마찬가지로 일반적인 생물학적 패러다임에 근거하여 암의 원인을 당연히 흡연으로 돌렸다. 프로이트뿐만 아니라 중요한 전기작가들 가운데 그 누구도 암을 정신분석적으로 해석할 생각을 하지 않았다. 다시 말해 누구도 그가 살아온 삶의 궤적과 정신적인 배경에서 암의 원인을 찾으려고 하지 않았다. 공식적인 프로이트 전기들은 분명히 전기라는 장르에 대한 프로이트의 혐오감뿐만 아니라 자신의 사적이고 비과학적인 생애에 대해 침묵의 장벽을 두르려는 목적으로 여러 차례나 사적인 기록들을 삭제하려던 그의 독특한 성벽을 계속해서 내면화해 왔다. 반면에 존스의 경우 프로이트의 암에 대해 거론할 때면 프로이트가 노년의 나이에도 불구하고 16년 동안 시달린 병에 대해 용기 있는 자세와 불평하지 않는 모범적인 태도를 주로 지적한다(단적인 예는 Eissler 1976, 29쪽).

암환자의 심리전기적 배경을 집중적으로 연구한 스위스의 정신종양학자(Psychoonkologe) 유르크 콜브루너(Jürg Kollbrunner)는 최근에 프로이트의 병에 얽힌 금기를 깨고 처음으로 지금까지 아무도 제기하지 않았던 물음을 던졌다(Kollbrunner 2001). 그는 프로이트 전기작가들이 너무 프로이트의 《나의 이력서》(전집 14, 31-96쪽)에 방향을 맞추고 있으며, 영웅적으로 살면서 고통을 겪은 자의 모습 외에 다른 삶을 '증거'로 채택하지 못한다고 비난한다. 콜브루너는 프로이트의 작품 및 입수 가능한 서신자료를 정밀하게 조사한 결과, 공식적인 프로이트의 초상과는 다른 결론 및 가정에 이르고 있다. 콜브루너의 정신분석적, 정신병리학적 해석은 다빈치-에세이에 나오는 프로이트의 생각을 받아들인다. 그의 말에 따르면 프로이트의 "어린 시절은 그렇게 행복한 전원적 분위기가 아니며 …"(전집 8, 198쪽), 나중에 우리가 이를 왜곡하고 있는 것처럼 보인다는 것이다. 콜브루너는 이 시기를 전원적 분위기가 아니라 전체적으로 모자관계에서 커다란 장애가 일어나는 복잡하고 중대한 가족사건과 심적 상황의 연쇄로서 재구성한다(위의 책 50쪽 참조). 그는 프로이트가 어머니와의 관계를 —이와 동시에 전체적인 여성 관계까지도(Lohmann 1998/2004, 116쪽 이하)— 실제로 훗날 완전히 청산하거나 이해하지 못했으며, 이 때문에 어머니에 대한 공격성을 힘껏 억제하거나 학문적 창의력의 형태로 승화시켰다고 파악한다. 아무튼 프로이트가 일요일마다 소화장애나 위장병으로 시달리는 노모를 방문했다는 사실

(Kollbrunner 2001, 170쪽)은 우리에게 무엇인가를 시사한다. 또한 프로이트의 저작이 거의 예외 없이 아버지의 권위(오이디푸스)와 대립을 주된 내용으로 하는 데 반해, 오이디푸스 시기 이전의 유아기, 즉 초기 외상의 시기는 거의 전적으로 제외되어 있다는 사실도 마찬가지로 그러하다.

전체적인 국면을 더 확장하려는 콜브루너의 이런 전기적인 지적으로부터 프로이트의 악성종양이 무엇보다 병인성의 특징을 보인다는 단순하고 논박할 수 없는 결론이 도출될 수 없다는 것은 분명하다. 그러나 우리는 콜브루너의 견해를 통하여 프로이트의 경우에 순수한 신체적 원인 이외에 정신신체의학적(psychosomatisch)이고 심리사회적인 부담요인이 암의 발병을 야기했다는 조심스러운 판단을 내릴 수 있다(같은 곳, 272쪽 이하). 우리가 알고 있듯이 프로이트는 자신의 정신적인 필생의 역작과 정신분석이라는 '사명'을 완수하려는 관심 속에서 많은 것을 거부했다. ― 거부라는 주제는 프로이트의 감정 관리와 수사법에서 상당한 역할을 한다. 그의 저작 《나르시시즘 입문에(Einführung zur Narzißmus)》에는 다음과 같은 흥미로운 말이 나온다. "강력한 이기주의는 질병을 예방하지만, 우리는 결국 병이 들지 않기 위하여 사랑을 시작할 수밖에 없다. 그리고 거부의 결과로 사랑할 수 없을 때 우리는 병에 걸릴 수밖에 없다"(전집 10, 151쪽 이하).

이후 극적인 악성종양의 발병에 이어서 프로이트의 사생활을 좌우하게 될 중요한 인물이 등장하는데, 이 사람을 빼놓고는 프로이트의 말년을 거의 상상할 수 없다(Gay, 481쪽 이하). 1923년 4월 지극히 불쾌한 상황에서 진행된 첫 수술에서(같은 곳, 471쪽 이하) 막내딸 안나 프로이트는 아버지의 곁을 떠나지 않으려고 했다. 프로이트가 어릴 때부터 "보고 싶은 아이"로 칭찬한 안나는(F, 277쪽) 그 이후로 임종 때까지 아버지 곁을 벗어난 적이 없었다.

1895년 프로이트의 막내로 태어난 안나는 어린 시절부터 아버지의 사랑을 듬뿍 받았다. 안나는 교사가 되기는 했지만, 이미 어릴 적부터 아버지가 1918년부터 1924년 사이에 분석한 연구 활동과 저작들에 깊은 관심을 보였다. ― 이런 태도가 정신분석의 초기였던 당시에는 아직 규칙위반으로 간주되지는 않았다. 여성 정신분석가가 되고 의학을 연구하려는 안나의 소망은 안나가 비전문인분석가의 길을 가야 한다는 프로이트다운 독특한 요구와 일치했다. 나중에 아동 정신분석가로서 빛나는 명성을 얻은 안나 프로이트에게 아버지는 처음으로 의학을 말린 사람도, 최후로 말린 사람도 아니었다. 안나가 결혼을 하지 않은 것(이것 때문에 프로이트는 한동안 마음이 편치 못했다), 그리고 아버지와는 상관없이 출중한 지적 능력을 발휘한 그녀 자신의 업무 외에 전적으로 아버지를 위하여 헌신한 행동은 ―콜브루너(2001, 203쪽 이하)는 "소외된 대리인(entfremdete Statthalterin)"이라고 표현한다― 프로이트가 선택한 신화적 인물, 눈먼 오이디푸스 왕의 손을 잡고 길을 안내하는 "안티고네"(B, 439쪽)와 부합한다. 그리고 1930년에 프로이트가 프랑크푸르트 암 마인 시의 괴테 상 수상자로 결정되었을 때, 안나가 아버지 대신 수상하면서 수상연설을 대독한 일은 분명히 아주 큰 상징적 의미를 지닌다(전집 14, 547-550쪽). 늙은 프로이트가 어느 정도로 안나의 보살핌에 의존했는가는 1935년 루 안드레아스 살로메에게 보낸 "내가 아직도 즐거운 것은 안나가 있기 때문입니다"(F/AS, 222쪽)라는 편지의 내용이 여실히 입증한다. 그 밖에도 프로이트는 사망 직전에 마리 보나파르트에게 "… 나는 갈수록 더 안나에게 의지하고 의존하게 될 것입니다"(B, 475쪽)라고 고백했다.

프로이트 후기의 투쟁과 갈등

1920년대 후반에 오토 랑크가 프로이트와 결별하는 일이 생겼다. 프로이트는 비전문인분석을 둘러싼 싸움이 치열해지는 가운데 점점 더 산도르 페렌치와도 소원해졌다. 랑크는 빈 학파의 1세대 비전문인분석가 중 한 사람이자 20년간 곁에서 프로이트를 따랐으며, 프로이트가 끊임없이 호의를 베푼 인물이었다. 1919년에는 국제정신분석 출판사의 사장으로 승진하기도 했던 랑크가 ─ "몇 년 동안 랑크는 출판사의 상징이었고 … 그의 활동은 프로이트 전집 출간에서 절정을 이루었다"(Mühlleitner 1992, 251쪽에서 Hones 의 재인용) ─ 두 권의 저서를 출간하면서 프로이트의 신임을 잃어 버렸다. 페렌치와 랑크 공저로 발표된 《정신분석의 발전목표(Entwicklungsziele der Psychoanalyse)》와 《탄생의 외상(Das Trauma der Geburt)》, 이 두 가지는 1924년에 출간되었다. 프로이트는 이것을 정신분석 이론과 실제의 기본적인 관점에 대한 모욕으로 간주했다. 랑크는 프로이트 곁을 떠났다가 잠시 다시 가까워지기도 했지만, 마침내 프로이트와 결별을 선언하고 처음에는 파리로 갔다가 이어 미국으로 건너가 독자 노선을 걸었다. 그의 환자이자 문하생이기도 했던 여류작가 아나이스 닌(Anaïs Nin)의 일기를 보면 만년의 활동을 통해 랑크의 구체적인 초상을 볼 수 있다.

이와는 달리 프로이트와 페렌치의 관계는 공공연한 균열을 노출하지는 않았다. 이는 아마도 페렌치가 너무 일찍(1933) 사망했기 때문일 것이다. 페렌치와 프로이트 사이에 벌어진 서로에 대한 자극과 오해는 두드러진 것이었다. 물론 페렌치의 죽음으로 모든 알력이 사라져 버렸지만, 끊임없이 감동과 애정으로 우러러본 "교수님"에게 자신의 치료요법적인 실험과 개혁이 프로이트의 정신분석과 양립할 수 있는 것이라고 설득하려 한 것이 갈등의 원인을 제공한 측면이 있다. 프로이트는 환자를 대할 때 페렌치가 사용하는 혁신적인 방법, 특히 "키스기법(Kußtechnik)"에 대하여 간섭하면서 페렌치의 "부드러운 어머니 역할"을 막으려고 했다. 반면에 프로이트가 활용하려고 한 것은 특유의 엄격한 "아버지 역할"이었다(F/Fer III/2,

273쪽 이하). 프로이트는 페렌치에 대한 추도사에서 "그에게는 치료하고 도와주려는 욕구가 지나치게 강렬해졌다"(전집 16, 269쪽)라고 썼다. 프로이트가 볼 때 "치료에 대한 열망(furor sanandi)"은 정신분석가가 언제나 극복해야 할 욕구였다. 어쩌면 프로이트에게 가장 깊은 신뢰를 보였을 뿐 아니라 정서적으로 애착을 가진 문하생과 스승 사이에 갈등이 생긴 것은 분명하다. 1924년부터 1933년 사이에 주고받은 편지에서 알 수 있듯이 이 일로 프로이트가 깊은 상심에 빠진 것도 부인할 수 없다.

빈의 프로이트 지지자이자 문예학자로서 특히 귀스타브 플로베르와 아르투르 슈니츨러의 책을 출간한 테오도르 라이크가 1925년에 무면허 치료로 재판에 회부되었을 때, 프로이트는 기회를 포착하고 "의사 자격증이 없는 사람에게 정신분석을 허용할 것인지"(전집 14. 209쪽)에 관한 근본적인 설명을 위해 《비전문인분석의 물음(Die Frage der Leienanalyse)》(같은 곳, 207-286쪽)을 발표했다. 이 문제에 대한 프로이트의 태도는 항상 명확했다. 정신분석에 관한 한 프로이트에게 경계선은 의사와 비의사 사이가 아니라 과학과 과학의 다양한 적용분야 사이에 설정되어 있었다. 《나의 이력서》를 보면 "정신분석의 실행을 의사로 제한하고 비전문인을 배제하는 것은 더 이상 불가능하다"(전집 14, 96쪽)라고 기준이 제시되어 있다. 프로이트가 계속해서 비전문인분석에 대한 글에서 표현한 대로(전집 14, 283쪽) 그가 실제로 두려워한 것은 "정신분석이 의학에 흡수되고, 종래에는 정신의학의 교과서에 퇴적된 상태가 되는 것"이었다. 프로이트는 가장 철저히 비전문인 배제를 주장한 미국의 정신분석가들과 맞서 싸워야 했을 뿐만 아니라 (이는 평소에도 미국에 강한 반감이 있던 그의 생각을 부채질하는 요인이었다) 그의 열렬한 지지자들 중에 비전문인분석에 회의적인 반응을 보이고 심지어 거부감까지 표출한 카를 아브라함과 어니스트 존스처럼 영향력이 큰 인물들과도 싸워야 했다.

프로이트의 투사적인 측면을 드러낸 것은 비단 이 일만이 아니었다. 1927년 《환영의 미래(Die Zukunft einer Illusion)》(전집 14, 323-380쪽)를 발표했을 때, 프로이트는 청소년기부터 정신적으로 간직하던 모든 생각을 여기에 요약해 놓았다. 19세기의 잔재로서 과학에 대한 프로이트의 확고한 믿음과 완고한 무신론은 비교적 어린 나이 때부터 입증된다. 가령 청소년기의 친구인 에두아르트 질버슈타인(Eduard Silberstein)에게 보내는 편지에는 다음과 같은 말이 나온다. "우리가 이렇게 일요일과 금요일에 함께 식사를 하지만 거기에는 차이가 있어. 경건한 사람들은 선을 행한다고 말하지만 우리 같은 현세주의자들은 배불리 먹었다고 생각하지"(S, 75쪽). 프로이트가 자신의 선각자로 여겼던 디드로와 볼테르에서 포이어바흐와 다윈을 거쳐 헤켈과 헬름홀츠에 이르는 18세기와 19세기의 유물론적 계몽주의자들에게 종교비판이 중요한 문제였듯이, 그에게도 결국은 종교에 대한 비판이 모든 비판의 전제라는 마르크스의 원칙(물론 프로이트가 마르크스를 읽지 않은 것으로 보이기는 하지만)이 통용되었다. 프로이트에 따르면 종교는 저 유명한 아편이 아니라 —아마 아편이라는 속성도 있을 것이다— 집단적인 강박신경증(전집 14, 367쪽)이거나 아니면 그가 《문화 속의 불쾌감》에서 말한 대로 집단망상(Massenwahn; 같은 곳, 440쪽)이었다. 과학과 종교는 원칙적으로 일치될 수 없기 때문에, 또 현대의 과학적 세계관은 과거의 종교적 세계관을 능가하기 때문에 프로이트가 볼 때 자신이 신뢰하는 과학과 정신분석은 모든 종교적 찌꺼기로부터, 즉 과학적 세계관을 초월하거나 의문시할 수 있는 심급이 존재한다는 환영으로부터 자유로웠다. 프로이트가 볼 때 "과학적 작업은 … 우리 외부의 사실에 대한 지식에 이르게 하는 우리에게는 유일한 길이다"(전집 14, 354쪽).

오랫동안 스위스의 프로테스탄트 신학자인 오스카 피스터(Oskar Pfister)와 주고받은 편지에서 거듭 표현되듯이, 프로이트는 유대교를 포함하여 모든 종교에 대해 타협의 여지가 없는 거부감을 가졌다. 그럼에도 이것이 유대인의 정체성을 유지하는 데 방해가 되지는 않았다. 프로이트는 반유대주의가 더 공공연해지고 공격적으로 변할수록 그만큼 더 자신 있게 유대인의 뿌리를 믿었다. 동시에 자신도 독일적 문화국가의 최고 전통에 소속되어 있음을 느꼈지만, 그에게 자기를 부정하고 현지 환경에 동화되는 성향은 거부감을 갖게 했다. "비록 내 조상의 종교와 오랫동안 소원해지기는 했어도 나는 내 민족의 소속감을 결코 포기한 적이 없다. …"(B, 380쪽)는 말이 이를 증명한다. 1939년 망명시기에 암스테르담의 알레르트 데 랑게 출판사에서 나올 수밖에 없었던 최후의 걸작 《인간 모세와 유일신교(Der Mann Moses und die monotheistische Religion)》(전집 16, 101-246쪽)에서 프로이트는 최후로 자신과 유대교의 관계를 주제로 삼았다. 여기서 모세의 신비로운 형상은 일반적으로 통용되는 해석이나 억압받는 민족의 귀환이라는 의미에서 벗어나(Assmann 1998, 211쪽 이하) 이집트의 귀족 혈통으로 묘사되고 있다. 이와 동시에 모세가 이집트인이 됨으로써 족보의 고리를 끊고 조상의 전통이라는 부담에서 해방되는 것이 절대적으로 그에게 요구된다(Le Rider 2002/2004, 313쪽 이하). 이렇게 프로이트는 평생 적대적인 환경에 맞서 일관적으로 자신이 유대인임을 주장할 수 있었지만, 반면에 《인간 모세》에서는 이집트에서 노예생활을 했던 유대인에 대한 그의 태도가 이렇게 달라져 양가적인 것처럼 나타난다. 미켈란젤로의 모세 상에 대한 글에서도 어렵지 않게 알 수 있듯이 프로이트가 모세의 형상을 "해방자, 입법자, 종교창시자"(전집 16, 103쪽)와 동일시한 것이라면, 우리는 결론적으로 그가 감정의 차원에서는 자신의 유대인 혈통과 오히려 거리를 두지 않았는가 하는 심리적 측면에서의 의혹을 떨쳐 버릴 수 없다. 왜냐하면 유대민족은 제한되고 몹시 불안한 처지로서 미신과 다신교에 빠진 채 결국 "폭군"인 모세를 살해함으로써(전집 16, 148-149쪽) 필연적으로 모세의 정체성이 계속

의심되기 때문이다(Assmann 2003). — 모세 살해는 《토템과 터부》에 나오는 친부살해와 명백히 일치되며, 또한 불안하게 흔들리다가 배신하면서 프로이트의 유일신교적 법칙에서 벗어난 융과 아들러, 슈테켈, 랑크, 페렌치 같은 초기 추종자들의 태도와도 일치한다. "모세가 이집트인이었다면…"(전집 16, 114쪽)이 프로이트의 가설이라면, 우리는 그 자신도 유대인이 아니라고 추정하지 않을 수 없다. 오히려 그는 신상 및 우상파괴라는 혁명적 행위를 통하여 신화적인 다신의 세계를 파괴하고 그 자리를 유일신으로 대체한 파라오 아크나톤의 먼 정신적 후예라고 할 수 있다. 프로이트의 합리주의적 유일신론은 계몽주의적 행위, 탈신화화(Entmythologisierung)와 막스 베버의 의미에서 세계의 탈주술화(Entzauberung)로 이해된다. 물론 프로이트에게는 계몽의 변증법에 대한 직감이 결여되어 있었다.

프로이트의 모세 저작이 21세기 초에 종교학과 문화사적 논쟁의 풍부한 원천과 대상이 되었다면, 이것이 제2차 세계대전 직전에 나왔을 때는 당대의 독자들을 혼란에 빠트릴 수밖에 없었다. 이 시기에 독일과 오스트리아의 유대인들은 이미 국가사회주의를 통한 혹독한 억압과 박해에 시달리고 있었기 때문이다. 프로이트의 추종자들 중에서 많은 사람들, 예컨대 막스 아이팅곤, 오토 페니헬, 빌헬름 라이히, 테오도르 라이크, 한스 작스 등은 외국으로 망명했다. 프로이트와 그의 가족도 1938년 초여름에 빈을 떠나 런던으로 도피했다. 독일과 오스트리아의 정신분석학회는 "아리아화"되면서 사실상 해체되고 말았다. 나아가 나치스는 국제정신분석 출판사를 폐업 처분했다. 이런 상황에서 유대교를 비판적으로 파악하는 《인간 모세》와 같은 저작은 프로이트와 박해받는 유럽 유대인들과의 연대성 파괴로 이해될 수 있거나 이해될 수밖에 없었다. 가령 마틴 부버(Martin Buber)와 같은 학자의 분노를 유발한(F/E, 919쪽; Gay, 727쪽 참조) 이런 소동은 프로이트의 저서 역시 기독교와 기독교의 반유대주의 현상에 대해 강한 공격성을 지니고 있다는 주장에도 불구하고 거의 진정되지 않았다(전집 16, 194쪽 이하).

만년의 프로이트

프로이트는 노령의 나이와 병에 의한 만성적인 고통에도 불구하고 변함없이 정신적인 관심사에 몰두했다. 어쨌든 그는 74세의 나이에 《꿈의 해석》과 나란히 가장 유명해진 저서인 《문화 속의 불쾌감》(전집 14, 419-506쪽)을 발표했다. 이 책을 집필하는 동안에도 프로이트는 이 저작의 성공에 의혹을 품으면서 "문화 속의 불행"이라는 제목을 붙일 계획이라고(F/E, 646쪽; Grubrich-Simitis 1993, 198, 214쪽 참조) 아이팅곤에게 알렸다. 물론 이 제목이 전혀 부적합하다고 볼 수는 없었다. 왜냐하면 충동소망과 충동포기 사이에서, 문화 보존적 경향과 문화 파괴적 경향 사이에서 이리저리 흔들리는 개인의 모순에서 저자가 끌어낸 핵심 중 하나가 바로 다음과 같이 인간 불행에 관한 내용이기 때문이다. 다시 말해 인간은 행복해질 것이며, 행복은 "단지 짤막한 삽화적 현상으로만 가능하다"는 식의 낙관론은 "창작의 계획에 들어 있지 않기"(전집 14, 434쪽) 때문이다. 물론 삶의 목표를 세우는 것이 쾌락원리의 기본 계획이기는 하지만, 그것은 "그 자체로는 절대 실행될 수 없다"(같은 곳)고 프로이트는 덧붙인다. 우리는 프로이트가 인생의 말년에 충동과 문화, 에로스와 타나토스의 투쟁에서 출구의 불확실성을 냉정하게 견디는 것 외에 더는 다른 방법이 없다고 생각했으며(같은 곳, 506쪽) 또한 그가 모든 행복의 환영에서 벗어났다고 단언할 수 있다. 그리고 이 점에 무엇보다 프로이트의 위대성이 있는 것인지도 모른다.

갈수록 두드러지는 후기 저작의 간과할 수 없는 비관주의에도 불구하고 프로이트는 어느 정도는 기꺼이 '심기를 거스르며' 사고할 자세, 즉 —평소에는 타당한 근거를 가지고 거부한— 현대문화를 신뢰하려는 태도를 보였다. 1932년에 물리학자 알베르트 아인슈타인이 인류가 전쟁의 재앙에서 벗어날 길이 있는지 의견을 말해 달라고 부탁했을 때, 프로이트는 《왜 전쟁인가(Warum Krieg?)》라는 제목의 짤막한 글에서(전집 16I, 11-27쪽) 문명(Zivilisation)의 과정을 거꾸로 돌릴 수 없게 만들 수만 있다면 그런 길이 있다고 대답했다. 프로이트는 문명의 과정이 점진적인 "지성의 강화"와 "공격성향의 내면화"에 이바지하고, 결국 전쟁에 반대하는 "구조적 관용"을 부르는 심적 기질로 이어질 것이라면서 "문화의 발전을 촉진하는 모든 것은 전쟁의 억제에도 기여한다"고 말했다(같은 곳, 26쪽 이하).

1년 뒤에 프로이트는 마지막 걸작 중 하나로서 제1차 세계대전 기간에 시작한 강의 시리즈의 속편이라고 할 《정신분석 입문 강의의 새로운 연속》(전집 15)을 발표했다. 여기에는 다음과 같이 후세에 대한 프로이트의 정신적 유언으로 읽힐 만한 유명해진 표현이 들어 있다. 정신분석의 목표는 "자아를 강화하여 초자아로부터 독립시키고, 자아가 이드의 새로운 부분을 자기 것으로 만들 수 있도록 자아의 지각영역을 확대하고 그것의 조직화를 구축하는 것이다. 이드가 있었던 곳에서 자아가 형성되어야 한다"(같은 곳, 86쪽).

1936년 5월 6일, 80회 생일을 맞아 한동안 노벨상 수상을 염두에 두었던 프로이트에게(Freud 1992/1996, 73쪽) 스톡홀름 노벨상위원회 때문에 놓쳐 버린 명예를 적어도 조금은 보상해 줄 흔치 않은 영광의 기회가 찾아왔다. 로맹 롤랑과 H. G. 웰스, 버지니아 울프 등이 포함된 191명의 예술가들이 토마스 만과 슈테판 츠바이크가 작성한 축사를 프로이트에게 전달한 것이다. 이후 얼마 지나지 않아 토마스 만이 오스트리아 빈에 모습을 드러내고, 베르크가세 19번지의 집에서 직접 "프로이트와 미래"에 대해 강연했다(Jones III, 244쪽 이하). 그 밖에 6월 말 프로이트는 배타적인 런던의 왕립학회(Royal Society) 통신회원으로 선출되었다. 그는 일기에 자랑스러워하면서 간략하게 "왕립학회 외국인 회원"이라고 기록했다(Freud 1992/1996, 58쪽).

망명과 죽음

독일에서 아돌프 히틀러의 수상 임기가 시작된 1933년에 이미 프로이트는 멀리서도 정치적인 안정기가 이미 끝났다는 사실을 감지했다. 5월이 되자 나치스는 하인리히 하이네와 카를 마르크스, 쿠르트 투콜스키, 프란츠 카프카와 그 밖의 유대인 및 좌파 작가의 작품을 불살랐듯이 프로이트의 저서도 불태워 버렸다. 그 이듬해 오스트리아의 민주주의는 무너졌고, 그 자리에 교권 파시스트적인(klerikofaschistisch) 신분제 국가가 들어섰다. 프로이트는 그래도 이것이 나치스가 집권한 독일에 비해서는 낫다고 보았으며 심지어 오스트리아의 반동적인 가톨릭 정치가 나치스를 막는 최선의 방책이라고 생각하기까지 했다(F/AS, 224쪽). 프로이트는 위협적인 정치상황과 직면하여 대체로 마치 모든 것이 그와는 상관없다는 듯이 유난히 거리를 두며 냉정한 태도를 취했다. 어쩌면 그의 태도는 단순히 노령의 나이와 관계된 것인지도 모른다. 어쨌든 프로이트 자신과 가족에 대한 현실적인 위험마저도 오인하게 한 이 정치적 정적주의는 독일에 거주하는 유대인 분석가들의 운명과 관련된다기보다는 오히려 프로이트의 불운한 역할을 설명하는 것처럼 보인다. 한편으로 프로이트는 유대인 분석가들의 관심사를 어느 정도는 타협적으로 대변했다. 다른 한편으로 그는 누구보다 당시 국제 정신분석학회 회장이었던 존스와 협력하면서 나치스와는 ―유대인들의 비용으로― 온갖 어설픈 행동과 타협으로 관계를 맺었다(Lohmann/ Rosenkötter 1984/1994, 75쪽 이하 참조). 이런 태도는 공산주의자를 자처하던 빌헬름 라이히에게도 해당한다. 라이히는 가급적 정신분석이 '중립적'이기를 바라던 프로이트의 후원을 받았으면서도 아마도 그의 정치적 태도 때문에 1934년의 루체른 회의 때 학회에서 제명되었다. ― 이런 상황에서는 정치적 중립성이 한 가지 선택일 수밖에 없었을 것이다.

1938년 3월 오스트리아가 강제로 독일제국에 "합병"된 이후 프로이트는 자신과 가족이 극도의 위험에 처했다는 사실을 확연히 깨달았다. 반유대주의의 거센 파도가 빈을 휩쓸었다. 3월 15일 프로이트의 자택과 출판사가 수색을 당했고, 1주일 후 안나는 심문을 받아야 했다. "안나가 게슈타포에게 체포되었다"(Freud 1992/1996, 62쪽). 프로이트는 새로운 권력이 가장 애지중지하던 자식에게 가하는 압박을 극단적인 비상사태로 인식했다. 빈은 이제 사실상 당장 떠나야 할 "감옥"(F/E, 903쪽)으로 변했다. 그리고 프로이트에게는 가족을 구하는 것 외에도 "자유 속에서 죽음을 맞이하고자"(B, 459쪽) 하는 또 하나의 개인적인 소망이 있었다.

마리 보나파르트와 어니스트 존스와 같이 신뢰할 만한 친구들의 도움뿐만 아니라 외교적인 중재 덕분에 프로이트와 그의 가족은 1938년 6월에 파리를 거쳐 런던으로 출국할 수 있었다. 런던에서는 엘스워시 가에 잠시 머무른 뒤, 오늘날 프로이트 박물관이 된 메어스필드 가든스 20번지에 있는 아름다운 저택에 새 거처를 마련했다. 영국 여론의 분위기는 지극히 우호적이었으며(Gay, 710쪽), 랜셋(Lancet) 이나 **브리티시 메디컬 저널**(British Medical Journal)같이 전통을 존중하는 의학 잡지까지도 프로이트를 진심으로 환영한다는 메시지를 보냈다(Jones III, 271쪽 이하). 갖은 충격과 고통에도 불구하고 프로이트가 런던 망명과정에서 몇 달간 지체할 수밖에 없었던 《인간 모세와 유일신교》의 집필에 당장 다시 착수한 것(Freud 1992/1996, 65쪽)은 놀라운 일이었다. 그리고 프로이트는 ―미완으로 끝나고 사후에 출판되기는 했지만― 1938년 7월에 이미 《정신분석 개요(Abriß der Psychoanalyse)》(전집 17, 63-138쪽)의 집필을 시작했다. 또 놀라운 것은 프로이트가 계속해서 옛 친구들과 많은 방문객을 접견했다는 사실이다. 이들 중에는 작가인 아더 케스틀러(Arthur Koestler)와 슈테판 츠바이크, 시온주의자 지도자인 하임 바이츠만(Chaim Weizmann), 인간학자 브로니스라프 말리노프스키(Bronislaw Malinowski) 그리고 프로이트의 초상화를 그린 화가 살바도르 달리가 있었다.

1939년 봄에 프로이트의 건강상태는 악화되었고, 의사들은 종양을 더는 수술할 수 없으며 치료가 불가능하다는 진단을 내렸다(Jones III, 284쪽). 8월 1일 프로이트는 진료소를 폐업했다. 프로이트가 마지막으로 읽은 책은 발자크의 《나귀 가죽》이었다. 그는 "몸이 쪼그라들고 아사하는 이야기를 다룬 이 책이 나에게 꼭 맞는 내용이다"라고 말했다(Schur 1972/1973, 619쪽 재인용). 프로이트는 빈에서도 그를 치료한 적이 있었던 친숙한 주치의 막스 슈르(Max Schur)에게 "그 지경이라면 … 당신은 나를 불필요하게 괴롭히지 않겠다"는 약속을 하라고 말했다(같은 곳, 483쪽). 1939년 9월에 상황은 계속 악화되었다. 막스 슈르는 안나와 필요한 조치를 논의한 뒤 21일과 22일에 수차례 모르핀 주사를 투여했고, 프로이트는 혼수상태에 빠진 다음 더 이상 깨어나지 못했다. 프로이트는 1939년 9월 23일 새벽에 숨을 거두었다. 프로이트는 병과 고통이 자신을 완전히 집어삼키고 꼼짝 못 하게 만들 때까지 기다리고 싶지 않았다. 피터 게이는 프로이트 전기를 끝맺으면서 프로이트가 1910년에 오스카 피스터에게 보낸 편지에서 "맥베스 왕이 말한 대로, 갑옷을 입은 채로 죽자"(F/P, 33쪽)고 말한 것을 상기시킨다. 이 전기 작가가 지적한 바와 같이 프로이트는 자신의 삶을 특징짓는 문제에서 영웅성과 투쟁의 비유법을 선호했다.

───── 참고문헌 ──────────────────────────────

Assmann, Jan: Moses der Ägypter. Entzifferung einer Gedächtnisspur(이집트인들의 모세. 기억흔적의 해독). München/Wien 1998.

_____: Die Mosaische Unterscheidung oder der Preis des Monotheismus(모세의 구별 또는 일신교의 가치). München/Wien 2003.

Bernfeld, Siegfried: Freuds früheste Theorien und die Helmholtz-Schule(프로이트의 최초 이론들과 헬름홀츠 학교) [1944]. In: Bernfeld/Cassirer Bernfeld 1981, 54-77쪽.

_____: Freuds Kokain-Studien(프로이트의 코카인 연구), 1884-1887 [1953]. In: Bernfeld/ Cassirer Bernfeld 1981, 198-236쪽.

_____: /Suzanne Cassirer Bernfeld: Freuds frühe Kindheit(프로이트의 유아시기) [1944]. In: Bernfeld/Cassirer Bernfeld 1981, 78-92쪽.

_____: /Suzanne Cassirer Bernfeld: Bausteine der Freud-Biographik(프로이트-전기연구의 초석). Hg. von Ilse Grubrich-Simitis. Frankfurt a. M. 1981.

Brunner, José: Psyche und Macht. Freud politisch lesen(정신과 힘. 프로이트를 정치적으로 읽기). Stuttgart 2001(영어판 1995).

_____: Oedipus Politicus: Freud's Paradigm of Social Relations(프로이트의 사회적 관계의 패러다임). In: Michael S. Roth (Hg.): Conflict and Culture. New York 1998, 80-93쪽.

Chotjewitz, Peter O.: Alles über Leonardo aus Vinci(레오나르도 다빈치에 대한 모든 것). Hamburg/Leipzig/Wien 2004.

Clark, Ronald W.: Sigmund Freud(지그문트 프로이트). Frankfurt a. M. 1981(영어판 1979).

Dannecker, Martin/Agnes Katzenbach (Hg.): 100 Jahre Freuds »Drei Abhandlungen zur Sexualtheorie«. Aktualität und Anspruch(프로이트의 《성이론에 대한 세 편의 논문》 100주년. 실제성과 요구). Gießen 2005.

Decker, Hannah S.: Freud's »Dora« Case: The Crucible of the Psychoanalytic Concept of Transference(프로이트의 "도라" 사례: 전이에 대한 정신분석적 개념의 용광로). In: Michael S. Roth (Hg.): Conflict and Culture. New York 1998, 105-114쪽.

Der Spiegel(슈피겔): Hatte Freud doch recht? Hirnforscher entdecken die Psychoanalyse(프로이트가 정말 옳았던가? 뇌연구자가 정신분석을 발견하다). In: Der Spiegel Nr. 16, 18. 4. 2005, 176-189쪽.

Eissler, K. R.: Leonardo da Vinci. Psychoanalytische Notizen zu einem Rätsel(레오나르도 다빈치. 하나의 수수께끼에 대한 정신분석적 메모). Basel/Frankfurt a. M. 1992(영어판 1961).

_____: Eine biographische Skizze(전기적인 개관). In: Sigmund Freud. Sein Leben in Bildern und Texten. Hg. von Ernst Freud, Lucie Freud und Ilse Grubrich-Simitis. Frankfurt a. M. 1976, 10-39쪽.

Fenichel, Otto: Psychoanalytische Neurosenlehre(정신분석적 신경증학설). Freiburg/Olten 1974-1977(영어판 1945).

Freud, Sigmund: Schriften über Kokain(코카인에 대한 글들) [1884-1887]. Hg. und eingel. von Albrecht Hirschmüller. Frankfurt a. M. 1996.

_____: Zur Auffassung der Aphasien. Eine kritische Studie(실어증의 이해. 비판적 연구) [1891]. Hg. von Paul Vogel, bearb. von Ingeborg Meyer-Palmedo, eingel. von Wolfgang Leuschner. Frankfurt a. M. 1992.

_____: Gutachten über die elektrische Behandlung der Kriegsneurotiker(전쟁신경증 환자의 전기치료에 대한 감정) [1920]. In: Psyche 26 (1972), 942-951쪽.

_____: Brautbriefe. Briefe an Martha Bernays(약혼녀의 편지들. 마르타 베르나이에게 보낸 편지들) 1882-1886. Ausgewählt und hg. von Ernst L. Freud. Frankfurt a. M. 1971.

_____: Tagebuch 1929-1939. Kürzeste Chronik(일기. 가장 짧은 연대기). Hg. von Michael Molnar. Basel/Frankfurt a. M. 1996(영어판 1992).

_____/Minna Bernays: Briefwechsel(서신교환) 1882-1938. Hg. von Albrecht Hirschmüller. Tübingen 2005.

Gasser, Reinhard: Nietzsche und Freud(니체와 프로이트). Berlin/New York 1997.

Goldschmidt, Georges-Arthur: Als Freud das Meer sah. Freud und die deutsche Sprache(프로이트가 바다를 보았을 때. 프로이트와 독일어). Zürich 1999(불어판 1988).

Grubrich-Simitis, Ilse: Zurück zu Freuds Texten. Stumme Dokumente sprechen machen(프로이트의 텍스트로 돌아가자. 말없는 문서들을 말하게 하기). Frankfurt a. M. 1993.

_____: Urbuch der Psychoanalyse. Hundert Jahre »Studien über Hysterie« von Josef Breuer und Sigmund Freud(정신분석의 원형적 서적. 브로이어와 프로이트의 《히스테리에 대한 연구》 100년). Beiheft zum Reprint der Studien über Hysterie. Frankfurt a.M. 1995.

_____: Metamorphosen der »Traumdeutung«. Über Freuds Umgang mit seinem Jahrhundertbuch(《꿈의 해석》의 변형들. 프로이트의 100년 된 서적과의 관계에 대하여). In: Jean Starobinsky/Ilse Grubrich-Simitis/Mark Solms: Hundert Jahre »Traumdeutung« von Sigmund Freud. Drei Essays(지그문트 프로이트의 《꿈의 해석》 100년. 세 편의 에세이). Frankfurt a. M. 1999, 35-72쪽.

_____: Michelangelos Moses und Freuds »Wagstück«. Eine Collage(미켈란젤로의 모세와 프로이트의 "모험". 콜라주). Frankfurt a. M. 2004.

Handlbauer, Bernhard: Die Freud-Adler-Kontroverse(프로이트-아들러 논쟁) [1990]. Gießen 2002.

Hardin, Harry T.: Das Schicksal von Freuds früher Mutterbeziehung(어린 시절 프로이트와 어머니 관계의 운명). In: Psyche 48 (1994), 97-123쪽(영어판 1987-1988).

Harsch, Herta E.: Freuds Identifizierung mit Männern, die zwei Mütter hatten: Ödipus, Leonardo da Vinci, Michelangelo und Moses(프로이트와 두 어머니를 가졌던 남성들과의 동일시. 오이디푸스, 레오나르도 다빈치, 미켈란젤로와 모세). In: Psyche 48 (1994), 124-153쪽.

Hastedt, Heiner: Gefühle. Philosophische Bemerkungen(감정. 철학적 소견). Stuttgart 2005.

Heim, Cornélius: Eine »Prinzipien«-Frage: Gisela Fluss und Ichthyosaura. Eine Marginalie zu Freuds Jugendbriefen(하나의 "원칙"문제: 기젤라 플루스와 어룡. 프로이트의 청년기의 편지들에 대한 방주). In: Psyche 48 (1994), 154-159(불어판 1992).

Herding, Klaus: Freuds Leonardo. Eine Auseinandersetzung mit psychoanalytischen Theorien der Gegenwart(프로이트의 레오나르도. 현재의 정신분석적 이론과의 대결). München 1998.

Kaplan-Solms, Karen/Mark Solms: Neuro-Psychoanalyse. Eine Einführung mit Fallstudien(신경정신분석. 사례연구의 도입). Stuttgart 2003(영어판. 2000).

Kollbrunner, Jürg: Der kranke Freud(병든 프로이트). Stuttgart 2001.

Konz, Britta: Bertha Pappenheim (1859-1936). Ein Leben für jüdische Tradition und weibliche Emanzipation(베르타 파펜하임. 유대의 전통과 여성 해방을 위한 삶). Frankfurt a.M./New York 2005.

Krüll, Marianne: Freud und sein Vater. Die Entstehung der Psychoanalyse und Freuds ungelöste Vaterbindung(프로이트와 그의 아버지. 정신분석의 성립과 프로이트의 미해결된 아버지 관계). Frankfurt a. M. 1992.

Le Rider, Jacques: Freud-von der Akropolis zum Sinai. Die Rückwendung zur Antike in der Wiener Moderne(아크로폴리스로부터 시나이로. 빈 모더니즘에서 고대로의 복귀). Wien 2004(불어판 2002).

Lohmann, Hans-Martin: Sigmund Freud(지그문트 프로이트) [1998]. Reinbek 2004.

_____: Beim Horne des Propheten(예언자의 뿔피리에서). In: Die Zeit, 26. 8. 2004, 36쪽.

_____/Lutz Rosenkötter: Psychoanalyse in Hitlerdeutschland. Wie war es wirklich?(히틀러 치하의 독일에서 정신분석. 현실은 어땠었나?). In: Hans-Martin Lohmann (Hg.): Psychoanalyse und Nationalsozialismus. Beiträge zur Bearbeitung eines unbewältigten Traumas [1984]. Frankfurt a. M. 1994, 54-77쪽.

Mahoney, Patrick J.: Der Schriftsteller Sigmund Freud(저술가 지그문트 프로이트). Frankfurt a. M. 1989(영어판 1982).

Mandeville, Bernard: Die Bienenfabel oder Private Laster, öffentliche Vorteile(벌의 이야기 또는 개인적인 악습, 공공의 이득) [1714]. Hg. von Walter Euchner. Frankfurt a. M. 1968.

Mannoni, Octave: Sigmund Freud in Selbstzeugnissen und Bilddokumenten(자기입증과 기록 사진 속에서의 지그문트 프로이트). Reinbek 1971(불어판 1968).

Masson, Jeffrey Moussaieff: Was hat man dir, du armes Kind, getan? Sigmund Freuds Unterdrückung der Verführungstheorie(불쌍한 아이야, 너는 어떤 일을 당했니? 지그문트 프로이트의 유혹이론에서 억압). Reinbek 1984(영어판. 1984).

Mühlleitner, Elke: Biographisches Lexikon der Psychoanalyse. Die Mitglieder der Psychologischen Mittwoch-Gesellschaft und der Wiener Psychoanalytischen Vereinigung(정신분석의 전기백과사전. 정신분석 수요회와 빈정신분석학회의 구성원들) 1902-1938. Tübingen 1992.

Nunberg, Herman/Ernst Federn (Hg.): Protokolle der Wiener Psychoanalytischen Vereinigung(빈정신분석학회의 회의록) 1906-1918. 4 Bde. Frankfurt a. M. 1976-1981(영어판 1962-1975).

Quindeau, Ilka/Volkmar Sigusch (Hg.): Freud und das Sexuelle. Neue psychoanalytische und sexualwissenschaftliche Perspektiven(프로이트와 성적인 것. 새로운 정신분석적이고 성과학적인 관점들). Frankfurt a.M./New York 2005.

Reiche, Reimut: Nachwort zu: Sigmund Freud: »Drei Abhandlungen zur Sexualtheorie«. Reprint der Erstausgabe nach 100 Jahren(지그문트 프로이트의 《성이론에 대한 세 편의 논문》. 100년 이후에 재판 발행). Frankfurt a. M. 2005, 95-127쪽.

Schapiro, Meyer: Leonardo and Freud: An Art-Historical Study(레오나르도와 프로이트: 예술사적 연구). In: Journal of the History of Ideas 17 (1956), 147-178쪽.

Schröter, Michael: Freuds Komitee 1912-1914. Ein Beitrag zum Verständnis psychoanaly-
tischer Gruppenbildung(프로이트의 위원회. 정신분석적 단체형성에 대한 기고). In:
Psyche 49 (1995), 513-563쪽.

_____: The early history of lay analysis, especially in Vienna, Berlin and London(비전문인
에 의한 정신분석의 특히 빈, 베를린과 런던에서의 초기적 역사): Aspects of an unfol-
ding ontroversy(1906-24). In: International Journal of Psychoanalysis 85(2004), 159-
178쪽.

Schur, Max: Sigmund Freud. Leben und Sterben(지그문트 프로이트. 삶과 죽음). Frankfurt
a.M. 1973(영어판 1972).

Sigusch, Volkmar: Neosexualitäten. Über den kulturellen Wandel von Liebe und Perversion(새
로운 성욕. 사랑과 도착의 문화적 변화에 대하여). Frankfurt a.M./New York 2005.

Timms, Edward: Karl Kraus. Satiriker der Apokalypse(카를 크라우스. 묵시록의 풍자가).
Wien 1995(영어판 1986).

_____: Freud und das Kindweib. Die Erinnerungen von Fritz Wittels(프로이트와 어린아
이 같은 여성. 프리츠 비텔스의 기억). Wien 1996(영어판 1995).

Verspohl, Franz-Joachim: Der Moses des Michelangelo(미켈란젤로의 모세). In: Städel-Jahr-
buch 13 (1991), 155-176쪽.

Wittels, Fritz: Sigmund Freud. Der Mann, die Lehre, die Schule(지그문트 프로이트. 남자,
가르침, 학교). Leipzig/Wien/Zürich 1924.

Yovel, Yirmiyahu: Spinoza. Das Abenteuer der Immanenz(내재성의 모험). Göttingen
1994(영어판 1989).

Zaretsky, Eli: Freuds Rufmörder im Zeitalter der Entidealisierung(탈이상화 시대에서 프로이
트의 명예훼손자). In: Psyche 53 (1999), 371-191쪽(영어판 1996).

Hans-Martin Lohmann

제2부

저작과
저작 군(群)

1. 초기 저작

1

이른바 분석 이전의 글들

프로이트의 초기 저작을 특징화하기 위한 "분석 이전(voranalytisch)"이란 말은 언제 어디서 무엇을 기준으로 할지 분명치 않다. 프로이트 자신이 이 표현을 사용했다는 점을 고려할 때, 그는 심적인 것이 아직도 독립적인 분야로서 그의 관심의 중심에 있지 않았던 시기를 지칭하려고 하였다(Grubrich-Simitis 1993, 349쪽). 인생의 후반기에 들어 프로이트는 자신의 초기 저작에 회의적인 태도를 보였고, 또한 이것에 가치를 부여하면서 참조문헌으로 이용하려는 것에 부정적으로 반응했다. 1936년 루돌프 브룬(Rudolf Brun)에게 보낸 편지에서 그는 다음과 같이 말하고 있다. "그중 대부분은 거의 가치 없고, 몇 가지는 아무 쓸모가 없기 때문입니다. … 예를 들자면 … 뱀장어의 엽상기관에 대한 것이 그러한데[Freud 1877], '졸렬할' 따름이라고 말할 수 있습니다. 몇 년이 지난 뒤(1882)에 나온 가재의 신경요소에 대한 것은 더 형편없습니다[Freud 1877]. … 또 뇌 해부에 대한 기고문들도 … 이런 연구가 요구하는 주도면밀함을 가지고 작업된 것이 아닙니다"(Meyer-Palmedo/Fichtner 1999, 9쪽 재인용).

먼저 프로이트는 대학생 시절에 동물학 논문을 썼는데, 이것은 아무튼 빈 과학 아카데미의 회의록에 등재되었다. 그는 브뤼케의 생리학 실험실에서 신경조직학의 의문점을 파고들면서 표본제작 기술을 발전시켰다(이 부분에 대한 생물학적 언급과 후속 논문에 대해서는 같은 곳, 15쪽 이하 참조). 1924년 프로이트는 이 시기에 대하여 카를 아브라함의 면전에서 다음과 같이 말하고 있다. "내가 스스로 칠성장어의 척수신경절에 대한 논문 저자를 자처한다면, 이는 인물의 일관성에 대한 지나친 기대일 것입니다. 그럼에도 나는 이 발견에 대하여 지금까지 다른 어떤 것보다도 아마 더 행복감을 느꼈던 것 같고 또 그렇게 생각합니다"(F/A, 343쪽). 프로이트는 마이네르트(Meynert) 밑에서 수련의로서 신경해부학 연구에 매달렸다. 그는 이때의 활동으로 실험능력과 현장연구 상황 및 계통발생의 관찰방식에 대한 정확한 지식을 입증해 보였다(Wiest/Baloh 2002). 이 작업 덕분에 그는 사강사(Privatdozent)의 지위를 얻었으며, 신경과 개인병원을 개업하면서 막스 카소비츠 공공 아동병원의 신경과장 직책에 올랐다(Eissler 1966; Gickelhorn 1960). 프로이트는 1886년부터 1896년까지 10년 동안 이 병원의 신경과장으로 일주일에 사흘씩 근무하면서 히스테리 증상이 있는 아이들을 대상으로 소아과 진료를 담당했는데, 이 시기가 정신분석의 태동에서 차지하는 의미는 지금까지 대체로 간과되었다(Bonomi 1994). 그는 카소비츠 병원의 경험을 바탕으로 아동의 뇌성마비에 대한 연구물을 발표했다. 이것은 그가 1897년 마지막으로 신경에 관한 논문을 발표할 때의 주제이기도 했다.

프로이트가 정신분석 이전에 쓴 글 중에는 ─테오도르 곰페르츠(Theodor Gomperz)가 펴낸─ 존 스튜어트 밀의 《전집》("여성해방에 대하여", "플라톤", "노동자 문제", "사회주의") 번역과 1880년과 1890년대 초반에 나온 샤르코와 이폴리트 베른하임의 논문 몇 편에 대한 번역이 포함된다. 프로이트가 최초로 발표한 글은 1974년 K. R. 아이슬러 덕분에 다시 일반대중에게 알려지게 되었다. 그것은 레오폴트슈타트 고등학교의 교지 《무자리온》에 실린 것으로 1871년 "이 생각 저 생각(Zerstreute Gedanken)"이라는 제목의 다섯 문장짜리 글이며, 프로이트의 작품으로는 최초로 인쇄된 것이다(Freud 1871/1974, 101쪽). 아이슬러와 클라우스 슈뢰터는 고등학생이었던 프로이트의 원칙과 성찰에 대하여 상세히 연구한 바 있다(Eissler 1974, Schröter 1974).

현재 프로이트의 초기저작이 얼마나 되는지 정확하게 파악하는 것은 불가능하다. 《사강사 지그문트 프로이트 박사의 학술논문 개요, 1877-1897》(전집 1, 461-488쪽)에 소개된 약 30편의 논문은 《전집》에 실리지 않았다. 1975년 잉게보르크 마이어 팔메도(Ingeborg Meyer-Palmedo)가 펴낸 《지그문트 프로이트의 용어색인 및 전체 문헌》(Meyer-Palmedo 1975)에는 50여 편의 글이 소개되고 있고, 마이어 팔메도와 게르하르트 피히트너(Gerhard Fichtner)가 1999년에 펴낸 《프로이트 문헌 및 색인목록》(Meyer-Palmedo/Fichtner 1999, 초판 1989) 개정판에는 160여 편의 글이 실려 있다. 앞으로도 알려지지 않은 프로이트의 논문들이 계속 나타날 것으로 예상된다.

동물학과 신경조직학, 신경해부학, 신경병리학에 대한 자신의 연구를 《전집》에 넣지 않기로 한 프로이트의 결정은 정신분석의 위상을 자신이 발전시킨 새롭고 독자적인 과학으로 끌어올렸다고 볼 수 있을 것이다. 또한 《전집》의 발행자들도 프로이트의 의중에 따랐다. 안나 프로이트는 "정신분석 이전의 프로이트 논문 몇 편을 《전집》에 실으려는 발행자들의 의도가 이를 분명히 반대한다는 저자와의 논의 뒤에 철회되었다"고 기록하고 있다(전집 1, 6). 알렉산더 미처리히(Alexander Mitscherlich)가 1960년대에 당시 계획하고 있던 "역사적-비판적 프로이트 전집"에 정신분석 이전의 글을 싣자고 제안했을 때에도 프로이트의 부정적인 생각을 고려하여 거부되었다(Grubrich-Simitis 1993, 79쪽). 이후로 이 글들을 전집에 넣어 발표하려는 시도 역시 모두 실패로 돌아갔으며(앞의 책, 78쪽 이하), 2001년에 발효된 지그문트 프로이트 저작권과 관련하여 마크 솜즈(Mark Solms)가 준비하고 주석을 단 프로이트의 신경학 전집도 아직까지 출간되지 않았다. 첫 발표 이후 대부분 출판되지 않은 120여 편의 글을 다시 묶어 펴내려는 이 4권짜리 책들은 영어와 독일어로 발행할 예정이기 때문에 한층 더 진전된 연구에 보탬이 될 것으로 보인다. 몇몇 논문은 1987년에 S. 피셔 출판사에서 나온 《전집》 증보판에 실렸으며, 잉그리드 케스트너(Ingrid Kästner)와 크리스티나 슈뢰더(Christina Schröder)는 1989년에 프로이트가 정신분석 이전에 쓴 일련의 논문들을 출판하기도 했다(Kästner/Schröder 1989).

자신의 정신적인 유산을 부정하는 프로이트의 태도로 말미암아 그의 초기저작은 오랫동안 주목받지 못했다. 물론 1937년 스미스 엘리 젤리페(Smith Ely Jelliffe)가 분석 이전의 글들을 정리하는 데 도움을 달라고 요청했을 때, 프로이트는 젤리페가 그다지 보람 있는 임무를 떠맡지 못하는 셈이 될 테지만, 그러나 자신이 정신분석을 하루아침에 만들어 낸 것이 아닌만큼 분석 이전의 글들을 문서화한다면 유용할 수도 있을 것이라고 답장을 보냈다(Meyer-Palmedo/Fichtner 1999, 9쪽). 그럼에도 정신분석의 1세대 역사가들은 프로이트의 학문적 발전과정을 정신분석 이전과 정신분석의 시기로 구분하면서 대체로 초기저작은 습관적으로 무시하는 경향이 있었다. 헨리 엘렌버거(Henry F. Ellenberger)에 따르면 정신분석 역사가들은 "프로이트를 새로운 심리학의 토대를 세우기 위하여 자신의 전문직을 포기한 신경학자로 보았다"(Ellenberger 1970/1996, 649쪽)는 것이다.

사람들은 뒤늦게 프로이트의 초기에 나온 글들에 정신분석의 정신적 발상지를 이해하는 데 필수적인 지식이 담겼음을 비로소 인식했다. 프로이트의 학문적 출발을 체계적으로 연구한 최초의 인물은 지크프리트 베른 펠트였다(Bernfeld 1944/1981; 1949/1981). 베른펠트는 부분적으로 부인 수자 네 카시러 베른펠트의 도움을 받아 1944년부터 1953년까지 프로이트의 생 애에 대한 일련의 기본적인 연구에 몰두하다가 이를 책으로 출간했다. 이 책은 이후에 나온 모든 프로이트 전기의 길잡이가 되었다(Bernfeld/Cassirer Bernfeld 1981). 그런가 하면 프랭크 설로웨이(Frank J. Sulloway)는 1979년에 프로이트의 초기 학문적 활동에 대해 상세한 연구서를 출간했다(Sulloway 1979/1982). 한편 어니스트 존스는 프로이트 전기(Jones I–III)에서 프로이트 와 학술적 의학 사이에 끊임없이 상호 적대적인 분위기가 형성되었음을 보여 주었다. 이와는 달리 울리케 마이(Ulrike May)는 초기저작을 바탕으로 프로이트가 19세기 말 빈에서 신경병리학과 정신의학에 의해 대변되는 관 점과 지속적인 대립 속에서 메타심리학 및 임상이론의 기초를 발전시켰 다는 것을 입증할 수 있었다(May-Tolzmann 1996). 마크 솜즈는 마이클 샐링 (Michael Saling)과 함께 펴낸 프로이트의 초기저작 두 편(Freud 1888)에 대한 연구서에서 프로이트가 자신의 구상을 전혀 다른 원천에서 끌어내기는 했 지만, 심적 과정이 유기적 토대와 독립적으로만 이해될 수 있다는 전제에 서 출발하는 그의 심리학 이론은 처음부터 어떤 신경생리학 체계와도 무 관하게 발전되었다는 결론을 내렸다(Solms/Saling 1990).

프로이트 초기저작에 대한 관심이 눈에 띄게 늘어난 것은 최근의 일이 다. 1995년 5월에 프로이트의 분석 이전의 글을 주제로 한 국제 학술회의 가 벨기에의 헨트에서 열렸다. 이를 계기로 프랑스어(Geerardyn/Van de Vijer 1998)와 영어로 된 출판물(Van de Vijer/Geerardyn 2002)이 나왔다. 그러나 프 로이트의 초기저작에 대한 증대된 관심은 무엇보다 정신분석과 신경의학 의 인접 현상에 기인한다. 근본적으로 분리되고 방법적으로 차별화된 이 두 분야의 이론적 시도 사이에 점점 더 뚜렷한 일치와 공통점이 관찰될 수 있다. 신경의학자들은 오늘날 억압과 방어 또는 외상에 대해 언급하고 있으며, 정신분석자들은 뇌 과학의 새로운 성과를 입증하고 있다. 물론 정신분석과 신경의학의 공통된 관점으로 의식과 무의식을 이해할 수 있을지, 또한 두 분야의 공동 작업에서 최종적으로 새로운 전망이 나타나게 될는지 현재로서는 판단하기 어렵다.

─────── 참고문헌 ────────────────────────────────────

Bernfeld, Siegfried: Freuds früheste Theorien und die Helmholtz-Schule(프로이트의 초기의 이론들과 헬름홀츠 학교) [1944]. In: Bernfeld/Cassirer Bernfeld 1981, 54-77쪽.

_____: Freuds wissenschaftliche Anfänge(프로이트의 과학적 시작) [1949]. In: Bernfeld/Cassirer Bernfeld 1981, 112-147쪽.

_____/Suzanne Cassirer Bernfeld: Bausteine der Freud-Biographik(프로이트 전기론의 초석). Hg. von Ilse Grubrich-Simitis. Frankfurt a. M. 1981.

Bonomi, Carlo: Why have we Ignored Freud the »Paediatrician«? The Relevance of Freud's Paediatric Training for the Origins of Psychoanalysis(왜 우리는 프로이트라는 "소아과 의사"를 무시했는가? 정신분석의 기원을 위한 프로이트의 소아과 훈련의 타당성). In: André Haynal/Ernst Falzeder(Hg.): 100 Years of Psychoanalysis. Genf 1994.

Eissler, K. R.: Sigmund Freud und die Wiener Universität(지그문트 프로이트와 빈 대학교). Bern/Stuttgart 1966.

_____: Psychoanalytische Einfälle zu Freuds »Zerstreute(n) Gedanken«(프로이트의 "이 생각 저 생각"에 대한 정신분석적 착상). In: Ders. (Hg.): Aus Freuds Sprachwelt und andere Beiträge. Jahrbuch der Psychoanalyse, Beiheft 2 (1974), 103-128쪽.

Ellenberger, Henry F.: Die Entdeckung des Unbewußten(무의식의 발견). Zürich 1996(영어판 1970).

Freud, Sigmund: Zerstreute Gedanken(이 생각 저 생각) [1871]. In: Eissler 1974, 101쪽.

_____: Beobachtungen über Gestaltung und feineren Bau der als Hoden beschriebenen Lappenorgane des Aals(뱀장어의 고환으로 기술된 엽상기관의 형성과 미세한 조직에 대한 관찰). In: Sitzungsbericht der Akademie der Wissenschaft Wien (Math.-Naturwiss. Kl.). 1. Abt., Bd. 75 1877, 419-431쪽.

_____: Über den Bau der Nervenfasern und Nervenzellen beim Flußkrebs(가재의 신경섬유
와 신경세포 조직에 대하여). In: Sitzungsbericht der Akademie der Wissenschaft Wien
(Math.-Naturwiss. Kl.). 3. Abt., Bd. 85 1882, 9-46쪽.

_____: Aphasie; Gehirn [unsignierte Artikel](실어증; 뇌 [서명이 없는 항목]). In: Albert
Villaret(Hg.): Handwörterbuch der gesamten Medizin. Bd. 1. Stuttgart 1888, 88-90쪽,
684-697쪽.

Geerardyn, Filip/Gertrudis Van de Vijer (Hg.): Aux Sources de la Psychanalyse(정신분석의
기원). Paris 1998.

Gicklhorn, Josef/Renée Gicklhorn: Sigmund Freuds akademische Laufbahn(지그문트 프로이
트의 학자로서의 이력). Wien/Innsbruck 1960.

Grubrich-Simitis, Ilse: Zurück zu Freuds Texten. Stumme Dokumente sprechen machen(프
로이트의 텍스트로 돌아가자. 말없는 문서들을 말하게 하기). Frankfurt a. M. 1993.

Kästner, Ingrid/Christina Schröder: Sigmund Freud(1856-1939). Hirnforscher. Neurologe.
Psychotherapeut. Ausgewählte Texte(지그문트 프로이트. 뇌연구자. 신경과 의사. 정신
요법 의사. 정선된 텍스트). Leipzig 1989.

May-Tolzmann, Ulrike: Freuds frühe klinische Theorie(프로이트의 초기적 임상이론). Tü-
bingen 1996.

Meyer-Palmedo, Ingeborg: Sigmund Freud-Konkordanz und -Gesamtbibliographie(지그문
트 프로이트-용어색인과 전체적인 전기). Frankfurt a. M. 1975.

_____/Gerhard Fichtner: Freud-Bibliographie mit Werkkonkordanz(작품의 용어색인이
들어 있는 프로이트-전기). Zweite, verbesserte und erweiterte Auflage. Frankfurt a. M.
1999.

Schröter, Klaus: Maximen und Reflexionen des jungen Freud(청년 프로이트의 원칙과 성찰).
In: Eissler 1974, 129-186쪽.

Solms, Mark/Michael Saling: A Moment of Transition(전환의 순간). London/New York
1990.

Solms, Mark: Une introduction aux travaux neuroscientifiques de Freud(프로이트의 신경과학
적 작품 소개). In: Geerardyn/Van de Vijer 1998, 23-42쪽; engl.: An Introduction to the
Neuroscientific Works of Sigmund Freud. In: Van de Vijer/Geerardyn 2002, 17-35쪽.

Sulloway, Frank J.: Freud. Biologe der Seele. Jenseits der psychoanalytischen Legende(프로이트. 영혼의 생물학자. 정신분석적 전설의 저편). Köln 1982(영어판 1979).

Van de Vijer, Gertrudis/Filip Geerardyn (Hg.): The Pre-psychoanalytic Writings of Sigmund Freud(지그문트 프로이트의 정신분석 이전의 저서들). London 2002.

Wiest, Gerald/Robert W. Baloh: Sigmund Freud and the VIIIth Carnial Nerve(지그문트 프로이트와 여덟 번째 뇌신경). In: Otology & Neurotolgy 23 (2002), 228-232쪽.

Thomas Aichhorn

2

코카인에 대한 글

1884년부터 1887년 사이에 프로이트는 트로판알칼로이드 코카인에 대하여 다섯 편의 논문을 발표했다. 그것은 《코카나무에 대하여(Über Coca)》 (1884; 부록 1885), 《코카효과의 인식》(1885), 《코카인의 일반적 효과에 대하여》(1885), 《파르케 코카인에 대한 소견(Gutachten über das Parke Cocain)》, 《W. A. 하몬드의 강연과 관련된 코카인 중독과 코카인 공포에 대한 소견》 (1887)이다. 나아가 그린슈타인(Grinstein) 같은 사람(1971)은 영어로 작성된 《코카인》(1884)도 프로이트의 저작으로 간주하기도 하지만, 이 주장을 크게 신뢰할 수는 없다(Freud 1884-1887/1996, 136쪽 이하).

프로이트가 코카인 연구에 몰두하던 이 당시는 빈에서 일반병원의 수련의로 근무할 때이다. 프로이트는 의사로 개업하면서 가정을 꾸리려는 희망으로 뭔가 새로운 것을 발견하여 "세상의 주목을 받고", 또한 자신에게 "수입을 가져다줄 만한" 일을 하고 싶어 했다(B, 106쪽). 이 새로운 대상이 바로 당시로서는 독성의 효과가 잘 알려지지 않은 코카인으로, 그것은 코카나무에서 얻을 수 있는 물질이었다. 프로이트는 앞서 기술한 코카인 연구에 기초하여 이 물질을 치료제로 사용할 수 있고 조금씩 사용하면 독성이 없다고 생각했다. 잘못된 것은 그가 자신을 시험대상으로 하면서 즉시 약제의 임상시험에 착수했다는 점이었다. 《코카나무에 대하여》에는 "나는 굶주림과 수면, 피로를 막고 정신활동을 단련하는 코카효과를 나 자신에게 10여 차례 시험해 보았다"(Freud 1884-1887/1996, 63쪽)라고 말하는 대목이 나온다. 약혼녀인 마르타 베르나이스에게 보낸 편지에서도 여러 차례 코카인 사용과 그 자극효과에 대해 말하고 있다. 프로이트는 동료와 친구, 집안사람들을 골라 무작위로 임상시험을 실시했다(Jones I, 105쪽).

프로이트가 쓴 일련의 코카인 연구 중 가장 중요하고 광범위한 논문은 1884년 7월에 발표된 《코카나무에 대하여》이다. 이 논문은 이 주제에 대한 학술적 문헌과 코카나무의 기원, 라틴아메리카 원주민의 실제 사용사례, 유럽으로 전파된 계기, 코카인의 화학적 제조 및 동물과 인간에 대한 효과, 치료제 활용 등에 대해 상세히 보고하고 있다. 이 논문은 학문적인 신천지를 개척함으로써 이후 반복하여 인용되는 자료가 되었으며, "코카인의 마취효과는 다양하게 활용될 수 있을 것"(같은 곳, 83쪽)이라는 프로이트의 희망적인 기대로 끝난다.

그러나 프로이트는 정확히 이 마취 분야에 너무 늦게 반응했다. 왜냐하면 그동안에 프로이트의 코카인 연구를 주목한 빈의 안과의사 칼 콜러(Carl Koller)가 코카인이 눈의 국부마취에 효과가 있음을 발견하고는, 1884년 9월 초에 자신이 발견한 전반적인 연구결과를 발표했기 때문이다. 콜러는 하룻밤 사이에 유명해졌으며, 신기원을 이룩한 ―외과치료에 국부마취를 도입한― 업적으로 온 세상 사람들의 찬사를 받았다(Bernfeld 1953/1981, 209쪽 이하; Hirschmüller 1996, 17쪽). 물론 콜러는 프로이트의 사전 연구가 중요한 역할을 했다는 사실을 언급하기는 했지만, 프로이트는 장차 처제가 될 민나 베르나이스에게 보낸 편지(Freud/Bernays 2005, 96쪽)와

《꿈의 해석》(전집 2/3, 176쪽)에서 언급한 것처럼 크게 실망할 수밖에 없었다. 당시 프로이트는 그 직후에 발표한 《코카효과의 인지에 대한 기고문》에서 "코카인을 통하여 … 각막과 결막의 완벽한 마취와 진통 효과를 일으킨다"는 "행운의 사고를 포착한" 사람이 자신이 아니라 콜러라는 것을 인정하지 않을 수 없었다(Freud 1884-1887/1996, 89쪽).

프로이트의 두 번째 코카인 연구는 코카인의 부차적 알칼로이드(Nebenalkaoid), 즉 엑고닌(Ecgonin)에 관한 것이다. 다름슈타트에 있는 제약사 메르크는 프로이트에게 사례금을 주고 이 연구의 사용계약을 맺었다. 세 번째 논문은 앞선 두 논문의 핵심을 요약한 것으로, 정신의학을 위한 코카인의 가치를 강조하고 있다. 새로운 것이 있다면 프로이트가 금단요법에, 가령 모르핀 중독의 치료에 명시적으로 피하주사를 추천했다는 점이다(같은 곳, 106쪽). 그다음 논문은 다양한 코카인 제제를 만들며 메르크 사와 경쟁관계에 있는 미국의 파크-데이비스 사를 위한 비교 감정서이다. 프로이트는 다른 사람이 쓴 기고문에서 약 60굴덴을 받고 학술정보라기보다는 광고 문안에 가까운 견해를 밝혔다(같은 곳, 111쪽 이하). 2년 뒤인 1887년에 프로이트는 마지막 코카인 연구물을 발표했다. 여기서 그는 이전의 입장을 다시 한 번 옹호하며 무엇보다 그동안 활발해진 코카인중독 논란과 그로 인해 불거진 불안에 관해 언급하고 있다.

프로이트의 코카인 연구는 오늘날까지 오용과 규정 위반이라는 평을 받고 있다(예컨대 Shepherd 1985/1986, 21쪽 참조). 이는 특히 프로이트 시대에는 분명하게 밝혀지지 않았던 코카인의 독성과 중독 유발의 기능이 추후에 알려진 것과 연관된다고 할 수 있다. 제1차 세계대전을 전후로 코카인 논란은 마약 사용에 대한 비난으로 이어지면서 위험한 마취제로 취급되는 결과를 낳았다(Hirschmüller 1996, 33쪽). 여기에 프로이트의 명성을 훼손한 사건이 또 있었다(Bernfeld 1953/1981, 202쪽 이하; Hirschmüller 1996, 27쪽 이하). 그가 1884년 초에 첫 실험을 한 이후 모르핀에 중독된 동료이자 친구인 에른스트 플라이슐 폰 마르크소프(Ernst Fleischl von Marxow)의 중독을 코카인을 사용해 치료하려고 한 것이다. 게다가 처음에는 치료의 성공을 확신하기까지 했다. 프로이트는 나중에 가서야 플라이슐이 규칙적으로 몰래 코카인을 사용하고 있으며, 이 때문에 모르핀과 코카인 중독에 걸렸다는 사실을 알게 되었다. 프로이트는 플라이슐을 공중에 노출시키지 않으려고 계속해서 자신의 치료 시도가 실패했다는 것을 인정하지 않았다. 이렇게 함으로써 플라이슐을 코카인 중독자로 낙인찍는 것을 막을 수 있었다. 프로이트는 1887년의 마지막 코카인 연구에 가서야 전반적으로 "마왕(Beelzebub)의 힘을 빌려 마귀를 쫓아내는" 시도가 비극적인 결과를 낳았다고 말하고 있다(Freud 1884-1887/1996, 125쪽). 1885년에 이미 독일 의사인 알브레히트 에를렌마이어(Albrecht Erlenmeyer)가 모르핀중독에 대한 코카인 효과에 공개적으로 의혹을 제기하면서 코카인중독을 모르핀중독과 알코올중독에 버금가는 "인류의 세 번째 재앙"이라 부르기도 했다(Hirschmüller 1996, 32쪽 재인용).

프로이트는 자신이 이전에 쓴 코카인 연구들을 돌아보며 일종의 거리감과 양면적 태도를 취한 것이 분명하다. 1923년 12월 18일 프로이트는 자신의 전기 작가인 프리츠 비텔스에게 보낸 편지에서 코카에 관한 자신의 논문을 "곧 접으려고 했던 … 하찮은 일"(부록, 756)로 표현한 적이 있었다. 세상을 떠나기 3년 전에 프로이트는 나머지 논문들을 첫 번째 논문과 비교하면서 이것들을 결코 발표해서는 안 되었을 "젊은 시절의 실수"로 분류했다(Hirschmüller 1996, 36쪽 재인용). 또한 《나의 이력서》(전집 14, 38쪽 이하)에서 이와 관련된 대목을 보면 프로이트는 특유의 표현으로 콜러의 승리와 사라진 자신의 이익을 언급하면서 엉뚱하게 자신의 신부에게 책임을 전가하고 있다(Gundlach/Métraux 1979, 437쪽 참조). 이는 프로이트가 자신이 근본적으로 관심을 기울였고 자기 자신에게 실험한 코카인의 향정신성 특징을 주제화하는 데 훗날 어려움을 겪었다는 것을 암시한다. 프로이트의 추종자들은 코카인 논문의 저자가 보여 준 분열적 태도를 마음속에 담아 두고 침묵으로 일관했다. 이후 코카인에 대한 글들이 다시 완벽하게 재출간되어 다시 일반 대중에게 다가가기까지는 100년 이상의 시간이 걸렸다(Freud 1884-1887/1996).

───── 참고문헌 ──

Bernfeld, Siegfried: Freuds Kokain-Studien(프로이트의 코카인 연구), 1884-1887 [1953]. In: Siegfried Bernfeld/Suzanne Cassirer Bernfeld: Bausteine der Freud-Biographik. Hg. von Ilse Grubrich-Simitis. Frankfurt a. M. 1981, 198-236쪽.

Freud, Sigmund: Schriften über Kokain(코카인에 대한 글들) [1884-1887]. Hg. und eingel. von Albrecht Hirschmüller. Frankfurt a. M. 1996.

_____/Minna Bernays: Briefwechse(서신교환) 1882-1938. Hg. von Albrecht Hirschmül-ler. Tübingen 2005.

Grinstein, Alexander: Freud's First Publications in America(미국에서 프로이트의 첫 간행물들). In: Journal of the American Psychoanalytical Association 19 (1971), 241-264쪽.

Gundlach, Horst/Alexandre Métraux: Freud, Kokain, Koller und Schleich(프로이트, 코카인, 콜러와 슐라이히). In: Psyche 33 (1979), 434-451쪽.

Hirschmüller, Albrecht: Einleitung zu: Freud(프로이트에 대한 서문) 1884-1887/1996, 9-39쪽.

Shepherd, Michael: Sherlock Holmes und der Fall Sigmund Freud(셜록 홈스와 지그문트 프로이트의 경우). Rheda-Wiedenbrück 1986(영어판 1985).

Hans-Martin Lohmann

3

《실어증의 이해》(1891)

이 논문에서 프로이트는 최초로 단일주제를 다루었다. 약 100쪽에 이르는 《실어증의 이해(Zur Auffassung der Aphasien)》는 처음에는 큰 주목을 받지 못했다. 존스에 따르면 850부가 인쇄되어 9년 동안 257부밖에 팔리지 못했고, 나머지는 회수되었다(Jones I, 257쪽). 전문적 문헌에서 인용된 사례는 베르그송(Bergson 1896/1982, 117쪽)과 골트슈타인(1971, 42쪽), 야콥손(1956/1979, 124쪽)에게서 발견된다. 프로이트의 책이 실어증 연구자들 사이에서 거의 알려지지 않았다는 —젤리페(Jelliffe)의 연구를 근거로 한— 존스의 판단(Jones I, 257쪽)은 더 엄밀한 전문적 논의의 틀에서는 명백히 볼프강 로이슈너(Wolfgang Leuschner)와 모순된다(Leuschner 1992, 7쪽). 프로이트는 1893년에 프랑스어로 《유기적 마비 요인과 히스테리 마비 요인의 비교연구 고찰(Quelques considérations pour une étude comparative des paralysies motrices organiques et hystériques)》(전집 1, 41쪽, 44쪽 이하, 48쪽 이하, 51쪽)이라는 논문을 발표한 바 있었다. 그는 이 프랑스어 논문을 제외하면 육체적 조건에 의한 마비와 히스테리 요인의 구분에 대하여 주제적으로 더는 《실어증의 이해》와 연관시키지 않았다. 프로이트는 《나의 이력서》에서 《실어증의 이해》를 "비판적-사변적 소책자"로서 사전 항목에 대한 연구의 부산물이라고 표현하고 있다(전집 14, 41쪽 이하). 언급한 "실어증"에 대한 사전 항목은 1888년에 신경과 의사인 빌라레(Villaret)의 《종합 의학 포켓사전》에 실린 것이었다. 이를 요약한 내용은 프로이트가 교수자격 취득을 위하여 기입한 연구 발표물의 개요에서 발견된다(전집 1, 472쪽 이하). 이 저서 자체는 《전집》에 포함되지 않았다. 그러나 따로 분리된 신판은 1992년에 발행되었다.

이후 정신분석 자체에서는 실어증에 대한 이 글이 거의 주목받지 못했다. 그것은 처음부터 프로이트의 "신경학" 논문의 범주로 분류되었지만, 이런 판단은 성급한 것이다. 프로이트가 병리학적 해부학 분야에 관련되어 있다 할지라도, 그의 책이 결국 실어증의 심리학적 치료를 위한 길을 열어 주었기 때문이다. 1861년 브로카(Broca)가 해부결과에 대한 소견을 통하여 "세 번째 좌측 전두엽의 손상으로 ―평상시에 지능과 언어기능이 온전할 경우― 발성기능이 완전히 상실되거나 최고로 제한된다는 것"(Freud 1891/1992, 40쪽)을 입증한 이후, 실어증 연구에서는 해부학적 병리학(anatomische Pathologie)과 특히 국재론 가설(Lokalisationshypothese)[32]이 지배적인 위치에 있었다. 국재론은 감각적 인상이 예컨대 세포 영역에서의 물질적 저장에 의한 것이지만, 적어도 뇌의 상이한 피질지대에 정신적 기능이 있기에 가능하다고 주장한다. 프로이트는 나름대로 목표를 갖고 베르니케(C. Wernicke)의 논문들을 집중적으로 연구한다. 베르니케의 이 논문들은 그의 대학 시절 스승인 마이네르트(Th. Meynert)의 뇌구조의 해부학적 모델에서 영향을 받았다. 베르니케는 1874년에 "브로카의 실어증에 상반되는 연구"로서 "발성을 이용할 수 있는 유지능력에서의 언어 이해력 상실"(같은 곳)을 발견했을 뿐만 아니라 그 결과로 파생된 운동성 실어증(motorische Aphasie)과 감각성 실어증(sensorische Aphasie)을 구분했다. 그리고 여기에 제3의 유형이라고 할 수 있는 **전도성 실어증**(Leitungsaphasie)을 추가했다. 이런 구분은 대뇌피질에 있는 운동 중추와 감각 중추의 "국부화(Lokalisierung)"를 확정하고, 이른바 "백색섬유"를 통한 두 중추 간의 협동적 전달이 불가피하다는 가정을 토대로 한다. 베르니케와 관련하여 리히트하임(L. Lichtheim)은 서로 다른 7대 언어장애의 유형을 제시한 바 있었다.

프로이트의 접근방식은 자신의 해부학적 소견이 부족한 상태에서 이

32) 역주: 특정한 언어능력은 특정한 뇌의 영역에 한정된다는 이론.

차문헌의 해석에 의존하고 있다. 이 때문에 그는 계속해서 논지를 바꾸면서 해부학적 소견과 환자에 대한 임상적 관찰이 일치하지 않는 경우를 빈번하게 드러낸다. 무엇보다 "전도성 실어증"은 "근거가 박약한" 것으로 입증된다(같은 곳, 55쪽). 상호 연관된 피질의 언어영역에 대한 프로이트의 증명은 시대에 뒤떨어진 가설을 전제로 한 것이다. 일반적으로 국재론 가설(Lokalisationshypothese)의 관점으로 볼 때 실어증 환자의 언어능력에서는 지극히 국부적인 손실을 예상할 수 있다는 것이다. 그러나 이보다는 "비물질적 손상을 통해서도 나타날 수 있는" 지속적이면서도 분산된 "기능장애"가 관찰된다(같은 곳, 71쪽). 프로이트는 휴링스 잭슨(Hughlings Jackson)과 더불어 이 기능장애를 언어기관의 "연대적인 반응(solidarische Reaktion)"으로 설명하고 있다.

하지만 프로이트의 논문은 실어증 원인을 둘러싼 논의를 넘어서 있다. 왜냐하면 이 논문에는 이미 훗날의 **메타심리학**을 예시하는 중심적 논증들, 즉 생리학과 심리학의 관계에 대한 결정적인 입장이 나타나기 때문이다. 정신물리학적 유사성에 대한 고백에도 불구하고 프로이트는 심적인 것 속에서, 예컨대 "표상들"의 상호 결합 속에서 통용되는 상태, 우연한 생리적 기초들의 관계에서 이루어지는 상태의 모든 "혼동"과 전이에 단호히 반대한다(같은 곳, 97-98쪽). 프로이트는 국재론 가설과 씨름하는 가운데 여기서 이미 느낌과 연상은 국부적으로 분리될 수 없으며, "두 명칭은 단일하고 분리할 수 없는 과정으로부터 개념화되고 있다"는 통찰에 도달한다(같은 곳, 100쪽). 이후에 전개되는 흔적, 회상, 기억과 의식에 대한 프로이트의 숙고는 일직선적인 관계로 발전된다고 할 수 있다. 프로이트 자신의 실어증 이해는 언어장치의 모델에 대한 지속적 연구를 기초로 한다. 여기서 언어장치의 구조는 학습의 다양한 단계(말하기, 철자연습, 읽기, 쓰기 등), 그리고 그때그때 운동적 계기(언어혁신형태)와 감각적 계기(언어음향형태)의 통합 단계를 넘어서서 유전적으로 재구성된다(117쪽 이하). 프로이트는 "대상연상 (Objektassoziation)"과의 관계에서 음향형태를 넘어서는 세분화된 "언어표상 의 심리학적 도식"(121쪽)에 도달한다. 다양한 "시각적, 음향적, 운동감각적 요소"는 언어표상뿐 아니라 "대상표상(Objektvorstellung)"과도 관계되지만 (122쪽) 동시에 서로 명백하게 구분된다. 따라서 "대상표상이 우리에게 완 결되지 않고 거의 종결될 수 없는 것으로 나타나는 데 반해, 언어표상은 비 록 확대가 가능한 것으로 보일지라도 완결된 것으로 나타난다"(122쪽). 여 기서 **연구판**(Studienausgabe) 발행자들은 이미 프로이트의 추후 논의들을 언 어표상 및 사물표상의 관계와 서로 연관시킬 수 있다는 것을 인식함으로 써 실어증 논문의 해당 구절을 《무의식》이라는 원전(전집 10, 263-303쪽)에 첨부하였다.

실어증에 대한 프로이트의 유형론은 다음과 같이 분류된다. "첫째로 1차 실어증, 즉 언어표상의 개별 요소들 간에 단순히 연상이 방해를 받는 **구두 실어증**(verbale Aphasie), 둘째로 2차 실어증, 즉 언어표상과 대상표상의 연상 이 방해를 받는 비상징적 실어증(asymbolische Aphasie)"(Freud 1891/1992, 122 쪽)이다. 또 다른 유형으로 "3차 실어증 또는 인지불능적 실어증(agnostische Aphasie)"(123쪽)은 더는 언어장애의 좁은 영역에 속하지 않는데, 이 영역에 서는 "대상과 대상표상 사이의" 관계, 즉 인식관계가 중요하기 때문이다 (123쪽). 야콥손이 통합적 차원과 모범적 차원의 대립 내지 은유와 환유의 대립으로 기술한 "언어의 이중성"(Jakobson 1956/1979, 119쪽 이하)은 이미 프 로이트에게서도 파악된 것으로 나타난다.

프로이트의 실어증 논문에 대한 새로운 관심은 구조주의 언어학과 정신 분석에서 비로소 나타났다. 프랑스에서는 라캉을 중심으로 하는 학자들 이 정신분석을 궁극적으로 생물학적 잔재에서 해방시킬 목적으로 프로이 트 초기의 언어개념의 구조적 재구성을 시도했다(Nassif 1977). 독일어권에서는 반대로 로렌처가 생리학과 심리학의 관계를 복원하기 위하여 그리고 "자아 심리학과 라캉이 견해를 같이 하는 프로이트 생물학주의의 일방적인 배척을 수정하기 위하여"(Lorenzer 2002, 85쪽) 실어증 논문을 연구했다. 포레스터는 실어증과 히스테리에 대한 프로이트의 이해방식의 연관성을 역사적이고 체계적으로 추적했다(Forrester 1980/1985쪽).

───── 참고문헌 ─────────────────────────────

Bergson, Henri: Materie und Gedächtnis. Eine Abhandlung über die Beziehung zwischen Körper und Geist(물질과 기억. 육체와 정신 사이의 관계에 대한 논문). Frankfurt a. M./Berlin/Wien 1982(불어판 1896).

Forrester, John: Aphasie, Hysteria and the Talking Cure(실어증, 히스테리와 말로 치료하기). In: Ders.: Language and the Origins of Psychoanalysis [1980]. Basingstoke/London 1985, 1-39쪽.

Freud, Sigmund: Aphasie(실어증). In: Albert Villaret (Hg.): Handwörterbuch der gesammten Medicin. Bd. I. Stuttgart 1888, 88-90쪽.

─────: Zur Auffassung der Aphasien. Eine kritische Studie(실어증의 이해. 비판적 연구) [1891]. Hg. von Paul Vogel, bearb. von Ingeborg eyer-Palmedo, eingel. von Wolfgang Leuschner. Frankfurt a. M. 1992.

Goldstein, Kurt: Zur Frage der amnestischen Aphasie und ihrer Abgrenzung gegenüber der transcorticalen und glossopsychischen Aphasie[연결피질 실어증과 설인심적(舌因心的) 실어증]. In: Selected Papers/Ausgewählte Schriften. Den Haag 1971, 13-57쪽.

Gondek, Hans-Dieter: Aphasie und Angst ─ die Frühgeschichte der Psychoanalyse(실어증과 불안 ─ 정신분석의 초기역사). In: Ders.: Angst ─Einbildungskraft─ Sprache. Ein verbindender Aufriß zwischen Freud, Kant, Lacan. München 1990, 27-87쪽.

Jakobson, Roman: Zwei Seiten der Sprache und zwei Typen aphatischer Störungen(언어의 두 측면과 실어증 장애의 두 유형). In: Ders.: Aufsätze zur Linguistik und Poetik. Frankfurt a. M./Berlin/Wien 1979, 117-141쪽(영어판 1956).

Jelliffe, Smith Ely: Sigmund Freud as Neurologist(신경학자로서의 지그문트 프로이트). In:

Journal of Nervous and Mental Disease 6 (1937), 696-711쪽.

Leuschner, Wolfgang: Einleitung zu: Freud(프로이트에 대한 서문) 1891/1992, 7-31쪽.

Lorenzer, Alfred: Über den Gegenstand der Psychoanalyse oder: Sprache und Interaktion(정신분석의 대상 또는 언어와 상호작용에 대하여). Frankfurt a. M. 1973.

_____ : Die Sprache, der Sinn, das Unbewußte(언어, 감각, 무의식). Stuttgart 2002.

Nassif, Jacques: Freud l'inconscient. Sur les commencements de la psychanalyse. Paris 1977.

Stephan, Arnim: Sinn als Bedeutung. Bedeutungstheoretische Untersuchungen zur Psychoanalyse Sigmund Freuds(의미로서의 감각. 지그문트 프로이트의 정신분석에 대한 의미 이론의 연구). Berlin/New York 1989.

Hans-Dieter Gondek

2. 히스테리 연구

눈에 두드러지는 가변적 증상 때문에 '극락조(Paradiesvogel)'와 비교되기도 하는(Seidler 1996) 히스테리의 발병을 둘러싼 수수께끼는 프로이트에게 정신분석을 향한 도정에서 마주친 최초의 도전적 과제였다. 이 신경유형을 근거로 그가 수집한 임상적 경험과 이론적 구상은 무의식의 이해를 위한 바탕이 되었다.

발생동기

프로이트의 신경연구 출발점은 파리의 살페트리에 병원에 근무하는 프랑스 신경학자 샤르코 곁에서 4개월간(1885/86) 연구를 위해 체류한 기간이었다. 이 시점부터 샤르코가 "신경증의 여왕"이라고 찬미한 히스테리는 프로이트의 연구에서 핵심으로 자리 잡았다. 샤르코의 최면실험은 히스테리 증상을 인위적으로 불러일으키거나 다시 사라지게 할 수도 있다는 것을 보여 주었다. 이 실험에서 히스테리 증상은 프로이트의 말을 빌리면 "특별한 기분이 드는 순간에 환자의 뇌를 지배하던 상상의 결과"라는 사실이 입증되었다(전집 1, 34쪽). 질 드 라 투레트[전집(Gilles de la Tourette; 1891/1894)]가 기록한 살페트리에 학파의 업적에는 무엇보다 임상적 징후학과 차별적인 진단의 경계설정, ―외상 및 상상에 의해 발생하는― 히스테리의 원천과 관련된 병인 관찰이 포함된다. 프로이트는 샤르코가 "히스테리에 대한 자신의 이론이 승리할 것을 확신"했으며, 기회가 있을 때마다 "히스테리는 장소와 시간을 불문하고 동일한 것"이라는 말을 반복했다(전집 1, 33쪽)고 평가했다. 그러는 동안 히스테리 증상이 마치 자연법처럼 진행되는 것으로 생각한 ―실증주의적인― 이 기본 가설은 점점 의문시되었다. 샤르코 시대에 히스테리의 임상적 형태를 지배했던 엄청난 히스테리 발작과 운동기능 마비는 20세기 들어와서 전반적으로 사라졌으며, 그것은 따라서 시대적이고 문화적인 조건과 결부된 것임이 밝혀졌다.

프로이트는 파리에서 돌아온 뒤에(1886) 샤르코 이론의 옹호자가 되었다. 그러다가 샤르코의 추도사에서(1892) 비로소 그는 프랑스의 퇴화설(Degenerationslehre) 전통에 사로잡힌 샤르코의 병인 개념을 언급하면서 "샤르코는 원인으로서의 유전을 너무 과대평가했기 때문에 신경질환의 발생이 들어설 여지가 없었다"고 비판했다. 이 때문에 샤르코의 병인론은 "곧 흔들리고 수정을 가할 수밖에 없게 되었다"는 것이다(전집 1, 35쪽). 나중에 프로이트의 설명에 따르면 샤르코는 "심리학적 관점에 귀를 기울이지 않았다"고 한다. 샤르코 밑에서 연구원을 지낸 피에르 자네에 와서야 비로소 "히스테리 증상에서 특수한 심적 과정에 대한 좀 더 깊은 관찰"이 이루어졌다는 것이다. 요제프 브로이어와 프로이트는 자네의 사례연구를 추적하며 "영적인 분열과 인격의 붕괴"에 주목했다(전집 8, 17쪽). 하지만 더 자세히 관찰한 결과 자네는 자신이 파악한 "외상"과 "무의식적 고정관념", "의식분열"의 연속을 단지 "우연한 증상"의 발생으로 국한했다는 사실이 드러났다. 히스테리 고유의 증상이라고 할 "상흔(Stigmata)"을 체질에 따른 "의식영역의 제한"에 대한 표현으로 본 것이다(Janet 1892/1894). 프로이트와 브로이어는 이에 대해 이의를 제기하면서 자네의 견해가 "본질적으로 양로원이나 구빈원에서 생활하는 정신박약의 히스테리 환자를 대상으로 상세하게 연구한 결과에서 나온 것이기 때문에 실생활에 적용할 수는 없다"고 주장했다(부록, 291쪽). 이와는 대조적으로 그들이 치료한 히스테리 환자는 "아주 의지가 강하고 개성이 뚜렷하며, 비판적 의식을 가진 사람들"이라는 것이다(전집 1, 92쪽).

브로이어는 1880년부터 1882년까지 훗날 유명해진 안나 오(Anna O.)의 히스테리를 치료했다. 그는 1882년에 14년 연하인 프로이트에게 이 여자 환자의 치료경험을 들려주었다. "낮에는 환각에 쫓기는 심신이 쇠약한 환자가 밤에는 정신이 완전히 뚜렷한 소녀로 변하는 이 여자의 상반된 증상"은 놀랍도록 브로이어를 계속 매혹에 빠트렸다. 브로이어의 증상 묘사를 보면 '정신적인 인격의 분열'이라는 말이 나온다. 이 환자가 두 개의 인격으로 "분열되었다"(증보판, 241쪽 이하)는 것이다. 이는 '역동적 정신의학(Dynamische Psychiatrie)'의 역사에 소개되어 있듯이 브로이어가 자성치료가(Magnetiseur)인 메스머(Mesmer)와 퓌세귀르(Puységur)가 계속해서 '자성질환'과 '다중 인격', '이중 자아'로 기술하기 시작한 것과 유사한 현상을 접하게 되었다는 것을 보여 준다(Ellenberger 1973, 178쪽 이하).

나중에 "의식분열"로 설명되는 기질은 안나의 청소년기부터 뚜렷해진 백일몽 성향에 잠재해 있었다. 이런 기질로부터 안나가 병든 아버지를 걱정하며 간호에 전념하던 긴 단계를 거치며 불안환각(Angsthalluzination)이 발달하기 시작했는데, 아버지가 사망하자 급기야 그것이 터져 나온 것이다. 안나는 치료 초기에 심한 기침으로 시달렸다. 그리고 이 증상이 중증으로 발전하면서 특히 무언증(Mutismus)에 가까운 언어장애와 시각장애, 오른쪽 팔의 수축과 마비증상이 이어졌다. 마비는 양 발로 확대되다가 마침내 왼쪽 팔에도 찾아왔다. 브로이어는 안나의 무언증이 아버지로 인한 정신적 상처와 관계가 있다는 사실을 알아내면서 최초로 '심적 기제'를 발견하게 되었다. 브로이어가 안나에게 정신적 상처의 경험을 말로 설명하게 했을 때, 안나의 언어장애는 사라졌다. 또한 브로이어는 진료를 위해 안나를 방문한 자리에서 여러 차례 안나를 일종의 자기최면에 빠지게 했다. 이렇게 함으로써 브로이어는 그녀가 유난히 사적인 특정 주제에 골몰할 때면 "의식이 혼미해지는 것"을 알게 되었다. 그는 이럴 때마다 안나에게 은밀한 생각을 표출하도록 의도적으로 핵심적인 연관 단어를 들려주었다. 안나는 자기최면 상태에서 말을 하자 갈수록 증상이 완화되었다. 언젠가 안나는 여자 가정교사의 강아지가 유리잔에 담긴 물을 마시는 것을 보았을 때, 심하게 구역질을 하면서 물을 삼키기 어렵다고 말한 적이 있었다. 안나는 "깊이 잠재된 불쾌감"을 말로 표출한 뒤로는 곧바로 많은 물을 마셨고, 유리잔을 입에 댄 채 최면에서 깨어났다. 이로써 장애는 "완전히 사라졌다"(부록 233쪽). 영민한 이 환자는 자신을 괴롭히는 생각을 "구름"으로 묘사했으며, 치료과정을 "말로 치료하기(talking cure)" 또는 유머러스하게 분위기를 바꾸며 "굴뚝 청소(chimney sweeping)"라고 표현했다.

브로이어는 1882년에 작성된 최초의 질병보고서에서 다음과 같이 기록했다. "성적인 요소가 놀라울 정도로 발달하지 못했다. 수많은 환각 증상들 속에서 나는 단 한 번도 똑같은 것을 발견하지 못했다. 어쨌든 그녀와 아버지의 관계가 사랑을 대신했거나 아니면 오히려 사랑으로 대체되었다는 점에서 사랑을 전혀 해보지 못했다"(Hirschmüller 1978, 349쪽에서 재인용). 나중에 이 사례묘사가 프로이트와 공동 저술한 《히스테리 연구》에 발표되었을 때, 여기에는 아버지에 대한 오이디푸스적인 애정을 암시하는 문장이 없었다. 안나 오의 감정생활에서 엿보이는 탈선은 감정이입적인 브로이어의 묘사를 통하여 당시의 상태에 대한 놀라운 내적 논리와 완결성을 획득했다. 따라서 사람들은 그의 치료가 성공을 거두었다는 인상을 받을 수밖에 없었다. 하지만 문서자료, 특히 크로이츠링겐에 있는 벨레뷔 요양원의 자료를 살펴보면, 이 여자 환자는 브로이어의 치료를 받은 뒤에도 여러 차례 입원치료를 받았다는 사실이 밝혀졌다(Hirschmüller 1978, 152쪽 이하, 348쪽 이하 참조).

프로이트 최초의 히스테리에 대한 정신역동적 설명의 시도

브로이어는 히스테리 환자만을 치료했다. 그러나 그는 1886년 이후 신경과 의원을 개업한 프로이트에게 최면 내지 분석 작업이 많은 도움이 되리라고 기대되는 신경증 환자의 사례들을 위임했다. 이렇게 해서 프로이트는 차츰 히스테리와 신경증 치료의 전문가가 되었다. 두 사람은 함께 토론하면서 그동안에 축적된 경험을 이론적으로 정리했으며, 1893년에는 프로이트의 주도하에 '잠정적 보고'라고 표기된 논문 《히스테리 현상의 심적 기제에 대하여(Über den psychischen Mechanismus hysterischer Phänomene)》를 발표했다. 2년 뒤에 이 보고문은 이론 부분(브로이어)과 치료 부분(프로이트)으로 나뉜 4건의 긴 병력으로 확대되어 '정신분석서의 효시'(Grubrich-Simitis 1995)로 통하는 《히스테리 연구》(전집 1, 75-312쪽)에 실렸다.

브로이어와 프로이트의 기본 가설은 대부분의 히스테리 징후가 외상에 의해 야기된다는 것이었다. "심적인 외상"에 따라 불안이나 수치, 혐오, 비애 등의 고통스러운 정동(Affekt)을 불러일으키는 체험이 이해될 수 있다는 것이다. 히스테리 징후의 두 번째 전제는 외상에 의해 야기된 정동(情動)을 풀어 주는 '해소작용(Abreaktion)'[33]의 부족이었다. 정신적 부담을 덜어 주는

---

33) 역주: 분석대상자로 하여금 외상체험에 대한 회상과 가공을 통하여 외상에서 해방되도록 돕는 정화 방법의 일종이다. 종종 소산(消散)으로 번역되고 있다.

대화든, 호소나 눈물과 같은 감정해소의 수단이든 또는 복수 행위를 통해서든, 감정이 적절히 다스려지지 않으면 "심적인 외상은 오히려 몸속의 이물질처럼 그 자체에 대한 기억"으로 남아 영향을 미친다. 이 때문에 히스테리 환자는 자신의 정상적인 기억에 다가서지 못하는 "추억의 잔재로 인하여 대부분" 시달린다고 한다(전집 1, 95쪽 이하). 이 가설과 관련하여 "유발된 과정에 대한 기억을 아주 명랑한 상태로 일깨우는 동시에 이때 수반되는 정동을 상기시킬 수 있을 때, 그리고 환자가 이 과정을 가능하면 상세하게 묘사하고 정동을 말로 표현했을 때"(전집 1, 85쪽) 개별적인 히스테리 증상은 언제나 사라질 수 있다는 사실이 밝혀졌다. 이런 '카타르시스적' 감정분출을 방해한 매 조건에 따라서 히스테리는 최면히스테리(Hypnoidhysterie)와 방어히스테리(Abwehrhysterie)로 구분된다. 최면과 비슷한 상태가 '최면히스테리'의 기본 형태로, 이때 감정적으로 자유로운 적절한 반응은 불가능하다. 왜냐하면 병적 원인을 제공하는 상상이 예컨대 지속적 불안이나 "직접적으로 비정상적인 심적 상태에서와 같은 혼란한 정동 속에서 ㅡ말하자면 마치 백일몽을 꾸듯 몽롱하고 반쯤 최면에 걸린 몽롱한 상태에서ㅡ 또는 자기최면 상태와 비슷한 무겁고 혼란한 정동 속에서" 일어나기 때문이다. 이와는 달리 '방어히스테리'의 경우에는 반응이 성립되지 않는다. "왜냐하면 환자가 잊고 싶어 했던 것, 그래서 의식적인 사고에서 고의로 몰아내거나 저지하고 억제했던 것이 문제되기 때문이다"(전집 1, 89쪽 이하).

최면히스테리를 기술할 때에는 브로이어가 치료한 안나 오의 전형적 사례가 기준이 되었다. 이 환자는 최면의 얼떨떨한 상태에서 "무의식적 상상"의 잔재를 발견하고 "심적 분열"을 초래한 외상 경험을 겪었다. 이런 분열은 모든 "심각한 히스테리"의 경우에 나타나는 기본적 방식이며, 이렇게 분열을 일으키는 능력과 소질이 "이 신경증의 기본 현상"이다(증보판, 286쪽).

프로이트는 외상 체험을 통해서만 생겨나는 방어히스테리의 전형적인 사례로서 루시 R.의 사례를 주목했다. 루시의 주요 증상은 끊임없이 그녀를 따라다니는 성가시고 주관적인 냄새에 대한 느낌이었다. 치료과정에서 타 버린 곡물 냄새에 대한 느낌은 내면의 갈등에 기인하는 것으로 밝혀졌다. 루시는 어머니를 여읜 아이들에게 정성껏 엄마 역할을 하고 싶었으면서도 주인집에서 가정교사로 지내는 것을 더는 견딜 수가 없어서 그 자리를 포기하려고 했었다. 바로 이런 갈등이 실제로 일어나는 상황에서 불운하게도 루시가 곡물을 태우는 실수를 저질렀다. 그러자 갖가지 생각이 떠오르면서 내면의 갈등은 더욱 깊어지게 되었다. 사실 루시는 주인 남자를 사랑했지만, 자신의 소망이 성취될 전망이 없었을뿐더러 사랑에 대한 소망과 이에 따르는 실망감을 고백할 용기도 없었다. 루시는 "어쩌면 좋을지 몰랐어요. 알고 싶지 않았다는 게 정확할 거예요. 그냥 머릿속에서 떨쳐 내고 싶었어요. …"(전집 1, 175쪽)라고 말했다. 이런 자리에 내적 갈등을 해소하기 위한 "억압(Verdrängung)"이 작용한다. 자아와 조화되지 못하는 상상은 "사라지는 것이 아니라 단지 무의식 속으로 파고들 뿐이다." 아울러 "자아와 분리된 심적 집합체의 형성을 위한 핵심 및 결정(Kristallisation)의 중심점이 주어지고, 그 주변으로 모순적인 상상의 가정을 전제로 하는 것처럼 보이는 모든 것이 연속적으로 모여든다"(전집 1, 182쪽).

그러나 방어히스테리를 인식하게 하는 '최초 사례'의 —신경증 상태의 전형적 성격을 찾는 것을 목적으로 하는(Schröter 1988, 152쪽 이하 참조) 개별 사례의— 의미는 엘리자베스 폰 R.의 경우에도 해당한다. 이 환자는 2년 전부터 심한 다리 통증에 시달렸으며, 이 때문에 걷거나 일어나는 데 장애가 생겼다[보행불능(Abasie)/기립불능(Astasie)]. 엘리자베스는 세 딸 중 막내로 자라면서 자신을 "아들과 친구"처럼 대하는 아버지에게 큰 매력을 느꼈다. 아버지는 엘리자베스가 어릴 때부터 당돌하고 독선적인 성격 때문에 훗날 남편을 고르기가 쉽지 않을 것이라고 말하곤 했다. 엘리자베스 자신도 결혼 때문에 자유를 제약받고 싶은 생각은 추호도 없었다. 다른 한편으로 엘리자베스는 아버지에 대한 자부심이 아주 강했고 가족을 몹시도 소중하게 생각했기 때문에 언제나 자신의 바람보다 가족을 더 중시했다. 이 때문에 아버지가 중병에 걸리고 2년간 지극히 정성껏 보살폈음에도 끝내 세상을 떠났을 때 큰 충격을 받았다. 이후 엘리자베스는 가족들끼리 피서지에 갔을 때 갑자기 다리 통증이 생기면서 제대로 걸음을 걸을 수 없었다. 이때부터 엘리자베스는 집안에서 '환자'로 지냈다.

하지만 이런 경험만으로는 왜 엘리자베스의 증상이 고통스러운 보행 장애로 발전했는지 충분히 해명되지 않았다. 프로이트는 "좀 더 심층적인 기억"으로 파고들기 위해 엘리자베스의 이마를 손으로 누르고, 그 상태에서 어떤 형상과 기억이 떠오르는지 자신에게 말해 보라고 했다. 그러자 엘리자베스는 무도회가 열린 날 밤에 젊은 남자가 자신을 집까지 바래다준 일이 떠올랐고, 이 남자와 집으로 오면서 나눈 대화와 그때의 느낌을 기억해 냈다. 엘리자베스는 자신도 모르게 이 남자에게 사랑을 느꼈고, 두 사람의 관계가 결혼으로 이어졌으면 하는 소망이 생겼다. 하지만 이 소망을 충족한다는 것은 어쩌면 자신이 사랑하는 병중의 아버지를 배신한다는 의미일 수도 있었다. 이런 갈등 때문에 심한 자책감을 느꼈다. 이튿날 처음으로 보행 장애(춤추고 싶은 욕구의 거부로서)가 발생했지만 오래가지는 않았다. 아마 자신의 충동을 즉시 포기하기로 결심했기 때문일 것이다.

아버지가 세상을 떠난 뒤, 엘리자베스는 가족들과 함께 휴가여행을 떠났다. 한번은 언니의 남편과 오랫동안 산책을 한 적이 있었는데, 형부가 하는 말이 모두 자신에게 꼭 들어맞았다. 산책에서 돌아온 뒤에 다리에 심한 통증이 생겼다. 그것은 무도회에 다녀왔을 때와 비슷한 증상이었다. 엘리자베스는 며칠 후 경치가 좋은 곳으로 혼자 산책을 나갔다. 이때 고통스러울 정도로 외롭다는 느낌을 받고 언니와 형부처럼 행복한 관계가 그리웠다. 이날 집에 돌아온 뒤 밤에 한층 심한 통증이 생겼으며, 이후로는 만성이 되었다. 이런 일이 있고 나서 바로 언니가 돌연 사망했다. 계속 치료하던 프로이트는 중요한 기억을 이끌어 낼 수 있었다. 엘리자베스는 언니의 임종을 지켜보면서 갑자기 형부가 홀몸이 되었으니 자신이 그의 아내가 될 수 있을 거라고 생각했다. 그러나 엘리자베스는 마음에서 솟아나는 사랑과 결혼의 소망을 즉시 떨쳐 버렸다.

프로이트는 이 과정에서 충족되지 못한 엘리자베스의 애정생활과 다리 통증의 발생 사이에 어떤 관계가 있음을 알아차렸다. 최초로 증상이 나타났을 때는 성적 욕구와 아버지에 대한 순종 사이의 갈등이 근본 원인이었다. 이후의 통증 역시 유사하게 형성된 애정과 신뢰 사이의 갈등이 전제 조건이었다. 이 환자가 체험한 강렬한 성적 상상이 의식으로부터 배제된 것이 '억압'의 동기로 작용했다. 온전한 사람은 조화롭지 못한 성적 상상에 빠지는 것에 저항하기 마련이다. 영적 고통이 육체적 고통으로 '전환(Konversion)'되면 환자는 자신이 바라는 소망과 도덕적 의무의 고통스러운 갈등에서 벗어나기 쉬워진다. 프로이트는 이 최초의 히스테리에 대한 정신역동적 설명의 틀 속에서 네 가지 병인 요소의 상호작용을 중요한 전제로 기술했다. 즉 유발원인으로서의 심적인 외상, '해소되지(abreagiert)' 못한 정동, 억압과 전환의 중심적 역동성이 그것이다.

'유혹가설(Verführungshypothese)'로까지 발전하는
히스테리의 '성적 병인'에 대한 가정

프로이트는 의미심장하지만 여전히 극복하지 못한 환자들의 꿈을 조사하는 과정에서 성적 체험이 문제되는 경우가 아주 많다는 사실을 발견했다. 이것이 계기가 되어 프로이트는 환자의 성생활을 체계적으로 연구하게 되었다. 여기서 성적 요인이 그의 임상적 관찰과 가설 형성의 중심에 자리 잡게 되었다. 프로이트는 무엇보다 억압될 수밖에 없었던 외상에 의한 상상이 성적 내용을 갖고 있는지, 그리고 억압의 주요 동기를 성적 수치심이나 양심의 가책 및 죄의식에서 찾아볼 수 있는지 우선 자문해 보았다.

《히스테리 연구》의 치료 부분에서 프로이트는 성적인 관점에서 병력을 간략하게 평가했다. 안나 오와 엘리자베스 폰 R.의 경우는 아직 성적 신경증의 새로운 측면에서 연구가 이루어진 것이 아니었다. 루시 R.의 경우에는 히스테리가 "오인할 여지가 없는 성적 병인(sexuelle Ätiokogie)"으로 드러났다(전집 1, 257쪽 이하). 유일한 예외는 카타리나였는데, 이 경우에는 바로 성적인 외상충격과 억압이 중요한 문제로 부각되었다.

프로이트가 1893년 여름 호엔 타우어른에 있는 산에 올라가 경치를 즐기고 있을 때, 18세였던 산장 여주인의 딸 카타리나가 신경질환으로 고통을 호소하는 일이 있었다. 카타리나는 호흡곤란과 이에 따른 눈의 압박감, 현기증, 머릿속이 쿵쿵거리고 목이 조여 오는 느낌을 호소했다. 게다가 그녀는 뒤에서 누군가 자신을 덮치지 않을까 하는 불안에 시달렸고, 누군지는 모르지만 "혐오스러운 얼굴"이 자주 보인다고 했다. 프로이트는 처음에 이것이 히스테리성 공황발작(hysterischer Angstanfall)이라고 생각했다. 이런 공황발작이 처음 나타난 것은 2년 전이었으며, 그때까지 카타리나가 뚜렷하게 기억하는 경험과 관계가 있었다. 당시 카타리나는 우연히 아버지가 사촌 언니와 잠을 자는 모습을 발견하고 너무도 놀랐으며, 그때의 당혹감은 말로 표현할 수 없을 정도였다고 한다. 2-3일 뒤에 이때의 당혹감이 되살아났고, 며칠 동안이나 혐오감에 시달리며 심한 구토증이 생겼다. 계속 대화를 하는 가운데 카타리나는 아버지가 자신에게 성적으로 접근하던 일련의 장면을 떠올렸다. 불과 14세의 나이였던 어느 날 밤 침대에서 "아버지의 몸을 느끼면서" 잠에서 깨어났다. 카타리나가 단호하게 물리쳤기 때문에 더 이상 성가시게 구는 일은 없었다. 또 한번은 술집에서 술에 취한 아버지가 달려드는 것을 피해야 하는 일도 있었다. 이런 상황이 벌어질 때마다 카타리나는 호흡곤란을 느꼈다.

다양한 장면을 연결시킴으로써 논리적으로 증상을 설명할 수 있다고 본 프로이트는 이렇게 말했다. "이제 당신이 그때 방에서 본 장면 때문에 무슨 생각을 했는지 알겠어요. 당신은 아버지가 그날 밤 사촌언니에게 한 짓을 다시 자신에게 하려고 한다고 생각한 거예요. 그것에 혐오감을 느낀 거죠. 당신은 밤에 깨어나 아버지의 몸을 감지했을 때의 느낌을 기억한 것입니다"(전집 1, 192쪽). 카타리나는 이 말에 그럴 수 있다고 생각했다. 동시에 알 수 없는 "혐오스러운 얼굴"에 대한 수수께끼도 풀렸다. 카타리나는 분노로 일그러진 얼굴을 하고서 여러 차례 자신에게 위협적으로 달려들던 아버지의 얼굴을 분명히 보았는데, 자신이 본 것을 어머니에게 발설했기 때문에 아버지는 그런 화난 얼굴을 했던 것이다.

이 사례를 근거로 성의 병인적 요인이 다른 네 가지 요인인 외상, 해소되지 못한 정동, 억압 및 전환과 어떤 관계에 있는지 밝혀진다. 아버지의 유혹시도는 최초의 외상 동기로 작용한 것처럼 보인다. 이것이 사춘기 소녀에게 혐오와 불안의 정동을 유발한 것이다. 프로이트는 다음과 같이 말했다. "나는 종종 어린 소녀의 불안을 성의 세계가 처음으로 자신 앞에 개시될 때 처녀의 마음을 엄습하는 공포의 결과로 인식했다"(전집 1, 186쪽). 프로이트는 억압된 상상이 영적-정신적으로 가공되지 못한 채 '무의식적' 병리학적 핵을 형성하는 "기억의 흔적"으로 남아 있었다고 이론적으로 설명한다. "일단 히스테리적인 분열을 일으킬 수 있는 이런 핵이 '외상 요소' 속에서 형성되었다면, 그것은 '보조적인 외상 요소'라고 부를 수도 있는 다른 요소 속에서 확대되는 결과로 이어진다"(전집 1, 64쪽). 결국 엄청난 발견 속에서 최고조에 도달한 ―카타리나가 알게 된― 아버지와 사촌언니

사이의 비밀은 보조적인 외상 요소로 간주될 수 있다. 이런 장면들에는 또 다른 감정인 사촌에 대한 질투심, 마찬가지로 억압에 속하는 사랑에 대한 환멸과 복수심이 작용했다. 그러나 프로이트는 목격 장면에서 혐오와 불안의 근원적 정동이 재발견되었고, 이 정동은 극심한 외상의 힘 때문에 그만큼 더 강력한 전환을 필요로 했다는 점을 징후 발생의 본질적 근거로 파악했다.

《히스테리 연구》에 소개되는 모든 사례는 늦어도 사춘기 외상에서 끝난다. 카타리나의 경우에는 14세에 유혹의 장면이 일어났다. 하지만 이후 프로이트가 치료한 다른 사례에서는 사춘기의 외상이 사소한 것으로 입증되어 전체 증상을 설명하기에는 불충한 것으로 나타났다. 프로이트는 병인성 외상과 억압을 계속 삶의 궤적 속에서 추적하며 ─1895년 10월 8일 빌헬름 플리스에게 보내는 편지에서 처음으로 설명한 바와 같이─ 하나의 가설에 도달했다. 즉 그는 "혐오 및 공포와 더불어 (사춘기 이전에) 최초의 성적 체험"이 일어났을 때 히스테리가 발생한다고 가정한다(F, 146쪽). 곧이어 그는 "유아기의 성적 공포"에 대한 공식을 수수께끼의 해결방법으로 설명한다(F, 148쪽). 1897년 말까지 프로이트 신경증 이론의 기본 가정에 속하던 "유혹가설(Verführungshypothese)"은 이런 맹아로부터 자라났다. 이 가설은 본질적으로 순진한 아이가(대부분 소녀) 어린 나이에 형제자매나 성인에게 받은 유혹이 영적인 삶에서 '무의식적 기억'으로 남는다. 이 기억이 성적으로 성숙해졌을 때 되살아나면 외상 효과를 발휘하고, 이를 통해 그 기억은 히스테리의 특정한 원인이 된다는 것이다.

마침내 프로이트는 "청소년기에는 히스테리를, 나중에는 관찰망상(Beobachtungswahn)[34]을 보인 남자 환자의 분석을 통하여 유혹가설이 어떻

---

34) 역주: 다른 사람들이 자신을 주목하고 있다고 생각하는 조현병(정신분열)의 하나.

게 성립될 수 있는지를 확인하게 되었다. 프로이트가 5년 이상 치료한 —아마도 플리스에게 보낸 편지에서 자주 언급된 "미스터 E"의— 사례에서 자신이 예상한 대로 "유아기의 성적 학대가 남성 히스테리"로 나타났다고 보고한다(F, 152쪽 이하). 이 주제는 《히스테리의 병인에 대하여》(1896, 전집 1, 423-459쪽)에서 다음과 같이 다시 언급된다. "우리가 인내를 갖고 인간의 기억능력이 미칠 수 있는 만큼 최대한 유아기로 돌아가 분석을 하면, 모든 경우에 우리는 환자로 하여금 특수한 사건과 이후의 병적 증상과의 관계로부터 찾고자 하던 신경증의 병인으로 간주될 수밖에 없는 체험들을 재생산하도록 유도할 수 있다. 이 유아기의 체험들 역시 성적인 내용이지만, 그것은 최근에 발견된 사춘기의 장면들보다 신경증적인 병인과 훨씬 더 동일한 형태를 띠고 있다. 유아기의 경우 더 이상 임의의 감각적 인상을 통한 성적 주제의 각성이 문제가 아니라 직접 몸으로 겪게 되는 성적 경험, (넓은 의미에서) 성교가 문제가 된다"(전집 1, 437쪽 이하). 프로이트는 자신이 치료한 총 18가지의 사례를 통하여 어린아이 연령대에 겪는 이런 성적 체험에 대한 지식을 얻었다. 나이가 더 많은 아이나 성인에게 유혹을 받은 경우가 대부분이었고, 근친상간도 드물지 않았다고 한다.

프로이트의 유혹가설은 일방적으로 외적인 침해에 의한 외상충격 또는 어린아이에 대한 성적 학대의 관점에서 파악되었고, 지금도 종종 그렇게 파악되고 있다. 그러나 이 이론의 심리학적 핵심은 그 속에 내재된 병인적 가설을 좀 더 정확하게 관찰할 때 비로소 나타날 수 있다. 유아기의 외상 경험은 히스테리 발생의 불가피한 조건이라는 것이다. 그 이상의 조건은 현실적인 생식기 자극에서 내용이 형성되는 지속적인 성적 외상과 관계된다. 하지만 유아기의 경험은 그 자체로 외상으로 작용하는 것이 아니라 당사자가 성적으로 성숙한 이후에 무의식적인 기억으로 그 경험이 되살아날 때 외상으로 작용한다. 이에 따라 프로이트는 히스테리의 특정한 원인을 실제로 효과를 미치고는 있지만 수동적으로 체험된 유혹의 무의식적 상상에서 찾았다. 방금 거론된 바와 같이 억압이론에 대해서도 중요한 내용은 해명을 필요로 했다. 프로이트는 기억의 흔적을 남긴 유아기의 실제 사건과 현재 일어나는 억압의 역동성을 구분한다. 성숙한 연령의 고통스러운 성적 상상에서 비롯된 억압은 "그때까지 건강한 당사자의 경우 유아기의 성적 흔적이 무의식적인 기억으로 존재할 때만, 그리고 억압되어 버린 상상이 이런 유아기의 체험과 논리적이거나 연상적 관계에 있을 수 있을 때만" 병인성의 효과에 이른다는 것이다(전집 1, 448쪽). 이에 따라 유아기의 성적 체험의 실존은 충분치 않다. 여기에 '심리적 조건', 이를테면 기억이 **무의식적**이라는 조건이 추가되어야 한다. "이 기억이 무의식적일 때만 히스테리 증상을 만들고 유지할 수 있다. … 히스테리 증상은 무의식적 작용을 하는 기억의 결과물이다"(전집 1, 448쪽).

프로이트는 자주 인용되는 플리스에게 보낸 1897년 9월 21일자 편지에서 이미 유혹가설을 포기했다. 그는 치료의 완전한 성공의 불확실성, 전체 사례에서 아버지에게 성도착적인 책임을 지울 수밖에 없다는 놀라움, 예기치 못한 히스테리의 빈도에 대한 통찰, 무엇보다 "무의식에는 사실적 징후가 없으므로 진실과 정동으로 채워진 허구를 구분할 수 없다는 인식"(F, 283쪽 이하)을 주요 근거로 들었다. 이렇게 수정된 견해는 그때까지 제기된 병인론의 가설에 현저한 변화를 불러일으켰다. 이에 따라 외상 경험의 '외적인' 또는 '물질적인' 사실은 더 이상 결정적인 요인이 되지 못했고 '심적(psychisch)' 사실을 중시하게 되었다. 유아기의 성적 유혹을 (자주 발생한다고 해도) 불가피한 히스테리의 원인으로 보지 않게 되었다. 단순한 상상만으로도 성적 유혹을 받을 때의 고통을 느낄 수 있기 때문에 무의식적인 기억을 더는 히스테리 특유의 원인이 아니라 가능한 원인으로 본 것이다.

유혹가설의 과제는 정신분석의 발전에 어떤 의미가 있는 것일까? 메이슨(Masson; 1984)의 주장에 따르면 프로이트가 유혹가설을 포기한 것은 그의 동료들이 이 이론에 반박하는 것을 견딜 만한 용기가 그에게 없었기 때문이라는 것이다. 이와는 달리 로렌처(1984, 212쪽)는 그것을 외상충격 사건의 진단에서 환상 탐구로의 전환, 정신분석의 두 번째 탄생 시점을 기록한 —사건 진단에서 체험분석으로의— 전환으로 받아들인다. 이때부터 정신분석의 지속적 발전에 대한 새로운 관점, 특히 충동과 정신성적 발달(psychosexuelle Entwicklung)의 구상이 열린 것으로 파악한다. 1980년대와 1990년대에 벌어진 **외상이론 대 충동이론**의 논쟁은 성적 학대에 대한 의견 대립으로 절정에 도달했다. 이 논쟁에서는 물론 —메이슨과 앨리스 밀러(Alice Miller)와 같은 저자가 극적으로 연출한 성적 학대라는 주제의 금기타파로 인하여— 쉽게 수정될 수 없는 프로이트와 정신분석에 대한 뿌리 깊은 상투적 사고가 확고해진 것도 사실이다.

오이디푸스적 충동역동성(Triebdynamik)으로서의 히스테리에 대한 고전적 이해

프로이트의 경우 충동이론의 다양한 구상, 특히 '유아기 성욕' 및 '정신성적 발달단계'의 구상을 완성시키는 사고의 발전은 유혹이론의 과제와 더불어 시작되었다. 그가 유아기의 성욕을 가정하게 된 결정적 계기는 젖먹이가 엄마의 젖을 즐겁게 빠는 모습을 관찰한 데서 비롯되었다. 이 행위는 어린아이에게 오르가슴과 비슷한 긴장해소를 가져다주는 것으로 보였다. 이미 어린아이가 체험할 수 있는 구강과 항문의 충동쾌락(Trieblust)이 성욕의 표현형식으로 이해되고 있다면, 이후로는 긴장해소나 쾌락 등의 모든 욕구해소와 관련된 성욕개념의 기초가 형성된다.

1897년 유아기 성욕의 자발적 표현을 최초로 통찰한 프로이트는 '히스테리'와 신경증에 대한 유아기의 원인을 철저히 파악하기 위하여 집중적인 자기분석을 시도했다(F, 281쪽, 288쪽 이하). 프로이트는 이 자기분석에서 그 자신의 경험을 넘어서서 아동발달의 불가피한 통과단계로서 고찰한 가족의 관계상황에 대한 통찰에 이르렀다. "나는 나 자신에게도 어머니에 대한 사랑과 아버지에 대한 질투심이 있다는 것을 발견했다. 비록 이것이 히스테리를 보이는 아이들에게서처럼 늘 그렇게 일찍 나타나는 것은 아닐지라도 ⋯ 이제 나는 이것을 유아기의 일반적인 결과로 간주한다. 그렇다면 오이디푸스 왕의 극적인 힘도 이런 식으로 이해되는데 ⋯ 그리스의 전설은 모든 사람이 느꼈던 강박을 포착하고 있다. 이 말을 듣는 사람은 누구나 한번은 태어날 때부터 환상 속에서 그런 오이디푸스였으며, 누구나 자신의 유아기와 오늘의 상태를 분리시키는 억압의 총량에 사로잡힌 채 여기 현실로 옮겨와 꿈이 실현되는 모습에 전율한다"(F, 293쪽).

새롭게 구상된 충동이론의 관점에서 볼 때 유혹가설은 완전히 새로운 모습을 보여 준다. 이제까지는 나이가 더 많은 형제자매나 부모, 그 밖에 육아담당자가 성적 욕구를 억제하지 못하고 발산한 책임의 당사자였고, 이 때문에 어린아이의 외상이 발생한 것으로 간주되었다. 그러나 어린아이 자신이 성적인 소망을 충족했다면, 어린아이가 성애적인 참여를 통하여 유혹을 자극했거나 아니면 홀로 환상 속에서 유혹을 연출했다는 가정이 성립될 수도 있다. 그러므로 성욕은 더 이상 외부에서 어린아이의 순진한 세계로 들어온 것이 아니라, 어린아이 스스로가 내적인 욕구로부터 그것을 받아들일 자세를 취한 것이다.

《성이론에 대한 세 편의 논문》(1905; 3장 8쪽 참조)에서는 비교적 뒤늦게 발병된 신경증 환자의 경우 유아기의 경험이 더 강하게 '고착화될 가능성'이 있다는 것, 이런 경험이 "강박적으로 반복적인 증상에 영향을 미치며 평생에 걸쳐서 성충동의 진행과정을 규정할 수 있다"(전집 5, 144쪽)는 내용이

상술된다. 발생학적으로 볼 때 고착화가 일어나는 경우 아동발달에서 잘못 유도된 만족이나 충동해소의 거부, 전체적인 억압과정과 결합되는 '발달장애(Entwicklungshemmung)'가 일어날 수 있다. 만족과 거부, 억압은 매 단계별로 우세한 부분충동에서 시작되기 때문에 고착화나 퇴행은 구강기와 항문기, 남근적-오이디푸스적 단계, 그리고 그때그때 해당하는 충동자극 및 대상관계(Objektbeziehungen)와 관련된다고 할 수 있다.

충동이론을 통하여 수정된 히스테리 이론은 프로이트가 1905년에 발표한 《히스테리 분석의 단편(Bruchstück einer Hysterie-Analyse)》(전집 5, 161-286쪽)에서 환자 '도라'의 치료과정을 통해 자세하게 소개된다. 여기서는 처음으로 성생활의 은밀한 부분이 ―이제부터 히스테리의 결정적인 병인으로서― 자세하게 묘사된다. 프로이트의 말을 빌리면 이 은밀한 부분은 "전체적인 것의 성적-유기체적 토대에 대한 전망"을 제공하는바, 그것은 "아무튼 지금까지 내가 기술한 것 중에서 가장 미묘한 것으로 어느 때보다 훨씬 더 위협적으로 작용하게 될 것"(Jones I, 421쪽에서 재인용)이라는 것이다.

1899년 18세의 도라가 정신분석 치료를 받기 시작했을 때, 이 여자환자는 주기적인 호흡장애와 때로는 멈추지 않을 정도로 신경성 기침을 호소했다. 집안에서 도라는 늘 울적한 기분으로 지냈다. 도라는 이제까지 자신을 애지중지하던 아버지마저도 외면하기 일쑤였다. 도라의 부모는 삶이 견딜 수 없어서 그들과 작별하겠다는 딸의 편지를 우연히 발견했을 때 특히 불안해졌다. 이 직후에 도라는 아버지와 몇 마디 말을 나눈 후 혼수상태에 빠졌다.

증상은 부분적으로는 오래된 것이었다. 호흡곤란은 8세부터 있었고, 12세 이후로는 신경성 기침이 반복적으로 나타났다. 심적인 위기와 자살에 대한 생각은 2년 전에 있었던 일종의 외상 경험과 깊은 관련이 있는 것으로 보였다. 도라의 부모는 오랫동안 K씨 부부와 가깝게 지내고 있었다.

양쪽 부부에게는 문제가 있었다. 도라의 어머니는 오직 주부의 역할에만 전념했다. K씨 부인은 도라의 아버지가 병석에 있을 때 극진히 간호한 적이 있는데, 이를 계기로 두 사람은 사랑하는 관계로 발전했다. K씨는 아직 어린 도라에게 관심을 쏟았고, 많은 시간을 함께 보냈다. 그러다가 도라가 16세가 되었을 때 극심한 불안과 분노를 일으키는 사건이 일어났다. K씨가 뱃놀이를 즐긴 이후 산책을 하면서 도라에게 청혼을 한 것이다. 도라는 즉석에서 차갑게 뿌리쳤다. 이후 K씨는 도라가 이 사실을 공개할 때 단호하게 부인하며 도라를 정신 나간 아이처럼 취급했고, 이에 도라는 크게 격분했다. 도라의 아버지와 K씨 부인은 K씨의 편을 들며 도라의 이야기를 연애소설을 너무 많이 읽은 탓으로 돌렸다.

도라는 치료과정에서 곧바로 14세 때 K씨와 관련된 체험을 하나 더 기억해 냈다. 당시 함께 집을 나설 일이 있어 K씨를 기다리고 있었는데, 그가 갑자기 나타나 도라를 안고 키스를 한 것이다. "이것은 분명히 14세의 순결한 소녀에게 성적 흥분의 감정을 일으킬 만한 상황이었다. 하지만 도라는 이 순간에 강렬한 혐오를 느꼈으며, 그를 뿌리치고 현관이 있는 계단 쪽으로 달아났다"(전집 5, 186쪽). 프로이트는 이런 혐오의 느낌을 전형적인 히스테리 반응으로 보았다. 성적 흥분의 계기가 생겼을 때 쾌감의 반응을 보이는 것이 정상이라면, 정상적인 쾌감에서 혐오감으로 '정동의 전도(Affektverkehrung)'가 일어나는 것은 과연 어떻게 설명할 것인가? 최초의 근거는 도라가 4-5세까지 엄지손가락을 빨았다는 사실에서 드러났다. 손가락을 자주 빠는 것은 구강을 통한 자기만족으로 해석되지만, 아버지가 개입함으로써 방해를 받았다. 계속해서 아동발달의 과정을 분석하자 도라는 이미 어릴 때 질 진균증에 감염되었고, 겨우 7-8세의 나이에 야뇨증이 있었다. 이런저런 증거를 종합한 프로이트는 도라가 강렬한 자위행위의 단계를 겪었으며, 이 과정이 야뇨증과 뒤늦게 나타난 호흡곤란, 신경성 기침이라는 히스테리 증상을 통하여 해소되었다는 결론을 내렸다.

프로이트는 자위행위와 야뇨증, 질 진균증의 원인을 유아기의 성애적 환상행동(erotische Phantasietätigkeit)에서 찾았다. 성적으로 조숙하고 사랑에 목마른 아이는 유난히 오이디푸스적 환상에 기울어지는 경향이 있기 때문에 그는 도라와 아버지의 관계를 이런 측면에서 관찰해야 한다고 생각했다. 주목할 만한 현상은 도라가 위기에 빠졌을 때 아버지 외에 다른 사람을 생각할 수 없었다는 점이었다. 무엇보다 아버지가 다른 여자와 사랑을 나눈다는 것을 용서할 수 없었다. 프로이트가 판단할 때 도라는 마치 질투심에 사로잡혀서 "그 여자야 나야?"라며 양자택일을 강요하는 여자처럼 행동했다. 따라서 "도라 자신이 알거나 아마 기꺼이 인정했을 법한 것 이상으로 아버지에게 크게 기울어지는 경향"이 있었다는 결론을 내릴 수 있었다. 프로이트는 도라의 이런 애정 욕구를 쌓인 갈등의 압박 하에서 "유아기적 감정의 씨앗(Empfindungskeime)이 발아한 것"으로 파악했다. 이와 같은 맥락에서 프로이트는 오이디푸스 신화를 끌어들여 이런 관계의 전형적 특징에 대해 다음과 같이 언급했다. "이처럼 유아기에 딸이 아버지에게 기울어지고 아들이 어머니에게 기울어지는 경향은, 아마도 대부분의 사람에게서 뚜렷한 흔적이 나타날지도 모르지만, 체질적으로 신경증의 조짐이 보이고 조숙하며 애정에 굶주린 아이들에게 처음부터 더 강하게 형성될 수밖에 없다. 그런 다음 발달하지 못한 사랑의 자극을 고착화하거나 강화하는, 여기서는 뭐라고 말할 수 없는 영향이 작용함으로써 어린 시절 또는 사춘기에 비로소 성적 경향과 비견될 만한 어떤 것, 리비도 그 자체가 요구하는 것과 같은 어떤 것이 만들어진다. 우리가 다루는 이 환자의 경우에 외적인 상황이 이런 가정을 가능하게 한다. 환자의 성향은 언제나 아버지에게 기울어졌고, 아버지가 자주 병을 앓자 아버지를 연모하는 마음이 커질 수밖에 없었다. 병석에 있을 때면 아버지는 대개 딸 외에 아무에게도 간호와 관련된 잔

일을 맡기지 않았다. 아버지는 영리하게 자란 딸을 자랑스럽게 생각하며 어렸을 때부터 딸을 신뢰했다. K씨 부인이 등장함으로써 역할에서 더 많이 배제된 사람은 실제로는 어머니가 아니라 딸이었다"(전집 5, 216-217쪽).

이 사례묘사는 과거의 《히스테리 연구》에서의 구상과 비교할 때 히스테리에 대한 프로이트의 충동이론적 시각이 크게 변했다는 것을 깨닫게 해준다. 그는 이제 "히스테리성 질환을 일으키는 원인은 환자의 정신성적인 삶(psychosexuelles Leben)의 은밀한 부분에서 발견되며, 히스테리 증상은 환자의 가장 비밀스럽게 억압된 소망의 표현"(전집 5, 164쪽)이라고 강조한다. 도라의 경우는 엄밀한 의미로 최초의 정신분석적 사례묘사로 간주될 수 있다. 정신분석의 발생 및 발전과정에서 이런 사례사를 좀 더 정확하게 분류하기 위해서는 베라 킹(Vera King)의 연구논문인 《정신분석의 원초장면 (Die Urszene der Psychoanalyse)》(1995)이 참조되고 있다.

프로이트의 히스테리 연구를 종결하기 위해 두 편의 논문이 더 언급된다. 프로이트는 《히스테리적 환상과 양성애의 관계(Hysterische Phantasien und ihre Beziehung zur Bisexualität)》(1908, 전집 7, 189-199쪽)에서 히스테리 증상을 더 정확하게 파악하기 위해 다양한 공식을 실험했다. 예를 들면 모종의 외상경험에 대한 기억상징, 이 외상경험의 재발에 대한 대체수단, 소망충족의 실현에 도움이 되는 무의식적 환상, 유아기에서 성적 만족의 반복, 때로는 남성적이고 때로는 여성의 무의식적인 성적 환상의 표현이 이에 속한다(전집 7, 196쪽 이하). 《히스테리 발작에 대한 일반적 언급(Allgemeines über den hysterischen Anfall)》(1909, 전집 7, 233-240쪽)에서 프로이트는 히스테리 발작의 경우 성적인 내용이 운동으로 전환되고 몸짓으로 표출되는 환상이 중요하다고 강조한다(전집 7, 236 쪽 이하).

프로이트의 지속적 이론형성 과정에서 당시에나 지금이나 결정적인 것은 그가 '오이디푸스 콤플렉스'를 히스테리 병인의 중심에 놓았다는 사실이다. 히스테리 환자들의 경우 남근적-오이디푸스적 단계로의 고착화 내지 남근적-나르시시즘적 환상으로 퇴행이 일어난다. 이 가정들은 고전적 정신분석의 히스테리 이해에서 핵심을 형성했다.

오늘날의 시각으로 본 프로이트의 히스테리 연구

19세기에 여성의 히스테리가 전염병처럼 번져 나갔다. 신경의학과 정신의학, 정신분석에서의 고전적 사례묘사를 넘어서서 소설문학이라는 매체도 거대한 영향을 미쳤다. — 플로베르의 **보바리 부인**은 히스테리 환자의 전형으로 볼 수 있다(Kronberg-Gödde 2004). 많은 여자는 자신의 불안한 존재와 사회적 불이익에 저항을 표현하기 위하여 이 '유행병'과 자신의 '증상 레퍼토리'에 관심을 가졌다(Bronfen 1998, 참조). 오늘날 무기력 내지 흥분으로 인한 고통의 표현으로서 마비와 발작이라는 고전적인 증상언어는 부차적인 역할밖에 하지 못한다. 그것은 말하자면 본래의 순수성을 상실하게 되면서 표현형식에서 그때그때 사회문화적 조건에 순응했다.

1930년대 이후 정신분석의 관심은 히스테리적인 증상신경증(hysterische Symptomneurose)의 설명에서 '히스테리적인 성격' 분석으로 위치를 바꿨다. 처음에는 히스테리의 성격형성 원인을 오이디푸스적 갈등과 억압에서 찾았다면, 지금은 이런 견해가 더는 통용되지 않는다. 전생식기의(prägenital) 고착화, 특히 구강의 고착화와 구강의 관계양식이 이런 신경증 발생에 관여한다는 가정이 나오게 된 것은 히스테리 환자의 현저한 의존 및 집착욕구 때문이었다. 호프만(S. O. Hoffmann)은 히스테리 성격에 대해 역동적 정의를 내리는 가운데 세 가지 주요갈등(오이디푸스적 갈등, 의존갈등, 자기가치의 갈등)과 다섯 가지 역동적 기제를(자화상의 특정한 변화, 감정의 특정한 사용, 대대적인 동일시의 시작, 환상 및 상징과의 특별한 교류, 억압과 부정의 특정한 역할

을) 그의 논리 전개의 출발점으로 내세운다(Hoffmann 1979, 296쪽 이하). 이
후에 진행된 논의에서는 점점 더 단일한 히스테리의 성격이 의문시되면서
무엇보다 히스테리성 인격의 여러 가지 파생 형태를 구분하는 것이 필요
한 것으로 파악되었다. 주로 오이디푸스적 갈등의 특징을 띤 히스테리성
인격과 주로 전생식기적 갈등의 특징을 띤 '유사 히스테리성(hysteroid)' 인
격 사이의 차이를 명확하게 구분하는 것이 기본과제가 되었다. 이후 삼분
법적 설명시도(triadische Erklärungsansatz)의 도움으로 새로운 관점이 개척된
다(Buchholz 1993, 참조). 가령 루프레히트-샴페라(Rupprecht-Schampera; 1997)
는 "초기의 삼각망(Triangulierung)" 구상을 재수용하여 히스테리 발생의 단
일 설명모형에 접근한다. 여자아이는 어머니와 분리되지 못한 상태에서
아버지에게 관심을 돌리지만 아버지가 삼각형의 기능에 있는 것을 거부한
다. 그러면 여자아이는 성적인 관계를 제공해서라도 어떻게든 아버지의
관심을 끌려고 한다. 이 과정에서 비교적 늦게 히스테리 증상을 보이는 여
성은 이상화된 아버지를 찾으려는 증상을 보인다. 물론 그들은 다양한 형
태를 보이고 늘 성적인 것도 아니지만, 매 시기마다 이상화된 아버지 형상
을 향하여 의도적으로 접근하면서 관심을 끌려는 자기 알리기의 형식을
사용한다고 한다(같은 곳, 661쪽).

최근 수십 년간 히스테리는 진단의 범주로서는 늘 의문시되었으
며, 결국 국제질병분류체계 10(ICD-10)과 정신질환 진단 및 통계 매뉴
얼-4(DSM-4)에서도 밀려났다. 샤르코는 물론 프로이트 역시 도달했다고
생각한 질병분류학의 투명성과 이에 대한 확신은 과학사 연구에서 신뢰
성을 상실한 것으로 드러났다. 한편으로 샬페트리에 병원과 연구소의 실
상을 조사했을 때, '히스테리의 허구'를 보여 주는 그림과 사진 등의 충분
한 자료목록이 눈에 띄었다(Didi-Hubermann 1982/1997). 다른 한편으로 진
단법의 관점에서 유명한 프로이트의 히스테리 묘사는 의문시되었다. 그

러는 사이에 그것은 조현병, 경계성 장애, 질드라투렛 증후군(Gilles-de-la-Tourette-Syndrom), 심신상관 장애나 순수 신경학적 장애 같이 다양한 기준에서 새롭게 진단되고 해석되었다(Micale 1989, 249쪽 이하 참조).

멘초스(Mentzos; 1980)는 히스테리라는 용어를 확정하려고 질병분류학적 단일성(nosologische Einheit)이 아니라 '갈등가공의 양식(Modus der Konfliktverarbeitung)'으로 사용할 것을 제안한다. 히스테리의 양식에 특징적인 것은 당사자가 자기 자신과 그를 둘러싼 사람들에게 어떤 모습이든 실제의 자신과는 달라 보이는 상태로 변화한다는 점이다. 이와 동시에 특히 히스테리 환자는 일시적으로 연출된 고유한 자기대표성을 변화시킨다. 멘초스는 여기서 '유사 퇴행적(pseudo-regressiv)' 발달 방향과 '유사 진행적(pseudo-progressiv)' 발달 방향을 구분한다. 어떤 경우에는 히스테리 환자가 더 허약하고 병적이며, 더 무기력해 보이려고 하면서 마비와 언어장애, 실신 그리고 이와 유사한 '전환'을 꾀한다. 또 다른 경우 이와는 달리 더 강하고 건강하며 강력한 자신의 모습을 보여 주려고 하고, 이 때문에 돈주아니즘(Don-Juanismus) 또는 남근적-나르시시즘적 성향으로 기울어진다.

19세기에 히스테리적인 신체증상이 많은 여성에게 "질병으로의 도피"라는 길을 열어 주고 정당화하는 데 기여했다면, 당시의 히스테리는 사회적으로 금기시된 소망을 분리시키고 책임을 지지 않는 데 도움이 되는 '인종적인 장애(ethnische Störung)'로 간주될 수 있다. 히스테리는 "특히 **무기력한 처지** 내지 문화적 터부로 말미암아 매번 강한 사람들 앞에서 성적이고 공격적인 감정을 떳떳이 표출할 수 없어 보이는 사람들에게" 일어났다(von Essen/Habermas 1989, 122쪽). 최근 수십 년 간 히스테리가 섭식장애, 특히 거식증(Bulimie)을 통하여 인종적인 장애로 교체되었다는 데 의견이 일치한다.

히스테리에 대한 과학사적 연구와 학제적 연구는 최근 놀라운 '르네상스'를 경험하는 동시에 다양하면서도 끊임없이 발전된 이론적 관점을 제기했다(Micale 1989, Seidler 1996, 참조). 그럼에도 이 '극락조'는 끊임없이 모습을 바꾸고 있다. 왜냐하면 그때그때 제기되는 상징화가 확고한 초개인적 의미를 지니는 것이 아니라 주관적 메시지로서 특정한 사회적, 정치적, 역사적 맥락 속에서 계속해서 새롭게 해석될 수밖에 없기 때문이다.

모든 설명시도의 시대적·문화적 조건에도 불구하고 19세기 말 이후 '신경학적' 이론에서 '정신역동적(psychodynamisch)" 이론으로의 패러다임 변환을 가져올 수 있었던 것은 무엇보다 프로이트 덕분이다(Gödde 1994, 참조). 프로이트는 히스테리에 대한 과학담론의 기준을 제시한 창시자이다. 이 질병의 양상은 프로이트로 하여금 무의식에 접근하는 최초의 통로를 열어 주었고, 이어서 그와 그의 후계자들은 불안 및 강박증상, 꿈, 실수행위, 위트 등의 연구에서 계속 무의식에 대한 견해를 확대해 나갔다.

───── 참고문헌 ─────

Bronfen, Elisabeth: Das verknotete Subjekt. Hysterie in der Moderne(뒤얽힌 주체. 현대에서 히스테리). Berlin 1998.

Buchholz, Michael B.: Dreiecksgeschichten. Eine klinische Theorie psychoanalytischer Familientherapie(삼각형 이야기. 정신분석적 가족치료의 임상이론). Göttingen 1993.

──────/Günter Gödde (Hg.): Macht und Dynamik des Unbewussten. Auseinandersetzungen in Philosophie, Medizin und Psychoanalyse(무의식의 힘과 역동성. 철학, 의학과 정신분석에서의 논쟁). Gießen 2005.

Didi-Huberman, Georges: Erfindung der Hysterie. Die photographische Klinik von Jean-Martin Charcot(히스테리의 고안. 장 마르탱 샤르코의 사진술적 임상). München 1997(불어판 1982).

Ellenberger, Henry F.: Die Entdeckung des Unbewußten(무의식의 발견) [1973]. Zürich 1985.

Essen, von Cornelie/Tilmann Habermas: Hysterie und Bulimie. Ein Vergleich zweier eth-
nisch-historischer Störungen(히스테리와 폭식증. 두 인간학적-역사적 장애의 비교).
In: Annette Kämmerer/Barbara Klingenspor (Hg.): Bulimie. Stuttgart 1989, 104-125쪽.

Gilles de la Tourette, Georges: Die Hysterie nach den Lehren der Salpêtrière(샬페트리에르
병원의 교훈에 의거한 히스테리). Leipzig/Wien 1894(불어판 1891).

Gödde, Günter: Charcots neurologische Hysterietheorie — Vom Aufstieg und Niedergang
eines wissenschaftlichen Paradigmas(샤르코의 신경성 히스테리이론 — 과학적 패러다
임의 부각과 쇠퇴). In: Luzifer-Amor 7, H. 14, (1994), 7-54쪽.

_____: Traditionslinien des Unbewußten. Schopenhauer-Nietzsche-Freud(무의식의 전통
적 계열. 쇼펜하우어-니체-프로이트). Tübingen 1999.

Grubrich-Simitis, Ilse: Urbuch der Psychoanalyse. Hundert Jahre Studien über Hysterie nach
Josef Breuer und Sigmund Freud(정신분석의 최초도서. 요제프 브로이어와 지그문트
프로이트에 의거한 히스테리에 대한 100년 연구). Frankfurt a. M. 1995.

Hirschmüller, Albrecht: Physiologie und Psychoanalyse im Leben und Werk Josef Breuers(요
제프 브로이어의 삶과 저서에서 생리학과 정신분석). Bern 1978.

Hoffmann, Sven Olaf: Charakter und Neurose(성격과 신경증). Frankfurt a.M. 1979.

Janet, Pierre: Der Geisteszustand der Hysterischen(히스테리적인 사람들의 정신상태). Leip-
zig/Wien 1894(불어판 1892).

King, Vera: Die Urszene der Psychoanalyse. Adoleszenz und Geschlechterspannung im Fall
Dora(정신분석의 원초장면. 도라의 사례에서 사춘기와 성의 긴장). Stuttgart 1995.

Kronberg-Gödde, Hilde: Die magischen Weltbezüge in Gustave Flauberts Madame Bo-
vary(플로베르의 마담 보바리에서 마술적인 세계관계). In: Eva Jaeggi/Hilde Kron-
berg-Gödde (Hg.): Zwischen den Zeilen. Literarische Werke psychologisch betrachtet.
Gießen 2004, 77-90쪽.

Lorenzer, Alfred: Intimität und soziales Leid. Archäologie der Psychoanalyse(친밀성과 사회
적 고통. 정신분석의 고고학). Frankfurt a. M. 1984.

Masson, Jeffrey M.: Was hat man dir, du armes Kind getan? Sigmund Freuds Unterdrückung
der Verführungstheorie(불쌍한 아이야, 너는 어떤 일을 당했니? 지그문트 프로이트의
유혹이론에서 억압). Reinbek 1984(영어판 1984).

Mentzos, Stavros: Hysterie. Zur Psychodynamik unbewußter Inszenierungen(무의식적 연출

의 정신역동성). Frankfurt a. M. 1980.

Micale, Mark: Hysteria and its Historiography: A Review of Past and Present Writings(히스 테리와 그것의 역사기술: 과거와 현재 글들의 리뷰). In: History of Science 27 (1989), 223-261쪽, 319-351쪽.

Rupprecht-Schampera, Ute: Das Konzept der »frühen Triangulierung« als Schlüssel zu einem einheitlichen Modell der Hysterie(히스테리의 통합모델을 위한 열쇠로서 "초기의 삼각 측량"의 구상). In: Psyche 51 (1997), 637-664쪽.

Schröter, Michael: Freud und Fließ im wissenschaftlichen Gespräch. Das Neurasthenieprojekt von 1893(과학적 대화 속에서의 프로이트와 플리스. 1893년의 신경쇠약증 프로젝트). In: Jahrbuch der Psychoanalyse 22 (1988), 141-183쪽.

Seidler, Günter (Hg.): Hysterie heute. Metamorphosen eines Paradiesvogels(오늘날의 히스 테리. 극락조의 변형). Stuttgart 1996.

Günter Gödde

3. 강의와 입문적인 글들

프로이트는 여러 가지 동기로 정신분석 입문에 관한 글들을 저술했다. 이 글들은 정신분석을 소개하는 기술이 계속 섬세하게 발전했다는 것을 보여 준다.

《정신분석에 대하여》(1909)

1909년 9월, 매사추세츠 우스터에 있는 클라크 대학교의 개교기념으로 스탠리 홀(G. Stanley Hall)이 프로이트를 강사로 초대했을 때, 그는 《정신분석에 대하여(Über Psychoanalyse)》라는 제목으로 다섯 차례 강의하고는 이것을 1년 뒤에 책으로 출판한다(전집 8, 1-60쪽). 프로이트는 미국의 초대를 당연히 심리학을 대표하는 전문가로서 국제적으로 인정받고 명망을 누리며 미국대학에 심리학을 정착시킬 기회라고 느꼈다. 이 강의에서 그는 요제프 브로이어와 함께 "정화 방법(kathartische Methode)"으로 수행한 최초의 치료를 되돌아보며 자신이 왜 이 방법을 포기했는지 설명한다. 그 이유는 더 섬세한 영적 힘들은 이런 방법으로는 연구될 수 없기 때문이라는 것이다.

프로이트는 최면이 억지로 의지를 강요한다는 점에서 늘 "환자에게 부당한 방법"이라고 느꼈다. 이어서 그는 최면이 의학적 진단 면에서 성과가 빈약하다고 설명하고 환자의 말에 귀를 기울이는 새로운 방법, 즉 자신의 여자환자에게 "말로 치료하기(talking cure)"와 "굴뚝 청소(chimney sweeping)"를 처방했던 일을 들려준다. 실제로 말을 하게 하는 것 외에는 아무것도 하지 않지만, 여기서 독특한 방식의 "정화작용"이 발생한다는 것이다.

프로이트는 특별히 자신의 글에 나오는 많은 비유들 가운데 하나를 들려주는데, 그것은 바로 촉매(Katalysator)의 비유이다. 가령 의사는 "페렌치의 탁월한 표현대로 치료과정에서 발생하는 정동을 일시적으로 잡아채는 촉매효소의 역할을 수행한다"(전집 8, 55쪽)는 것이다. 이렇게 발전하도록 돕지 않으면 일어날 수 없는 반응이 환자에게서 촉발되기 위해서는 의사의 존재가 중요하다. 이런 화학적 관점에도 불구하고 프로이트는 명백히 의학의 영역으로부터 치료행위의 섬세한 이해단계로 넘어가며, 그의 이론 형성에 대한 이해는 바로 이 추이과정에 의하여 설명된다. 그가 1906년 무렵까지만 해도 신경학과 관련된 관심[반사궁 모델(Reflexbogen-Modell)과 에너지 보존의 법칙]을 보였다면, 이후로는 다른 분야, 특히 사회학 및 문화학적 관련요소에서 빌린 구상을 다듬기 시작한다. 그중에 가장 중요한 예가 바로 오이디푸스 콤플렉스이다(Kitcher 1992, 참조). 요컨대 프로이트는 정신분석의 해석으로 의미심장한 전환을 시도함으로써 문화학에 접근한다. 물론 이전에도 문화학은 그가 문학에서 빌려 온 풍부한 내용으로 설계되었으나 이번에는 현저히 부각되었다. 이는 대학과의 관계, 즉 다른 학문에 비해 우월한 심리학의 독자적 구축에 아주 적합했다.

《정신분석의 짧은 개요》(1924)

처음에 영어로 발표된 《정신분석의 짧은 개요(Kurzer Abriß der Psychoanalyse)》 (전집 13, 403-427쪽)는 다음과 같이 주목할 만한 자기역사화로 시작한다. "정신분석은 말하자면 20세기와 함께 태어났다. 뭔가 새로운 것으로 세상에 등장하는 나의 《꿈의 해석》 출간연도는 1900년이다. 그러나 정신분석은 당연히 땅에서 솟은 것도 아니고 하늘에서 떨어진 것도 아니다. 그것은 옛것을 결합하여 발전시키고 있으며, 옛것으로부터 가공되는 자극의 결과물이다"(전집 13, 405쪽; Buchholz/Gödde 2005 참조). 프로이트는 이번에도 이 자극에 다시 의학을 포함시키지 않는데, 이유인즉 "그들이(의사들이) 심적인 계기를 가지고 시작하는 법을 알지 못했기" 때문이라는 것이다. 이와 함께 최면은 "자유연상"으로 대체되었다. 동시에 프로이트에게는 "모든 의식적 사고의 의도가 억제된 뒤 무의식적 재료를 통하여 떠오를 수도 있는 착상들이 결정됨으로써 이른바 자유연상이 실제로는 부자유스러운 것으로 입증될 것"이라는 기대가 동반되었다(전집 13, 410-411쪽).

이 착상들에서 가시화되는 질서와 결정으로부터 무의식적 의미가 "추정"될 수 있다는 것이다. 이 과정은 억압에서 시작된 저항 없이는 진행되지 않는다. "억압이 초래한 것은 일반적으로 나쁜 것으로 요약될 수 있는 이기심과 잔인함을 부추기는 자극이지만, 그러나 종종 지극히 조야하고 금기시된 종류인 무엇보다 성적인 소망자극(Wunschregung)이다"(412쪽). 결정적인 것은 문화학적 전환이다. "정신분석은 이 시기에 점차 신경증 증상의 발생, 그것의 의미와 의도에 대하여 충분한 정보를 주는 것으로 보이던 이론을 갖추게 되었다"(413쪽). 이로써 증상의 무의식적 양태에 내재한 의미와 의도가 정신분석과 관련되는 차원이라는 것이 입증되었다. 증상과 실수행위, 꿈과 위트뿐만 아니라 어린아이들의 "나쁜 습관", 이 모든 것은 이제 무의식과 정신분석의 관계를 파악할 수 있는 이론적 틀 속에서 제시될 때에만 의미 있는 것으로 증명될 수 있었다. 여기서 프로이트는 이 이론의 여러 요소들을 열거한다. "그것은 충동적인 삶[정동성(Affektivität)],[35] 영적인 역동성, 지극히 어둡고 자의적으로 보이는 영적 현상의 일관된 의미와 결정화(Determinierung)의 강조, 심적 갈등과 억압의 병인적 소질에 대한 이론, 대리만족으로서의 병적 증상의 이해, 성생활의 병인적 의미 및 특히 유아성욕 시도에 대한 인식이다"(413쪽). 그는 여기에 오이디푸스 콤플렉스를 추가하고 이것을 "모든 신경증 사례의 핵심"(413쪽)이라고 설명한다. 이 특수한 핵심 명제는 그사이에 보편성의 요구라는 측면에서 논란을 빚고 있다. 그러나 이 명제의 무의식적 차원에 내재한 "감각", "의미", "의도"로의 변화는 결정적이다. 여기서 사회적 및 문화학적 전환이 가장 크게 강조된다.

《정신분석》(1926)

프로이트는 짧은 이 글(전집 14, 297-307쪽)에서 브리태니커 백과사전과 마찬가지로 역사적 방식에 따라 자신의 이론을 전개하면서 부가적으로 이미 언급된 이론의 구성요소를 거의 반복해서 설명한다. 그는 여기서 히스테리 증상의 "감각(Sinn)"을 해명하는 "장면(Szene)"이라는 오래된 개념을 강조한다. 장면은 그의 남녀 환자들에게 무의식적 형상을 불러내는 특정한 동기의 위치와 환기조건이다. 어느 여자 환자는 밤에 아버지를 간호하느라 깨어 있는 상태에서 개가 물 잔에 담긴 물을 먹으려고 하는 장면을 보고는 물을 마시지 않으려고 했다. 이 환자는 구역질에 대한 억압이 멈춘 뒤에야 비로소 다시 자유롭게 물을 마실 수 있게 되었다. 그녀는 당시의 "장면"을 기억해 낸 뒤로는 구역질과 방어 행위를 반복하지 않을 수 있었다.

---

35) 역주: 차례 1.2 철학적 전후관계에서 '쇼펜하우어와 니체의 철학적 전통' 참조.

이 "장면"이라는 개념은 나중에 발전된 이론, 예컨대 알프레드 로렌처 (Alfred Lorenzer; 1970)나 유아기 발달단계에서 "모델장면(Modellszene)"을 경험구조의 원형으로 기술하는 리히텐베르크(Lichtenberg; 1989)에게도 이론의 출발점으로 작용한다. 이미 감각과 의도에 중점을 두고 있는 이 이론은 한편으로는 로렌처(1974)가 "장면의 이해"를 "심층해석학"의 순수한 방법으로 설정하면서 해석학과 지속적인 연결성을 추구한다. 그러나 이 이론은 개념의 서열과 개념을 술어에 따라 분류하는 것이 아니라 특징적인 모델장면에 민감하게 반응하는 고유한 이론유형으로 발전한다. 이 모델장면 중하나가 오이디푸스 콤플렉스이다. 그 밖에 유아기의 비밀장면(투쟁과 자율), 관음증과 노출증 장면, "주인-노예"의 주제(예컨대 Greenberg 1994) 등이 이에 속할 수 있다. 정신분석의 이론적 발전은 예컨대 남녀 주제(Benjamin 1988)에 대한 이런 장면들의 확대과정으로 기술될 수도 있을 것이다. 따라서 직업적 실무를 수행하는 분석가는 전이에서 이런 장면의 반복을 관찰하면서 자신의 민감성을 정련하는 위치에 있다. 그는 장면과 관련된 협동과 참여에의 요구를 해독하고, 이에 대한 "탈중심적 위치"(Plessner 1982; Buchholz 1990)를 차지하면서 궁극적으로 그것을 해석한다. 그러나 이런 장면들은 말하자면 가족의 사회화나 성숙한 소통의 측면에서 원형적 특징을 띠면서 문화적 의미를 지닌다. 최근에 "장면"이라는 개념은 (프로이트-브로이어의 업적을 인정하는 분위기 속에서) 신경학적으로 이용되었다(Edelman/Tononi 2002). 장면에 대한 경험조직은 이미 유인원에게도 높은 인지능력의 "하부구조"를 형성하고 있으며, 인간에게는 지속적으로 유지되고 있다. 그렇다면 공황발작의 불안은 환자에게 "자체로는 해가 없는" 유발인자가 한때 불안을 일으켰던 전체장면의 상황을 일깨우는 것으로 이해될 수 있다. 이럴 경우 환자는 처리 가능한 사고의 자기규명 수단을 가지고도 불안을 이해할 수 없으며, 그런 다음에는 도피충동으로 움츠러들 수밖에 없다. 장면의 재구성만이 비로소 전체적인 것, 즉 상징으로 대표되는 이런 반응의 이해를 가능하게 하며, 발작을 무의미하게 만든다. 비트겐슈타인에 이어서 로렌처 (1970, 1974)는 "장면"과 "상징"의 차이를 "분열된 언어유희"로 이해했고, 이를 근거로 억압을 언어학적으로 재규정했다.

1916-1917년의 《강의》와 1933년의 《강의의 새로운 연속》

프로이트의 방대한 입문서인 1916-1917년의 《정신분석 강의》(전집 11, 1-482쪽)를 여기서 자세하게 언급하고자 한다. 프로이트는 빈 대학의 원외 교수로서 의무를 이행하기 위하여 이 강의를 계속했다. 강의는 모든 학부의 수강생을 위한 것으로, 당시에 여성이 대학에서 공부해도 되느냐는 실제적 물음에 대답하려는 생각에서 남녀 대학생들을 대상으로 진행되었다 (Gay 1984). 여기서 프로이트는 남녀 수강생에게 말을 거는 방법을 통하여 주제 안내의 기술을 최고조로 끌어올린다. 강의는 **크게 세 주제 부분**으로 나뉜다.

첫 번째 부분에서 프로이트는 의사 예비과정에 특히 적합하다고 생각하는 **실수행위**(Fehlleistung)에 집중하면서 이로부터 영적인 것에 대한 연구를 소개한다. 그는 수강생들에게 입문과정을 소개하는 과정에서 수강생들과 "토론하는" 것만이 좋은 방법이라고 생각한다. 더 포괄적인 단계라고 할 두 번째 강의 부분은 **꿈과 그것의 해석**을 다룬다. 이어서 가장 많은 개별 강의를 차지하는 부분은 **일반 신경증학설**(Allgemeine Neurosenlehre)이라는 제목이 붙어 있다.

1933년 프로이트는 《정신분석 입문 강의의 새로운 연속(Neue Folge der Vorlesungen zur Einführung in die Psychoanalyse)》을 발표했다. 이때는 대학 강의를 하지 않았고 후두암 때문에 더는 강의를 할 수도 없었다. 그는 강의를 끌어 나가는 교수의 어법으로 가상의 수강생을 상대로 글을 써내려 간다. 그러므로 총 7회에 걸친 새로운 강의는 모두 "학생 여러분"이라는 인사로 시작한다. 먼저 행한 강의와 일관되게 계속해서 숫자가 붙어 있다. 그는 수강생을 의식하듯 강한 어조로 직접 말을 건넨다. 아울러 그는 이 글을 제대로 이해하고 받아들이기 위하여 필히 숙지해야할 중요한 장면들을 나름대로 적극적이고 노련하게 열거한다.

《강의》의 첫 연속 강의 중 27번 째 강의에서 프로이트가 강조한 "숙고하십시오!"(전집 11, 447쪽)를 상기할 필요가 있다. 그러나 나중에 속개된 "새로운 연속"의 불안과 충동적 삶에 대한 강의에서 그는 가상의 청중을 향해 "견뎌 내십시오!"(전집 15, 99쪽)라고 외친다. 앞의 말은 교수가 거의 성년에 이른 학생을 상대로 할 수 있는 말이라면, 나중의 외침은 불안이라는 주제에 걸맞게 구원자가 곧 궁지에서 벗어나게 해 줄 상대에게 하는 말이다. 두 가지 모두 프로이트가 공식적인 수업에 자신의 의중을 어떻게 극적으로 짜 넣는지 명백하게 보여 준다. 정신분석에 대한 그의 묘사가 살아 움직이는 느낌이다.

이론화 그리고/또는 정신화

프로이트는 강의에서 수강생들에게 단지 개념서열적인 이론(begriffshierarchische Theorie)과 사실만을 증거로 제시할 수 있는 입장이 아니다. 그는 초보자의 이해를 도우려고 어려운 것을 그럴싸하게 돌려서 표현할 수도 없다. 여기서 그는 "하지만 정신분석에서는 사정이 다르다"[36](전집 11, 99쪽)고 강조한다. 이때 그는 수강생들의 기대를 무너트릴 수밖에 없다. 그는

---

36) 역주: 프로이트는 여기서 주로 의학도를 대상으로 의학과 정신분석의 차이를 설명하고자 한다.

정신분석에서는 무엇이 "중요한지"를 이해하도록 특정한 수용의 관점을 만들어 내야 한다. 나아가 그는 수강생들이 스스로를 어떻게 생각하고 얼마나 부주의하고 부정확하게 관찰하는지, 그것이 심적 표현형식을 얼마나 결여하고 있는지 그들에게 제시해야만 한다. ― 그제야 비로소 그는 이 수용의 관점을 우연이 아닌 것으로, 수강생들의 저항에 의하여 결정된 것으로 입증할 수 있게 된다. 이에 대한 예를 들자면 한이 없다. 그는 수강생들이 어떤 생각을 할 것인지, 그리고 그들이 건강한 오성으로 어떤 오류에 빠져드는지를 언제나 새롭게 환기시킨다.

프로이트가 수강생들의 드러나지 않은 생각이 이렇게 노출된다고 생각한다면, 이는 루만(Luhmann; 1997)이 방법적으로 "제2 질서의 관찰(Beobachtung zweiter Ordnung)"이라고 부르는 어떤 것 또는 정신분석의 새로운 영역에서 "정신화"[37]라고 규정하기 시작한 어떤 것의 활용으로도 볼 수 있을 것이다(Fonagy/Gergely/Jurist/Target 2004; Dornes 2004). 정신화란 타인의 행동이 자극에 의해 결정되었을 뿐만 아니라 의미심장한 의도에 의해 조종된 것으로 볼 수 있는 능력을 의미한다. 여기서 우리는 다시 감각(Sinn)과 의도(Absicht)라는 말을 접한다. 이미 젖먹이(Köhler 2004)는 행동을 보고 의도와 감각을 추측하며, 다른 사람이 무슨 생각을 하는지, 요컨대 다른 사람이 무엇을 소망하고 희망하고 표현하고자 하는지를 예상한다. 젖먹이는 자신을 명확히 표현하거나 단념하려고 하는 "영혼"의 존재로서 똑같이 대접받는 것을 경험한다. "사유의 사유(Denken des Denkens)"는 언제나 그 자체 내에 의미를 간직하던 철학에 대한 꽤 오래된 명칭이다. 우리가 뭔

---

37) 역주: 위키피디아의 정의에 따르면 "정신화(Mentalisierung)란 심리학이나 정신분석에서 자기행동 또는 타인의 행동을 마음상태의 전가(Zuschreibung)를 통하여 해석할 수 있는 능력을 의미한다." 여기서 전가란 감정이 다른 대상으로 옮겨 감을 말한다.

가를 **어떻게** 보고 있는가, 그러니까 우리가 **어떻게** 사유하는가 하는 방법과 방식이 우리 앞에 사물로 존재하는 것들의 성격을 주로 결정한다. 어떤 특정한 맥락에서 나뭇조각은 장기판의 말이다. 철학자 존 설(John Searle; 1997)은 이를 "간주변형(Zählt-als-Umwandlung)"이라고 명명한다. 가령 내 주머니에 있는 종이는 모든 사람이 이것으로 사회적, 문화적 현실이 된다는 것을 믿을 때 돈으로 "간주"된다. 이른바 경험적 "사실"의 핵심에는 사실을 **믿어야** 한다는 경험론의 신화를 볼 수 있다. 기호학의 개척자 찰스 샌더스 퍼스(Charles Sanders Peirce) 이래로 우리가 알고 있듯이 이는 기호와 기호로 표시된 것의 관계뿐만 아니라 해석자가 이 관계를 어떻게 **파악하는가에** 달려 있다. 이것이 여기서 프로이트가 제시하는 새로운 이해이며, 그는 이 방법으로 다른 (소위) 입문서들을 능가한다.

물론 스스로를 변함없는 자연과학적 경험론자로 생각하는 프로이트는 "제2 질서의 관찰"이라는 자신의 수사학으로 바로 이 믿음의 마법을 깨트린다. 그는 사실에 대한 해석자의 역할을 강조한다. 니클라스 루만(Niklas Luhmann; 1988, 299쪽)보다 이런 점에 프로이트의 위대한 업적이 있다는 것을 간파한 사람은 거의 없었다. 그는 프로이트의 업적을 마르크스의 업적과 동등하게 평가한다.

"우리는 이런 식으로 마르크스의 정치적 경제 비판을 재평가할 수 있으며, 마찬가지로 프로이트의 억압하고 승화시키는 의식 비판도 재평가할 수 있다. 관찰체계가 관찰할 수 없는 것을 전문적으로 관찰하는 효과적인 관찰 방식이 이 두 경우에 두드러진다. 마르크스와 프로이트라는 이름은 여기서 매우 영향력 있고 넓은 효과를 지닌 현대적 사고의 혁신을 대변한다. 그리고 돌이켜 볼 때 주목할 것은 공식적인 인식론이 관찰들에 관한 관찰, 기술들에 관한 기술(記述), 지식에 대한 지식의 이런 형식으로는 극복될 수 없는 난점을 지니고 있었다는 사실이다."

이 때문에 프로이트는 사실들을 제시하지 않는다. 왜냐하면 그는 자기 관찰자의 관찰자로서 수강생들이 사실을 지각할 수 없을 것이라는 것을 알고 있기 때문이다. 따라서 그는 수강생들로 하여금 ―정신분석이 느끼게 하려는 사실들을 알아차리도록― 자신들의 사유를 사유하고 자신들의 관찰을 그 한계와 함께 관찰하게 하는 대화의 형식을 제공해야 한다. 그들은 그것을 "관찰할" **능력**이 없다(Luhmann, 같은 곳). 정신분석은 이에 대해 "저항(Widerstand)"이라는 명칭을 만들어 냈다. 저항은 그의 수강생들이 지닌 과학적 관점의 중심을 차지한다. 이 때문에 프로이트는 수강생들에게 그들이 최초의 관찰자로서 그들의 "사실"을 어떻게 관찰했는지, 아울러 왜 그들에게 결정적인 것이 비켜 가는지를 발견하게 해 주어야 한다. 그러므로 그는 첫 강의에서 다음과 같이 말한다. "나는 여러분에게 여러분의 사전 지식의 전체적 방향과 여러분의 사유습관이 어떻게 불가피하게 정신분석의 적이 될 수밖에 없는지, 그리고 이런 본능적인 적대성을 다스리기 위해 여러분이 내적으로 얼마나 많이 극복해야 하는지를 보여 줄 것입니다"(전집 11, 8쪽).

프로이트는 저항을 필요로 하는데(Forrester 2000), 그 스스로가 자신을 극복해야 하기 때문이다. 그는 수강생들에게 "여러분의 관심의 어떤 부분도 이렇게 놀랍도록 복잡한 유기체의 업적을 극대화하는 심적인 삶을 지향하지는 않았다"(전집 11, 12/13쪽)고 전제한다. 하지만 이어서 그는 영적인 것은 순간적(flüchtig)이며 "눈에 띄지 않게 일어나는 사건" 속에서 전달된다는 것을 보여 준다. ― 그는 사이비 자연과학적으로 "정신(Psyche)"에 대해서 언급하는 것이 아니라 거의 전적으로 "영혼(Seele)"에 대해서만 언급한다. 영적인 것은 연애할 때 순식간에 다가오는 눈빛 같은 것이지만(전집 11,

20쪽), 모든 의미(Bedeutung)는 바로 영적인 것과 통한다는 것이다. 이는 앞에 놓인 사물을 잘못 말하거나 잘못 놓는 경우, 이름을 잊어버리는 경우와는 다른 것이다. 연애에서 순간적인 것(das flüchtige)은 소중하게 여겨지지만, 그것은 동일인들에 의하여 영적 현상의 가치를 반박하는 데에도 이용된다. 이렇게 생겨난 "과학적" 편견은 실수행위를 무의미한 것으로 배격하려 한다. 프로이트는 이를 극복할 것을 강력하게 요구한다. 그러므로 실수행위는 과로나 기분전환, 우연을 통하여 이루어지는 것이 아니다. 오히려 그것은 의미심장한 상황에서 형성된다. 실수행위는 행위자에게 옳지 않은 의미를 —물론 무의식적 의미를— 전달한다. 회의참석자들에게 "여러분과 작별하는 것을 기쁘게 생각합니다"라고 인사하는 연사의 실수는 그럭저럭 이해된다. 그러나 이 말의 이차적 의도는 —그것이 드러난 것이 아니라고 할 수 있기 때문에— 의식적인 의도와 "교차"되었다. 실수행위의 조건은 이차적 의도가 무의식적으로 될 수도 있다는 점이다. 그렇다면 실수행위는 의식의 통제에서 벗어나 자기 의지를 관철할 수 있다.

이런 다음에 성립되는 명시적인 표현은 서로 모순되는 의도에서 나온 타협의 산물이다. 이렇게 프로이트는 이론적 결실을 얻고 있으며, 이제 모든 것은 갑자기 다음처럼 네 가지로 요약된다. (a) 의식적 경향과 무의식 경향의 구별, (b) 무의미"해 보이는 현상의 의미내실, (c) 잠재적 갈등으로부터의 명시적인 타협, (d) "정상적(normal)"과 "병적(krank)"이라는 구분의 포기가 그것이다.

네 번째 사항은 일종의 부산물인데, 프로이트는 이것에 가치를 부여한다. 그는 "증상을 형성하는 조건은 … 정상적인 상태에서도 입증"된다(전집 11, 373쪽)는 점을 반복적으로 제시한다. 무엇보다 그가 실수행위에 관심을 두는 이유는 실수행위에도 신경증을 규정하는 동일한 "기제"가 분명히 나타난다는 것을 보여 주기 위해서이다. 인습적 사고는 이런 미세한 차이를 간과한다. 정신분석적 사실은 이런 사고의 인습을 "극복할" 준비가 된 사람에게 비로소 열린다는 것이다. 프로이트는 수강생을 이해시키려고 수사학을 사용하면서 정신분석적 사실이 제2 질서의 관찰 차원에서야 비로소 존재한다는 것을 말하려고 하는 것처럼 보인다. 대화가 진행되는 동안 참석자들은 계속해서 교대로 청취자, 요컨대 관찰자가 되어 청취한 것을 그대로 "해석할 수" 있게 된다. 대화분석가 셰글로프(Schegloff; 2000)는 이에 착안하여 다음과 같이 말한다. "어떤 표현이 완결되기 전에 중단되어 억제된 표현의 일부가 무엇인지에 의문을 갖게 되면, 이따금 억제된 대상이 나중에 이어지는 대화과정에 갑자기 나타나는 것을 확인할 수 있다"(같은 곳, 3쪽). 이를 관찰하기 위해서는 "정상적인 대화참여자"의 태도를 취해서는 안 된다. 참여자들이 어떻게 서로를 관찰하는지 관찰해야 하기 때문이다. 바로 이것을 프로이트는 추후 진행된 학문적 발전에 앞서 지혜롭게 터득하고 있다. 셰글로프는 프로이트의 실수행위 이론을 언급하지는 않는다. 이 점에 대해서는 카잔스카야(Kazanskaya)와 케헬레(Kächele; 2000)가 올바로 지적하고 있다.

일상적인 대화에서 실수행위는 대체로 피로할 때 또는 우연히 일어난다. 실수행위를 진지하게 다루지 않는 인습 때문에 그것은 늘 성급하게 판단된다. 사람들은 실수행위를 건성으로 듣거나 다함께 웃어넘긴다. 이는 셰글로프가 대화록 자료를 꼼꼼히 분석한 사회적 실제에 근거한다. 인습은 동시에 공동으로 혼란을 회피하려는 대화의 실제 현상이기도 하다. ― 바로 이런 현상은 이처럼 우리가 **회피되는** 관찰의 실제를 관찰할 때만 분석될 수 있다. 이런 현상은 일상에서 인습을 재생산하는 원천일 수도 있지만, 프로이트는 과학자로서 인습을 관찰의 대상으로 삼는다. 그는 일상에서 무의식적인 것이 어떻게 "제외된 채" 관찰되는지, 즉 무시되는지를 관찰한다. 그러나 일단 사물(Ding)이 관심의 초점이 될 때, 프로이트는 정상적인 시민이 행하는 것이 신경증 환자가 행하는 것과 다르지 않다는 것을 반복적으로 보여 준다. 그는 "건강/병"이라는 의학적 구별을 포기할 것을 강조한다. 그리고 노령에 이르러 1938/1940년에 발표한 《정신분석의 개요(Abriß der Psychoanalyse)》에서도 같은 태도를 반복한다. "우리는 심적인 표준과 비정상에 대한 경계설정이 과학적으로 실행될 수 없다는 것을 인식했다. 따라서 실용적 중요성에도 불구하고 이 차이에는 단지 인습적 가치만이 부여된다"(전집 17, 125쪽).

그 대신에 프로이트는 제2 질서의 관찰이라는 관점에서 "정상적/비정상적"이라는 일상적 구별을 인습적인 사회문화의 실제로 파악한다. 그가 영적인 것의 가장 순간적인 표명에서 의미 있는 사건을 해독해 낼 수 있는 것은 앞서 언급한 의식적 경향과 무의식적 경향의 구별을 통해서이다.

역설적인 꿈지식

꿈에 대한 두 번째 강의 부분으로 들어가면서 프로이트는 이미 실수행위에서 개진된 것을 결부시킨다. "우리는 꿈의 의미를 신경증 연구의 준비 단계로 입증하게 될 것입니다. … 왜냐하면 꿈의 연구는 신경증 연구에 대한 최선의 준비일 뿐만 아니라 꿈 자체도 신경증 증상이기 때문입니다. 그리고 꿈은 건강한 사람이라면 누구에게나 나타나는 우리에게는 정말 엄청난 장점이 있는 증상입니다"(전집 11, 79쪽).

여기서도 중요한 것은 감각(Sinn)이다. 꿈의 형성은 실수행위와 비슷하게 설명된다. 외현적인 꿈(der manifeste Traum)은 ―궤도를 벗어난― 말에 상응한다. 꿈은 검열의 영향권에서는 나타날 수 없었던 잠재적 꿈생각들(latente Traumgedanken)이 갈등을 일으키다가 만들어 내는 타협적 산물이다. 꿈은 실수행위와 마찬가지로 무의미한 영적 산물이 아니며, 꿈에는 의미가 들어 있다. 여기서 우리는 이번에 꿈꾸는 사람과 자기 자신과의 관계라는 측면에서 다시 다양한 관찰단계와 마주친다. "내가 여러분에게 말하고자 하는 것은 꿈꾸는 사람은 자신의 꿈이 무엇을 의미하는지 알 가능성이 매우 크고, 그럴 개연성도 크다는 사실입니다. **다만 그는 자신이 안다는 사실을 모르고 있으며, 그래서 자신은 그것을 알지 못한다고 믿고 있을 따름입니다**"(전집 11, 98쪽).

이 "믿음"은 이번에도 꿈을 무의미한 것으로 보이게 하려는 —하지만 그 대신에 꿈을 이런 역설적 상황으로 연루시키는— 저 영적인 힘의 일부로서 관찰될 수 있다. 이를 경험하는 것은 꿈꾸는 사람이 외현적 꿈의 전체 형상에서 벗어나 개별적 꿈의 구성요소에 대한 잠재적 꿈생각들을 전달할 때이다. 떠오르는 생각들의 연상그물이 느슨해지면 잠재적 꿈생각들은 제2의 질서 차원 또는 그 이상의 질서 차원에서 연결고리가 생기면서 가시화된다. 이어서 우리는 잠재적 꿈생각들에는 외현적인 꿈에서 왜곡된 채 충족되는 소망이 내재한다는 것을 인식할 수 있다. 프로이트는 꿈의 소망충족이론(Wunscherfüllungstheorie)을 고수하지만, 이 명제는 외현적이 아니라 잠재된 꿈과 관계된다는 것을 분명히 강조한다. 그런데 그는 이것이 결코 성적 소망의 문제만은 아니라고 여러 차례 강조했음에도 종종 수강생들이 이 말을 흘려듣는 것을 보고는 놀란다. 프로이트는 여기서도 이 수강생들이 그를 어떻게 관찰했는지 관찰한다. 그는 다시 "사실"과 관련하여 어떤 새로운 관점이 논리적으로 더 높은 차원에서 생겨나는지 인식시킨다. 그러면서 이렇게 덧붙인다. "누군가 이 세계에서 무엇이 사실적인지를 경험하려고 할 때, 그의 공감과 반감을 원상태로 진정시키면 그는 굴욕적이라고 생각합니다"(전집 11, 146쪽).

불안이나 처벌의 꿈에서는 분명히 소망이 충족되지 않는다는 항변에 맞서 프로이트가 소망충족에 대한 명제의 근거를 설명하는 데는 체계적인 형식이 있다. 여기서 그는 동화의 유사성에 의존한다. 요정이 어느 중년부부에게 세 가지 소원을 들어주겠다고 한다. 부부가 소원을 생각하고 있는데, 마침 구수한 구운 소시지 냄새가 부인의 코를 찌른다. 부인은 구운 소시지가 있으면 좋겠다고 말한다. 그러자 즉시 소시지가 나타났다. 이를 보고 화가 난 남편은 그 소시지가 차라리 아내의 코에나 붙었으면 좋겠다고 말한다. 그러자 즉시 이 소원도 이루어졌다. 이제 부부에게 남은 소원은 오로지 한 가지, 두 번째 소원을 철회하는 것밖에 없다. 이제는 어서 빨리 이 세 번째 소원을 들어달라고 애원하는 처지가 된다. 프로이트는 불안 및 처벌의 꿈이라는 주제를 설명하기 위해 소망이 처벌이 될 수도 있다는 이 작은 교훈의 의미를 이용한다.

"접시 위에 담긴 소시지는 첫 번째 사람, 즉 부인의 소망충족입니다. 그리고 부인의 코에 붙은 소시지는 두 번째 사람, 즉 남편의 소망충족이지만 동시에 어리석은 아내의 소망에 대한 처벌이기도 합니다. 우리는 신경증에서 동화에나 남아 있는 세 번째 소원의 동기부여를 재발견하게 됩니다. 이런 처벌경향은 인간의 영적인 삶에 많이 들어 있습니다. 이 경향은 아주 강하며, 고통스러운 꿈을 꿀 때면 우리는 이런 경향에 책임을 돌릴 수도 있을 것입니다. 여러분은 이제 이런 식으로는 그토록 찬양된 소망충족이 남은 것이 별로 없지 않은가 하고 말할지 모르겠습니다. 그러나 더 자세히 들여다보면 여러분이 틀렸다는 것을 인정할 것입니다. 이후에 예증되는 꿈에서 있을 법한 다양한 의미와는 반대로 ―많은 저자의 견해도 마찬가지지만― 해결, 그러니까 소망충족, 불안충족, 처벌충족은 여기서는 아주 좁은 범위로 제한된 것입니다. 게다가 불안은 소망과는 정반대이지만, 이 상반된 두 요소는 연상 속에서 특히 서로 인접해 있고, 여러분이 들었듯이 무의식 속에서 함께 작용합니다. 나아가 처벌은 검열하는 입장의 상대에게 소망충족이기도 합니다"(전집 11, 224-225쪽).

우리는 이 이야기를 노련한 가르침의 예로 보아도 좋을 것이다. 하지만 이것은 프로이트가 다인극으로서의 "심리 장치(psychischer Apparat)"가 구성되는 것을 어떻게 파악하는지를 보여 주는 기본원칙의 한 예이기도 하다. 한 사람의 소망은 상대에게는 처벌일 수가 있고, 처벌해 달라는 소망은 상대를 불안하게 할 수 있다. 소망과 처벌만 서로 밀접하게 맞물린 것이 아니라 영적인 구조 자체도 이런 식으로 형성되어 있다. 괴테를 떠올리게 하는 어법으로 종종 표현되는 "옆사람(Nebenmensch)"[38]은 타자의 영적 측면 내지 타자들에게서의 영적 측면을 대변하기도 한다. 이 "타자"가 이미 프로이트의 관점에서 근원적으로 어머니라는 것은 여기서는 단지 암시될 따름이다. 어머니는 조직화되지 못한 것처럼 보이는 허우적거리는 어린아이의 표현에 의도와 지향성, 계획, 의미 있는 형상을 불어넣는다. ─ 이를 통해 태도가 행동화된다. 어머니는 감각을 부여한다. 감각은 태도 "속에" 있는 것이 아니라 이를 인지하는 방식에 있다. 그러므로 진화 인간학자 벌링(Burling; 2000)이 말하듯이 의미는 **청취자**가 무엇인가를 신호**로** 받아들일 때 생겨난다. 허우적거리는 어린아이의 '일차적' 수사학은 이를 관찰하는, 요컨대 사랑과 양육 속에서 해석하는 어머니의 "이차적" 수사학을 통하여 공감을 얻는다. 어머니들은 어린아이의 상태에 대해 직관적 지식을 이용한다. 어린아이의 관찰자들은 이런 지식이 어떻게 다시 관찰될 수 있는가를 우리에게 정확하게 기술했다(Shotter/Newson 1982; Stern 1985). 그들은 실행하며 "해석한다."

"해석(Interpretation)"이란 아주 실제적으로 이해되어야 한다. 프로이트는

---

38) 역주: 두덴(Duden) 사전에 옆사람은 a) 동포 또는 함께하는 사람(Mitmensch), b) 이웃(Nachbar)의 의미이다. 그러나 이 글에도 언급되어 있듯이 옆사람은 어머니처럼 친근한 관계뿐만 아니라 타자의 측면을 지칭한다.

이런 대화의 수사학으로 구운 소시지 비유를 통해 수강생들에게 잠재적 꿈생각들이 어떻게 외현적 꿈으로 변화하는지를 소개한다. 잠재적 꿈생각들은 검열을 통하여 반대에 부딪친다. 잠재적 꿈생각들은 스스로를 위장하고 감정적인 내용을 다른 주제로 전치하거나(verschieben) 다른 주제와 함께 응축되면서(sich verdichten) 검열에 적응하고, 그렇게 함으로써 검열을 피할 수 있게 된다. 분명한 것은 이때 꿈생각들은 형상으로 변화하고, 그러면서 "표현가능성을 고려"한다는 사실이다. 프로이트는 응축 및 전치와 더불어 표현가능성의 고려를 꿈작업의 기제로 요약한다. 잠재적 생각을 외현적인 꿈으로 변화시키는 것이 바로 꿈작업(Traumarbeit)의 공적인 것이다.

잠재적 생각은 꿈과 잠이라는 조건에 따라 형상들로 변하면서 여러 다른 모습을 취한다. 이 때문에 프로이트는 외현적인 꿈을 형상가치에 따라 읽어 내지 않도록 경고한다. 그것은 오히려 수수께끼의 형상으로 이해해야 한다는 것이다. 여기서 여러 형상은 사유의 연관관계를 나타내지만, 형상으로 나타난 모습은 사고의 내용을 기만한다. 일차적 수사학의 의미에서 꿈의 시각적 형태는 이차적 수사학을 통하여 서술적 형식(narrative Form)을 유지하는 상형문자이다(Stockreiter 2000).

꿈의 해석은 꿈작업의 미학을 외현적인 꿈의 결과에 따라 평가할 수 있다. 그러나 무엇보다 꿈의 해석은 —꿈의 형태가 자유연상에 의해 깨어지자마자 비로소 들릴 수 있게 되는— 다양한 목소리를 여러 착상들 속에서 고려하지 않을 수 없게 된다. 이런 점을 프로이트는 여러 가지 예를 들어 설득력 있게 보여 주고 있으며, 바로 이를 통하여 그가 **수강생들과 함께** 거론하는 저 관계형식을 **수강생들의 관점에서** 형상화한다. 그는 이해할 수 없는 불안정한 꿈에 의미를 부여한다. 이렇게 해서 꿈을 재구성할 때 꿈의 해석이 어떻게 진행되는지 수강생들의 **목전에서** 생생하게 보여 준다. 꿈의 해석은 꿈의 대화구조 자체를 꿈의 구성원리로 볼 수밖에 없으며, 그럴 때만 무의식적인 것과 시각적인 것 사이의 "삼투현상"을(Pontalis 1992) 조명할 수 있다.

그렇다면 꿈의 해석은 단지 영적인 사실을 냉철하고 객관적으로 조사하는 인식론적인 작업만을 의미하는 것은 아니다. 꿈의 해석은 꿈이 구성하고 있는 것을 차분하게 재구성하면서 꿈의 **경험**을 되찾고자 한다. 꿈의 해석의 입장은 대화구조 때문에 오직 제2 질서의 (또는 그 이상의) 관찰일 수 있다. 그것은 이차적 수사학이 어떻게 일차적 수사학을 "기술하는지" 관찰한다. 이때 발생하는 복합성을 극복하기 위해 적합한 언어수단은 이 때문에 은유이거나 이와 비슷한 형태를 띤 언어형식(동화, 비유, 알레고리)이다. 왜냐하면 은유는 일차적 수사학과 이차적 수사학 사이의 경계에서 형성되기 때문이다. 시각성과 표현된 사고는 여기서 새로운 단일성, 바로 비유의 언어형상으로 통합된다(Buchholz 2003). 비유적 언어형식은 적절한 방식으로 무의식적인 것을 표현하는 동시에 꿈을 파괴하거나 잠자는 사람을 깨울 수밖에 없는 현실의 침입을 막아 준다. 크리스토퍼 볼라스(Christopher Bollas)는 대화에서 "무의식적인 것이 우리를 보호한다"는 명제를 내세운다 (Buchholz/Altmeyer 2001).

프로이트에게 현실적인 것은 무의식적인 것의 대화구조이다. 그러므로 현실적인 것은 자체로 의미를 지닐 뿐만 아니라 가령 꿈꾸는 자의 착상이 거부하는 상징을 묘사할 경우에는 자체의 불변성과 힘도 지니고 있다. 꿈에 나타나는 여송연 형태의 대상은 예컨대 비행선처럼 언제나 남근/음경으로 해석할 수 있다는 것이다. 그 당시 꿈의 상징을 이렇게 이해하는 방식은 정신분석적인 논쟁에 불을 지폈다(Jones 1970; Ferenczi/Rank 1924/1996). 프로이트가 어디서 이 상징들의 의미를 알게 되었는가 하는 의문이 제기되었기 때문이다. 사실 프로이트는 이 의문에 대답할 책임이 있다. 그는 피상적으로 신화나 민속, 옛 지혜의 영향을 지적할 따름이다. 물론 그가 환자들에게서 이것을 얻었을 수도 있지만, 실제로 이런 점이 그의 이론에서 취약한 부분이다. 프로이트가 상징에 대한 독점적 지식을 주장한다면, 그는 힘들게 얻은 제2 질서의 관찰자라는 위치를 거의 포기하게 될 것이다.

신경증 학설

하지만 무의식은 자체의 힘을 지니고 있으며, 분석가가 실무에서 신경증 학설이 취급하는 환자들을 다룰 때 그것을 느낄 수 있다. 여기서도 우리는 재차 관찰의 관찰로부터 이루어지는 지식의 두 차원과 곧 만나게 된다. 이에 대해 프로이트는 다음과 같이 말한다. "환자의 무의식을 의식으로 대치하기 위하여 우리는 무엇을 해야만 합니까? 우리는 일찍이 그것이 단순하며, 우리는 이 무의식을 추측하여 그것을 환자에게 귀띔해 주기만 하면 된다고 생각해 왔습니다. 그러나 우리는 이미 그것이 근시안적인 오류라는 것을 알고 있습니다. … 무의식에 대한 우리의 지식은 환자의 지식과 등가물이 아닙니다. 우리가 환자에게 우리의 지식을 전달하면, 환자는 그 지식을 그의 무의식의 **자리에**(an Stelle) 가지고 있는 것이 아니라 무의식의 **곁**(neben)에 가지고 있으며, 그것은 정말 거의 변하지 않았습니다"(전집 11, 453쪽).

환자의 저항을 통하여 지속적으로 분리된 두 종류의 지식은 이렇게 생겨난다. 환자와 분석가는 같은 것을 다른 방식으로 알고 있는 것이다. 이에 대해 프로이트는 저항이 극복될 때에야 비로소 분석가에게 들은 지식과 순종적이 되어 버리는 무의식의 현실성이 일치된다고 증언한다. 저항은 이제 오이디푸스 콤플렉스처럼 특정한 무의식적 갈등뿐만 아니라 형제자매 콤플렉스, 이기심 및 질투심의 극적 사건을 향한다. 오이디푸스 콤플렉스의 여러 가지 해결은 개성의 부분들이 이 극적 사건에 고정되어 있을 때 다양한 신경증적 형상의 분명한 형태를 결정한다. 이 형상 내부에 구속되어 있던 에너지가 분석작업을 통하여 방출되면, 에너지의 특수한 점령 (Besetzung)[39] 다시 말해 성 충동적이고 공격적인 에너지의 적재된 힘이 의사를 향한다는 것을 발견할 수 있다. 이제 의사는 도움을 받으려던 환자가 어떻게 해서 도움을 격렬하게 거부하고 오히려 의사와 다투거나 의사에게 사랑을 요구하는가를 관찰하게 된다. "그러나 우리는 이런 상황에서 치료의 문제에 대해 아주 특정한 입장을 증언하는 여성이나 여자아이 측의 놀라운 진술을 듣게 된다. 즉 그들은 오직 사랑을 통해서만 건강해질 수 있다는 것을 늘 의식했다고 한다. 그리고 치료를 시작할 때부터 이 교류를 통하여 삶이 그들에게서 빼앗았던 것을 마침내 내어 줄 수도 있겠다고 기대했다는 것이다. 그들은 오직 사랑을 통해서만 건강해질 수 있다는 것을 늘 의식했다고 할 수 있으며, 치료를 시작할 때부터 이 교류를 통하여 삶이 그들에게서 불법으로 잡아 두었던 것을 마침내 내어 줄 수도 있겠다고 기대했는지 모른다"(전집 11, 458쪽). 의사와의 관계는 이렇게 해서 "전이 (Übertragung)"라는 이름을 얻게 되었다. 전이는 언제나 분석가의 마음을 움직여서 더 높은 질서의 관찰 위치를 떠나게 하는 시도이자 그런 위치 자체를 차지하거나 그것을 현실적 만족과 바꾸지 못하게 하는 시도이다.

프로이트는 꿈의 해석을 근간으로 전이의 해석에 대한 대화모델을 발전시켰다. 그는 사랑의 요구나 공격적 적대성을 단지 일차적 수사학의 표현으로만 파악했기 때문에 이제 주체가 확고하게 발전하도록 이차적 수사학의 수단으로 일차적 수사학의 표현에 부합되는 의미를 부여하지 않을 수 없었다. — 따라서 그는 그 의미가 인식될 수 있도록 사건의 틀을 형성하는 서술적 형식(narrative Form)을 제시한다. 서술적 형식이 제시한 것은 우선

---

39) 역주: 흔히 'Besetzung'은 '집중' 또는 '리비도 집중'으로 번역되어 있으나 여기서는 독일어의 의미를 살려서 '점령'으로, 'Libidobesetzung'은 '리비도 점령'으로 번역하였다.

인간의 성욕과 성 발달에 관한 이론이고, 다음으로 오이디푸스 콤플렉스에 관한 이론이다. 실수행위와 꿈처럼 신경증 증상은 의미를 지니는데, 그것은 "중지된 다른 어떤 것을 대체하는 현상이다"(전집 11, 289쪽).

신경증 증상의 의미를 해명하는 작업은 성욕이 인간 삶의 **대화적**(dialogische) 사실이라는 통찰로 새롭게 발전된다. 이로부터 프로이트는 이론적 확장을 시도한다. 그의 주장에 따르면 이미 젖먹이의 표현은 —성적으로 민감하게 반응하는— 특정 신체부위를 중심으로 나열되는 쾌락 추구에 의해 결정된다는 것이다. 젖먹이가 표현하는 힘은 가장 가까이에 있는 인물, 즉 부모에게 향한다. 여기서 아버지는 사내아이에 의해 어머니 곁에 있는 적으로 간주되며, 이 가족 배열을 근거로 프로이트는 오이디푸스 콤플렉스의 서술적 포맷을 만들어 낸다. 실제로 의사가 환자에게 처음에 한 번 오이디푸스 콤플렉스를 설명하면 모든 저항은 의사를 향하고, 무엇보다 환자는 처음에는 의사를 우스꽝스럽게 여기려고 할 것이다. 그러나 이와 관련하여 환자가 아버지와의 갈등을 되풀이하는 가운데 자신이 얼마나 이 서술적 형식에 연루되어 있는지를 거듭 보여 준다면, 점차 그는 이 반복적 갈등관계를 포기하지 않을 수 없게 된다고 프로이트는 말한다. 환자는 결국 체념하면서 오이디푸스 콤플렉스에서 벗어나 자신의 목적을 삶에서 실현하려고 할 것이다. 서술적 형식은 프로이트에게 "자료"의 틀로서 활용된다. 어쩌면 서술적 형식은 다른 사람들이 무의미한 허우적거림만을 볼지도 모르는 곳에서 응집력을 발휘한다. 이런 의미에서 서술적 형식은 다른 사람들이 관찰하고 발견해 내기를 기대하는 —그래서 찾아낼 수 없는— 바로 그런 사실들을 만들어 낸다.

단지 암시에 불과한가?

여기서 비판적 반론이 제기된다. 그러니까 이런 식의 접근은 암시

(Suggestion)에 의한 작업이 아닌가? 해석자는 자신이 알고 있는 것만을 보는 것은 아닌가? 분석가는 자신이 찾으려고 생각하는 것에 집착하는 것은 아닌가? 프로이트는 수강생들에게 파리의 샤르코와 낭시의 베른하임에게 충분히 견해를 얻었던 암시에서 연원하는 분석기법에 관해 설명한다. 그는 두 대가의 책들을 독일어로 번역했다. 그러면서 이 권위자들이 암시능력의 근원, 무엇보다 전이의 현시에 내재한 성욕과 리비도 활동의 암시적인 유래를 진술하지 못했다고 주장한다.

"환자의 전이가 긍정적 징후를 띠고 있는 한 전이는 의사에게 권위를 부여하고, 의사의 보고와 견해에 대한 믿음으로 급변한다. 만일 이런 전이가 없거나 전이가 부정적이라면, 환자는 의사와 그의 논증을 전혀 경청하려 하지 않을 것이다. 여기서 믿음은 그 자체의 발생사를 반복한다. 다시 말해 믿음은 사랑의 씨앗이자 우선은 논증이 필요없었다. 마음에 드는 사람이 논증을 제시할 때 믿음이 그 논증을 검사하듯이 관찰하게 되는 것은 믿음이 많은 것을 용인한 오랜 후의 일이다. 이런 뒷받침이 없는 논증들은 통용성이 없었고, 대다수 인간의 삶에서도 결코 어떤 효력을 발휘하지 못한다. 그러므로 인간은 리비도적인 대상점령(libidonöse Objektbesetzung)의 능력이 있을 때만 일반적으로 지적인 측면에서도 유용성을 보인다…"(전집 11, 463쪽).

따라서 이런 점령의 가능성 추구가 분석적 치료에서 첫 번째 목표이다. 프로이트는 이 점에서 아주 현실적이다. 그는 교사나 변호사처럼 우선 의사의 인격을 통하여 얻어지는 믿음을 중요시한다. 논증과 검증은 추후의 소득이다. 그런데 믿음의 강조는 더 새로운 정신치료 연구를 통하여 (Wampold 2001) 완전히 인정받았다. 이와 관련하여 환자는 자신의 장애와 제공된 치료제안 및 치료자가 제시하는 치료 방식 사이에서 의미를 창출할 수 있어야 한다. "과학적으로 입증된 방법"에 대한 논증은 치료자의 성실성이 그것을 보증하지 못하고, 환자가 자신의 장애와의 의미 있는 관계를 있는 그대로 표현하지 못하면 설득력을 상실한다.

여기서 프로이트는 과학자로서 열정적인 면모를 보여 준다. 마지막 강의에서 그는 과학자로서의 자신의 태도에 대하여 여러 실례를 비교해 가며 해명한다. 그는 이미 천문학자에게 천체에 대해 실험하는 것이 어렵게 생각되는 것처럼 과학이란 실험만으로 이루어지는 것은 아니라고 말한다. 오히려 과학자는 여러 불안정한 결과들을 서로 연관시키면서 그 결합 가능성을 검토하고, 뜻밖의 새로운 계기에 열린 자세를 취함으로써 궁극적으로 비판에 개방적으로 대처하는 확신을 얻는다는 것이다. "다른 한편으로 과학이 어떤 시도에 눈이 멀어 비틀거리며 오류를 다른 것으로 바꿔치기 하는 것은 옳지 못하다. 과학은 일반적으로 예술가처럼 점토모형을 다루는 작업이다. 그것은 마치 예술가가 가공되지 않은 초안을 가지고 눈앞의 대상이나 상상의 대상과 만족스러울 정도의 유사성이 이루어질 때까지 끊임없이 덧칠하고 떼어 내고 변화시키는 작업과도 같다"(전집 15, 188-189쪽).

따라서 대상을 본뜨는 ─예술가와 비교될 수 있는─ 작업은 프로이트가 여러 가지로 예를 들었던 직관적 선지식에 기초한다. 누군가가 하필이면 기억하지 못하는 사람의 이름을 찾으려고 시도한다면, 그것은 실수행위의 좋은 사례였다. ─ 여기서 가령 기억하지 못하는 사람의 외침이 들려온다면, 그는 곧 올바른 해결책을 깨닫게 될 것이다. 그렇다면 즉시 "만족스러울 정도의 유사성"이 증거에 대한 확신으로 나타난다. 꿈에서 그것은 이차적 수사학이 일차적 수사학을 명확히 표현하고 있는 대화모델이다. 우리는 앞서 이것이 어머니-젖먹이의 상호작용에서 그대로 모사되는 것을 보았다. 어머니는 젖먹이에 대해 어느 정도 "지식이 있고", 그것이 올바른 것이라면 재차 만족스러울 정도의 유사성이 형성된다. 바로 여기에 오해에 대한 모든 가능성이 잠재하는데, 왜냐하면 어머니들이 종종 아이를 상당히 오해하기 때문이다. 그러나 프로이트는 여기서 우리를 이런 선지식에 이르도록 격려하는 것처럼 보인다. 신경증 학설의 실제, 그러니까 치료 상황에서는 분석가가 환자의 기본의도를 이해하고 그에게 서술적 형식을 제공함으로써 환자 자신이 형태화될(Gestalt zu werden) 기회를 얻는 것이 무엇보다 중요하다. 이제 무의식적 의사소통의 주제가 준비된다.

《강의의 새로운 연속》(1933)

《강의의 새로운 연속》 시기에 프로이트는 이미 이론적 변화를 시도했다. 그는 의식/무의식의 구분이라는 위상모델(das topische Modell)을 포기했다. 자아의 방어기제는 무의식적인 것으로 파악될 수밖에 없었다. 하지만 방어는 "의식"의 **무의식적** 실행으로 기술될 수 있다. 프로이트는 이런 모순을 해결하기 위하여 구조모델에서 심적인 "심급"을 이드, 자아와 초자아로 특징화했다. 그러자 자아뿐만 아니라 초자아의 무의식적 실행이 언급될 수 있게 되면서 이런 과정에서 곧 무의식적 죄의식을 초자아와 결부시킬 가능성이 발견되었다. 여성성에 대한 그의 관점 역시 예를 들어《여성성(Die Weiblichkeit)》이라는 강의에서 요약되고 부분적으로 정형화된다. 그는 이렇게 말한다. "분석가들에게 나는 너무 말을 하지 않고 더구나 새로운 어떤 말도 하지 않습니다만, 여러분에게는 너무 말을 많이 하고 여러분이 이해할 준비가 되지 못한 그런 것들에 대해서는 더욱더 그렇습니다"(전집 15, 119쪽). 그는 강의를 듣는 사람들이 정신분석적 지각을 갖출 "준비가 되어 있어야" 한다는 것을 새롭게 강조하려고 한다.

그는 여성적인 것과 수동적인 것을 동일시하지 않도록 권고한다. "동시에 우리는 여성을 수동적 입장으로 몰아넣는 사회적 영향을 과소평가하지 않도록 주의해야만 합니다. 그 모든 것은 아직도 전혀 해명되지 않은 상태입니다"(같은 곳, 123쪽). 그리고 프로이트가 "어린 여자아이를 동년배의 사내아이보다 더 지적이고 활발하다"(125쪽)는 인상을 기술할 때, 그가 "사회적 질서"의 영향을 얼마나 높게 평가하고 있는가를 알 수 있다. 사회적 질서가 여자아이를 제한한다는 것이다. 그러나 여자아이는 첫사랑의 대상인 어머니를 아버지로 교체하면서 성적인 자극을 음핵에서 질로 이동하지 않을 수 없다는 것이 프로이트의 주장이다. 이 때문에 그는 페미니즘 연구자들의 비판을 많이 받게 되었다. 그럼에도 프로이트는 여성성 논쟁에서 오이디푸스 이전 단계의 여자아이와 어머니의 결속관계에 중요한 역할을 부여함으로써 정신분석의 이론형성에 큰 성과를 가져온다. 따라서 프로이트는 거세콤플렉스가 여자아이와 사내아이에게서 달리 전개되는 것으로 파악한다. 여자아이는 어머니가 음경 결핍에 책임이 있으며, 이 (추측되는) 불이익을 용서하기 어렵다는 환상을 발전시킨다. 사내아이의 경우 거세 위협이 오이디푸스 콤플렉스의 종결로 이끄는 반면에, 여자아이의 경우 "거세"의 발견을 통하여 오이디푸스 콤플렉스가 비로소 생겨난다. 프로이트는 자신이 여성성에 대하여 강의해야 하는 것이 얼마나 "불완전하고 단편적인지"(145쪽)를 알고 있었다. 강의를 듣는 사람들 역시 그의 논리적 전개에서 만족을 느끼지 못한다. "여성이라는 수수께끼"가 그에게 비밀을 완전히 털어놓지 않았기 때문이다.

　계속된 강의에서 텔레파시에 대한 그의 힘겨운 연구는 거의 주목을 받지 못했다. 《강의의 새로운 연속》 서두에서 이미 프로이트는 꿈에 관한 학설이 정말 "새로운 과학의 가장 특징적이고 독특한 성격"을 지니고 있지만, 그럼에도 "신비에 차" 있다고 주목할 만한 논점을 제시한다(전집 15, 6쪽). 그는 《꿈과 심령술(Traum und Okkultismus)》에 대한 강의의 앞부분에서 "신비"에 대해 반복하여 언급한다. 그런 다음 그는 정신분석을 "개별적인 영적 지대 사이의 정상적 관계를 뒤집는 데 성공한 것처럼 보이는 모종의 신비로운 치료법"과 새롭게 비교함으로써 "그렇지 않으면 예컨대 지각이 접근할 수 없었던 심층적 자아와 이드 내의 관계들을 파악할 수 있게 된다"(86쪽).

정신분석적 상황이 실제로 명상 연습과 유사하다고 생각한다면, 신비적인 침잠과의 비교가 그리 어긋난 것은 아니다. 우리는 **오직** 과학적인 측면만 받아들이는 수용연구가 감추고 있는 영적인 프로이트 **역시**(Stein 1997) 눈여겨보고 있다.

프로이트는 독심술의 가능성에 집중하면서 이를 수많은 예증들로 보여준다. 이 예증들은 아주 세부적이어서 거의 모방할 수 없다. 하지만 어쨌든 프로이트는 과학적 회의론자에 반하여 "우리가 회의론자로 자처하려면, 때로는 자신의 회의를 의심하는 행위도 서슴지 않는 법이다"(전집 15, 57쪽)라고 설명한다. 그러면서 그는 수강생들에게 "독심술과 아울러 텔레파시의 객관적 가능성에 대하여 더 우호적으로 생각할 것을 충고하려고"(같은 곳, 58쪽) 한다. 어떤 사람의 영적 행동이 이에 부응하는 타인의 영적 행동을 자극한다는 가정은 정신분석가에게는 그리 낯선 것이 아니다. 프로이트는 분석가의 자세의 핵심을 기술하기 위하여 전화 수화기의 비유를 사용한다. 분석가는 수신자와 수화기의 관계처럼 자신의 무의식을 분석대상자의 무의식에 맞추어야 한다는 것이다. 그는 다른 곳에서도 인간적 관계에 직접적 지각의 이런 가능성이 존재한다고 여러 번 지적한 바 있다. 이어서 《강의의 새로운 연속》에는 가족 관계에 대한 언급이 나온다. 프로이트는 여기서 어린아이는 부모의 무의식을 이해하고 있으며, 이 때문에 교육은 의식적 원리에 의해서라기보다는 오히려 부모의 초자아에 의해서 수행되는 것으로 파악한다. 그는 무의식적 의사소통을 고대적인 이해의 가능성으로 간주한다.

"두 영적 행동 사이에 있는 것은 쉽게 물리적 과정이 될 수 있습니다. 심적인 것은 한쪽 끝에서 이런 물리적 과정으로 전환되고, 다른 쪽 끝에서 다시 동일한 물리적 과정으로 전환됩니다. 전화에서 말하고 들을 때처럼 다른 전환(Umsetzung)과의 유비(類比)는 그렇다면 명백한 것이지도 모릅니다. 그리고 만일 심적 행동의 이 물리적 등가물을 손으로 움켜쥘 수 있다면 하고 여러분 생각해 보십시오! 무의식을 물리적인 것과 이제껏 〈심적〉으로 명명되었던 것 사이에 끼워 놓음으로써 우리는 텔레파시와 같은 이런 과정들의 가정을 위한 정신분석을 준비할 수 있게 되었습니다. 우리가 일단 텔레파시라는 심상에 익숙해지면, 그것으로 많은 것을 할 수 있습니다. 물론 당장은 환상에서만 그렇습니다. 주지하다시피 우리는 곤충세계에서 전체 의지가 어떻게 성립되는지 알지 못합니다. 어쩌면 이런 일은 직접적인 심적 전이의 과정에서 일어나는지도 모릅니다. 이것은 계통발생적 발달과정에서 감각기관에 의해 수용되는 신호의 도움을 받아 더 좋은 전달방법을 통하여 억제되고 있는 개체 간의 근원적이고 고대적인 이해의 통로로 추론됩니다. 그러나 더 오래된 방법은 배후에 유지된 채 남아서 어떤 조건에 따라서는, 예컨대 지극히 열정적으로 흥분된 집단에서는 여전히 실행됩니다"(전집 15, 59쪽).

무의식적 의사소통의 가능성에 대한 프로이트의 생각은 성취되는데, 다른 텍스트들에서 보여 주는 그의 언급은 간과할 수 없다. 그는 이런 가능성의 원천이 어머니-어린아이 관계에 있다는 것을 증명하기 위하여 어머니와 어린아이가 동시에 분석될 때 나타나는 (당시에는) 더 새로운 정황을 가지고 텔레파시에 대한 강의를 종결한다. 프로이트는 여기서 도로시 벌링햄(Dorothy Burlingham)의 최초의 치료기법 시도를 예로 든다. 의사소통의 상호침투는 어머니와 어린아이 사이에 가장 강하게 이루어진다는 것으로, 이 의사소통의 형식이 영향력을 갖게 된 것은 프로이트 덕분이다. 이 경우에도 프로이트는 자신의 회의를 의심스럽게 관찰하는 (제2 질서의 관찰을 새롭게 적용하는) 철저한 과학자이다. 바로 이 때문에 그는 이 영역에서도 다른 사람들이 신비주의자들처럼 예감에 차서 거론했던 발견할 만한 뭔가가 있다는 것을 부인할 수 없다.

과학이 이 문제들을 실제로 해명하기 시작한다(Gornitz/Gornitz 2002, 2005)는 점에서 프로이트가 정말 옳았던 것처럼 보인다. 최근의 정신분석적 연구는 여기서 "암시적 관계지식(implizites Beziehungswissen)"이라는 개념을 발전시켰다(Stern 1998; Bruschweiler-Stern 외 2002; Stern 2004). 이 개념은 관련자들이 어떻게 말 저편에서 공동적 상호작용에 그들의 경험을 나눌지를 효과적으로 관철시킨다. 경험은 공동적이고 육체적 성격이 강하며, 결합적이고 절차적이다. 이에 반해 지식은 추상적이기 때문에 분산적이고 구상적-상징적이다. 경험이 선행한다. 암시적 관계지식에 대한 이런 방식을 생각하는 것은 남아메리카의 정신분석가 버랭거(Baranger; 1966) 형제를 통한 "이중 개인적(bi-personalen)" 분야의 최초 기술(記述)과 비견될 수 있다. 그것은 최근에 이탈리아의 분석가 페로(Ferro; 2002, 2003)에 의하여 수용되어 더욱 세밀하게 발전되었다. 여기에는 로렌처(Lorenzer; 1970, 1974), 아르겔란더(Argelander; 1967)와의 관계도 나타난다. 치료의 상호작용은 두 관계자가 참여하는 "장면"으로 기술될 수 있다. 프로이트는 그의 강의의 대화적 구상에서 이에 대한 초석을 놓았다.

Michael B. Buchholz

《비전문인 분석의 문제(Die Frage der Laienanalyse)》(1926)

프로이트는 정신분석이 심리학적 전제의 잠재력에서뿐만 아니라 그 실제와 관련해서도 의학의 경계를 넘어선다는 것을 일찍이 발견했다. 1918년 이후 그는 의사가 아닌 그의 제자들 가운데 몇 사람을 분석활동을 하도록 후원했는데, 이 때문에 테오도르 라이크(Theodor Reik)는 신분법적 내지 형사법적 어려움을 겪었다(Fallend 1995, 130-140쪽). 이런 어려움이 《비전문인 분석의 문제》를 집필하게 된 동기였다(전집 14, 207-286쪽). 국제정신분석학회(IPV)에서는 프로이트가 1926년 6/7월에 출간된 소책자로 영향을 행사하려고 했던 분석가의 예비자격 문제에 대한 갈등이 불거지는 일이 일어났다.

이 텍스트는 문학적 취향에 따라 대화체로 꾸며져 있다. 프로이트는 대화상대자로서 "편파성이 없고" 역사적 범례가 될 만한 인물인 빈 위생국 평의회 의장 아르놀트 두리히(Arnold Durig)를 상정했다. 두리히는 실제로 1924년에 테오도르 라이크의 사례에 관해 심의한 바 있었다(Schröter 2003). 프로이트는 상대에게 분석적 치료를 기술하면서 자아와 이드의 요구를 소개하고, 충동과 억압에 대해서 개관하며, 유아기 성욕의 특성과 의미에 대해 간략하게 언급한다. 이 모든 설명은 분석의 실행에 의학적 지식이 거의 필요 없다는 것, 반면에 "심리학이 많이 그리고 약간의 생물학 또는 성과학"에 대한 지식이 필요하다는 것을 보여 주려는 목적을 지니고 있다(전집 14, 247쪽). 그런 다음 정신분석적 해석의 문제, 치료 효과에 거부감을 보이는 환자의 저항 문제, 이어서 전이의 문제가 중점적으로 다루어진다. 이로부터 발생하는 치료기법상의 복잡한 문제들 때문에 분석가를 위한 특별한 교육과정이 필요하며, 이는 국제정신분석학회의 연수원에서만 목적을 달성할 수 있다는 것이다.

이제야 프로이트는 본래의 주제로 넘어간다. 그는 라이크에게 제기된 무면허 의료행위의 질책을 오히려 필수적인 전문지식 없이 정신분석을 실행하는 의사들에게 돌린다. 그는 "특정한 교육을 통하여 자격을 취득하지 않은 사람은 그 누구도 분석을 해서는 안 된다"(267쪽)고 주장한다. 의학적 예비교육은 분석가에게 부적절한데, 왜냐하면 의학 공부에서는 분석가들이 필요로 하지 않는 많은 것들이 요구되기 때문이라는 것이다. 이와는 반대로 프로이트는 이런 맥락에서 교과과정이 심층심리학에서 생물학을 거쳐 문예학에 이르는 "정신분석 전문대학"의 이상향을 설계한다(281쪽).

그러나 프로이트는 무엇보다 정신분석이 과학으로서 의사가 아닌 연구자들에 의해서도 운영되는 것이 필수불가결하다고 말한다. 정신분석은 본질적으로 정신의학의 한 부분이 아니라 모든 정신과학 및 사회과학에 대한 기초이론이기 때문이라는 것이다. 프로이트가 사태의 본질로부터 그에게 중요한 직능상의 결론을 전개하는 논증의 세련성은 전반적으로 감탄할만하다.

프로이트의 책과 관련하여 비전문인 분석에 대한 집중적이고 논쟁적인 토론이 정신분석 잡지에 실리게 되었다(Leupold-Lowenthal 1996/1987). 28편의 기고문 가운데 마지막을 프로이트 자신이 장식했다. 토론에 대해 입장을 표명하는 1927년 7월에 집필된 글은 후일 《비전문인 분석의 문제》에 후기로 첨부되었다(전집 14, 287-296쪽). 프로이트는 후기에서 또 한 번 자신의 주요 논점을 강조한다. 특별한 분석교육의 요구와 "심리학", 심지어는 그것의 "토대"로서, 그리고 치료요법에 의해 훼손되어서는 안 될 과학으로서의 이해를 강조한다(같은 곳, 289쪽, 291쪽). 정신분석 실행에 대한 의사의 독점권을 대변하는 그의 뉴욕의 추종자를 향한 반박문에서 세 쪽 분량의 날카로운 비판적 문구는 출판을 위하여 삭제되었다(Grubrich-Simitis 1993, 226-229쪽). 프로이트는 당시를 회고하며 그 결과를 서신에 담았다(F/E, 596). "비전문인 분석에 대한 나의 글은 의심할 바 없이 물거품이 되고 말았습니다. 나는 분석의 공동감정을 일깨움으로써 의사의 신분의식에 항변하려고 꽤 애썼습니다만 성과가 없었습니다."

Michael Schröter

Argelander, Hermann: Das Erstinterview in der Psychotherapie(정신요법에서 첫 인터뷰), Teil I. In: Psyche — Zeitschrift für Psychoanalyse 21 (1967), 341-374쪽.

Baranger, Madeleine/Wright Baranger: Insight and the analytic situation(통찰력과 분석적 상황). In: R. E. Litman(Hg.): Psychoanalysis in the Americas. New York 1966, 22-41쪽.

Benjamin, Jessica: The Bonds of Love(사랑의 연대). New York 1988.

Bruschweiler-Stern, Nancy/Anne-M. Harrison/Karla Lyons-Ruth/Anne-C. Morgan/Jay-P. Nahum/Lynne-W. Sander/Daniel-N. Stern/Edward Z. Tronick: Explicating the Implicit: the Local level and the Microprocess of Change in the Analytic Situation(함축적인 것을 상술하기: 분석적 상황에서 변화의 지역적 수준과 마이크로프로세스). In: International Journal of Psychoanalysis (2002), 1051-1063쪽.

Buchholz, Michael B.: Die Rotation der Triade(삼각관계의 교대). In: Forum der Psychoanalyse (1990), 116-134쪽.

_____: Metaphern der 'Kur'. Qualitative Studien zum therapeutischen Prozeß('치료'의 은유. 치료과정에 대한 질적인 연구). Gießen 2003.

_____: Metaphern und ihre Analyse im therapeutischen Dialog(치료적인 대화에서 은유와 그 분석). In: Familiendynamik (2003), 64-94쪽.

_____/Martin Altmeyer: 'Das Unbewußte beschutzt uns'. Ein Gespräch mit Christopher Bollas('무의식이 우리를 보호한다.' 크리스토퍼 볼라스와의 대화). In: Annemarie Schlosser/Alf Gerlach (Hg.): Kreativitat und Scheitern. Gießen 2001, 479.525.

_____/Günter Godde(Hg.) Macht und Dynamik des Unbewußten. Bd. I. Auseinandersetzungen in Philosophie, Medizin und Psychoanalyse(무의식의 힘과 역동성. 1권. 철학, 의학과 정신분석에서의 논란). Gießen 2005.

Burling, Robbins: Comprehension, Production and Conventionalisation in the Origins of Language(언어의 기원에서 이해, 생산과 관습화). In: Chris Knight/Michael Studdert-Kennedy/James R. Hurford (Hg.): The Evolutionary Emergence of Language. Social Function and the Origins of Linguistic Form. Cambridge/New York 2000, 27-40쪽.

Dornes, Martin: Über Mentalisierung, Affektregulierung und die Entwicklung des Selbst(자체의 정신화, 정동조절과 발달에 대하여). In: Forum der Psychoanalyse (2004), 175-200쪽.

Edelman, Gerald M./Giulio Tononi: Gehirn und Geist. Wie aus Materie Bewusstsein entsteht(뇌와 정신. 질료로부터 의식은 어떻게 생성되는가). München 2002.

Fallend, Karl: Sonderlinge, Träumer, Sensitive. Psychoanalyse auf dem Weg zur Institution und Profession. Protokolle der Wiener Psychoanalytischen Vereinigung und biographische Studien(기인, 몽상가, 예민한 사람들. 제도와 전문인 과정에서의 정신분석. 빈정신분석학회의 회의록과 전기연구). Wien 1995.

Ferenczi, Sandor/Otto Rank: Entwicklungsziele der Psychoanalyse. Zur Wechselbeziehung von Theorie und Praxis(정신분석의 발전목적. 이론과 실제의 교대관계에 대하여). Wien, Nachdruck der Ausgabe von 1924, 1996.

Ferro, Antonio: In the Analyst's Consulting Room(분석가의 진찰실에서). New York, 2002.

_____: Das Bipersonale Feld. Konstruktivismus und Feldtheorie in der Kinderanalyse(2인의 장. 아동분석에서 구성주의와 장이론). Gießen 2003.

Fonagy, Peter/Gyorgy Gergely/Elliot J. Jurist/Mary Target: Affektregulierung, Mentalisierung und die Entwicklung des Selbst(정동조절, 자기의 정신화와 발달). Stuttgart 2004.

Forrester, John: »Portrait eines Traumlesers(꿈 읽는 자의 초상)«. In: Lydia Marinelli/Andreas Mayer (Hg.): Die Lesbarkeit der Traume. Zur Geschichte von Freuds »Traumdeutung«, Frankfurt a. M. 2000, 9-37.

Gay, Peter: Erziehung der Sinne. Sexualität im bürgerlichen Zeitalter(감각교육. 시민시대의 성욕). München 1984.

Gornitz, Thomas/Brigitte Gornitz: Der kreative Kosmos. Geist und Materie aus Information(창조적인 우주. 정보로부터의 정신과 질료). Heidelberg/Berlin 2002.

_____: Das Bild des Menschen im Licht der Quantentheorie(양자론에 비추어 본 인간상). In: Michael B. Buchholz/Gunter Godde (Hg.) Das Unbewusste in aktuellen Diskursen. Anschlusse Bd. II. Gießen 2005, 412-440.

Greenberg, Jay: Psychotherapy Research: a Clinicians View(정신치료 연구: 임상의사의 관점). In: P. Forrest Talley/Hans Strupp/Stephen F. Butler: Psychotherapy Research and Practice. New York 1994, 1-19.

Grubrich-Simitis, Ilse: Zurück zu Freuds Texten. Stumme Dokumente sprechen machen(프로이트의 텍스트로 돌아가자. 말없는 문서들을 말하게 하기). Frankfurt a.M. 1993.

Jones, Ernest: Die Theorie der Symbolik(상징성의 이론) (Teil I) In: Psyche (1970), 942-974.

Kazanskaya, Anna/Horst Kachele: Kommentar zu E. Schegloff(쉬글로프에 대한 주해): Das Wiederauftauchen des Unterdrückten. Psychotherapie und. Sozialwissenschaft (2000), 30-33.

Kitcher, Patricia: Freuds Dream. A Complete Interdisciplinary Science of Mind(프로이트의 꿈. 마음의 완전한 학제적 과학). Cambridge/London 1992.

Kohler, Lotte: Frühe Störungen aus der Sicht zunehmender Mentalisierung(증가하는 정신화 시각에서 본 초기적 장애). In: Forum der Psychoanalyse 20 (2004), 158-175.

Leupold-Lowenthal, Harald: Zur Geschichte der »Frage der Laienanalyse«(1984)(《비전문인 분석의 물음》의 역사). In: Hans-Martin Lohmann (Hg.): Hundert Jahre Psychoanalyse. Bausteine und Materialien zu ihrer Geschichte. Stuttgart 1996, 196.219.

Lichtenberg, Joseph D.: Modellszenen, Affekte und das Unbewußte(모델장면, 정동과 무의식). In: Ernest S.Wolf/A. Ornstein u. a.: Selbstpsychologie. München/Wien 1989, 37-52.

Lorenzer, Alfred: Sprachzerstörung und Rekonstruktion(언어파괴와 재구성). Frankfurt a.M. 1970.

_____: Die Wahrheit der psychoanalytischen Erkenntnis(정신분석적 인식의 진리). Frankfurt a. M. 1974.

Luhmann, Niklas: Neuere Entwicklungen in der Systemtheorie(체계이론에서 더 새로운 발전들). In: Merkur 42 (1988), 292-300.

_____: Die Gesellschaft der Gesellschaft(사회의 사회). 2 Bde. Frankfurt a. M. 1997.

Pontalis, Jean-B.: Die Macht der Anziehung(매력의 힘). Frankfurt a. M. 1992.

Schegloff, Emanuel A.: Das Wiederauftauchen des Unterdrückten(억제된 것의 재부상). In: Psychotherapie und Sozialwissenschaft 2 (2000), 3-29.

Schröter, Michael: Max Eitingon and the struggle to establish an international standard for psychoanalytic training(1925-1929)(막스 아이팅곤과 정신분석 교육에 대한 국제적 기준을 세우려는 노력). In: International Journal of Psychoanalysis 83 (2002), 875-893.

_____: Hinweis auf zwei Briefe Freuds (1924/25) an Arnold Durig(프로이트가 아르놀트 두리히에게 보낸 두 통의 편지에 대한 언급), den »Unparteiischen« in der »Frage der Laienanalyse«. In: Werkblatt 51, 20. Jg. (2003), H.2, 121-126.

Searle, John: Die Konstruktion der gesellschaftlichen Wirklichkeit. Zur Ontologie sozialer

Tatsachen(사회적 현실의 구성. 사회적 사실의 존재론에 대하여). Reinbek 1997.

Shotter, John/John Newson: An Ecological Approach to Cognitive Development(인지발달로의 생태학적 접근): Implicate Orders, Joint Actions and Intentionality. In: George Butterworth/Peter Light (Hg.): Social Cognition. Studies of the Development of Understanding. Brighton 1982, 141-167.

Stein, Herbert: Freud spirituell. Das Kreuz (mit) der Psychoanalyse(심령적인 프로이트. 정신분석과 십자가). Leinfelden-Echterdingen 1997.

Stein, Herbert: Quantenphysik und die Zukunft der Psychoanalyse(양자물리학과 정신분석의 미래). In: Michael B. Buchholz und Gunter Godde (Hg.): Das Unbewusste in aktuellen Diskursen. Anschlusse. Bd. II. Gießen 2005, 441-461.

Stern, Daniel N.: The Interpersonal World of the Infant. A View from Psychoanalysis and Developmental Psychology(유아가 경험하는 대인관계의 세계. 정신분석과 발달심리학으로부터의 관점). New York 1985.

_____: The process of therapeutic change involving implicit knowledge(함축적 지식을 포함하는 치료 변화의 과정): Some implications of developmental observations for adult psychotherapy. In: Infant Mental Health Journal 19 (1998), 9-25.

_____: The Present Moment in Psychotherapy and Everyday Life(정신치료와 일상생활에서의 현 순간). New York/London 2004.

Stockreiter, Karl: Traumrede. Der Bruch mit der klassischen Rhetorik in der Traumdeutung(꿈 화법. 꿈 해석에서 고전적 수사법과의 결렬). In: Lydia Marinelli/Andreas Mayer(Hg.): Die Lesbarkeit der Traume. Zur Geschichte von Freuds ›Traumdeutung‹. Frankfurt a.M. 2000.

Wampold, Bruce E.: The Great Psychotherapy Debate — Models, Methods and Findings(거대한 정신치료 논쟁 — 양식, 방법과 조사결과). Mahwah, NJ/London 2001.

4. 꿈 해석에 대한 글들

성립

아마도 프로이트의 《꿈의 해석》(전집 2/3)은 출간된 지 100년이 넘도록 가장 널리 알려진 텍스트라고 해도 무방할 것이다. 프로이트는 꿈이라는 주제에 1895년부터 열중했다. 그는 1897년부터는 이 일에 더욱 집중적으로 열중했고, 1899년 가을에는 《꿈의 해석》을 완결했다. 그의 출판인은 출간연도를 1900년으로 앞당겨 기록했다. 《꿈의 해석》과 더불어 정신분석의 "원조도서" 및 "창설 작품"이 존재한다는 것, 그 밖에도 과학으로서의 정신분석에 대해 특수한 대상과 방법, 이론의 교대관계가 여기서 최초로 공식화되고 있다는 의미에서 이 작품이 정신분석의 방법론적 토대를 형성한다는 것은 논란의 여지가 없다. 정신분석의 독창성은 이론뿐만 아니라 무엇보다 프로이트 역시 자신의 꿈을 근거로 제시하는 방법에 있다.

그러나 정신분석의 역사에서 《꿈의 해석》은 방법적으로만 중요한 위치를 차지하는 것이 아니다. 그것은 동시에 일차적으로 히스테리, 강박신경증 및 공포증의 경우에 일어나는 심적 증상형성의 이론을 제공한다. 나아가 그것은 "정상적" 과정의 토대에서 그리고 프로이트에 따르면 모든 인간에게서 일어나는 심적 과정의 토대에서 증상형성의 이론을 제공한다. 우리가 자기 자신에게 물음을 제기하지 않고는 《꿈의 해석》을 쉽게 읽을 수 없다. 프로이트는 저항하기 힘든 매력으로 우리를 우리 자신에게 되돌려 보낸다. 그럼으로써 우리는 고유한 인격의 이해가 타인을 이해하는 전제라는 프로이트의 발견을 그대로 추체험한다. 《꿈의 해석》은 대략 200가지의 꿈을 포함하고 있으며, 그 가운데 50가지는 프로이트 자신의 꿈이다(Anzieu 1988/1990; Deserno 2002; Grinstein 1968; vom Scheidt 1974 참조). 여기서 직업적 상황과의 깊은 연관성이 프로이트 자신의 꿈에 대한 상세한 분석을 근거로 부각된다. 가령 디디에 앙지외(Didier Anzieu)는 프로이트의 자기분석에 대한 포괄적 재구성에서 1895년 "이르마(Irma)"[40] 꿈의 시점이던 39세 사강사의 지적이고 직업적이며 가족적인 상황을 "중년의 위기"로 정의한다(Anzieu 1988/1990, 5-6쪽). 이 위기는 1896년에 프로이트의 부친이 사망했을 때 첨예화된다.

프로이트의 여러 전기 작가들은 그가 부친이 사망한 후 자기 자신의 분석을 체계적으로 시작한다는 데 동의한다. 무엇보다 자신의 꿈 분석을 통하여 그렇게 한다는 것이다(Anzieu 1988/1990, 76쪽; Gay 1987/1989, 104-105쪽; Schur 1972/1973, 136쪽 참조). 프로이트 본인은 부친의 죽음을 "한 남자의 삶에서 가장 의미심장한 사건, 가장 결정적인 손상"(전집 2/3, 10쪽)으로 간주한다. 그는 자신의 상태를 "정말 뿌리를 잃은 느낌"이라고 기술했다(F, 213쪽).

이 시기에 그는 교수직을 얻으려고 노력했다. 이를 통하여 그의 명성은 물론이고 정신과 및 신경과 의사 업무로 벌었던 그의 많지 않은 수입이 개

---

40) 역주: 이르마는 《꿈의 해석》에 나오는 여자 환자의 이름으로 본명은 엠마 엑크슈타인(Emma Eckstein)이다. '이르마의 주사'라는 꿈 사례에는 프로이트 자신의 죄책감이 꿈으로 나타난다.

선될 수 있었을 것이다. 이와 동시에 이제까지 유대인 동료들, 특히 요제프 브로이어로부터 재정적으로 지원을 받았던 프로이트는 경제적으로 독립하기를 원했다. 하지만 어떤 의미에서는 프로이트가 새로운 학문을 정초하려고 하면서도 —그 방법과 결과가 이제까지 자연과학적으로 수행된 그의 과정의 노선에 있지 않았기 때문에— 그간 쌓아올린 평판을 잃을까봐 두려워하지 않을 수 없었다. 게다가 그는 빈의 정치적 환경에서 반유대주의를 고려할 수밖에 없었다. 나중에 여러 번 해석된 이르마 꿈뿐만 아니라 더 많은 꿈들에서 그가 직업적으로나 사회적으로 약점을 노출할 수 있다는 불안을 보여 준다. 그러므로 프로이트는 그의 불안 자체를 활성화함으로써 (명망 있는 의사로서의 몇 가지 과제와 연관되던) 새로운 정신요법을 대변하게 되었다. 에르드하임은 이런 위험을 위협적인 "사회적 죽음"이라는 말로 적절하게 표현한 바 있다(1982, 34).

의학사적인 관점에서 볼 때 프로이트가 자신의 거대한 환상과 실패에 대한 불안을 추적하는 자기분석은 일종의 자기시도이다. 이는 그보다 앞서 자연과학적이고 치료의 길을 지향하던 다른 의사들의 자기시도에도 도움을 주는 시도인 것이다(Schott 1985 참조). 프로이트의 코카인 실험이 의사로서의 평판을 몹시 위협했지만, 그것 역시 약 10년 뒤에 이행되는 《꿈의 해석》에 내포된 정신분석적 자기시도의 전철로 분류될 수 있다(vom Scheidt 1973). 정신분석적 자기시도는 프로이트가 특징적으로 계획한 정신분석적 치료의 근간을 형성한다. 프로이트는 하인츠 쇼트(Heinz Schott)가 기존의 자연과학적 지침과 나란히 하여 제2의 연구 "지침(Leitlinie)"이라고 부르는 것을 자신의 인격을 근거로 발견하고 발전시켰다. 치료에서 주관적 보고가 의미하는 것을 근거로 하는 방향설정이 그것이다(Schott 1985, 86-87쪽). 우리는 《꿈의 해석》에서 프로이트의 자기분석이 이론형성에 반응하는 그대로 추체험할 수 있다. 그가 모든 신경증에는 성적 유혹의 상황이 들어 있을 것이라는 자신의 최초의 관점을 상대화할 수밖에 없었던 동인은 이렇게 자기분석의 결과였다(Gay, 114쪽).

1897년 여름에 프로이트는 플리스에게 편지에서 이렇게 적고 있다. "나를 골몰하게 하는 주요 환자는 나 자신이라네. 나의 경미한, 그러나 작업 때문에 고조된 히스테리는 어느 정도 지나면 가라앉았지. 하지만 다른 것이 아직도 잠복해 있다네. 내 기분은 무엇보다 이런 것에 좌우된다네. 분석은 어떤 다른 일보다 더 어려워. 분석은 이제까지 성취한 것을 표현하기 위하여 나의 심적인 힘을 마비시키는 바로 그런 일이기도 하지. 하지만 나는 이 일을 해낼 수밖에 없으며, 이 일은 나의 작업에서 필연적인 막간극이라고 생각한다네"(F, 281쪽).

자기분석의 부진과 심적 상태의 악화가 유쾌한 기분으로 바뀌는 상황은 프로이트가 자기 자신을 더 잘 이해하고 인식함으로써 꿈 연구에 진척이 있을 때 특징적으로 나타난다. 이런 의미에서 그는 어릴 적 그의 보모를 상기하면서 자신의 성적 교화와 관련하여 그녀를 "원조 교사"로 인식한다. "나 자신의 히스테리가 해결될 때면, 나는 그토록 어린 시절 나에게 삶과 생존에 대한 수단을 준비해 준 나이 든 보모를 기억하면서 감사하게 될 것 같다네"(F, 289쪽).

프로이트는 종종 정신분석의 "고독한 주인공"과 "영웅적 창조자"의 이미지를 계승하고 있다. 그 자신은 《꿈의 해석》 앞부분에서 인용한 예컨대 베르길리우스의 《아에네이스》의 "내가 신들을 움직이게 할 수 없다면, 나는 지하세계를 파헤칠 것이다(Flectere si nequeo superos, Acheronta movebo)"[41](전집 2/3, 6)라는 좌우명을 통하여 정신분석의 발전에 본질적으로 공헌했다.

---

41) 역주: 독일어로는 "Wenn ich die Götter nicht in Bewegung bringen kann, werde ich die Unterwelt aufwühlen"이다.

그러나 이따금 고독이나 프로이트에 의하여 "장엄한 고립(splendid isolation)"이라고 불리던 이 영웅주의는 무엇보다 자기분석과 관련된다. 하지만 프로이트에 대한 이런 시각은 프로이트의 교수 임명이 정신분석뿐만 아니라 무엇보다 반유대주의적 편견 때문에 지체되었다는 관점만큼이나 근시안적이다. 프로이트는 자신의 성공을 《꿈의 해석》의 완성 및 수용과 연결시켰기 때문에 스스로 늦춘 면도 있다고 보아야 한다. 이에 대해 엘렌베르거(Ellenberger; 1970/1973, 610-611쪽)는 프로이트가 언급한 "정복자 기질" 대신에 "창조적인 병"을 근거로 제시한다. 엘렌베르거는 이런 흥미로운 표현으로 모험적인 연구자에서 "병적인 주인공"에까지 (이르는, 필자 첨언) 그의 넓은 스펙트럼을 묘사한다. 말하자면 "그는 여러 친숙한 의사들의 치료 시도에도 소용없어서 결국은 자기분석에 의해 스스로를 치료하는 신경증 증상에 고통을 당하는 인간이다"(Schott 1985, 43쪽). 프로이트는 분명히 중년의 위기에서 위대한 창조적 해결책을 찾아내는 데 성공했다.

《꿈의 해석》 서문을 읽어 보면 프로이트는 자신의 꿈을 근거로 꿈에 대한 그의 가설을 진척시키고 그 과정을 공표하기 위하여 어떤 복합적인 길을 결단력 있게 가야 할지를 잘 알고 있었다. 그는 꿈을 무의식에 접근하기 위한 **왕도**(via regia)로 규정했다. 이에 대해 우리는 한 가지를 더 덧붙여야 한다. 요컨대 스스로가 신경증 환자로서 진단을 받아야 하는 입장일 뿐만 아니라 —오늘날에도 일어나는 일이지만— 이로 인해 그의 결과가 유효성이 없는 것으로 판정받을 수도 있다는 두려움을 감수해야만 하는 것이 그에게는 바로 자신이 걸었던 왕도였다.

베를린에서 이비인후과 의사였던 빌헬름 플리스가 프로이트의 자기분석에서 차지하던 의미는 다양하게 해석되고 있지만, 그가 결정적인 역할을 했다는 데에는 의견이 일치한다. 가령 코후트(Kohut; 1974)는 자기 자신에게서 분석상황을 창출하려는 프로이트의 통찰이 플리스의 특수한 선택

덕분에 구체화되는 것으로 보았다. 전이와 관련하여 프로이트가 이따금 현실과 거리가 먼 플리스의 과학적 사변을 근거로 그 자신의 사변적 경향을 인식하고, 끝내고 통제했다는 해석이 너무 지나친 것은 아니다. 어쨌든 바로 플리스와의 서신 교환을 통하여 순수한 자기분석이 포괄적으로 가능한 것은 아니라는 사실이 분명해진다. 자기분석 역시 우정이나 좋은 작업 환경 같은 보조적인 관계, 특히 애정관계 속에서 유리한 조건으로 정착될 필요가 있었다.

쇼트가 상술하고 있듯이 자기분석의 의미에 대한 프로이트의 태도는 두 가지 사이에서 움직인다. "실제로 프로이트는 정신분석 교육 시에 자기분석 또는 교육분석(Lehranalyse)의 문제를 놓고 어떤 것에 우선권을 인정할 것인가를 놓고 크게 흔들린다. 이런 흔들림 속에서 프로이트에게 두 가지 구상의 혼란이 표출된다. 자기분석의 독학적 구상과 그가 '추후교육(Nacherziehung)'이라고 명명한 분석치료의 교육적 구상이 그것이다"(Schott 1985, 50쪽).

《일상생활의 정신병리학》에서 프로이트는 자신의 실수행위를 근거로 자기분석을 진행해 나간다[예를 들어 시뇨렐리-사례(Signorellli-Beispiel), 전집 4, 6-7쪽]. 훗날의 《인간 모세와 유일신교(Der Mann Moses und die monotheistische Religion)》라는 글 역시 비록 30년 이상 먼저 발표된 《꿈의 해석》보다는 분명치 않지만 프로이트의 자기분석의 기록 및 결과로 볼 수 있다(Grubrich-Simitis 1991, 76).

내용의 짧은 성격묘사

프로이트 이전에는 꿈 텍스트가 정해진 번역규칙(꿈 백과사전)의 도움으로 해석되었지만, 프로이트는 《꿈의 해석》에서 새로운 방식을 보여 준다.

그는 자신의 꿈을 근거로 방법론을 상세히 묘사한다(전집 2/3, 2장의 이르마-꿈 참조). "외현적" 꿈내용의 상이한 요소들에 대한 "자유로운" 착상(연상)을 통하여 새롭고 포괄적인 "텍스트"(기억되고 서술된 또는 문자로 고정된 꿈 텍스트를 말한다)가 얻어진다. 이 텍스트의 해석은 외현적 꿈 내용이 "잠재적" 꿈생각들의 왜곡된 표현이라는 것을 입증해야만 한다.

《꿈의 해석》의 통속적인 수용은 **소망충족이론**을 환원주의적으로 전면에 내세움으로써 프로이트가 요구한 성적 소망충족과 관련된 이론을 일방적이고 과도한 것으로 거부했다. 반면에 프로이트는 꿈을 "완전 타당한 심적 현상(vollgültiges psychisches Phänomen)"으로 보면서 그것을 "깨어 있는 상태에서 우리에게 이해되는 영적 행동의 관계로" 편입시키는 것에 큰 가치를 두었다(전집 2/3, 127쪽). 물론 프로이트는 꿈속에서 충족되어야만 하는, 저 문제시되는 소망의 충만함으로부터 억제된 유아기의 성적 소망을 꿈 형성의 충동적인 힘으로 부각시켰다.

하지만 프로이트가 "고도로 복잡한 정신적 행동성"(전집 2/3, 127쪽)이 꿈을 구성한다고 입증했을 때, 그는 꿈에 특수한 가공방식인 꿈작업에 결정적인 강조점을 두었다. 이 논증에 간과되어서는 안 될 꿈의 탈신비화가 들어 있다. "꿈은 근본적으로 수면상태의 조건을 통하여 가능해지는 우리의 생각의 특별한 형식일 따름이다. **꿈작업**은 이 형식을 만들어 내며, 오직 그것만이 꿈에서 본질적인 것이요 꿈의 특수성의 해명이다"(전집 2/3, 510쪽).

프로이트는 꿈작업으로서 여러 종류의 심적 작용이나 "기제들"을 개념화했다. 이것의 도움으로 육체적 자극, 회상, 해결되지 않은 소망이나 이와 연관된 불안과 같은 "꿈의 원천"으로부터 먼저 잠재적 꿈생각들과 이어서 외현적 꿈내용이 형성된다. 응축(Verdichtung), 전치(Verschiebung), 표현가능성과 이차적 가공에 대한 고려는 해결되지 않은 소망의 갈등을 왜곡할 뿐만 아니라 이 갈등을 동시에 충족된 것으로 표현한다. 프로이트에 따르면

"꿈은 (억제되고 억압된) 소망의 (위장된) 성취이다"(전집 2/3 166쪽). 다른 말로 표현하면, "그러나 꿈은 소망을 오로지 충족된 것으로 표현할 수 있을 뿐이다"(전집 2/3, 241쪽).

소망을 충족된 것으로 나타나게 하는 꿈작업의 특수한 논리는 꿈을 "잠의 수호자"로 보려는 규정과 밀접하게 관계된다. 잠의 소망 역시 훗날 베르트람 레빈(Bertram Lewin; 1950/1982, 1953)이 "꿈화면(Traumleinwand)"과 그것의 확장된 구강성 모델, 즉 (어머니-아이 관계에서 먹고, 먹여지고, 잠자기라는) "구강적 소망의 삼중성(Trias oraler Wünsche)"을 가지고 상술한 꿈의 원천의 일부분이다. 그러나 프로이트에 따르면 ―현재의 정신분석적 관점에서 볼 때― 꿈은 단지 뉴런과정의 부차적 소음이나 폐기물만은 결코 아니다. 그보다 꿈꿀 수 있는 능력에는 심적인 기능, 말하자면 통합을 겨냥하는 의미심장한 기능이 관찰될 수 있다. 이 기능은 뉴런의 토대 없이는 생각할 수 없지만 그것으로 환원될 수도 없으며, 따라서 육체와 주변세계 사이를 매개하는 심적 행동성과 과정의 독립적 기능은 배제되지 않았다.

프로이트 이후로 꿈작업이 이런 심적 행동성과 과정에 대한 모델이 되고 있다. 비록 프로이트가 꿈작업의 기제들 때문에 물리적 언어를 사용했지만, 그가 이 기제들을 가지고 여러 형태의 "의미전이(Bedeutungsübertragung)"와 아울러 상징적 과정을 계획했다는 암시들이 나타난다(Deserno 1992, 961-962쪽; Sharpe 1937/1984). 꿈에서 두 가지 또는 더 많은 이미지의 **응축**이 이렇게 연관점이 없는 하나의 비유를 표현한다. 무의식적 표상은 전의식적 표상을 통하여 "일치"될 수 있다는 프로이트의 공식(전집 2/3, 498-499쪽, 662쪽)이 이런 주장을 뒷받침한다. 프로이트는 유전적으로 결정된 특징을 입증하는 데 도움이 되는 골턴[42]의 합성사진들(Galtonsche Mischphotographien)을 제시한 바 있다. 서로 겹친 이미지들에서 동일하거나 매우 유사한 것이 나타나고, 아주 상이한 것은 사라진다. 이와 연관하여 팔

롬보(Palombo; 1978)는 응축에서 "중첩(Überlagerung)"을 통하여 인지적 비유가 작동되는 고대적인 자아-실행을 보았다. 이는 언어학적으로 은유의 기능과 비교될 수 있는 상징적 행위와 일치한다.

전치(Verschiebung)에서는 하나의 이미지가 다른 이미지로 옮겨 가는, 그리고 가장 뚜렷한 경우에는 한 인격에서 다른 인격으로 옮겨 가는 일정한 심적 특성의 "전이"가 문제시된다. 여기서 언어학적으로는 환유가 관찰된다 (은유와 환유에 관하여 Hock 2001, 213-214쪽; Sharpe 1937/1984, 40-41쪽; Widmer 1990, 72-73쪽 참조). 프로이트는 우리가 꿈을 꿀 때는 이미지들 속에서 생각하는 것과 같은 상황에 있다고 보면서 이를 **표현가능성에 대한 고려**와 연관시키려고 시도했다. 이 때문에 그는 당시에 널리 전파된 그림퍼즐에 관해서도 여러 차례 언급했다. 그림퍼즐의 해답은 우리가 묘사된 대상들을 다시 말로 변환시키고, 이어서 퍼즐의 해답으로서 가령 "사람은 다 자기 운명의 대장장이이다"와 같은 격언에 이르도록 대상들 옆에 지정된 말을 일정한 문자로 바꿀 것을 요구한다. 프로이트에 따르면 **이차적 가공**은 이 퍼즐의 불완전한 틈새와 표면을 채움으로써 밤중에 예기치 않게 일어나는 이미지 및 장면 교대에 전체적인 통일성을 부여한다는 것이다. 그리고 잠에서 깨어난 의식은 이 통일성을 받아들여서 꿈을 "서술 가능하게" 한다는 것이다.

《꿈의 해석》에서 식물학 연구논문에 대한 프로이트의 꿈은 꿈작업의 예증에 도움되는 것으로 알려져 있다. 모든 꿈은 하나의 (또는 더 많은) 소망을 충족된 것으로 표현한다는 가정 외에도 1898년 말에는 프로이트에게서

---

42) 역주: 프란시스 골턴(Francis Galton, 1822-1911)은 찰스 다윈의 사촌으로 수학과 생물학, 유전학을 연구하면서 우생학을 주장했다. 그는 가족들의 유사성을 입증하기 위하여 합성사진을 만들었는데, 프로이트는 《꿈의 해석》에서 꿈의 왜곡을 설명하면서 이런 골턴의 합성사진이 자신이 꾼 꿈속의 얼굴과 유사하다고 언급했다.

더 확대된 가설이 나온다. 꿈의 형성을 진행하는 소망은 과거에 속한다는 가설이 바로 그것이다. 친구 플리스는 처음 원고의 이런 새로운 변화와 발전에 관한 한 현재도 유력한 증인이지만, 유감스럽게도 그의 편지들은 보존되어 있지 않다. 프로이트가 《꿈의 해석》에서 언급하고 있듯이 플리스는 다음 꿈으로 넘어가기 전날 이 꿈 책에 대한 생각에 집중하고 있다고 프로이트에게 편지를 보냈다. 그러다 보니 책을 바로 눈앞에 대고 보고 있는 것처럼 책장을 넘기고 있다고 덧붙였다. 이날 무슨 일이 일어났을까? 이날 프로이트는 진열장 속의 시클라멘 식물류에 대한 연구논문을 바라보았다. 그 밖에 그는 동료를 만났다. 동료의 과학적 성과에 관한 대화가 진행되었고, 이 주제가 프로이트를 계속해서 대단히 흥분시켰다. 그는 성과를 낸 이 동료의 부인에게 꽃처럼 아름답다고 칭찬했다. 이튿날 그는 다음과 같은 꿈내용을 기록했다. "나는 어떤 식물류에 대한 연구논문을 썼다. 그 책이 내 앞에 있고, 나는 알록달록 채색된 판지를 넘긴다. 책장마다 식물표본에서 가져온 것과 비슷한 식물의 말린 견본이 들어 있다"(전집 2/3, 175쪽).

여기서는 개별적 연상 대신에 프로이트의 착상에 결정적인 주제들이 요약적으로 거론된다. 그것은 무엇보다 "식물류" 또는 "연구논문"이라는 외현적 꿈요소로부터 출발한다(전집 2/3, 175-176쪽, 287-288쪽). 일련의 착상들은 시클라멘이라는 '식물류'를 거쳐 프로이트의 부인이 좋아하는 꽃으로 넘어가서는 그 꽃이 더는 피지 않는다는 후회와 연결되지만, 성공적인 치료에 대한 숙고와도 이어진다. '연구논문'에서 시작되는 두 번째 착상의 연쇄는 프로이트가 큰 성공을 기대했던 《코카나무에 대하여》라는 글을 썼던 10여 년 전으로 거슬러 올라간다. 성공은 빗나갔다. "기적의 영약"은 기대했던 것을 이루지 못했다. 그 대신 프로이트는 많은 비판과 심지어 의료실수라는 질책, 그리고 발견을 다른 사람에게 넘긴 소홀함의 책임과 싸우지 않을 수 없었다.

다음으로 세 번째 일련의 연상은 더 먼 과거로 소급되면서 아버지가 프로이트를 어린 녀석이 잘되긴 글렀다며 야단치는 기억과 연결된다. 프로이트는 학교에서 식물에 관한 시험에서 낙제한 적도 있었다. 그는 책 수집에 대한 열정을 기술하기도 한다. 네 번째 일련의 연상은 책의 운명과 관련된다. 다른 한편으로 프로이트는 다섯 살 때 아버지가 그에게 맡긴 책을 "엉겅퀴"를 쥐어뜯듯이 했던 일을 기억해 낸다. 엉겅퀴는 나중에 그가 좋아하는 식물이 되었다. 그런데 "쥐어뜯기"는 다시 현재와 가까운 기억에 대한 표제어이다. 친구 플리스의 책을 어느 비평가가 "찢었던" 것이다. 그러나 프로이트도 나중에 플리스와 그의 생각에 경쟁적으로 맞서고 비판했다.

프로이트는 간단한 외현적 꿈 텍스트를 암시적이고 복합적인 착상들의 문맥으로 만들면서 과연 어떤 잠재적 꿈생각들을 발견하는 것일까? 그는 다음과 같이 말한다. "꿈은 다시 이르마 주사의 첫 번째 꿈처럼 정당성, 내 권리에 대한 옹호자의 성격을 얻고 있다. 정말 꿈은 거기서 시작된 주제를 계속해 나간다. … 말하자면 이제 나야말로 (코카인에 관하여) 가치 있고 성공적인 논문을 쓴 당사자이다. 이는 내가 유능하고 근면한 대학생이라고 당시에 나를 정당화했던 것과 비슷하다. 그러므로 두 경우에 나는 감히 이렇게 말해도 좋을 것이다. …"(전집 2/3, 179쪽).

다른 곳에서 프로이트는 이 해석을 계속해 나간다. "그것은 (꿈은, 필자 첨언) 생각해 보면 내가 전적으로 옳은 것처럼 보이는 나의 삶을 설계하도록 행동하듯이 그렇게 행동하는 나의 자유를 열정적으로 옹호한다. 이렇게 생겨나는 꿈은 무관심하게 들린다. 아무튼 나는 한 편의 연구논문을 썼다. 그것이 내 앞에 있다. … 그것은 시체가 쌓여 있는 전쟁터의 고요와 같다. 하지만 격전의 흔적이 더는 조금도 느껴지지 않는다"(전집 2/3, 470쪽).

다양한 연관관계에 있는 상술한 착상들은 한편으로 명예심과 다른 한편으로는 실패에 대한 불안 사이의 갈등을 통하여 프로이트의 대립감정에서 균형을 만들어 나간다. 프로이트는 무조건 목적을 이루어 자신의 명예심을 충족하고 싶어 하지만, 가족과 환자에 대한 의무를 소홀히 하여 죄를 지을까 두려워한다.

프로이트는 이렇게 자기분석에서 중요한 절차를 거쳐서 연상적 맥락을 지닌 이 꿈을 응축과 전치라는 기제에 대한 핵심적 사례, 즉 꿈의 심적 작업에 대한 그의 관점의 주춧돌로 사용할 수 있게 된다. 그는 주어진 사례에서 전치를 감정적으로 무관심한 꿈의 인상에 책임이 있는 것으로 생각한다. 그가 전날 진열장에서 연구논문을 바라보았듯이, 꿈속에서도 그는 연구논문을 바라본다. 그러나 연구논문은 글자 그대로 자체 내에 꿈을 가지고 있다. 왜냐하면 연구논문 안에는 중요한 주제, 과거의 감정, 하지만 프로이트가 소망하는 미래 또한 집중되어 있기 때문이다. 결국 중요한 것은 그의 꿈 책이다. 프로이트가 꿈 책을 가지고 빼어난 성과를 소망한다는 의미에서도 그러하다. 갈등 부분의 균형에 대한 기술은 타협을 표현하고 있다. 한편으로 타오르는 명예욕은 검열에 놓여서 사라져 버리지만, 다른 한편으로 소망하던 연구논문은 어쨌든 꿈속에서 소망을 충족된 것으로 표현하는 그 기능에 따라 이미 완성되었다.

꿈이론의 양상

《꿈의 해석》과 더불어 이루어진 이론적 기초 덕분에 프로이트는 《일상생활의 정신병리학》(1901), 《위트와 무의식의 관계(Der Witz und seine Beziehung zum Unbewußten)》(1905), 《히스테리 분석의 단편》(1905 [1901])과 같은 후속 글들을 집필할 수 있었다. 이 중에서 마지막 저작은 우선 "꿈과 히스테리"에 관한 것이라고 할 수 있으며, "도라"의 사례로 알려졌다. 그러나 프로이트는 꿈이론 자체를 삶을 마감하기 전까지, 이를테면 《강의들》

(1916-17, 1933)에서까지 계속해서 다루었다. 과학자로서 그의 위치에서뿐만 아니라 치료 작업에서도 관찰된 '꿈'이라는 연구대상은 하나의 "대리인"인 셈이었다. 프로이트의 경우 심적으로 병든 환자의 치료에 관한 한 꿈의 수수께끼가 신경증 증상형성의 수수께끼를 대변한다. "꿈의 연구는 신경증 연구에 가장 좋은 준비일 뿐만 아니라 꿈 자체가 신경증의 증상이기도 하며, 게다가 우리에게 소중한 장점이 되는 모든 건강한 사람에게 나타나는 하나의 증상이다"(전집 15, 79쪽).

증상을 대변하는 꿈이라는 **대상**(Gegenstand)에 따라서 그리고 치료를 대변하는 자기분석이라는 **방법**(Methode)에 따라서 프로이트의 특수한 인식논리에서 제3의 구성요소는 **이론**(Theorie)을 더 상세히 규정할 수 있다. 프로이트는 이론의 과제를 그가 증상과 꿈을 형성할 때 동일하게 상정했던 무의식의 심적 과정들에서 국지성(Lokalität)을 어떻게 배열할 것인가에서 찾았다. "우리가 창틈으로 그 안에 있는 것을 보듯이 꿈의 해석을 통하여 그 안에 있는 것을 들여다볼 수 있다는 사실을 알아챘을 때, 우리는 심적인 장치를 설계할 수 있다"(전집 2/3, 224쪽).

프로이트가 설계하는 심적인 장치는 **작업**(Arbeit)을 실행한다. 앞서 상술한 바와 같이 프로이트는 감각 및 의미관계의 산물을 물리적 개념지평으로 이동시켰다. 꿈의 경우에 이 장치의 "실행"은 꿈작업이라고 불린다. 응축, 전치, 표현가능성에 대한 고려와 이차적 가공 외에도 프로이트는 심적인 장치의 두 기능방식인 **일차과정**(Primärvorgang)과 **이차과정**(Sekundärvorgang)을 구분한다. 그는 꿈작업의 기제들을 일차과정에 배열하고, **지각동일성**(Wahrnahmungsidentität)을 통하여 그 과정을 특징화한다. 즉 꿈생각들이 마치 스스로가 지각인 양 (환각적으로) 이미지화되었다는 것이다. 프로이트는 그것을 쾌-불쾌의 원리라고 규정한다. 오늘날의 관점에 따라 일차과정은 비언어적인 표현들을 전체적이고 상황적으로 조직한다. 표현과 기억은 연관되어 있으므로 일차과정은 우리 기억의 충동적 또는 감성적 조직을 대변한다. 반면에 프로이트는 **사유동일성**(Denkidentität)의 성립을 이차과정의 과제를 통하여 정의한다. 오늘날 꿈의 형성에서는 이차과정의 협동이 고려되고 있다. 일차과정이 방출(Abfuhr)과 직접적 표현을 요구하는 처리되지 못한 경향들을 **상황에 적절하게**(situationsgerecht) 가공한다면, 이차과정의 영향 하에서는 무의식적 경향들이 **구조에 적절하게**(strukturgerecht) 형태화된다.

꿈이론이란 무의식적 소망을 잠재적 꿈생각들로 번역하고, 꿈작업을 통하여 그 소망을 외현적 꿈내용으로 변형시키는 일과 관련되어 있다. 프로이트는 이와 같은 꿈이론을 다음과 같이 정의한다. "가급적 동일한 것에서 관찰된 성격들 중에서 많은 것을 하나의 관점에서 설명하려고 시도하면서 (여기서는 **소망충족**을, 필자 첨언) 동시에 꿈의 자리를 어떤 포괄적 현상영역으로 규정하는 (신경증적 증상형성을 통하여 분명한 **무의식적 과정의 실존**을, 필자 첨언) 꿈에 대한 진술을 우리는 꿈이론이라고 불러도 좋을 것이다"(2/3, 78쪽).

이론에 사용되는 언어 자체에도 일종의 대표성이 인식될 수 있다. 프로이트의 과학 지향적 개념어는 의미를 이해하는 해석작업에 일반적으로 공인된 정당성을 부여하는 것으로 알려져 있다. 프로이트에게 꿈의 "형성"[생성(Entstehung)]과 "해석"은 공속관계에 있다. **꿈의 해석**은 **꿈의 생성의 역관계**이다. 서술된 꿈에서 출발하는 꿈의 형성(생성)은 연상을 통하여 말하자면 역행과정을 거친다. 외현적 꿈이 왜곡된 모습으로 대표하는 잠재적 꿈생각들과 무의식적 소망은 반복적으로 나타난다.

연구토론의 쟁점들

"내가 꿈을 꾸는 사람에게서 무의미하게 착종된 꿈을 올바르게 이해될 수 있는 영적 과정으로 바꾸어 놓는 데 성공했을 때에도, 나는 종종 나의 흔들리는 인식의 방향을 의심하기 시작했고, 그런 다음에야 제대로 실마리를 찾았다는 나의 믿음이 새로워지곤 했다(전집 15, 37쪽). 1933년 이렇게 회고하는 언급이 보여 주듯이 프로이트는 ―자신의 많은 보충적 설명에도 불구하고(Grubrich-Simitis 1999 참조)―《꿈의 해석》에서 그의 전체 작업의 기초를 보았던 것 같았다. 이미 그가 활동하던 시기에 벌어진 논쟁들도 이런 견해를 뒤집기는 어려웠다.

꿈이론이라는 논쟁적 주제는 이미 프로이트의 생전에 그 자신에게도 **불안의 꿈들**(Angstträume)로 나타났다. 방어의 동인으로서의 불안은 소망충족 이론에 대해서는 잘 적용되지 않는 것처럼 보인다. 한편으로 프로이트는 《꿈의 해석》이후 30여 년 동안 소망충족에 대한 그의 관점을 약화시키면서 《강의의 새로운 연속》(1933)에서 소망충족의 시도에 대해 다시 언급했다. 그것은 이 시도의 실패 또한 함축하고 있다. 꿈이 불안의 일깨움으로 끝난다면, 적어도 꿈작업은 잠의 소망을 충족된 것으로 표현할 수 없었던 셈이다. 다른 한편으로 프로이트는 바로 시험에 대한 꿈에서 불안의 꿈들도 소망충족에 조력할 수 있다는 것을 보여 준다. 그는 이를 손쉽게 확증될 수 있는 관찰로부터 출발했다. 가령 시험 불안은 과거에 시험을 합격했던 사람들에서만 꿈에 나타난다. 이로부터 그는 불안이 과거의 불안을 가장하여 나타남으로써 현재의 불안이 줄어들 수 있다고 추론했다. 꿈꾸는 사람은 그렇게 해서 불안을 줄일 수 있기 때문이라는 것이다. 또한 꿈꾸는 사람은 예전에 본 시험에 합격함으로써 현재의 불안한 상황을 극복하기를 기대할 수 있다는 것이다.

인적 관계(요컨대 칼 융과 알프레드 아들러의 이탈)에서 비롯된 논쟁은 꿈이론과도 연관된다. 프로이트는 칼 융과 아들러의 **보상이론**(Kompensations theorie)에 동의할 수 없었다. 보상이론에 의하면 꿈은 의식적인 삶에서 등한시되는 것을 포함할 수도 있게 된다. 반면에 프로이트는 꿈속에서 자아의 무의식적 방어가 비록 다른 수단으로 작용할지라도 계속된다고 생각했다. 일견하여 보상가설이 이해될 수는 있지만, 이 가설은 시종일관 방어와 갈등사건의 상세한 규정도 오히려 불필요하게 만든다. 실제에서 이 가설은 연상 작업이 없어도 되는 결과에 이른다. 프로이트와는 달리 융의 경우 꿈은 다시 일종의 계시이다. 초자연적인 어떤 것(융에 따르면 집단적 무의식과 그 원형)이 꿈속에서 표명된다. 융을 따르는 분석가는 고대의 해몽가처럼 환자에 대한 초자연적인 전언을 번역한다.

프로이트는 그의 학파에서 갈라져 나온 사람들의 견해, 특히 융의 견해에 "늑대인간(Wolfsmann)"의 사례발표를 가지고 대응했다(전집 12, 27-157쪽). 여러 면에서 입증된 프로이트 논증의 무리함은 그가 신경증의 증상형성을 유아기 성적인 내지 정신성적인(psychosexuell) 뿌리에서 찾고 있는 그의 이론 때문이기도 하지만, 그가 소망충족의 가설을 ―여기서도 유아기의 소망이 큰 역할을 한다― 새롭게 인증하려는 데 있다. 동시에 다른 견해들과의 논쟁은 이차적인 영역에서 벌어졌다. 프로이트는 자신의 관점을 지키기 위하여 정신분석 단체에서 입장을 결정하는 것이 중요했다. 이 때문에 그가 처음으로 남성의 "전도된" 또는 "수동적인" 오이디푸스 콤플렉스를 기술한 사례발표의 특수한 역동성이 단체에서의 역동적인 논쟁의 중심이 되었고, 이는 프로이트에게 유리한 결과로 끝났다(Davis 1993, 65-139쪽; Deserno 1993, 60-61쪽).

흥미로운 것은 보상 가설이 현재도 다시 정신분석 이론에서 자리를 차지하고 있다는 사실이다. 근래의 정신외상학(Psychotraumatologie)에서도 피셔(Fischer)와 리데서(Riedesser; 1998)는 고전적 갈등-방어 모델 대신 설득력 있게 완성된 외상-보상 모델을 제시했다. 무엇보다 갈등-방어 모델이 통용되는 꿈들이 있을 뿐만 아니라 꿈의 보상 모델을 지향할 때 더 잘 이해되는 꿈들도 있다는 것은 의심할 바 없다.

요컨대 프로이트가 1923년에 "위로부터(von oben)"와 "아래로부터(von unten)"의 꿈들이 있다고 제시한 구별에서 아마도 가벼운 방향전환을 쉽게 인식할 수 있을지 모른다. 물론 그의 마지막 문장은 그가 공들여 얻은 지위를 더는 포기하지 않겠다는 생각을 의심치 않게 한다.

"아래로부터의 꿈은 그날 낮의 어떤 잔여물에서 대표하는 것이 만들어 내는 (억압된) 무의식적 소망을 통하여 자극을 받는 그런 꿈이다. 이 꿈은 깨어 있는 생활 내부로 파고드는 억압된 것의 침입과 일치한다. 위로부터의 꿈은 밤에 자아가 억압을 폭발시킴으로써 자신을 강화하는 데 성공하는 그날의 생각들이나 그 날의 의도와 비견될 수 있다. 그러면 분석은 일반적으로 이 무의식적 조력자를 도외시하고 잠재적 꿈생각들을 의식적 사유 속에 포함시킨다. 하지만 이런 구별을 통하여 꿈이론의 수정이 요구되는 것은 아니다"(전집 13, 303-304쪽).

프로이트의 **상징이해** 역시 그의 생전에는 아니지만 논쟁을 야기했다. 프로이트 학파의 정신분석가들은 특수하고 제한된 상징이해에 따랐기 때문에, 결국 상징은 방어된 어떤 것을 대표한다. 이와 같은 시각은 방법과 일치하며 꿈 분석의 연상적 "소모(Aufwand)"를 정당화한다. 이런 소모를 통해서야 왜곡된 갈등요소들이 비로소 다시 추측될 수 있다. 그러나 프로이트는 분석가들이 많은 꿈 상징의 비교적 확고한 의미에서 출발하여 그것을 해석에 도입할 때, 꿈의 해석이 종종 단축될 수 있었다고 주장하기도 했다. 프로이트에 의해 명명되고 알려진 확정적인 상징들은 길거나 움푹한 형태의 대상들을 통한 남성 및 여성 생식기의 묘사처럼 거의 왜곡되지 않은 성적인 종류의 암시들로 이루어져 있다. 이런 맥락에서 프로이트는 "꿈언어 (Traumsprache)"가 이미 우리 사유의 발달에 앞서 일종의 원초적 언어로서 존재했을 수도 있다는 것을 받아들이던 다른 사람들의 사변에 동조했다(전집 11, 169-170쪽). 나중에 특히 알프레트 로렌처는 학제적이고 방어에서 분리된 구상을 위하여 프로이트의 상징 개념을 —상징적 상호작용의 형식을 의미한다— 그의 편협한 이론적 관계에서 제외했다(Lorenzer 1970).

정신분석적 꿈 해석이 어느 정도까지 과학적 방법으로서 유효할 수 있느냐라는 물음은 지속적으로 제기된 논쟁과 결부된다(vgl. Specht 1981). 프로이트의 꿈 연구는 꿈 생산물의 전도가능성(Umkehrbarkeit)을 꿈의 해석을 통하여 규칙적이며 동시에 과학적으로 나타나게 한다. 그럼에도 새로운 과학인 정신분석은 자연과학의 의미에서 계속적으로 선언된 과학의 무경향성(Tendenzlosigkeit)과 조화를 잘 이루지 못하는, 여러 가지 간과할 수 없는 편향성을 지니고 있다. 정신분석은 비판적인데, 왜냐하면 그것은 어떤 특정한 의식을 "거짓된 것" 내지 "왜곡된 것"으로 인식하고 해석의 도움으로 심원한 자기인식에 도달하도록 돕기 때문이다. 바로 이렇게 함으로써 정신분석은 계속해서 딜레마에 빠져 왔다. 비판자들이 항변하는 바와 같이 정신분석은 해석방법과 전도가능성의 제시를 통하여 자신을 제한해 왔던 자의성을 모면하지 못하는데, 그 이유는 바로 정신분석이 주관적인 것의 영역에 머물기 때문이라는 것이다. 유감스럽게도 이런 항변은 정신분석이 바로 주관적인 것 또는 개별적인 것에서 객관적이고 보편적인 것을 발견해 나간다는 사실을 간과하고 있다. 이 논쟁은 어떻게 자연과학적 의미에서의 "과학"이 모든 대상과 문제제기에 직면하여 통일과학(Einheitswissenschaft)의 이상으로서 과학성에 대한 유일대표성의 요구를 가지고 등장할 것인지 차후에도 오랫동안 계속할 것이다. 유감스럽게도 통일과학의 옹호자들은 다음과 같이 중요한 사실을 소홀히 하고 있다. 즉 아주 특수한 결과에 도달하려면, 대상과 그 대상을 연구하는 그때그때의 방법 사이에는 임의적인 것이 아니라 특수한 관계가 유지되어야 할 것이라는 점을 인정해야만 한다. 요컨대 **무의식적 과정을 포함하여 심적 사실의 연구는 물질적 사실의 연구와는 다른 방법을 요구한다.**

프로이트가 《꿈의 해석》과 함께 도입하고 후일 완성한 그의 **개념성**(Begrifflichkeit)에 대한 검토 역시 이런 논쟁의 일부이다. 폴 리쾨르가 주도면밀하게 진술한 바와 같이 프로이트의 이론적 구상들은 적어도 두 가지 다른 "언어들"에 속한다. 꿈이라는 대상은 방법으로부터 "이해되고"(해석학) 또한 이론으로부터는 힘을 통하여 "설명된다"(에너지론). 에너지론에 의하여 심적인 것을 자연과학적 유추형성에 의존하여 개념적으로 파악하려는 프로이트의 물리적이고 생리적인 언어가 표현된다. 자연과학적 유추는 프로이트가 《꿈의 해석》에서 결정적인 근원을 찾아가는 과정에서 명백해진다. 이 근원은 해석의 현재에서 과거에 해당한다. 무의식적 소망, 방어된 소망은 영적인 삶에서 마치 그것이 원인인 것처럼 작용한다. 무의식적 소망이 의식화되면, 그것은 이 "사물화된" 성향을 상실하고 다시 또는 처음으로 우리 경험의 구성요소가 된다.

프로이트는 《꿈의 해석》에서 해석학적인 방법을 사용하지만 결코 자신을 해석학자로 정의하지 않았다. 그는 자연과학적 전문 연구자로서 마치 문학과 예술의 폭넓은 지식이 그에게는 단지 해석 작업만을 용이하게 한다는 듯이 글을 썼다. 여기에서 개관된 논쟁의 주제들은 특히 데제르노(Deserno; 1999, 2001, 2002), 에어만(Ermann; 2005), 메르텐스(Mertens; 1999, 2004)의 논문에 상세히 설명되어 있다.

수용과 영향

오직 독일어권에서만 프로이트의 《꿈의 해석》에 대한 이차문헌을 더는 개별적으로 거의 개관할 수가 없다. 수많은 논문과 책들이 "세기의 작품"

으로서 이 저서의 가치를 높게 평가했다(특히 Danckwardt 2000; Deserno 1999, 2001; Ermann 2005; Marinelli/Mayer 2000; Mertens/Obrist 1999, 2004; Starobinski/Grubrich-Simitis/Solms 1999). 과거를 회고하는 자리에서 프로이트는 꿈이론을 그의 작품의 결정적인 전환점으로 보았다. "이것을 [꿈이론을] 가지고 분석은 정신요법의 방법으로부터 심층심리학으로 발전적인 행보를 내디뎠다. 이때부터 [꿈이론은] 새로운 학문 가운데 가장 특징적이고 독특한 것, 우리가 아는 그 밖의 지식에서는 이것에 견줄 것이 없는 어떤 것, 민족 신앙과 신비로부터 획득한 하나의 신천지로 남아 있다"(전집 15, 6쪽).

이와 동시에 프로이트는 《꿈의 해석》 출간 이후 33년이 지나서 그가 가장 중요한 것으로 여겼던 저작을 수용하는 태도에 대하여 분명히 실망감을 피력했다. "분석가들은 마치 자신들이 꿈에 대해 더 이상 아무 할 말이 없다는 듯이, 꿈의 학설은 완결되었다는 듯이 처신한다"(같은 곳).

최초의 평판은 극단적으로 대립하였다. 심리학자와 의사를 비롯한 전문가 집단은 프로이트의 명제, 특히 꿈이 소망충족의 시도라는 그의 가정에 의구심을 표명했다. 프로이트가 성의 역할을 과대평가했고 그의 방법이 비과학적이라는 것이다. 그뿐만 아니라 그들은 그의 이론을 전반적으로 배격했다. 이에 대한 하나의 예가 브레슬라우 대학의 교수이자 심리학자 빌리암 슈테른(William Stern)의 비평이다. 그는 "책의 주요 내용이 오류이자 승인될 수 없는 것으로 볼" 수 있다고 평가하면서(Kimmerle 1986, 60-64쪽 재인용) 프로이트의 자기분석의 가치를 다음과 같이 비판했다. "이 방법에 관한 한 모든 것이 부정될 수밖에 없다. 자기관찰이란 그렇게 단순한 일이 아니다. 저자가 어떻게 꿈의 소망성격에 대한 … 자신의 이론을 통하여 영향을 받고 있는지를 우리가 생각해 보면 특히 그렇다 … 과학적 방법으로서 이 꿈 해석의 부당함은 정말 신랄하게 강조되지 않을 수 없었다 …"(같은 곳).

이에 반해 소위 비전문인들, 무엇보다 정신과학자들은 프로이트의 《꿈의 해석》을 열광적으로 받아들여 그들의 작업에 적용하였고, 오늘날까지도 지속되는 친화관계를 맺고 있다(예를 들어 Pietzcker 1974). 마찬가지로 여기서 가령 렌크(Lenk; 1983)의 **무의식학회(Die unbewußte Gesellschaft)**라고만 불리는 문화학 단체는 꿈과 문학의 관계에 대한 역사적 사실의 서술을 바탕으로 양자의 공통적 논리를 도출한다. 특수한 꿈 논리는 언어적이고 조형적이며 음악적인 예술작품에서 증명될 수 있다. 특히 소망충족의 개인적 추구와 (예컨대 종교에서와 같은) 문화적 환영(Illusion)의 형성 사이에는 유사성이 있다는 것이 제시된다.

그러는 사이에 제자들이 꿈 학설을 폐쇄적인 것으로 간주한 것에 대한 프로이트의 실망뿐만 아니라 상이한 학파의 심각한 양극화는 완화되었다. 알려졌듯이 꿈과 꿈 해석의 무의미성을 주장하는 개별적인 목소리와 더불어 현재는 꿈과 관련된 상이한 학문 사이에 대화가 확고히 자리 잡았다. 이렇게 신경생물학적(Leuziner-Bohleber/Pfeifer 외 1998), 인지심리학적(Bucci 1997; French 1953; Leuschner 1999; Leuzinger-Bohleber/Pfeifer 외 1998; Moser/von Zeppelin 1996), 신경정신분석적(Kaplan-Solms/Solms 2000/2003; Solms 1999) 토대에서 꿈의 생성을 상호 보완하는 모델들이 나타난다. 정신분석이 오늘날 더는 자체의 꿈이론을 가지고 있지 않다는 인상은 특정한 방식으로 일어난다. 꿈이론의 중요한 양상들이 다른 학문과 그 방법을 통하여 확증되고 보완되면서 이론 자체의 언어도 변화되었다. 한마디로 꿈이론은 다원적이 되어 버렸다(Leuzinger-Bohleber/Deserno/Hau 2004). 하지만 ―그 효시가 이미 프로이트에게서도 발견되었던― 이 필연적인 이론의 다원성에도 불구하고 정신분석의 핵심부분으로서 꿈 해석에 의해 도입된 독자적인 방법은 시야에서 사라졌다고 할 수 없다.

이 단원에서는 개략적으로 조망한다는 전제에 따라 가급적 프로이트 꿈 해석의 많은 영향이 소개되지 않는다. 그보다는 실제적 꿈 연구의 중심이 되는 두 영역, 즉 정신분석적으로 고무된 학제적 연구분야로서의 실험적인 꿈 연구와 정신분석적-치료적 상황과 꿈의 관계만이 개관된다. 현재의 정신분석적 꿈 연구는 과정의 방향성을 중시한다. 실험적 연구에서 꿈 연구는 해리(Dissoziation)와 재연상(Reassoziation)의 의미에서 잠재의식 자극의 "프로세싱"을 만들어 냈다(Leuschner 1999; Leuschner/ Hau 외 2000). 임상적 꿈 해석에서는 갈등의 묘사와 무의식적 갈등부분 통합의 여러 가지 국면들이 기술된다(vgl. Doll/Deserno u. a. 2004). 한편으로 1950년부터는 그림과 같은 꿈들이 전기생리학적으로(elektrophysiologisch) 잘 정의된 수면상태, 이른바 REM(급속 안구운동, rapid eye movements) 상태와 결합되어 있다는 발견과 더불어 정신분석에서 실험적인 연구영역이 발전되었다. 다른 한편으로 정신분석의 치료적인 응용과 그 연구는 오늘날 상호작용적-간주관적 과정모델을 지향한다. 이 모델에 대해 꿈은 지표와 표본으로서 중요한 의미가 있다.

꿈 연구에서 학제성(Interdisziplinarität)이란 무엇을 의미하는가? 메르텐스는 프로이트와의 허구적인 대화에서 여러 입장을 서술했다(Mertens/Obrist 외 2004). 정신분석의 측면에서 이 대화는 꿈 연구를 —예컨대 잠재의식적 꿈 자극과 같은— 실험심리학적 방법으로 수행하는 연구자들에 의하여 진행된다(Fiss 1993; Hartmann 1995; Leuschner 1999; Shevrin 2002 참조). 다른 연구자들은 컴퓨터 시뮬레이션과 인지과학적 모델로 작업한다(French 1953; Bucci 1997; Moser/von Zeppelin 1996). 세 번째 연구 방향은 각종 뇌 병변을 앓았던 환자들과의 정신분석적 치료에서 나온 소견들로 이루어진다(Kaplan-Solms/ Solms 2000; Solms 1999).

토마스 프렌치(Thomas French)는 그의 세 권으로 된 저서 《행동의 통합(The Integration of Behavior)》(1952, 1953, 1958)에서 프로이트 꿈이론의 갈등모델을 쿠르트 레빈(Kurt Lewin)의 장이론(Feldtheorie)과 톨만(Tolmann)의 인지심리학적 시도, 쾰러(Köhler)의 게슈탈트이론과 결합하려는 아마도 최초에 속하는 학제적 시도를 감행했다. 그는 모든 행동이 대립 속에서 "양극화되려는" 경향이 있다고 전제하면서 "통합적 장"은 양극화의 외연을 수정하게될 것이라는 가정을 내세운다. 더 확대된 가정에 따르면 신경증적 갈등해결의 경우 이 장(場)의 인지적이고 감정적인 "폭"이 제한된다는 것이다. 프렌치는 꿈 계열의 세분된 조사의 도움을 빌려서 어떻게 발전된 분석에 의해 인지적 장들(kognitivee Felder)의 통합 폭이 넓어지는지를 보여 줄 수 있었다. 그럼에도 그는 꿈에서 갈등해결이 이루어진다는 것을 오히려 이례적인 것으로 보았다. 그의 모델에서 특징적인 것은 꿈에서 해결되지 않은 갈등이 인지적으로 받아들일 수 있는 갈등구도로 대체된다는 점이다. 그렇게 되지 않으면, 실제 갈등사건의 후퇴가 일어나면서 꿈 사건은 중단된다.

모저(Moser)와 폰 체펠린(von Zeppelin; 1996)의 인지과학적 개념화에 따르면 꿈은 소망충족의 실패라는 조건 또는 외상적 조건에 따라 부정적 정동이 지배적이다. 이 때문에 실제적 사건은 "정동적으로 해소되어" 대체로 기억에서 사라지는 것이 아니라 그곳에 "콤플렉스"로 축적된다. 이 콤플렉스는 전날의 정동적인 사건에 의해 유발되며 꿈의 생성으로 이어진다. 여기서 가정된 기억모델은 "체화된 인지과학(embodied cognitive science)"의 의미에서, 즉 감각운동적인 기억(sensomotorisches Gedächtnis)의 강조를 통하여 보완된다(Leuzinger-Bohleber/ Pfeifer/Rockerath 1998).

코크코(Koukkou)와 레만(Lehmann; 1998)은 오랫동안 뇌파검사(EEG)를 기반으로 하여 특히 꿈과 잠에서 기능적 뇌 상태의 체계적 모델을 개발해 왔다. 이 상태에 따라 어린 시절의 발달단계와 성인의 수면단계 사이에서 검증된 유사성이 기능적 일치를 보여 준다고 가정할 수 있다. 성인은 잠자는 동안 어린 시절의 기억장치가 다시 반응할 수 있도록 기능적인 뇌 상태를 그대로 전달한다.

카플란-졸름스와 졸름스는 꿈의 손상 내지 꿈과 사실의 말살을 수반하는 각종 증후군의 기술로부터 꿈의 신경역동적 구조를 추론한다. 꿈에 기여하는 어떤 기능도 뇌의 특정한 지역에 제한될 수 없다. 꿈은 신경역동적 과정으로서 전체 체계 중 여러 부분적 구성요소 사이의 상호작용 속에서 발달한다(Kaplan-Solms/Solms 2000/2003, 54쪽).

임상적 또는 치료적 꿈 연구도 마찬가지로 과정을 중시하는 방향으로 계속 발전되었다. 꿈과 그 해석은 내용지향적인 연구와 나란히 하여 정신분석적 상황의 전체적 관계로 이동하게 되었다. 여기서 심적 사실의 고유 법칙성이라는 패러다임으로서 꿈에서 출발하는 꿈의 성격 내지 전이와 역전이의 꿈 논리가 조사 대상이 되고 있다. 개념적 기본연구의 의미에서 베르트람 레빈(1948, 1950/1982, 1953, 1955/1999)의 작업을 시작으로 모르겐 탈러(1986)와 메르톤 질(Merton Gill; 1982/1996, 1994/1997)의 관점으로 발전하여 꿈 해석이 철두철미하게 전이분석과 연결되는 일련의 연구가 발전되었다(Deserno 1992; Ermann 2005). 그들은 정신분석적 상황과 무의식적 전이의 행동화(Agieren)[43] 내지 연출의 "꿈 성격" 또는 "꿈 논리"를 명료하게 밝혀냈다. 특히 하인리히 데제르노가 갖가지 심적 사실을 정신분석적 상황에서의 여러 상징적 양식을 가지고 학제적으로 결합함으로써 전이연출의 꿈 내지 회상의 성격을 여러 상징화 형식의 도움으로 파악한다면, 그는 이론적으로 발전된 양상을 보여 준다(1999, 2002, 2005).

과거에 논쟁적으로 토론된 꿈의 보상 가설은 새로운 도정에서 임상적 정신분석으로의 통로를 발견했다. 피셔(Fischer)와 리데세르(Riedesser; 1998)는 정신외상학적 연구를 통하여 고전적 방어학설에 외상극복의 보상모델을 새롭게 제시했다. 무엇보다 그들은 외상 환자에 대한 치료적 접근이 해

---

43) 역주: 치료 시의 전이과정에서 환자의 기억과 생각이 언어화되지 않고 돌발적으로 감정적, 공격적 행동으로 나타나는 현상.

결되지 못한 갈등으로 고통당하는 환자에 대한 접근과는 본질적으로 차이가 있다는 점을 보여 줄 수 있었다. 이 보상의 표본은 외상충격을 받은 환자들의 치료 시에 그들의 꿈에서도 나타날 수 있다.

꿈의 갖가지 변형들을 추정하는 작업은 연구와 실제에도 의미심장한 일이다. 꿈이 우리에게 직접적으로 접근을 불허할지라도, 일단 우리는 꿈을 실제 시간으로 되돌릴 수 있다. 모저와 체펠린(1996)은 그것을 "꾸어진(geträumt)" 꿈이라고 명명한다. "기억되고" 또한 말로 "서술된" 꿈들은 꾸어진 꿈의 변형들이다. 우리가 왜곡-일관성 가설을 받아들인다면, 우리에게 가장 용이하게 꿈에 다가갈 수 있는 형식인 서술된 꿈을 가지고 우리는 작업할 수 있다. 물론 기억되는 모든 꿈이 치료 상황에서 서술될 수 있는 것도 아니다. 언제나 전이 상황이 의식화된 다음에야 꿈이나 이미 보고된 후속 꿈 부분의 기억과 서술이 뒤따르게 되어 있다. 정신분석 연구자들은 종종 전이의 행동화와 연출의 "꿈 유사성"을 예상하고 추후에 이를 입증한다(Deserno 1999, 398-411쪽 참조).

전반적으로 새로운 정신분석적 꿈 연구는 임상적-치료적인 연구와 개념적이고 실험적인 연구를 결합하려고 시도한다. 언급한 임상적 연구와 실험적 연구에 따르면 꿈이 소망충족의 시도라는 프로이트의 가정은 꿈의 상위기능이 심적 과정이나 어쩌면 심적 구조의 발달과 유지, 그리고 긴급할 경우에는 "복구(Reparatur)"에 있다는 쪽으로 확장될 수 있다. 그러므로 꿈은 잠의 수호자일 뿐만 아니라 가능한 경우에는 심적 구조의 수호자이기도 하다(Stolorow 1989, 102쪽). 매일 꾸는 꿈의 중요한 과제는 이미 깨어 있는 삶에서 일단 소홀히 된 지각과 소망을 다시 한 번 검토함으로써 깨어 있는 사고와 행위에 잠재력을 가지고 접근하도록 하는 데 있다.

프로이트의 소망충족 가설을 확장하려는 다른 시도는 무엇 때문에 꿈이 그리고 꿈과 심리적으로 친화력이 있는 전이가 소망충족을 요구하는지 보다 상세히 규정하려고 한다. 많은 임상적 관찰은 소망충족의 요구가 그 자체로 만족감을 줄 뿐만 아니라 늘 반복되는 손상이나 분리의 체험을 표현하는 동시에 그것을 완화한다는 데 견해를 같이한다(Pontalis 1977/1998).

20세기 초에 생각했던 것보다 우리는 꿈을 아주 더 많이 꾼다. 예컨대 매일 밤 약 3시간, 평생 살아가면서 평균 7년간 꿈을 꾼다. 이로부터 추론할 수 있는 것은 우리가 결코 꿈을 방어과정과 검열동기의 결과로서 잊어버리는 것만은 아니라는 사실이다. 우리가 꿈을 잊는 이유는 꿈이 자기 기능을 성취했기 때문이기도 하다. 꿈속으로 이입되는 사건, 상념, 소망과 기억은 이것들이 전의식뿐만 아니라 무의식의 작용에 내맡겨짐으로써 꿈을 꿀 때 변형된다. 언제나 변함없는 전제는 꿈이 잠재된 의미를 지니며, 꿈이 묘사하는 체험들은 체계적으로 왜곡된다는 사실이다. 이 왜곡은 다시 개인적 경험의 맥락에서만 해독이 가능하다.

오늘날의 시각에서 볼 때 어떤 사람의 심적 장애는 일차적으로 그의 꿈 내용과 그것의 해석을 통해서가 아니라 그가 꿈을 어떻게 창조적으로 "사용할" 수 있는가 없는가를 통하여 드러난다(Pontalis 1977/ 1998, 33쪽). 이 창조적 사용의 신경증적 억제를 해소하는 것이 정신분석적 치료의 본질적 구성요인이다.

─── 참고문헌 ───

Anzieu, Didier: Freuds Selbstanalyse(프로이트의 자기분석). 2 Bde. Munchen/Wien 1990(불어판 1988).

Aserinski, Eugene/Nathaniel Kleitman: Regularly Occuring Periods of Eye Motility and Concurrent Phenomena During Sleep(잠자는 동안 안구운동과 병발현상이 일어나는 규칙적 주기). In: Science 118 (1953), 273.74.

Bucci, Wilma: Psychoanalysis and Cognitive Science(정신분석과 인지과학). A Multiple

Code Theory. New York 1997.

Danckwardt, Joachim F.: Buchessay. Traum ohne Ende(에세이. 종말 없는 꿈). In: Psyche
12 (2000), 1283-1296쪽.

Davis, Russel H.: Freud's Concept of Passivity(프로이트의 수동성 개념). Psychological Issues,
Monograph 60. Madison 1993.

Deserno, Heinrich: Zum funktionalen Verhältnis von Traum und Übertragung(꿈과 전이의
기능적 관계). In: Psyche (46) 1992, 959.978.

_____: Traum und Übertragung in der Analyse des Wolfsmannes(늑대인간 분석에서 꿈과
전이). In: Der Traum des Wolfsmannes. Materialien aus dem Sigmund-Freud-Institut
15. Munster 1993, 123.151.

_____ (Hg.): Das Jahrhundert der Traumdeutung(꿈의 해석의 세기). Stuttgart 1999, Zum
Verhältnis von Traum, Übertragung und Erinnerung. In: Deserno 1999, 397-431쪽.

_____: Selbstanalyse(자기분석). In: Wolfgang Mertens/Bruno Waldvogel (Hg.): Hand-
buch psychoanalytischer Grundbegriffe. Stuttgart 2000, 650.658.

_____: Die Logik der Freudschen Traumdeutung(프로이트의 꿈 해석의 논리). In: Ulrike
Kadi/ Brigitta Keintzel/Helmuth Vetter (Hg.): Traum, Logik, Geld. Tubingen 2001,
9.32.

_____: Freuds Traumdeutung und spätere Traumauffassungen(프로이트의 꿈 해석과 추후
의 꿈에 대한 이해). In: Hau/Leuschner/Deserno 2002, 47.70.

_____: Die gegenwärtige Bedeutung von Symboltheorien fur die psychoanalytische Praxis
und Forschung(정신분석적 실제와 연구에 대한 상징이론의 현재적 의미). In: Heinz
Boker (Hg.): Psychoanalyse und Psychiatrie. Stuttgart/New York 2005, 346.358.

Doll, Susanne/Heinrich Deserno/Stephan Hau/Marianne Leuzinger-Bohleber: Die Verände-
rung von Träumen in Psychoanalysen(정신분석에서 꿈의 변화). In: Leuzinger-Bohle-
ber/Deserno/Hau 2004, 138.145.

Ellenberger, Henry: Die Entdeckung des Unbewußten(무의식의 발견). Zürich 1973(영어판
1970).

Erdheim, Mario: Die gesellschaftliche Produktion von Unbewußtheit(무의식의 사회적 산물).
Frankfurt a. M. 1982.

Erikson, Erik H.: Das Traummuster der Psychoanalyse(정신분석의 꿈 표본). In: Psyche 8

(1955), 561-604쪽(영어판 1954).

Ermann, Michael: Träume und Träumen(꿈과 꿈꾸기). Göttingen 2005. Fischer, Gottfried/Peter Riedesser: Lehrbuch der Psychotraumatologie(정신외상학의 교과서). München 1998.

Fiss, Harry: The »Royal Road« to the Unconscious Revisited(무의식으로의 "왕도" 재고). A Signal Detection Model of Dream Function. In: Moffit/Kramer/Hoffman 1993, 381.418.

Fosshage, James L.: The Psychological Function of Dreams(꿈의 심리학적 기능). In: Psychoanalysis and Contemporary Thought 4 (1983), 641-669쪽.

French, Thomas M.: The Integration of Behavior(행동의 통합). Bd. 2: The Integrative Process in Dreams. Chicago 1953.

Gill, Merton M.: Die Übertragungsanalyse. Theorie und Technik(전이분석. 이론과 기법). Frankfurt a. M. 1996(미국판 1982).

_____: Psychoanalyse im Übergang(과도기에서의 정신분석). Stuttgart 1997(미국판 1994).

Greenson, Ralph R.: Die Sonderstellung des Traumes in der psychoanalytischen Praxis(정신분석적 실무에서 꿈의 특수한 위치). In: Ders.: Psychoanalytische Erkundungen. Stuttgart 1982, 336-363쪽(영어판. 1970).

Grinstein, Alexander: On Sigmund Freud's Dreams(프로이트의 꿈에 대하여). Detroit 1968.

Grubrich-Simitis, Ilse: Freuds Moses-Studie als Tagtraum(백일몽으로서 프로이트의 모세 연구). Ein biographischer Essay. Frankfurt a. M. 1991.

_____: Metamorphosen der Traumdeutung(꿈 해석의 변형들). In: Starobinski/Gru-brich-Simitis/Solms 1999, 35-72쪽.

Hartmann, Ernest: Making Connections in a Safe Place(안전한 장소에서 연결 만들기). In: Dreaming 5 (1995), 213-228쪽.

Hau, Stephan/Wolfgang Leuschner/Heinrich Deserno (Hg.): Traum-Expeditionen(꿈 탐구). Tubingen 2002.

Hock, Udo: Lacan — Laplanche: Zur Geschichte einer Kontroverse(논쟁의 역사). In: Hans-Dieter Gondek/Roger Hofmann/Hans-Martin Lohmann (Hg.): Jacques Lacan: Wege zu seinem Werk. Stuttgart 2001, 203-235쪽.

Kimmerle, Gerd: Freuds »Traumdeutung«: Frühe Rezensionen 1899-1903(《프로이트의 꿈의

해석): 과거에 나온 평론 1899-1903). Tübingen 1986.

Kaplan-Solms, Karen/Mark Solms: Neuro-Psychoanalyse. Eine Einführung mit Fallstudien (신경-정신분석. 사례연구 소개). Stuttgart 2003(영어판 2000).

Kohut, Heinz: Kreativität, Charisma, Gruppenpsychologie. Gedanken zu Freuds Selbstanalyse (창조성, 카리스마, 집단심리. 프로이트의 자기분석에 대한 여러 생각들). In: Psyche 29 (1974), 681.720.

Koukkou, Martha/Marianne Leuzinger-Bohleber/Wolfgang Mertens (Hg.): Erinnerung von Wirklichkeiten. Psychoanalyse und Neurowissenschaften im Dialog(현실에 대한 회상. 정신분석과 신경학에 대한 대화). Bd. 1: Bestandsaufnahme. Stuttgart 1998.

Koukkou, Martha/Dietrich Lehmann: Ein systemtheoretisch orientiertes Modell der Funktionen des menschlichen Gehirns und die Ontogenese des menschlichen Verhaltens(인간 뇌 기능에 대한 체계이론적 접근 모델과 인간 행동의 개체발생): eine Synthese von Theorien und Daten. In: Koukkou/Leuzinger-Bohleber/Mertens 1998, 287-415쪽.

Lansky, Melvin R.: The Legacy of The Interpretation of Dreams(꿈 해석의 유산). In: Ders. (Hg.): Essential Papers on Dreams. New York/London 1992, 3-31쪽.

Lenk, Gisela: Die unbewußte Gesellschaft(무의식적 사회). München 1983.

Leuschner, Wolfgang: Experimentelle psychoanalytische Forschung(실험적 정신분석 연구). In: Deserno 1999, 356.374.

_____ /Stephan Hau/Tamara Fischmann: Die akustische Beeinflußbarkeit von Träumen (꿈의 청각적 영향가능성). Psychoanalytische Beiträge aus dem Sigmund-Freud-Institut. Bd. 3. Tübingen 2000.

Leuzinger-Bohleber, Marianne: Nachträgliches Verstehen eines psychoanalytischen Prozesses(정신분석적 과정의 추후 이해). In: Koukkou/Leuzinger-Bohleber/Mertens 1998, 36-95쪽.

_____ /Rolf Pfeifer/Klaus Rockerath: Wo bleibt das Gedächtnis? Psychoanalyse und Embodied Cognitive Science im Dialog(기억은 어디에 남아 있는가? 정신분석과 구체화된 인지과학에 대한 대화). In: Koukkou/Leuzinger-Bohleber/Mertens 1998, 517.588.

_____ /Heinrich Deserno/Stephan Hau (Hg.): Psychoanalyse als Profession und Wissenschaft. Die psychoanalytische Methode in Zeiten wissenschaftlicher Pluralität(직업과 과학으로서의 정신분석. 과학적 다원성 시대의 정신분석적 방법). Stuttgart 2004.

Lewin, Bertram D.: Inferences from the Dream Screen(꿈 화면으로부터의 추정). In: International Journal of Psycho-Analysis 29 (1948), 224-231쪽.

_____: Das Hochgefühl(열광). Frankfurt a. M. 1982(미국판 1950).

_____: Reconsideration of the Dream Screen(꿈화면의 재고). In: Psychoanalytic Quarterly 22 (1953), 174199쪽.

_____: Traumpsychologie und die analytische Situation(꿈심리학과 분석적 상황). In: Deserno 1999, 113-139쪽(미국판 1955).

Lorenzer, Alfred: Kritik des psychoanalytischen Symbolbegriffs(정신분석적 상징개념의 비판). Frankfurt a. M. 1970.

Marinelli, Lydia/Andreas Mayer (Hg.): Die Lesbarkeit der Träume: Zur Geschichte von Freuds »Traumdeutung«(꿈의 독해가능성: 프로이트의 《꿈의 해석》의 역사). Frankfurt a. M. 2000.

Mertens, Wolfgang: Traum und Traumdeutung(꿈과 꿈의 해석). München 1999.

_____/Willy Obrist/Herbert Scholpp: Was Freud und Jung nicht zu hoffen wagten ··· Tiefenpsychologie als Grundlage der Humanwissenschaft(프로이트와 융이 감히 희망할 수 없었던 것 ··· 인간학의 토대로서의 심층심리학). Gießen 2004.

Moffitt, Alan/Milton Kramer/Robert Hoffman (Hg.): The Functions of Dreaming(꿈꾸기의 기능들). Albany 1993.

Morgenthaler, Fritz: Der Traum(꿈). Frankfurt a. M. 1986.

Moser, Ulrich/Ilka von Zeppelin: Der geträumte Traum(꾸어진 꿈). Stuttgart 1996.

Palombo, Stanley R.: Dreaming and Memory: A New Information-processing Model(꿈꾸기와 기억: 새로운 정보 프로세싱 모델). New York 1978.

Pietzcker, Carl: Zum Verhältnis von Traum und literarischem Kunstwerk(꿈과 문학적 예술작품의 관계). In: Johannes Cremerius (Hg.): Psychoanalytische Textinterpretation. Hamburg 1974, 57-68쪽.

Pontalis, Jean-Bertrand: Zwischen Traum und Schmerz(꿈과 고통 사이에서). Frankfurt a. M. 1998(불어판 1977).

Ricœur, Paul: Die Interpretation. Ein Versuch über Freud(해석. 프로이트에 대한 시도). Frankfurt a. M. 1969(불어판 1965).

Scheidt, Jurgen vom: Freud und das Kokain. Die Selbstversuche Freuds als Anstoß zur

»Traumdeutung«(프로이트와 코카인. 《꿈의 해석》에 대한 원동력으로서 프로이트의
자기시도). München 1973.

_____(Hg.): Der unbekannte Freud(미지의 프로이트). Neue Interpretationen seiner Träu-
me durch Erik H. Erikson, Alexander Grinstein, Heinz Politzer, Lutz Rosenkotter, Max
Schur u. a. München 1974.

Schott, Heinz: Zauberspiegel der Seele. Sigmund Freud und die Geschichte der Selbstanalyse
(영혼의 마법거울. 지그문트 프로이트와 자기분석의 역사). Göttingen 1985.

Schur, Max: Sigmund Freud. Leben und Sterben(지그문트 프로이트. 삶과 죽음). Frankfurt
a. M. 1973(영어판 1972).

Sharpe, Ella Freeman: Traumanalyse(꿈 분석). Stuttgart 1984(영어판 1937).

Shevrin, Howard: Der Stellenwert des Traumes in der psychoanalytischen Forschung(정신분
석적 연구의 위상가치). In: Hau/Leuschner/Deserno Tübingen 2002, 91-113쪽.

Solms, Mark: Traumdeutung und Neurowissenschaften(꿈의 해석과 신경과학)(영어판 1997).
In: Starobinski/Grubrich-Simitis/Solms 1999, 73-89쪽.

Specht, Ernst K.: Der wissenschaftstheoretische Status der Psychoanalyse. Das Problem der
Traumdeutung(정신분석의 과학론적 상황. 꿈 해석의 문제). In: Psyche 35 (1981),
761-787쪽.

Starobinski, Jean/Ilse Grubrich-Simitis/Mark Solms: Hundert Jahre »Traumdeutung« von
Sigmund Freud(지그문트 프로이트의 《꿈의 해석》 100년). Frankfurt a. M. 1999.

Stern, William: Sigmund Freud: »Die Traumdeutung«(지그문트프로이트: 《꿈의 해석》). In:
Kimmerle 1986, 60.64.

Stolorow, Robert D.: The Dream in Context(맥락 속에서의 꿈). In: Arnold Gold-berg (Hg.):
Dimensions of Self Experience. Progress in Self Psychology. Bd. 5. Hillsdayle/London
1989, 33-45쪽.

Widmer, Peter: Subversion des Begehrens. Jacques Lacan oder die zweite Revolution der Psy-
choanalyse(욕망의 전복. 자크 라캉 또는 정신분석의 제2혁명). Frankfurt a. M. 1990.

Heinrich Deserno

5. 무의식 이론

1

《일상생활의 정신병리학》(1901)

1901년에 출간된 《일상생활의 정신병리학(Zur Psychopathologie des Alltagsle
bens)》(전집 4)에서 프로이트는 심적 결정론, 무의식의 의미와 억압의 반복
에 대한 자신의 정신분석 이론을 일상세계의 체험방식으로 설명하려고 시
도했다. 이 책의 중심에는 이른바 **실수행위**(Fehlleistung)가 자리 잡고 있다. 실
수행위에 속하는 것은 무엇보다 "망각의 경우와 더 잘 알기 때문에 일어나
는 오류들, 잘못 말하기(Versprechen), 잘못 읽기, 잘못 쓰기, 잘못 잡기와 이
른바 우연행위들"(268쪽)이다. 접두사 "Ver"로 된 문제적 개념들의 결합은
언어적으로 이 현상들의 내적 동질성을 암시한다.

실수행위는 "정상적인 것의 넓이 내에서"(267쪽) 일어나는 순간적이고 일
시적인 장애의 성격을 지닌다. 당사자는 실수행위를 스스로 해명할 수 없
으며, 그것을 부주의나 우연으로 돌린다(268쪽). 하지만 정신분석적 조사방
법을 실수행위에 적용하면, 그것은 동기가 분명하며 의식은 알지 못하는

동기를 통하여 결정되는 것으로 입증된다(267쪽). 실수행위는 아주 빈번하게 억제된 무의식적 내용의 의식화와 결부될 수 있는 불쾌를 회피하는 데 유용하게 작용한다. 동시에 실수행위를 보면 그럼에도 억제된 것이 어떻게 우회로에서 의식으로의 통로를 만드는지가 예증된다. 프로이트는 다음과 같은 잘못 말하기의 예에서 이를 인상적으로 보여 준다. 누군가가 "마음속으로는 '추잡한 짓(Schweinereien)'이라고 생각하는 사건에 관해 이야기한다. 그러나 그는 온건한 표현이 금방 생각나지 않아서 '그렇다면 그 사실은 전잡한(Vorschwein) 일로 드러났습니다'라고 말하기 시작한다"(65쪽).

"누군가(Aliquis)"의 예는 망각의 근거를 잘 해명한다. 프로이트가 아는 어떤 사람이 베르길리우스의 《아에네이스(Aeneis)》에 나오는 인용문을 알지 못해 쩔쩔매는데, 그 이유가 "누군가"라는 부정대명사가 생각나지 않기 때문이다. 프로이트는 망각의 근거를 찾아내려고 시도하면서 이 젊은이에게 "누군가"라는 낱말을 연상할 것을 촉구한다. 연상은 (누군가 – 청산 – 액체)라는 여러 중간단계를 거쳐서 결국은 성 야누아리오의 피의 기적과 해마다 피가 흐르는 일이 한 번은 지체되었다는 발언으로 연결된다. 그때부터 연상의 고리는 더 나아가 그의 애인의 월경이 중단되고 "피의 기적"이 가능한 한 빨리 일어나야 한다는 걱정스러운 기대로 이어진다(16쪽). 프로이트가 볼 때 월경 중단과 임신에 대한 불안은 이 때문에 망각에 빠진 "누군가"라는 낱말 속에 연상적으로 응축되었다(16-17쪽). 마찬가지로 프로이트는 고유명사의 망각과 잘못 기억하기 사이의 동일성을 입증한다. 물론 여기서 중요한 것은 의미심장한 인상에서 그것과 연상적으로 결부된 다른 사소한 경험들로의 전치과정에서 일어나는 기억의 빗나감이다(51쪽). 이는 은폐기억(Deckerinnerung)의 형성과도 관련된다(52쪽).

프로이트는 은폐기억을 어린 시절의 기억으로 이해한다(51쪽 이후). 날카롭고 입체적인 어린 시절의 기억은 기억의 내용과 관련된 정동의 진부함과는 기이하게 상반된다. 스물네 살의 청년은 여름 별장에서 그에게 알파 벳을 가르쳐 주려고 애쓰는 아주머니 옆의 의자에 앉아 있는 그의 다섯 살 때의 영상을 이런 식으로 간직해 왔다. 그는 알파벳 m과 n의 차이를 구별 하기 힘들어서 아주머니에게 두 자모의 차이가 무엇인지 묻는다. 아주머 니는 그에게 m이 n보다 획이 하나 더 많다고 말한다(57쪽). 이 어린 시절의 기억의 의미는 후일 그것이 소년의 아주 다른 호기심, 즉 소년과 소녀의 차 이에 대한 성적 호기심을 온통 가리고 있는 것으로 나타났을 때 입증되었 다. 당시에 그는 어쩌면 아주머니가 이에 대해 가르쳐 줄 수 있는 교사이기 를 몹시 바랐었는지 모른다. 당시에 그는 "사내아이란 여자아이보다 딱 한 가지가 더 많다"(57쪽)는 것을 알아냈다.

단지 과거의 체험과 —훗날의 체험과는 연결되는 법이 드물다— 연결된 덕분에 드러나는 사소한 인상은 종종 은폐기억으로서 회상 속에 확고히 자 리 잡는다. 이때 이런 인상의 직접적인 재생에 대해 저항이 일어난다(52쪽). 의미부여에 대한 프로이트의 **사후성**(Nachträglichkeit) 개념은 여기서 특히 중 요한 의미를 지닌다.

프로이트는 잘못 읽기와 잘못 쓰기에 대하여 무엇보다 제1차 세계대전 동안 슬로바키아의 도시 이글로의 요양병원에서 근무했던 막스 아이팅곤 (프로이트는 그의 글의 모든 신판에 새로운 자료를 첨가하곤 했다)의 예를 인용한 다. 즉 전쟁외상 신경증으로 그곳에서 치료를 받던 X 소위는 어느 날 전쟁 에서 일찍 전사한 어느 시인[44]의 마지막 시 구절을 보기에도 비장한 모습 으로 아이팅곤에게 들려주었다. "그러나 나는 다음의 구절이 어디에 쓰여 있느냐고 묻는다. 모든 이들 중에 / 나는 남아 있어야 한다니, 나 대신 다른

---

44) 역주: 그는 발터 하이만(Walter Heymann)이라는 시인으로, 전쟁을 소재로 하는 시를 써서 우편으로 발표했다.

이가 쓰러지거늘 / 늘 너희 중에 쓰러지는 자가 나 대신 죽는 것이거늘 / 그런데 나는 남아 있어야 한단 말인가? **대체 왜 아니어야 한단 말인가?**" 이때 아이팅곤의 이상한 반응에 주목한 소위는 좀 당황해하다가 그제야 "그런데 나는 남아 있어야 한단 말인가? 대체 왜 **나는** 그래야 한단 말인가?"라고 시 구절을 올바르게 읽었다(267쪽).

프로이트는 우연에 대한 믿음과 미신이라는 결정론의 집중적 연구를 통하여 심적인 재료가 우연 및 이른바 "자유로운 착상들(Einfälle)"의 조건인가 하는 물음에 이르렀다(267쪽). 그는 이 물음을 많은 사례에서 긍정할 수 있다고 믿었으며, 이를 다음의 사건에서 예증한다. 한 남자가 기차를 타고 비도사 강을 건너 여러 차례 스페인을 여행한다. 강을 건널 때마다 그에게는 매번 "그러나 이미 영혼은 자유롭고 / 바닷속에서 빛이 부유한다"라는 울란트의 시가 생각난다. 그는 이 시가 생각나는 이유를 설명할 수가 없다. 하지만 그는 집에서 울란트의 시집 한 권을 뒤져보고서야 이 시의 몇 쪽 뒤에 있는 다른 시의 제목이 "비도사 다리"라는 것을 발견한다(281쪽 이하).

프로이트는 실수행위가 (무엇보다 피로로 인한) 생리적 이유이거나 소리의 접촉작용 때문일 수 있다고 확신했다. 하지만 이런 원인에만 의존하는 것은 그에게 유창한 말의 장애를 설명하기에는 불충분해 보였다(90쪽 이하). 프로이트의 억압이론을 "누군가"에 대한 망각의 예를 근거로 반박하기 위하여 특히 아돌프 그룬바움(Adolf Grunbaum; 1984/1988)이 세바스티아노 팀파나로(Sebastiano Timpanaro; 1974/1976)를 예증으로 사용한 언어학적 논증은 따라서 단견적인 것으로 입증되었다(Köhler 1996, 132쪽 이하 참조).

이것이 타당한 이유는 프로이트가 《일상생활의 정신병리학》에서 기술한 실수행위가 꿈이나 신경증의 증상형성과는 달리 엄밀하게는 억압된 유아기의 소망에 근거하지 않기 때문이다. 실수행위는 무의식적 내용보다는 오히려 전의식적 내용과 관련된다(Köhler 2000). 이와는 상관없이 《일상생활의 정신병리학》은 프로이트의 사고구조를 전파하는 데 그의 다른 어떤 저작 못지않게 기여했다고 할 수 있다. 이 책은 프로이트의 생전에 이미 10판을 인쇄했으며, 12개 언어로 번역되었다(Jones II, 395쪽).

───── **참고문헌** ─────

Grunbaum, Adolf: Die Grundlagen der Psychoanalyse. Eine philosophische Kritik(정신분석의 토대. 철학적 비판). Stuttgart 1988(영어판 1984).

Köhler, Thomas: Anti-Freud-Literatur von ihren Anfängen bis heute(그 시작부터 오늘날까지의 반-프로이트 문학). Stuttgart 1996.

───────: Das Werk Sigmund Freuds. Entstehung─Inhalt─Rezeption(지그문트 프로이트의 작품. 성립─내용─수용). Lengerich 2000.

Timpanaro, Sebastiano: The Freudian slip. Psychoanalysis and textual criticism(프로이트의 실언. 정신분석과 텍스트 비평). London 1974/1976.

Christa Rohde-Dachser

2

《위트와 무의식의 관계》(1905)

이 글은 방대한 자료들을 분석적으로 체계화하는 가운데 미적 현상을 추적하는 유일한 작업이다(전집 6). 《꿈의 해석》에서 인식된 것은 ─소망과 현실요구 및 1차 과정의 방법을 사용하는 왜곡 사이의 타협은─ 꿈의 1인 심리학으로부터 위트의 다자 심리학으로 넘어간다. 같은 시기에 《성 이론에 대한 세 편의 논문(Drei Abhandlungen zur Sexualtheorie)》에서 발전된 사전쾌감(Vorlust)의 원리가 이에 포함된다. 프로이트는 여기서 떠오르는 생각들을 포착하여 정신분석적으로 새롭게 공식화하고 결합하는 다음 세 가지 전통 속에서 움직인다. 아리스토텔레스 이후에 알려지고 결국 베르그송의 《웃음(Le rire)》(1900)을 통하여 만나는 웃음의 사회적 기능에 대한 소개가 그 하나이다. 그리고 그가 장 파울의 《미적인 것의 예비학교(Vorschule des Ästhetischen)》(1804, 1813)에서 발견한 코믹한 것의 주관적 성격에 대한 낭만적 전통, 그리고 무엇보다 그가 스펜서의 《웃음의 생리학(The Physiology of Laughter)》(1868)을 통하여 만나게 된 19세기의 생리학적 지침이 그것이다. 그는 뮌헨 대학교 교수인 테오도르 립스(Theodor Lipps)의 《코믹과 유머 (Komik und Humor)》(1898)를 통하여 고무되었다. ─《위트와 무의식의 관계 (Der Witz und seine Beziehung zum Unbewußten)》는 《꿈의 해석》에 대한 교정쇄를 읽었을 때 떠올랐던 플리스의 생각, 즉 꿈이 많은 위트를 포함한다는 발언에 자극을 받아 1905년에 출간되었다. 유대인들에게서 사용되는 위트의 수집가인 프로이트는 여기서 위트의 본질을 따져 묻고는, 이로부터 머뭇거리며 코믹과 유머의 현상에 서서히 접근해 간다.

프로이트는 위트를 위트 생산자와 위트 청취자 사이의 사회적 과정으로 이해하며, 위트의 기법을 생산자에게는 위트작업과 위트 쾌락의 획득을 허락하고 청취자에게는 위트 쾌락을 달성시키는 전략으로 생각한다. 생산자는 언어로 유희하면서 관련성이 없는 것을 응축하고 전치시킬 때 자신이 현실을 의식하는 성인으로서 포기해야만 했던 단계에 도달한다. 프로이트에 의하면 이런 유희를 기피하려고 생산자가 투입한 심적인 에너지, 억제비용은 이제 불필요해지며, 생산자는 이렇게 해서 청취자를 웃게 한다는 것이다. 언어로 유희할 때 전의식적인 생각은 무의식 속으로 가라앉아 거기서 통용되는 법칙에 따라 가공되어 버린다. 이렇게 변화되면 전의식적인 생각은 돌발적인 착상으로 다시 떠오른다. 악의 없는 위트의 유희적 쾌락(Spiellust)과 지양적 쾌락(Aufhebungslust)은 경향적인 위트의 경우에 선쾌락(Vorlust)으로서 작용한다. 이러한 쾌락은 바로 재치 있는 말장난에서 생겨나지만 동시에 은폐되기도 하는 더 강하게 억압된 자극, 특히 공격적이고 성적인 자극을 빌려 우리를 쾌락으로 유인한다. 꿈과는 달리 위트는 수취인을 향하며, 따라서 수취인의 검열은 정당화될 수밖에 없다. 청취자는 말장난의 쾌감과 더 강하게 억압된 자극에 대항하여 투입한 에너지를, 하지만 이제는 필요가 없어진 에너지를 웃으면서 배출한다. 다양한 기법, 예컨대 정면형성(Fassadenbildung) 때문에 주의력이 분산된 청취자에게 위트작업의 과정이 반복되지만, 생산자의 에너지 소모는 발생하지 않는다. 이렇게 생산자는 자신이 웃음을 가지고 전염시킨 상대방보다 더 많은 양의 억제에너지를 웃음으로 배출할 수 있다. ― 프로이트는 이와 같은 위트의 이해로부터 코믹과 유머를 주시한다. 코믹은 반드시 청취자를 필요로 하지는 않는다. 코믹은 뭔가가 코믹하다고 생각하는 관찰자에게서 전의식적으로 수행된다. 이러한 관찰자는 스스로 코믹한 상황을 연출하다가 곧 실망으로 변하게 될 기대를 발전시킨다. 그는 이때 절약된 기대에너지를 웃음으로 배출한다. 프로이트는 코믹의 한 종류인 유머를 청취자뿐만 아니라 코믹한 인물도 없을 수 있는 상황으로 이해한다. 유머리스트는 자신의 고통과 감정을 웃으면서 초월한다. 그는 감정소모(Gefühlsaufwand)를 절약하며 미소 지을 수 있는 사람이다(2장.10.11 참조).

프로이트는 위트에 관한 이 책을 그의 다른 책들만큼 높게 평가하지 않았다(전집 14, 92쪽). 그는 이 책이 자신을 다른 길로 인도한 일종의 탈선이라고 생각했다(같은 곳). 무의식과 치료에 관심이 있는 정신분석가들은 이 책을 계속 비중 있게 다루었다. 여기에 인용된 위트들 또한 말의 이중적 의미 때문에 독일어에 정통하지 못한 독자들에게는 이해되기 어려울 때가 많다. 그래서 비독일어로 된 대부분의 연구 작업은 이민자에게서 나오며 유대적인 주제에 관심을 기울인다. 부분적으로는 거칠고 프로이트가 자기반어적으로 이해한 유대인 위트는 홀로코스트 이후로 자신의 전통에 대한 공격으로 해석되었다(Oring 1984). 그가 유대인 위트의 특성을 배후로 밀쳐 버리고 그것을 보편적인 것으로 환원시켰다는 것은 그의 종속관계, 다시 말해 정신적 아버지들에 대한 그의 종속관계의 단절로 해석되었다(Kofman 1990, 10-17쪽). 이와 동시에 여성에 대한 공격적인 위트 역시 그의 남성 우월성의 표지로 해석되었다. 코프만은 프로이트가 그의 거세된 얼굴, 여성적 또는 유대적인 얼굴을 보편적 인간성의 배후에 감추고 있다(같은 곳, 163쪽)고 파악한다.

위트와 코믹에 대한 정신분석적 작업들은 프로이트의 성과들을 더 첨예하게 부각하고 보완했으며 발전시켰다. 이미 일찍이 테오도르 라이크는 위트 생산자와 청취자 사이의 과정을 공동작용으로 파악한 바 있다. 라이크에 따르면 생산자는 위트로 무의식적인 고백을 한다. 그는 지금 죄의식을 지닌 채 공동체에서 배제될까 봐 염려하는 중이다. 그러나 청취자는 웃음을 통하여 그의 염려를 덜어 준다. 이렇게 해서 생산자는 위트가 받아들여진 것으로 느끼며 무의식적인 죄의식을 떨치며 투입했던 억제비용을 웃음으로 배출할 수 있게 된다. 생산자의 경우 위트가 받아들여질까 하는 전의식적 또는 무의식적 염려로부터 방출(Abfuhr)의 장애가 생겨난다고 한다(Reik 1929, 220쪽). 이를 뒷받침하는 것은 그로트얀(Grotjahn)의 명제이다. 이에 따르면 모든 위트에는 공격적 경향이 있으며, 웃음은 본질적으로 억압된 적대성의 방출에 기인하는바 이것이 죄책감의 원인이다. 그로트얀(1974, 61-62쪽)과 예컨대 코프만(1990, 92쪽, 164쪽)은 웃음 자체를 젖먹이의 미소와 연관시켰다. 코프만과 더불어 언어 이전의 의사소통에서 통일성이 창출된다. 청취자가 그의 웃음을 통하여 서술자(Erzähler)를 공동체 내로 받아들인다는 것이 정신분석적 측면에서 부각되었다면, 게나치노(Genazino; 2004, 133쪽 이하)는 공개적으로 서술된 위트를 비웃지 않는 사람만이 자신의 사회화를 수행할 수 있다고 강조한다. 함께 웃는 청중은 사회화되고, 반면에 웃지 않는 사람은 흥을 깨는 자(Spielverderber)가 된다는 것이다. 몇몇 저자는 새로운 것을 통하여 위트의 개별적 요소에 기여했다. 아리에티(Arieti)는 우리가 위트의 청취 시에 1차 과정적 사고에 응답하면서도 논리적인 것을 따랐다는 것을 발견할 때 웃는다는 것을 보여 주었다 (1976, 111쪽). 라이크는 서술자와 청취자가 전의식 및 무의식에 침잠할 때 포착하는 낱말의 마술적 힘을 강조했다. 그런가 하면 그로트얀은 가령 어릿광대나 익살꾼과 같은 위트 생산자들의 성격유형을 그들의 공격성향에 따라 도출해 냈다(1974, 40쪽 이하).

프로이트는 1914년에 "위트에 대한 나의 책은 정신분석적 사고를 미학적 주제에 적용하는 최초의 범례를 제시했다"(전집 10, 78쪽)고 썼다. 이어서 라이크는 위트작업이라는 패러다임을 예술적 작업에 적용했다. 이런 과정에서 그는 오늘날까지 문학분석을 주도하는 꿈작업의 패러다임에 미학적 과정을 사회적 과정으로 이해하게 하는 제2의 패러다임의 의미를 부여했다. 작가란 그를 죄의식에서 해방하는 박수갈채에 좌우된다는 것이다. ─ 문예학적 측면에서 프로이트의 위트 모델은 무엇보다 그 기법과 관련하여 문학의 패러다임으로 이해되었다. 위트에 대한 책은 히벨(Hiebel; 1978, 129쪽)에게 프로이트의 직접적인 문학이론 연구보다 유용하게 사용된다. 그는 이 책에서만 미학적 기능방식과 관련된 시학형식을 탐구했다고 한다(같은 곳, 136쪽). 히벨은 위트작업, 특히 전치와 응축에 집중한다. 그는 라캉에 이어서 전치와 응축을 언어적인 것으로 이해하면서 문학작품에서 은유(Metapher)와 환유(Metonymie)로서 재발견한다. 이와 유사하게 바르텔스(Bartels; 1981, 24쪽, 27쪽)는 프로이트가 위트의 기법을 분석하는 방식이 우선은 내용이 아니라 형식과 관련하여 연구될 수 있는 시학적 형상화예술(poetische Gestaltungskunst) 이해의 전범이 될 수 있는 것으로 파악한다. ─ 위트의 언어학적 분석으로 인하여 문예학에 대한 위트-책의 패러다임적인 성격이 사라지는 것은 물론 아니다. 예술작품에 대한 정신분석적 이론의 모델이 위트 이론과 일치하는 사회적 과정의 모델로서는 아직 나오지 않은 상태이다.

────── 참고문헌 ──────────────────────────────────

Anz, Thomas: Literatur und Lust(문학과 쾌락). München 1998.

Arieti, Silvano: Creativity in Wit(위트에 내재된 창조성). In: ders.: Creativity. New York 1976, 101-134쪽.

Bartels, Martin: Traum und Witz bei Freud. Die Paradigmen psychoanalytischer Dichtungstheorie(프로이트에게서 꿈과 위트. 정신분석적 시문학이론의 패러다임). In: Literatur und Psychoanalyse. Hg. von Klaus Bohnen u. a. Kopenhagen/Munchen 1981, 10.29.

Genazino, Wilhelm: Der gedehnte Blick(확장된 시각). München 2004.

Grotjahn, Martin: Vom Sinn des Lachens. Psychoanalytische Betrachtungen über den Witz, das Komische und den Humor(웃음의 의미. 위트에 대한 정신분석적 관찰, 코믹한 것과 유머). Munchen 1974(미국판 1957).

Hiebel, Hans: Witz und Metapher in der psychoanalytischen Wirkungsästhetik(정신분석적 영향미학에서 위트와 은유). In: Germanisch-Romanische Monatsschrift. Neue Folge (1978), 129-154쪽.

Kofman, Sarah: Die lachenden Dritten. Freud und der Witz(웃고 있는 제3자들. 프로이트와 위트). München/Wien 1990(불어판 1986).

Oring, Elliot: The Jokes of Sigmund Freud(지그문트 프로이트의 조크). Philadelphia Univ. of Pennsilvania Press 1984.

Reik, Theodor: Künstlerisches Schaffen und Witzarbeit(예술적 창조와 위트작업). In: Imago 15 (1929), 188.220.

_____: Jewish Wit(유대인의 위트). New York 1962.

Carl Pietzcker

3

《자아와 이드》(1923)

《자아와 이드(Das Ich und das Es)》(전집 13, 235-289쪽)라는 연구에서 프로이트는 —진보적인 과학의 발전에도 불구하고 특히 정신분석적 대상관계 이론과 신경과학 분야에서 오늘날까지 정신분석적 사유를 형성하고 있는— 자아와 이드, 초자아라는 심급을 가지고 심리 장치의 구상을 발전시킨다. 이를 위하여 먼저 무의식의 개념이 한층 더 세분된다. 프로이트는 늘 의식화될 수 있고 이런 면에서는 본래 전의식적인 **서술적 무의식**(deskriptiv Unbewußtes)과 심적인 힘이 저항하기 때문에 당장에 의식화될 수 없는 **정신 역동적 무의식**(psychodynamisches Unbewußtes)이 존재한다고 말한다(240쪽). 프로이트는 이 차이를 부각하기 위하여 서술적 무의식을 차라리 "전의식"이라고 명명한다. 이에 반해 그는 억압된 표상들을 포함하는 **역동적인 무의식**에 대해서는 "무의식적"이라는 개념을 유보한다(241쪽).

마찬가지로 프로이트는 영적 과정의 연관적인 조직화를 요구하고 이것을 자아라고 명명한다(243쪽). 자아는 자신의 책임(무엇보다 지각, 사실검증, 사유, 운동성)에 속하는 심적 기능을 통하여 정의된다. 억압은 자아로부터 시작된다. 억압과 더불어 어떤 영적인 열망은 새로운 의식화에 대한 저항과 마찬가지로 의식에서 배제되지 않으면 안 된다(243쪽). 그러나 억압과 저항은 무의식적 과정이다. 그렇기에 의식적이라는 것과 무의식적이라는 것 사이의 차이가 여기서는 너무 미소하다. 그것은 지속적인 대립, 즉 **자아**와 프로이트가 **이드**라고 부르는 자아와 분리된 억압된 것 사이의 대립을 끌어들일 필요가 있다.

자아는 이드의 부분으로서 지각체계를 거쳐 외부세계와 관계를 맺고 있으며, 이드와 대면한 채 외부세계의 영향을 효과적으로 통용시킨다. 자아는 이런 목적을 위하여 이드 내부에서 무제한으로 통치권을 행사하는 **쾌락원리**(Lustprinzip)와 상반되는 **현실원리**(Realitätsprinzip)를 대변한다. 자아는 열정을 포함하고 있는 이드와는 달리 이성과 냉철함을 대변한다(253쪽). 그러나 자아는 이드와 날카롭게 분리된 것이 아니며, 자아의 하부 일부는 이드와 합병된다(253쪽). 이드와의 관계에서 자아는 말의 뛰어난 힘을 제어해야 하는 기수와 같다. 자아는 스스로가 가고 싶은 쪽으로만 갈 수밖에 없을 때가 빈번하다(253쪽). 이런 유혹에 정지 명령을 내리기 위해 도덕적 검열이 필요하다. 이 검열은 자아에서 발달된 체계인 **초자아**(Über-Ich) 또는 **자아이상**(Ichideal)을 통하여 일어난다. 이 체계는 어린 시절의 부모와 동일한 면을 지닌다.

프로이트에 의하면 우리가 유아기의 성적 대상을 포기할 수밖에 없을 때 흔히 우울증에서처럼 자아 내부에서 대상의 설립(Aufrichtung des Objekts)으로 기술될 수 있는 자아의 변화가 나타난다(258쪽). 이런 점에서 자아의 성격은 이 대상선택(Objektwahl)의 역사를 포함하는 포기된 대상점령(Objektbesetzung)의 침전물이다(같은 곳). 대상점령은 근원적으로 이드에서 시작되어 오직 쾌락원리에만 종속되는 성적인 열망을 포함한다. 그러나 자아에 의한 이 대상관계의 동일화적 전유와 더불어 자아는 대상의 특징 또한 받아들인다. 이때 자아는 이드에게서 사랑 대상의 손실을 대체하려는 유혹에 빠진다. 자아는 말하자면 사랑의 대상으로서의 이드에게 치근거리며 "여길 봐, 너는 나도 사랑할 수 있어, 나는 대상과 아주 닮았거든"이라고 말한다(258쪽). 가장 어린 나이에 이루어진 첫 동일시의 영향은 특히 오랫동안 지속한다. 이는 무엇보다 개인의 가장 의미심장한 최초의 동일시, 개인적인 원시(Vorzeit)의 아버지와의 동일시로 간주된다(259쪽).

하지만 초자아는 이드의 첫 대상선택의 결과일 뿐만 아니라 그 대상선택에 맞서는 에너지의 반응형성의 의미를 지닌다. 그렇기 때문에 자아와 초자아의 관계는 (아버지처럼) 너는 **당연히** 이래야 **한다**는 경고에도 절연되지 않는다. 이 관계는 (아버지처럼) **너는 이래서는 안 된다**, 다시 말해 너는 아버지가 하는 모든 것을 해서는 안 된다는 금지를 포함한다. 많은 것은 아버지에게 유보된 채 남아 있다(262쪽).

초자아는 이렇게 해서 아버지의 성격을 유지하게 된다. 오이디푸스 콤플렉스가 강할수록 그리고 그 억압이 더 신속하게 진행될수록, 나중에 그만큼 더 초자아가 엄격해진다(263쪽). 극단적인 경우에 우리는 마치 죽음충동의 파괴적인 요소가 초자아에 축적됨으로써 이제 그곳에서 이드를 향해 분노를 터트리는 것 같다는 인상을 받을 수도 있다(283쪽). 그러면 자아는 잔인한 이드의 요구뿐만 아니라 쓸데없이 징벌적 양심의 요구에 저항하면서 양쪽으로 곤경에 빠진다(283쪽). 프로이트가 말하고 있듯이 무의식에는 이에 대해 어떤 대응도 하지 않는 죽음의 공포가 자아와 초자아 사이에서 작용한다(288쪽). **삶**은 자아에게 사랑받기(Geliebtwerden), 그리고 초자아에 의해 사랑받기와 동일한 의미를 지닌다(같은 곳). "결국 우리가 되돌아가는 이드는 자아에게 사랑이나 증오를 입증해 줄 수 있는 아무 수단도 갖고 있지 않다. 이드는 자신이 하려는 것을 말로 표현할 수 없다. 이드는 어떤 통일적 의지도 이루지 못했다. 에로스와 죽음의 충동은 이드 내에서 싸움을 벌인다. 우리는 이러한 상황을 마치 다음과 같이 기술할 수 있다. 이드는 쾌락원리에 따라 평화를 교란하는 에로스를 잠재움으로써 평온을 얻고자 하는 조용하지만 강력한 죽음충동의 지배하에 놓여 있다. 하지만 우리는 에로스의 역할을 과소평가하지 않도록 조심해야 한다(289쪽).

프로이트가 1923년에 계획한 자아와 이드, 초자아라는 심급을 지닌 심리 장치의 구상은 그 이후로 정신분석에서 일련의 발전과정을 겪었다. 정신분석적 대상관계이론에서 초자아의 근원은 오이디푸스 콤플렉스의 배후에 놓인 초기의 어머니-어린아이 관계로 옮겨지게 되었다(Klein

1958/2000). 하르트만(Hartmann; 1964/1972)은 자아의 개념에 자기(Selbst)
의 개념을 덧붙였다. 자기심리학에서는 초자아와 자아이상의 분리가 계
속해서 확장되고 발전되었다(Kohut 1971/1973). 샤스케 스미젤(Chasseguet-
Smirgel; 1975/1981)은 초자아와 대조된 자아이상을 근원적인 (어머니의) 약속
의 무의식적 침전물로 보았다. 자아와 이드, 초자아는 아버지-어머니-아
이 관계의 성적으로 특수한 은유로서 논의되었다(Rohde-Dachser 1993). 신
경과학적 관점에서 그것은 무엇보다 절차적(prozedural; 함축적)이고 공시적
인(명시적인) 기억의 개념으로, 프로이트의 무의식이론은 이를 통해 현대적
신경과학의 논의로 재개되었다. 프로이트의 심리 장치 이론을 신경과학에
기초한 주관적 체험의 이론으로 변형시켜 보자는 흥미로운 제안은 데네케
(Deneke; 1999/2001)에게서 나왔다.

────── 참고문헌 ──────────────────────────────────

Chasseguet-Smirgel, Janine: Das Ichideal. Psychoanalytischer Essay über die »Krankheit
    der Idealität«(자아이상. 《이상성의 병》에 대한 정신분석적 에세이). Frankfurt a. M.
    1981(불어판 1975).
Deneke, Friedrich-Wilhelm: Psychische Struktur und Gehirn. Die Gestaltung subjektiver
    Wirklichkeiten(심적 구조와 뇌. 주관적 현실의 형상화) [1999]. Stuttgart 2001.
Hartmann, Heinz: Ich-Psychologie. Studien zur psychoanalytischen Theorie(자아심리학. 정
    신분석 이론 연구). Stuttgart 1972(영어판 1964).
Klein, Melanie: Zur Entwicklung psychischen Funktionierens [1958](심적 기능화의 발달).
    In: Dies.: Gesammelte Schriften III: 1946-1963. Stuttgart-Bad Cannstatt 2000, 369-
    386쪽.
Kohut, Heinz: Narzißmus. Eine Theorie der psychoanalytischen Behandlung narzißtischer
    Persönlichkeitsstörungen(나르시시즘. 나르시시즘적인 인격장애의 정신분석적 치료의
    이론). Frankfurt a. M. 1973(영어판 1971).
Rohde-Dachser, Christa: Geschlechtsmetaphern im Diskurs der Psychoanalyse(정신분석의

담론에서 성의 은유). In: Michael B. Buchholz (Hg.): Metaphernanalyse. Gottingen 1993, 208-228쪽.

Christa Rohde-Dachser

메타심리학적인 글들

1914년과 1915년 사이에 프로이트는 정신분석의 이론적 가정들을 해명하고 심화시킬 목적으로 일련의 논문들을 저술했다. 이것들은 "메타심리학의 사전준비(Zur Vorbereitung einer Metapsychologie)"라는 제목으로 출간될 예정이었다. 우리는 그의 서신교환(F/Fer 2/1, 102쪽, 106-107쪽, 120쪽 이하 참조)을 통하여 그가 본래 12편의 시리즈로 계획했던 것이 그 가운데 결국 5편만 발표되었다는 것을 알고 있다. 그것은 1915년도에 발표된 《충동과 충동의 운명(Triebe und Triebschicksale)》(전집 10, 209-232쪽), 《억압》(같은 곳, 247-261쪽), 《무의식》(같은 곳, 263-303쪽)과 2년 뒤에 발표된 《꿈 학설에 대한 메타심리학적 보완(Metapsychologische Ergänzung zur Traumlehre)》(같은 곳, 411-426쪽), 《애도와 멜랑콜리(Trauer und Melancholie)》(같은 곳, 427-446쪽)였다. 다른 7편의 글은 모두 없어진 것으로 알려졌다. 그런데 1984년 일제 그루브리히 지미티스(Ilse Grubrich-Simitis)는 뜻밖에 다시 발견된 프로이트의 원고가 사라졌다고 생각되던 논문들이라는 것을 확인할 수 있었다. 이 글은 1985년에 《전이신경증 개관(Übersicht der Übertragungsneurosen)》(Freud 1985; 증보판, 627-651쪽)이라는 제목으로 공개되었다.

정신분석의 이론적 토대를 발전시키고 세분하려는 프로이트의 노력이 결코 언급한 글들로 제한되는 것은 아니다. 나중에 저술된 《쾌락원리의 저편》(1920), 《자아와 이드》(1923), 《억제, 증상과 불안》(1926)뿐만 아니라 초기의 글들인 특히 《심리학 초고(Entwurf einer Psychologie)》(1895)와 《꿈의 해석》제7장에서 프로이트는 비교적 포괄적인 이론적 목적을 추구하였다.

메타심리학이라는 개념은 1898년에 최초로 빌헬름 플리스와의 서신교환에서 나타난다. 여기서 프로이트는 "의식의 배후로 인도하는 심리학"(F, 329쪽)에 대한 이 개념의 효용성을 탐구한다. 그 밖에도 플리스와의 서신교환에는 심적 사건에 대한 프로이트 최초의 포괄적인 이론모델, 얼마 후에는 그가 배척한 미완성의 초기 저작 《심리학 초고》에 대한 내용이 포함되어 있다. 이 텍스트는 "심적인 과정을 눈에 보이는 물질적 부분들의 양적으로 결정된 상태"(증보판, 387쪽)로 표현하려는 의도를 추구한다. 이 목표를 위하여 프로이트는 ―이른바 항상성의 원칙에 종속되는― 에너지를 유도하는 뉴런들에서 합성되는 "장치"를 구성한다. 장치의 긴장과 흥분수준은 외부 자극에 대하여 내부 자극의 방출과 연상적 가공, 그리고 방어 및 축소 조처를 통하여 가능한 한 낮게 유지되어야 한다. 이 에너지의 경제학적 배경 앞에서 ―쾌/불쾌의 원리 앞에서― 히스테리가 설명된다고 할 수 있다. 전형적으로 히스테리 환자의 병력을 각인하고 있는 "때 이른 성 체험"에 대한 기억은 통제할 수 없고 과도한 정동의 방출(Affektentbindung) 때문에 기능조직의 균형을 잃게 한다.

프로이트가 '힘', '양', '에너지', '적재' 등과 같은 자연과학적 개념에서 그의 모델 형성을 기초하면서 한평생 요구된 과정들의 측량가능성과 가시화를 견지했다는 것은 오늘날까지 논쟁을 불러일으킨다. 하버마스처럼 영향력 있는 학자는 과학주의적 특징을 지닌 메타심리학이 해석관련 분야로서의 정신분석에는 어울리지 않는다고 주장한다(Habermas 1968, 300쪽 이하). 반면에 상당히 영향력 있는 다른 학자는 프로이트의 과학주의적 요구를 받아들이고, 엄격히 신경과학적인 관점에서 '시대에 맞는' 수단으로 그 요구를 수행하려고 한다(Gedo 1998; Kaplan-Solms/Solms 2000/2003).

프로이트는 이미 몇 주일 뒤에 그의 첫 메타심리학적 구상을 "정신 나간 짓"으로 배척했다. 오늘날의 관점에서 보면 이 판단은 성급한 것으로 보인다. 왜냐하면 그 **구상**은 놀랄 만큼 충분하고 명쾌하게 결정적인 메타심리학적 문제제기와 부분적으로는 그에 대한 천재적 해결책을 포함하고 있기 때문이다. 예컨대 그 구상은 억압과 성욕의 구조적 뒤얽힘에 대한 추론, 즉 왜 억압이 전적으로 성욕에서 시작되느냐라는 물음에 대한 대답을 포함하고 있기 때문이다. 히스테리에 대한 유혹이론의 맥락에서의 **구상**은 훗날의 메타심리학적 계획들이 소홀히 하는 핵심적 사안을 제시한다는 사실을 아직도 지적할 필요가 있다. 그는 심리 장치로 침투해 들어와 ―거기서 시간적 합법칙성에 따라 엔그램으로 작용하면서 다시 활동할 때― 병리적 과정을 발생시키는 외부세계의 외상적 영향을 강조한다. 프로이트는 그의 이론의 지속적인 발전과정에서 중심을 내인성 자극, 환상, 유아성욕과 충동에 두었다.

가장 가까운 메타심리학적 정거장인 《꿈의 해석》 7장에서 프로이트는 이전에 모색하던 실체론과 거리를 두고 있다. "우리는 여기서 다루어지는 심리 장치가 우리에게 해부학적 표본으로 알려지는 것을 완전히 무시해 버리고, 영적 국지성을 예컨대 해부학적으로 결정하려는 유혹에서 조심스럽게 벗어나고자 한다. 우리는 심리학적 토대 위에 머물러 있다. …"(전집 2/3, 541쪽). 프로이트에게 "심리학적 토대"란 현상학적으로 접근된 심리학이나 심신병행론(psychophysischer Parallelismus)에서도 그가 발견할 수 없었던 대상의 독립적 관찰방식의 확립을 의미한다(전집 17, 67쪽 참조). 순수 정신분석적 관찰방식은 심적인 과정들, 사유와 기억 자체가 무의식적이며 특정한 조건에서 단편적으로만 의식화된다는 가정에서 출발한다. 무의식적 과정들은 동시에 활동적이고 완전히 타당한 심적 행위("사유행위, 표상, 열망,

결심", 전집 10, 267쪽 참조)로서 간주되어야만 한다. 물론 무의식적 과정들이 관찰될 수 있는 것은 아니지만, 그럼에도 추론될 수 있고 재구성될 수 있다. 이런 관점에서 프로이트는 주체의 자기지각과 심적 사건에 대한 의식 심리학이 제공하는 결함 있고 불완전한 상을 종결하는 데 성공한다. 그는 무의식적인 생각들이 ―증상, 꿈, 실수행위, 파생 속에서― 왜곡된 채 구체화되는 현상에 의하여 "현상을 지배하는 법칙들을 확증하고 그 상호 관계와 넓은 범위에 걸친 의존성을 빈틈없이 추적할 수 있게 된다"(전집 17, 79쪽). 전의식 및 의식의 합법칙성과는 구별되는 무의식의 합법칙성에 대한 지식의 증대뿐만 아니라 이 두 질서의 긴장감 넘치는 접합을 프로이트는 《꿈의 해석》 7장에서 이른바 제1차 위상론(erste Topik)으로 체계화하였다. 여기서는 자극을 감각적으로 받아들여 운동성으로 바꿀 수 있으며 체계 내에 ―심적 장소에― 분할되는 심리 장치의 공간적 모형의 표상이 다루어진다. 무의식이라는 체계와 전의식 및 의식이라는 체계가 대립관계를 이루는 것이다. 의식은 "심적인 질을 지각하기 위한 감각기관"의 역할을 부분적으로 떠맡는다(전집 2/3, 620쪽). 심적인 재료는 이 감각기관과 두 측면에서 만난다. 즉 한편으로는 외부세계를 통하여, 다른 한편으로는 심리 장치 내부에서 생겨나는 과정을 통하여 만난다.

심적 사건의 위상학적 구상은 수년에 걸쳐 프로이트에 의해 지속적으로 발전되다가 1915년에 그가 메타심리학이라는 영적인 삶의 이론을 조직화하는 근거인 다음 세 가지 좌표의 하나로 진전된다. 프로이트는 《무의식》에서 이렇게 적고 있다. "우리가 어떤 심적인 과정을 역동적, 위상학적, 경제적 관계에 따라 기술할 수 있다면, 그것은 당연히 메타심리학적 서술이라고 명명되어야 한다고 나는 제안하는 바이다"(전집 10, 281쪽).

위상학적 관찰방식은 심적 행위가 어떤 체계 내에서 또는 어떤 체계 사이에서 일어나는지를 보고하는 반면에, 역동적 관점은 이 행위를 상반되는 힘들의 작용으로 파악한다. 끝으로 경제적 관찰은 이 힘들의 에너지 설비를 조사한다. 심적인 장치 내에 존속하면서 의식, 감정표출, 불안, 운동성 장애 따위처럼 표상의 고리로부터 전위되고 또한 (그것의 변화된 강도에 의해 결정되는) 심적인 효과에 따라 야기되는 이른바 에너지점령(Energiebesetzung)의 해명은 프로이트의 평가에 따르면 정신분석 이론에서 가장 불명료하면서도 결정적인 계기이다. 1920년 그의 논문 《쾌락원리의 저편》에서 프로이트는 정신분석 이론의 이 긴장감 넘치는 특징을 다음과 같은 말로 반추한다. "우리는 흥분과정의 본질에 관해 아무것도 아는 것이 … 없으며 … 그러므로 우리는 계속해서 커다란 미지수를 가지고 작업하는 셈이다"(전집 13, 30-31쪽). 폴 리쾨르(1965/1974)는 프로이트의 이런 집요함을 포착하여 정신분석적 해석과 같은 메타심리학의 특수성을 일반적으로 힘과 의미 사이의, 해석학과 에너지론 사이의 혼합된 담론으로 기술했다.

전의식 체계와 무의식 체계는 그 내용의 의식능력 때문에 구별된다. 심적 과정이 무의식 체계에서 전의식 체계로 넘어가는 것은 단지 특정한 조건에 따라서만, 요컨대 검열심급의 요구가 이행될 때만 가능하다. 두 체계는 갈등관계에 있으면서 서로 저항한다. 역동적인 관점에서 볼 때 무의식은 영구적인 현시욕을 소유하고 있지만, 무의식에게 의식으로의 접근을 저지하려는 마찬가지로 영구적인 힘이 이 현시욕에 대항한다. 이 조직의 역동적인 성격은 억압을 통하여 구조화된다. 심적인 영역에는 매번 고유한 기제와 기능방식이 지배한다. 즉 무의식에서는 1차 과정이, 전의식에서는 2차 과정이 지배한다.

이 차이는 쾌락 및 현실원리의 차이와 일치한다. 1차 과정은 특별한 종류의 조음역학(Artikulationsdynamik)이다. 1차 과정은 일상적 언어에서 분명히 부각되며, 특히 꿈 형성에서 의미심장하게 작용한다. 1차 과정 속에서 기지의 내용과 그 의미의 요소, 표상, 기억의 형상이 적나라하게 드러난다. 이것들은 의미작용과 더불어 소망충족이라는 하나의 목적을 추구하는(전집 2/3, 604쪽) 상형문자의 구성요소가 (조항이) 되기 위하여, 즉 긴장을 풀기 위하여 전치와 응축, 가치전도를 일으킨다. 심리 장치의 이런 1차적 경향, 환각적인 소망충족은 현실적으로 적합하지 않기 때문에 억제될 수밖에 없다.

"삶의 결핍"(증보판, 390쪽)을 통하여 자극된 이런 목적을 위하여 심리 장치에서는 2차 과정이 생겨난다. 에너지의 조절과 억제, 특정한 표상집단과 특정한 연결법칙(예컨대 모순의 원칙)을 통하여 현실에 맞는 사유가 가능해진다. 그렇지만 무의식적 소망자극은 언제나 활기찬 "우리 본질의 핵심"(전집 2/3, 609쪽)으로 남아 있다. 전의식의 역할은 오로지 소망자극에 대해 가장 합목적적인 길을 제시하고, 흥분 양의 자유로운 흐름이 소망충족의 방향으로 접어드는 것을 저지하는 데 있을 뿐이다.

《무의식》에서 프로이트는 메타심리학의 핵심문제인 전의식적 표상과 무의식적 표상의 차별화에 전념한다. 이에 대한 관계 규정은 억압기제의 이론적 이해를 심화해야만 하며, 나아가 무의식적 표상이 어떻게 의식으로 전환되는지 또는 그것이 어떻게 전의식이라는 체계로 통합되는지의 물음을 해명해야만 한다. "이 두 표상은 우리가 생각했던 것처럼 다른 심적 장소에서 나타나는 같은 내용의 다른 기록이 아니며, 또한 같은 장소에서 나타나는 다른 기능적 점령상태도 아니다. 오히려 의식적 표상은 사물표상(Sachvorstellung)과 이에 속하는 단어표상(Wortvorstellung)까지도 포함하며, 무의식적 표상은 단지 사물표상일 따름이다. 무의식이라는 체계는 대상의 사물점령(Sachbesetzung)을 포괄하고 있으며, … 전의식이라는 체계는 이 사물표상이 자신과 일치하는 단어표상과의 결합을 통하여 과잉 점령됨으로써 생겨난다"(전집 10, 300쪽). 상당히 가설적이고 포괄적인 관점에서 규정하자면 2차 과정의 사유과정, 그러니까 제어되고 긴장의 방출(Abfuhr)이 억제된 에너지 흐름이 형성될 수 있는 것은 말을 통해서인 것이다. 프로이트에 따르면 이 세분화가 정신분석의 이론전개에서 문제적인 해석들을 자아내는 동기가 되었다. 무의식은 태고의 형상과 유기체적 흥분의 전언어적인 지역으로 선언되었다. 하지만 이러한 견해에는 무의식의 결합적인 차원이나 언어 연관적인 차원, 무의식적 사유에 대해서는 충분히 설명되지 않고 남아 있다는 문제가 있다.

1920년에 프로이트는 2차 위상론, 이른바 이드-자아-초자아라는 심급을 가진 구조학설을 발전시켰다. 이 모델은 발생학적으로 더 강력하게 수행된다. 이 모델은 억압받지 않은 무의식의 가정을 포함하는데, 특히 이드로부터 자아의 발전적인 분화를 보여 준다. 메타심리학적 글들의 틀에서 수행된 1차 위상론은 체계의 구조와 이에 대한 작업방식에 초점을 두면서 이 구조와 심적 사건의 역동적이고 경제적인 조건과의 관계를 탐구한다.

위상학적으로 볼 때 무의식에는 사물표상이 지배적이고, 역동적-경제적으로 관찰할 때 "무의식의 핵심은 … 충동의 대리자들(Triebrepräsentanzen)"(전집 10, 285쪽)로 이루어진다. 프로이트는 "충동"이라는 개념을 1905년 이후 사용하면서 무엇보다 그것을 인간의 성욕과 그것의 보편적 핵심갈등으로서 소망과 금지, 이자적 구조와 삼자적 구조(dyadische und triadische Strukturen)가 충돌하는 오이디푸스 콤플렉스를 기술하기 위하여 발전시킨다.

프로이트는 《충동과 충동의 운명(Triebe und Triebschicksale)》에서 충동을 "정신적인 것과 신체적인 것 사이의 경계개념"(같은 곳, 214쪽)이라고 포괄적으로 정의한다. 이 정의는 정신물리학적 병행론으로의 복귀가 아니다. 충동은 경계개념으로서 영적이거나 신체적인 것도 아니며, 오히려 그것은 이 영역들로부터 특수한 정신분석적 의미를 받아들일 수 있게 한다. 충동은 어떤 부단한 대표적 사건을 지시한다. "만일 충동이 표상에 집착하지 않거나 어떤 정동의 상태로 나타나지 않는다면, 아마 우리는 충동에 관해 아무엇도 알 수 없을 것이다"(같은 곳, 276쪽). 내적 자극의 원천이자 작업요구의 당사자인 충동은 무엇보다 밀고 나가는 힘이다. 충동의 에너지는 리비도라고 불린다. 리비도의 에너지로 채워진 충동의 대리자는 —표상과 표상의 집단은— 긴장의 방출을 열망한다.

프로이트는 그의 충동이론에서 충동의 종류를 서로 구분한다. 자아 및 자기보존 충동과 성충동이 바로 그것이다. 어떤 표상집단에서 쾌락을 의미하는 것은 다른 표상집단에서는 불쾌를 의미할 수 있다. 충동의 상반된 관계는 심적 갈등의 기초이다.

《억압(Verdrängung)》이라는 논문에서 프로이트는 갈등심리학적 관점에서 무의식의 기원에 관해 물음을 제기한다. 여기서 억압은 [무언가를 최초로 형성시키는] 창립적 기제(Gründungsmechanismus)로 제시되는 것이 아니다. 왜냐하면 "불쾌의 회피"를 목적으로 "의식을 거부하고 멀리하는 것을 본질로 하는" 억압은 "의식적이고 무의식적인 영적 행동성과의 날카로운 분리"를 이미 전제로 하기 때문이다(같은 곳, 250쪽 이하). 이 순환성 문제가 프로이트를 "원초적 억압(Urverdrängung)"의 가정으로 인도한다. 원초적 억압에 의해, "충동의 심적인 (표상) 대리자"의 구성적 행동 속에서 "의식으로의 전환을 거부한다. 이와 더불어 고착이 나타난다. 해당 대리자는 그때부터 불변적인 상태로 존속되고, 충동은 그것에 묶인다"(같은 곳). 동시에 반대점령(Gegenbesetzung)이 일어나는데, "이를 통하여 전의식은 무의식적 표상의 쇄도를 방어한다"(같은 곳, 280쪽). 에너지적-경제적 원칙의 의미에서 프로이트는 등가법칙에 따라 다음 사실, 즉 "바로 표상으로부터 탈취된 점령이 반대점령으로 사용된다는 것을 정말로 아주 가능한"(같은 곳) 것으로 파악한다.

심리 장치를 상반되는 체계들로 분할하는 원초적 억압에 따라 본래적인 억압은 "추후압박(Nachdrängen)"인 셈이다. 본래적인 억압은 (원초적으로) 억압된 대리자의 심적인 파생물과 관련된다. 억압된 충동의 대리자들은 계속 무의식에 존속하면서 "행동능력을 갖추고"(같은 곳, 279쪽) 남아 있다. 이것들은 다른 표상재료를 끌어당기고, "증식하고", 경제적-상징적 규칙에 따라 관계를 맺으면서 끊임없이 표출(Manifestation)을 요구한다. 전의식/의식의 측면에서의 억압저항이 이것들에 대항하기 때문에 왜곡 메커니즘을 통해 억압된 것에 대한 거리가 커지면 커질수록 검열을 극복할 기회는 그만큼 더 커진다. 억압의 유지는 심리 장치에 대한 끊임없는 힘의 소모를 의미한다. 보충 설명하자면, 억압은 충동의 표상대리자(Vorstellungsrepresentanz)뿐만 아니라 정동의 총량(Affektbetrag), 그러니까 이에 해당하는 양적인 몫과 관련되어 있다(같은 곳, 255쪽 참조). 결국 억압대리자가 가진 양적인 요소의 운명이 억압과정의 품질, 즉 그로부터 달성된 불쾌의 절약을 결정한다. 무엇보다 중요한 것은 정동의 총량이 불안으로 바뀌는 현상인데, 프로이트는 이를 불안히스테리의 예로 설명한다. 예컨대 히스테리의 발병에서는 오이디푸스 콤플렉스적인 애정요구의 억압이 나타난다. 충동자극의 표상적 부분이 의식으로부터 사라지는 동안, 이것의 양적 부분인 리비도 점령이 대체표상, 즉 공포의 대상에서 발생하는 불안으로 직접 변화한다. 이와 동시에 불쾌의 느낌을 막으려는 억압의 목적은 실패한다. 이런 과정에서 의식체계를 위해 반대점령의 역할을 떠맡는 대체표상, 다시 말해 억압된 것으로부터 [의식을] 보호해야 하는 대체표상이 불안방출의 자립적인 원천이 된다. 억압 및 반대점령의 과정은 새롭게, 결국은 무한히 진행될 수밖에 없으며, 그것은 결과적으로 공포증(phobie)에 전형적인 회피메커니즘을 만들어 낸다.

프로이트는 《꿈 학설에 대한 메타심리학적 보완(Metapsychologische Erganzung zur Traumlehre)》과 《애도와 멜랑콜리(Trauer und Melancholie)》라는 논문에서 나르시시즘적인 정동에서 발생하는 위상학적이고 역동적이며 경제적인 조건들을 탐구한다. 첫 번째 텍스트는 무엇보다 나르시시즘적 의미에서 잠의 가치를 평가한다. 프로이트에 따르면 잠의 소망이 시도하는 것은 자아가 외부세계와 대상표상으로 내보낸 모든 점령들을 거두어들여서 절대적인 나르시시즘을 만들도록 하는 것이다. 하지만 그것은 단지 불완전하게 이루어질 뿐인데, 왜냐하면 무의식이라는 체계의 억압된 것이 잠자고자 하는 소망을 따르지 않기 때문이다. 무의식적 충동요구는 낮의 잔여물이라는 재료에서 표현을 만들어 내고, 차후에 (꿈-)환각으로서 성취되는 전의식적인 꿈 소망을 형성한다. 잠이라는 조건은 꿈 소망이 심리 장치의 내부로부터 점령되지 않은 의식 및 지각체계를 기만하고, 동시에 점령의 박탈을 통하여 이 체계로부터 현실검증의 가능성을 빼앗는다.

마찬가지로 우울증도 대상점령(Objektbesetzung)으로부터 나르시시즘으로의 퇴행을 본질로 한다. 전형적으로 심각한 양가성을 통하여 특징화되는 우울증환자의 대상점령은 실망을 맛본 뒤에 폐기되면서 자아의 내부로 물러나고, 거기서 포기된 대상과의 나르시시즘적인 동일시 단계로 넘어간다. 이 동일시는 자아 내에서 대체대상(Ersarzobjekt)으로 작동하면서 대상대신에 비방과 모욕을 당한다. 사디즘과 충동적인 증오심을 만족시키는 것도 이 대체대상이다. 사디즘과 충동적인 증오심은 본래 대상을 향하지만, 그럼에도 자신의 인격으로 향하는 것을 경험한다.

우울증은 여러 겹으로 중첩된 충동 변화의 예다. 《충동과 충동의 운명》에서 프로이트는 충동의 변화, 충동의 일반적 체계와 연속성을 강조했다. 그는 자기성애적-나르시시즘적인 단계에서 다형 도착단계(polymorph-perverse Stufe)로 넘어가는 발전과정을 기술한다. 다형 도착단계에서는 다양한 원천에서 생겨난 성충동들이 ―상호 독립적으로― 기관의 쾌감(Organlust)을 열망하면서 생식기적인 리비도 조직화로서 번식에 도움을 주는 어느 정도 완벽한 종합을 향하여 활동한다. 우리는 이런 발달을 성숙이 아니라 구조적 갈등 사건으로 상상할 수 있다. 배타적이고 갈등적으로 진행되는 발달사에서 충동의 방향, 충동의 목적 및 대상은 현저한 변형, 퇴행, 강화와 억제, 교착과 치환에 노출된다. 충동의 운명은 철저히 규칙적인 변형문법을 준수한다. 그 속에서 적극적 충동형태는 수동적이고 성찰적인 형태(사랑하기, 사랑받기, 자신을 사랑하기)뿐만 아니라 대립적인 형태(사랑하고 증오하기)로 옮겨간다. 즉 대상지향적인 흐름은 주체지향적인 흐름으로 변화하고, 고유한 인격은 유사하고 낯선 인격으로[자아친화적(autophil), 동종친화적(homophil), 이종친화적(heterophil)으로], 자아는 외부세계와 그 대상으로 뒤바뀔 수 있다.

프로이트가 제시하는 충동운명의 재구성은 메타심리학적 관찰방식의 관심과 목적을 압축적 형식으로 보여 준다. 잠재적으로 일어나고 의미가 구조화된 갈등 및 변형역학의 가설적인 기술은 그 범주적인 틀 속에서 성공한다. 갈등 및 변형의 역동성은 외현적인 심적 현상의 배후에서 작용하면서 이 현상을 이해의 관계로 가져온다. 의식에는 이 관계가 은폐되어 있다. 의식은 이 관계에 기껏해야 불완전한 지식 외에는 아무것도 제공하지 못한다. 프로이트가 적고 있듯이 의식을 넘어서는 이런 그의 연구방향은 그로 하여금 "다른 어떤 것과 마찬가지로 심리학을 자연과학으로 발전시킬 수 있게"(전집 17, 79쪽) 한다. 영적인 것 자체가 무의식적이라는 가정은 이제껏 알려지지 않았던 대상영역에서 "법칙과 질서, 관계"(전집 8, 401쪽)를 제시할 뿐만 아니라 이 영역을 심리학적 연구 대상으로 다루는 것을 가능하게 했다. 그러므로 메타심리학과 자연과학의 결합은 결코 자연적인 것이 아니라 방법적 동기, 심리학적 현상학의 극복에 의해 이루어졌다. 심리학적 현상학은 나름대로는 정신물리학적 병행론(Parallelismus)의 형태로 의미 질서의 밖에서 심적인 것에 대한 불완전한 상을, 요컨대 신체적 과정에 대한 재해석을 통하여 완결하려는 내적 경향을 지닌다.

프로이트는 인식론적으로 칸트를 끌어들인다. "무의식은 본래 사실상 심적인 것이며, 외부세계의 사실적인 것처럼 그 내적인 본성에 따라 우리에게 미지의 것이다. 무의식은 외부세계가 우리의 감각기관을 통하여 그렇듯이 의식의 자료를 통하여 불완전하게 주어져 있다"(전집 2/3, 617-618쪽). 그것의 불완전성에도 불구하고 "의식의 질은 … 우리의 영적인 삶의 어둠 속에서 빛나며 우리를 인도하는 유일한 빛으로 남아 있다"(전집 17, 147쪽). 프로이트는 칸트를 내세워 우리 인식의 제약성과 한계를 상기시킨다. 우리는 내적-외적 세계의 사실적인 것을 오로지 직관과 사유의 감각적이고 범주적인 형식에 적용함으로써만 인식할 따름이다. 정신분석가가 명백한 추론을 통하여 의식 내에서 불완전하게 대표성을 갖는 심적인 흐름, 즉 의미의 틈새를 보완하고 그것을 의식의 재료로 바꾼다면, 그는 필연적으로 이 도식을 따르지 않을 수 없다. 미지의 것으로 돌진해 들어가는 탐구적 자세는 "새로운 가정과 새로운 개념의 창조 없이"(같은 곳, 81쪽)는 가능하지 않다. 프로이트는 근사치를 지닌 지성적 보조구성(intellektuelle Hilfskonstruktion)에 관해 언급하면서 다음과 같이 진술한다. "새로운 과학의 기본개념, 그 원리들(충동, 신경에너지 등)이 기존 과학의 원리들(힘, 양, 인력)과 마찬가지로 더 오랫동안 불확정적으로 남아 있다는 것은 그렇다면 우리의 기대와도 완전히 일치한다"(같은 곳).

프로이트의 확신에 따르면 정신분석적 경험이란 재료에서 간접적으로 유래하지만 우리가 이 재료에 경험적 가치가 있는 형식을 각인하는 특정한 사유형식을 적용함으로써 성취된다. 범주의 정당성은 그 결과인 인식산출에 있다. 프로이트가 1939년까지 그의 메타심리학적 구상들에서 시도했던 수많은 변화들(죽음의 충동의 도입, 구조이론, 제2의 불안이론), 그리고 그가 추가로 그의 메타심리학적 계획들을 돌이켜보면서 품었던 회의들(전집 14, 85쪽 참조)은 그가 어떤 완결된 이론체계를 정초하려고 했다거나 할 수 있었다는 것을 보여 주는 것이 아니다. 하지만 그는 이론적 기초의 불완전성이 결핍이라기보다는 오히려 정신분석 이론의 강화라는 생각을 의식적으로 고수했다. 그것이 정신분석가로 하여금 분석재료와의 내밀한 관계에 머물러 있을 수 있도록 했다. 메타심리학적 기본사고의 긴장감 넘치는 부조화와 불확정성은 그 대상의 동화될 수 없는 상이성 및 이질성에 부응하면서 무의식적 사건을 해독할 수 있게 한다. 무의식의 질서(비동일성과 차이의 질서)는 프로이트의 메타심리학을 통하여 해명되는바, 그것은 자체 내에서 동일한 완결적, 실증적 지식체계와 일치할 수 없다.

Lothar Bayer

《전이신경증 개관(Übersicht der Übertragungsneurosen)》(1915)

산도르 페렌치는 프로이트가 예전에 서한으로 보냈던 12편의 메타심리학적 글들에 대한 초안을 놀랍게도 1913년 문서들 중에서 발견하고 2년 뒤에 공개했다(Freud 1985; 증보판, 627-651쪽). 당시에 프로이트는 메타심리학적이고 "생물분석학적" 주제들과 관련하여 페렌치와 공동으로 작업한 바 있었다. 1915년 6월 28일자 첨서(添書)에서 프로이트는 정서한 것이 한 문장 한 문장씩 초안에 따라 이루어져 있으며 빠진 것이 거의 없다는 점을 분명하게 밝혔다(F/Fer 2/1, 137-138쪽).

이에 따라 초안은 사라진 12편의 메타심리학적 논문 내용의 상세하고 세분된 형태를 전달한다. 텍스트는 두 부분으로 분명하게 나누어진다. 첫 부분은 표어적인 방식을 유지하면서 세 가지 전이신경증에서 ─전환히스테리(Konversionshysterie), 불안히스테리(Angsthysterie), 강박신경증(Zwangsneurose)에서─ 작용하는 '계기들'의 체계적인 비교를 포괄한다. 억압, 반대점령, 대체형성과 증상형성, 성기능과의 관계, 퇴행, 소질이 이 계기에 속한다. 그러므로 《전이신경증 개관》이라는 제목이 고지하는 것은 이런 것들이 주도면밀한 임상적 관찰에 기초하고 개체발생적 차원으로 엄격하게 제한된 채 설명되어 있다는 점이다. 두 번째 부분에서는 신경증 발병에서 여섯 번째 계기인 유전적 '소질'의 관여에 대한 설명이 시작된다. 이어서 혁신적이지만 동시에 고도로 사변적인 계통발생의 재구성 내지 구성이 거의 일관적으로 서술된다. 논문의 제목은 이제 프로이트가 조발성 치매(Dementia praecox), 편집증, 우울증 및 조증과 같은 "나르시시즘적인 신경증"을 그의 숙고에 포함시키는 한 경계를 넘어선다.

저자가 그 자체로 특징화시킨 "계통발생적인 환상"은 그의 최초의 문화 이론적 주요 저작인 《토템과 터부》(전집 9, 1912/13)에서 계획된 주제의 변형인 동시에 발전으로 이해될 수 있다. 요컨대 계통발생사의 초기와 관련된 이 가설은 폭력적인 아버지를 살해하는 원시부족 아들들의 이야기, 그리고 문화의 성립에 대한 정동의 기초로서 근친상간 금지의 시작과 죄책감 형성의 결과에서 비롯된다. 프로이트는 12편의 메타심리학적 논문들의 초안에서 두 가지 의문을 집요하게 추적한다. 즉 오늘날 신경증과 정신병의 내적 세계에서 병적이고 삶을 제한하는 것으로 외경을 자아내는 것은 첫째 인류가 진화 초기에 생존을 위하여 필연적으로 외부적 삶의 상황(가령 돌발적으로 일어난 빙하기의 위기)에 대처하던 적응방식은 아닐까 하는 점, 둘째 개인적이고 집단적인 외상경험(가령 번식의 금지, 생식기의 우위로부터 리비도 단계로의 퇴행, 거세 등)은 아닐까 하는 점이다. 프로이트는 "지금 신경증인 것이 전에는 인간의 상황국면이었다"(F/Fer I2/1, 129쪽)고 말한다.

유전적 소질로뿐만 아니라 무의식적이 되어 버린 내용적 기억의 자취로 이루어진 인간의 영적인 삶에서 저 "고대적 유산"에 대해 프로이트는 네오라마르크주의의 유전방식을 전제로 삼는다. 이런 가정은 과학적으로 불안정하며 여러 근거들 중 하나일 수 있었다. 이 때문에 프로이트는 결국 공중에 발표하는 것을 포기했다. 계속된 자기비판적인 항변과 그의 숙고의 유희적, 환상적 성격의 강조는 초안의 마지막 구절에 실려 있다.

전이신경증에 대한 이 텍스트는 비록 실패한 것인지를 두고 논란이 있지만 실제로는 매우 흥미롭다. 말하자면 그것은 충동모델과 신경병인학의 외상모델을 상호 결합하려는 시도, 달리 표현하면 실제로 겪었던 초기 외상의 병인적 중요성을 인정함으로써 신경증 발병에 대한 주로 갈등이론의 순수 정신분석적 관점을 보완하려는 시도로 파악될 수 있다. 이렇게 볼 때 현재 내적인 심적 현실에서 원초적 환상으로 존재하는 것은 먼 태고 시대에서는 외부 현실과의 실제적 외상경험이었다(Grubrich-Simitis 1985, 1987; Lorenzer 1986). 프로이트는 이와 같은 이론적 통합의 시도를 그의 후기 저작들, 특히 《인간 모세와 유일신교(Der Mann Moses und die monotheistische Religion)》(전집 14, 103-246쪽)에서 계속해 나갔다.

Ilse Grubrich-Simitis

───── 참고문헌 ─────

Freud, Sigmund: Übersicht der Übertragungsneurosen. Ein bisher unbekanntes Manuskript(전이신경증 개관. 이제까지 알려지지 않은 원고). Hg. von Ilse Grubrich-Simitis. Frankfurt a. M. 1985.

Gedo, John E.: Überlegungen zur Metapsychologie, theoretischen Kohärenz, zur Hermeneutik und Biologie(메타심리학에 대한 숙고, 이론적 일관성, 해석학과 생물학을 위하여). In: Psyche 52 (1998), 1014-1040쪽.

Grubrich-Simitis, Ilse: Metapsychologie und Metabiologie. Zu Sigmund Freuds Entwurf einer ›Übersicht der Übertragungsneurosen‹(메타심리학과 메타생물학. 프로이트의 《전이신경증 개관》에 대한 구상). In: Freud 1985, 83-119쪽.

───────: Trauma oder Trieb — Trieb und Trauma. Lektionen aus Sigmund Freuds phylogenetischer Phantasie von 1915(외상 또는 충동 — 충동과 외상. 1915년의 프로이트의 계통발생학적 환상에서 나온 강독). In: Psyche 41 (1987), 992-1023쪽.

Habermas, Jürgen: Erkenntnis und Interesse(인식과 관심). Frankfurt a. M. 1968.

Kaplan-Solms, Karen/Mark Solms: Neuro-Psychoanalyse. Eine Einführung mit Fallstudien (신경-정신분석. 개론과 사례연구). Stuttgart 2003(영어판 2000).

Lorenzer, Alfred: Die Wahrheit der psychoanalytischen Erkenntnis. Ein historisch-materialistischer Entwurf(정신분석적 인식의 진실. 사적 유물론의 구상). Frankfurt a. M. 1974.

_____: Rezension von Freud 1985(프로이트에 대한 평론). In: Psyche 40 (1986), 1163-1166쪽.

Ricœur, Paul: Die Interpretation. Ein Versuch über Freud(해석. 프로이트에 대한 시도). Frankfurt a. M. 1974(불어판 1965).

Turnheim, Michael: Das Andere im Gleichen. Über Trauer, Witz und Politik(동일자 내에서의 타자. 비애와 위트, 정치에 관하여). Stuttgart 1999.

Weber, Samuel: Freud Legende(프로이트라는 전설). Olten 1979.

5
무의식 이론에 대한 그 밖의 다른 글들

인간 행위에 미치는 무의식의 영향력에 대한 프로이트의 관점은 일련의 저작들에서 계속 나타난다. 이때 특별히 강조되는 것은 언젠가 경험한 만족과 거부적인 현실을 환상으로 대체하려는 경향에 대한 개인의 완고한 고집이다. 이와 같은 만족은 환상을 통하여 가능해진다. "쾌락원리의 지배"(전집 14, 227쪽)는 깨어지지 않는 것처럼 보인다.

이와 관련하여 프로이트는 1909년 《신경증 환자의 가족소설(Der Familienroman der Neurotiker)》(전집 7, 225-231쪽)이라는 논문에서 어린아이들이 어떻게 실제로 부모들에 대한 실망감의 반응으로서 환상 속에서 가족소설을 만들어 내는지를 기술한다. 이 소설에서 어린아이들은 사회적 지위가 높은 부모들의 자손들이며, 반면에 실제 부모들은 예컨대 의붓부모들의 위치로 바뀐다. 부모는 어린아이에게 유일한 권위이고, 그렇기에 성장하여 부모처럼 되는 것이 그의 가장 강렬한 내적 소망이다(227쪽). 그러나 조만간 부모에 대한 비판이 싹트게 된다. 예를 들어 어린아이는 동생이 태어남으로써 뒤로 밀린다는 느낌을 가지면서 부모의 사랑을 의심하기 시작한다. 아이는 실제의 부모가 어느 날 자신을 집으로 데려왔다고 생각하는 반면에, 자신은 의붓자식이나 양자라는 생각을 발전시킨다. 아이는 자기 부모의 공격적인 태도에 대해 이런 식으로 설명하고 대처한다(228쪽). 오이디푸스 콤플렉스 기간 동안 사내아이는 무엇보다 실제의 아버지에 대해 이런 식으로 적대감을 발전시키는 경향이 있는 반면에, 자신의 가족소설에서는 이에 부응하여 높여진 아버지 상을 환상으로 만들어 낸다. 사내아이는 어머니가 비밀스러운 부정행위와 금지된 애정관계를 다루는 상황으로 전치되어 나타나는 에로틱하고 성적인 상황들을 상상하는 경향 또한 보여 준다. 이 환상들은 쾌락으로 가득 차 있는데, 왜냐하면 이 환상들은 사내아이가 스스로가 참여자로서 이 상황 속에 끼어들 기회를 주기 때문이다. 어머니와의 애정관계는 종종 형들이 있을 때처럼 복잡한 관계로 날조되기도 한다. 형제들은 이런 식으로 불법적인 존재로 설명되고 제거된다(230쪽).

그렇지만 가족소설에서도 부모에 대한 어린아이의 근원적 상냥함은 유지되어 있다. 그럴 것이 부모를 대체하는 훌륭한 인물들에게 실제 부모에 대한 기억에서 유래하는 성향이 철저히 부여되어 있기 때문이다(231쪽). 그러므로 가족소설은 무의식적으로 부모의 제거가 아니라 고양을 목표로 한다. 가족소설은 잃어버린 행복한 시기에 대한 동경의 표현이다. 이런 이유에서 가족소설은 억압 이후에도 유지된 채 남아 있으며, 이후의 삶에서 그것을 현실로 전환할 수 있는 자극을 무의식적으로 표현한다. 오토 랑크는 최근에 새로 출간된 연구서 《영웅의 탄생(Die Geburt des Helden)》(1909/2000)에서 이 가족소설이 신화에서도 얼마나 일치점을 발견하는지 서술했다.

1911년에 발표된 논문 《심적 사건의 두 원리에 대한 설명(Formulierungen über die zwei Prinzipien des psychischen Geschehens)》(전집 8, 229-238쪽)에서도 무의식에서 지배적인 쾌락원리와의 관계에서 현실원리의 역할이 중심적인 문제로 제기된다. 프로이트에게 완전히 쾌락원리에 따라 조직화된 환각적인 소망충족은 인간 발달의 초기에 위치한다(231쪽). 현실적 만족의 결여에 대한 실망은 조만간 이 시도를 포기하도록 한다. 이와 동시에 심리 장치는 외부세계를 알고 거기서 어떤 변화를 열망하도록 강요당한다. 이런 식으로 현실원리가 심적 행동성 내부로 유입된다. 프로이트에게 이것은 여러 모로 대단히 중요한 행보이다.

인간은 지각된 불쾌한 현실을 이제 더는 억압할 수 없다. 그 대신에 어떤 특정한 표상이 참된 것인가 그릇된 것인가, 다시 말해 현실과 일치하는가 아닌가 하는 판단을 내려야 한다(233쪽). 운동성 방출(motorische Abfuhr)은 더 이상 육체 내부의 신경감응을 통하여 일어나는 것이 아니며, 그것은 행위를 통해 현실의 변화를 겨냥한다. 이때 그것은 사유과정(Denkprozeß)을 통하여 저지된다. 사유는 더 미세한 점령의 질들(Besetzungsqualitäten)에 대한 검사행위이다(233쪽). 그러나 자아는 처리되어야 할 쾌락의 원천을 포기할 준비가 되어 있지 않다. 이 때문에 사유의 일부는 분리되어 단지 쾌락원리에만 종속된다. 이에 속하는 것은 무엇보다 어린아이의 놀이로 시작되어 나중에 백일몽으로 진행되는 환상이다(234쪽). 성충동 역시 처음에는 자기성애적인(autoerotisch) 활동을 통하여 빠르게 거부의 입장으로 빠져드는 것이 아니라 쾌락원리의 지배하에 머무른다. 이로부터 특히 성욕과 환상 사이에 밀접한 관계가 성립된다. 왜냐하면 환상의 영역에서는 억압이 계속 전능한 상태이기 때문이다(235쪽). 현실원리의 영향권에서 불확실한 쾌락은 얼핏 포기되는 것처럼 보이지만, 그것은 다만 추후의 확실한 쾌락을 얻기 위해서일 따름이다. 이런 상태는 소망이 신비로운 투사에 이를 때까지 저편에 있는 보상을 향하여 연장된다(236쪽).

현실검증은 무의식에 전혀 적용되지 않는다. 표상에서 만들어진 현실은 무의식에서는 외부현실과 동일시된다. 그렇기 때문에 무의식적 환상을 무의식적이 되어 버린 기억과 구별하는 것은 매우 어렵다(237쪽). 무의식적 환상은 신경증의 증상형성에 대하여 현실적 사건만큼 동일한 힘을 지닌다. 따라서 신경증 증상은 현실적인 사건으로 환원될 수 없다. 프로이트에게 신경증에서 중심적 문제가 되는 것은 현실이 아니라 언제나 소망이다(237-238쪽).

프로이트는 1918년에 발표된 《유아기 신경증의 역사로부터(Aus der Geschichte einer infantilen Neurose)》(전집 7, 27-157쪽)라는 논문의 사례묘사에서 이 주제로 되돌아온다. 여기서는 1910년부터 4년 동안 프로이트에게 치료를 받았던 러시아 혈통을 지닌 청년의 어린 시절의 신경증이 기술된다. 환자가 현재 앓고 있는 질병으로부터 우리는 그가 18세에 임질에 걸려 심각한 심적 증상을 키웠다는 것만을 알고 있는데, 프로이트는 이 증상을 결함을 가진 채 치유된 강박신경증의 결과로 이해했다(30쪽). 프로이트는 그의 사례묘사에서 환자의 유아기 신경증의 묘사로 제한하여 설명한다. 강박신경증의 이해는 그에게 성인 신경증의 해명에 필수적인 전제이다(83쪽).

유아기 신경증의 중심에는 환자가 네 살에 꾸었던 이른바 늑대 꿈(Wolfstraum)이 자리 잡고 있다. 이 꿈의 내용은 이렇다. 밤중에 갑자기 창문이 열리고, 환자는 창문 앞의 호두나무에 예닐곱 마리의 하얀 꼬리를 가진 하얀 늑대들이 그를 유심히 바라보는 광경을 깜짝 놀라서 쳐다본다. 늑대에게 잡아먹힐까 두려워서 환자는 비명을 지르며 잠에서 깨어난다(55쪽). 이어서 환자는 어느 동화책에서 본 늑대의 그림 때문에 공포증에 가까운 불안을 발전시켰다. 이 동화책에서 늑대는 꼿꼿이 서 있는 자세를 하고 있는 것으로 묘사되었다. 환자는 이 늑대가 자신을 잡아먹을 수도 있다는 두려움에 사로잡혔고, 이 때문에 이 그림을 볼 때마다 공포에 빠져들었다. 프로이트는 이제 꿈에 대한 환자의 연상에 관하여 이 꿈이 잠재적 차원에서 **뒤에서의**(a tergo) 성교를 표현하고 있다고 결론을 내린다. 청년은 이미 16개월의 유아기에 이런 성교 장면을 목격했으나, 4세 때의 꿈이 내면에서 불러일으킨 기억을 통해서 뒤늦게야 그 과정이 지녔던 성적인 의미를 알게 되었다. 세 살 삼 개월의 나이가 되었을 때 누나의 성적인 유혹이 이 시기에 사내아이의 성적인 소망을 이미 수동적인 방향으로 돌렸다. 그러므로 꿈속에서 활발해지는 환자의 성적인 소망은 그가 아버지로부터 기대하던 수동적인(passiv) 성적 만족에의 소망이었다(62쪽). 그러나 꿈은 그에게 이 만족의 조건을 제시했는데, 그것이 바로 거세였다. 꿈속에서 거세의 위협을 가하는 사람은 아버지이며, 이와 동시에 아버지는 불안을 일으키는 인물로 변한다(63쪽). 다음 행보에서 이 불안은 곧 아버지로부터 그림책의 꼿꼿이 서 있는 자세로 그려진 늑대로 바뀌고, 이때부터 그림책은 회피하고 싶은 공포의 대상이 된다. 이 두드러진 정동 변화의 동인은 거세 불안에 근거한다(63쪽).

그런 다음 환자는 여섯 살에서 일곱 살까지 아버지에 대하여 동일한 양가감정을 나타내는 강박신경증의 증상을 발전시켰다. 환자는 어린 시절 내내 아주 경건했다. 프로이트는 어린 환자가 잠자기 전에 매번 오랫동안 기도하고 수없이 성호를 긋지 않으면 안 되는 상황을 묘사한다(40쪽). 마찬가지로 환자는 저녁때마다 방에 걸려 있던 여러 개별적인 성화마다 경건하게 입맞춤해야만 했다. 그러나 동시에 그가 길거리에서 세 무더기의 말똥이 떨어져 있는 것을 보았을 때, 그는 예컨대 '신-돼지-오물'과 같은 신성모독적인 생각, 또는 삼위일체에 대한 강박적인 생각을 하게 되었다. 이 강박증상은 어느 사려 깊은 선생의 영향 덕분에 열 살이 될 때까지 수그러들었다(100-101쪽). 그러다가 열여덟 살 때 임질이 발병함으로써 환자의 거세불안은 절정에 달한다. 그러면서 신경장애가 찾아왔고 이 때문에 환자는 결국 프로이트의 치료를 받게 되었다(133쪽).

프로이트는 당시 4세의 환자가 꿈을 통하여 복원된 원초장면의 관찰에 반응하는 태도의 배후에서 —짐승의 광범위한 본능적 지식과도 유사한— 인간 성욕에 대해 미리 각인된 지식을 포함하는 계통발생적인 도식을 예측했다(156쪽). "[그렇다면] 이 본능적인 것은 무의식의 핵심이자 나중에 획득될 수 있는 인간 이성을 통하여 폐기되고 중첩되는 원시적인 정신의 행동성인지 모른다. 그러나 이런 일은 어쩌면 더 높은 영적 과정을 자기 쪽으로 끌어들이는 힘을 보유하는 모든 것들에서도 아주 자주 일어나는 것인지도 모른다"(156쪽). 프로이트의 이런 추정은 비록 정신분석적 치료에서 유아신경증의 해명에 그가 인정했던 의미가 더는 받아들여지지 않아도 오늘날까지 그 중요성을 조금도 상실하지 않았다. 이것을 대신하는 것이 오늘날 분석가와 환자 사이의 정신분석적 관계에서 펼쳐지는 전이와 역전이의 발전이다(Joseph 1985/1991).

1924년에 발표된 논문 《마조히즘의 경제적 문제(Das ökonomische Problem des Masochismus)》(전집 13, 369-383쪽)에서 프로이트는 무의식적이고 영적인 과정들이 불쾌감을 회피하는 것이 목적인 쾌락원리에 지배되는 반면에, 마조히스트는 오히려 불쾌감을 즐기는 것처럼 보이는 것이 사실이라면, 과연 마조히즘적 열망을 어떻게 설명할 수 있을지를 다루고 있다(371쪽). 이 모순을 해명하기 위하여 프로이트는 세 가지 유형의 마조히즘인 **성애발생적**(erogen), **여성적**(feminin), **도덕적 마조히즘**(moralischer Masochismus)에 순차적으로 몰두한다.

프로이트에 따르면 **성애발생적 마조히즘**은 생리학적 소질에 기인한다. 여기서 성적 자극은 그 강도가 특정한 한계를 넘어선 심적 과정의 부수적 효과로서 발생한다(375쪽). 고통 및 불쾌감의 긴장상태는 이런 식으로 성욕과 결합될 수 있다. 다양한 성적 체질에서 이런 생리적 토대가 심적으로 건설된다(375쪽). 그러므로 이때 쾌락원리가 뚜렷하게 전면에 부각된다.

프로이트는 이와는 달리 **여성적 마조히즘**을 남성 동성애와 여성성에 특징적인 거세된 상황, 수동적인 성교 및 분만 상황과의 동일시로 이해한다(374쪽). 그렇다면 도착적-마조히즘적인 실천은 이렇게 환상적 상황의 유희행위에 헌신한다(374쪽). 마조히스트의 성향은 어찌할 바 모르고 의존적인 아이, 그러나 무엇보다 벌을 받아야 하고 벌을 받을 만한 버릇 나쁜 아이의 역할에서 드러난다. 여기서 무의식적으로 문제가 되는 것은 언제나 수동적-동성애적 소망의 충족이다. 이렇게 볼 때 여성적 마조히즘은 쾌락원리에 헌신한다.

얼핏 보아도 이런 면은 도덕적 마조히즘과는 다르다. 도덕적 마조히즘의 경우에는 무의식적 죄의식이 나타나며, 이와 결부된 처벌의 욕구(Strafbedürfnis)가 전면에 부각된다. 여성적 마조히즘의 경우에서와 달리 고통은 여기에서 더 이상 사랑하는 사람으로부터 기대되는 것이 아니다. 중요한 것은 고통 그 자체이다. 이 때문에 성욕과의 결합은 여기서 배제된다. 정신분석적 치료에서 도덕적 마조히즘은 모든 치료에 거세게 저항하는 **부정적 치료반응**으로 나타난다(378-379쪽). 이 경우에 자아로 되돌아오는 파괴충동이 분명히 우위를 점한 것으로 보인다.

프로이트 역시 문화가 요구하는 충동 억제가 파괴충동을 자아로 되돌리는 결과로 이어지고 도덕적 마조히즘에 일조할 것이라고 생각한다. 물론 그는 이런 설명으로 끝내지 않는다. 왜냐하면 여기서 심판자로 등장하는 초자아가 ─비록 비인격화된 형태이지만─ 힘, 단호함, 내사된 부모의 감시와 처벌의 경향을 대변하기 때문인데, 물론 자아에 대한 초자아의 엄격함은 내사된 부모의 엄격함보다 훨씬 더 단호하다(383쪽). 그렇다면 도덕적 마조히즘을 유지하는 무의식적 죄책감은 **부모의 힘을 통하여 처벌받으려는 욕구**로 해석될 수 있다(382쪽). 이런 맥락에서 프로이트에게 오이디푸스 콤플렉스의 극복을 의미하는 초자아는 성적인 측면에서 새롭게 부각된다(같은 곳). 여기서 아버지에게 처벌받으려는(얻어맞으려는) 욕구는 아버지와 동성애적(수동적) 관계를 소망하는 어린아이의 퇴행적 왜곡으로 이해될 수 있다. 이로써 부정적 오이디푸스 콤플렉스가 새롭게 활성화된다(382쪽). 도덕적 마조히즘은 이런 식으로 프로이트에게도 성애적인 요인으로 파악된다.

현대의 정신분석은 이런 충동이론적 관점을 넘어서서 도덕적 마조히즘에 많은 포괄적 의미를 부여하고 있다. 이 경우 견딜 수가 없는, 그래서 스스로 유발된 마조히즘적 행위를 통하여 은폐될 수밖에 없었던 심리적인 고통의 회피가 핵심적 과제가 된다(Khan 1979; Rohde-Dachser 1986/1994; Wurmser 1993).

프로이트는 그의 《신비한 글자판에 대한 메모(Notiz über den Wunderblock)》(전집 14, 1-8쪽)에서 심리 장치가 어떻게 늘 새로운 지각에 길을 열고 지각된 것을 동시에 지속하여 보존할 수 있는지의 문제를 연구한다. 인간은 기억의 왜곡과 변화를 막기 위하여 그 기억을 기록한다. 메모판이나 필기용지는 이런 식으로 기억장치의 물질적 부분이 된다(3쪽). 물론 필기용지는 언제나 제한된 수의 정보만을 저장할 수 있을 뿐이다. 석판(위에 언급한 논문에서 프로이트가 말하는 신비한 글자판을 말함)은 이와는 다르다. 석판에서는 기록들이 늘 다시 지워지고 새로 써질 수 있다. 그렇지만 지워진 흔적이 계속 보존될 수는 없다. 그러므로 필기용지와 석판은 서로 배척 관계에 있다(4쪽).

이와는 대조적으로 영적인 장치는 불변적인 기억의 흔적은 아닐지라도 무제한으로 수용능력을 갖추고 있으며, 동시에 지속적인 기억의 흔적을 만들어 낸다. 이것이 가능한 이유는 영적인 장치가 두 가지 체계에 의지할 수 있기 때문이다. 즉 영적인 장치는 지각을 받아들이지만 지속적 흔적을 보존하지 못하는 지각-의식(W-Bw) 체계와 지각된 것을 지속적 흔적으로 보존하는 "기억체계"에 의지할 수 있기 때문이다. 프로이트는 이 가설을 《꿈의 해석》에서 이미 개진한 바 있었다. 후일 《쾌락원리의 저편》(전집 8, 1-69쪽)에서 그는 지각체계 내에서 의식의 설명하기 어려운 현상이 지속적 흔적의 자리에서 생겨난다는 가정을 추가하였다. 이제 프로이트는 놀랍게 도 종이나 석판보다 더 큰 용도의 신비한 양초판을 찾아낸다. 이 양초판은 그가 요구하는 지각장치와 같이 두 가지를 수행하기 때문이다(5쪽). 이것 은 짙은 갈색의 송진이나 양초로 된 평판으로, 가장자리는 종이로 되어 있 고 평판 위로는 두 층으로 이루어진 얇고 투명한 종이가 덮여 있다. 이 두 층 가운데 위쪽에는 투명한 셀룰로이드 종이가 있고, 그 아래로는 빛이 통 과하는 양초를 입힌 종이가 있다(5쪽). 뾰족한 연필이 표면을 긁으면, 표면 이 아래로 움푹 들어가면서 글자가 생긴다. 긁힌 자리의 글자는 직접 생기 는 것이 아니라 그 위에 놓인 종이 덮개의 매개로 생긴다.

프로이트는 그가 전에 기술했던 영적 지각장치의 구조와 유사한 점을 통찰하였다. 셀룰로이드 종이는 양초를 입힌 종이와의 관계에서 외부에서 들어오는 해로운 작용을 막아야 하는 보호덮개인 것이다. 여기서 셀룰로 이드는 그러니까 자극보호막의 역할을 한다. 본질적으로 자극을 받아들이 는 층은 종이이다. 전체의 종이 덮개, 즉 셀룰로이드와 양초를 입힌 종이 를 양초판에서 들어 올리면, 글자는 사라져 다시는 보이지 않게 된다. 그 러면 양초판의 표면은 글자가 없는 상태에서 새롭게 수용능력을 갖추게 된다(7쪽). 그러나 글자의 흔적은 양초판 자체에 유지된 채 남아 있으며, 적 당히 빛에 노출될 때는 누구나 그것을 읽을 수 있다. 그러므로 양초판은 석판처럼 늘 새롭게 사용될 수 있는 수용표면뿐만 아니라 보통의 종이판 처럼 기록의 지속적인 흔적을 공급한다. 이런 식으로 양초판은 두 개로 나누어져 있지만 상호 결합된 체계에 두 가지 능력을 배분함으로써 그 두 가지의 능력을 통합해야 하는 문제를 해결한다(7쪽). 우리의 영적인 장치도 이와 마찬가지로 지각기능을 처리한다. 셀룰로이드와 양초를 입힌 종이로 된 덮개는 지각-의식 체계 및 그것의 자극보호막과 일치하며, 양초판은 그 배후에 놓여 있는 무의식과 일치한다. 그리고 글자가 보이고 사라지는 것은 지각하는 동안 의식이 깨어나고 사라지는 것과 일치한다(7쪽). 프로이트는 무의식이 지각-의식 체계에 의하여 바깥쪽을 향하며 일종의 촉수를 내뻗는다고 추정한다. 이 촉수는 외부의 흥분을 맛본 뒤에는 얼른 제자리로 되돌아온다는 것이다. 점령이 철회되자마자 의식은 꺼지면서 체계의 실행이 정지한다(8쪽).

그 이후로 신경과학과 인지심리학은 프로이트가 당시 신경학적 인식의 토대 위에서 개진한 가설들이 남겨 놓은 지각과 기억에 대한 이론들을 발전시켰다. 프로이트가 당시의 신경학적 인식으로 얼마나 통찰력 있게 이런 현대적인 발전을 이미 선취했는가 하는 것을 특히 카플란 솜즈(Kaplan-Solms)와 마크 솜즈(Mark Solms; 2000/ 2003)는 잘 보여 주었다.

무의식이 1차 과정의 규칙을 따른다면, 부정은 어떤 역할을 하는 것일까? 프로이트는 1925년에 발표된 《부정(Die Verneinung)》(전집 14, 9-15쪽)이라는 짧은 글에서 부정이 억압된 것을 인지하는 방식인 동시에 억압된 것을 받아들이지 않는 방식이라는 것을 입증한다(12쪽). 프로이트는 가령 환자가 "나는 어떤 사람에 대해 꿈을 꿨는데, 그러나 그 사람은 어머니가 아닙니다"라고 말한다면, 우리가 이런 부정을 도외시하고 "그래서 어머니라니까요"(13쪽)라고 보고할 수 있다고 언급한다. 억압된 내용은 그것이 부정된다는 조건에 따라 의식으로 스며들 수 있다(12쪽).

억압에 대한 지적인 대체는 **판결**(Verurteilung)이다(12쪽). 판단의 기능은 무엇보다 "나는 그것을 먹고 싶다거나 내뱉고 싶다" 또는 "나에게 그것이 있어야 한다거나 없어야 한다"(13쪽)처럼 두 가지 결단과 마주칠 수밖에 없다. 나아가 판단의 기능은 지각된 것에 특정한 성질을 부여해야만 한다. 왜냐하면 근원적인 쾌락-자아(Lust-Ich)는 좋은 모든 것을 자신에게 내사하고, 나쁜 모든 것은 자신 밖으로 내버리기 때문이다. 그러나 판단의 기능은 현실원리에 충실하면서 어떤 사물의 현실적 실존에 대해서도 결단을 내려야만 한다[현실검증(Realitätsprüfung)](13쪽). 그렇다면 눈앞에 보이는 것으로서 표상 속에 있는 어떤 것이 현실에서도 재발견될 수 있는 것일까? 그것은 단지 내적일 뿐인가 또는 외적이기도 한 것인가? 우리는 외부세계에 있는 어떤 사물을 점령할 수 있다. 이런 점에서 판단한다는 것은 근원적인 편입이나 자아로부터의 추방이 합목적적으로 계속 발전한다는 것을 의미한다. 더욱이 그것은 프로이트가 요구하는 삶 및 죽음충동을 지향한다. "긍정은 ─부정의 대체로서─ 에로스에 속하고, 부정은 ─추방의 계승으로서─ 파괴충동에 속한다"(15쪽). 그러나 이를 넘어 부정의 상징 창조는 억압의 결과와 아울러 쾌락원리의 강제에서도 풀려나는 최고의 독립을 가능하게 한다(15쪽). 정신분석적 치료에서 무의식으로부터 "아니"라는 것은 원칙적으로 없다. "그것을 나는 생각한 적이 없다"라는 환자의 문장은 오히려 무의식의 성공적인 노출을 가리킨다. 정신분석적 치료방법 내에서 이런 프로이트의 인식은 오늘날까지 아무것도 변한 것이 없었다.

프로이트는 **페티시즘**(Fetischismus)에 대한 연구(전집 14, 309-317쪽)에서 심적인 안정유지에 대해 페티시즘이 가진 물신(Fetisch)의 기능을 추적한다. 프로이트에게 물신은 음경(Penis)의 대체물이다. 더 자세히 말해 사내아이가 있는 것으로 믿었다가 나중에도 포기하지 않으려는 어머니 남근(Phallus)의 대체물이다(312쪽). 어머니에게 음경이 없다는 지각은 참을 수 없는 거세의 불안을 야기한다고 할 수 있다. "아니야, 그럴 리가 없어", "그렇지 않다면 내게도 같은 일이 일어날 수도 있는 거잖아"라고 사내아이는 중얼거린다(312쪽). 이 때문에 지각은 부인되고, 이에 반응하는 정동은 억압된다. 그러나 이것이 어린아이가(더 정확히 말해 사내아이가) 여성의 남근에 대한 자신의 믿음을 변화시키지 않고 계속 유지했다는 것을 의미하는 것은 아니다. 바라지 않는 지각의 무게와 강렬한 역소망(Gegenwunsch) 사이의 갈등 속에서 오히려 1차 과정의 지배에서만 가능한 타협이 이루어진다(313쪽). 여성은 사내아이의 상상 속에서는 물론 음경을 가지고 있지만, 이 음경은 이제 더는 예전의 음경이 아니다. 뭔가 다른 어떤 것이 그 자리에 들어와 그것의 대체물로 지정되었던 것이다(313쪽). 이 대체물은 **거세의 위협을 이겨낸 승리의 표시로서의 물신**이다(315쪽). 물신의 선택에 관한 한, 프로이트에 따르면 외상적 사건(꺼려하던 여성 생식기의 가시화)에 대한 마지막 인상이 물신으로 고정된다고 한다(314-315쪽). 이를테면 신발 페티시즘에서 사내아이가 여성 생식기를 올려다보기 전에 응시한 여성의 신발은 물신의 성격을 획득한다(314-315쪽). 이 경우 소망을 따르려는 태도와 현실에 맞게 행동하려는 태도는 상호 존속하면서 둘 사이의 모순은 동요를 일으키지 않는다. 하지만 불화는 변함없이 지속한다.

아주 유사한 어떤 일이 죽음의 부인(Verleugnung)에 의해서도 일어난다. 그것은 프로이트가 페티시즘을 설명하기 위하여 인용하는 여러 예에서 끌어낼 수 있다(315-316쪽). 이에 따르면 페티시즘이 결코 거세의 부인에만 헌신하는 것은 아니다. 페티시즘은 이런 식으로 나르시시즘의 천국을 보존하려는 무의식적 열망 속에서 성 및 세대차이의 부인을 목표로 삼는데, 인간은 이 천국으로부터 성차별과 동시에 원초장면을 발견함으로써 결국 추방되었다(Rohde-Dachser 1999). 그렇다면 물신은 이미 아담과 이브가 발생신화에서 그들의 나체를 무화과 잎으로 가리려고 했던 것처럼 이 사실을 은폐하는 무화과 잎의 기능을 떠맡고 있다(317쪽). 자기의존성과 원초장면에서 배제된 존재의 인정뿐만 아니라 죽음의 확실성을 포함하는 "삶의 기본사실"(Money-Kyrle 1971)은 이런 식으로 효력을 상실한다. 프로이트에 의하면 죽음을 알지 못하는 무의식은 여기서도 승리를 획득한다.

───── 참고문헌 ─────────────────────────────────

Joseph, Betty: Übertragung — Die Gesamtsituation(전이 — 전체상황) [1985]. In: Elizabeth Bott Spillius (Hg.): Melanie Klein heute. Entwicklungen in Theorie und Praxis. Bd. 2: Anwendungen. Weinheim 1991, 84-100쪽.

Kaplan-Solms, Karen/Mark Solms: Neuro-Psychoanalyse. Eine Einführung mit Fallstudien (신경-정신분석. 개론과 사례연구). Stuttgart 2003(영어판 2000).

Khan, M. Masud R.: Entfremdung bei Perversionen(도착증에서의 소외). Frankfurt a. M. 1983(영어판 1979).

Money-Kyrle, Roger: The Aim of Psychoanalysis(정신분석의 목표). In: International Journal of Psychoanalysis 52 (1971), 103-106쪽.

Rank, Otto: Der Mythos von der Geburt des Helden. Versuch einer psychologischen Mythendeutung(영웅 탄생에 대한 신화. 심리학적 신화해석의 시도) [1909]. Wien 2000.

Rohde-Dachser, Christa: Ringen um Empathie. Ein Interpretationsversuch masochistischer Inszenierungen(공감을 구하려는 싸움. 마조히즘적 연출의 해석시도) [1986]. In: Dies. (Hg.): Im Schatten des Kirschbaums. Psychoanalytische Dialoge. Bern 1994, 32.46.

_____ : Todes- und Unsterblichkeitsphantasien bei Männern und Frauen — Über die Verbindung von Tod und Urszene(남성들과 여성들의 경우에 죽음 및 불멸의 환상 — 죽음과 원초장면의 결합에 대하여). In: Anne-Marie Schlosser/Kurt Hohfeld (Hg.): Trennungen. Gießen 1999, 289-308쪽.

Wurmser, Leon: Das Rätsel des Masochismus. Psychoanalytische Untersuchungen von Über-Ich-Konflikten und Masochismus(마조히즘의 수수께끼. 초자아 갈등과 마조히즘에 대한 정신분석적 연구). Berlin 1993.

Christa Rohde-Dachser

6. 강박행동, 공포증, 편집증, 불안이론

불안

다양한 증상의 현상을 질서화할 수 있는 고유한 고정점을 정의하는 것이 모든 질병이론의 중심 문제이다. 정신분석에는 자주 그리고 어느 정도는 정당하게 충동 및 갈등, 방어학설이라고 불리는 것이 있다. 이 학설을 근거로 정신질환의 구조적 관찰방식이 시도될 수 있다. 이를 넘어서서 프로이트는 정신병리학 내에서 그 중심적 위치가 종종 간과되는 정동의 계기, 즉 불안의 경험을 중요한 문제로 부각시켰다. 《정신분석입문 강의》에는 다음과 같이 계획적으로 수행된 언급이 나온다. "항상 그럴지도 모르겠지만, 불안이라는 문제는 가장 다양하고 가장 중요한 물음들이 서로 만나는 하나의 접합점인 동시에 수수께끼이며, 이 수수께끼를 해결하는 것이 아마도 우리의 전체적인 영적 생활에 분명히 풍요로운 빛을 선사하리라는 것은 확실하다"(전집 11, 408쪽). 강박행위, 공포증적인 기피와 도피뿐만 아니라 편집증적인 전가(paranoide Zuschreibung)와 같은 여러 가지 증상들은 그 현상적인 형태로 볼 때 일반적으로 불안을 통하여 유지된다. 예를 들어 강박신경증 환자가 그의 강박행위의 실행을 방해받거나 공포증 환자가 그의 공포증적인 행동방식을 방해받으면 엄청난 불안에 시달리게 될 것이다 (같은 곳, 419쪽). 편집병 환자 역시 이런 것을 두려워하며, 그는 특히 방어기제를 통하여 불안을 방어한다. 프로이트는 이를 요약하여 설명한다. "그러므로 증상 일반이 그렇지 않으면 피할 수 없는 불안 발달에서 벗어나기 위해서만 형성된다고 말하는 것은 추상적인 의미에서는 틀리지 않은 것처럼 보인다. 이런 관점을 통하여 불안은 말하자면 신경증 문제에 대한 우리의 관심의 중심으로 들어온다"(같은 곳).

프로이트에게 심적인 삶은 육체 및 그것의 욕구와 결부되어 있어서 그 욕구를 만족시킬 수단을 찾아야만 한다. 이에 따라 그의 불안에 대한 이해도 육체적 욕구의 특정한 이의제기에 중점을 두고 있다. 그에게 불안은 ─모든 정동처럼─ 우리의 계통발생적인 유산에 근거하는 생물학적 기체이다. 프로이트는 불안을 신경증의 "기본현상이자 주요문제"(전집 14, 175쪽)로 보고 있으며, 다른 어떤 정동보다 불안정동(Angstaffekt)에 중요한 우선권을 부여한다. 다시 말해 그가 1926년도에 발표한 《억제, 증상과 불안 (Hemmung, Symptom und Angst)》(전집 14, 111-205쪽)이라는 글에서 견지하고 있듯이 불안정동에 "영적인 경제학에서의 특별한 위치"(전집 14, 181쪽)를 부여한다. 이런 시각에서 불안은 모든 심적인 방어기제의 동기로 작용하는 동시에 모든 심적 질병의 중심적 구성요소를 형성한다.

주지하듯이 프로이트는 위상학적 이론과 그때그때 성립되는 구조이론의 관계 틀 없이는 이해되지 않는 두 가지 상이한 이론을 발전시켰다 (Sandler 외. 1997, 39쪽 참조). 첫 번째 불안이론에서 불안은 의식 속에서 떠오르는 정동이다. 이 정동에는 무의식에서 나오는 리비도가 현시된다. 이에 반해 두 번째 불안이론에서 불안은 자아의 반응, 즉 내적 위험에 대한 위험신호로 이해된다.

프로이트는 그의 첫 번째 불안이론을 1895년에 발표된 불안신경증에 대한 연구에서 요약했다(전집 1, 315-342쪽). 그것은 1926년에 그 이론이 수정될 때까지 타당성을 유지했다. 프로이트는 외부의 위험에 대한 반응으로서의 불안과 무의식적 갈등과 관련된 신경증적인 불안을 구별한다. 여기서 그는 이미 세분화된 증상, 즉 본래의 불안감 외에도 불안발작에 대해 기술한다. 그런데 공포증은 그에게도 불면증, 심기증적인 염려, 양심의 갈등, 의혹증뿐만 아니라 발한증, 어지럼증, 설사, 빈뇨증, 거식증, 메스꺼움, 심각한 호흡 곤란과 같은 육체적 증상을 동반하는 일반적인 과민성을 뜻한다. 1895년에 그는 이 모든 증상에 대해 이미 알려진 통합적인 성적 병인론을 받아들일 수 있다고 말했다. 여기서 금욕, 불만족스러운 성적 자극과 질외사정은 이 증상들의 본질적인 원인이다. 이런 시각에서 보면 불안은 환상이 의미공간으로 편입되는 것이 아니라 생리적 사건의 영역에서 정착하는 것처럼 오히려 심적인 것의 외부에 있다. 프로이트(전집 14, 171쪽) 본인은 불안의 경제적인 설명시도에 관해 언급한다.

공포증의 증상형성에 대한 이해는 프로이트가 그것을 꼬마 한스의 병력에서 소개하고 있듯이 처음 발행된 판(전집 7, 241-377쪽)에서는 완전히 이런 경제적 불안의 이해에 기초하고 있다. 프로이트는 말과 기린, 짐마차에 대한 한스의 공포증적인 불안을 "성적 자극이 불안으로 급변하게 된"(같은 곳, 352쪽) 결과로 이해한다. 그는 불안으로 변화된 리비도를 "공포증의 주요대상인 말"(같은 곳)로 투사된 것으로 파악한다. 이 사례에 대한 지극히 정신역동적인 숙고에도 불구하고 프로이트는 시종일관 이 모든 심적 갈등 때문에 "이에 동반된 정동들은 한결같이 불안으로 변화하는 것으로 보였다"(같은 곳, 368쪽)는 자신의 경제적 명제를 고수한다.

강박신경증

  강박질환에 대한 프로이트의 작업 또한 그가 이른바 정동-외상 모델을 기초했던 1897년으로 거슬러 올라간다. 당시 프로이트는 오늘날까지도 인정받는 강박신경증의 질병분류학적 범주를 만들어 냈다. 그러나 그가 본질적으로 역동적이고 구조적인 관점을 완성한 것은 후일 새로운 맥락에 따라 심리 장치의 지정학적 모델의 기초를 마련했을 때였다. 이 두 번째 모델에서 무의식적 소망이 지닌 지각의 성질은 본질적으로 의식적 지각에 대한 무의식적 지각의 갈등잠재력과 아울러, 특히 불안에 전적으로 의존하게 되어 있다. 강박행위의 증상 형성은 타협 형성으로서 무의식적 소망의 잠재적 만족을 허락한다. 이는 물론 은폐된 형태, 의식을 불안하게 하지 않는 형태로 이루어진다. 이에 반해 강박행위가 중단되면 엄청난 불안이 생겨난다. 강박행위는 일종의 "방어 및 보증행위"이자 "보호조치"(전집 7, 136쪽)인 것이다. 계속해서 손을 닦지 않으면 안 되는 강박신경증 환자는 자신의 청결함을 확인함으로써 '불결'하게 연상되는 모든 무의식적 환상들을 방어한다. 동시에 환자는 이런 행위의 강박적 실현을 통하여 주변 사람에게 심각한 공격적 압박을 행사하며, 따라서 무의식적 공격충동에 반응하는 죄책감을 느낌으로써 공격충동을 해소한다.

  프로이트는《강박행위와 종교의 관습(Zwangshandlungen und Religions-übungen)》(전집 7, 129-139쪽)에서 이제 강박신경증의 임상 수준을 훨씬 넘어선다. 한편으로 그에게 강박신경증적인 의식(儀式)과 다른 한편으로 종교적 의식 사이에 모종의 유사성이 한층 부각되었다. 이 의식이란 항상 동일한 배열과 순서로 집행되어야 하는 모종의 행동성이며, 이 때문에 상당량의 불안이 배출될 여지는 없다. 리드미컬한 강박행위의 집요한 면밀함은 교회의 그것과 마찬가지로 이런 행동성을 성스러운 의식으로 보이게 한다. 양자의 경우에 세세한 부분까지도 극도의 양심적 태도가 나타난다. 프로이트는 강박증상과 종교적 의식에서의 공통점과 차이를 꼼꼼하게 추적하면서 다음과 같은 결론에 도달한다. "이 일치점과 유사성에 따라서 우리는 어쩌면 강박신경증을 종교형성과의 병리적인 상관관계로 파악하면서 신경증을 개인적 종교성으로, 종교를 보편적 강박신경증으로 감히 특징화할 수도 있을지 모른다. 가장 본질적인 일치점은 체질적으로 주어진 충동의 행동성에 대한 기본적인 포기에 있는 것처럼 보인다. 반면에 가장 결정적인 차이는 신경증은 전적으로 성적인 유래를 갖고 있고, 종교는 이기적인 유래를 가진 이 충동의 본능에 있는 것처럼 보인다"(같은 곳, 138-139쪽). 프로이트가 이 두 현상을 상호관계 속에서 비교할 수 있는 것은 두 현상만이 자체 내에서 의례화의 계기가 결정되는 방어현상(Abwehrphänomen)을 표현하고 있기 때문이다. 그는 이 개인적이고 사회적인 방어능력을 '강박신경증은 사적인 종교이고, 종교는 보편적 강박신경증이다'라는 말로 공식화하고, 개인적인 것과 사회적인 것을 이런 식으로 병적인 충동방어(Triebabwehr)의 관점에 따라 연관시킨다. 이 두 경우에 강박신경증 환자를 경건한 죄인처럼 죄의식에 빠지게 하는 처벌적 초자아가 지배적이다. 양자에게 한편으로는 강박행위가, 다른 한편으로는 규칙적으로 반복되는 의례화된 기도가 죄책감을 완화하는 데 분명히 도움이 된다.

종교에 대한 이런 정신분석적 해석은 그것이 어떻게 판단되든 상관없이 무의식적 충동갈등으로 환원함으로써 이념사적 중요성을 유지해 왔다. 자기이해에 따라 인간에게서 더 높은 것과 최상의 것 일반을 추구하게 할 의무가 있는 종교는 이제 심층적 무의식의 방어라는 의미에서 스스로가 가장 낮은 것으로 되돌아와 있음을 알고 있다. 질서와 근검, 독단적 의지와 같은 시민적 기본도덕의 연구에서도 프로이트는 "근원적 충동의 연속성, 충동의 승화 또는 이에 대한 반발 형성"(전집 7, 209쪽)을 발견한다. 오늘날 우리가 프로이트가 공식화하고 있는 아주 조심스러운 문체에서도 알 수 있는 것은 그가 자신의 종교 분석에서처럼 20세기 초 강박성격에 나타나는 무의식의 항문성애적인 점령을 증명함으로써 금기를 손상시킬까 봐 두려워했다는 사실이다. 그럼에도 프로이트는 공동체적으로 인정된 사회적 성격을 이에 내재된 신경증적 동기에 있는 것으로 보았다. 이런 식으로 그는 돈에 대한 관심을 자라나는 아기가 큰 자랑으로 여기는 —최초의 자주적인 생산물인— 배설물을 가지고 노는 놀이의 무의식적 쾌락과 연관시켰다. 이 '최초의 더미'가 수치 및 혐오의 경계설정을 통하여 계속적인 거부감으로 발달하는 동안, '돈 더미'는 일반적인 인정을 받음으로써 우리 사회에 기본적인 항문적 성격을 부여한다. 여기서 정신역동적으로 일종의 전치가 작용하는 반면에, 무의식적으로 소망하고 두려워하는 항문적인 혼합과 더러움에 대한 반발이 형성됨으로써 규칙적인 질서가 특징으로 나타난다.

프로이트는 이를 강박신경증 환자의 가장 유명한 병력, 이른바 '쥐인간(Rattenmann)'의 병력에서 임상적으로 명백히 밝힌다. 프로이트는 1907년 10월부터 1년 동안 이 환자를 치료했다. 이에 대한 기록(전집 7, 379-463쪽)에서 우리는 프로이트가 환자의 의식화된 높은 도덕성과 대립되는 무의식적 세계를 어떻게 시시각각 구축하는지 읽어 볼 수 있다. 프로이트는 여기서 —의식적인 존경 및 굴종과 대비되는— 아버지에 대한 무의식적 죽음의 소망을 강한 애정과는 대립되는 강한 무의식적 증오심, "강박신경증에서 일어나는 죽음 콤플렉스(같은 곳, 453쪽)"의 중심적 역할로 파악한다. 프로이트는 강박신경증의 경우에 때때로 무의식의 영적인 표상들이 지극히 순수하고 변질되지 않은 형태로 갑자기 의식으로 나타난다는 것, 그리고 이런 갑작스러운 현시가 무의식적 사고과정의 지극히 다양한 단계들로부터 일어날 수 있다는 것을 최초로 제시한다(445-446쪽). 가령 이해강박(Verstehzwang; 412쪽)에 대한 프로이트의 해석은 강박증상에 위협적인 공격성을 띠고 있는 역동성이 내재한다는 것을 동시에 보여 준다. 다음과 같은 언급들이 이에 속한다. "아주 열심히 연구하는 와중에 갑자기 그의 뇌리에 떠올랐다. 즉 …"(410쪽), "이때 뭔가가 그를 엄습했고 …"(410쪽), "돌연 생각이 … 그에게 떠올랐으며"(411쪽), "… 이해강박이 그를 사로잡았다"(412쪽). 마치 무로부터 나오듯 돌연 이제까지의 행동을 중단시키는 강박적인 사고가 자아를 지배하고, 모든 느낌과 생각은 이 사고에 종속된다. 위상학적 모델의 맥락에서 프로이트는 이 증상들을 "엄청난 분노, 의식에 의해서는 파악될 수 없는 분노에 대한 반응"(411쪽)으로 이해했다.

자아와 불안

이 임상적 기술들은 프로이트가 이미 1923년에 구조이론을 소개하면서 심리 장치의 중심으로 놓았던 자아 개념을 함축적으로 포함하고 있다. 프로이트는 그의 첫 번째 불안이론과 철저히 결별했다. "이런 관점에 대한 이의제기는 … 그러므로 **자아와 이드**에서 시도했던 심리 장치의 결과들 가운데 하나인 셈이다"(전집 14, 193쪽). 이와 같은 철회와 두 번째 불안이론의 재현은 단순하게 해독할 수 없고 주제적으로 매우 이질적이며 새로운 많은 물음을 제기해야 하는 **장애, 증상과 불안**의 작업 속에서 이루어졌다. 자아는 이제 본래의 불안장소가 되어 버린다(같은 곳, 120쪽, 171쪽). 프로이트는 공포증 환자(특히 꼬마 한스의 경우)와 강박신경증 환자에게서 나타나는 다양한 증상형성의 연구를 바탕으로 이제 불안을 더는 억압의 결과가 아니라 "억압의 동력"(137쪽)으로 파악한다. 그는 불안을 우선 심적인 방어기제와 증상형성을 계획하는 정동의 신호로서 이해한다. 불안은 이제 자아에 대한 임박한 위험을 알리는 반응이자 오늘날의 임상적 이해에도 기본이 되는 관찰방식이다.

프로이트는 오직 외상적 신경증의 경우에만 과도한 흥분량을 통하여 자극의 보호막이 깨어지고, 결과적으로 불안이 자동으로 생겨난다는 점을 고려에 포함시킨다(161쪽, 168쪽). 그러므로 첫 번째 불안이론의 어떤 것은 이 외상적 불안의 구상 속에서 유지된다(172쪽). 그는 이 구상 속에 모든 위험상황의 발단이 포함되어 있으며 불안신호의 의미에서 이후에 일어나는 모든 불안은 이것에 반응하는 것으로 파악한다(199쪽).

이 외상적 불안의 발단을 프로이트는 발생학적으로 출생의 불안에서 찾아낸다(121쪽). 그는 모든 근심스러운 경험이 탄생체험의 구조적 요소들을 내포하고 있으며, 그 본질에 따라 작별에 대한 불안 내지 대상상실에 대한 불안을 활성화한다고 추론한다. 그는 모든 추후적인 불안형태를 —이와 함께 신호불안(Signalangst)을— 이 첫 번째 외상적인 분리경험의 발달심리학적 결과로 보았다. 가령 어머니와의 작별에 대한 불안, 거세불안, 초자아 불안, 사회적 불안과 죽음의 불안 등이 이에 속한다(169쪽). 이런 점에서 신호불안은 외상적 불안의 유산이며, 이미 사전에 이 외상적 불안을 방어하려고 한다.

하지만 주지하듯이 프로이트는 모든 추후적 불안형태를 외상적인 출생불안으로 소급하려는 시도에 대하여 —이와 동시에 1924년에 오토 랑크(Otto Rank)가 발표한 출생불안 이론에 대해서도— 회의적인 태도를 보였다. 그 대신에 그는 '단계유형적인 불안상황(phasentypische Angstsituation)'의 이론을 내세웠다(전집 14, 172쪽).

프로이트는 불안에 대한 이 새로운 관점을 공포증을 달리 이해하는 가운데 철저히 예증하고 있는데, 여기서도 재차 꼬마 한스가 연관된다. 프로이트(전집 14, 130쪽)는 한스에게 나타나는 공포증의 증상을 아버지에 대한 오이디푸스 콤플렉스의 살인충동과 아버지에 대한 애정 사이에서 비롯된 심적 갈등의 해결 시도로서 이해했다. 거세불안은 이제 변화의 동기가 된다. "그러나 그것의 본질을 결정하는 공포증의 불안정동은 억압과정, 억압된 자극의 리비도 점령으로부터가 아니라 억압하는 것 자체로부터 유래한다. 요컨대 짐승공포증의 불안은 변화되지 않은 거세불안이다. … 여기서 불안이 억압을 만드는 것이지 내가 전에 말했던 것처럼 억압이 불안을 만드는 것은 아니다. … 이런 경우에는 언제나 자아의 불안 태도가 일차적인 것이며 억압의 동인이다. 불안은 결코 억압된 리비도로부터 생겨나는 것이 아니다(같은 곳, 137쪽)."

그러므로 프로이트는 이런 불안을 오이디푸스 콤플렉스적인 충동소망의 실현에서 나타날지도 모르는 거세불안에 대한 신호로 파악한다(같은 곳, 157쪽). 프로이트는 그의 두 번째 불안이론을 가지고 단순한 충동변화의 산물로서의 불안 개념과 작별했으며, 신호정동(Signalaffekt)으로서의 불안에 의미를 부여했다. 프로이트에 따라 규정된 정신분석적 대상관계이론은 불안의 이해에서 더 폭 넓은 발전과 세분화에 이르렀다(Plankers 2003).

주로 위상학적 모델의 맥락에서 발전된 강박신경증의 이해 역시 구조학설과 두 번째 불안이론의 틀에서 일련의 중요한 보완과정을 겪었다. 프로이트는 공포증의 경우와 유사하게 강박신경증의 경우에도 거세불안에서 취소(Ungeschehenmachen) 및 고립(Isolation)처럼 자아에 의하여 행동화되는 방어기제의 동기를 발견한다(전집 14, 153쪽). 사고의 과잉점령(Überbesetzung), 합리적 구성에 대한 선호, 완고한 자아성격 및 지나치게 엄격한 초자아의 확정 역시 이드, 자아, 초자아로 심리 장치를 분류하는 맥락 내에서야 비로소 그 중요성을 획득했다. 자아 행동성으로서의 강박행위는 이제 무의식적 의도를 위상학적으로 의식적인 반대편으로 전환시키는 전도로서뿐만 아니라 갑자기 자신의 전체적 느낌과 생각을 지배하고 변화시킬 수 있는 자아 내부로의 침투로서 이해될 수 있다. 프로이트가 진단한 개성의 붕괴(전집 7, 463쪽)는 가령 쥐인간의 경우에 그의 영적인 사건은 쥐 처벌(고문당하는 자의 엉덩이로 쥐들이 파고드는 체벌)의 모형과 유사하게 작용하는 결과로, 다시 말해 자아가 돌발적으로 침입하는 표상으로부터 부지중에 공격받는 결과로 이어졌다.

편집증(Paranoia)

이를 넘어 프로이트는 편집증의 사례에서도 이런 자아의 통합을 겨냥하는 기제들을 기술한다. — 이때는 그가 구조학설을 전혀 도입하지 않았었던 시기이다. 이렇게 볼 때 공포증, 강박신경증과 편집증에 대한 그의 임상적 작업들 역시 방어적 자아의 사고가 1920년부터 발전된 구조이론보다이미 오래전에 그에게 있었다는 것을 보여 준다. 편집증의 경우에 그는 무의식의 심적 기제들에 대한 선구자적인 통찰력을 보여 주었다. 이는 주도면밀하고 세밀한 분석의 결실이었다. "나는 얼마나 자주 우리가 심적으로환자들을 오판할 입장에 있었는지를 떠올려 보았다. 오판의 이유는 우리가 집요할 정도로 환자들에게 충분히 열중하지 못했고, 그래서 그들에 대해 아는 바가 별로 없었기 때문이었다"(전집 10, 238쪽). 프로이트가 이런 방법적 자세를 우리에게 가장 인상적으로 보여 주는 논문은 슈레버(Schreber)라는 환자를 분석한 《자서전적으로 기술된 편집증 사례에 대한 정신분석적 소견(망상증 치매)》[45](전집 8, 239-316쪽)과 《17세기의 악마신경증(Eine Teufelsneurose im 17. Jahrhundert)》(전집 8, 317-353쪽)이다. 프로이트는 전에 드레스덴 고등법원 판사회의 의장이었던 슈레버의 자서전적 저서인 《주목할 만한 신경병 사례(Denkwürdigkeiten eines Nervenkranken)》(1903)를 분석한다. 슈레버의 망상체계는 "세상을 구원하고 이 세상에 잃어버린 행복을 다

---

45) 역주: 이 논문의 독일어 원문은 "Psychoanalytische Bemerkungen über einen autobiographisch beschriebenen Fall von Paranoia (Dementia paranoides)"이다.

시 가져오려는" 데 있었다. "그러나 그는 자신이 먼저 남성에서 여성으로 변했을 때만 이를 실행할 수 있다고 믿었다"(전집 8, 248쪽). 슈레버는 특히 의사 플렉지히에게, 그러나 다른 사람들에게도 박해를 당한다고 느꼈다. 프로이트의 주도면밀한 자료 분석은 최초로 편집증적 증상의 이해에 대한 투사(Projektion)의 중요한 역할, 즉 "지금 박해 때문에 증오하고 두려워하는 대상이 전에는 사랑하고 존경하던 사람"(같은 곳, 276쪽)이었다는 것을 알게 해 준다. 프로이트는 편집증의 중심에 있는 무의식적 동성애의 소망환상(295쪽)과 슈레버의 경우에 "아버지와 형에 대한 동경"(286쪽)을 동일시한다. 놀랍게도 여기서 편집증의 망상형성은 본래적인 병의 현상이 아니라 치유의 시도라는 결론이 도출된다. "우리가 병의 산물로 간주하는 망상형성은 실제로는 치유의 시도, 재구성이다"(308쪽). 반면에 프로이트는 "앞서 사랑한 인물, 그리고 사물로부터 리비도가 떨어져 나갈 때"(308쪽) 본래적인 병의 과정이 진행된다고 파악한다. 그러므로 "요란하게 우리의 이목을 끄는 것, 그것은 치유과정이다"(308쪽).

경련과 환영, 경악스러운 불안에 시달리면서 이것이 악마와의 두 차례 계약 때문이라고 주장한 화가 크리스토프 하이츠만(Christoph Haitzmann)의 사례에서도 프로이트는 심적 기제로서의 투사에, 그리고 마찬가지로 무의식적이고 수동적인 동성애에 중심적 위치를 부여한다. 하이츠만은 사제들의 종교적인 도움으로 편집증에서 구제되고 결국 수도원에 들어간 사람이었다. 프로이트는 지극히 세밀한 부분에서 일어나는 부조화에 대해 집요하게 추적함으로써 아버지의 죽음을 병의 동기로, 아버지의 죽음으로 생겨난 우울증, 아버지와의 관계에서 무의식적인 양가감정과 어린 시절 구순기의 불안을 투사의 근거로 부각했다. 이러한 투사 속에서 화가인 하이츠만은 갑자기 '환영'에 빠져 귀신들, 예수와 악마와 대면한다. 이렇게 해서 악마는 투사적인 아버지의 대체물이 되었고, 화가는 병에 걸려 "아버지로부터 아버지의 대체물인 악마를 거쳐서 경건한 신부들로의 도정을"(전집 8, 352쪽) 마쳤다.

오늘날 우리는 이런 병력들에서 여러 가지를, 예컨대 병은 전적으로 "아버지 콤플렉스"에 근거한다(전집 8, 291쪽)는 프로이트의 명제를 어쩌면 달리 해석할지도 모른다. 그러나 이는 결정적인 것이 아니다. 이념사적으로 중요한 것은 여기서 최초로 정신적 질병들이 의미 있는 것으로 또한 정신 역동적인 관계와 결부된 것으로서 이해되게 되었다는 사실이다. 한편으로 프로이트는 이를 통해 이른바 정신이상도 일차적 대상들과의 무의식적 갈등의 저편에서는 아무것도 아니라는 것을 제시함으로써 그가 질투망상, 연애망상 및 과대망상의 형태까지도 포함시킨 편집증과 신경증을 분리하는 틈새를 축소했다. 다른 한편으로 그의 세밀한 기술(記述)과 분석은 오늘날 정신분석적 정신요법 일반에 대한 통로를 최초로 개척했다.

─── 참고문헌 ───

Plankers, Tomas: Trieb, Objekt, Raum. Veränderungen im psychoanalytischen Verständnis der Angst(충동, 대상, 공간. 불안의 정신분석적 이해의 변화들). In: Psyche 57 (2003), 487-522쪽.

Rank, Otto: Das Trauma der Geburt und seine Bedeutung für die Psychoanalyse(출생의 외상과 정신분석에 대한 그 의미) [1924]. Frankfurt a. M. 1988.

Sandler, Joseph/Alex Holder/Christopher Dare/Anna Ursula Dreher: Freuds Modelle der Seele. Eine Einführung(프로이트의 영혼 모델. 입문). Gießen 2003(영어판 1997).

Tomas Plankers

7. 치료의 기법

    프로이트는 치료기법적인 관점을 ―아직은 실험적이고 요제프 브로이어와 함께 발전시킨 최초의 처리방식에서 시작하여 어느 정도 기법의 표준화를 이루어 낼 때까지― 약 20년의 기간에 걸쳐서 발전시켰다. 그가 인간의 정신적 삶으로의 새롭고 유일한 통로를 확립한 적지 않은 치료기법은 가장 가치 있고 과학적으로 가장 성과 있는 기여로 간주된다(Gedo 2001). 프로이트의 총 27가지의 작업은 전적으로 또는 부분적으로 치료기법적인 문제를 다루고 있다. 이 작업들은 본서의 이미 다른 곳이나 다른 맥락, 가령 《꿈의 해석》(본서 2장 2.4 참조)에서 주제화되지 않는 한, 여기서 고려될 것이다.

    치료기법 관련 논문들에 정형화된 프로이트의 권고는 한편으로 그 사이에 수집되고 세분된 경험적 지식들을 체계화하여 그의 제자들에게 넘겨주려는 욕구로부터 이루어졌다. 다른 한편으로 그것은 직업정책의 관점에서도 중요한 의미를 지니고 있었다. 이것으로 프로이트는 아직 미숙한 그의 치료기법의 모든 결점에 대처하려고 했다. 이런 의도는 예컨대 그의 제자인 칼 융과 산도르 페렌치의 규칙위반과 월권이 이해관계가 얽힌 공중에게 지속적으로 노출되었을 때 그만큼 더 강했다.

프로이트의 권고와 충고는 북미의 정신분석에 와서야 비로소 어떤 예외도 거의 허락하지 않는 결정적인 규칙으로 변했다. 그곳 사람들은 치료기법의 이 "법칙보편화"를 미국에서 의료화된 정신분석의 자연과학적인 경향과 주로 연관시켰다. 그러나 정신분석요법을 규범적 원칙으로 설정함으로써 그것을 경쟁적 치료형식인 예컨대 행동요법(Verhaltenstherapie)과 명확히 거리를 두려는 미국으로 이주한 독일 및 오스트리아 정신분석가들의 소망 또한 분명히 큰 역할을 했다. 이렇게 해서 "정규적인" 정신분석의 표상이 생겨났다. 여기서는 오직 전이만을 해석하는 방법에서 벗어나는 편차가 매개변수(Eissler 1953)로 파악되었다. 이들에게 중요한 것은 가능한 한 신속하게 분석하는 것, 그러니까 재차 분석적인 해석에 따르는 것이었다. 그렇지 않으면 —오랫동안 지배적인 북미의 자아심리학이 우려하는 것이 그렇듯이— 정신분석은 단순히 보조적인 정신요법으로 퇴화한다는 것이다.

본질적인 치료기법 작업들로 통용되는 것은 프로이트가 1911년에서 1915년 사이에 발표한 논문들이다. 그의 추종자와 제자 중 많은 사람이 이 글들에 대해 더 큰 기대를 가졌던 것도 사실이지만, 정신분석적 치료기법은 관련자가 아닌 사람들의 눈에도 전혀 **정신분석**으로 보이지 않았다. 그러나 프로이트의 관심은 주지하듯이 훨씬 더 폭넓었다. — 처방규칙을 지닌 분석적 치료는 단지 많은 관심 가운데 하나에 불과했다. 아마도 이것이 근원적으로 자신에 의해 계획된 —이에 대해 그가 1910년에 통보한 바 있었던— "정신분석의 일반적 방법론"에 대한 포괄적 저서가 자신에 의해 집필되지 못했던 이유인지 모른다. 프로이트의 본래 의도를 행동으로 옮기는 작업은 오토 페니첼(Otto Fenichel; 1941)과 랄프 그린손(Ralph Greenson; 1967) 같은 저자들에게서 유보되었다. 그럼에도 지그문트 프로이트 연구소의 일군의 연구자들은 프로이트의 치료기법적인 글들로부터 치료기법을 위한 지침을 발췌해 내는 동시에 거기서 249개의 적지 않은 규칙들을 확정할 수 있었다(Argelander 1979; Kohler-Weisker 1978).

《프로이트의 정신분석적 방법》(1904)과
《정신요법에 대하여》(1905)

프로이트는 1904년과 1905년에 상기 두 논문을 《히스테리에 대한 연구》 (1895)에서 나온 치료기법적인 주제, 특히 "히스테리의 정신요법"이라는 장과 다시 연관시켰다. 그러는 사이 꿈과 실수행위에 대한 아주 중요한 연구가 나온 바 있었다. 많은 중첩을 보여 주는 1904년과 1905년의 이 두 소논문(전집 5, 1-10쪽, 11-26쪽)에서 프로이트는 자유연상의 분석적 기본규칙, 최면의 분석적 기법과 암시적 기법 사이의 차이, 분석적 치료에 대한 이를테면 교육수준과 나이와 같은 지표의 문제, 끝으로 분석에 대한 저항이라는 주제에 몰두했다.

《정신분석요법의 미래 기회들》(1910)

앞서 언급한 논문들이 여전히 정신분석 이전의 인식상태를 계속해서 보여 주었다면, 《미래 기회들》(전집 8, 103-115쪽)을 발표하면서 프로이트에게 중요한 것은 이제까지 얻어진 그의 인식을 계획적으로 확립하는 일이었다. 첫째로 그는 지식의 성장과 치료기법의 발전을 통하여 정신분석적 치료의 실효성 증대를 기대했다. 이미 여기서 그는 분석기법이 매번 병의 형태에 따라 수정되어야 한다는 중요한 사실을 예시하였고, 이에 대해 그는 후일 다시 한 번 상술한 바 있다(전집 12, 191쪽). 둘째로 프로이트는 그의 작업에 대한 권위의 승격에 대해서도 희망을 걸었다. 물론 그는 사회가 장래에도 계속 정신분석에 대하여 거부적인 태도를 보일 것이라는 점을 현실적으로 통찰할 수 있는 안목을 지니고 있었다. 그럴 것이 "사회는 신경증 자체의 유발 동인에 큰 몫을 차지하고 있다는 것"(전집 8, 111쪽)을 인정하지 않으면 안 되기 때문이었다. 무엇보다 1990년대 미국에서 유행했던 이른 바 프로이트-때리기(Freud-Bashing)는 정신분석요법의 미래 기회와 관련하여 프로이트의 진단이 정말 안목이 있었다는 것을 보여 준다.

셋째로 프로이트는 정신분석가가 하는 작업의 "일반작용"을 통하여 치료기회의 개선을 기대했다. 이런 전제에 따라 신경증 증상이 지닌 대리만족 성격에 대한 정보의 증가와 더불어 1차적 질병이득(der primäre Krankheitsgewinn)이 더는 기회를 얻지 못할 것이라고 생각했다. 가령 지나치게 많은 배려는 거부와 양가성처럼 상반된 감정을 막도록 도와주는 반발형성을 보일 수 있다는 것이 일반적으로 알려진 사실이라면, 질병이득이란 헛된 일이라는 것이다(112-113쪽). 무엇보다 영화를 통한 정신분석의 대중화는 인쇄된 언어보다 비교할 수 없을 정도로 특정한 정신분석적 구상을 일상적 의식으로 전환하는 데 크게 기여했다(Mertens 2005 참조).

《'거친' 정신분석에 대하여(Über 'wilde' Psychoanalyse)》(1910)

이 소논문(전집 8, 117-125쪽)에서 프로이트는 무엇보다 수련을 잘못 받은 의사들이 그의 이론을 통속적으로 축소하는 것에 반대했다. 그들은 신경증 환자들에게 전적으로 성욕의 병인적 중요성의 의미에서 행동했다는 가정에 따라 예컨대 자위를 권고했다. 프로이트에 따르면 이런 의사들은 그가 성욕의 개념이 "독일어의 '사랑한다'는 낱말처럼 포괄적인 의미에서"(120쪽) 사용되고 이해되는지 알고 싶어 한다는 사실을 전혀 고려하지 않았다는 것이다. 그들은 게다가 정신성욕의 개념으로 무엇보다 성의 영적인 부분이 언급되고 있다는 것 또한 전혀 고려하지 않았다는 것이다. "정신성욕의 이런 관점을 공유하지 못하는 자는 성욕의 병인적 중요성이 다루어지는 정신분석의 명제들을 끌어들일 자격이 없다"(121쪽).

이어서 프로이트는 다음과 같이 말한다.[46] 그러나 성욕의 잘못된 이해 말고도 이 의사들은 성적인 만족 자체가 실제로 신경증 제거에 대한 입증된 수단일 때 어떤 사람에게서 일어나는 저항 작용에 대해서는 알지 못할 것이다. 하지만 그들의 신경증적 갈등은 바로 이 성적 향유가능성을 금지하게 될 것이다. 이 때문에 먼저 저항을 분석해야 하는데, 그것은 심층적 분석에 의해서만 가능하며 암시적으로 제시된 충고의 과정에서는 가능하지 않다. 그러나 열린 개방성조차도 환영을 확산시킬 때가 잦으며, 영적으로 병든 사람들은 단지 일종의 무지 때문에 고통을 받는다. 그런데 우리가 그들에게 올바른 지식만 전달한다면, 아마도 그들의 고통은 끝날 수도 있을 것이다. "이 무지 자체가 아니라 먼저 무지를 야기하고 지금도 그것을 유지하는 **내적 저항**(innere Widerstände)에 뿌리 내린 무지의 근거가 병인적 요소이다. 이 저항의 싸움 속에 치료의 과제가 들어 있다"(123쪽).

《전이의 역동성》(1912)

프로이트는 이 문헌(전집 8, 363-374쪽)에서 전이 개념을 리비도 이론의 측면에서 상술했다. 프로이트에 따르면 충족되지 못했거나 불만족스러운 사랑의 욕구는 사람들이 "리비도적인 기대표상을 가지고 매번 새롭게 등장한 인물을 향하는"(365쪽) 결과로 이어진다. 프로이트에 의하면 바로 이 과

---

46) 역주: 여기서부터 인용문 전까지는 모두 간접화법으로 되어 있다.

정이 정신분석적 치료 상황에서도 나타난다.

"대체로 결실의 가장 강력한 동력"(367쪽)인 전이는, 무엇보다 이것이 환자에게 기본적으로 의식된다면, 저항을 막는 데도 도움이 된다. "모든 금지된 소망자극의 기억이 자극 자체가 효과적인 사람에게서 제거되어야 한다면, 그것이 특히 더 힘들어진다는 것은 정말 분명하다"(370쪽). 전이가 저항으로도 변할 수 있다는 것은 무엇보다 "부정적인 전이"에 해당한다. 일반적으로는 오히려 긍정적이고 부정적인 전이의 혼합형태가 나타나는 것이 사실이다. "… 고도의 양가감정은 물론 신경증적인 인물의 두드러진 특징이다"(373쪽). 무엇보다 분석적 치료는 전이현상이라는 장에서 실행될 것이라는 프로이트의 관점이 널리 퍼지게 되었는데, 이는 "결국 어느 누구도 **부재중에**(in absentia) 또는 **초상 상태에서는**(in effigie) 죽일 수 없기 때문이다"(374쪽).

프로이트가 즐겨 사용한 말을 인용하자면 전이분석은 정신분석의 "쉽볼렛(schiboleth)"[47]이 되었다(전집 5, 128쪽; 전집 10, 101쪽). 이 때문에 이 치료기법의 취급방식이 계속해서 중점적으로 논의되었다는 것은 놀라운 일이 아니다. 정신분석에서 인지적, 특히 발생적 해석의 과중함에 대한 산도르 페렌치와 오토 랑크(1924)의 비판에서 시작하여 전이해석에 가장 많은 변화의 힘을 부여한 제임스 스트레이치(James Strachey)의 논문(1935)과 머튼 길(Merton Gills; 1982)의 전이분석을 향한 개척자적인 작업을 경유하여 이에 대한 최근의 논의에 이르기까지, 어느 정도로 전이분석이 자아구조적, 인지적, 사회감정적 능력에 비교적 뒤떨어진 환자들의 경우에 관계에 대한 직접적인 간여를 통하여 보완되어야만 하는지의 논쟁은 전이의 취급 문제

---

47) 역주: '쉽볼렛'을 제대로 발음할 수 있는지에 따라 길르앗 사람인가를 구별해 내고, 잘못 발음한 자들은 모두 죽였다는 성서 사사기 12장 6절의 이야기에서 나온 말이다. 핵심, 시금석 등과 유사한 표현으로 이해될 수 있을 것 같다.

를 넘어 분석적 기법의 가장 지속적인 주제가 되어 버렸다. 다른 치료학파들, 가령 과거의 정신분석에 거부적일 만큼 회의적으로 맞섰던 인지적 행동치료도 그 사이에 마찬가지로 치료과정의 경과에 대한 전이의 엄청난 의미를 인식했다.

《정신요법의 치료에서 의사에 대한 권고》(1912)

이 글(전집 8, 375-387쪽)에서 프로이트는 자신의 권고가 "개성에 유일하게 합목적적인 것"(376쪽)으로 증명되었다는 점을 강조한다. 이와 동시에 그는 어쩌면 다른 사람들이 다른 취급방식을 선호할 수도 있다는 것을 미해결로 남겨 두었다. 다른 한편으로 기법을 위한 논문들은 그의 추종자들과 제자들의 지나치게 자유분방한 생각을 그 자신이 선호하는 바른길로 전환하는 목적에 간과할 수 없을 정도로 큰 도움을 주었다. 주지하듯이 프로이트의 이런 의도는 성취되지 않았다. 이를테면 오토 랑크(1924)는 얼마 지나지 않아 출생불안(Geburtsangst)이라는 주제에 초점을 맞춤으로써 정신분석 치료의 단축을 제안했다.

프로이트는 《권고》에서 분석가는 ―치료 시에 분석대상자로부터 받아들이는 수많은 인상에도 불구하고― 청취하는 동안 말을 받아 적는 것은 바람직하지 않다고 주장한다. 그 밖에도 분석가는 어떤 기대나 선입견 없이, 즉 "세심하게 고루 살피는 유보(gleichschwebende Aufmerksamkeit)"[48](377쪽)의 자세로 분석대상자의 말을 경청해야만 한다는 것이다. 이는 "자유

---

48) 역주: 영역에서는 'evenly suspended attetion'으로 번역하고, 국내에서는 직역하여 '고르게 떠 있는 주의'로 번역되기도 했다. 아무튼 성급하게 판단하지 않고 모든 정황을 고루 살피는 분석가의 태도가 강조되고 있는 것으로 보인다.

연상"의 기본규칙과는 필연적인 상반관계를 보여 준다. 이로써 분석가는 자신을 "무의식적 기억"(378쪽)에 내맡긴다. 한편 프로이트는 학문적 출간을 목적으로 하는 기록물 작성이, 분석가가 이를 통해 "그 자신의 정신활동의 일부"를 책으로 엮는다(379쪽)는 것을 제외한다면, 단지 외견상으로만 정확성을 전달하게 될 것이라고 말한다. "정신분석적 치료가 진행되는 동안에는 자신의 모든 정동과 인간적 동정심까지도 배제하는 외과의사를 모범으로 삼는 것"(380쪽)이 무엇보다 중요하다. 이런 "감정의 냉정함(Gefühlskälte)"(381쪽)은 특히 프로이트가 오히려 수상쩍은 것으로 평가한 치료의 공명심을 억제하는 데 도움이 된다는 것이다.

이 모든 프로이트의 권고는 정신분석적 인식론의 기초를 확립했다. 이 인식론의 창안자는 "… 환자가 제공하는 무의식에 수용기관인 그 자신의 무의식을 향하게 할 것, 전화의 수화기가 소리를 전달하는 판에 맞춰져 있듯이 피분석자를 조준할 것"(같은 곳)이라는 공식을 세웠다. 이런 인식태도에 도달하기 위해서는 자기 자신의 어두운 지점을 깨닫는 것이 중요하다. 이 때문에 프로이트는 융과 마찬가지로 모든 관련 정신분석가에게 교육분석(Lehranalyse)을 권고했다.

프로이트는 다음과 같이 유명한 비유를 통하여 환자의 저항을 피하기 위해 자신의 결함과 갈등에 대하여 친밀하게 알려 주려는 유혹을 자제할 것을 요구했다. 의사는 "피분석자에 대해 훤히 알아서는 안 되며, 거울 표면처럼 그에게 보이는 것 외의 다른 어떤 것도 보여 주어서는 안 된다"(384쪽). 엄격한 익명성을 고수하는 이 검사관과 유사한 태도에 의해서만 환자의 전이를 분석가의 주관성으로 오염시키지 않을 수 있다는 것이다.

드 스완(de Swaan; 1978)에 따르면 프로이트의 《권고》는 정신분석가라는 새로운 직업을 다루는 최초의 전문적인 논문이라고 한다. 이 논문에서 프로이트는 정신분석적 치료를 자유연상 및 절제의 기본규칙과 배합하면서 이를 "실험적인 사회적 제로상황(experimentelle soziale Nullsituation)"으로 규정한 바 있다. 이와 같은 제로상황에서는 환자의 전이 실행을 말하자면 "순수하게" 심적 갈등의 산물로서 표현하는 것이 가능하다.

《치료 입문(Zur Einleitung der Behandlung)》(1913)

이 논문(전집 8, 453-478쪽)에서 프로이트는 정신분석적 치료와 게임 시작 이후 가능한 수들의 "예측할 수 없는 다양성"(454쪽)과 관련된 체스놀이를 비교함으로써 모든 규칙이란 그때그때의 의미를 언제나 전체적 관계로부터만 얻을 수 있다는 점을 우리에게 환기한다. 이 때문에 규칙들을 "어떤 무조건적 구속력"도 요구할 수 없는 "충고들"(454쪽)로 이해하는 것이 의미심장한데, 왜냐하면 "기법의 기제화"(455쪽)는 결코 바람직하지 않기 때문이라는 것이다. 프로이트는 아주 특정한 분석가와 아주 특정한 환자와의 공동작용에서 거의 무수한 가능성의 모든 결합이 엄격한 규칙을 공식화하고 엄수하게 할 수 없다는 것을 충분히 인식했다.

프로이트는 적응의 문제가 불확실한 환자들은 시험기간으로 1-2주 동안의 경과를 보고 나서 최종적으로 결정하는 것이 좋다는 견해를 피력했다. 조현병의 사전형태에 대한 경계설정은 [오늘날에는 경계선-구조수준(Borderline-Strukturniveau)의 진단에 대해 언급할지 모르겠다] 언제나 단순한 것이 아니라 아주 중요하다고 한다. 그 이유는 이런 환자들의 경우에 정신분석적 치료의 실패가 종종 전반적인 정신분석의 가치를 떨어트리기 때문이다. 오늘날 이런 환자들의 치료에는 수정된 분석적 정신요법이 권장되고 있다(Rudolf 2004).

프로이트는 우정관계나 사회적 관계가 있는 환자들을 분석에 받아들이지 않도록 주의를 주면서 정신분석에 대해 처음에 높은 신뢰를 보이는 환자들이 특히 성과가 좋은 환자라고 단순하게 믿는 것을 경고했다. 왜냐하면 그렇게 함으로써 환자뿐만 아니라 교육분석가도 늘 고려해야만 하는 저항의 힘을 과소평가해 왔기 때문이다.

프로이트의 이러한 평가가 오늘날에도 타당성을 지니는 반면에 1주일에 6시간이라는 면담의 빈도와 관련한 그의 권고는 수용되지 않았다. 그것은 오히려 1주일에 4시간으로, 분석적 정신요법의 경우에는 3시간으로, 심층 심리학적으로 확정된 치료에서는 심지어 1시간으로 축소되었다. 이는 한편으로 의료보험의 재정 지원을 받는 치료 틀에서의 실용적 타협이지만, 다른 한편으로는 시대정신에 대한 인정이기도 하다. 시간은 빠듯하고 소중한 재산이라는 ―모든 것을 지배하는― 이런 사회적 태도가 빈번한 횟수의 정신분석을 시간이라는 재원의 비합리적 소모처럼 보이게 한 것이다. 그러나 프로이트는 심원한 영적 변화는 반드시 시간을 필요로 하며, 더욱이 시간의 관점에서도 예단하기 어려운 자체 동력을 만들어 낸다고 주장한다.

보수와 관련하여 프로이트는 사욕이 없는 박애적인 태도를 취하는 것보다 … 자신의 실제적 요구와 대가를 솔직하게 나타내는 것이 오히려 더 품위 있고 윤리적으로 떳떳하다고 말했다(464-465쪽). 프로이트는 분석적 치료에 대한 경비가 경제적 관점에서도 철저하게 고려될 것이라는 점을 통찰했다. 예컨대 그는 "인생에서 질병보다 ―어리석음보다― 더 비용이 많이 드는 것은 없다"(467쪽)고 말했다. 누워서 정신분석적 치료를 실행하는 것과 관련하여 프로이트는 "하루에 여덟 시간 동안 (또는 그 이상) 다른 사람의 시선과 마주치는 것"(467쪽)을 참을 수 없다는 매우 개인적인 동기 외에도 이런 식으로는 환자의 전이를 더 쉽게 차단할 수 있다는 논거를 제시했다.

분석가가 환자에게 말하게 할 때 환자에게 어떤 이야기부터 할 것인지 선택권을 주는 것이 원칙이다. 기본규칙을 정확하게 실행할 때에만 프로이트는 결과를 얻었다는 것이다. 예컨대 환자가 떠오르는 생각들의 의미 때문에 유보를 표명한다면, 분석가는 반복해서 자유연상의 기본규칙을 지키도록 일깨워야 한다. 이를 위해서는 언제나 처음부터 환자에게 이 규칙을 설명하는 것이 필수적이다. 만일 환자가 준비된 자료를 가지고 분석시간에 온다면, 이는 환자가 자신의 분석에 대해 다른 사람들과 이야기를 나눌 때와 마찬가지로 저항으로 해석될 수 있다고 한다. "그렇다면 치료는 틈이 생기고, 바로 최적의 것은 이 틈새로 흘러 나가 버린다"(470쪽).

프로이트가 얼마나 노련하게 환자를 이해하고 환자의 육체적 표현행위에도 주의를 기울였는지는 한 아가씨가 부끄러워하면서 자신의 스커트를 가지런히 하는, 프로이트가 인용한 예에서도 잘 나타난다. 이로부터 프로이트가 억압된 노출증을 추론하는 것은 어려운 일이 아니었다. 계속해서 프로이트는 완고한 규칙으로 이해된 권고를 오랫동안 고수하면서 어떻게 하면 환자의 전달과 자유연상[49]이 "정지 없이" 일어나는가(473쪽) 하는 전이 주제를 한동안 다루지 못하게 한다. 프로이트에 따르면 이야기된 것의 무의식적 의미전달은 "정식의 신뢰관계"(473쪽)가 창출되고 나서야 가능하다는 것이다. 이에 대해 다음과 같은 원칙이 언급된다. "치료의 첫 목적은 환자를 의사의 치료와 인격에 따르게 하는 것으로 머무른다. 이를 위해 의사는 환자에게 시간을 허용하는 것 외에 다른 어떤 것도 할 필요가 없다"(473쪽). 동시에 프로이트는 비분석적인 태도, 가령 도덕적인 간섭에 대하여 경고했다. 마찬가지로 의사가 환자와의 감정이입을 포기하고 예컨대 부부와 동일시하는 그런 태도에 대해서도 경고했다.

---

49) 역주: 여기서는 편의상 자유연상이라고 번역했지만, 원문은 독일어로 떠오르는 생각들 (Einfälle)이다. 떠오르는 생각들(또는 착상들)은 정신분석에서 자유연상(freie Assoziation) 의 기술적, 기능적 측면보다는 더 자연스러운 측면이라고 할 수 있을 것 같다.

또한 의사가 ―예를 들어 환자가 인정하지 않는 불안을 근거로― 너무 성급하게 어떤 증상의 번역을 시도한다면, 그는 어떤 환자에게는 격렬하고 정당화된 저항을 불러일으킬 수도 있다. 프로이트는 일반적으로 첫 접촉에서 이미 환자의 억압된 소망을 추측하는 것은 어렵지 않지만, 서로가 알게 된 지 얼마 되지 않아서 환자에게 이를 해명하려는 것은 자만과 경솔을 입증하는 짓이라고 단정한다. "치료 효과는 일반적으로 처음에는 제로와 같을 테지만 분석으로부터의 위협은 최종적인 것이다"(474쪽). 이제 주지주의적인 치료관점이 지배적이고 잊어버린 어린 시절의 외상에 대한 전달만이 치료효과가 있다고 믿는 정신분석의 초기가 지나가면, 그제야 지적인 인식과 억압된 감정복합체와의 결합이 일어날 수 있도록 억압에 대한 저항이 극복되어야 한다. 두 가지 상이한 기억체계의 가정에서 출발하는 오늘날의 시각에서는 프로이트의 이런 견해에 분명히 동의할 수 있다. 즉 서술적 기억체계(deklaratives Gedächtnissystem)와 비서술적 기억체계 사이의 결합이 중단되고 단지 서술적 자전적(deklarativautobiographisch) 기억만 작용하는 한, 어떤 변화도 일어나지 않는다(Davies 2001). 이와 동시에 감정적-절차적인 기억내용들도 다루어져야 한다.

《기억, 반복과 심화작업(Erinnern, Wiederholen und Durcharbeiten)》(1914)

이 소논문(전집 10, 125-136쪽)에서 프로이트는 치료에서 부모의 권위에 대하여 반항적이고 회의적으로 행동한 것을 기억한다고 말하지는 않으면서 정작 치료의 시점에서 의사에 대하여 반항적이고 회의적으로 행동하는 어느 환자의 사례를 묘사한다(129-130쪽). 환자는 다른 말로 지나간 경험들을 기억해 낸다기보다는 오히려 자신이 전에 했던 것과 똑같은 거동을 취한다. 동시에 환자는 그의 현재 행동이 기억을 기피하는 과거의 경험들과 관련이 있을 수도 있다는 것을 알지 못한다. 오늘날 정신분석가들은 이와 같은 전이에서 정신역동적 무의식의 작용만을 보는 것이 아니다. 거기서 그들은 서술적(deklarativ)이고 자전적(autobiographisch)으로 억압된 것을 넘어서서 (무의식과는 달리) 의식되지 않고 상징화될 수는 없지만 그럼에도 지속적으로 이목을 끄는 비의식적(nicht-bewußt), 비서술적 기억의 몫을 발견한다.

《전이사랑에 대한 소견(Bemerkungen über die Übertragungsliebe)》(1915)

전이의 취급은 어쩌면 분석가에게 가장 큰 치료기법적인 도전을 의미하고 있는지도 모른다. 프로이트는 여러 상황으로부터 무엇보다 전이사랑을 조명하는데, 전이사랑은 성애적인 갈망의 충족을 집요하게 고집하는 여성들에게 나타난다(전집 10, 305-321쪽). 프로이트에 따르면 이런 여성들은 대체물을 받아들이기를 꺼려하고, 그들에게 사랑에 대한 순수한 말이 도대체 어떤 일을 초래할지를 통찰하지 못한다. 이 여성들이 "주체할 수 없는 열정"(315쪽)을 갖고 있는지 또는 ―실행을 독려하는 격렬한 사랑의 전이현상이 정신병적 발달까지는 아니라 해도― 경계선 인격장애의 징후인지에 대해서는 견해가 엇갈린다(Mertens 1991/2005). 이런 전이형태를 취급할 때는 균형 잡힌 행동이 중요할 때가 많다. 왜냐하면 분석가에 대한 환자의 다소간의 애착과 이에 따른 감정은 모든 성공적 치료의 전제이기 때문이다.

《정신분석의 난점(Eine Schwierigkeit der Psychoanalyse)》(1917)

이 논문(전집 7, 1-12쪽)에서 프로이트는 "자아는 자기 집의 주인이 아니다"(11쪽. 전집 11, 295쪽 참조)라는 그의 명언을 통해 그가 겪는 나르시시즘적인 모욕이 정신분석의 인식을 어렵게 한다고 지적했다. 신경과학자 라마찬드란(Ramachandran; 2003)은 거의 90년 뒤에 아주 유사한 말로 이 모욕이 오늘날 자아란 신경생물학적 시각에서 볼 때 환영(Illusion)이라는 인식을 통하여 생겨난다고 지적했다.

《정신분석적 정신요법의 여러 길

(Wege der psychoanalytischen Psychotherapie)》(1919)

프로이트의 이 텍스트(전집 12, 181-194쪽) 역시 분석적 치료는 "자제-절제 속에서 실행"(187쪽)되어야 한다는 견해를 내세운다. 고통은 대체만족이 분석의 밖에서 ("예컨대 여성과의 성급한 결속"에 의하여) 이루어지거나 분석가 자체의 지나치게 인습적인 태도 때문에 전이관계가 외부에서 이루어짐으로써 조기에 끝나서는 안 된다. 프로이트에 따르면 분석가가 환자에게 지나치게 많은 도움을 주려는 태도를 보이며 너무 많은 것을 허락하면, 그가 환자와 너무 강한 결속관계를 갖게 되고, 그렇게 되면 자칫 환자는 현실세계에서 자신을 입증해야할 어떤 동인도 찾지 못할 수 있다는 것이다. "환자가 가장 강렬하게 소망하고 가장 절박하게 표현하는 바로 그런 충족을 못 하게 하는 것이 합목적적이다"(189쪽). 나아가 프로이트는 수동적 관망(Zuwarten)의 의미로 잘못 이해된 수동성에 이의를 제기한다. 그는 "우리가 치료하는 여러 가지 질병 형태들은 상술한 기법을 통해서는 해결될 수 없다는 것"(191쪽)을 환기시킨다.

프로이트에 의해 완성된 치료기법은 본래 히스테리 환자를 고려하여 발전되었다. 그러나 불안히스테리, 강박신경증이나 공포증을 가진 환자는 그때그때 변화된 행동을 요구했다. 분석가는 적극적 조치를 통하여 가령 광장공포증(Agoraphobe) 환자를 거리로 나가도록 해야 하며, 이와 동시에 불안과 과감하게 맞서싸울 수 있도록 격려해야 한다. 심각한 강박행위의 사례들에는 수동적인 관망이 공포증 환자들의 경우보다 비교적 적게 나타난다. 그 이유는 자유연상이 강박의례처럼 진행되면서 무한분석으로 이어질 수 있기 때문이라고 한다.

결국 프로이트는 정신분석가란 순수 육체적 질병보다 국민건강을 더 크게 위협하는 널리 퍼진 심적 비참함에 별로 대처할 수 없지만, 그럼에도 이런 우울한 상황을 인내하지 않으면 안 된다는 것을 우리에게 가르쳐 주었다. 만일 어떤 해결책이 있다면, 그것은 국가가 정신분석적 치료를 무상으로 실행하는 것이라고 프로이트는 말한다. 그렇다면 집단 적용에서 "정신분석이라는 순수한 황금"이 틀림없이 "직접적인 암시의 구리"(193쪽)와 풍부하게 합금될 것이라고 확신한다.

오늘날 분석가들은 정밀한 진단 기준을 토대로 치료기법적으로도 다양한 영적 질병들을 고려하려고 노력한다. 무엇보다 자아의 생존능력(이른바 자아-능력 내지 사회정서적이고 인지적인 능력)으로부터 여러 상이한 구조적 조직수준으로의 세분화가 예전에는 치료할 수 없는 것으로 간주되던 환자들(예컨대 신체형 장애와 경계선 인격장애를 가진 환자들이나 정신병 환자들)로의 정신분석적 접근방식의 통로를 열었다. 정신분석적 치료가 장래에는 무료가 될 것이라는 프로이트의 희망 역시 현실이 되었다. 1967년 이후로 서독에서는 의료보험 조합이 분석적이고 심층심리학에 근거한 정신요법 치료비용을 떠맡고 있다.

《끝이 있는 분석과 끝이 없는 분석

(Die endliche und die unendliche Analyse)》(1937)

프로이트가 그의 생의 말년에 신경증 치료 기회와 관련하여 일종의 결산과 같은 어떤 것을 내놓았다는 것은 그리 놀라운 일이 아니다. 81세의 프로이트의 사고는 분석의 치료효과에 대한 초기의 낙관적인 표명들과는 달리 오히려 체념적인 느낌을 불러일으킨다(전집 16, 57-99쪽). 요컨대 그는 성공적인 분석 작업 이후에도 오랜 갈등들이 다시 나타날 수 있다는 점, 그리고 정신분석 작업의 어떤 규정적 결론도 없다는 점을 제시하고 있기 때문이다. 체질적인 요소들, 자아의 좋지 않은 변화와 환자에게 깊이 뿌리박힌 정동 외에도 환자를 "완전히 심적인 정상성의 표준"으로 교화시키고자 하면서도 자신은 정작 그 수준에 "도달하지 못한" 분석가의 인격도 문제라는 것이다(93쪽).

현재 프로이트가 평가한 요인 중에서 단 몇 가지만이 이렇게 여러 정신분석 치료의 완고함에 책임이 있는 것으로 전가되고 있지만, 무엇보다 지나치게 과도한 기대가 분석의 시작부터 있게 된다면 그의 회의는 여러 면에서 아직도 계속 정당성을 지닌다. 가령 우울하거나 냉정한 애착장애의 어머니에게 나타나는 외상충격의 영향은 이른바 "훌륭한 분석"을 통해서도 교정되기가 힘들었다.

《분석에서 구성(Konstruktionen in der Analyse)》(1937)

프로이트는 이 후기의 작업(전집 16, 41-56쪽)을 통하여 분석에서 구성과 재구성의 행동을 분석가에게 유리한 직업인 고고학자의 행동과 비교한다. 고고학자의 행동은 과거의 생생한 전이가 현재에는 그로 하여금 태고에 매몰된 것으로의 특권적 접근을 가능하게 하는 사람들과 관련되어 있다. 그는 해석을 개별적 요소인 착상, 실수행위와 관련된 간섭으로 규정하는 반면에 구성은 더 큰 관계를 매개하고 더 복합적인 것이라고 파악한다. 그 결과에 따라 과거에 억압되고 매몰된 흔적을 찾아가는 정신분석적 인식과

정의 고고학적 비유는 그 사이에 기억의 원칙적인 구성주의적 행동에 대한 기억심리학적 판단 때문에 의심스럽게 되어 버렸다(Mertens/Haubl 1996).

정신분석 기법(Die psychoanalytische Technik)(1938/1940)

프로이트는 사후에 발표된 《정신분석 개요(Abriß der Psychoanalyse)》(전집 17, 97-108쪽)의 이 정신분석 기법이라는 장에서 특히 어려운 환자와의 분석에서 얻었던 자신의 경험들을 압축된 형태로 다시 한 번 숙고한다. 그는 이 논문의 끝에서 어쩌면 조금 지나친 자기비판적인 어조로 "심리 장치 내의 에너지양과 그 분배"(108쪽)가 장래에는 특별한 화학적 물질과 함께 직접 영향을 미칠 수밖에 없는 것은 아닌지 하고 물음을 제기한다. 그러나 그는 정신분석 기법보다 더 좋은 어떤 것이 사용되지 않는 한, 정신분석 기법은 그 제한성에도 불구하고 무시되어서는 안 된다는 말로 이 글을 끝맺는다.

───── 참고문헌 ─────

Argelander, Hermann: Die kognitive Organisation des psychischen Geschehens. Ein Versuch zur Systematisierung der kognitiven Organisation in der Psychoanalyse(심적 사건의 인지적 조직화. 정신분석에서 인지적 조직화의 체계화 시도). Stuttgart 1979.

Davis, Timothy: Revising psychoanalytic interpretations of the past: an examination of declarative and non-declarative memory processes(과거의 정신분석적 해석의 수정: 서술적이고 비서술적인 기억과정의 검토). In: International Journal of Psychoanalysis 82 (2001), 449-462쪽.

Eissler, K. R.: The effect of the structure of the ego on psychoanalytic technique(정신분석 기법에 미치는 자아구조의 효과). In: Journal of the American Psychoanalytic Association 1 (1953), 104-153쪽.

Fenichel, Otto: Problems of psychoanalytic technique(정신분석 기법의 문제). New York 1941.

Ferenczi, Sandor/Otto Rank: Entwicklungsziele der Psychoanalyse(정신분석의 발전목적). Wien 1924.

Gedo, John: The enduring scientific contributions of Sigmund Freud(지그문트 프로이트의 영구적인 과학적 기여). In: Annual of Psychoanalysis 29 (2001), 105-115쪽.

Gill, Merton Max: Analysis of transference. Theory and technique(전이분석. 이론과 기법). Bd. 1. New York 1982.

Greenson, Ralph: Technik und Praxis der Psychoanalyse(정신분석의 기법과 실제). Stuttgart 1973(영어판 1967).

Köhler-Weisker, Angelika: Freuds Behandlungstechnik und die Technik der klientenzentrier-ten Gesprächs-Psychotherapie nach Rogers(프로이트의 치료기법과 로저스에 따른 의뢰인 중심의 대화-정신요법의 기법). In: Psyche 32 (1978), 827-847쪽.

Mertens, Wolfgang: Einführung in die psychoanalytische Therapie(정신분석적 치료 입문) [1991]. Stuttgart 2005.

_____: Psychoanalyse. Grundlagen, Behandlungstechnik und Anwendung(정신분석. 토대, 치료기법과 적용-). Stuttgart 2005.

_____: Rolf Haubl: Der Psychoanalytiker als Archäologe. Eine Einführung in die Methode der Rekonstruktion(고고학자로서의 정신분석가. 재구성의 방법 입문). Stuttgart 1996.

Moser, Ulrich: »What is a Bongaloo, Daddy?« Übertragung, Gegenübertragung, therapeuti-sche Situation. Allgemein und am Beispiel »früher Störungen«("아빠, 봉갈루가 뭐예요?" 전이, 역전이, 치료의 상황. 일반적인 상황과 "이른 장애"의 예를 근거로). In: Psyche 55 (2001), 97-136쪽.

Ramachandran, Vilayanur: Das Ich im Schneckenhaus(달팽이 껍질 속의 자아). In: Gehirn und Geist 3 (2003), 68-69쪽.

Rank, Otto: Das Trauma der Geburt und seine Bedeutung für die Psychoanalyse(정신분석에 대한 탄생의 외상과 그 의미) [1924]. Gießen 1998.

Rudolf, Gerd: Strukturbezogene Psychotherapie. Leitfaden zur psychodynamischen Therapie struktureller Störungen(구조연관적인 정신요법. 구조적 장애의 정신역동적 치료를 위한 지침). Stuttgart 2004.

Strachey, James: Die Grundlagen der therapeutischen Wirkung der Psychoanalyse(정신분석에서 치료 효과의 토대). In: Internationale Zeitschrift fur Psychoanalyse 21 (1935), 86-516쪽.

Swaan, Abram de: Zur Soziogenese des psychoanalytischen »Settings«(정신분석적 "세팅"의 사회적 기원). In: Psyche 32 (1978), 793-826쪽.

Wolfgang Mertens

8. 성이론과 충동이론

1

《성이론에 대한 세 편의 논문》(1905)

프로이트는 1905년에 발행된 《성이론에 대한 세 편의 논문(Drei Abhand lungen zur Sexualtheorie)》(전집 5, 33-145쪽)으로 오늘날까지 인간 성욕의 이해에 기본적인 기고문을 제공했다. 그는 이미 일찍이 정신병리학에 대한 이론적 토대를 찾아서 심적 장애의 기초로서 **성적** 원인의 확실성이라는 지반 위에서 움직였다. 이는 특히 빌헬름 플리스에게 보내는 그의 편지들과 프로이트의 생전에는 결코 공개된 적이 없었던 논문 《심리학 초고(Entwurf einer Psychologie)》에서 예증될 수 있다(May-Tolzmann 1996).

《성이론에 대한 세 편의 논문》은 비록 완결적 이론을 제시하거나 완성하지는 않았지만 《꿈의 해석》과 나란히 인류 학문에 가장 중요한 프로이트의 기고문으로 간주된다. 이 글의 특수성은 무엇보다 이 글이 정신분석 이론의 메타심리학적 구상을 그의 다른 저서들에서는 시도되거나 아마 성공하지도 못했을 방식으로 신경증의 임상이론과 통합하려고 하는 데 있다. 프로이트는 20년에 걸쳐서 《세 편의 논문》의 여러 신판이 나올 때마다 초판 텍스트에 대한 부록과 주해를 달았다. 자신의 간행물을 추후에 수정하고 보완하는 방식은 그에게는 흔치 않은 일이었고, 《꿈의 해석》에 대한 작업에서만 유일한 것으로 알려져 있다. 《성이론에 대한 세 편의 논문》은 오늘날까지도 정신분석의 교육 및 재교육에서 아주 두드러진 위치를 차지한다(Muhlleitner/Giefer/Reichmayr 2005).

1924년까지의 여러 가지 보완과 수정은 첫 번째 충동이론에서 두 번째 충동이론에 이르기까지, 인간에 대한 심리 장치 모델의 시작부터 본원적 구상의 지속적 개발과 변형에 이르기까지 오랫동안 진행된다. 이로써 프로이트의 충동이론뿐만 아니라 일반적인 정신분석적 발달이론에 대한 토대로 볼 수 있는 지극히 복합적인 동시에 미해결적인, 부분적으로는 자체 모순적인 전집이 완성되었다.

이 텍스트가 발표되면서 대중을 자극한 스캔들에 관하여 많은 말들이 나왔다. 대부분의 분노는 공개적으로는 성에 대해 점잖은 체하는 19세기 말과 20세기 초의 분위기에서 터져 나왔다. 그러나 이 텍스트의 "음란성(Anstößigkeit)"은 시선을 항상 연구 주체 자체로 되돌리고 이를 통해 문제시되는 이 주체를 그의 ―늘 억압받기도 하는― 충동소망과 대조하려고 시도하는 사고의 대담한 방식에 있는 것은 아닐까?(Reiche 1991, 2005; Quindeau/Sigusch 2005; Dannecker/Katzenbach 2005).

《성이론에 대한 세 편의 논문》은 세 가지의 큰 주제 군으로 분류된다. ① 성적인 일탈, ② 유아기 성욕, ③ 사춘기의 재구성이 그것이다. 이미 이 주제들의 순서는 특수한 병리학의 연구로부터 인간의 심적 발달의 일반이론으로 진행되는 하나의 계열을 인식시킨다.

"성적인 일탈(Die sexuellen Abirrungen)"

이른바 성적인 일탈의 —흔히 "도착(Perversion)"의— 예에서 우선 프로이트에게 중요한 것은 본질적으로 항간에 퍼진 성충동에 대한 견해의 배후를 묻고, 그럼으로써 널리 유포된 편견을 파헤치는 것이다. 프로이트는 성충동이 타고난 체질이라는 명제에 반대하여 본질적으로 심리적인 이념을 내세운다. 이 이념의 도움으로 그가 보여 줄 수 있는 것은 '보통은' 주어진 것으로 받아들여지는 성적 대상과 성적 목표의 결합이 더 상세한 관찰을 필요로 한다는 점이다. 도착의 예에서 조사된 충동의 목표와 대상의 분리는 다음과 같이 말뜻에 있어서 놀라운 인식을 가져온다. "성충동은 우선 그 대상과는 다분히 독립적인 것 같다. …"(전집 5, 47쪽). 프로이트는 이 새로운 방식의 시도를 통하여 인간의 심적인 관리에서 매번 인간 자신의 본질 또는 비본질을 움직이는 충동개념을 발견해 낸다. 이 세밀한 관찰방식 때문에 "일탈"의 이론적 치료는 철저히 성적 대상과 성적 목표의 분리된 규정을 허락한다. 프로이트가 언급한 도착들 —소아성애(Pädophilie), 남색(Sodomie), 관음증(Voyeurismus), 노출증(Exhibitionismus), 페티시즘(Fetischismus)— 에 주해를 달아야 할 것이 있다. 그것은 바로 페티시즘이라는 표현이 프로이트가 1927년 자신의 기고문에서 제시한 "비 정신병적" 분열 개념(전집 14, 309-317쪽)의 소개와 함께 《세 편의 논문》에는 더 이상 게재되지 않았다는 사실이다. 일탈의 주안점은 사디즘/마조히즘 콤플렉스와 같은 동성애 문제의 연구에 집중된다. 이 두 현상과 관련하여 프로이트도 체질과 관련된 개인의 양성애적인 성향을 거론한다(같은 곳, 40쪽). 그는 양성애적인 성향을 그의 옛 친구인 빌헬름 플리스의 가설과는 달리 분명히 유기체적으로 미리 계획된 것이 아니라 심적인 소질로서 파악한다. 여성과 남성의 심적 경향은 태어날 때부터 각 개인의 내부에 존재하지만, 그것의 확정적인 형성은 대립적 경향의 상호 관계로부터야 비로소 이런저런 형태로 결정된다. 1924년 프로이트의 규정에서 양성적 경향은 능동적/수동적이라는 개념과 마찬가지로 남성적/여성적 경향과 동일시된다(Reiche 1990). 이런 맥락으로 볼 때 정신분석의 정신성적 개념의 의미에서 여성에 대한 남성의 독점적인 성 관심은 —그러므로 평범한 이성애는— "당연한 일이 아니라 해명이 필요한 문제"(같은 곳, 44쪽)라는 프로이트의 지적 또한 혁명적이다. 첫 번째 논문은 결국 "성욕의 유아성(Infantilismus der Sexualität)"을 지시하면서 새롭고 분명히 대중적이 아닌 인식을 요약하고 있다. 즉 도착과 신경증, 정상적인 성생활은 같은 줄에서 있다는 것이다. 프로이트는 이렇게 말한다. "건강한 사람의 경우에도 성적 목표에 대해 어떤 도착적이라고 부를 수 있는 부가적 요소가 없는 것은 아니다. …"(전집 5, 60쪽). "신경증은 말하자면 도착의 음화(陰畫)이다"(같은 곳, 65쪽)라는 자주 (잘못) 인용된 문장은 일반적으로 신경증과 도착이 — 유아기의 원천에서 자라난— 충동갈등을 극복하려고 노력하는 다른 유의 형태라는 것을 보여 준다. 요컨대 도착에의 성향은 정상적으로 간주된 체질의 한 부분이다(같은 곳, 71쪽). 도착 자체가 아니라 성충동의 뿌리가 타고난 것으로 가정될 수 있는 것이다.

"유아기 성욕(Die infantile Sexualität)"

"내가 알기에 어떤 저자도 어린 시절 성충동의 합목적성을 명백하게 인식하지는 못했다. …"(같은 곳, 74쪽)라는 문장은 유아기 성욕에 대한 장(章)의 앞부분에 나온다. 이런 식의 주장은 도발적 성격을 띠고 있다. 그럴 것이 당시와 그 이후에 여러 분과의 학자들은 프로이트가 유아기 성욕을 최초로 발견한 유일한 연구자로 간주될 수 없다는 점을 지적해 왔기 때문이다(Ellenberger 1970/1973; Sigusch 2005). 이런 측면의 모든 논증은 프로이트의 유아기 성욕의 발견은 발견이 아니라 이미 알려진 현상이며, 그 개념의 중심적 진술도 물론 잘못되어 있다고 주장한다. 하지만 프로이트의 유아기 성욕 개념의 특성과 완전히 새로운 점은 실상 유아의 성적 표현에 대한 생물학적-현상학적 확증에 있는 것이 아니라 유아기 성욕이 억압의 운명과 결부되어 있으며, 바로 억압된 유아기 성욕이 신경증이나 도착증상의 원인으로 인정될 수 있다는 인식에 있다. 프로이트는 히스테리 건망증(hysterische Amnesie)에 대한 확고한 지식에서 출발하여 유아기의 건망증을 (첫 아동기 인상들의 망각을) 설명할 수 있는데, 유아기 건망증의 본질이 "의식의 노골적인 방해(억압)"에 있다고 말한다(같은 곳, 76쪽).

이 장에서 새롭게 "어린아이와 정신신경증 환자의 영적 상태"(같은 곳)에 대한 비교가 프로이트의 사고에서 중심적인 것으로 나타난다. 유아기 성욕은 임상적으로 관찰된 사실 이상의 문제이다. ― 그것은 이론적 계획이기도 하다.

유아기 성욕에 대한 장의 구성은 억압의 묘사로부터 ―우선 유아 건망증과 성의 잠복기가 검토된다― "유아기 성욕의 표현"으로 진행된다(같은 곳, 80쪽 이하). 그러나 그 "내적인 것"에 대한 표현의 문제가 다루어지자마자, 처음으로 언급된 어린아이의 성적인 표현, 즉 소변보기 또는 빨기의 성적인 성격을 부인할 수 없다는 점이 강조된다. "빨기"는 자기성애적인 활동으로 분류된다. 자기성애적인 활동은 성감대에서 일어난다. 이 경우에 성감대인 구강점막 내지 구강이 특히 영양섭취에 봉사한다. 그러므로 유아기 성욕은 "삶에 중요한 육체기능들의 하나에 의존하여"(같은 곳, 83쪽) 발생한다. 자기성애, 성감대, 중요한 육체기능에의 의존은 유아기 성욕의 세 가지 특징으로 간주된다.

자기성애(Autoerotismus)가 프로이트에게 차지하는 본질적 위치로 말미암아 그것은 이미 수요회 내에서 핵심적인 논쟁점이 되고 말았다(Nünberg/

Federn 1974/ 1979, 306-340쪽). 나중에 "빈 학파"와 멜라니 클라인의 논쟁에서 자기성애와 관련하여 무의식적 환상이 타고난 것인가 또는 타고난 것이 아닌가 하는 물음이 중심적인 역할을 수행한다.

자위와 자가성애적인 활동은 충동을 만족시킬 수 있는 어린아이의 가능성이다. 아니면 흥분상태를 줄이기 위한 가능성이라고 말할 수도 있을 것 같다. 만족이 성숙한 "최종쾌락(Endlust)"[50]의 의미에서는 어린아이에게 성취될 수 없기 때문이다. 자위행위를 통하여 자극의 팽팽한 긴장이 해소될 수 있는 성감대의 가정으로부터 프로이트는 어린아이의 "다형 도착적" 소인(Anlage; 같은 곳, 91쪽)의 공식에 도달한다. 이는 ―성인의 도착과는 달리― 어린아이 신체의 다양한 흥분가능성과 어린아이에 대한 사춘기 이전의 성적 상태를 가정하는 다분히 오해가 잦은 공식이다. 이런 관계에서 어린아이의 성적인 유혹가능성의 물음이 새롭게 주제화된다. 주지하듯이 프로이트는 이미 1897년에 기존의 "유혹이론(Verführungstheorie)"과 거리를 둔 바 있었다. 이제 프로이트는 자신이 당시에는 성적 체질과 발달에 불리하도록 [어린아이에서도 성적 발달이 이미 상당 수준에 도달했음에도 불구하고: 역자] 유혹의 의미를 과대평가 했으며, "당연히" 유혹은 "어린아이의 성생활을 일깨우기 위해"(같은 곳) 필요한 것이 아니라는 것을 인정한다. 이런 맥락에서 프로이트가 무방비 상태로 인하여 일어나기 쉬운 어린아이의 유혹가능성을 "교양 없는 보통여성"의 그것과 동일시하는데(같은 곳, 92쪽),

---

50) 역주: 프로이트는《성이론에 대한 세 편의 논문》에서 성감대의 흥분으로 인한 쾌락으로 유아기와 관련된 것을 선쾌락(vorlust), 사춘기 이후 성적인 물질의 배출과 관련된 것을 최종쾌락(Endlust)이라고 명명한다. 최종쾌락에 대하여 www.wissen-digital.de/Endlust에는 다음과 같이 규정되어 있다. "프로이트는 선쾌락(Vorlust)과는 달리 오르가슴에서 얻어지는 쾌락을 최종쾌락이라고 지칭한다. 어린아이의 성적 충동은 최종쾌락에 도달할 능력이 없다. 최종쾌락은 사춘기와 함께 시작되는 조건과 결부되어 있다."

이는 여성평가와 직결되는 그의 레퍼토리에 속한다.

유전적 조건을 지닌 성충동과 부모의 보호행동을 통하여 일깨워지는 성충동의 프로이트적인 개념화는 유혹을 성적 외상의 유일한 원인으로 보려던 것을 배척함으로써 분명해진다. 젖먹이와 어머니의 양육관계에서 "유혹"은 필연적인 것으로 강조된다. 동시에 유혹은 유전적으로 고착된 충동을 위하여 경시된다(Laplanche 2004). 프로이트는 성감대로부터 출발하여 유아의 성생활을 자율적으로 다스리는 부분충동(Partialtrieb)을 가정한다. 하지만 "성감대의 지배력이 아무리 우세할"지라도 "다른 인물들을 처음부터 성적 대상으로 고려하는"(전집 5, 92쪽) 요소들이 부각되는 것도 사실이다. 개별적 부분충동은 처음에는 서로 관련이 없고 독립적으로 쾌락을 얻으려고 애쓰다가 결국은 생식기의 우세 하에 하나의 공고한 조직 속에서 "이른바 성인의 정상적 성생활"(같은 곳, 98쪽)에 도달한다. 프로이트는 "이른바" 정상적 성생활의 강조와 더불어 새롭게 순수 생물학적으로 결정된 성욕에 대한 이해를 무효화한다. 그러나 그는 구강기, 항문기, 남근기라는 "전생식기 조직(prägenitalen Organisationen)"에 대한 그 이후의 단계학설에서 이를 생물학적-유전적으로 확정된 토대로서 재정립하고 있다.

"사춘기의 재구성(Die Umgestaltungen der Pubertät)"

이제까지 자기성애적으로 고정되었던 충동은 《성이론에 대한 세 편의 논문》 세 번째 장에서 "이제 성대상"(같은 곳, 108쪽)을 발견한다. (주체가 아니라) 충동이 "발견하는" 것은 성생활의 두 시간성이라는 조건, 즉 유아기 성욕과 사춘기의 시간적 연속이라는 조건하에서 탄생하여 두 시간적 대상선택의 필연성과 더불어 성장해야만 하는 인간 개체에 대하여 ―결코 선소여적인 해결(vorgegebene Lösung)이 아니라― 매번 개인적으로 극복되지 않으면 안 되는 과제를 의미한다. 사춘기를 결정하고 인간을 성적으로 성숙한 존재로 만드는 생물학적 호르몬의 변화는 개인의 삶에서 "기능적 능력"을 갖추도록 새롭게 질서화되어야 하는 정신 성적인 조직화를 단호히 요구한다. 이는 자주 또는 계속되는 사춘기에서 신경증적 장애나 도착이 더 분명하게 부각되는 계기이다(Erdheim 1988; 1993).

프로이트가 1915년에 추가로 증보한 리비도 이론에 대한 장은 '리비도'라는 개념을 성충동 에너지로 소개하고 있다. 이 에너지는 양적으로 변화할 수 있는 힘으로 기술되는바, 이 힘을 가지고 또는 이 힘을 근거로 성적 자극의 과정이 확증될 수 있고 심지어 측정될 수 있다고 한다(전집 5, 118쪽; Dahmer 1973/1982 참조). 성적 과정에 대한 자체 에너지의 가정과 함께 생명 유지 과정과 관련된 일반 에너지와 성적 과정의 에너지가 구분된다. 리비도에 대한 상술은 프로이트가 1914년에 발표한 논문《나르시시즘 입문(Zur Einführung des Narzißmus)》(전집 10, 137-170쪽)에 의하여 두드러진 특징을 드러내는데, 그것은 "자아리비도(Ichlibido)"와 "대상리비도(Objektlibido)"라는 결정적 개념을 설명하고 있다. ― 결국 프로이트는 "대상 발견이란 본래 재발견이다"(전집 5, 123쪽)라는 확증과 더불어 인간 성생활의 시작 내지 성충동의 기원, 자기성애의 물음으로 되돌아간다.

성욕의 개념을 전통적 틀에서 떼어 내어 개별적 부분으로 분해하고 분석하는 프로이트의 작업방식은《세 편의 논문》의 핵심으로 간주될 수 있는 유아기 성욕을 의심할 바 없이 시민적이고 정통의학적인 관념의 밀폐된 감옥에서 해방시켰다(Wiesbauer 1982). 그러나 다른 한편으로 그리고 동시에 프로이트의 텍스트에는 유아기 성욕이 성인의 시각으로는 매우 이해하기 힘든 지극히 까다로운 문제라는 사실도 분명히 드러난다. 프로이트 성이론의 운명은 계속해서 아주 변화무쌍했다(Parin 1986/2000; Koellreuter 2000; Reiche 2005). 그러므로 장 라플랑슈(Jean Laplanche)의 다음과 같은 주장은 정당하다고 할 수 있다. "경솔하게도 사람들은 어린아이뿐만 아니라 우리 모두의 내부에 들어 있는 —현재적인 그리고 억압된— 이 유아기 성욕을 잊으려고 프로이트를 가혹하게 짓밟았다"(Laplanche 2004a, 39쪽). 이미 프로이트의 첫 제자들인 카를 아브라함이나 산도르 페렌치는 유아기 성욕의 개념을 자신의 판단에 따라 수정한 바 있다. 멜라니 클라인과 그녀의 후계자[수잔 아이작스(Susan Isaacs)]는 무의식적 환상의 내용이 내생적으로 (endogen) 미리 주어져 있다는 관점으로 유아기 성욕의 본질을 흐려놓았다. 자아심리학, 대상관계이론과 자기심리학은 성욕의 갈등적 내용을 추가적으로 완화하고 무시했다. 현대의 젖먹이 연구와 결속이론(Bindungstheorie)은 "결속"과 "욕망(Begehren)" 사이에서 완전히 사라지는 성욕의 주제화를 계속 포기한다. 프로이트의 성이론은 정신분석적 과정에 대해서도 도발적인 의미를 유지한다(Morgenthaler 1978/2005; 1984/2004). 유아기 성욕 자체의 수수께끼는 생동적인 의미로 남아 있다. 그것은 신경증, 도착, 정신병과 정신분석적 치료를 활성화한다.

───── 참고문헌 ─────

Dahmer, Helmut: Libido und Gesellschaft. Studien über Freud und die Freudsche Linke(리비도와 사회. 프로이트와 프로이트 좌파에 대한 연구) [1973]. Frankfurt a. M. 1982.

Dannecker, Martin/Agnes Katzenbach (Hg.): 100 Jahre Freuds »Drei Abhandlungen zur Sexualtheorie«. Aktualität und Anspruch(프로이트의 《성이론에 대한 세 편의 논문》 100년. 실제성과 요구). Gießen 2005.

Ellenberger, Henry F.: Die Entdeckung des Unbewußten(무의식의 발견). Bern/Stuttgart/Wien 1973(영어판 1970).

Erdheim, Mario: Psychoanalyse und Unbewußtheit in der Kultur(문화에서 정신분석과 무의식). Aufsätze 1980-1987. Frankfurt a. M. 1988.

_____: Psychoanalyse, Adoleszenz und Nachträglichkeit(정신분석. 사춘기와 사후성). In:

Psyche 47 (1993), 934-950쪽.

Fenichel, Otto: 175 Diskussionsfragen für Freud-Seminare über »Drei Abhandlungen zur Sexual-Theorie«(175 가지 논의에 대한 물음. 《성이론에 대한 세 편의 논문》에 관한 프로이트 세미나를 대상으로). In: Dannecker/Katzenbach 2005, 162-170쪽.

Koellreuter, Anna: Das Tabu des Begehrens. Zur Verflüchtigung des Sexuellen in Theorie und Praxis der feministischen Psychoanalyse(욕망의 금기. 페미니즘적 정신분석의 이론과 실제에서 성적인 것의 휘발성). Gießen 2000.

Laplanche, Jean: Die rätselhaften Botschaften des Anderen und ihre Konsequenz für den Begriff des "Unbewußten" im Rahmen der Allgemeinen Verführungstheorie(보편적 유혹이론의 틀에서 무의식 개념에 대한 타자의 수수께끼 같은 임무와 그 결과). In: Psyche 58 (2004), 898-913쪽.

_____ : Das Sexualverbrechen(성범죄). In: Werkblatt 21 (2004a), 35-53쪽.

May-Tolzmann, Ulrike: Freuds frühe klinische Theorien (1894-1896). Wiederentdeckung und Rekonstruktion(프로이트의 초기 임상이론들. 재발견과 재구성). Tübingen 1996.

Morgenthaler, Fritz: Technik. Zur Dialektik der psychoanalytischen Praxis(기법. 정신분석적 실제의 변증법) [1978]. Gießen 2005.

_____ : Homosexualität, Heterosexualität, Perversion(동성애, 이성애, 도착) [1984]. Gießen 2004.

Mühlleitner, Elke/Michael Giefer/Johannes Reichmayr: Fenichels 175 Fragen zu Freuds »Drei Abhandlungen«(프로이트의 《세 편의 논문》에 대한 페니첼의 175가지 물음). In: Dannecker/Katzenbach 2005, 151-159쪽.

Nunberg, Herman/Ernst Federn (Hg.): Protokolle der Wiener Psychoanalytischen Vereinigung(빈정신분석학회 회의록) 1906-1918. Bd. III. Frankfurt a. M. 1979(영어판 1974).

Quindeau, Ilka/Volkmar Sigusch (Hg.): Freud und das Sexuelle. Neue psychoanalytische und sexualwissenschaftliche Perspektiven(프로이트와 성적인 것. 새로운 정신분석과 성과학의 관점들). Frankfurt a. M./New York 2005.

Parin, Paul: Die Verflüchtigung des Sexuellen(성적인 것의 휘발성). In: Ders./Goldy Parin-Matthey: Subjekt im Widerspruch. Aufsätze 1978-1985 [1986]. Gießen 2000, 81-89쪽.

Reiche, Reimut: Geschlechterspannung. Eine psychoanalytische Untersuchung(성의 긴장. 정신분석적 연구). Frankfurt a. M. 1990.

_____: Einleitung zu: Sigmund Freud: Drei Abhandlungen zur Sexualtheorie(지그문트 프로이트의 《성이론에 대한 세 편의 논문》에 대한 서문). Frankfurt a. M. 1991, 7-28쪽.

_____: Nachwort zu: Sigmund Freud: Drei Abhandlungen zur Sexualtheorie. Reprint der Erstausgabe nach 100 Jahren(지그문트 프로이트의 《성이론에 대한 세 편의 논문》에 대한 후기. 100년 후 초판의 재발행). Frankfurt a. M. 2005, 95-127쪽.

Sigusch, Volkmar: Freud und die Sexualwissenschaft seiner Zeit(프로이트와 그의 시대의 성과학). In: Ilka Quindeau/Ders. (Hg.): Freud und das Sexuelle. Neue psychoanalytische und sexualwissenschaftliche Perspektiven. Frankfurt a. M./New York 2005, 15-35쪽.

Wiesbauer, Elisabeth: Das Kind als Objekt der Wissenschaft(과학의 대상으로서의 어린아이). Wien/München 1982.

Friedl Fruh/Johannes Reichmayr

2

《'문화적' 성도덕과 현대인의 신경증
(Die 'kulturelle' Sexualmoral und die moderne Nervosität)》(1908)

프로이트의 이 논문(전집 7, 141-167쪽)은 1908년 잡지 《어머니 보호(Mutterschutz)》의 속간인 《성문제(Sexualprobleme)》에 최초로 발표되었다. 잡지를 받아보는 사람들의 관심을 끈 것은 주요 독자층에 전문가를 포함시키지 않았다는 점이었다. 실제로 프로이트의 텍스트는 "우리의 문화는 아주 일반적으로 충동의 억제 위에 구축되어 있다"(같은 곳, 149쪽)는 뚜렷한 명제를 통하여 경외심을 자아내는 논증 및 서술방식을 부각시킨다. 이것은 동시에 프로이트가 충동과 문화의 대립을 명시적으로 관심의 중심에 두는 그의 최초의 작업이다. 그는 여기서 특히 금욕 내지 일부일처제를 요구하는 지배적 성도덕을 통한 성의 제한에 주목하고 있다. 논문은 크리스티안 폰 에렌펠스(Christian v. Ehrenfels)의 《성윤리(Sexualethik)》를 읽은 영향에 따라 집필되었음을 아주 분명히 보여 준다. 에렌펠스는 빈정신분석학회에 앞서 이미 1908년 12월 23일에 일부일처제의 극복을 위하여 당시에는 필시 낯설게 들리는 "번식의 개혁프로그램(Züchterisches Reformprogramm)"을 소개한 바 있었다(Nünberg/Federn 1962-1975, Bd. 2, 84쪽 이하).

프로이트의 텍스트 구성에 중심적인 것은 문화 자체가 아니라 "현재의 '문화적' 성도덕"이 문화국민들이 영위하는 성생활의 해로운 억제를 초래하고, 그럼으로써 동시에 현대의 신경과민을 야기한다는 그의 인식이다. 이에 프로이트는 성충동의 발달사 내에서 세 가지 문화단계 및 문화도덕의 세 가지 형식을 각각 구분한다. 자기성애에 부합하는 것은 제1단계이며, 여기서 성충동의 만족은 번식목적에서 자유롭다. 제2단계에서 유아기적 다형성-도착 성욕은 생식기적인 것의 우위와 번식목적에 희생된다[자기성애로부터 대상사랑(Objektliebe)으로의 도약]. 그리고 끝으로 제3단계에서 성적 행동성은 결혼에서의 번식으로 환원된다. 프로이트에 따르면 이 성도덕의 결과는 끔찍하다는 것이다. 그는 이 때문에 수많은 도착과 신경증뿐만 아니라 동성애가 발생하는 것으로 파악하면서 "우리의 사회에서 신경질환의 증가는 성 제한의 증가에 기인한다"(같은 곳, 157쪽)는 점을 설득력 있게 보여 준다. 결혼에서 성교에 대한 기대 역시 이에 대한 어떤 보상도 제공하지 않는다. 최종적인 성적 향락에 이르기까지의 긴 유예는 이와 같은 것을 제한할 뿐만 아니라 피임도구 역시 만족가능성에 부정적으로 작용하면서 끝내는 바로 병의 요인이 된다[프로이트는 여기서 아주 공공연하게 질외사정(coitus interruptus)의 해로운 영향을 생각한다]. 결국 그는 포기함으로써 생겨나는 ─손상을 보상할 뿐만 아니라 심지어 정당화할지도 모르는─ 가능한 문화적 이득을 논의한다. 물론 그에게 이를 위한 대책이 많이 떠오르는 것은 아니다. 오랜 금욕은 성욕의 모습으로 탈바꿈하면서 남성에게는 성능력의 저하로, 여성에게는 불감증으로 발전할 뿐만 아니라 직업에서는 관철능력과 실행력의 결핍으로 이어진다. 성적인 관철능력이 별로 없는 사람은 직업적으로도 그러하며, 성욕에 장애가 있는 사람은 지적인 영역에서도 그러하다.

프로이트는 혼외 성교금지의 결과로 ―대상을 회피하는 가운데 자기성애로 후퇴하는 경향을 보인다고 비판받는― 자위행위가 증가한다고 진단한다. 성욕의 도착적 부작용 또한 성교의 금지를 통하여 더욱 강화되며, 나중에 결혼해서는 성 능력이 저하되는 결과로 나타난다.

결론적으로 프로이트는 불행한 결혼이 어린아이에게 미치는 신경증 유발 효과를 단언한다. 그렇게 되면 어머니로부터는 너무 불안하고 과민하게, 반면에 아버지로부터는 지나치게 엄하게 교육받음으로써 언젠가는 신경질적인 성인에 속하게 될 모든 전제조건을 갖추게 된다.

프로이트의 논문은 그 자신도 피할 수 없었던 그의 시대의 성도덕에 대한 청산이다. 이렇게 볼 때 그의 텍스트는 시대사적으로 강력하게 각인되고 동시에 매우 개인적이라는 점에 의미가 있다. 1930년대 이후로 이 텍스트는 빌헬름 라이히와 오토 페니첼의 영향에 따라 "좌파의 숭배 텍스트(Kulttext der Linken)"(May 2005, 13)가 되었다. 그럴 것이 이 텍스트는 그 경향에 따라 프로이트의 다른 모든 기고문보다 인간은 우선적으로 내적 갈등 때문이 아니라 외부세계가 강요하는 금기 때문에 질병에 걸린다는 사실을 훨씬 더 강렬하게 선언하고 있기 때문이다(같은 곳, 11쪽). 여기서는 아직 죽음의 충동이나 반복강박(Wiederholungszwang)에 대한 언질이 나오지 않는다. 또한 일차적 마조히즘이나 완전한 만족에의 불능이 포함된 성욕에 대해서도 언급되지 않는다. 자기 실존에 대한 고통을 심리내적으로 정초하는 이런 사고형태는 이 논문에서 프로이트와는 관계가 없다. 이런 점에서는 함축적으로 혁명적 변화와 급진적 성개혁을 전파하는 글이 중요한 관건이다.

——— **참고문헌**

May, Ulrike: Das Verhältnis von politischer Überzeugung und analytischer Arbeit, erörtert anhand der Berliner Aufsätze von Edith Jacobson(에디트 야콥손의 베를린 시절의 논문들에 의해 설명되는 정치적 확신과 분석적 작업의 관계)(1930-1937). In: Luzifer-Amor 18 (2005), 7-45쪽.

Nünberg, Herman/Ernst Federn (Hg.): Protokolle der Wiener Psychoanalytischen Vereinigung(빈정신분석학회의 회의록) 1906-1918. 4 Bde. Frankfurt a. M. 1976-1981(영어판 1962-1975).

Udo Hock

3
《애정생활의 심리학을 위한 기고들》(1910-1918)

프로이트는 이미 1906년 11월 28일 수요회의 회합에서 인간의 애정생활에 대한 연구 결과를 발표했다(Nunberg/Federn 1962-1975/1976-1981, 1권, 63쪽). 그는 이 회합에서 처음으로 유아기로의 회기를 통하여 사랑의 비합리적 계기를 해명하려는 생각을 피력했다. 최초의 구상을 제시한 것은 1908년 11월 25일에 있었던 랑크의 강연 "영웅 탄생의 신화(Der Mythos von der Geburt des Helden)"에 대한 그의 토론 기고문이었다(같은 곳, 2권, 64-65쪽). 1909년 5월 19일에 그는 결국 "남성의 대상선택의 특수한 유형에 대하여"(같은 곳, 214쪽 이하)를 강연에서 발표했고, 1주일 뒤에는 그 주제가 상세히 논의되었다(같은 곳, 226쪽 이하). 이 강연은 세 편의 《애정생활의 심리학을 위한 기고들》 가운데 첫 번째 것으로서 1910년 초여름에 완성되게 될 동명 논문의 기본성향을 기초로 하고 있다. 이어서 나온 것은 1912년의 《애정생활의 가장 일반적인 굴욕(Über die allgemeinste Erniedrigung des Liebeslebens)》

과 아울러 1918년의 《처녀성의 터부(Das Tabu der Virginität)》이다. 본래 《처녀성의 터부》는 1917년 12월 12일에 발표된 "처녀성의 터부와 성적 예속"이라는 강연문이다(같은 곳, 4권, 306쪽). 마지막 텍스트는 《토템과 터부》(1912/1913)를 함께 구성하는 총 네 편의 글 중 두 번째인 "터부와 감정운동의 양가성"에 대한 보충으로 이해될 수 있다.

이 텍스트들은 프로이트의 성이론의 완성과 관련되는데, 성이론의 길잡이는 《성이론에 대한 세 편의 논문》(1905)과 《나르시시즘 입문》(1914)이다. (이에 대한 요약은 Jones II, 352-354쪽에서 발견된다.) 프로이트는 이 기고문들을 가지고 인간의 애정생활의 여러 가지 특수성을 밝히고, 아울러 문학 때문에 이제까지 보류되었던 정신분석의 한 분야를 획득할 필요성을 느낀다.

《남성의 경우에 대상선택의 특수한 유형에 대하여》

상기 제목(전집 8, 65-77쪽)은 특정한 남성들은 특정한 전제들이 충족되기만 하면 사랑에 빠질 수 있다는 사실을 표현하고 있다. 프로이트는 첫 번째 행보에서 남성의 대상선택의 특정한 유형을 규정하는 네 가지 "사랑의 조건들"을 거론하고 기술한다(같은 곳, 67-70쪽). 두 번째 행보에서 이 특성을 "어머니에 대한 애착의 유아기적 고착"으로의 회귀를 통하여 설명하려고 한다. 네 가지 사랑의 조건들은 다음과 같다.

① 사랑의 대상은 구속되어 있어야 한다. 극단적인 경우에 남성의 욕망은 여성이 더는 독신으로가 아니라 관계 속에서 생활할 때에야 비로소 일깨워진다. "상처를 받은 제3자"가 있어야 한다(67쪽). ② 사랑의 대상은 성적으로 평판이 나빠야 한다. 프로이트는 이 조건을 "매춘적 사랑(Dirnenliebe)"(68쪽)이라고도 명명한다. 남자가 시기심이 있기만 하다면 그

는 사랑할 수 있다. 그러나 이상하게도 이 시기심은 합법적인 부부에게는 통용되지 않는다. 사랑하는 자의 사랑의 대상에 대한 행동을 근거로 프로이트는 세 번째 조건을 제시한다. ③ 사랑의 대상은 설령 문란할지라도 사랑하는 자에게 지극히 높은 가치를 지닌다. 하지만 대상에 대한 성실성은 애정생활에서 이런 상태가 계속 반복되는 것을 막지 못한다. 말하자면 "긴 계열의 형성(Bildung der langen Reihe)"(70쪽)이 일어난다. ④ 사랑하는 자는 애인을 구원해야 한다는 신념에 사로잡힌다.

계속해서 프로이트는 남성의 애정생활의 이런 특성에 대하여 이제 다음과 같은 해답을 발견한다. 즉 어머니고착이 이런 상태에 책임이 있다는 일반적인 설명이 옳다면, 상처를 받은 제3자는 단지 아버지일 수 있다(조건 ①). 사랑의 대상을 과대평가하는 일은 어머니를 대체할 수 없어서 발생한다. 그러나 바로 이 때문에 어떤 사랑의 대상을 통해서도 매번 열망하던 만족에는 도달하지 못하고, 계열형성(Reihenbildung)이 일어난다(조건 ③). 프로이트는 사랑의 대상의 성적 문란함을 부모의 성관계를 통하여 설명한다. 어머니가 아버지와 성교를 하고 이 때문에 아들에게 불성실하다면, 어머니와 창녀 사이의 차이는 그리 큰 것이 아니다(조건 ②). 프로이트의 자기분석 이후로 오이디푸스 콤플렉스의 발견이 알려진 뒤에는(F, 293), 이런 맥락에서 개념 자체가 최초로 부각된다. 다시 말해 아들은 어머니를 욕망하고 아버지를 적수로서 미워하며, 그는 "오이디푸스 콤플렉스의 지배에"(F, 293) 빠져든다. 사랑하는 자의 구원의 환상을 설명하기 위하여 프로이트는 랑크의 "영웅의 탄생 신화"를 제시한다. 프로이트는 구원의 환상을 자신의 어머니에게서 아이를 낳아 "그 자신의 아버지가 되려는"(75쪽) 아들의 무의식적 환상으로 해석한다(조건 ④).

프로이트의 논문은 정신분석을 훨씬 넘어 널리 알려진 통찰을 포함한다. 예컨대 성녀와 창녀로 분할되는 이중적 어머니의 토포스가 그러하다.

남성의 애정생활의 특수성에 대한 설명모델로서 어머니라는 사랑의 대상에의 고착은 거의 이미 우리의 일상문화의 자기이해에 속하며 그 의미심장함을 조금도 상실하지 않았다.

《애정생활의 가장 일반적인 굴욕에 대하여

(Über die allgemeinste Erniedrigung des Liebeslebens)》

애정생활의 심리학에 대한 프로이트의 두 번째 기고(전집 8, 78-91쪽)는 심인성 발기불능 사례에 대한 그의 정신분석적 경험에 근거한다. 그는 발기불능의 성립 원인을 "애정생활에서 애정적(zärtlich) 경향과 성애적(sinnlich) 경향"(같은 곳, 83-84쪽)의 불일치에 돌린다. 프로이트에 따르면 애정적 경향은 자기보존을 위해 헌신하고 또한 어린아이를 돌보는 사람들을 따른다고 한다. 성애적 경향을 프로이트는 성충동의 본래적 표현으로 간주한다. 성애적인 경향은 사춘기에 전면에 등장하면서 애정적인 경향을 가진 대상에 의존한다. 이러한 경향은 근친상간장벽(Inzestschranke) 때문에 물론 낯선 대상을 찾도록 강요받는다. 애정적인 경향 또한 시간과 더불어 이 낯선 대상과 결부된다. "남성은 장차 아버지와 어머니를 떠날 것이다. … 그리고 그의 여성을 따라갈 것이며, 그러면 애정성(Zärtlichkeit)과 성애성(Sinnlichkeit)은 함께 있게 될 것이다"(81쪽). 이런 발달의 실패에서 두가지 계기가 프로이트에게 결정적이다. 하나는 외부세계가 부과하는 과도한 금기이고, 다른 하나는 근친상간의 대상에 의한 너무 강렬한 유혹이다. 이런 근친상간의 속박이 무의식 속에서 또한 동시에 거부적인 외부세계에서 더 강렬하게 존재하면 할수록, 심적인 발기불능이 더 지속적인 영향을 미치며 나타난다. 그러면 사랑에 빠진 사람이 대상을 성애적으로 소유하는 것이 더는 불가능하고, 애정적인 감동이 그의 성적 행동을 지배한다. 성애적인 경향이 완벽하게 무의식 속에 고정되지 않고 애정적인 경향의 뒤로 물러서는 일이 훨씬 더 자주 발생한다. 이 경우에 동일한 대상을 가치 있게 평가하는 동시에 욕망하는 일은 일어나지 않는다. 프로이트는 이런 인간들의 애정생활에 대하여 이렇게 기술한다. "그들이 사랑한다면 그들은 욕망하지 않고, 그들이 욕망한다면 그들은 사랑할 수가 없다"(82쪽). 다만 논문 제목의 기원이 되는 "성적 대상에 대한 심리적 가치절하(psychische Erniedrigung des Sexualobjektes)"(83쪽)만이 출구로서 남아 있다. 이러한 조건하에서 심인성 발기불능이 해결되는 경향을 보이며, 즐거움으로 가득 차고 만족스러운 성욕이 가능해진다.

다음번 행보에서 프로이트는 왜 '가장 일반적인' 애정생활의 굴욕이 [가치절하가: 역자] 중요한지를 해명한다. 이것으로 가장 빈번하게 직면해야 하는 남성의 애정생활에 대한 정신병리학이 언급된다기보다는 오히려 모든 남성이 어느 정도는 심적인 발기불능에 고통을 당한다는 사실이 언급된다. 왜냐하면 이에 책임이 있는 강한 아동기고착, 근친상간 차단과 금지의 계기들이 사춘기 동안 모든 문화인에게 존재하기 때문이다. 그 밖에 억압된 도착적 충동자극을 "존중하는 여성에게서 만족시킬 수 있는"(85쪽) 가능성이 없게 된다는 사실도 언급된다. 여기서 지배적인 성 미학을 무시하고 —성욕의 도착적 유희방식을 허락하는— 오직 굴욕을 경험한 성적 대상만이 충만한 성적 향락을 약속한다. 프로이트는 성욕의 유사한 제한을 여성에게서도 발견한다. 남성이 성적 대상의 굴욕을 통하여 자신의 발기불능을 극복하듯이 여성은 성욕을 금지되고 비밀스러운 어떤 것으로 다룸으로써 자신의 불감증을 없애려고 한다.

마지막 장에서 프로이트는 결코 진부해 보이지 않는 성욕과 문화작업의 관계에 대하여 폭넓은 결론을 내린다. 그는 우선 성적인 열망은 만족이 채워지자마자 줄어들고, 그러면 사랑은 그 가치를 잃는다고 확증한다(이에 대해 Žižek 1996, 49쪽 이하, 136쪽 참조). 무제한의 성적인 자유도 문화적 삶이 부과하는 금지에서 벗어날 출구를 마련하지 못한다. 달리 말하자면 알코올 중독자와 술의 관계처럼 사랑하는 자와 성적 대상 사이의 조화로운 관계는 존재하지 않는다. 그 대신 프로이트는 성생활에서 완전한 만족을 경험할 가능성을 의문시한다. 그는 —근친상간 차단이라는 간섭과 더불어— 성욕의 잠복기와 유아기적 다형성 도착적 성욕의 추후적인 생식기 활동(Genitalität)으로의 환원을 근거로 예증한다. 사랑하는 사람은 이를 통해 그의 근원적 사랑의 대상뿐만 아니라 근원적 만족의 통로를 상실한다. 이런 맥락에서 "해부학은 운명이다"(같은 곳, 90쪽)라는 문장은 매우 적절하다. 이는 성충동이 결정적으로 배설기관 사이에 있는 생식기 상태를 통하여 —"소변과 대변 사이에서(inter urinas et faeces)"— 결정된다는 것을 의미한다. 이것이 결코 호르몬과 같은 성욕의 생물학적인 결정을 의미하는 것은 아니다. 프로이트는 완전한 성적 만족이 그때그때 문화의 지속적 발전과 대립될 것이라는 숙고로 끝을 맺는다. 그럴 수밖에 없는 것이 그렇지 않다면 승화의 성과에 대한 모든 동기가 상실될 수도 있기 때문이다.

특히 라캉학파의 문화 및 매체이론가인 슬라보예 지젝(Slavoj Žižek)은 "'애정생활의 일반적인 굴욕'과 직면한 영화"라는 제목으로 프로이트의 논문을 논의의 출발점으로 삼았다(Žižek 1996, 125-141쪽). 결국 프로이트의 논문은 성욕의 동시대적 유희방식의 분석에 유익한 성과를 내고 있다. 왜냐하면 새로운 매체의 모든 루트에서 포르노산업의 팽창적인 보급은 주지하듯이 프로이트에 의하여 알려진 욕구, 주로 여성이라는 성적 대상의 굴욕을 원하는 그리고 이와 연관된 다형적-도착적 충동자극을 원하는 남성의 욕구 없이는 생각할 수 없기 때문이다.

《처녀성의 터부(Das Tabu der Virginität)》

프로이트는 세 번째의 마지막 기고(전집 12I, 159-180쪽)에서 특히 남성과 여성에 대한 처녀성의 의미를 추적하기 위하여 동시대의 인류학적 텍스트들을 끌어들인다. 그의 설명의 출발점은 다음과 같이 표면적으로는 모순이다. 즉 서구문화에서는 처녀성의 특수한 가치평가가 존재한다. 처녀성은 한편으로 처녀성을 통하여 과거로부터 파급된 남성의 일부일처 요구에 의존해 있고(어떤 외간 남자도 나의 처를 소유하지 못했다), 다른 한편으로는 그러나 최초의 성경험을 함께 나누었던 특히 남녀 파트너들 사이에서 생기는 성적 예속에서 연원한다. 표면적으로 이와는 다른 측면이지만, 고대사회에서 ―프로이트는 "원시부족"에 관해 언급하고 있지만, 이 표현 자체를 문제화하기를 물론 잊지 않는다(같은 곳, 170쪽)― 남편이 아니라 타인(노파, 성직자 외에도 아버지)에 의한 처녀성 파괴 행위는 의례적으로, 즉 손으로나 도구로 수행되고 또 종종 의례적인 처녀성 파괴행위를 통하여 보충된다. 그렇다면 왜 이 부족들에게서 처녀성이 터부로 지정되고, 이 터부의 본질은 무엇인가?

프로이트는 이 질문에 대해 ―물론 그를 정말 만족시키지는 않지만― 일단 세 가지 대답을 준비한다. 처녀성 박탈 행위에서 피가 쏟아진다는 사실로 미루어 그는 먼저 원시인들의 "피에 대한 두려움(Blutscheu)"(166쪽)에 주목한다. 그는 이런 설명에 만족스러워하지 않는데, 왜냐하면 소년과 소녀의 할례의식[51]에서 이 터부가 극복되기 때문이다. 그는 두 번째의 설명시도로서 "초산불안(Erstlingsangst)"(167쪽)을 증거로 제시한다. 그는 이에 대해 원시인을 불안신경증 환자 및 그의 엄청난 불안예기(Angstbereitschaft)와

---

51) 역주: 소녀의 할례에 관한 한 원시부족뿐만 아니라 지금도 아프리카의 부족에서 음핵이나 음부의 일부를 자르는 의식이 거행된다고 한다.

비교한다. 불안예기는 매번 새롭고 무서운 상황에서, 예를 들면 첫 성교에서 나타날 조짐을 보인다. 결국 프로이트는 처녀성의 터부가 성교의 포괄적인 터부와 더 나아가 심지어는 전반적으로 여성 터부(월경, 임신, 출산, 산욕 등)의 특수사례로서 이해될 수 있다는 인종학자 크롤리(Crawley)의 설명에 전적으로 동조하는 견해를 내놓는다. 프로이트는 이렇게 요약한다. "아마도 (여성에 대한, 필자 주) 이 두려움은 여성이 남성과 다르며 영원히 이해하기 힘들고 불가사의하고 이질적이라는 점, 이 때문에 적대적으로 보인다는 점에 근거하는 것인지 모른다"(168쪽). 적대적이란 첫 성교에서 특히 강하게 위협하는 위험이 이 두려움으로부터 시작된다는 것을 의미한다.

이 위험과 그 뒤에 도사린 남성을 향한 적대성의 탐구는 이제 "오늘날 우리 문화단계의 살아 있는 여성들"(171쪽)을 주제화하는 동시에 남성의 심리학으로부터 여성의 심리학으로 넘어가는 프로이트의 지속적 숙고에 대한 출발점이다. 먼저 프로이트는 정신분석적 경험을 보고한다. 이에 따르면 실망스러운 성교에서뿐만 아니라 만족스러운 성행위의 경우에도 성교 후 남성에 대한 여성의 적대적인 반응이 관찰될 수 있다고 한다. 처녀성 파괴가 고통과 결부되고 처녀막의 손상이 자기애적인 모욕과 비견되는 한, 이런 적대적인 반응은 한층 더 첫 성교에 해당된다. 물론 이런 설명이 특정한 원시부족에서 파과[52] 이후 다른 남자에 의하여 수행되는 의례적인 성교가 뒤따른다는 것을 이해하기에는 거의 불충분하다. 이 때문에 프로이트는 기대와 성취의 불일치와 직면하는 여성의 실망을 추가적으로 제시한다. 무엇보다 어릴 시절의, 특히 아버지를 향한 리비도의 고착이 부가적으로 등장한다. 즉 "남편은 말하자면 언제나 대체된 사내일 따름이고, 결코 진짜 사내가 아니다"(174쪽). 여성에게는 행위 자체뿐만 아니라 대상 역시 실망스럽

---

52) 역주: 파과(破瓜)란 성교로 처녀막이 찢어진다는 뜻.

다. 그렇지만 프로이트는 여전히 자신의 결과에 만족하지 못한다. 남성에 대한 여성의 적대성에 대한 최종적 근거로서 프로이트는 결국 그가 "여성의 남성적 단계"와 모든 대상선택에 앞서 정착시키는 남근 선망과 거세콤플렉스의 재활성화를 발견한다. 프로이트는 궁극적으로 음경 선망의 결과로서 남편을 거세하고 남성의 음경을 보유하려는 여성의 소망을 도출한다.

그러므로 처녀성의 터부는 어쩌면 미래의 남편에게 첫 성행위에 대한 여성의 이런 적대적 반응을 완화할 목적을 지니고 있는지도 모른다. 프로이트는 여기서 헵벨(Hebbel)의 비극 《유디트와 홀로페르네스(Judith und Holofernes)》 분석과 함께 이 논문을 끝마치는데, 여기에서 프로이트는 여성의 처녀성 파괴와 이와 연관된 남성의 거세 사이의 관계를 문학적인 예에서 밝히고 있다. 그는 결국 처녀성의 터부를 확립하면서 나타나는 처녀성의 찬양에는 남성에 대한 여성의 고대적 적대성이 체계적으로 은폐되고 있다고 비판적으로 기술한다.

장 라플랑슈는 이 텍스트에 대하여 자신의 저서 《문제 2. 거세-상징화(Problématiques II. Castration-Symbolisations)》에서 긴 주석을 헌정했다(Laplanche 1980/1983, 91-101쪽). 그는 여기서 프로이트가 터부를 투사적이 아니라 간주관적으로 설명하고 있다는 점을 특히 강조한다. 다시 말해 처녀성의 터부는 남성의 내적 양가성의 단순한 투사가 아니라 아내 내지 그녀의 선행자(어머니 등)가 가진 소망의 무의식적 지각으로부터 자라난 것이라는 것이다. 라플랑슈는 "이것은 프로이트의 자기중심주의(Ipsozentrismus)와 단절하는 보기 드문 텍스트 중의 하나이다"라는 말로 요약한다(Laplanche 1992/1996, 126).

하지만 전체적으로 애정생활의 심리학에 대한 프로이트의 기고들은 문학에서, 예컨대 베르히만(1987/1994)과 컨버그(1995/1998)의 경우나 《사랑의 정신분석》(Höhfeld/Schlösser 1997)과 《쾌락의 정원에서》(1994)와 같은 작품 모음집들에서 거의 반향을 발견할 수 없었다는 점이 눈에 띈다. 이런 것에 가장 자세히 몰두한 연구자는 라이헤(Reiche)였다(Reiche 1994/2004). 성충동의 징후에 따른 프로이트의 사랑의 이론화는 대상관계의 관점이 전면에 나타나는 구상들에서 점점 더 크게 벗어난다. 그러나 무엇보다 애정생활의 병리적 특수성이 세 가지 기고의 제목을 표현하고 있듯이 이러한 특수성으로부터 애정관계에 대한 구조 일반을 추론하려는 방법적 처리는 정신분석의 역사에서 반복되지 않은 채 남아 있다.

────── 참고문헌 ──────────────────────

Bergmann, Martin S.: Eine Geschichte der Liebe(사랑의 역사). Frankfurt a. M. 1994(영어판. 1987).

Hohfeld, Kurt/Anne-Marie Schlösser (Hg.): Psychoanalyse der Liebe(사랑의 정신분석). Gießen 1997. Im Garten der Lüste. In: Psyche 48 (1994), 783-970쪽.

Kernberg, Otto F.: Liebesbeziehungen. Normalität und Pathologie(애정관계. 정상성과 병리학). Stuttgart 1998(영어판 1995).

Laplanche, Jean: Problematiques II. Castration-Symbolisations(문제 2. 거세-상징화) [1980]. Paris 1983.

_____: Die unvollendete kopernikanische Revolution in der Psychoanalyse(정신분석에서 완성되지 않은 코페르니쿠스적 혁명). Frankfurt a. M. 1996 (frz. 1992).

Nünberg, Herman/Ernst Federn (Hg.): Protokolle der Wiener Psychoanalytischen Vereinigung(빈정신분석학회의 회의록) 1906-1918. 4 Bde. Frankfurt a. M. 1976-1981(영어판 1962-1975).

Reiche, Reimut: Einleitung. In: Sigmund Freud: Schriften über Liebe und Sexualität(지그문트 프로이트:《사랑과 성욕에 대한 글》에서 서문) [1994]. Frankfurt a. M. 2004, 7.34.

Žižek, Slavoj: Die Metastasen des Genießens. Sechs erotisch-politische Versuche(향락의 전이. 여섯 편의 성애적-정치적 시론). Wien 1996.

Udo Hock

《나르시시즘 입문(Zur Einführung des Narzißmus)》(1914)

'나르시시즘'이라는 개념은 오늘날까지 정신분석 이론의 가장 다의적이고 모순적인 구상들에 해당한다. 실제로 상세하고 일반적으로 받아들여진 정의가 없으며, 임상과 메타심리학에서 각양각색의 의미로 사용된다. 하지만 동시에 이 개념은 정신분석이라는 체계에서 중심적 위치에 있음을 보여 준다.

영국의 성과학자 해브록 엘리스(Havelock Ellis)는 1898년의《자기성애: 심리학적 연구(Auto-Erotism: A Psychological Study)》라는 제목의 논문에서 "나르시스 같은 경향(Narcissus-like tendency)"이라는 말을 최초로 사용함으로써 이목을 끌었다. 1899년 '나르시시즘' 개념을 독일어로 소개한 독일의 신경과 의사 파울 넥케(Paul Näcke)와는 달리 엘리스의 경우에는 나르시시즘적인 자기사랑이 정상적인 현상이다. 반면에 넥케는 —오르가슴의 느낌과 결부된— 자신의 육체가 대상이 되는 병리적 성도착을 표현하기 위하여 나르시시즘이란 개념을 사용했다. 20세기 초의 성과학과 정신병학의 이런 기술적 병리학의 증상개념과는 상반되게 프로이트의 '나르시시즘' 개념은 심적 발달의 정상적 현상의 의미를 지닌다. 그러나 동시에 이 개념은 리비도가 대상에서 떨어져 나가는 병리적 상태를 설명하기 위하여 사용되기도 하였다.

프로이트는 1909년 11월 10일 수요회에서 빈의 정신분석가인 이지도르 자드거(Isidor Sadger)의 강연에 대한 토론 기고문에서 최초로 나르시시즘에 대하여 발표했다. 자드거는 남성 동성애의 병인론적 측면에서 나르시시즘의 의미에 대해 언급한 바 있었다. 그는 성 이상주의자들인 동성애자들이 "이전에 사랑하던 대상의 성향뿐만 아니라 자기 인격과의 유사성도 보여 준다"는 견해를 제기했다. "따라서 남성 동성애자는 그의 사랑의 대상 속에 들어 있는 자기 자신을 사랑했던 것으로, 말하자면 그에게는 나르시시즘이 존재하고 있었다"(May-Tolzmann 1991, 75)는 것이다. 프로이트는 이런 생각을 앞서 언급한 토론 기고문에서 받아들여 그것을 확장했다. "이것은 [나르시시즘은] 산발적인 현상이 아니라 자기성애로부터 대상사랑으로 넘어가는 필연적인 발달의 과정이다. 자신의 인격에(자신의 생식기에) 빠지는 사랑이란 필연적인 발달의 과정이다. 그때부터 사람들은 비슷한 대상들로 넘어간다"(Nünberg/Federn 1967/ 1977, 282쪽).

나르시시즘 개념은 1910년에 최초로 프로이트의 간행물들, 즉 《성이론에 대한 세 편의 논문》의 각주와 《레오나르도 다빈치의 어린 시절의 기억 (Eine Kindheitserinnerung des Leonardo da Vinci)》(전집 8, 169-170쪽)에 나온다. 그런 다음 그는 이미 1911년에 《자서전적으로 기술된 편집증의 사례(Über einen autobiographisch beschriebenen Fall von Paranoia)》(전집 8, 296쪽 이하)와 《토템과 터부》(전집 9, 109쪽 이하)에서 이 개념을 더 상세히 서술한다. 프로이트는 논문 《나르시시즘 입문》(전집 10, 137-170쪽)에서 결국 이 구상을 기본적으로 다루었으며, 이와 더불어 부분적으로는 몇 년 뒤에야 더 체계적으로 형성된 그의 정신분석 이론의 본질적 혁신과 변화를 시작했다. 그러나 그는 나르시시즘 구상 자체를 1914년 이후 더는 결정적으로 변화시키지 않았다.

일차적 나르시시즘과 이차적 나르시시즘

세 부분으로 나누어진 논문의 첫 부분에서 프로이트는 일차적 나르시시즘과 이차적 나르시시즘에 대한 자신의 관념을 발전시키면서 그의 저작에서 최초로 대상리비도(Objektlibido)와 자아리비도(Ichlibido)를 구분한다. 그는 자가성애, 즉 ―자아충동과 성충동이 아직 분리되지 않은― 대상 없는 원초적 상태를 거쳐서 성충동이 자아라는 첫 사랑의 대상을 향하는 심적 발달단계가 찾아온다고 주장한다. 프로이트에 의하면 일차적 나르시시즘 단계 동안 자아의 이와 같은 리비도 점령은 엄청난 흥분과 결부되어 있다고 한다. 이어서 이차적 나르시시즘에서는 리비도가 다시 대상에서 떨어져 나와 자아를 향하게 된다. 이는 어린아이들이나 원시부족, 조현병 환자에게서 목격될 수 있는 과대망상(Großenwahn)과 다시 결부된다는 것이다.

발달사적으로 정상적인 리비도의 자아점령과 차후 대상으로부터 자아로의 퇴행적인 새로운 점령을 근거로 프로이트는 조현병을 리비도 이론의 틀에서 설명하고 정리할 수 있게 된다. 리비도를 실제적 대상으로부터 떼어 내면서도 환상에서는 그것에 집착하는 히스테리 환자와 강박신경증 환자와는 달리 조현병 환자는 그의 리비도를 대상으로부터 완전히 떼어 내어 그것을 자신의 자아로 옮겨 간다. 이것이 강박신경증 환자의 과대망상을 설명한다고 프로이트는 말한다.

프로이트는 리비도가 위치를 바꾸는 이 과정(리비도의 전비과정)을 위족을 내밀고 다시 집어넣는 원형동물과 비교한다. 자아의 근원적 (일차적) 리비도 점령으로부터 리비도는 대상에 넘겨지고 (일부는 자아의 리비도 저장소에 남아 있다) 또한 특정한 조건에 따라 (이차적으로) 다시 사랑의 대상으로서의 자아로 되돌아온다. 프로이트는 에너지 모델의 틀에서 "하나가 점점 더 많이 소모되면 될수록, 다른 하나는 점점 더 많이 쇄락해진다"(같은 곳, 141쪽)고 설명한다.

프로이트는 이렇게 충동이론의 확장을 통하여 리비도 이론이 조현병의 설명에 실패하고 있으며, 성적인 내용은 일반적인 심적 에너지를 위하여 포기되어야 한다는 칼 융의 비난을 반박하려고 한다. 그는 전이신경증의 분석을 통하여 근원적으로 성충동(Sexualtrieb)과 자아충동(Ichtrieb)의 구별에 도달했다. 자아충동(배고픔)은 개인의 자기보존을 목적으로 하고, 성충동(사랑)은 쾌락의 만족을 추구한다. 이미 1910년에 그는 이 두 충동의 종류(전집 8, 97-98쪽) 사이에서의 심적 갈등을 기술한 바 있었다. 두 충동이 지닌 질의 이러한 분류에 의하여 개인의 이중적 기능은 어쩌면 번식계열에서 자기목적과 성적 기관으로 반영되는 것인지도 모른다. 프로이트에 따르면 자아충동은 언제나 외부로부터의 만족에 의존하는 데 반해, 리비도는 대상으로부터 분리되어 다시 자아를 —우리는 오늘날 자기(Selbst)에 관해 언급한다— 향함으로써 자기성애적으로 만족될 수 있다는 것이다.

프로이트는 여기서 도입된 리비도의 두 종류에 대한 구분을 통해 처음에 생물학적 모델에 의해 강력하게 각인된 그의 충동모델로부터 —물론 이와 동시에 그가 "모든 우리의 심리적 표상이 언젠가는 유기체적 지지대라는 토대 위에 세워져야만 한다"고 강조하고 있지만— 더 넓은 심리적 관점[나르시시즘 대 대상사랑, 자아이상, 자기감정(Selbstgefühl)]을 한층 더 확장한다. 그때까지 이 "특수한 화학적 소재들은 특수한 심적 힘들로 대체되어야 한다"(전집 10, 144쪽)고 프로이트는 주장한다.

나르시시즘적 사랑과 대상사랑

프로이트는 나르시시즘을 더 상세히 해명하기 위하여 그의 논문 제2부에서 유기체적 질병들, 심기증(Hypochondrie)[53]과 애정생활을 고찰한다. 유기체적 질병들의 경우 리비도는 대상에서 떨어져 나와 완전히 자아를 향하며, 치유 뒤에는 리비도가 다시 대상으로 향한다. 프로이트는 동일한 것이 잠과 꿈에도 해당하는 것으로 생각한다. 따라서 자아상태의 변화는 대상에

---

53) 역주: 건강염려증이라고도 한다.

서 자아로 또는 그 반대로 위치를 바꾸는 리비도의 전치와 연관된다.

심기증에서는 자아가 대상리비도로부터의 후퇴(Abzug von Objektlibido)를 통하여 신체기관을 나르시시즘적으로 소유한다. 그것이 가능한 이유는 성적 민감성(Erogenität)이 모든 기관의 일반적인 속성이고 또한 생식기적인 것이 성감대를 대표할 수 있기 때문이라는 것이다. 리비도의 정체 때문에 불쾌하게 느껴지는 긴장을 극복하는 것이 임무인 심리 장치는 본원적으로 일차적 나르시시즘의 경계를 넘어서려는 자아와 그것의 리비도를 대상으로 향하도록 밀어붙인다. 프로이트는 사실적 또는 환상적 대상들에서 리비도가 만족을 거절당하고 그 결과 리비도가 자아를 향해 거세게 역류하는 일이 발생한다면, 먼저 과대망상이 진행된다고 말한다. 과대망상을 통하여 자아리비도가 충분히 방출되지 않으면, 자아리비도의 정체가 일어나고 신경증적 불안에 상응하는 심기증이 발달한다. 여러 증상형성[예: 전환증상(Konversion), 공포증]을 통한 신경증적 불안의 극복은 그렇다면 ─대상이 다시 리비도적으로 점유되는─ 대규모의 질병증상을 나타내는 조현병에서의 복구시도와 일치한다는 것이다. 이를 프로이트는 이미 슈레버 사례(전집 8, 239-320쪽)에서 기술한 바 있었다.

이어서 프로이트는 중심적 주제인 대상선택에 접근하면서 그것의 리비도적인 역동성을 탐구한다. 성충동은 발달사적으로 우선 자아충동에 의존해 있기 때문에 성적 대상들은 자아충동의 만족스러운 체험에서 배제된다. 프로이트는 그가 의존유형(Anlenungstypus)이라고 부르는 대상선택에 있어서 자아충동에 기대는 리비도의 이런 의존을 대상선택의 나르시시즘적 유형과 대립적으로 파악한다. 이 경우 자기 인격의 전형에 부합하는 인물이 사랑의 대상으로 선택된다. 일차적 나르시시즘을 전제로 할 때 인간은 어머니와 자기 자신이라는 본연의 두 성적 대상을 갖고 있다. 프로이트는 인간에게 두 길이 열려 있는데, 물론 둘 중 하나가 우위를 차지한다고 말한다.

프로이트는 이상적 유형의 대상선택을 관찰하면서 남성의 대상사랑은 의존유형에 따르고, 여성의 대상사랑은 오히려 나르시시즘적 유형에 따르는 것으로 파악한다. 일차적 나르시시즘에서 유래하는 성의 과대평가는 사랑에 빠졌을 때는 완전히 대상으로 전이되고, 자아는 대상을 위하여 초라해진다. 반면에 여성의 경우에는 사춘기에 근원적 나르시시즘의 상승에 도달하는 것처럼 보이며 사랑을 받고 싶어 하게 된다. 한 사람의 나르시시즘은 의존적 유형(anaklitischer Typus)에 따라 사랑하던 사람들에게 큰 자극을 준다. 그러나 이 나르시시즘은 동시에 여성의 사랑에 대한 남성의 의구심과 여성의 신비에 대한 원천이기도 하다. 프로이트는 제한적이기는 하지만 의존유형에 따라 사랑하던 여성들도 많이 있다고 덧붙인다. 그리고 아이를 통해 이런 여성에게 나르시시즘을 대상사랑으로 바꿔 주는 가능성이 열리며, 이로써 자기 몸의 일부가 그녀에게 대상으로 다가온다. 자신의 근원적인 나르시시즘은 대상사랑으로 바뀐 뒤 부모로서의 사랑스러운 온정, 자기 아이에 대한 감정적인 과대평가의 배후에서 뚜렷하게 나타난다. 이제 아이는 부모의 성취되지 않은 소망을 채워 주어야 하며 또한 "현실로부터 심하게 압박당하는 자아의 불멸"(같은 곳, 158쪽)을 보장해야만 한다.

대상선택의 유형을 요약하여 프로이트는 다음과 같이 기술한다. "대상을 선택하는 자는 ① 나르시시즘적 유형에 따라 a) 현재의 자신(자기 자신)의 상태를, b) 과거 자신의 상태를, c) 자기 자신의 일부였던 사람을 사랑한다. ② 의존유형에 따라 a) 자기를 부양하는 여성을, b) 보호하는 남성과 그런 일련의 남성들로부터 출발하는 대체인물들을 사랑한다"(같은 곳, 156-157쪽).

프로이트가 대상선택에서 상이한 편차를 기술함으로써 다음 사실이 분명해진 것으로 보인다. 대상 및 자기리비도의 변증법적 연관성이 그의 대상선택의 이상적 유형의 서술에서 실제로 기초가 된다는 것 말이다.

자아이상과 자기감정(Ichideal und Selbstgefühl)

프로이트는 그의 글 제3부에서 일차적 나르시시즘의 충동운명을 다룬다. 일차적 나르시시즘은 다양한 장애들에 노출되어 있는데, 그 가운데에서도 거세콤플렉스가 가장 중요할 것 같다는 것이 프로이트의 견해이다. 그는 성격형성과 신경증 발생의 유일한 충동력이 나르시시즘과 연관된 리비도적인 열망(libidinöse Strebung)에 있는 것이 아니라 사회적 평가[남성 항거(männlicher Protest)]에 있는 것으로 파악한 알프레드 아들러와는 일단 명확히 경계를 긋는다. 견해를 달리하는 아들러와 융에 맞서 이 글을 가지고 자신의 리비도 이론을 주장하려는 프로이트의 노력이 여기서 한 번 더 엿보인다. ― 직전에 저술된 논문 《정신분석 운동의 역사》(전집 10, 43-113쪽)에서도 마찬가지였다.

리비도적인 열망의 부분이 주변세계가 요구하는 것과 갈등에 빠지면 그것은 억압을 받는다. 이 억압은 자아의 자기존중으로부터 시작된다. 프로이트에 의하면 이를 위한 조건은 이상의 구축인데, 이 이상에 준하여 실제적 자아가 측정된다고 한다. 1920년대에도 지속적 이론발전(무엇보다 자아, 이드와 초자아의 구조이론의 발전)을 위해서도 중요한 이 자아이상의 성립은 주변세계, 부모, 교육과 여론의 비판적인 목소리를 통하여 자극을 받는다. 일차적 나르시시즘의 부분은 이 이상으로 흘러들어 가고, 과거의 완전성의 상실은 이를 통해 만회되면서 자기애가 이 손상과 관련해 등장한다. 프로이트는 이것이 억압과정에 대한 필연적 전제라고 말한다.

이어서 프로이트는 이상형성과 승화를 구분한다. 승화는 대상리비도에서 일어나는 과정으로, 여기서 충동은 다른 목적, 직접 성적인 목적으로 바뀌지 않는다. 반면에 이상형성은 대상에서 일어나는 과정으로, 이를 통해 대상은 확대되고 승격된다. 나르시시즘이 이상형성으로 변화할 때는 승화가 동시에 일어나지 않는다. 설령 승화가 요구될지라도 이상적 자아는 그것을 강요할 수 없다. 프로이트에 따르면 승화는 충동의 욕구가 어떻게 해결될 수 있는지 탈출구를 보여 주는 반면, 이상형성은 자아에 대한 요구를 높이고 억압을 조장한다.

한 걸음 더 나아가 프로이트는 양심을 "자아이상으로부터 나르시시즘적 만족"의 확보를 "감독하는"(162쪽) 심급으로 기술하는데, 이는 자기관찰과 연관되어 있다. 이런 시도로 말미암아 프로이트는 망상증에서 관찰망상(Beobachtungswahn)도 이해할 수 있게 된다. 예전에 내면화된 외부의 금지들은 편집증에서 양심의 발달사가 "퇴행적으로 재생산"(163쪽)됨으로써 다시 외부의 영향으로 체험된다. 이때 편집증 환자에게 자신의 양심은 "외부의 영향으로서 적대적으로"(163쪽) 다가온다.

그런 다음 프로이트는 자기감정을 통하여 그가 자아크기의 표현으로 이해하는 하나의 정동적(affektiv) 개념을 도입한다. 자기감정은 일차적 나르시시즘의 잔재, 자아이상의 충족과 대상리비도에서의 만족으로부터 발달한다. 나르시시즘적 리비도에 아주 크게 종속되는 자기감정은 성공을 통하여 상승되며, 이를 통해 원초적 전능감정의 잔재가 배가된다고 한다. 사랑에 깊이 빠지면 자아리비도는 대상을 향해 흘러가고, 대상은 성적인 이상으로 변한다. 이때 유아의 애정조건을 충족시키는 것은 의존적 유형에 의하여, 이상 지향적 자아에 결여되어 있는 것은 나르시시즘적 유형에 의하여 만족스러운 것으로 체험된다.

끝으로 프로이트는 최초로 자아이상과 집단심리학을 결부시킨다. 자아이상은 그 발달사로 인하여 사회적 관련성을 갖기 때문에 사회적 요구를 충족시키지 못할 경우 사회적 불안과 죄의식으로 표출되는 불만족이 생겨난다. 근원적으로 이런 죄의식은 부모에 의한 애정박탈에 대한 불안이다. 프로이트는 그의 글《집단심리와 자아분석(Massenpsychologie und Ich-Analyse)》(전집 13, 71-161쪽)에서 이 주제를 더 상세히 논하게 된다.

전 망

나르시시즘 연구는 프로이트의 이론형성 과정에서 전환점으로 간주되고, 이런 점에서 추후의 발전에 길잡이가 된다고 할 수 있다. 텍스트는 지극히 압축되어 있다. 가령 자아이상과 양심 같은 여러 가지 생각들은 단지 암시되어 있을 뿐이어서 후기의 작업들에서야 비로소 해명된다. 작업이 시작될 시점에는 명확한 자아 및 대상 계획이 결핍되어 있어서 프로이트는 나르시시즘 개념에 대한 그의 이념을 명확한 구상으로 포착하는 데 부가적인 어려움이 있었다.

일차적 나르시시즘 단계에 대한 이해는 프로이트의 후계자들 사이에서 일련의 물음과 논쟁에 이르렀다. 일차적 나르시시즘은 대상관계를 선행하는가 아니면 대상의 내적 표상과 동시에 형성되는가? 자기의 발달이 대상과의 결합 없이 가능한 것인가? 프로이트 본인도 그의 구상이 불충분한 것을 느꼈던 것 같다. 그럴 것이 그는 1914년 3월에 카를 아브라함과 이 문제에 대해 의견을 교환했기 때문이다. "나는 당신에게 내일 난산의 결과물이자 그것의 변형이었던 나르시시즘에 관한 내용을 보내겠습니다. 그것은 물론 특히 마음에 들지 않습니다. … 그것은 아직도 크게 수정이 필요합니다"(F/A, 163).

1923년에 프로이트는 《자아와 이드》에서 전체 리비도가 이드에 정착된 일차적 나르시시즘을 가정함으로써 '나르시시즘'을 수정하기 시작했다. 그러나 이렇게 함으로써 나르시시즘 구상에 새로 발생한 문제들이 너무 많아서 그는 결국 나르시시즘의 초기 관점으로 되돌아갔다.

비록 프로이트의 글이 오늘날까지 ―모순에 빠지거나 공격성과 같은 관점이나 대상관계에 대한 정동의 중요성 일반이 부각되지 않는다고― 여러 측면에서 비판을 받고 좋지 않게 평가될지라도, 우리는 프로이트가 이 글에서 중요한 시도들, 예컨대 자아의 구상과는 달리 자기의 구상, 대상관계이론과 오이디푸스 콤플렉스 이전의 감정세계, 추후의 구조이론의 토대에 대한 시도들을 공식화했다는 점을 인정하지 않으면 안 된다.

나르시시즘은 오늘날까지 어떤 명료한 개념이 아니다. 언젠가 '나르시시즘'의 모호한 의미를 일상어에서 도외시한다면, 정신분석학파 내에서는 어떤 동의도 이루어지지 않을 것이다. 충동이론에서 발달사적 단계로서의 일차적 나르시시즘은 오늘날까지도 소수의 정신분석가들에게게만 반향을 얻고 있다. 나르시시즘적 장애는 무엇보다 자기의 기능불량으로 이해되는 바, 일차적으로는 어떤 충동갈등도 이를 일으키는 원인이 아니다. 무엇보다 부각되는 것은 나르시시즘적 인격장애와 병리적 나르시시즘에 대한 집중적 연구이다(Kohut 1971/1973; Kernberg 1975/1978). 이에 대해서는 그때그때 자기 및 대상사랑의 문제성에 대한 자신의 관념을 발전시킨 멜라니 클라인, 도널드 위니콧, 자크 라캉과 벨라 그룬베르거(Béla Grunberger)의 시도 역시 언급된다.

───── 참고문헌 ─────────────────────────────────────

Altmeyer, Martin: Narzißmus und Objekt(나르시시즘과 대상). Göttingen 2000.

Kernberg, Otto F.: Borderline-Störungen und pathologischer Narzißmus(경계선 장애와 병리적 나르시시즘). Frankfurt a. M. 1978(영어판 1975).

Kohut, Heinz: Narzißmus. Eine Theorie der psychoanalytischen Behandlung narzißtischer Persönlichkeitsstörungen(나르시시즘. 나르시시즘적인 성격장애의 정신분석적 치료 이론). Frankfurt a. M. 1973(영어판 1971).

May-Tolzmann, Ulrike: Zu den Anfängen des Narzißmus(나르시시즘의 시작): Ellis - Näcke - Sadger - Freud. In: Luzifer-Amor 4 (1991), 50-89쪽.

Nünberg, Herman/Ernst Federn (Hg.): Protokolle der Wiener Psychoanalytischen Vereinigung(빈 정신분석협회의 회의록) 1906-1918. Bd. II. Frankfurt a. M. 1977(영어판 1967).

Sandler, Joseph/Ethel S. Person/Peter Fonagy (Hg.): Über Freuds »Zur Einführung des Nar-
zißmus«(프로이트의 《나르시시즘 입문에 대하여》). Stuttgart-Bad Cannstatt 2000(영
어판 1991).

Michael Giefer

《쾌락원리의 저편(Jenseits des Lustprinzips)》(1920)

《쾌락원리의 저편》(전집 8, 1-69쪽)은 프로이트 저서들 가운데 최초의 각
론적 신간으로, 창설된 지 얼마 안 된 국제정신분석 출판사에서 1920년 가
을에 발행되었다. 이 글에서 프로이트는 성적 충동과 자기보존의 충동이
라는 이제껏 통용되던 대립적 사고의 틀을 수정하는 이른바 제2 충동이
론을 발전시킨다. 오늘날까지 이 글은 논쟁적으로 토론되고 있으며, 동시
에 《쾌락원리의 저편》에서 도입된 ―"에로스", "죽음의 충동", "반복강박
(Wiederholungszwang)"― 개념들은 여러 가지로 비과학적, 철학적이고 지극
히 사변적인 것으로 평가된다. 프로이트는 우선 조심스럽게 어루만지듯
그의 새로운 명제를 제시하지만, 나중에는 그것을 그의 이론에 필수적이
고 없어서는 안 되는 것으로 간주했다(Jones Ⅲ, 58). 1925년의 《나의 이력
서》에 적혀 있듯이 그는 "오랫동안 억눌린 사변에의 경향을 자유롭게 방
임했다"(전집 14, 84쪽). 분명히 프로이트는 앞서 나온 어떤 다른 글에도 없
는 철학적 전통을 끌어들이는 가운데 그의 심리학적 이론의 철학적 정초
를 통하여 청춘기에서 유래한 자신의 구상을 완수했다(Assoun 1976; Derrida
1980/1987; Godde 1999).

《쾌락원리의 저편》에서 최초로 소개된 새로운 충동이론은 이론적으로

나 임상적으로 그의 후계자 중에서 몇 안 되는 사람들, 특히 자크 라캉과 멜라니 클라인에게 정신분석의 기본텍스트가 되었다(Jones Ⅲ, 316, 329쪽 참조; Weber 1979, 147쪽; Eissler 1955/1978; 1971/ 1980; Kimmerle 1988; Laplanche 1970/1974; 1996; Perner 2005; Rosenberg 1989/2005; Schmidt-Hellerau 1995; Zagermann 1988). 이 새로운 충동이론은 오늘날까지 정신분석 연구자 다수에게 제도, 이론과 특히 실제로서의 정신분석에서 ―해롭고 쓸데없고 낡고 형이상학적인― 프로이트의 탈선을 표현하는 것으로 비판을 받거나 무시를 당한다(Fenichel 1935/1985; Schur 1966/1973; Reich 1942/1972).

1919년 4월 루 안드레아스 살로메가 프로이트에게 아직 발표되지 않은 일곱 편의 논문들의 운명에 관해 물었을 때, 그는 《쾌락원리의 저편》이라는 제목을 가진 새로운 글을 작업 중이라고 대답한 바 있다(FA, 105). 프로이트는 이미 같은 해 3월 페렌치에게 자신이 방금 《아이가 맞고 있다》는 제목의 마조히즘 치유에 대한 작업을 끝냈으며, 《쾌락원리의 저편》이라는 "비밀스러운 표제"를 지닌 두 번째 연구물이 막 생겨나려는 참이라고 편지를 썼다(F/ Fer Ⅱ/2, 214). 1919년 5월에 그는 《저편》에 대한 초안뿐만 아니라 《섬뜩함(Das Unheimliche)》도 완성했다고 보고했다. 프로이트는 1920년 5월에서야 비로소 페렌치에게 다시 《저편》의 작업에 매달리고 있다고 편지했고, 1920년 7월 18일에 그가 작업을 완결했음을 알린다(Grubrich-Simitis 1993, 237쪽).

그러므로 프로이트로 하여금 새로운 충동이론, 바로 삶의 충동 및 죽음의 충동의 이원성을 정신분석에 도입할 필요성을 확신시킨 것은 특정한 현상들 ―《섬뜩함》에서 동일한 종류의 악마적이고 무시무시한 반복과 《아이가 맞고 있다》에서 마조히즘의 그와 같은 반복― 이었다. 나중에 프로이트는 《정신분석 입문 강의의 새로운 연속》에서 다음과 같이 쓰게 된다. "사디즘과 마조히즘 둘 다 리비도 이론에 대하여 정말 불가사의한 현상인데, 마조히즘은 정말 특별합니다. 그런데 어느 이론에 걸림돌이었던 것이 그 이론을 대체하는 이론에 주춧돌 역할이라도 한다면, 그것은 정상적인 결과일 따름입니다"(전집 15, 111쪽). 이어서 그는 새로운 충동이론의 기본개념을 분석 작업에서 나온 경험, 즉 분석에서 저항하는 환자들은 자신이 저항하는 사실을 의식하지 못할 뿐만 아니라 그 동기 또한 의식하지 못한다는 경험을 가지고 확고히 한다. 이에 대해 프로이트는 마조히즘적 소망으로 인식되었던 처벌의 욕구(Strafbedürfnis)가 동기로 밝혀졌다고 말한다(같은 곳, 115쪽).

아이슬러(K. R. Eissler)는 프로이트가 충동이론에 죽음의 충동을 포함시키는 것을 그의 개인적이고 비과학적인 동기 때문에 일어나는 예기치 못한 놀라운 행보로 설명하는 것은 잘못이라고 지적한다. 프로이트의 저작을 세밀하게 검토해 보면 그의 이론의 이 마지막 구성요소가 그 앞의 저작과 유기적 관계를 맺고 있다는 사실이 증명될 것이라는 것이다(Eissler 1955/1978, 18쪽). 아이슬러(1955/1978; 1971/1980)와 마찬가지로 라플랑슈(1970/ 1974)도 이와 같은 연구를 내놓은 바 있다. 죽음의 충동의 도입은 프로이트 사유의 내적 필연성과 그의 무의식 구상에 상응한다. 프로이트 본인은 제2의 충동이론이 이론 내적으로 나르시시즘 우세의 방향으로 무게중심을 이동하는 데 대한 답변이라는 점을 명백히 했다. 프로이트는 에로스와 죽음의 충동 구상을 가지고 그가 인식한 나르시시즘의 도입을 통한 이원적 충동이론의 해체 위험(전집 10, 137-170쪽) 내지 일원적 충동이론으로의 접근 위험에 대응했다.

프로이트는 새로운 충동이론을 그의 자서전과 연계하여 설명하려는 사람들의 시도를 예견하면서 이 충동이론이 딸을 잃게 된 것에 대한 반응이라는 추측을 거부했다. ― 이는 프리츠 비텔스(Fritz Wittels)가 1924년에 발행한 그의 프로이트 자서전에서 주장한 명제이다. 프로이트는 이에 대해 다음과 같이 언급했다. "나는 《저편》을 딸이 건강하고 발랄하던 1919년에 썼다. 딸은 1920년 1월에 죽었다. 1919년 9월에 나는 소책자의 원고를 베를린에 있는 여러 친구들에게 읽도록 넘겼고, 이 원고에 부족한 것은 원생동물의 사멸 또는 불멸에 대한 부분뿐이었다. 개연적인 것이 늘 참된 것은 아니다"(증보판, 758쪽). 물론 일제 그루비히 지미티스는 프로이트가 딸의 사후에 텍스트의 초판에서 아주 중요한 수정작업 과정의 의미를 이런 표명을 통하여 축소시켰다고 말한다. 그녀는 워싱턴에 있는 의회도서관에 두 가지 원고 판으로 된 《쾌락원리의 저편》이 보존되어 있다고 보고한다. 두 판을 비교해 보면 둘 사이에 매우 현격한 차이가 확인될 수 있다는 것이다. 초판은 단지 여섯 부분으로만 되어 있지만, 인쇄원본으로 사용된 두 번째 판은 일곱 부분으로 되어 있다. 죽음의 충동이라는 개념이 최초로 사용되는 총량 중 거의 3분의 1을 결정하는 제7장은 딸의 사후에 비로소 삽입되었다고 지미티스는 밝히고 있다(Grubrich-Simitis 1993, 243쪽).

《쾌락원리의 저편》은 우선 프로이트가 이미 1895년의 《심리학 초고》에서 집필했던 사고와 연결된다(Sulloway 1979/1992, 415쪽). 이는 심적인 에너지 분배에 대한 숙고와 그가 신경증 발생 시에 외상적 요인들에 부여하고 있는 의미에서 분명해진다.

첫 장(전집 8, 1쪽 이하)은 쾌락원리를 위한 경제적 관찰로 시작된다. 이에 따라 '쾌락'이라는 현상은 심리 장치에서의 에너지 분배, 긴장의 양적인 고조 내지 저하에 따라 조절된다. 즉 긴장의 고조는 불쾌로 이끌고, 긴장의 저하는 쾌락으로 이끈다. 정신물리학자 페히너(Fechner)의 이론에 따르면 심리 장치 내부에 존재하는 자극의 양을 가능한 한 낮게 또는 항상적으로 유지하는 것은 심리 장치의 경향이라는 것이다. 마찬가지로 "쾌락원리는 항상성의 원칙(Konstanzprinzip)으로부터 도출된다"(5쪽). 프로이트는 이와 함께 결정적인 전환을 시도한다. 과거의 메타심리학적 글들, 예컨대 《심리학 초고》와 《꿈의 해석》 제7장에서 무의식적 과정, 억압된 충동자극이 관성의 원리(Trägheitsprinzip)를 따르면서 완전한 방출과 긴장 제로상태를 열망했다면, 이제 그것은 "안정성으로의 경향(Tendenz zur Stabilität)"(5쪽), 궁극적으로는 자기보존과 자아원리를 고려한다. 프로이트는 경제적 에너지역학의 관찰방식 속에서 무의식적 소망 및 성적 과정을 현실원리와 그것의 고정에너지 형태에 접근시킨다.

하지만 관성의 원리는 전혀 포기되지 않는다. 그것은 《쾌락원리의 저편》에서 일차적 원리로서 오히려 강화되면서 열반원리(Nirwanaprinzip)라는 다른 이름으로 재구축된다. "쾌락원리를 항상성의 원칙, 결합의 원리와 연관시키는 프로이트의 결정은 무의식의 과정에서 드러나듯이 쾌락원리가 계속해서 충동에너지의 특정한 결합, 그것도 충동에너지와 표상 및 대리자와의 결합을 전제로 한다는 사실과 관계가 있다"(Bayer 1996, 11쪽). 《저편》의 제7장에서 프로이트는 다음과 같이 적고 있다. "그러나 충동자극의 묶기는 방출의 쾌감 속에서의 최종적 해결을 위한 사전준비의 기능인지도 모른다"(전집 8, 68쪽).

제2장(9쪽 이하)에서는 먼저 외상성 신경증, 이른바 재해성 신경증[사고 신경증(Unfallsneurose)]에 의한 불쾌의 반복된 경험이 기술된다. 환자들의 꿈 생활은 그들이 재해의 상황으로 계속 되돌아가 그로부터 새로운 공포를 느끼고 꿈에서 깨어난다는 것을 보여 준다. 이어서 프로이트 손자의 실패 놀이가 연구된다. 어린아이는 놀이를 하면서 불쾌한 과정을 능동적으로 계속 반복함으로써 수동적으로 체험해야 하는 어머니가 떠나고 없다는 불쾌한 과정을 극복한다는 것이다. 종국적으로 프로이트는 불쾌에 대한 경험사례들 역시 쾌락원리의 실존을 전제로 한다고 확신한다. 우리는 이런 경험사례들을 가지고 쾌락원리의 저편에 있는 경향들의 작용을 이 원리보다 더 근원적으로 그리고 이 원리와 독립적으로 증명할 수는 없다는 것이다.

제3장(16쪽 이하)에서 반복강박(Wiederholungszwang)의 중심개념이 소개된다. 정신분석 치료에서 환자는 자신에 의해 억압된 모든 것을 기억할 수 없기 때문에 어쩔 수 없이 전이에서 억압된 것을 새롭게 되살려 현재의 체험으로 반복하지 않을 수 없다. 이러한 강박은 환자로 하여금 유아기의 성적인 소망과 현실의 부조화 및 아동발달 단계의 불충분성 때문에 예전에 포기될 수밖에 없었던 어린 시절의 고통스러운 체험들을 반복하도록 몰아간다. 신경증이 없는 사람들의 삶에서도 신경증 환자의 전이현상과 일치하는 지속적으로 반복되는 불행한 사건들이 발견될 수 있다. 프로이트는 전이에서의 이런 관찰과 행동을, 심리적 삶에는 그가 잠시 옆으로 밀쳐 둔 쾌락원리보다 더 근원적이고 기본적이며 충동적인 반복강박이 존재한다는 가정으로 정당화한다.

제4장(23쪽 이하)을 프로이트는 다음과 같은 언급으로 시작한다. "이제 뒤따르는 것은 각자가 자신의 특수한 입장에 따라 평가하거나 아니면 소홀히 하게 될 사변, 가끔은 장황한 사변이다. 나아가 호기심을 가지고 이것이 어디로 우리를 인도할 것인가 하는 생각을 철저히 이용하려는 시도이다"(23쪽). 이어서 그는 살아 있는 작은 수포가 외부세계를 방어하는 자극막이(Reizschutz)를 갖추고 있다고 기술한다. 이 자극막이를 뚫고 들어올 만큼 충분히 강력한 외부의 흥분(Erregung)은 외상적이라고 불린다. 침투해 들어오는 자극은 심리적으로 묶일 수 없기 때문에 이때의 흥분은 유기체의 에너지 관리에서의 장애를 발생시킨다. 재해신경증 환자의 꿈과 꿈속에서 다시 나타나는 어린 시절의 심리적 외상에 대한 기억 역시 반복강박을 따른다.

제5장(35쪽 이하)은 내부로부터의 흥분을 막아 주는 자극막이가 없다는 확증으로 시작된다. 가장 중요한 원천인 내적 흥분은 방출되기 위해 외부로 밀고 나가는 충동이자 심리 장치로 이전된, 그러나 묶이지 않은 충동의

힘의 작용이다. 심리 장치의 더 높은 층의 임무는 바로 충동의 흥분을 묶는 일이다. 오직 이 묶기라는 조건에 따라서만 쾌락원리 일반의 지배권이 행사될 수 있다. 물론 쾌락원리와 무관하게 ─또한 그것을 고려하지 않고─ 흥분을 묶기가 심리 장치의 가장 중요한 임무로 남아 있다. 이를 입증하는 것이 반복강박의 임상적 표현이다. 프로이트는 충동적인 것과 반복강박 사이의 내적인 관계에 대하여 물음을 제기한다. "여기서 우리에게 문득 떠오를 수밖에 없는 생각은 우리가 일반적인, 이제껏 명백하게 인식하지 못한 ─또는 적어도 명확히 강조하지 않은─ 충동의 성격, 어쩌면 모든 유기체적 생명 일반의 성격에 대한 실마리를 찾게 되었다는 사실이다. **그러니까 충동이란 어쩌면 살아 있는 유기체적인 것에 내재한 이전 상태의 재생을 향한 강렬한 추동력(Drang)인지도 모른다.** 이 살아 있는 것은 외적 장애의 힘이 가하는 영향에 따라 이전 상태, 일종의 유기체적 탄성, 아니면 달리 표현하여 유기체적 생명에 있는 관성의 표현을 포기할 수밖에 없었다"(38쪽). 이 두 가지 성격은 ─한편으로 완벽한 긴장 배출을 향한 열망["관성", "무기물로의 회귀"] (41쪽), 다른 한편으로는 반복을 향한 강렬한 움직임은─ 이로써 무엇보다 충동 그 자체가 되는 충동의 특징을 잘 보여 준다. 죽음의 충동은 그 자체로 1900년까지 프로이트 사유에서 무의식적 소망과 그 이후로 나르시시즘 도입까지의 성충동 그리고 자아의 리비도적인 토대에 대한 통찰(1914)이 소유했던 특징들을 넘겨받는다.

충동이 보수적으로 이전 상태의 재생을 지향한다면, 모든 발전은 오직 외부의 ─방해하고 굴절시키는─ 영향을 통해서만 조건화될 수 있다. 그러나 진보, 성장과 완성은 충동의 보수적 본성과 대립적 관계였다. "우리가 살아 있는 모든 것이 내적인 이유 때문에 죽어서 무기물로 되돌아간다는 것을 예외 없는 경험으로 받아들여도 좋다면, 우리는 모든 생명의 목적이 죽음이고, 또한 역으로 말해 생명이 없는 것은 살아 있는 것보다 더 이전에 거기 있었다고 말할 수 있을 것이다"(같은 곳, 40쪽). 프로이트는 "생명이 없는 물질" 속에서 "그 언젠가"(40쪽) 상상할 수 없는 힘의 작용을 통하여 생명체의 특성이 일깨워지고, 그것은 죽음의 목적지에 도달하기까지 우회로를 거치지 않을 수 없다고 추론한다. 프로이트는 그의 가설이 신화적 사유형상(62쪽)에서 시작된다고 특히 강조한다.

프로이트가 구조를 기술하는 방식에 따라 충동의 보수적 본성(반복으로의 근원적인 힘)은 생명이 없는 것에 도달하려는 목적의 실현 속에서 살아 있는 것, 점점 더 커지는 "죽음으로의 우회로", 결국은 "삶의 현상"(41쪽)을 만들어 낸다는 역설이 성립된다. 프로이트는 인간의 문화적이고 정신적인 발전을 이 역설적 구조와 역동성의 동인("상상할 수 없는 힘의 작용", 같은 곳, 40쪽)으로서의 원천장애(Ursprungsstörung)로 되돌린다. "억압된 충동은 일차적 만족체험의 반복에 있을지도 모르는 완전한 만족을 얻으려고 열망하는 것을 결코 포기하지 않는다. … 완전한 만족을 위하여 뒤로 향하는 길은 대체로 억압이 견지하는 저항을 통하여 차단된다. 따라서 그 길에는 과정을 종결하고 목적에 도달할 수 있는, 전망도 없이 아직도 자유로운 다른 발전방향으로 성큼성큼 나아가는 것밖에는 다른 도리가 없다"(44-45쪽). 프로이트는 이 발전의 동력을 근본적인 충동갈등의 차원에서 찾아낸다. 죽음의 충동은 성충동과 대립된다. 성충동은 죽음으로 인도하는 다른 충동에 역작용을 일으키는 본래적인 삶의 충동인 것이다.

제6장(46쪽 이하)에서 프로이트는 그의 가정들을 생물학적 인식의 도움으로 입증하려 시도하면서 우선 아우구스트 바이스만(August Weismann)의 연구에 관해 논의한다. 바이스만이 볼 때 단세포생물은 잠재적으로 불멸한다. 그의 견해에 따르면 죽음은 후생동물의 경우에, 즉 신체와 생식질에서 체세포의 분리가 일어나는 다세포 생물의 경우에 비로소 나타나는 뒤늦은 유전이라는 것이다. 그러나 이것으로는 지구에서 생명의 시초에서

유래하는 죽음의 충동이라는 가정에 대하여 아무것도 얻어지지 않는다. 짚신벌레의 연구결과도 어떤 최종적인 결과에 이르지 못한다.

프로이트는 리비도 이론이 발전하는 과정에서 먼저 대상을 향하는 성충동과 자아충동의 대립에 직면했다. 그가 더 자세히 자아의 문제에 열중했을 때, 자아는 리비도의 본래적이고 근원적인 저장고이자 나르시시즘적 리비도로 채워진 성적 대상이라는 것을 인식했다. 그러나 이것으로 프로이트는 자아충동과 성충동 사이의 대립을 포기해야만 했고, 자기보존충동의 리비도적인 성격을 인정할 수밖에 없었다. 그러나 프로이트는 칼 융이 내세운 일원론적 충동이론을 거부하고 계속해서 삶의 충동과 죽음의 충동의 대립을 통하여 결정된 그의 이원론적 관점을 고집했다.

생명보존의 성충동이 무엇 때문에 이전의 상태를 재생하려고 노력하는지 설명할 수 있기 위하여 프로이트는 그가 이미 《성이론에 대한 세 편의 논문》에서 물론 다른 목적으로 사용했던 플라톤의 둘로 잘린 공인간 (Kugelmensch)[54]에 대한 우화를 다시 끌어들인다. 살아 있는 실체는 생명을 부여받을 때 작은 부분으로 찢겨 나갔고, 그 이후 작은 부분이 성충동의 도움으로 재결합을 열망했다는 것이다.

제7장(67쪽 이하)에서 프로이트는 반복강박과 쾌락원리 사이의 관계를 개괄한다. 불쾌감에 대한 고려 없이 충동자극을 묶고, 그것에서 지배적인 일차적 과정을 이차적 과정으로 대체함으로써 운동성의 점령에너지를 조용히 쉬는 것으로 변화시키는 것이 심리 장치의 가장 오래되고 가장 중요한 기능이라면, 이로써 쾌락원리는 결코 폐기된 것이 아니라고 프로이트는 주장한다. 오히려 이와 같은 변형은 철저히 쾌락원리의 도움에 따라 일

---

54) 역주: 플라톤의 《향연》에서 남성-여성인 공인간을 제우스가 이 인간의 다재다능함을 위협으로 느껴 둘로 잘랐다는 이야기.

어나고 그것의 지배력이 이러한 변형을 이끌고 확실하게 한다는 것이다. 쾌락원리는 심리 장치를 흥분 없이 유지하여 그것을 무기적인 세계의 고요함으로 되돌려 보내는 자신의 임무를 충동에너지의 묶기를 통해서만 수행할 수 있다. 이를 위해 사전준비적인, 요컨대 토대를 확고히 하는 어떤 기능이 부가된다. 반복은 묶기의 밖에, 묶기 이전에 있음이 틀림없는 어떤 예전의 것을 지시한다. 그러나 반복은 표상대리자(Vorstellungsreprasentanz), 즉 묶기와의 관계 속에서만 있을 수 있고 또한 심적으로 작용을 할 수 있다. 최초의 만족체험의 재점령(반복)에서 배출, 다시 말해 에너지의 방출이 일어난다. 《쾌락원리의 저편》에서 프로이트는 쾌락원리를 변증법적 형상으로 전개한다. 이에 따라 반복운동은 억제와 해방을 모순적으로 함께 포괄하면서 그것을 "유기체적 생명에서의 관성의 표현"(38쪽)과 전혀 다르지 않은 것으로 표현한다. 여기서는 프로이트가 정신분석은 충동의 사건을 대표성의 차원에서 재구성한다는 사실을 이런 변증법적 형상으로 고려하고 있다는 것만이 암시될 수 있을 뿐이다(Bayer 1996 참조).

프로이트는 1915년경부터 실험해 온 메타심리학으로 그의 후계자들에게 —비록 그들이 큰 의구심을 가지고 이를 떠맡았지만— 유산을 남겨 놓았다. 사회적 평판을 고려한 임상적-치료요법을 지향하는 정신분석은 프로이트가 《쾌락원리의 저편》에서 개진한 새로운 발상들을 지속적으로 거부했다. 프로이트의 발상들은 단지 라틴어권의 나라들에서만 모종의 반향을 얻었고 지금도 그러하다(Lohmann 1983/1985). 프로이트의 도전적인 명제들을 수용하고 지속적으로 발전시킨 것은 프랑스의 자크 라캉과 장 라플랑슈였다. 가장 일반적이고 대체로 인정되는 해석은 프로이트가 1920년의 글에서 이루었던 커다란 발견은 공격성의 발견이라고 주장한다. 요컨대 죽음의 충동은 야생적이고 순수하고 성적이 아닌, 발생적-생물학적으로 미리 주어진 공격적 행동과 전혀 다르지 않다는 것이다. 프로이트는 물론

1920년까지의 근원적 공격충동의 발상을 ―앞서 그것을 가설로 제시한 알프레드 아들러와는 비판적으로 경계를 명확히 설정하면서― 거부했다. 그럼에도 프로이트 역시 ―가령 짧은 논문 《충동과 충동의 운명》이 입증하듯이― 이미 일찍이 공격성, 사도마조히즘과 증오의 이론을 활용했다. 라플랑슈는 아마도 죽음의 충동 개념을 받아들인 단 몇 명의 정신분석가만이 ―무엇보다 멜라니 클라인과 그녀의 학파가― 프로이트가 이것으로 자기파괴의 원초적 경향과 이차적으로 외부를 향하는 공격성을 말했다는 것을 기억할 수 있었을 것이라고 적고 있다(Laplanche 1996). 죽음의 충동을 수용함에 있어서 본질적인 것을 우리는 공격성의 발견과 그것의 이론적 토대에서 찾아서는 안 된다. 오히려 본질적인 것은 일차적이거나 근원적인 마조히즘의 명제에 따라 공격성이 일단 주체를 겨냥하다가 주체 내에 정체한 다음에 외부를 향한다는 발상에 있다. 이 명제는 물론 전적으로 새로웠으며, 죽음의 충동을 가정하는 관계에서야 비로소 그 위력을 발휘했다 (Laplanche 1970/1974, 127-128쪽).

─── 참고문헌 ───────────

Assoun, Paul-Laurent: Freud, la philosophie et les philosophes(프로이트, 철학과 철학자). Paris 1976.

Bayer, Lothar: Wiederholung und Genießen(반복과 향유). In: Riss 11 (1996), 9-17쪽.

Derrida, Jacques: Die Postkarte von Sokrates bis an Freud und jenseits(소크라테스로부터 프로이트와 저편에 이르기까지의 우편엽서). Berlin 1987(불어판 1980).

Eissler, K. R.: Der sterbende Patient. Zur Psychologie des Todes(죽어 가는 환자. 죽음의 심리학에 대하여). Stuttgart-Bad Cannstatt 1978(영어판 1955).

_____: Todestrieb, Ambivalenz, Narzißmus(죽음의 충동, 양가성, 나르시시즘). München 1980(영어판 1971).

Fenichel, Otto: Zur Kritik des Todestriebes(죽음의 충동에 대한 비판) [1935]. In: Ders.:

Aufsätze. Bd. 1. Frankfurt a. M./Berlin/Wien 1985, 361-371쪽.

Gödde, Günter: Traditionslinien des "Unbewußten". Schopenhauer-Nietzsche-Freud("무의 식"의 전통계열. 쇼펜하우어-니체-프로이트). Tübingen 1999.

Grubrich-Simitis, Ilse: Zurück zu Freuds Texten. Stumme Dokumente sprechen machen(프 로이트의 텍스트로 돌아가자. 말없는 문서들을 말하게 하기). Frankfurt a. M. 1993.

Hemecker, Wilhelm: Vor Freud. Philosophiegeschichtliche Voraussetzungen der Psychoanalyse (프로이트에 대하여. 정신분석의 철학사적 전제). München/Hamden/Wien 1991.

Kimmerle, Gerd: Verneinung und Wiederkehr(부정과 회귀. 프로이트의 《쾌락원리의 저편》 에 대한 방법적 강독). Eine methodische Lektüre von Freuds »Jenseits des Lustprin-zips«. Tübingen 1988.

Laplanche, Jean: Leben und Tod in der Psychoanalyse(정신분석에서 삶과 죽음). Olten/ Freiburg i.Br. 1974(불어판 1970).

_____: Der Todestrieb in der Theorie des Sexualtriebes(성충동 이론에서 죽음의 충동). In: Ders.: Die allgemeine Verführungstheorie. Tübingen 1988, 178-198쪽(불어판 1986).

_____: Der (sogenannte) Todestrieb: ein sexueller Trieb[(이른바) 죽음의 충동: 성적 충동]. In: Zeitschrift für psychoanalytische Theorie und Praxis 11 (1996), 10-26쪽.

Lohmann, Hans-Martin: Wie harmlos dürfen Psychoanalytiker sein? Notizen zur verdrängten Thanatologie(정신분석가들은 얼마나 순수해도 좋은가? 억압된 타나톨로지에 대한 메 모). In: Ders. (Hg.): Das Unbehagen in der Psychoanalyse. Eine Streitschrift [1983]. Frankfurt a. M. 1985, 50-59.

Perner, Achim: Freuds Theorie der Aggression(프로이트의 공격성 이론). In: Andre Michels u. a. (Hg.): Jahrbuch für klinische Psychoanalyse 6 (2005). Im Druck.

Reich, Wilhelm: Die Funktion des Orgasmus. Die Entdeckung des Orgons(유기체의 기능. 오르곤의 발견) [1942]. Frankfurt a. M. 1972.

Reiter, Bettina: Dunkel ist das Leben, ist der Tod — Zu Freuds Todestriebtheorie(어두운 것은 삶이고 죽음이다 — 프로이트의 죽음의 충동이론에 대하여). In: Zeitschrift fur psycho-analytische Theorie und Praxis 11 (1996), 27-47쪽.

Rosenberg, Benno: Todestrieb und Triebmischung oder Der Todestrieb in der Konstruktion des Objektes und des psychischen Apparats oder Der Todestrieb und die masochistische Dimension der Existenz(죽음의 충동과 충동혼합 또는 대상 및 심리 장치의 구성에서

죽음의 충동 또는 실존의 죽음의 충동과 마조히즘적 차원) [1989]. In: Zeitschrift für psychoanalytische Theorie und Praxis 20 (2005), 40-59쪽.

Schmidt-Hellerau, Cordelia: Lebenstrieb & Todestrieb, Libido & Lethe. Ein formalisiertes konsistentes Modell der psychoanalytischen Trieb- und Strukturtheorie(삶의 충동과 죽음의 충동. 리비도와 레테. 정신분석적 충동 및 구조이론의 형식화된 안정적인 모델). Stuttgart 1995.

Schur, Max: Das Es und die Regulationsprinzipien des psychischen Geschehens(이드와 심적 사건의 규정원칙). Frankfurt a. M. 1973(영어판 1966).

Sulloway, Frank J.: Freud. Biologist of the Mind(프로이트. 마음의 생물학자) [1979]. Cambridge/London 1992.

Weber, Samuel: Freud Legende(프로이트 전설). Olten 1979.

Zagermann, Peter: Eros und Thanatos. Psychoanalytische Untersuchungen zu einer Objektsbeziehungstheorie der Triebe(에로스와 타나토스. 충동의 대상관계이론에 대한 정신분석적 연구). Darmstadt 1988.

Thomas Aichhorn

6

여성의 정신성욕(Psychosexualität)

종종 비판을 받는 프로이트의 여성성 이론은 남성의 정신성욕 발달모델에서 도출된 이론이다. 이 이론을 둘러싼 논쟁의 중심에는 우선 여자아이를 '어린아이'로 보지 않는, 근원적으로 독립적인 여성성 발달에 대한 물음이 자리 잡고 있다. 1905년에 발표된 《성이론에 대한 세 편의 논문》에서 프로이트의 성 이론의 구상을 살펴보면, 진행되는 여성성 발달과 유사하게 남성성 발달의 구상에서도 그의 사유의 논리정연함이 인식될 수 있다. 그럴 것이 프로이트에게 중요한 기준점은 그의 시대의 생물학적 지식을 지향하는 과학자의 접근방식이기 때문이다. 예컨대 남성적/여성적 개체로 명확히 이분화된 인간의 분리된 요소들로서의 정액세포와 난세포는 능동적/수동적이라는 대립쌍과 일치한다. 물론 프로이트는 남성적/여성적이라는 개념의 과학적 불명료함과 인간의 근본적인 양성성을 강조하면서 능동적/수동적이라는 개념의 소위 명확한 분리를 문제화한다. 그럼에도 그는 "충동이란 항상 능동적이기 때문에"(전집 5, 120쪽) 리비도를 "합목적적으로 남성적인 본성"(같은 곳, 121쪽)으로 정의함으로써 남성적/능동적, 여성적/수동적이라는 배열을 고수한다.

이런 설정과 더불어 프로이트가 성별의 차이를 개진하고 정초하는 배경이 마련된다. 동시에 이런 설정은 그때그때 정신성욕의 특수성에서 성별의 개념화가 우리를 어렵게 하는 것에 대한 그리고 사회문화적 조건을 가진 성별의 특성화가 정착되는 데 대한 기본조건을 형성한다. 물론 프로이트 자신은 성별의 특성화가 정착되는 것에 대해 철저히 비판적 태도를 보였다. 이 때문에 그는 《정신분석입문 강의의 새로운 연속(Neue Folge der Vorlesungen zur Einführung in die Psychoanalyse)》에서 남성적/여성적이라는 성의 양극성은 남녀 성 특유의 리비도를 내포한다는 관념을 부인한다. "그러나 어떤 경우에도 그런 일은 없습니다. 남성과 여성의 성기능으로 작동되는 단 하나의 리비도만이 있을 뿐입니다. 우리는 리비도 자체에 어떤 성별을 부여할 수 없습니다. 우리가 능동성과 남성을 동등하게 보는 인습적 관점에 따라 리비도를 남성적이라고 부르려고 한다면, 우리는 리비도가 수동적 목적을 갖는 열망 또한 대변한다는 것을 잊어서는 안 되지요. … '여성적 리비도'라는 분류는 그 어떤 정당성도 놓치게 합니다"(전집 15, 141쪽). "인습적 동등화"에 대한 비난은 프로이트가 그의 구상의 모순과 불충분성을 여러모로 얼마나 조심스럽게 숙고하는지를 분명하게 보여 준다. 이미 그의 동시대인들이 비판했던 인식할 만한 결핍에도 불구하고 여성성 이론에 대한 프로이트의 작업은 다음번 분석가 세대에게 ―다음 세대가 새로운 길을 찾았다 할지라도― 지침으로 남아 있는 기본적인 통찰과 문제제기의 틀을 갖추고 있다.

프로이트에 따르면 남녀 성은 해부학적 차이의 경험에서 그리고 그 차이의 성적 신체형성으로의 통합과 신체형성의 심적인 점령에서 남근(Phallus)/음경(Penis)과 관련되며, 이에 대해 양자는 차이를 인식하고 또한 인정한다. 프로이트는 1924년《유아의 생식기(Die infantile Genitalorganisation)》(전집 8, 291-298쪽)에서 유아기 성욕을 수정했으며, 이미 어린아이에 대한 대상의 리비도 점령과 생식기의 지배적 의미를 확증했다. 그는 성인의 성욕에 대한 중심적 차이로서 다음과 같은 주장을 고집한다. "… 남녀 두 성에 대하여 단 **하나의 생식기**, 남성의 생식기만이 역할을 한다. 그러므로 생식기의 우위가 아니라 **남근**의 우위가 존재한다"(같은 곳, 94-95쪽). 이것으로 '남근을 가지고 있다'와 '남근을 가지고 있지 않다'의 차이가 두 성별에 기록되고 있으며, 여성성이라는 기표(Signifikant)로서의 결핍 경험이 제시된다.

프로이트에게 여자아이는 사춘기까지 주도적인 생식기 지대인 음핵을 통하여 정신성욕적으로 특징화된다. 음핵은 남성의 쾌락기관으로 정의되는데, 이 부위에서 여성의 양성애가 해부학적 근거를 갖게 된다. 프로이트는 질에 대한 유아기 지각에 대한 모든 소견과 성찰을 거부하거나 유아기 발달에 대한 그런 식의 관점에 의미를 부여하지 않는다. 프로이트에게 질은 물론 여성의 성기관으로 간주되지만, 그러나 질은 사춘기에 와서야 남녀 두 성에 의하여 발견되며, 이때 여성성이 제대로 발달한 경우에는 성욕에 대한 주도적 기관으로 역할을 수행한다. 프로이트는 특히 카렌 호나이, 멜라니 클라인, 조진 뮐러(Josine Müller)와 어니스트 존스가 제기한 성적으로 성숙하기 이전의 여자아이 발달에서 질의 중요한 역할에 대한 논증을 거부한다. 이렇게 프로이트의 여성성 이론에서는 쾌락을 강조하는 질의 감각이나 이로 인해 야기되는 불안 또한 성찰의 대상이 되지 못한다.

이 장에 기초가 되는 프로이트의 문헌들은 1920년대와 1930년대 동안 여성성 이론에 대하여 정신분석에서 행해지고 '빈-런던 논쟁'으로서 연감에 기록된 최초로 벌어진 대논쟁의 역사적 맥락에 속한다(Chasseguet-Smirgel 1964/1974; Fliegel 1986/1991).

오이디푸스 콤플렉스와 거세콤플렉스

오이디푸스 콤플렉스는 가장 일반적인 기술에서는 어떤 문제의 단초도 제공하지 않으며, 그것은 남녀 양성에 모두 해당된다. 가령 어린아이는 매번 상반되는 성을 가진 부모를 사랑하고, 이로 인해 같은 성의 부모와는 경쟁관계에 빠진다. 어린아이는 같은 성의 경쟁자를 제거하고 싶은 환상 때문에 이제 자신도 마찬가지로 사랑하는 부모로부터 벌을 받을 수 있다는 위협적인 내적 갈등과 불안에 사로잡힌다. 어린아이는 오이디푸스 콤플렉스적인 열망, 즉 소유하려는 열망을 포기한다. 이 유명한 설명에 따라 오이디푸스 콤플렉스는 마치 성욕이라는 스캔들로부터 해방되는 것처럼 보인다.

1924년《오이디푸스 콤플렉스의 쇠퇴(Der Untergang des Odipuskomplexes)》 (전집 13, 393-402쪽)에서 프로이트는 이제 그의 구상을 개진하면서 그 의미를 부각한다. "오이디푸스 콤플렉스는 점점 더 크게 유아기적 성욕의 중심적 현상으로서 그 의미를 드러낸다"(395쪽). 프로이트는 남자아이의 오이티푸스 콤플렉스 상황을 이것과 곧 대상관계가 맺어지거나 갈등에 빠지는 충동발달의 곡선에 따라 개관한다. 오이디푸스 콤플렉스의 발달 토대는 남근의 조직화, "남근의 우위", 즉 그 구체적 형태에서는 욕망(Begehren)의 기표인 음경이다. 소년의 관심은 생식기에 집중되는데, 이곳에서 대상

리비도 및 (나르시시즘적인) 자아리비도의 열망이 합류하면서 그에게 성적 자극의 생식기적 배출을 허락한다. 부모의 대상인 어린아이의 오이디푸스 콤플렉스와 관련된 점령(Besetzung)은 "그 어린아이에게 만족의 두 가능성, 능동적이고 수동적인 가능성을 제공하였다"(398쪽). 아버지의 입장에서 어머니를 욕망하는 것은 능동적이고, 어머니의 입장에서 아버지로부터 욕망의 대상이 되는 것은 수동적이다. 소년의 자위행위에 거세의 위협이 불허 또는 금지의 형태로 닥쳐오고, 이와 동시에 능동적 위치는 위험해진다. 여성의 생식기에 음경이 없다는 것을 알게 됨으로써 소년은 거세가 실제로 가능하다는 것을 통찰하지 않을 수 없다. 이로써 수동적 위치는 상술한 위험, 생식기의 손실을 의미하는 동시에 거세의 위험을 능동적 위치에서 현실적으로 발생시킨다. 따라서 소년은 그의 생식기에 대한 나르시시즘적인 관심과 부모에 대한 그의 리비도 점령 사이에서 갈등에 빠진다. 그리고 여기서 "정상적으로는 첫 번째 힘이 승리한다. 어린아이의 자아는 오이디푸스 콤플렉스를 외면한다"(398쪽). 오이디푸스 콤플렉스와 관련된 대상의 리비도 점령 대신에 아버지와 그의 금지와의 동일시가 일어나며, 이제 자기 쪽에서 오이디푸스적인 명령, 즉 근친상간의 포기를 대변하는 초자아의 핵심이 형성된다. 리비도적인 열망은 부분적으로는 너무 부드럽게 탈성화되며(desexualisiert), 소년은 잠복기로 들어간다. 나중에 사춘기에서의 성적인 성숙과 더불어 소년은 생식기의 완전한 우세로 기울어지고, 종래는 근친상간의 대상에서 풀려나 낯선 사랑의 대상에 관심을 기울인다.

이런 가운데 여성성의 정신성욕 발달에 대한 물음은 프로이트에게 더 큰 ―그리고 때로는 놀라운 것처럼 보이는― 문제들을 제기한다. 왜냐하면 그것은 남성성의 발달처럼 직선적으로 표현되지 않기 때문이다. 그래서 먼저 제한이 나타난다. "우리의 소재는 여기서 이해하기 어려울 만큼 훨씬 더 어둡고 불완전하다"(400쪽). 다른 한편으로 남성성의 발달은 여성성의 발달과 아주 유사하게 통용된다고 한다. "음핵은 처음에는 완전히 음경처럼 처신하지만, 어린아이는 남자 놀이친구와의 비교를 통해 '손해' 보았다는 것을 지각하고, 이 사실을 불이익과 열등감의 근거로 느낀다"(400쪽). 그러므로 사내아이의 거세불안은 여자아이의 거세경험과 일치한다. 사내아이는 성적인 성숙과 근원적 사랑의 대상과 일치하여 자연스럽게 오이디푸스 콤플렉스의 관계 속으로 발전해 들어간다. 사내아이에게 그것을 포기하게 하는 것은 거세의 위협이다. 여자아이는 다르다. 여자아이를 위협하는 것은 거세가 아니며, 여자아이는 그것을 마치 일어난 사실인 것처럼 경험한다. 동시에 여자아이는 다른 심적인 기본자세를 보인다. "여자아이는 음경에서 아기로 ―상징적 균등화에 따라서라고 말해도 좋을 것 같다― 관심을 재빨리 돌리는데, 그녀의 오이디푸스 콤플렉스는 아버지에게서 아기를 선물로 얻는, 즉 아버지에게서 아기를 분만하는 오랫동안 고착된 소망에서 절정에 도달한다. 그렇다면 오이디푸스 콤플렉스는 서서히 사라지게 될 것이라는 인상을 받게 되는데, 그럴 것이 이 소망은 결코 충족되지 않기 때문이다"(401쪽). "음경과 아기를 가지려는"(401쪽) 두 소망은 무의식적으로 강하게 소유된 채 남아 있는데, 프로이트에 따르면 이 소망이 여자아이에게 '여성성의 역할'을 목표로 하도록 돕는다고 한다. 음경의 소망은 여자아이가 아버지를 향하여 바라는 아기의 소망으로 대체된다. 1925년에 프로이트는 《해부학적 성별차이에 따른 몇 가지 심적인 결과(Einige psychische Folgen des anatomischen Geschlechtsunterschieds)》(전집 14, 17-30쪽)에서 거세와 오이디푸스 콤플렉스의 상황과 관련하여 사내아이와 여자아이의 다른 입장을 요약한다. "소년의 오이디푸스 콤플렉스가 거세콤플렉스 때문에 사라지는 반면에, 여자아이의 오이디푸스 콤플렉스는 거세콤플렉스를 통하여 가능해지고 야기된다"(같은 곳, 28쪽). 사내아이는 자신의 욕망과 일치하여 오이디푸스 콤플렉스로 연관되어 들어간다. 다시 말해 사내아이는 사랑의 대상과 그의 욕망이 대상을 겨냥하는 성기를 소유하고 있다.

거세에 대한 이런 상이한 입장은 심적 구조의 발달에 포괄적인 결과를 나타낸다. 여자아이의 초자아 발달은 프로이트가 사내아이에 대하여 개념화하는 내적 과정과 동일하게 진행되지 않는다. 이유인즉 거세불안의 동기가 없는 것이 아니라 애정을 박탈하겠다고 위협하는 교육조치에 더 강하게 기초해 있기 때문이다. 그러므로 여자아이의 초자아 발달은 지극히 사회적으로 유도된, 말하자면 타율적이고 대상에 종속적인 성격을 보여 준다.

따라서 오이디푸스 콤플렉스는 여자아이에게 "이차적 형성"을 표현한다(같은 곳). 6년 뒤에 프로이트는 《여성의 성욕에 대하여(Über die weibliche Sexualität)》(전집 14, 515-538쪽)라는 글에서 이런 사정을 더 자세히 설명한다. 오이디푸스 콤플렉스는 어린아이와 부모의 모든 관계를 포괄한다. 오이디푸스 콤플렉스의 '소극적' 형태는 여자아이에게 오이디푸스 이전단계에 해당하는데, 여기서는 아버지가 단지 성가신 경쟁자로만 느껴진다. 아버지에게 관심을 기울이는 '적극적' 오이디푸스 콤플렉스는 그 고유한 법칙성에서 더 상세히 연구되지 않고 있다. 그것은 여자아이가 머무를 수 있는, 말하자면 어머니와의 근원적 관계의 그늘 속에 남아 있으면서 아버지라는 남성과의 독립적인 관계로의 길을 찾지 못한다(같은 곳, 518쪽).

이 역동성은 이미 1920년 《여성 동성애 사례의 정신발생학에 대하여 (Über die Psychogenese eines Falles von weiblicher Homosexualität)》(전집 12, 269-302쪽)에서 큰 역할을 수행한다. 프로이트는 여기서 오이디푸스 콤플렉스 상황에서 비롯되는 18세 여자환자의 내적인 갈등 경로를 상세히 묘사한다. 세 오빠에 비해 자신을 무시했던 —그녀의 청춘과 경쟁적인— 어머니에 대한 실망감 때문에 환자는 모성을 얻어 어머니처럼 되려는 여성적 동일시의 길을 포기한다. 그러니까 이 환자는 어머니와의 경쟁을 회피하고 자신의 나르시시즘을 남녀 양성적 관심의 점령으로 돌린다. 그녀는 실망에 빠져 남자들을 애정대상에서 배척함으로써 —오이디푸스 콤플렉스를 가진 자신의 행동을 억제하고 그녀가 15세가 되었을 때는 어머니를 임신시킨— 아버지에게 복수한다. "이 최초의 큰 실패 이후에 그녀는 여성성을 거부하고 그녀의 리비도가 머물 다른 장소를 찾고자 열망하였다"(같은 곳, 284쪽).

음경 선망

이후 1925년에 프로이트는 《해부학적 성별차이에 따른 몇 가지 심적인 결과(Einige psychische Folgen des anatomischen Geschlechtsunterschieds)》에서 무엇보다 여자아이로 하여금 오이디푸스 콤플렉스에 대해 필수적인 대상교체를 시도하게 하는 근거를 자세히 설명한다. 이 문제에 이어서 여자아이가 왜 음핵 부위의 자위를 그만두게 되는가 하는 문제를 다룬다. 그는 사내아이에 대해서와 마찬가지로 여자아이에 대해 자위를 자발적인 기관의 활동으로 보고 있다. 하지만 이 활동은 사내아이의 경우처럼 오이디푸스 콤플렉스와 연관된 것은 아니다. 여자아이의 거세경험은 오히려 없어서 가지려고 열망하는 기관에 대한 선망으로 이끈다. 이 텍스트에서 프로이트의 여성성 이론에 중심적인 것은 그가 심적 발달에 대한 여성의 불가피한 열등감과 이와 결부된 음경 선망에 부여하는 다음과 같은 결과들이다. ① 음경을 얻거나 남자가 되려는 지속적인 희망과 더불어 반발형성으로서의 "남성성 콤플렉스(Männlichkeitskomplex)". 이는 가장 철저한 여성성의 기피 내지 장애를 드러내며 뚜렷한 동성애를 자주 동반한다. ② 프로이트는 여기서 음경 선망을 통하여 부가적이고 특수하게 길러진 여성의 더 큰 시기심을 발견하는데, 음경 선망이 시기심의 영역으로 위치를 바꾸기 때문이다. ③ 음경 선망은 여자아이가 어머니를 외면하도록 조장한다. 그 이유는 어머니가 "음경의 결여"에 책임이 있기 때문이다. ④ 음핵/남근/남성성과 관련된 자위를 실망에 차서 그만둔다. 이런 식의 자위는 "나르시시즘적인 상처"를 기억나게 하고, 그럼으로써 불쾌한 감정이 동반되기 때문이다. 프로이트는 이런 관점에 가장 큰 의미를 부여한다. 자위의 포기는 이미 사춘기에 극복되어야 할 남근 및 남성성의 지배적인 성욕에서 여성성으로의 변화를 준비하면서 '정상적' 발달을 이끌기 때문이다. 프로이트는 이 "음경선망의 결과"를 가지고 여자아이에게서 일어나는 거세경험의 내적 논리를 기술했다. 요컨대 거세경험은 자신이 가진 생식기에 대한 실망이자 여자아이가 여성성/수동성으로 향하게 되는 동기인 것이다.

6년 후 프로이트는 《여성의 성욕에 대하여(Über die weibliche Sexualität)》에서 여성성 발달의 특수성에 대한 이와 같은 물음을 다시 한 번 거론하고 있다. 사내아이에게 성기와 성적 대상의 연속성이 매번 동일한 것으로 나타난다면, 여성성의 발달은 두 가지를 통하여, 그리고 전자에서 후자로의 필연적 교체를 통하여 특징화된다. 다시 말해 음핵과 질, 일차적 애정대상인 어머니와 이차적 오이디푸스 콤플렉스의 대상인 아버지, 남근적 행동성의 포기와 여성적 수동성으로의 방향전환을 통하여 특징화된다. "여성의 성생활은 두 국면으로 나누어진다. 그중 첫 번째 국면은 남성적 성격을 지닌다. 두 번째 국면에서야 특수하게도 여성적 성격이 형성된다"(전집 14, 520쪽).

오이디푸스 콤플렉스 이전단계의 의미

여자아이는 유아기의 생식기적 쾌락의 중심을 포기하고 대상을 바꾸며, 그런 다음에 '정상적 오이디푸스 콤플렉스의' 상황에 들어설 수 있다. 여자아이의 오이디푸스 콤플렉스는 이차적 형성이다. 여성성 발달의 이런 특수한 조건과 더불어 오이디푸스 콤플렉스 이전단계가 관심의 초점이 된다. 왜냐하면 아버지와의 아주 강한 결속을 보여 주는, 바로 그런 여성 분석대상자들에게서 여성성 발달은 이전의 어머니와 강한 결속의 유산으로 드러났기 때문이다.

1931년 《여성의 성욕에 대하여》라는 글에서 프로이트는 여성성 발달에 대한 오이디푸스 이전단계의 구조형성적이고 중심적인 의미를 다음과 같은 비교에서 요약한다. "여자아이의 오이디푸스 이전시기에 대한 통찰은 다른 영역에서 그리스 문화의 배경이 되는 미노스-미케네 문화의 발견과 유사하게 놀라움으로 작용한다"(전집 14, 519쪽). 이 글에는 여성들에 대한 분석에서 저 초기적 발달단계로 들어가는 데에 자신보다 여성 분석가들이 더 성공적인지도 모른다는 프로이트의 암시도 나타난다. 그러므로 오이디푸스 콤플렉스는 개념적으로 확장되고 있다. 그는 어린아이와 부모의 모든 관계를 포함시킨다. 여자아이에게 '소극적' 형태는 아버지가 단지 성가신 경쟁자로만 느껴지는 오이디푸스 이전단계에 해당한다. 아버지에게 관심을 돌리면서 생겨나는 '적극적' 오이디푸스 콤플렉스는 그 고유한 법칙성에 있어서는 프로이트에 의해 더 자세히 연구되지 않고 있다. 말하자면 그것은 어머니와 근원적 관계의 그늘에 머물러 있다. 오이디푸스 콤플렉스적인 상황 내지 그 실패에 대한 여성성 발달의 이 확장된 이해와 더불어 프로이트에게 이제까지 이해되지 않은 현상들이 해명된다. 이제 여성의 남편에 대한 적대적 행동은 적대성이 특징인 어머니와의 관계 차원을 향한 퇴행의 표현으로 나타난다.

어머니를 향한 적대성은 오이디푸스 콤플렉스적인 경쟁을 통하여 강화될 뿐이다. 적대성의 근원은 오이디푸스 콤플렉스 이전시기에 있다. 프로이트는 이를 다음과 같이 요약한다. ① 유아의 독점 요구에 반대하는 다른 사람들에 대한 질투. ② 오르가슴의 의미에서 "최종만족(Endbefriedigung)"[55]

---

55) 역주: 이와 관련해서는 역주 50의 최종쾌락(Endlust) 참조.

의 능력이 없고, 이 때문에 실망하거나 적대감을 자아낼 수 없는 유아기적 사랑의 일반적 운명. ③ 프로이트가 자위금지와 연관시키는 거세콤플렉스의 결과. 이에 따라 자위금지로 인한 원망이 경시된 존재로 인한 거세콤플렉스를 선행하고, 그것은 추가적으로 거세콤플렉스를 강화한다. 게다가 어머니 역시 여성성의 일반적 가치절하에 굴복한다. 여자아이는 적대감정과 거기서 비롯되는 유아기적 양가성으로 말미암아 어머니와의 근원적 결속에서 풀려나와 오이디푸스 콤플렉스의 상황으로 들어가지 않을 수 없다. 그런 다음 사내아이가 오이디푸스 콤플렉스를 거쳐서 거세위협과 근친상간 금지를 경험하며 그만두는 근친상간의 관계를 대체로 포기한다.

여자아이가 맞이하는 오이디푸스 콤플렉스 이전단계의 "성적 목적"에 대하여 상세히 논의하는 자리에서 프로이트는 그의 수동적/능동적 개념을 재수용하고, 나아가 그의 새로운 인식을 여성성/남성성의 이원론에 끼워 넣는다. 그는 수동적으로 경험된 행위를 능동적인 것으로 변화시키는 사내아이와 마찬가지로 여자아이에게도 동일한 노력을 적용하여 설명한다. "어머니에 대한 여자아이의 아주 놀라운 성적 행동성은 시간 순서에 따라 구순기적 열망, 사디즘적인 그리고 끝으로는 바로 남근적인 열망, 어머니를 겨냥하는 열망(Strebung)으로 표현된다. … 때때로 이 열망은 그것이 속하지 않는 추후의 아버지라는 대상으로의 전이로서 우리와 만난다 …"(같은 곳, 531쪽). 프로이트는 이제 여자아이가 어머니를 외면하는 태도를 중요한 대상교체로서 파악할 수 있을 뿐만 아니라 "어머니와 손을 잡은 채 능동적 열망의 강한 저하와 수동적 열망의 상승이 관찰될 수 있다"(같은 곳, 533쪽)는 것 또한 파악할 수 있게 된다.

프로이트는 그의 논문의 마지막 부분에서 여성의 성욕에 대한 당시의 정신분석적 논의를 상술하고 있다. 여기서 그는 카를 아브라함, 잔 람플 데 그루트(Jeanne Lampl-de Groot), 헬레네 도이치(Helene Deutsch)와는 일치점을 보이는 반면에 오토 페니첼, 멜라니 클라인과는 차이점을 보인다. 또한 어니스트 존스, 카렌 호나이와도 명백히 차이점을 보이는데, 왜냐하면 그의 취향과 비교할 때 그들은 차후의 열망에 비해 근원적인 유아기의 열망에 그다지 가치를 두지 않기 때문이다(같은 곳, 534쪽 이후).

수용

여성성에 대한 프로이트의 수많은 규정에 관한 한 가부장적인 인식이 지배적이라는 의미에서 그의 편견과 여성성의 가치절하를 비난하는 것은 당연한 일이다. 이 문제를 다룬 것은 무엇보다 훗날의 페미니즘적 비판이었다(전집 4, 10쪽 참조). 여기서는 정신분석적 문학 내에서 여성성 이론의 지속적 발전에 대한 간략한 암시로 충분할 것 같다. 페미니즘적이고 순수 정신분석적인 수용의 갈래와 연관되는 것은 일차적 남성성으로부터 도출되는 것이 아니다. 그것은 성별차이의 해부학에 근거하면서도 "남근적 일원론(phallischer Monismus)"에 종속되지 않는 자기 고유성의 법칙을 따르는 독자적인 여성성 발달에 대한 물음이다. 동시에 프로이트 비판의 중심에 있었던 것은 소위 여성의 거세되어 있음(Kastriertheit), 음경 선망과 그 의미뿐만 아니라 능동성과 남성성의 동일시에 대한 물음이다. 이런 동일시의 결과에 따라 여성성의 자기구현 열망은 가족과 모성의 저편에서 음경 선망과 여성성 발달의 거부의 표현으로 간주되었다. 음경 선망 자체를 증상으로 그리고 방어형성을 위협적으로 체험된 여성성의 소망으로 이해하는 것은 이미 1920년대와 1930년대에 특히 호나이(1922/1984)와 클라인(1927/1985; 1932/1971), 존스(1928; 1933; 1935)에 의하여 통용되었다. 음핵의 성감 대(對) 질의 성감에 대한 또는 리비도 개념에 대한 논쟁은 독자적인 여성성의 욕망을 중심으로 하는 논쟁에서 지속적으로 진행되었다. 초기 논쟁에서 윌리엄 길레스피(William Gillespie)는 존스와 유사하게 나중에 (1974) 서로 모순되는 입장들을 통합하려고 시도했다. 그가 1905년에 여성의 생식기 내에서 성적 흥분의 발생요인으로서 음핵에 관해 언급했을 때, 프로이트는 여성의 성적 흥분에 대한 그의 적절한 이해에 매우 근접해 있었다. 길레스피는 이것에서 1970년대에 나온 매스터스(Masters)와 존슨의 연구결과의 선취를 인식하면서 프로이트가 그의 시대에 소위 음핵과 질의 대립을 결정화한 것을 유감스럽게 생각한다.

클라인의 《오이디푸스 콤플렉스 초기단계》(1927)와 더불어 유아기적 발달이론은 여러 가지 방식에서 오이디푸스 콤플렉스 이전단계와 그것이 맺고 있는 어머니의 일차대상과의 인상적인 관계의 해명에 큰 성과를 가져오게 된다. 물론 클라인에게 음경을 향한 소망은 늘 젖가슴을 향한 좌절된 소망의 연속에서 파악될 수 있지만, 그럼에도 그녀 역시 여자아이의 신체 내부와 질에 대한 —무의식적— 지식으로부터 출발하며, 음경을 향한 소망은 이로부터 자신의 아기를 출산하려는 순수 여성적인 소망으로 변한다. 이런 노선은 자닌 샤스케 스미젤(Janine Chasseguet-Smirgel; 1964/1974)에게서도 발견된다. 그녀에게 음경 선망은 어머니로부터 해방되어 자율적으로 여성이 되려는 소망의 표현이다. 10년 뒤에 이 여성작가는 유아기에 어머니와의 결속이 지니는 의미에 대한 이해를 한층 더 발전시킨다. 그녀는 음경 선망에서 —유아기의 무방비 상태에서 잉태된— 남녀 양성에 특징적인 어머니에 대한 복수소망의 형식을 발견한다. 이것의 힘은 제한될 수밖에 없다. 요컨대 어머니는 '거세될' 운명이거나 어머니의 '거세'는 그녀에게는 없는 음경이라는 기관의 도움으로 확정되도록 되어 있기 때문이다. 샤스케 스미젤(1974/1975)에게 여성성 이론 자체에 대한 정신분석적 입장은, 그녀가 음핵의 필연적 과제인 음경 선망, 부족한 승화능력과 초자아-약점을 체질적 조건에 의한 결여의 상황으로 주장하는 한, 이 유아기적 소망의 영향을 보여 주는 하나의 범례이다.

마리아 토록(Maria Torok; 1964/1974)은 딸의 자율투쟁을 논증의 중심에 놓는다. 그녀는 음경 선망을 유아기의 발달을 지배하는 어머니에 대한 깊은 불안의 방어로서 분석한다. 어머니는 항문기에 딸의 신체에 대하여 통제를 요구하고 이에 반발하는 여자아이를 원시적인 분노로 제어한다. —물론 여자아이의 입장에서 지금 불안을 야기하는 분노는 적절히 음경 선망에 의해 방어될 수 있고 위장될 수 있다.

종합하자면 "여자는 무엇을 원하는가?"(Jones II, 493쪽)라는 프로이트의 당혹스러운 물음은 계속 미해결로 남아 있고 여성의 정신성욕 발달의 복합적 성격을 알려 준다.

───── **참고문헌** ─────────────────────────────

Chasseguet-Smirgel, Janine: Die weiblichen Schuldgefühle(여성성의 죄책감). In: Dies. (Hg.): Psychoanalyse der weiblichen Sexualität. Frankfurt a. M. 1974, 134-191(불어판 1964).

_____: Bemerkungen zu Mutterkonflikt, Weiblichkeit und Realitätszerstörung(어머니와의 갈등, 여성성과 현실파괴에 대한 소견). In: Psyche 29 (1975), 805-812쪽(불어판 1974).

Fliegel, Zenia O.: Die Entwicklung der Frau in der psychoanalytischen Theorie: Sechs Jahrzehnte Kontroversen(정신분석 이론에서 여성의 발달: 60년 동안의 논쟁). In: Judith Alpert (Hg.): Psychoanalyse der Frau jenseits von Freud. Berlin/Heidelberg/New York 1991, 11-40쪽(영어판 1986).

Gillespie, William: Freuds Ansichten über die weibliche Sexualität(여성의 성욕에 대한 프로이트의 견해) [1974]. In: Psyche 29 (1975), 789-804쪽.

Horney, Karen: Die Psychologie der Frau. Frankfurt a. M. 1984(영어판 1967).

Jones, Ernest: Die erste Entwicklung der weiblichen Sexualität(여성의 성욕의 첫 발달). In: Internationale Zeitschrift für Psychoanalyse 14 (1928), 11-25쪽.

_____: Die phallische Phase(남근적 단계). In: Internationale Zeitschrift für Psychoanalyse 19 (1933), 322-357쪽.

_____: Über die Frühstadien der weiblichen Entwicklung(여성성 발달의 초기단계들에 대하여). In: Internationale Zeitschrift für Psychoanalyse 21 (1935), 331-341쪽.

Klein, Melanie: Frühstadien des Ödipuskomplexes(오이디푸스 콤플렉스의 초기단계들) [1927]. In: Dies.: Frühstadien des Ödipuskomplexes. Frühe Schriften 1927-1945. Frankfurt a. M. 1985, 7-21쪽.

_____: Die Auswirkungen früher Angstsituationen auf die weibliche Sexualentwicklung(여성의 성발달에 대한 초기적 불안상황의 효과) [1932]. In: Dies.: Die Psychoanalyse des Kindes. München 1971, 203-248쪽.

Torok, Maria: Die Bedeutung des "Penisneids" bei der Frau(여성의 경우 "음경 선망"의 의미). In: Chasseguet-Smirgel 1964/1974, 192-232쪽.

Heidi Staufenberg

9. 문화이론

1

《토템과 터부(Totem und Tabu)》(1912/13)

성립(맥락, 전거, 내용)

프로이트가 1910/11년에 《토템과 터부》(전집 9)에 대한 작업을 시작했을 때, 그는 오이디푸스 콤플렉스에 대한 인종학적 증거들을 수집할 생각이었다(프로이트: 《야만인들과 신경증 환자들의 영적인 삶에서 몇 가지 일치점》)에 대한 서문구절. 증보판, 744-745쪽; Reichmayr 1995). 첫 논문의 성급한 발표는 융의 《리비도의 변화와 상징(Über Wandlungen und Symbole der Libido)》(1911)과 정신분석의 위협적인 분열에 대한 반작용이었다. 이런 점에서 《토템과 터부》는 정신분석 제도화갈등의 이국화(異國化)로도 이해될 수 있다(Erdheim 2001). 이 텍스트는 프로이트의 유대혈통과의 분리 또는 동화된 유대교의 문화적 위치에 대한 반사작용으로도 해석된다(Gilman 1993; Hamburger 2005).

《토템과 터부》는 내용적으로나 방법적으로 영국 진화론의 전통에 기초해(Ritvo 1990; Wallace 1983) 있다. 하지만 이 저작은 진화론의 정점을 이미 넘어섰으며, 늦어도 제1차 세계대전 이후로는 그것의 패러다임 기능을 상실했다(Erdheim 2001).

내용의 간략한 특징 서술

우선 네 개로 분리되어 제시된 장들 가운데 첫 번째 장에서는 선사시대의 토착민을 어린아이나 신경증환자와 동일시하는 방법적 열쇠가 제시된다. 보편적 근친상간 금지는 족외결혼과 더 넓은 사회적 예방규칙의 동기로서 기술된다.

두 번째 장에서는 터부와 강박신경증이 비교된다. 터부와 강박신경증은 강박신경증의 경우에 사랑하는 대상에 대하여, 터부의 경우에는 지배자와 죽은 자라는 적에 대하여 무의식적 적대성의 계기를 연관시킨다. 프로이트는 의식적으로 이것의 근원에 대한 물음을 미해결로 남겨 둔다. 근원적인 어린아이의 지각방식과 애니미즘적 세계관으로서의 투사 사이의 비교를 위해 삽입된 이론적 논문에서(본문 2장 4 참조) 프로이트는 아동발달의 주관적 관점에서 나오는 사회적이고 심적인 심급의 형성을 구성한다.

프로이트는 애니미즘을 종교적 세계관의 전단계로 도입하고 있는 세 번째 장에서도 마술적 사유를 어린아이의 놀이와 유사한 "운동성 환각(motorische Halluzination)"으로 해석한다. 마술에서 '생각의 전능(Allmacht der Gedanken)' 원리가 지배적이었다면, 애니미즘에 의하여 "이 전능의 일부는 생명에 양도된다"(전집 9, 106쪽). 나르시시즘으로부터 충동포기로의 변화가 왜 일어나는지의 물음은 다시 의식적으로 해결되지 않은 채 남아 있다.

토테미즘과 족외혼에 대한 네 번째 논문은 이 텍스트에서 이제까지 미해결된 모든 물음을 해명해야만 한다. 프로이트는 흥미진진하게 세분된 장황한 문헌보고 후에는 이미 지쳐서 포기하려는 것처럼 보인다("우리는 … 실로 우리가 무엇을 근거로 추측해야만 하는지 알지 못한다", 같은 곳, 152쪽). 이때 그는 놀랄 만한 교묘한 카드로, 즉 ─수컷의 우성이 부족에서 추방된 젊은 사내들의 족외혼을 설명하는─ 다윈적인 원시부족(Urhorde)으로 해결책을 제시한다. 오이디푸스 콤플렉스와 유사하게 프로이트는 "아버지를 토템동물의 자리에 지정해"(159쪽) 놓고는 그것으로 갑자기 토테미즘의 살인금지 및 근친상간 금지를 설명하였다. 상징적으로 연관된 부족식사로서의 동물 희생에 대한 로버트슨 스미스(Robertson Smith)의 이해는 최종명제에 대한 마지막 근거를 제공한다. "어느 날 추방된 형제들이 연대하여 아버지를 죽이고 그 살을 먹어 치웠다. …"(171-172쪽). 이로써 살인은 윤리성의 근원으로 동일시된다. 프로이트는 어떻게 범죄로부터 사회계약이 일깨워질 수 있는지를 해명하기 위하여 부족의 살인행위를 저지른 형제들에게서 본원적인 양가성의 존재를 주장하고 또한 그들의 죄의식으로부터 토템동물의 살해 금지를 설명한다. 프로이트는 아직 설명되지 않은 근친상간 금지를 형제 무리들의 "동성애적 감정"으로부터 도출하지만, 이를 더 상술하지 않고 단지 모권과의 암시적 관계에서만 설명한다.

이어서 프로이트는 종교의 발전에 관해 논의한다. 신들은 더 발전된 형제무리에게서 동물형상의 아버지가 인간형상으로 환원됨으로써 생겨난다. 프로이트는 어머니의 신성을 완전히 무시하는 가운데 기독교를 아들의 신격화와 동시에 일어나는 아버지 모독의 새로운 파악으로 설명한다. 따라서 오이디푸스 콤플렉스는 "종교, 윤리성, 사회와 예술"(188쪽)의 출발점으로 나타난다.

중심적 주제의 논의, 명제와 개념

프로이트의 명제에 대한 중요한 항변들이 존재한다. 외상과 관련된 이론정립 행위나 발생론의 전파, 토테미즘적-문화적 확정은 증명될 수 없다. 레비스트로스(Levi-Strauss; 1960/ 1965)는 역사적 행위가 아니라 사회화에 고유한 교환원리 속에서 근친상간 금지의 뿌리를 발견한다. 근본적인 항변들은 근친상간 금지를 근친상간 소망의 방어로 해석하는 태도에 반대하여 제기되었다. 비교행동학(Ethologie)은 포육(哺育)을 통하여 정립된 예방행동에서 출발한다['웨스터마크-효과(Westermarck-Effekt)',[56] Bischof 1985].

1880년 이후 최초의 사회적 조직형식인 것처럼 받아들여지던 인종학의 중요한 주제인 토테미즘 역시 오늘날 더는 연구대상으로 수용될 수 없다. 골덴바이저(Goldenweiser; 1917)는 토테미즘이 시대에 뒤진 가설을 표현한다는 것을 입증했다. 프로이트는 골덴바이저의 초기 논문뿐만 아니라 진화론에 대한 다른 비판적 문헌을 언급하고 있지만, 그것을 계속 주목하지는 않는다. 골덴바이저와 레비스트로스(1960/1965)의 비판에도 불구하고 토테미즘 이론은 논의에서 완전히 배제되지는 않고 있다(Knight 1996a,b 참조).

하지만 로버트슨 스미스(Robertson Smith)에 의하여 고무된 희생이론, 강압적 창설행위(Stiftungsakt)의 상징적 반복으로부터 문화적 정당성을 도출하고 있는 《토템과 터부》의 끝 부분은 아직도 문화분석의 의미심장한 열쇠로 간주된다(Girard 1972/1994; Haas 2002). 문화의 발전은 다음 세대로의 경험 전달에 달려 있다. 《토템과 터부》는 "심적인 성향의 유전"(전집 9, 190쪽)이라는 가정을 선호하지만, 그 밖에도 부모와 어린아이 사이에 이루어지는 무의식적 의사소통에의 호소 또한 못지않게 선호한다. "어떤 세대도 다음

---

56) 역주: 어린 시절 함께 자란 근친 사이에는 상대에 대한 성적 흥미가 별로 없다는 것으로, 프로이트의 명제와는 완전히 배치된다.

세대 앞에서 더 의미심장한 영적 과정을 … 은폐할 수 없다"(전집 9, 191쪽).

연구논의의 중요한 관점들

원시부족 가설은 사회학과 인종학에서 지속적으로 비난을 받아 왔다 (Kroeber 1920, 1939; Róheim 1950; Westphal-Hellbusch 1960; Brauns 1981; Bryce Boyer 1980; Petermann 2004). 프로이트의 방법들은 오늘날 진부한 진화론적 인종학의 "추정적 연구방법"과 일치했다. 그러는 사이에 인종정신분석은 다른 길로 접어들었다(Muensterberger 1974; Reichmayr 1995; Minsky 1998).

《토템과 터부》는 프로이트가 부정적 문화이론으로 넘어가는 과도기적 과정을 보여 준다. 프로이트가 1908년만 해도 문화의 발전을 승화된 에로스적 충동에 의하여 조절되는 충동억제에 기인하는 것으로 보았다면, 《토템과 터부》라는 큰 성과물이 나온 이후로 자신의 전체 저작을 통하여 문화의 승화된 외상발생(Traumatogenese)의 사고를 계속 추구하는 것으로 보인다. 가령 《미켈란젤로의 모세》(1914)에서 이러한 사고는 전쟁의 위험과 정신분석의 '형제부족'의 와해[57]를 통하여 ─전쟁 열광의 야만성으로의 공공연한 복귀가 폭력에 기초한 문명의 유약함을 명백히 보여 주는─ 《전쟁과 죽음에 대한 시대적 고찰(Zeitgemäßes über Krieg und Tod)》(1915)에서 보다 더 강하게 동기화된다. "우리의 무의식적인 것은 사소한 일로도 살인을 한다"(전집 10, 351쪽)라고 그가 말할 정도로 문화는 엷은 표면으로 남아 있다. 프로이트는 원시부족에 관해 상세히 다루고 있는 《집단심리학과 자아분석(Massenpsychologie und Ich-Analyse)》(1921)에서 다시 한 번 무의식적 환상으로부터 사실적으로 존재하는 "살인자들의 도당"(같은 곳)을 만드는 집단효

---

57) 역주: 특히 융의 이탈로 인한 프로이트학파의 균열을 의미한다.

과에 몰두했다. 원시부족은 그의 마지막 저작인 《인간 모세와 유일신교》
(1939)에서 다시 등장한다. 그는 가까운 측근들의 현저한 이의제기에도 불
구하고 라마르크 이론의 필연성을 고집했다(Ritvo 1990, 53쪽).

프로이트의 진화론적 패러다임 저편에서 《토템과 터부》는 고유한 사회
에 대한 텍스트로 파악될 수 있다. 창설신화로서의 원초적 살인은 합리적
담론의 규칙(최초의 사회계약으로서의 집단살인)과 그것의 폭력적 토대를 포괄
한다.

이미 크뢰버(Kroeber)는 그의 비판을 수정하면서 ―물론 친부살해의 역
사적 개별사건은 그렇지 않지만― 문화이론에 대한 전 문화적 관계의 원
칙적인 폭력형태는 중요한 의미가 있다는 것을 인정했다. 에르드하임
(Erdheim)은 《토템과 터부》를 동시대적 금제화(禁制化)의 이해에 대한 기여
로 그리고 청춘의 문화연계적인 위기이론으로 이해한다. 반면에 지라르
(Girard)는 "초석적 폭력(Gründungsgewalt)"[58]에 대한 그의 이론에서 살인을
인간화의 구성요소로 설정한다. 뵈메(Böhme)는 이런 사고를 세밀화하면서
프로이트의 문화이론을 ―기술을 바탕으로 문화의 기원에 열중하고 기술
의 발전을 통하여 살인적인 문화갈등의 극복뿐만 아니라 이와 연관된 내
적 관계의 평화를 반영하는― 신화의 연속체와 결부시킨다.

《토템과 터부》에서 프로이트의 결정적인 신화화의 방법은 탈구성의 운
동으로도 이해될 수 있다. 슈나이더(Schneider)는 이것을 이론과 신화의 분
리에 반대하는 패러다임적 항변으로 파악한다. 습득한 특성을 발생론적으
로 전파하려는 프로이트의 놀랄 만한 집착(Sulloway 1979, 382쪽 이하; Eickhoff
2004)은 잃어버린 형이상학적 안정성을 대체하려는 태도(Erdheim 2001,

---

58) 역주: 인류 공동체의 기저에는 애초부터 폭력이 잠재한다는 것. '창설적 폭력'으로 번역되
　　기도 한다.

13-18쪽) 또는 포기한 외상이론을 역사로 전치시키려는 태도(Grubrich-Simitis 1998, 107쪽)로 간주될 수 있다. 그렇지만 정신분석의 역사에 대하여 더 효과적인 것은 거의 동시에 도입된 문화전이(Kulturtransfer)의 대안적 설명이었다. 그로스만(Grossman)은 부모와 어린아이 사이에 일어나는 무의식적 의사소통의 전제를 대상관계이론과 영적 삶의 간주관성의 표석으로 파악한다.

《토템과 터부》의 표상적인 구조(präsentative Struktur), 결렬과 생략의 수사학(Hamburger 2005)은 이 텍스트가 어머니들을 배제하는 가운데 자율적으로 남성의 질서를 창출하려는 시도라는 것을 입증한다. 결과적으로 프로이트는 어린아이의 초기발달을 오이디푸스 콤플렉스로, 어머니라는 용기(容器)를 살해된 아버지로 대체한다. 따라서 부모와 어린아이 사이에 일어나는 무의식적 의사소통을 통한 문화번성의 정리는 죄의 생물학적 유전으로 대체된다. 그럼에도 이 이론은 설득력이 없이 남아 있는데, 친부살해만은 여전히 문화를 향하는 행보가 아니기 때문이다. 이 행보는 형제무리가 자진하여 만든 규칙들에서야 이루어진다. ― 그것도 프로이트가 행간 사이사이에서 암시하듯이 어머니의 조력으로 이루어진다.

───── 참고문헌 ─────────────────────────────

Bischof, Norbert: Das Rätsel Oedipus. Die biologischen Wurzeln des Urkonfliktes von Inti- mität und Autonomie(오이디푸스의 수수께끼. 친밀과 자율에 대한 원초갈등의 생물학적 뿌리). München 1985.

Blumenberg, Yigal: 'Vatersehnsucht' und 'Sohnestrotz' ― ein Kommentar zu Sigmund Freuds »Totem und Tabu«('아버지 동경'과 '아들의 반항' ― 지그문트 프로이트의 《토템과 터부》에 대한 해설). In: Psyche 56 (2002), 97-136쪽.

Bohme, Hartmut: Von Affen und Menschen: Zur Urgeschichte des Mordes(원숭이와 인간에 대하여: 살인의 원초적 역사). In: Dirk Matejovski/Dietmar Kamper/Gerd-C. Weniger

(Hg.): Mythos Neanderthal. Ursprung und Zeitenwende. Frankfurt a. M./New York 2001, 69-86쪽.

Brauns, Hans-Dieter: Die Rezeption der Psychoanalyse in der Soziologie(사회학에서 정신 분석의 수용). In: Johannes Cremerius (Hg.): Die Rezeption der Psychoanalyse in der Soziologie, Psychologie und Theologie im deutschsprachigen Raum bis 1940. Frankfurt a. M. 1981, 31-133쪽.

Bryce Boyer, L: Die Psychoanalyse in der Ethnologie(인종학에서 정신분석). In: Helga Haase (Hg.): Ethnopsychoanalyse. Stuttgart 1996, 29-48쪽(영어판 1980).

Eickhoff, Friedrich-Wilhelm: Über die 'unvermeidiche Kühnheit', Erinnerungsspuren an das Erleben früherer Generationen anzunehmen. Wie unentbehrlich ist der von Freud er-schlossene phylogenetische Faktor?(이전 세대에 대한 기억의 흔적을 받아들여야 하는 '불가피한 용기'에 대하여, 프로이트에 의하여 해명된 계통발생적 요인은 얼마나 필수 적인가?) In: Psyche 58 (2004), 448-457쪽.

Erdheim, Mario: Einleitung(서문). In: Sigmund Freud: 《Totem und Tabu》. Frankfurt a. M. 2001, 7-42쪽.

Gilman, Sander L.: Freud, Identität und Geschlecht(프로이트, 동일성과 성). Frankfurt a. M. 1994(영어판 1993).

Girard, Rene: Das Heilige und die Gewalt(성스러움과 폭력). Frankfurt a.M 1992(불어판 1972).

Goldenweiser, Alexander A.: Religion and Society: A Critique of Emile Durkheim's Theory of the Origin and Nature of Religion(종교와 사회: 에밀 뒤르켐의 종교의 기원과 본 성 이론의 비판). In: The Journal of Philosophy, Psychology, and Scientific Methods 14 (1917), 113-124쪽.

Grossman, William: Freud's Presentation of 'The Psychoanalytic Mode of Thought' in Totem and Taboo and His Technical Papers(토템과 터부와 프로이트의 기법적인 논문들에서 '사고의 정신분석적 방법'에 대한 그의 설명). In: International Journal of Psycho-Ana-lysis 79 (1998), 469-486쪽.

Grubrich-Simitis, Ilse: Metapsychologie und Metabiologie(메타심리학과 메타생물학). In: Sigmund Freud: Übersicht der Übertragungsneurosen. Ein bisher unbekanntes Manu-skript. Frankfurt a. M. 1985.

_____: Es war nicht der 'Sturz aller Werte'. Gewichtungen in Freuds ätiologischer Theorie('모든 가치의 전복'은 없었다, 프로이트의 병인적 이론에서의 가치평가). In: Anne-Marie Schlösser/ Kurt Hohfeld (Hg.): Trauma und Konflikt, Gießen 1998, 97.112.

Haas, Eberhardt Th.: und Freud hat doch recht: die Entstehung der Kultur durch Transformation der Gewalt(그렇지만 프로이트는 옳았다. 폭력의 변형을 통한 문화의 성립). Gießen 2002.

Hamburger, Andreas: Das Motiv der Urhorde. Ererbte oder erlebte Erfahrung in Freuds »Totem und Tabu«(원시부족의 동기. 프로이트의 《토템과 터부》에서 유전된 또는 체험된 경험). In: Freiburger literaturpsychologische Gespräche. Jahrbuch fur Literatur und Psychoanalyse 2 (2005), 45-86쪽.

Jung, C. G.: Über Wandlungen und Symbole der Libido(리비도의 변화와 상징에 대하여). Leipzig 1911.

Knight, Chris: Taboo(터부). In: Allen Barnard/Jonathan Spencer (Hg.): Encyclopaedia of Social and Cultural Anthropology. London/New York 1996a, 542-544쪽.

_____: Totemism(토테미즘). In: Barnard/Spencer 1996b, 550-551쪽.

Kroeber, Alfred L.: Totem and Taboo: An Ethnologic Psychoanalysis(토템과 터부: 인종학적 정신분석) [1920]. In: Ders.: The Nature of Culture. Chicago 1952, 301-305쪽.

_____: Totem and Taboo in Retrospect(토템과 터부를 회고하며) [1939]. In: Ders.: The Nature of Culture. Chicago 1952, 306-309쪽.

Levi-Strauss, Claude: Das Ende des Totemismus(토테미즘의 종말). Frankfurt a. M. 1965(불어판 1960).

Minsky, Rosalind: Psychoanalysis and Culture. Contemporary States of Mind(정신분석과 문화. 마음의 동시적 상태). New Brunswick 1998.

Muensterberger, Werner (Hg.): Der Mensch und seine Kultur. Psychoanalytische Ethnologie nach »Totem und Tabu«(인간과 그의 문화. 《토템과 터부》에 의거한 정신분석적 인종학). München 1974.

Petermann, Werner: Die Geschichte der Ethnologie(인종학의 역사). Wuppertal 2004.

Reichmayr, Johannes: Einführung in die Ethnopsychoanalyse. Geschichte, Theorien und Methoden(인종학 입문. 역사, 이론과 방법). Frankfurt a. M. 1995.

Ritvo, Lucille B.: Darwin's Influence on Freud: A Tale of Two Sciences(프로이트에 미친 다

원의 영향. 두 과학의 이야기). New Haven 1990.

Róheim, Geza: Psychoanalyse und Anthropologie. Drei Studien über die Kultur und das Un-
bewußte(정신분석과 인간학. 문화와 무의식에 대한 연구). Frankfurt a. M. 1977(영어
판 1950).

Schneider, Peter: Freud, der Wunsch, der Mord, die Wissenschaft und die Psychoanalyse(프
로이트, 소망, 살인, 과학과 정신분석). Frankfurt a. M. 1991.

Sulloway, Frank J.: Freud, Biologe der Seele. Jenseits der psychoanalytischen Legende(영혼의
생물학. 정신분석적 전설의 저편). Hohenheim/Köln-Löwenich 1982(영어판 1979).

Wallace, Edwin R.: Freud and Anthropology. A History and Reappraisal(프로이트와 인간학.
역사와 재검토). New York 1983.

Westphal-Hellbusch, Sigrid: Freuds »Totem und Tabu« in der heutigen Ethnologie(오늘날의
인종학에서 프로이트의 《토템과 터부》). In: Zeitschrift für Psychosomatische Medizin
7 (1960), Nr. 1, 45-58쪽.

Andreas Hamburger

2

《집단심리와 자아분석》(1921)

《집단심리와 자아분석(Massenpsychologie und Ich-Analyse)》(전집 13, 71-161
쪽)은 좁은 의미에서 그 대상이 ―집단의 현대적 현상이― 사회학에 속할
수 있는 프로이트의 유일한 저작이다. 그러나 프로이트가 고고학과 당시
만 해도 새로운 인종학 분과에 매우 정통해 있었다 할지라도, 동시대의 사
회학과는 거의 친숙한 관계에 있지 않았다. 이는 사회학이 세기의 전환기
에 독일 언어공간의 학문적 활동에서 결코 인정받지 못하고 있었으며, 오
히려 정신분석과 유사하게 국외자적 위치에 있었다는 사실로부터 설명될
수 있을 것 같다. 정신분석이 의학으로부터 그래야 했듯이 사회학은 그제

야 철학으로부터 독립해야 했다. 어쨌든 콩트와 막스 베버의 거대한 사회학적 체계에 프로이트가 거의 접근하지 않았듯이 사회학도 게오르그 짐멜이나 마르크스와 엥겔스에 의해 발전된 사적 유물론의 사회이론에 거의 접근하지 않았다.

사회에 대한 다층적인 학문적 해명모델이 제2의 자연(zweite Natur)[59]으로 변해 버리고 동시에 경쟁적인 설명체계들의 불투명성에 의해 위장된 우리의 시각으로 측정된다면, 종교 내지 집단형성과 같은 사회적 현상에 대한 프로이트의 ―오로지 정신분석적 계몽에 의해서만 이루어진― 편견 없는 시각은 어쩌면 소박한 것으로 보일 수도 있을 것이다. 바로 이 외견상의 소박함이 프로이트의 에세이[60]가 간직하고 있는 발견의 풍부함을 가능하게 한다. 이런 예는 프로이트가 "모든 개별자는 많은 군중의 구성요소이다"(같은 곳, 144쪽)라고 단언할 때 분명해진다. 여기서 우리는 부지중에 이로부터 사회적 역할이 구성되는 역할담당자(Rollenträger)와 역할분할(Rollensegmente)의 사회학적 개념을 연상한다. 그러나 같은 맥락에서 우리는 놀라운 발견을 하게 된다. 즉 역할 개념을 다루는 사회학 이론을 전혀 알지 못했던 프로이트가 사정에 따라서는 역할의 무의식적 역동성을 언급하고, 이제 자기 쪽에서 역할 개념의 단순성을 깨트림으로써 이미 역할 개념의 제한성을 다시 제시하고 있다는 사실이다. 방금 인용된 부분의 완전한 문장은 다음과 같이 되어 있다. "모든 개별자는 동일시를 통하여 다면적으로 연관된 많은 군중의 구성요소이며, 모든 개별자는 온갖 다양한 모범을 향한 자아이상을 구축해 왔다"(같은 곳). 사회학적으로 아주 소박한 이

---

59) 역주: 법과 제도에 의하여 변질되고 인습화된 자연(루카치) 또는 도구적 이성이 지배하는 근현대적 자연(아도르노)을 말한다.
60) 독일어에서 에세이는 논설조의 글이나 리포트, 논문과 소논문 등을 모두 포괄한다. 프로이트의 논문들도 에세이로 표기하는 경우가 자주 있다.

문장에 초자아-단편화(Überich-Fragmentierung)에 대한 확증이 ―현대적 거대사회에서 개인의 다양한 무의식적 동일시의 결과로서― 숨겨져 있고 동시에 역할사회학이 한참 뒤에야 정신분석을 재수용하면서 힘들게 획득한 인식수준이 설계되어 있다.

'오늘날 프로이트로 무엇을 시작할 수 있을까'라는 질문에 나는 단지 프로이트를, 정말이지 프로이트를 읽기 시작한다는 말로 대답하는 사람은 이런 비동시성을 목표로 삼아야만 한다. 나아가 또 다른 것, 즉《집단심리학과 자아분석》이 생겨나는 배경인 그리고 그 글이 대답하는 역사적 지평을 목표로 삼아야 한다. 이 글의 발생 시점인 1921년으로 돌아가 보자. 당시에 집단운동을 통하여 합스부르크 왕조, 차르의 러시아와 독일제국이 막 무너지거나 붕괴했다. 낡은 질서의 자리에 이제 지극히 불안하고 검증되지 않은 제도와 집단의지에 의존하거나 아니면 더는 황제와 신이 아니라 집단의지를 앞세우는 질서가 들어선다. 프로이트는 명백히 집단파업, 혁명이나 무정부 상태, 그의 주변을 둘러싸는 새로운 민주적 장치들과 관련이 없다. 하지만 우리는 ―이런 소란함이 그의 스토아적인 무관심의 이상에 결코 어울리지 않았지만― 그가 그의 주변의 동시대인들과 마찬가지로 이 모든 것에 흥분해 있었다는 것을 알고 있다. 1919년 3월에는 정신분석가 파울 페더른(Paul Federn)이 빈정신분석학회의 프로이트의 면전에서 《혁명의 심리학: 아버지 없는 사회(Zur Psychologie der Revolution: Die vaterlose Gesellschaft)》를 낭독했다. 그는 이 발표문에서 "노동자-병사 평의회"의 토대민주주의 제도가 마치 사회주의적 "형제무리"처럼 비합리적 권위형성이 없는 사회의 새로운 장치를 실행할 수 있는 힘을 가졌으면 하는 그 자신의 정치적 희망을 정신분석적으로 정초했다(Federn 1919/1980). 프로이트는 《집단심리학》(전집 13, 107쪽)에서 페더른의 글을 인용하고 있지만, 정치적으로는 그에게 동의할 수 없었다. 페더른은 사회주의자였고, 집단운동의 투명하고 창조적인 측면을 강조했다(변혁 속에서는 무의식적 죄책감이 결여되는데, 이에 따른 위험을 부인하지는 않았다). 프로이트는 회의적인 개인주의자였고 또한 개인주의자로 남아 있었다. 그는 모호한 보수적-권위적 문화페시미스트였던 귀스타브 르봉(Le Bon 1895/1919)의 말에 귀를 기울이기를 더 좋아했다(vgl. Brunner 1995/2001, 227).

이제 우리는 벌써 프로이트가 귀스타브 르봉의 군중에 대한 진단에 동조하여 보고하는 《집단심리학》의 첫 장에 와 있다. 여기서는 군중 속에서 개인의 최면상태, 군중에 의한 개인의 감정 고조와 사고의 방해, 군중이 미치는 환각주의와 무의식의 지배로의 타락이 다루어진다(전집 13, 76쪽 이하). 우리 앞에 이른바 둔감하고 미혹되기 쉬운 군중의 익숙한 상이 그려진다. '군중'은 여기서 '자아'가 아닌 전적으로 부정적 성격이다. —그리고 이로부터 자아가 군중을 언급하면서 군중에서 배제되고, 군중이 서로 착각함으로써 제한된 의식에 이르기까지는 순식간의 일이다. 우리는 이 글에서 그의 위상론이 엘리트와 군중이라는 대립쌍에 완전히 치우쳐 있는 —르봉의 시각에 사로잡힌— 프로이트를 보게 된다. 르봉은 사회를 이와 달리 인식할 수 없다.

르봉이나 니체처럼 반동적 문명비평가들과 비교하여, 그러나 군중현상을 향하여 완전히 다른 통로를 획득하고 있는 마르크스와 같은 혁명이론가들과 비교하여도 프로이트에게 나타나는 새로운 점은 결코 '군중'에 대한 기술적(記述的) 분석이 아니다. 오히려 프로이트의 업적은 그가 이제까지 주어진 통속적 정신분석의 진부한 해석판박이를 —설명요소로서의 '암시'와 '감염'을— 해체하고 낡은 대답으로부터 새로운 물음을 도출하고 있다는 사실에 있다. 이 때문에 《집단심리학과 자아분석》의 본질적인 첫 질문 역시 "암시의 주문(呪文)"(95쪽) 뒤에 무엇이 감추어져 있느냐이다. 프로이트는 "모든 것을 설명하던 암시가 설명 자체를 벗어나야 할 것이다"(97쪽)로 만족하려 하지 않는다. 대답의 점차적인 발전이 내용적으로 이 에세이의 핵심을 형성하며, 양적으로도 주요 부분을 차지한다. 그것은 방법적으로 우리가 오늘날 정신분석의 사회현상에 적용이라고 부르는 것의 표본이다.

결과는 정형적으로 요약된다. ― 그리고 그 결과들을 공식으로까지 압축하는 것은 전적으로 프로이트의 의도였다. 어느 자리에서 그 스스로가 "한 집단의 리비도의 체질에 대한 공식"(128쪽)에 관해 언급한다. 즉 집단형성과 집단응집력(Massenkohärenz)은 전형적인 "결속의 이중적 방식"(145쪽)으로 구체화되고, 이 결속 내에서 "모든 개체는 한편으로는 지도자와 … 다른 한편으로는 집단적 개인들과 리비도적으로 연관된다"(104쪽). 이때 투여되는 리비도는 목표억제적(Zielgehemmt; 127쪽)이다. 그러므로 직접적인 성적 방출은 당연히 일어나지 않는다. 이 목표억제가 바로 집단형성의 항구성을 결정한다. 언급한 이중결속의 본질은 메타심리학적으로 말해 a) 이중적 동일시(128쪽)에 있다. ― 다시 말해 한편으로는 집단적 개인들 상호 관계에 그리고 다른 한편으로는 지도자 또는 지도자를 대체하는 이념 및 이데올로기와의 공통적, 집단적 동일시에 있으며 나아가 b) 지도자 내지 주도적 이념을 향한 자아이상의 양도 및 투사에 있다(144-145쪽). 더 자세히 말해 네 단계로 분석될 수 있는 과정이 중점적으로 다루어진다. ① 집단적 개인들 상호간의 동일시, ② 지도자(또는 이념, 이데올로기)와의 동일시, ③ 이 때문에 마법적으로 고양되고 강화되는 지도자 또는 이념을 향한 개인적 자아이상의 투사 내지 양도, ④ '대상', 그러니까 지도자 또는 이제 '집단적으로' 되어 버린 이념 내지 이데올로기를 통한 개인적 자아이상의 대체가 그것이다. 리비도 사용의 전형적인 공통방식은 최면(암시)-집단형성-애착(Verliebtheit; 160쪽)이라는 계열형성을 허락한다. 우리는 최면적 관계가 "둘이서의 집단형성"인 것처럼(126쪽) 애착 또한 둘이서의 집단이라고 부를 수 있던가 아니면 정반대로 집단을 성적 만족이 제외된 강화된 애착이라고 부를 수도 있을 것이다.

우리가 이 공식들을 현재화한 뒤에 전체적인 집단심리학적 에세이를 다시 한 번 되돌아본다면, 먼저 프로이트가 사용한 집단개념의 불확실성이 부각된다. 이 집단개념의 범위는 프로이트가 "안정적인 집단들"(90쪽)이라고 부르는 것 그리고 우리가 오늘날 제도라는 개념으로 요약하고 있는 것으로부터 "단명한 종류의 집단들"(90쪽), 요컨대 자연발생적이고 일시적인 단체 및 집단형성에까지 이른다. 또한 이 집단개념은 오늘날 우리가 개인과 사회의 관계라고 부르는 것에서도 불명료한 것으로 남아 있다. 경계가 확실히 정해진 자율적 자아는 ―시민사회에서 개인의 동일화는― 말하자면 고정적인 기준점으로 전제된다. 이런 맥락에서 전체적인 에세이의 전개로부터 밝혀지는 몇 가지 물음들이 개관되고 있다.

집단운동에서 제도로의 견고화에 이어서 심지어 경직에까지 이르는 역사적이고 사회적으로 중요한 물음은 단지 암시될 따름이다. ―이는 물론 (사회적 폭동의 패러다임으로서) 원초적 친부살해의 정리(定理)에서 그리고 이로부터 발생하는 ―사회경제적으로 새롭거나 그제야 정말 문화 창조적 제도("형제무리")를 통한― 과거의 제도 또는 이전 제도("원시부족")의 대체로부터 설명된다. 우리가 프로이트의 설명도식을 ―내용상 그의 가설을 무조건 지지하려 함이 없이― 따라가면, 집단형성 시에 목표가 억제된 리비도 결속과 마찬가지로 제도형성 시에 충동불안, 고립불안과 죄책감 또한 큰 역할을 수행한다. 이런 의미에서 제도는 조직화되지 않은 집단에서 끓어 넘치고 또한 집단이나 운동의 자기 파괴로 이끌 수 있는 감정과 환상을 구속한다. 오늘날의 정신분석적이고 사회적인 시각으로 조직화되지 않은 집단이란 도대체 존재하지 않는다. 모든 집단, 모든 단체, 모든 운동은 모든 유기체처럼 자기조절의 경향을 보여 준다.

이 자기조절은 집단, 운동과 제도의 "리비도 구조"와 밀접하게 연관된다. 그리고 우리가 리비도와 공격성을 본질적으로 동질적인 것으로 간주하는 한, 정신분석은 당연히 '공격적 구조' 또는 포괄적으로 표현하여 제도의 충동구조를 연구한다. 정신분석적으로 구상된 리비도 단계들(Reiche 1991 참조)은 ―발전단계, 고착, 복합체 등으로 이루어진― 조직 없이는 정말 생각할 수 없다. 이는 다음번 문제로 이어진다. 프로이트에 따르면 정신분석은 더 이상 제도의 리비도적이고 공격적인 구조만을 연구하는 것이 아니다. 정신분석은 제도 일반을 ―그런 다음 사회 일반을― 그것의 심적 구조와 동일시하고 그것을 이 심적 구조로 환원시키려고 종종 시도해 왔고 그렇게 하고 있다는 것이다. 프로이트에게 이런 정신중심적인 (psychozentrisch) 사고의 위험이 깔려 있지만, 그렇다고 그가 사회적인 것보다 심적인 것이 우월하다고 주장하지는 않는다. 그만큼 그는 신중한 자세를 취할 뿐만 아니라 충분히 원시안적인 시각을 보여 준다. 한편 정신분석에서 정신중심주의의 증인인 게차 로하임(Geza Róheim)은 문화를 전적으로 "보상대상(Ersatzobjekt)의 형성"과 "보편적 신경증의 발현"으로 해석한 바 있다(Roheim 1950/ 1977).

프로이트는 '문화' 내지 '사회'를 원초적인 친부살해라는 행위를 통하여 창조된 것으로 파악한다(이에 대해 비판적인 Erdheim 1991 참조). 사회는 그 표상에 따라 긴 진화의 과정에서 형성되는 것이 아니다. 진화과정의 시작은 동물-인간의 과도기 영역에서 상실된다. 우리는 여기서 사회 진화이론과는 상반되게 오히려 구성이론, 종교적-신비적 유형에 속하고 오늘날의 사유와 지식으로는 더 이상 인정될 수 없는 관찰방식에 연루된다. 이런 선상에서 "최초의 서사시인"(전집 13, 152쪽)이 집단에서 유래하는 구성적 창조행위를 통하여 허구적 '최초의 개인'과 동의어로 부각된다. 이 서사시인은 창작하고 객관화하면서, 그러니까 원칙적으로 사유와 충동유예

(Triebaufschub)의 수단으로 원초적 친부살해의 문화구성적 행위를 고수함으로써 문화-영웅과 동시에 집단으로부터("형제무리"로부터) 해방되는 '자아'를 창조한다.

프로이트가 "단지 사랑만을 문화요인으로"(같은 곳, 112쪽) 인정한다면, 우리는 이를 윤리적-이타적 의미로나 근본적으로 성적인 의미로도 이해할 수 없다. 《쾌락원리의 저편》에서 언급되듯이 여기서 사랑은 점점 더 확대되는 통합을 창출하는 에로스의 힘과 동의어이다(전집 13, 45쪽; 전집 13, 130-131쪽 역시 참조). 그리고 사랑은 그 파괴적인 내재성이 모든 문화적 성과와 결국 인간사회 일반을 해체하려고 위협하는 죽음충동(타나토스)과는 대립되는 것으로서 구상된다. 10년 뒤 《문화 속의 불쾌감(Unbehagen in der Kultur)》(전집 14, 419-506쪽)에서 프로이트는 역사적 운동 전체를 문화 속에서의 에로스-흐름과 타나토스-흐름의 대립이라는 시각에 따라 관찰하게 된다. 그러므로 "문화요인으로서의 사랑"은 오히려 구축하고 조직화하면서 승화된 노동에 대한 은유이며, 그리고 그것도 외적인 노동과 마찬가지로 내적인 노동(심적 발달)에 대한 은유인 것이다. 이렇게 볼 때 프로이트와 마르크스 사이에는 ─비록 후자가 인간의 노동에서 단지 사회형성적 원리만을 인식하고 있을지라도─ 어떤 대립도 존재하지 않는다. 마르크스가 "문화초기에는 노동에 의해 획득된 생산력이 미미하지만, 생산력의 만족을 수단으로 또 그것을 근거로 발전되는 욕구도 미미하다"(Marx 1867/1974, 535쪽)라고 주장한다면, 우리는 마르크스와 프로이트를 다음과 같이 해석할 수 있을 것이다. 즉, 이 두 사람에게서 욕구의 범주는 이른바 물질적 욕구뿐만 아니라 정신적이고 영적인 욕구, 따라서 역사적 과정에서 발전되는 집단적 자아능력 및 초자아능력과도 관련된다. 이 과정은 동시에 목표가 억제된 리비도 발달에서의 노동의 과정이다. ─ 에로스의 작업이다.

프로이트는 집단운동의 창조적 측면을 바라보기를 거부하고, 르봉의 시각에 얽매인 채 단지 그 운동의 퇴행적 측면만을 응시한다. 오늘날 우리는 창조적이고 문화혁신적인 모든 업적들이 이제까지 확고해진 자아경계들(Ichgrenzen)의 일시적인 해체에 달려 있다는 것을 알고 있다. 우리는 이 과정을 자아의 작동 속에서의 퇴행이라고 부른다. 이는 개인의 예술적이고 지적인 수행에 대해서뿐만 아니라 집단적, 사회정치적 혁신(예컨대 혁명)에 대해서도 마찬가지로 해당된다. 행동, 지각, 교육 등의 새로운 양식은 사회적 제도와 마찬가지로 가령 청년봉기와 같은 집단운동에서도 발전된다. 창조적 운동의 ─개인적이고 집단적인 운동의─ 변증법과 비극은 종종 그 운동의 주체가 자아경계들의 이완 순간에 특히 위태로워지는 데 있다. 요컨대 개인은 정신병리적 소외에, 집단은 조작적인 외부제어에 위태로워질 수 있다.

─── 참고문헌 ───────────────────────────────

Brunner, José: Psyche und Macht. Freud politisch lesen(정신과 힘. 프로이트를 정치적으로 읽기). Stuttgart 2001(영어판 1995).

Erdheim, Mario: Einleitung zu: Sigmund Freud: Totem und Tabu(지그문트 프로이트의 《토템과 터부》에 대한 서문). Frankfurt a. M. 1991, 7-42쪽.

Federn, Paul: Zur Psychologie der Revolution: Die vaterlose Gesellschaft(혁명의 심리학: 아버지 없는 사회) [1919]. In: Helmut Dahmer (Hg.): Analytische Sozialpsychologie. Bd. 1. Frankfurt a. M. 1980, 65-87쪽.

Le Bon, Gustave: Psychologie der Massen(군중심리학). Stuttgart 1919(불어판 1895).

Marx, Karl: Das Kapital(자본). Bd. 1 [1867]. In: Karl Marx/Friedrich Engels: Werke. Hg. vom Institut fur Marxismus-Leninismus beim ZK der SED. Berlin 1974.

Reiche, Reimut: Einleitung zu: Sigmund Freud: Drei Abhandlungen zur Sexualtheorie(지그문트 프로이트의 《성이론에 대한 세 편의 논문》에 대한 서문). Frankfurt a. M. 1991, 7-28쪽.

Róheim, Géza: Psychoanalyse und Anthropologie. Drei Studien über die Kultur und das Unbewußte(정신분석과 인간학. 문화와 무의식에 대한 세 연구). Frankfurt a. M. 1977(영어판 1950).

Nachdruck von: Reimut Reiche: Einleitung zu: Sigmund Freud: Massenpsychologie und Ich-Analyse/Die Zukunft einer Illusion(피셔 출판사의 허락에 따른 지그문트 프로이트의 《집단심리학과 자아분석》/ 《환영의 미래》에 대한 서문 복제). Fischer Taschenbuch Verlag Frankfurt a. M. 2002, 7-15쪽. Mit freundlicher Genehmigung des Verlags.

Reimut Reiche

《환영의 미래(Die Zukunft einer Illusion)》(1927)

환영에 대한 글(전집 14, 323-380쪽)은 1927년에 국제정신분석 출판사에서 91쪽의 분량으로 초판 5000권이 출간되었다. 이듬해인 1928년에는 제2판으로 1만 권이 출간되었다. 글은 세 부분으로 구성되어 있다. 제1부(1장과 2장)에서 프로이트는 그가 '문화'라고 이해하는 것을 개관한다. 제2부(3장과 4장)에서 그는 종교를 정의하고, 그것을 문화와 문화발전에 대한 그의 관점에서 다시 규정한다. 제3부(5장에서 10장까지)에서 프로이트는 종교를 시대에 맞지 않고 진부한 문화유산으로 파악한다. 그는 종교와 대립하여 여전히 종교의 잠정적 성격과 불완전성을 의식하는 합리적인 정신노동과 과학적 진보를 통하여 종교를 교체할 것을 주장한다. 프로이트의 텍스트는 정동(情動)에 차 있으며, 논쟁과 신랄한 위트, 끝으로 상당한 열정이 들어 있는 포괄적인 구문으로 쓰여 있다.

문화

프로이트에게 문화란 "인간의 삶이 그의 동물적인 조건들을 극복한 모든 것 그리고 인간의 삶이 동물의 삶과 구별되는 모든 것"(같은 곳, 326쪽)을 의미한다. 그는 문화를 인간 내부에 들어 있는 동물성과 대립시킨다. 이런 기본규정은 눈에 띄는 결과들을 자아낸다. 프로이트는 동물적 조건과 문화 사이에서 결코 지양될 수 없는 대항관계를 발견한다. 결과적으로 이 관계에서 두 운동이 나타난다. 인간 내부에 들어 있는 동물적인 것의 억압과 제어가 그 하나이고, 이 조건으로부터 변화를 통한 자기고양(Sich-Erheben)이 다른 하나이다. "모든 문화는 틀림없이 강제와 충동포기에 근거하여 구축된다"(같은 곳, 328쪽). 충동의 희생자들은 불가피하다. 프로이트는 특히 파괴적, 반사회적이고 반문화적 경향에 대한 포기를 염두에 두고 있다. 문화발전에서는 우선 자연지배, 생명유지와 더불어 물질적인 것이 중요했었다. 그의 견해에 따르면 이제 인간 상호관계의 조절과 획득 가능한 재화의 분배, 그러니까 영적인 것과 사회성이 전면에 부각된다는 것이다.

문화는 충동소망의 거부에 도움을 주며 ―충동소망의 가장 오래된 것으로 프로이트는 근친상간, 식인풍습과 살인의 쾌감을 예로 든다― 동시에 이런 거부로부터 발전한다. 이렇게 문화는 심리학적 소유물로 변화한다. 프로이트는 외적인 문화규정의 내면화와 동반하는 인간영혼의 발달을 문화발전의 부분으로 확증한다. 문화는 영적인 심급으로 완전히 바뀌게 되는 것이다. 다시 말해 초자아가 형성되고, 이를 통해 고대적인 인간과 어린 아이가 그제야 도덕적이고 사회적인 존재로 변화한다. 문화의 이상 역시 내면화된다. 그것을 준수하는 것이 나르시시즘적인 만족을 선사한다. 예술은 발전하면서 문화포기에 대한 보상만족을 허락한다.

종 교

프로이트는 심적인 문화소유물에서 아마도 가장 의미심장할 수 있는 부분으로 종교적 표상을 지칭한다. 그는 자연의 압도적인 힘과 최초의 조우로부터 오늘날 서구기독교 문화에서의 최종적 형태에 이르기까지의 종교발전을 개관한다. 여기서 그는 문화의 개념을 포괄적으로 파악하고 종교를 문화의 일부로 소개함으로써 다시 중요한 전환을 시도한다. 종교가 문화와 대등하기는커녕 문화에 예속되는 것으로 설정되는 것이다. 종교는 자연의 공포를 쫓아내고 운명의 잔혹함, 특히 죽음과 화해하는 문화의 특정한 임무를 넘겨받았다. 종교는 문화적으로 요구된 충동포기를 통하여 인간에게 부과되는 고통과 결핍 또한 보상해야 한다. 종교는 더 근본적으로 문화의 요구를 신의 계시로 제시함으로써 이를 중요한 근거로 확립해야 할 임무를 넘겨받았다. 이것이 종교에 대해 오랫동안 확고한 가치를 부여했지만, 문화필연성에서 유래하는 종교의 근원을 모호하게 만들었다.

이제 프로이트의 논증이 뒤따른다. 이것이야말로 가장 강력한 영향력을 발휘하는데, 그럴 것이 이 논증은 신성을 종교의 기원으로 보는 것에 반대하기 때문이다. 요컨대 종교가 아니라 "문화가 종교적 표상을 창조한다"는 것이다. 프로이트는 다음과 같이 설명한다. "문화는 개별자에게 이 표상을 선사한다. 왜냐하면 개별자는 이 표상과 대면하여 이를 완전히 호의적으로 받아들이지만, 그는 아마도 혼자서는 이것을 발견할 수 없을 것이기 때문이다. 그것은 그가 속해 있는 여러 세대의 유산인 것으로, 그는 구구표와 기하학 등처럼 이 유산을 넘겨받는다"(같은 곳, 342-343쪽). 프로이트는 종교가 인간에 의하여 만들어진다고 진술하고 있지는 않지만, 그의 견해는 명백하다. 모든 문화생산물처럼 종교도 **인간이 만든 물건**에 속한다. 동시에 종교적 생산물의 주체는 개별자가 아니라 문화이다. 한편으로 문화는 개별자의 욕구를 채워 주고, 다른 한편으로는 거부를 요구하면서 개별자와 마주친다.

"종교형성의 정신분석적 동기부여"(345쪽)에 대한 짧은 논의에서 프로이트는 유아기의 무기력을 가장 본질적인 동기로 기술했던 과거의 글들로 소급한다. 유아기의 무기력은 최초의 불안 방어로서 어머니에게 의존하고, 그런 다음 두 번째의 더 강한 불안 방어로서 아버지를 찾게 된다. 이 때문에 유아기의 무기력은 모든 종교에 깊이 각인된 아버지 콤플렉스의 양가성을 감수한다. 이 유아기의 심적 동기부여에 이어서 추후적인 것, 즉 성인의 무력감과 속수무책의 상태가 발생한다. 종교는 이에 대답하는 역할을 수행한다.

프로이트가 종교를 어떻게 파악하는지는 주목할 만하다. 그는 이제까지 종교적 표상에 관해 언급했었다. 그는 이제 그것이 무슨 의미인지를 설명한다. "종교적 표상이란 사람들 자신이 발견하지 못했던 무엇인가를 전달하는, 그리고 사람들이 그것에 믿음을 부여하기를 요구하는 정리(定理), 사실과 외적 (또는 내적) 현실의 관계에 대한 진술이다"(347쪽). 그러므로 프로이트는 종교적 체험과 행위가 아니라 전적으로 종교 교리의 내용적인 것에 의존한다. 그의 초점은 진리와 종교적 내용의 현실적 일치에 맞추어져 있다. 프로이트에 따르면 이런 종류의 정리는 분명히 검증될 수 있고, "콘스탄츠는 보덴 호수에 있다. 그걸 믿지 않는 자는 가서 보라"(347쪽)는 유명한 대학생 노래와 비교될 수 있다. 이때 그는 종교적 교리의 진리확신이 생겨나는 내적 체험이나 황홀경을 인정하지 않는다. 왜냐하면 그런 것은 보편타당성이 없기 때문이다. 이런 의미에서 그는 "이성 위에 있는 심급이란 없다"(350쪽)고 잘라 말한다. 올바른 사유의 길만이 종교적 정리의 진리를 입증할 수 있다. 여기서 프로이트는 논란의 여지가 없는 공중이 결핍되어 있음을 확증하고는 —그는 "종교적인 동화"(351쪽)라는 말까지 언급한다— 그럼에도 종교적 표상이 무엇 때문에 인간에게 지대한 영향을 미치느냐라는 의문을 제기한다. 과연 그 내적인 힘의 본질은 무엇인가?

환 영

독자는 프로이트가 이제 다음과 같이 명명하는 종교에 대한 그의 규정을 읽을 차례이다. "정리로 자처하는 이것들은 경험 또는 사유의 최종결과의 침전물이 아니다. 그것들은 환영(Illusion), 인류의 가장 오래되고 강력하고 절박한 소망의 충족이다. 인류가 지닌 강력함의 비밀이란 이 소망의 강력함이다"(352쪽).

프로이트는 종교를 환영으로 묘사한다. 환영의 중심점은 인간의 소망에서 비롯되는 환영의 파생, 그러니까 환영의 심적인 생성이다. 이를 프로이트는 자신을 데려가기 위해 왕자가 올 것이라는 환영을 스스로 만들어 내는 서민처녀의 예로 보여 준다. 이것이 완전히 불가능한 것은 아니지만, 그럼에도 그 소망은 현실적인 전망보다는 확연히 더 높은 환영에의 관심에 의존한다. 프로이트는 장차 메시아가 와서 황금시대를 정초하리라는 종교적 소망을 훨씬 더 개연성이 없는 것으로 간주한다. "그러므로 우리는 신앙이 동기화될 때 소망충족이 쇄도해 온다면 그 신앙을 환영이라고 부르는데, 이때 우리는 환영이 신앙의 공증을 포기하듯이 신앙과 현실과의 관계를 간과한다"(354쪽). 프로이트는 종교적 표상의 대부분이 현실적 가치에 있어서 입증될 수 없고 반박될 수도 없다고 비판하고, 그것을 과학적 작업과 비교한다. 그는 종교적 표상과의 대립 속에서 과학적 작업을 우리 외적 현실에 대한 지식으로 인도할 수 있는 유일한 길로 본다. 그의 시각으로 볼 때 진리의 물음에 관한 한 종교는 과학을 통하여 비판받고 교체된다.

프로이트는 문화발전을 어린아이의 발달과 비교한다. 우선 그는 모든 문화규정의 순수 합리적 정초를 변론하면서 이런 것이 종교적으로 파생되거나 위장되어서는 안 된다고 주장한다. 하지만 그는 이것이 그리 쉽게 되지 않는다는 것을 인정해야만 한다고 말한다. 무엇 때문일까? 왜냐하면 신은 인간의 내적 갈망으로부터 나타나기 때문이다. 종교는 소망충족 외에도 두 번째의 심적 역동성을 포함한다. 역사적 잔재의 역동성이 그것이다 (히스테리 환자가 추억의 잔재로 고통을 앓듯이 인류도 그러하다). 여기서 프로이트는 그가 인류의 원초행위, 원초적인 친부살해를 문화와 종교의 기원으로 기술했던《토템과 터부》(전집 9)라는 글에 의지한다.

이 자리에서 프로이트는 그의 종교이론에 대해 이제부터 중심적인 역사적 진리의 개념을 끌어들인다. 그는 인류발전의 역사적 잔재를 유아기적 신경증과 유사관계로 상정한다. 유아기적 신경증은 어린아이가 무지와 지적인 약점으로 인하여 억압의 순수 정동적인 힘들을 통하여 충동을 포기할 수밖에 없게 됨으로써 발생한다. 이 어린아이의 상황과 유사하게 프로이트는 종교발전을 원초적 살인에서 유래한 억압의 과정과 방어를 전제로 하는 문화형성의 과정으로 파악한다. 하지만 오늘날 문화는 성장해 가는 중이다. "신의 의지"로부터의 파생과 마찬가지로 문화의 유아기적으로 또한 감정적으로 결정된 여분들은 불필요하게 되어 버렸다. 우리가 종교적 정리를 인류의 "마치 신경증의 잔재 같은 것"으로 본다면(전집 14, 368쪽), 우리는 오늘날 그것을 정신분석적 치료에서처럼 "합리적 정신작업"으로 대치할 수 있다. 프로이트는 여기서 스스로가 인류의 이성적 교육자로서의 입장을 보여 준다(367쪽).

그는 "비종교적 교육"(372쪽)의 미래를 설계하면서 동시대적 교육학이 지니고 있는 사유의 금기에 항변한다. 교육학은 성적 발달을 지체시키고 종교적 영향을 빠르게 진행하려고 하며, 그럼으로써 성적인 물음과 종교적인 물음에 대한 사유에 장애를 일으킨다는 것이다. 프로이트는 "건강한 어린아이의 총명한 지능과 보통 성인의 취약한 사유능력 사이의 서글픈 비교를 생각해 보십시오"(370쪽)라고 말한다. 그는 바로 그의 시대의 종교교육이 이런 부진함에 큰 책임이 있다고 확신한다. 종교는 멍청해질지라도 위로를 가져오는 수면제, 마취제, 달콤하거나 달콤쌉쌀한 독약으로 작용한다. 이와는 반대로 그는 "현실을 위한 교육(373쪽)"에 대한 자신의 프로그램을 그의 시대의 필수적인 문화발전으로 제시한다.

최종적으로 프로이트는 합리적인 정신작업과 과학의 가치에 대한 그 자신의 견해가 어느 정도까지 종교적 환영처럼 다시 환각적인 성격을 포함하지 않는지의 물음을 논의한다. 그는 "지성의 우위"(377쪽)에 대한 그의 요구와 합리성의 열정적 호소가 ―"우리의 신 로고스"(378쪽)가― 마찬가지로 소망으로 차 있다는 것을 시인한다. 하지만 그는 종교와 달리 과학적 작업이 경험과 이성에 의존하고 있다는 것, 그리고 늘 일시적이며 자체의 불완전성을 파악하고 있다는 것을 예증한다. "아니, 우리의 과학은 환영이 아니다"(380쪽). 이렇게 그는 어떤 것도 이성과 경험을 영원히 능가할 수 없을 것이며, 이성과 경험에 비해 그 모순이 너무도 명백해져 버린 종교 역시 그럴 수 없을 것이라고 예상한다.

《환영의 미래》에 대한 전후맥락

프로이트는 1927년 초부터 9월까지 이 책의 작업에 매달렸다. 그는 70세가 넘는 나이였다. 우리는 무엇 때문에 그가 이 시점에서 이 주제를 선택했는지 알지 못한다. 어쨌든 그는 이 글을 가지고 그의 남은 생애 동안 그가 주로 몰두해야 할 문화적 물음에 대한 연속적 연구를 시작한다. 칼 융과의 논쟁과 융의 신비주의로의 전환이 중요한 자전적 배경이다. 1910년 프로이트는 융과의 대화에서 "심령주의(Okkultismus)의 검은 진흙탕"에 격렬히 반론을 제기했다. 이렇게 함으로써 그는 동시대의 철학, 종교와 초심리학에서 다루어지던 거의 모든 것을 언급한 셈이었다(Jung 1961, 155쪽). 더욱이 1920년대에는 정신요법 치료사가 세속의 목사로서 찬양된다(J. H. Schultz, A. Maeder 외). 여기서 과연 프로이트는 시대의 흐름을 철저한 합리성으로 막고자 했던 것일까?

오스카 피스터 목사와의 서신교환에서 프로이트는 그의 소책자가 ―"모든 형식과 희석화에서"― 종교에 대해 전적으로 거부적인 태도를 다루고 있다고 적고 있다(F/P, 116). 프로이트는 그의 글의 견해가 분석적 이론체계의 구성요소를 형성하는 것이 아니라 자신의 개인적 태도를 반영한다고 분명히 밝힌다. 그는 반대 견해에 대해서도 분석의 편견 없는 방법론을 사용하는 어느 누구도 멀리하려 하지 않는다. 하지만 그는 종교를 아버지에 대한 동경을 충족하려고 고집하는 일종의 유치증(Infantilismus)으로 간주한다. 그는 이런 유치증을 극복할 수 있는 사람은 몇 안 된다고 말한다(127쪽). 그는 분석의 치료 성과에 대한 자신의 회의를 언급하면서 다음과 같이 강조한다. "나는 분석의 과학적 의미를 분석의 의학적 의미보다 더 중요하게 생각하며 또한 치료에서 계몽과 오류의 폭로를 통한 분석의 집단효과를 개인들의 회복보다 더 영향력 있는 것으로 생각한다"(129쪽).

1923년에 발병한 암 때문에 프로이트는 운명의 가혹함에서 벗어나도록 돕는 위로에 특히 민감하게 반응했다. 이 때문에 종교의 위로를 거부했다고 추측하는 것은 충분히 납득할 수 있다. 게다가 그는 암으로 말미암아 자신의 유한성을 직시하면서 인생의 최후를 맞이하여 분석의 공적인 영향을 강행하게 되었고, 나아가 인류의 교육자이자 교사로서 직무를 더욱 과감하게 수행해 나간 것인지도 모른다.

환영에 대한 글은 정신분석적 작업으로서는 거의 새로운 것을 도입하지 않는다. 막스 아이팅곤은 프로이트와의 서신교환에서 이 글을 **반 환영**(Contra illusiones)이라고 부르고 있다. 실제로 환영과 종교적 진리요구의 문제제기에 대한 투쟁이 이 글의 중심을 구성한다. 이를 통해 프로이트는 단호하게 계몽의 전통에 들어선다. "… 나는 다른, 더 훌륭한 남자들이 내 앞에서 훨씬 더 완벽하고 힘차고, 감동적으로 말했던 것만을 말했다." 그가 그의 위대한 선행자들의 순수 비판에 얼마간의 심리학적 논증을 덧붙였다는 것이다(전집 14, 358쪽). 18세기 이후로 '환영'은 형이상학 및 종교비판의 중심적 개념이 되어 버렸다. 흄과 홀바흐, 니체의 경우에 환영은 프로이트처럼 상상력과 인간의 열정에서 발원하고, 칸트와 포이어바흐의 경우에는 인식론적으로 문제가 된다. 마르크스에게 환영은 착취당하는 자들의 위로에 헌신하는 동시에 착취자의 자기정당화에 도움을 준다. 게이(Gay 1987/1988)가 보여 주었듯이 프로이트는 환영에 대한 글을 가지고 그의 시대에 격렬하게 요동치던 과학과 종교의 투쟁에서 계몽의 마지막 **철학자**로서 자신의 위치를 드러낸다.

영향사에 대하여

제목과 투쟁적이고 정동적인 문체 때문에 《환영의 미래》는 종교비판적인 논쟁에 빠져든다. 이 논쟁은 또한 언제나 종교비판적인 것으로 이해되었다. 프로이트의 저작들 가운데 몇몇은 수십 년이 지난 오늘날까지 이와 견줄 만한 반향을 불러일으켰다. 정신분석에 우호적인 신학자들은 피스터 목사(1928)의 전범에 따라 프로이트 연구를 통하여 종교를 정화하고 촉진하려고 시도한다. 오늘날까지 유아적이고 신경증적인 종교와 성숙하고 발전된 종교를 대립적으로 파악하려는 많은 시도가 존재한다. 엘리엇(Eliot)처럼 이와는 다른 사람들은 프로이트의 반종교적 쟁점의 도발에 답변하면서 전혀 그를 이해하려고 노력하지도 않았다. 엘리엇은 《환영의 미래》를 "어리석은" 글이라고 부르고 프로이트를 "언어상으로 모호하고 이치에 맞지 않는다"고 비난한다(1929, 350쪽). 반면에 폴 리쾨르(Paul Ricœur; 1966)는 프로이트가 회의를 가지고 오늘날의 인간을 깊이 있게 논의하고 있으며, 우리의 문화가 프로이트를 통하여 그 자체의 자기분석을 수행하고 있다는 점을 부각한다. 정신분석가들은 거의 대부분 프로이트의 종교비판적 관점을 공유한다. 지난 이삼십 년 사이에 이 전선은 무엇보다 위니콧(Winnicott)이 환영을 추이공간에서의 창조적 경험영역으로 이해하고 비온(Bion)의 "물자체 O에 대한 믿음(faith in O)"이 영향력을 얻은 후부터 약화되었다(예를 들어 N. Symington, M. Eigen 참조). 이 시도들은 프로이트의 종교적 신앙내용의 진리와 사실에 대한 기본적 물음들이 중요치 않게 되는 발전과정을 대표하는데, 라헬 블래스(Rachel Blass; 2004)가 이를 다시 비판한다. 결국 한스 로왈드(Hans Loewald)는 환영 일반에 대한 프로이트의 구상을 ―그가 특히 환영과 실재, 주체와 대상의 구별에 포함시키는― 종교의 경험영역을 파악하기에는 대체로 부적절한 것으로 간주한다(1988).

─── **참고문헌** ───

Blass, Rachel B.: Beyond illusion: Psychoanalysis and the question of religious truth(환영 너머로. 정신분석과 종교적 진리의 물음). In: International Journal of Psychoanalysis 85 (2004), 615-634쪽.

Eliot, Thomas Stearns: The Future of an Illusion. By Sigmund Freud(환영의 미래. 지그문트 프로이트). In: The Criterion 3 (1929), 350-353쪽.

Gay, Peter: "Ein gottloser Jude". Sigmund Freuds Atheismus und die Entwicklung der Psychoanalyse("신이 없는 유대인". 지그문트 프로이트의 무신론과 정신분석의 발전). Frankfurt a. M. 1988(영어판 1987).

Jung, Carl Gustav: Erinnerungen, Träume, Gedanken(기억, 꿈, 사고). Düsseldorf/Zürich 1971(영어판 1961).

Loewald, Hans: Sublimation. Inquiries into Theoretical Psychoanalysis(승화. 이론적 정신분

석의 탐구). New Haven 1988.

Pfister, Oskar: Die Illusion einer Zukunft(미래의 환영). In: Imago 14 (1928), 149-184쪽.

Ricœur, Paul: Der Atheismus der Psychoanalyse Freuds(프로이트 정신분석의 무신론). In: Concilium 2 (1966), 430-435쪽.

Herbert Will

《문화 속의 불쾌감》(1930)

프로이트는 가장 유명하면서 가장 어렵기도 한 저작들 가운데 하나인 《문화 속의 불쾌감(das Unbehagen in der Kultur)》(전집 14, 419-506쪽)에서 문화과정의 역동적이고 정동적인 토대를 연구한다. 그는 1920년의 두 번째 충동이론을 배경으로 하여 문화발전에 대한 그의 예전의 숙고(예를 들어 《토템과 터부》)를 개작하고 동시에 그것을 확대한다. 이제 문화발전은 불가피하게 죄책감의 증대와 연관된다는 명제가 프로이트 관심의 중심에 들어선다. 문화적으로 전제된 충동포기와 충동해체, 내적 파괴성의 분출이라는 구조적 관계는 메타심리학적으로 ―경제적이고 위상학적으로― 도출되고 이 글의 문화비관적 토대를 정초한다.

프로이트에 따르면 '문화'란 "우리의 삶이 우리의 동물적 선조로부터 벗어나서 자연에 대한 인간의 보호와 인간 상호관계의 조절이라는 두 가지 목적에 헌신하는 업적과 제도의 전체적 총합"(전집 14, 448-449쪽)을 지칭한다. 이런 경우에 문화는 "자기들끼리 리비도적으로 연관된 개별적 인간의 공동체로의 통합"(499쪽)을 목적으로 한다.

프로이트는 인간들이란 행복을 추구하며, 이럴 경우에 행복추구의 열망은 두 측면을 지닌다는 확신으로부터 출발한다. 즉 행복추구의 열망은 한편으로 고통과 불쾌가 없는 상태, 다른 한편으로는 강한 쾌감의 체험을 지향하는 경향을 보인다(434쪽). 그렇지만 이 유용한 프로그램인 쾌락원리는 "전체 세계, 소우주와 마찬가지로 대우주와 불화 속에 있다. … 인간이 '행복'하고자 하는 의도는 '창조'의 계획에는 들어 있지 않다"(434쪽). 쾌락원리의 요구는 충족될 수 없는 것이다(442쪽). 행복의 획득과 고통의 방어, 그러니까 쾌락원리에 헌신하면서 작동되는 현실원리 또한 돌이킬 수 없는 한계에 부딪친다. 이제 이런 것들은 인간적 고뇌의 세 근원인 외부세계의 압도적인 힘, 쇠약한 우리 자신의 육체, 모든 문화적 노력의 출발점인 사회적 관계와 직면한다(434쪽, 444쪽). 하지만 인간의 행복추구의 내적이고 외적인 한계에서 근본적인 어떤 것도 변화시키지 못한다.

프로이트는 냉철하게 과학, 기술과 자연지배의 발전을 조명한다. 이 문명의 성과가 문화인간을 물론 "일종의 인공신(Prothesengott)"(451쪽)으로 만들었지만, 그럼에도 문화인간은 이 "신과의 유사함"에서 현실성을 잘 느끼지 못한다. 반면에 "인간들은 이제 자연력의 지배에 성공함으로써 그 도움으로 마지막 인간에 이르도록 서로를 손쉽게 근절할 수 있게 된다. 인간들은 그것을 알고 있고, 그래서 그들은 그들의 현재적인 동요, 불행, 불안감을 아주 충분히 알고 있다"(506쪽).

프로이트에 따르면 문화과정은 그가 인간의 충동적 성향들을 가지고 착수하는 저 변화를 통하여 특징화된다. 충동적 성향들 가운데 몇 가지는 억압되고, 전치 및 전도되고, 성격의 형태로 변화되거나 ―더 높은 심적 행동성이 문화생활에서 이런 성향들에 부여된 역할을 떠맡게 할 수 있는― 승화로 발전된다. 프로이트는 이 변형들로부터 다음과 같은 결론을 도출한다. "문화는 충동포기에 근거하여 구축되고" 또한 "문화는 강한 충동의 불만족(억제, 억압 또는 그 밖에 어떤 것)을 전제로 한다"(457쪽). 그는 종의 역사적 관점에서 두 가지 의미심장한 예를 제시한다. ① 불의 유용화는 불을 소변 줄기로 끄면서 동성애적 경합에서 남성의 능력을 즐기려는 유아기적 쾌락의 포기를 요구한다(449쪽). ② 인간이 땅을 피하여 똑바로 서서 걷기를 결정함으로써 냄새에 대한 자극은 "유기체적 억압"의 희생물이 되었으며, 그것은 반동형성이나 청결요구 등의 다른 금기들을 야기했다(459쪽). "후각의 가치가 절하된 …" 뒤로 "성기능은 완전한 만족을 방해하고 성적 목적을 배척하는 계속 근거를 알 수 없는 반발을 동반한다. …"(466쪽). 이런 결과로 모든 문화적 성과는 "가라앉은 (잠재적인) 성욕의 대가로"(F, 303) 생겨나서 "향유가능성의 부인할 수 없는 저하"(전집 14, 437쪽)를 초래한다.

프로이트에 따르면 이 "문화거부"는 "모든 문화가 맞서 싸워야만 하는 적대성"(457쪽)을 일으키는 원인이다. 여기서 특징적인 것은 문화인들이란 그들의 비참함에 대한 과실을 사회제도에 떠넘기고 "만일 우리가 사회제도를 포기하고 원시적 상태를 찾아서 되돌아간다면"(445쪽) 더 행복할 것이라고 믿는다는 점이다. 문화적 불쾌감은 프로이트에게 피할 수 없고 동물적 조건의 초월에 대한 필연적인 대가이다. 일반적인 문화적대성은 "새로운 것에 반해 옛 위치를 떠나기를 싫어하는"(467쪽) 리비도의 타성을 반영하며, 이는 퇴행이 사회화의 부정적 대립쌍이라는 것을 보여 준다. 프로이트는 정신병리학적 시각에서 "어떤 충동에 대하여 만족을 금지하는 것은 위험하다"는 것을 환기시킨다. "… 그것을 경제적으로 보상하지 않으면, 심각한 장애를 각오해야 하는 일이 있을 수 있다"(457쪽). 인간이 '거대한 새로운 습득', 즉 문화적 재화와 제도의 취득 대가로 신경증에 걸릴 자질을 얻는다는 것이다. 신경증 환자는 극복하지 못한 충동의 제약 및 거부에 대해 증상적인 대리만족을 만들어 내고, 이런 식으로 그의 선사시대의 전사를 입증한다. 이 때문에 신경증의 역동성에 대한 통찰은 정신분석가에게 문화의 갈등적 발전의 역동성에 대한 통찰이기도 하다.

《문화 속의 불쾌감》에서 문화를 억제의 심급으로 제시하는 것은 프로이트에게 결코 중심 문제가 아니다. 이런 시각은 문화와 개인을 결국 외적으로만 그리고 사물화된 채로 서로 대립시키게 될지도 모른다. 그의 관심은 오히려 문화의 발생동력에 집중된다. 그는 우리의 위대한 문화적 제도, 종교, 윤리, 법 등의 근원을 밝히고자 한다. 아울러 프로이트는 이미 그가 30여 년 전에 제시했었던 물음, 즉 "도덕, 수치심과 같은"(F, 303쪽) 지적 과정을 기본적으로 설명할 수 있는 "정동토대(Affektgrundlage)"에 대한 물음을 다시 검토한다. 비록 사회적 요인과 문화적 요구가 성생활에서 불쾌감의 분출과 아울러 억압과 신경증을 촉진할지라도, 그것이 궁극적으로 이런 것의 근거를 설명할 수는 없다. 이와는 반대라고 프로이트는 언급한다. "성생활에서 불쾌감이 분출되는 [사회적 요인과는 상관없는] 독립적 원천이 분명히 존재한다. 불쾌감이 한번 분출되면, 그것은 혐오감을 자극하고 도덕에 힘이나 그와 유사한 것을 부여할 수 있다"(같은 곳, 171쪽). 프로이트는 "성충동 자체의 본성에 있는 어떤 것이 완전한 만족의 성취에 유리하지 않다"(전집 8, 89쪽)는 전제에서 논의를 시작한다. 프로이트는 이 결여, 충동과정의 내적인 갈등요소와 부정적 성격에서 자연으로부터 문화가 발전될 수 있는 출발점 및 전환점을 인식한다.

프로이트는 발생적-구조적 관점에서 문화의 내부에는 문화가 자연의 질서에서 빠져나오면서 만들어지는 "불화"(전집 14, 462쪽)가 지속되고 있다고 가정한다. 불화는 멈출 수 없는 갈등 및 변형의 역동성으로서 지속된다. 문화의 성과는 매번 개체발생적인 발달에서 새롭게 생겨날 수 있으며, 공생적 통합 및 오이디푸스적 갈등의 처리로부터 그리고 충동포기와 죄, 자율과 욕망의 인수로부터 벗어날 때 새롭게 생겨날 수 있다.

"문화는 성적 만족에서의 희생과는 또 다른 희생을 요구한다"(467쪽). 문화과정의 역동성을 이해하기 위해서는 "우리가 아직도 발견하지 못한 요인이 있어"(468쪽)야만 할 것이다. 그것은 바로 "공격성향"(470쪽)이다. 《쾌락원리의 저편》 이후로 이 공격성향은 근원적이고 독립적인 충동적 소질로서 삶의 충동인 에로스와 대립하는 "죽음의 충동의 자손이자 또한 주요 대리인"이다. "이 공격성향의 실존은 … 이웃과 우리의 관계를 방해하고 문화를 낭비하도록 만드는 계기이다. 이 인간 상호간의 일차적 적대성 때문에 문화사회는 지속적으로 붕괴의 위협을 받는다. … 문화는 모든 것을 동원하여 인간의 공격충동을 차단하고, 심적인 반발형성을 통해서 공격충동의 표현을 억제해야만 한다. 바로 그래서 인간을 동일시와 목표억제적인 애정관계로 이끌어 가야 하는 방법들의 동원이, 그래서 성생활의 제한이, 그래서 이웃을 자기 자신처럼 사랑하라는 이상적 명령이 또한 필요한 것이다. 바로 이 명령은 근원적 인간본성과 아주 배치되기 때문에 실제로 정당화된다"(전집 14, 471쪽). 공격충동의 운명과 ―개인과 마찬가지로 문화적 제도와 관련되는― 충동장애의 역동적이고 구조적인 결과는 프로이트가 연구하려는 관심사의 중심에 들어선다.

프로이트는 해결책보다는 더 많은 수수께끼를 포함하는 첫 대답을 다음과 같이 내놓고 있다.

"우리가 추측하지 못했지만 수긍이 가는 매우 특이한 어떤 일이 일어난다. 공격성은 내사되고 내면화되지만, 그러나 그것이 왔었던 바로 그곳으로, 그러니까 자신의 자아를 향하여 되돌려진다. 그곳에서 공격성은 초자아로서 다른 나머지의 자아와 대립하는 자아의 일부에 의해 받아들여진다. 그리고 이제 이 초자아라는 자아의 일부는 '양심'으로서 자아가 기꺼이 다른 낯선 개인들을 근거로 충족시켰던 것과 똑같이 엄격한 공격 준비를 자아에게 행사한다. 엄격한 초자아와 그것에 예속된 자아 사이의 긴장을 우리는 죄의식이라고 부른다. 이 긴장은 처벌필요성(Strafbedürfnis)으로 나타난다. 그러니까 문화는 개인의 힘을 약화시키고 그의 무장을 해제하고, 정복된 도시의 점령을 통하여 그렇게 하듯이 그의 내면에 있는 심급을 통하여 개인을 감독하게 함으로써 개인의 위험한 공격 쾌감을 극복한다"(482-483쪽).

죄의 문제는 프로이트에게 그의 문화이론의 핵심문제가 되고 있다. 문화는 죄책감을 이용할 뿐만 아니라 그것을 문화 가능성의 조건으로 다시 전제한다. 프로이트는 《토템과 터부》에서 이 조건의 결합을 검토한다. 이 글에서 프로이트는 "문화 역시 이것으로 시작한 원죄의 습득"(전집 14, 495쪽)을 원초적인 친부살해로부터 도출한다. "태초에 행위가 있었다"[61](전집 9, 194쪽)가 그의 명제이다. 프로이트의 문화-창설신화에 따르면 이 채무에 의하여 형제무리, 족외혼으로 결혼하는 사람들의 최초 연대로부터 폭군적인 최초 부권의 변화가 일어난다. 형제의 무리는 그들의 죄의 사슬을 끊고 새로운 상태를 안정화하기 위하여 토테미즘 문화와 잠정적인 금지규정의 '법적 형식'을 창설한다.

《문화 속의 불쾌감》에서 프로이트는 채무이론(Verschuldigungstheorie)을 마무리한다. 채무이론의 문제로서 그가 전제조건으로서 인식했던 것은 그것이 과연 무엇을 설명하려고 시도하는가 하는 점이었다. "우리가 뭔가 잘못을 저지른 다음에 또는 저질렀기 때문에 죄책감을 갖게 되면, 우리는 오히려 이 감정을 후회(Reue)라고 불러야 할지도 모른다. 이는 단지 행위와 관련이 있을 뿐이다. 이는 당연히 자신이 죄가 있다고 느낄 채비가 되어 있는 자세인 양심이 이미 행위 이전에 있었다는 것을 전제로 한다. 그러므로 이런 행위를 통하여 우리는 결코 양심과 죄책감 일반의 원천을 찾아낼 수 없다"(전집 14, 491쪽). 프로이트는 후회가 인식능력, 선악의 구별능력을 무

---

61) 역주: 이 구절은 본래 성경의 '로고스'를 '행위'로 해석하는 괴테의 《파우스트》 1부에 나온다.

조건적 전제로 하는 것이 아니라 '원초적 양가성'을 ―후회는 어느 정도 이 양가성의 표현이다― 무조건적인 전제로 한다는 것을 보여 줌으로써 이 순환성의 문제를 해결한다. "후회는 아버지에 대한 원초적 양가감정의 결과인바, 아들들은 그를 미워했지만 사랑하기도 했다. 미움이 공격성을 통하여 충족된 이후로, 행위에 대한 후회 속에서 사랑이 나타났다. …"(492쪽).

자신이 죄가 있다고 느낄 채비가 되어 있는 자세는 따라서 충동의 적대관계(Triebantagonismus), 즉 에로스와 죽음충동 사이의 무시간적으로 영원한 투쟁에 근거한다. 이 적대관계는 결국 "죄책감의 숙명적인 불가피성"(492쪽)에 책임이 있다. 또는 충동과 죄가 해결될 수 없지만 자체에서 필연적으로 새로운 것, 바로 문화를 촉발하는 모순적인 통합을 형성한다는 점에 책임이 있다. 프로이트에 의하여 시도된 충동역동성에서 죄의 정립은 문화과정에 대한 죄의 보편성과 구조논리적 의미에 상응한다. 충동갈등에서의 이론적 토대는 프로이트로 하여금 죄의 역사통시적 관찰방식을 상대화하고 그것에 구조이론적인 논리를 앞세우도록 고무한다. "누군가가 아버지를 살해했는지 또는 그 행위를 그만두었는지는 실제로 결정적인 것이 아니며, 그는 두 경우에 자신이 죄가 있다는 것을 깨닫지 않을 수 없다. …"(492쪽).

발생적 관점에서 보면 죄책감에는 이에 앞서 전조가 있다. 애정상실에 대한 사회적 불안, 권위 내지 우월한 부모 측면에서의 처벌이 그것이다. 프로이트는 이 권위가 내면화되면서 외적인 굴복상황으로부터 내적 긴장으로, 타율적인 도덕으로부터 자율적 도덕으로 변화되었을 때에야 비로소 양심과 죄책감이 거론될 수 있을 것이라고 이해한다. 그제야 "나쁜 짓을 하는 것과 나쁜 짓을 원하는 것" 사이의 구별이 없어지는데, "왜냐하면 초자아 앞에서는 그 어떤 것도 은폐될 수 없고, 이런저런 생각도 은폐될 수 없기 때문이다"(484쪽). 언급한 내면화 과정에서 이제 자아를 거스르는 양심으로서 —자아가 기꺼이 부모의 심급에서 충족시켰을지도 모르는— 똑같이 엄격한 공격 준비를 행하는 초자아가 생겨난다. 이 과정은 근본적인 충동의 양가성에 의하여 형성된다. 다시 말해 이 과정은 한편으로 부모에 대한 애정을, 다른 한편으로는 이 애정을 겨냥하는 근원적인 공격성을 증명한다. 충족이 중단된 공격성은 초자아에 흡수되면서 자아에 대항한다. 《자아와 이드》에 따르면 "이제 초자아에게서 지배적인 것은 죽음의 충동의 순수배양(Reinkultur)과 같은 것이며, 실제로 죽음의 충동은 종종 자아를 죽음으로 몰아가는 데 충분히 성공한다. …"(전집 13, 283쪽). 죽음의 충동의 경제학에 관한 한 죽음의 충동은 부분적으로 에로스의 요소와 뒤섞여 상쇄되고 부분적으로는 공격성으로서 외부를 향하지만, 더 큰 부분은 내부로 침투하는 것이 일반적이다(같은 곳, 284쪽). 에로스와 타나토스라는 두 충동 종류의 사용과 등급결정, 이것의 융합과 탈융합, 이것의 내재화(Internalisierung)와 외재화(Externalisierung), 이것의 서로 상대적인 약화와 강화도 마찬가지로 경제적-양적 원리를 따른다.

메타심리학적 관찰방식의 배경을 놓고 다음과 같은 역설이 설명될 수 있다. 즉 초자아나 양심은 "인간의 품행이 단정하면 단정할수록 그만큼 더 엄격하고 신뢰하지 않는 … 자세를 취하며, 이 때문에 궁극적으로 신성에 가장 높이 도달한 바로 그런 인간들은 가장 사악한 죄를 자신의 탓으로 돌린다"(전집 14, 485쪽). 주체가 '더 도덕적'이면 도덕적일수록, 그 주체는 죽음의 충동의 경제적 총액을 리비도적으로 융합하고(융합하거나) 외재화하면서 처리할 가능성을 그만큼 더 활용하지 못한다. "[인간이 더 많이] 외부로의 공격성을 제한하면 제한할수록, [그는] 그의 자아이상 속에서 그만큼 더 엄격하게, 그러니까 더 공격적으로 [된다]. … 한 인간이 그의 공격성을 더 많이 억제하면 억제할수록, 그의 자아를 향한 그의 이상의 공격성향은 그만큼 더 많이 상승한다. 그것은 전치처럼 자신의 자아를 향한 전환(Wendung)

이다"(전집 13, 284쪽; 전집 13, 383쪽도 참조). 이런 통찰은 진지하지만, 그럼에도 그것은 도덕적 원칙의 준수에서, 공격성 제한과 이웃사랑 그리고 조화로운 공동체화(Vergemeinschaftung)의 이상이라는 문제에서 구조적인 한계를 지닌다. 이 결과들의 숙고가 프로이트적 윤리의 시금석이 되고 있다.

프로이트는 초자아의 엄격함이 고조되는 현상을 충동의 분해(Triebentmischung)를 근거로, 다시 말해 필연적으로 사회화를 동반하는 죽음 내포적인 파괴성의 분출을 근거로 설명한다. "초자아는 참으로 아버지라는 전형과의 동일시를 통하여 생성되었다. 이런 모든 동일시는 탈성욕의 성격이나 승화 자체의 성격을 지닌다. 이제 이런 변화에서도 충동의 분해가 일어나는 것처럼 보인다. 승화에 따라서 에로스적인 구성요소는 부가된 전체적인 파괴를 제어할 힘을 더 이상 갖지 못하며, 이것은 공격 및 파괴경향으로서 자유로워진다. 이 분해로부터 이상(理想) 일반은 아마도 명령적인 당위성의 엄격하고 가혹한 성향을 갖게 될 것이다"(전집 13, 285쪽). 프로이트는 충동의 분해를 기본적인 사회적 과정과 연관시키고, 그것을 사회성과 문화의 조건과 결부시킨다. 이와 같은 조건은 "공동생활의 임무가 인간에게 제시되자마자"(전집 14, 492쪽) 나타난다.

이 구조관계는 《문화 속의 불쾌감》에서 충동포기의 일반적 형상을 받아들인다. 그것은 에로스와 죽음의 충동 사이의 갈등을 구조형성적인 갈등으로 촉진하는 결정적인 **제3의 대안**(tertium datur)이 되고 있다. "태초에는 물론 양심(더 정확히 표현하여 나중에 양심이 되는 불안)이 충동포기의 원인이지만, 나중에는 이 관계가 역전된다. 이제 모든 충동포기는 양심의 역동적 근원이 되고, 모든 새로운 포기는 양심의 엄격함과 무관용을 고조시킨다"(488쪽). 프로이트는 이 메타심리학적 구조공식으로 문화에 대한 근절할 수 없는 불쾌감을 상세히 조명한다. 문화인은 "지속적인 내적 불행, 죄의식의 긴장을 … 위협적인 외적 불행과 맞바꾸었다(487쪽). 이 변형은 그 해명을 충동의 운명으로서 ―죽음의 충동의 운명으로서― 발견한다.

충동, 초자아와 죄의 결합인 충동포기에 의하여 인간적인 세계가 열리고, 자연과 역사가 열린다. 프로이트는 에로스와 죽음의 충동 개념을 배경으로, 문화로의 진입을 변증법적 문화상황으로 서술하고 그 상황으로부터 변형(Transformation)의 역동성을 도출하는 데 성공한다. 이 변형의 역동성 속에서 인간은 문화발전의 대가로 행복을 잃고 영원히 "자연에게 죽음의 빚을 진 채로" 남아 있다(전집 2/3, 211쪽). 본래 지그문트 프로이트는 그의 논문을 "문화 속에서의 불행(Das Unglück in der Kultur)"(F/E, 646쪽)이라고 부르려고 했다.

―――― 참고 문헌 ――――――――――――――――――――

Kaufmann, Pierre: Freud: Die Freudsche Kulturtheorie(프로이트: 프로이트의 문화이론).
　　In: Geschichte der Philosophie. Bd. VIII. Frankfurt a. M./Berlin/ Wien 1975(불어판
　　1973).
Lacan, Jacques: Das Seminar Buch VII: Die Ethik der Psychoanalyse(세미나 7권: 정신분석의
　　윤리). Weinheim/Berlin 1996(불어판 1986).
Lacoue-Labarthe, Philippe/Nancy, Jean-Luc: Panik und Politik(공포와 정치). In: Fragmen-
　　te. Schriftenreihe zur Psychoanalyse 29/30. Kassel 1989, 63-98쪽(불어판 1979).
――――: Das jüdische Volk träumt nicht(유대민족은 꿈을 꾸지 않는다). In: Fragmente.
　　Schriftenreihe zur Psychoanalyse 29/30. Kassel 1989, 99-128쪽(불어판 1981).
Marcuse, Herbert: Triebstruktur und Gesellschaft. Ein philosophischer Beitrag zu Sigmund
　　Freud(충동구조와 사회. 지그문트 프로에트에 대한 철학적 기고) Frankfurt a. M.
　　1970(불어판 1955).
Piaget, Jean: Das moralische Urteil beim Kinde(어린아이의 도덕적 판단) Frankfurt a. M.
　　1973(불어판 1932).
Reiche, Reimut: Total Sexual Outlet. Eine Zeitdiagnose(총체적 성적 배출구. 시대진단)
　　[2000]. In: Ders.: Triebschicksal der Gesellschaft. Über den Strukturwandel der Psyche.

Frankfurt a. M./New York 2004, 147-176쪽.

Lothar Bayer/Kerstin Krone-Bayer

《인간 모세와 유일신교》(1939 [1934-38])

"역사소설"

프로이트가 사망하기 직전에 암스테르담의 알베르트 드 랑에 출판사에서 출간된 그의 마지막 책에 대한 작업은 1934년으로까지 거슬러 올라간다. 《인간 모세. 역사소설》이라는 제목을 지닌 첫 판 가운데 수기 28쪽과 이차문헌에 대한 비판적 검토인 "부록" 10쪽, "메모" 13쪽(Grubrich-Simitis 1991)이 보존되었다. 여기서 부록은 완벽한 작품이라고 할 "소설(Roman)"과 관련된다. 프로이트는 아르놀트 츠바이크에게 보낸 1934년 9월 30일자 편지에서도 그의 책에 대하여 거론하면서 그것을 발표하지 말아야 할 이유를 적고 있다. 이렇게 볼 때 프로이트의 모세에 관한 책은 1934년에 이미 윤곽이 잡혀 있었다고 추정해도 좋을 것이다. "역사소설"은 (프로이트의 수중에서 나온 것이 아닌) 내용적 구상에 따라 다음과 같이 3부로 나눌 수 있을 것 같다(Grubrich-Simitis 1991, 81-82쪽).

인간 모세. 역사소설

[I]	a) 모세는 생존인물이었나? b) 모세의 출생 c) 새로운 종교

	d) 출애굽기
	e) 선민
	f) 결속의 징후와 신의 이름의 비판적 부록
[II]	[a] 이스라엘 민족
	b) 위대한 인간
	c) 정신성(Geistigkeit)에서의 진보
	d) 충동포기
[III]	[a] 종교의 진리내실
	b) 전통
	c) 억압된 것의 회귀
	d) 역사적 진리
	e) 역사적 발전

우리가 나중에 나온 저작을 이 구상과 대조해 본다면, 프로이트가 본원적으로 소재를 역사적("소설"의 형식으로), 종교사적, 정신사적이라는 세 관점으로 나누고자 했음이 드러난다. 역사적 부분은 추후의 저작 내지 《이마고》에 발표된 공개문의 첫 두 편의 논문과 일치한다. (초고에는 없는) 2부와 3부의 장들은 제외된 부분(III b)까지 포함하여 세 번째 논문 《모세, 그의 민족과 유일신교(Moses, sein Volk und die monotheistische Religion)》의 2부에 편입된다.

"이스라엘 민족"	II a = 3 II a
"위대한 인간"	II b = 3 II b

"정신성에서의 진보"	II c = 3 II c
"충동포기"	II d = 3 II d
"종교의 진리내실"	III a = 3 II e
"전통"	III b = 3 I b
	("잠복기간과 전통"?)
"억압된 것의 회귀"	III c = 3 II f
"역사적 진리"	III d = 3 II g
"역사적 발전"	III e = 3 II h

무엇이 1934년에 심각한 암 환자였던 78세의 프로이트에게 "역사소설"을 쓰도록 결단 내릴 수 있게 했을까? 어쩌면 1933년과 1934년에 출간된 토마스 만의 첫 두 권의 소설 《요셉과 그 형제들》이 그를 형식적으로 이렇게 하도록 자극했을지도 모른다. 이와 관련하여 우리는 1934년의 초고가 이미 근본적으로 이 형식에 실패했다고 말하지 않을 수 없다. 문체상으로 이것은 나중에 발표된 "논문들"과 어떤 면에서도 차이가 나지 않는다. 아니, 이 논문들이 심지어 찾기와 발견하기의 연출형식에서까지 (두 번의 중단과 새로운 시작을 통하여) 문학적인 것에 더 강하게 접근한다. 문학적 공명심, 형식에 대한 관심은 물론 없었다. 오히려 장르의 특징은 —다른 모든 것과 마찬가지로 역사적 재구성의 허구적 관심을 지나치게 의식하던— 프로이트가 이 텍스트를 그 외의 엄격히 학문적인 출판물들과는 조금 다른 각도에서 시작해 보고 싶어 했다는 정황증거로 이해될 수 있다. 그것은 프로이트를 사로잡았던, 그리고 삶의 마지막 5년 동안 더 이상 그를 놓아두지 않았던 일이자 주제였다. 그는 루 안드레아스 살로메에게 보내는 1935년 1월 6일자 편지에서, 그러니까 아마도 초판이 완성된 것으로 보이는 직후에 자신의 연구 상황을 아주 꼼꼼하게 기술하고 있다.

"그것은 본질적으로 무엇이 유대인의 특수한 성격을 창조했느냐는 물음으로 시작하여 유대인은 인간 모세의 피조물이라는 결론에 이르렀습니다. 이 모세는 누구였고 또한 그는 어떤 영향을 끼쳤을까요? 이는 역사소설의 방식으로 답변이 이루어졌습니다. 모세는 유대인이 아니라 고귀한 이집트인, 고위 관료, 승려, 어쩌면 왕조의 왕자, 파라오 아멘호테프(Amenhotep) 4세가 기원전 1350년경에 지배적인 종교로 만들었던 유일신 신앙에 대한 열렬한 신봉자였습니다. 파라오가 죽고 나서 새로운 종교가 와해되고 18대 왕조가 사라졌을 때, 대망을 품은 야심가는 그의 모든 희망을 상실했고, 그래서 그는 조국을 떠나 새로운 민족을 창립하고 그들을 그의 스승의 훌륭한 종교 속에서 교육하려고 결심했습니다. 그는 힉소스 왕조시대부터 여전히 변경에 체재하던 셈족에게 고개를 숙이고 들어가 그들의 우두머리가 되었고, 그들을 부역으로부터 해방시켰습니다. 그는 그들에게 정신화된 아톤교(Atonreligion)를 가져다주었고, 분리를 위한 수단뿐 아니라 신격화의 표현으로서 이집트인들과 그들에게만 토착적 풍습이었던 할례를 도입했습니다. 나중에 유대인들이 그들의 신 야훼가 유대인들을 자신의 민족으로 선택하고 그들을 이집트에서 해방시킨다고 그를 찬양했던 것은 문자 그대로 —모세에게— 들어맞는 말이었습니다. 모세는 선택과 새로운 종교라는 선물을 가지고 유대교를 창조했던 것입니다.

이 유대교는 예전의 이집트인처럼 아톤교의 까다로운 신앙을 거의 견디지 못했습니다. 기독교 연구자 젤린은 모세가 몇 년 뒤에 폭동에서 맞아 죽었고, 그의 교리가 내팽개쳐졌을 개연성이 있다고 주장했습니다. 이집트에서 돌아온 종족이 나중에 미디안 땅(팔레스티나와 아라비아 서부해안 사이)에 거주하면서 거기서 시나이 산 위에 사는 화산신을 경배하던 다른 친족과 통합되었다는 것이 확실해 보입니다. 야훼라는 이 원시적인 신이 유대민족의 민족신이 되었던 것입니다. 그러나 모세교는 완전히 사라지지는 않았고, 신비로운 포고가 모세교와 그 설립자에게 남아 있었습니다. 전통은 모세신을 야훼와 융합시

컸고, 이집트로부터의 해방을 그의 업적으로 돌렸으며, 모세를 이스라엘에서 이 신의 집전을 실행하던 미디안 출신의 승려들과 동일시하였습니다. 실제로 모세는 야훼의 이름을 알지 못했고, 유대인들은 결코 홍해를 건넌 적이 없었으며, 결코 시나이에 있었던 적도 없었습니다. 야훼는 모세신의 희생으로 과분한 명성을 얻었습니다. 옛날의 신은 늘 그의 배후에 있었고, 6-8세기가 경과하는 동안 야훼는 모세신의 닮은 모습으로 변해 버렸습니다. 모세의 종교는 결국 반쯤 사라진 전통으로서 관철되었습니다. 이 과정은 종교형성에 모범적 사례이고, 예전 것의 반복일 따름이었습니다. 종교의 강제적인 힘은 **억압된 것의 회귀**(Wiederkehr des Verdrängten) 덕분인바, 그것은 태고의, 실종된 인류사의 지극히 인상적인 과정입니다. 나는 이를 《토템과 터부》에서 이미 말한 적이 있었고, 그것을 지금 '종교를 강하게 만드는 것은 종교의 **사실적**(real) 진실이 아니라 **역사적** 진실이다'라는 문구로 요약합니다(F/AS, 222쪽 이하; Grubrich-Simitis 1991, 21-24쪽).

초고뿐만 아니라 그 이후의 출판물의 주제를 이보다 더 명료하고 꼼꼼하게 요약할 수는 없을 것이다. 물론 프로이트는 편지의 수신자인 비유대인 여성과 마주하여 그의 기획의 두 가지 특수한 유대적인 관점을 감추고 있다. 그중 하나는 반유대주의의 문제이다. 여기서 중요한 것은 물론 박해와 직면하여 "유대인은 어떻게 되었는가"뿐만 아니라 "어째서 유대인은 이 영원한 증오를 받게 되었나"라는 물음이다(아르놀트 츠바이크에게 보내는 1934년 9월 30일 자 편지; B, 436쪽). 다른 하나는 프로이트가 이를 놓고 유대교를 이해하는 "유일신교"의 문제이다. 유일신교가 실제로 "종교형성" 일반에 "모범적" 사례일 뿐인가? "강제적인 힘"은 모든 종교의 고유한 성격이며, 그것은 아버지 종교로서의 유일신교의 특징이 아닌가? 비록 프로이트가 추후의 출판물에서도 유대인 증오의 원인에 대한 물음에 대하여 명백한 대답을 회피하고 있을지라도, 그가 유대인 증오를 정신화와 충동포기를 요구하는 "유일신교"에 대한 반발로서 해석한다는 것은 아주 분명히 인식될 수 있다.

전후 맥락에 대한 물음은 루 살로메와 아르놀트 츠바이크에게 보내는 편지들에서도 충분히 해명된다. 프로이트가 유대인의 근원인 유일신교의 물음을 시급히 제기하게 한 것은 위협적으로 증폭되는 반유대주의 때문이다. 그는 이 물음을 집단적이고 문화적인 차원으로 거시화된 정신분석적 회상작업의 방법적 도구를 가지고 시작했다. 그러나 그는 역사적 재구성에 대하여 오래전부터 그와 친숙했던 이집트학 전문서적(Breasted 1905; Weigall 1910), 구약성서학(Sellin 1922, 1928; Gressmann 1913)과 옛이야기(Meyer 1906)를 사용했다. 물론 이렇게 하면서 "거대한 상을 점토질의 발 위에 세워야" 하는 것을 유감으로 생각하기 때문에 불편한 심기가 없지는 않았다. "거대한 상"은 유일신에 대한 그의 정신역사적 분석이고, "점토질의 발"은 "이집트의 모세"의 재구성이다. 이 ―고고학에 대한 그 모든 열광에도 불구하고 의사인 프로이트에게 전형적인(Armstrong 2005 참조)― 진리가치의 역사적 구성의 평가는 "역사소설"이라는 장르의 특징으로부터도 표출된다. 하지만 이로부터 프로이트가 주시하는 독자층에 대한 고려 또한 나타난다. 이 글을 가지고 프로이트는 학생이나 동료의 좁은 모임이 아니라 거대 독자층을 향한다.

프로이트는 3년 뒤인 1937년에야 비로소 그의 모세 연구를 발표하지 않겠다는 뜻을 꺾었다. 그는 이집트의 모세의 영향에 집중되는 "역사소설"의 첫 두 부분의 자료를 잡지 《이마고》에 두 편의 짧은 논문으로 게재한다(1937 1호, 5-13쪽과 4호, 387-419쪽). 이 목적을 위하여 프로이트는 그의 논문에 연재소설의 형식을 부여한다. 그는 "이집트인 모세"라는 그의 첫 논문을 해결할 수 없어 보이는 문제 때문에 실패로 돌린다. 그런 다음 "모세가 이집트인이었다면"이라는 두 번째 논문에서 해결책을 제시한다. 첫 번째 논문에서 그는 모세가 이집트인이었다는 명제를 변론하고 있지만, 그럼에도 그것을 계속해서 추적하지는 않는다. 그 이유는 이집트의 다신교와 성서적인 유일신교 사이의 차이가 너무 커서 이 결합을 설득력 있게 나타나게 할 수 없기 때문이다. 그렇다면 두 번째 논문이 해결책을 제시한다. 즉 이집트인 모세는 유대인들에게 이집트의 다신교가 아니라 이교도의 왕인 에크나톤(Echnaton)의 유일신교를 가져왔다는 것이다. 이 "탐색", 찾기와 발견하기의 극작법을 지향하는 표현형식을 프로이트는 훨씬 더 긴 (그리고 아마도 본래는 두 개의 기고문으로 계획된 것으로 보이는) 두 번째 논문 안에서 또한 번 사용한다. 여기서도 프로이트는 이집트인 모세의 명제를 아톤교의 빛 속에서 입증하고 요약하는 3개의 장에 의거하여 연출하지만 실패한다. 숭고한 이집트의 유일신교와 ─역사학자 마이어(E. Meyer)가 성서적인 유일신교의 원초형식으로 해명했던─ 오히려 조야한 야훼 숭배 사이에 대립되는 모순이 너무 크기 때문이다.

그러나 다섯 번째 장은 또 한 번 놀라운 해결책을 마련한다. 성서의 유일신교에는 이집트적인 것과 미디안적인 두 뿌리가 있다. 이집트적인 전통은 에크나톤 왕이 찬양한 신에서 출발하고, 미디안적인 전통은 야훼라는 이름의 원시적인 화산신에서 출발한다. 성서적인 전승은 두 전통을 융합했으나, 역사에서는 결국 이집트적인 것은 미디안적인 것과 대립하는 것으로 결정되었다. 결론적으로 프로이트는 정말 문제가 되는 더 포괄적인 관점을 암시적으로 제시한다. "전통의 고유한 본질이 무엇인지 그리고 그것의 특수한 힘이 무엇에 좌우되는지, 위대한 사람들이 제각기 세계사에 미친 개인적 영향을 부인하는 것이 얼마나 불가능한지, … 어떤 근거로 특히 여러 종교들, 이념들이 민족들처럼 인간들을 억압하는 힘을 만들어 내는지 …. 이런 연속적인 나의 작업은 내가 25년 전에 《토템과 터부》에 수록했던 상술과 연계된다고 할 수 있다. 그러나 나는 이를 실행할 힘이 더는 있다고 생각하지 않는다"(전집 16, 154-155쪽). 다시 논문은 실패라고 할 만한 어조로 중단된다. 동시에 자신에게 여력이 없다는 표현에도 불구하고 그의 서랍 속에는 적어도 개략적으로 탈고된 원고가 들어 있다.

《인간 모세와 유일신교》라는 책

빈에서 추방되고 런던으로 이주한 뒤 프로이트는 잡지의 이 두 기고문을 그가 보기에 가장 중요하지만 보류해 둔 부분을 보완하여 책으로 출간하려고 결심한다(전집 16, 101-246쪽). 이 세 번째 논문은 두 개의 "서문"으로 시작한다. 서문은 빈에서 추방되어 런던으로 이주한 (자칭) "연결" 이전에 쓴 것과 이후에 쓴 것을 말한다. 첫 번째 서문은 파시즘과 반유대주의에 맞서는 (여전히 효과적인 유일한 보루인) 가톨릭교회를 고려하여 출판하지 않았던 의도를 근본적으로 설명하고 있다. 두 번째 서문은 출판 결심의 이유를 설명하고 있다. 가톨릭교회는 "성서의 말씀으로 이야기하면서 '흔들리는 갈대'임이" 입증되었고, "아름답고 자유로우며 관대한 영국에서" 프로이트는 과감히 그의 "작업 최후의 작품을 공개한다"(159쪽).

물론 이 두 서문 역시 이 연구가 이루어지고 집필되는 역사적 맥락을 가장 함축적으로 현재화하는 일종의 연출이다. 1934년의 초안과 비교해 볼 때 프로이트가 세 번째 논문의 1부를 포괄적으로 새로 썼다는 사실이 드러난다. 반면에 2부의 제목은 예전의 초안과 일치한다.

첫 두 "논문들"의 내용은 여기서 분명히 재차 약술되지는 않는다. 세 번째 논문은 이 상태를 이제 프로이트가 《토템과 터부》에서 개진했던 폭넓은 종교사적 관점으로 확장한다. 요컨대 유일신교는 아버지 종교라는 것이다. 아버지 종교 속에서 원시부족의 원초적 아버지는 거의 바뀌지 않은 모습으로 귀환한다.

프로이트에 따르면 원초적 아버지 살해는 인간의 영혼 속에 지울 수 없는 흔적을 남겨놓았고, 모든 인간들에게 공통적인 가부장적-오이디푸스적 기본구조를 형성했다. 프로이트는 이에 대해 사도 바울의 원죄론을 비교하도록 제시한다. 원시부족의 종국적인 극복은 문화와 종교의 탄생을 의미했다. 죽은 아버지는 토템동물로 신격화되었고, 아들들은 근친상간 터부와 살인금지, 원시부족 체계의 회귀를 영원히 배제할 수도 있는 다른 몇 가지 기본법들을 토대로 일종의 사회계약을 체결했다. 프로이트가 보기에 유일신교는 18왕조 시대에 이집트의 세계강권정치의 관계에 따라 발전되고 또한 에크나톤 왕에 의하여 다른 모든 신을 배제하는 하나의 종교로 급격히 창립된다. 이러한 유일신교는 이제 어느 정도는 외부로부터 ─억압된 것과 고대적 유산에 축적된 원시부족 체험의 역동성으로부터만 형성되는─ 이 종교사적 발전 속으로 침투해 들어온다. 인간들은 시대가 미성숙하여 아직 받아들이지 못하는 이 종교에 대하여 거부적으로 반응한다. 그러자 이집트인들은 곧 후회하면서 과거의 다신교로 되돌아가기 위하여 유일신교의 창립자인 왕의 죽음을 고대한다. 반면에 히브리인들이나 ─프로이트가 적고 있듯이─ "야만스러운 셈족은 운명을 받아들였고 폭군을 제거하였다"(149쪽). 이로써 이 종족에서도 유일신교는 종언을 고하며 단편적 일화로 남을 수 있었다. 그러나 다른 사태가 벌어졌는데, 바로 유일신교는 땅 너머로 이례적인 개선행렬을 떠나보냈던 것이다. 이를 프로이트는 세 번째 논문에서 정신사적 종교이론의 도움을 받아 설명하려고 한다.

이제까지 불충분해 보였던 이 이론은 전통이론 및 공명이론(Resonanz theorie)의 두 토대 위에 세워진다(A. Assmann 2005, 100쪽). 프로이트는 그중 한 이론으로 이집트인 모세의 소식이 600-800년 넘어 어떻게 예언자들에게까지 보존될 수 있었는지, 다른 이론으로는 모세의 소식이 비교적 가라앉다가 다시 부각될 때 어떻게 "군중을 사로잡는" 영향력으로 전개될 수 있었는지 설명하려고 한다. 프로이트의 전통이론은 철저히 인습적이고, '외상'이나 '잠복', '억압' 그리고 '계통발생적인 기억'과 같은 개념들 없이는 성립되지 않는다. 가장 밀접한 모세 주변 사람들의 이집트 집단에서의 의사소통적인 기억은 불과 몇 세대 이후에 완전히 사라졌으나, 중요한 요점들은 야훼집단과의 타협을 통하여 문화적 기억으로 이전되고 확정되었다. 그럼으로써 몇 세기 뒤에는 예언적 운동의 추진자들이 이를 언급하면서 점차 순수 유일신교를 정착시킬 수 있었다(218쪽, 232-233쪽).

프로이트에게 성서 텍스트란 그가 환자의 의식적인 기억에 허용하는 가치만을 지닐 뿐이다. 기억은 많은 것을 은폐하고 감추고 있는데, 문제는 기억을 통해 본래의 역사적 진리로 뚫고 들어가는 것이 필요하다는 사실이다. 그는 어느 정도는 성서 텍스트의 이면을 읽고, 그것에 나타나는 특정한 모순과 억압된 꿈의 무의식적으로 멈춰 서 있는 기억의 흔적을 검사한다. 의식적 전달에 의존하는 이 기억은 프로이트에게 종교사의 병인적 역동성을 설명하기에는 불충분하다. 그는 그것을 집단으로 억압된 경험이 자리를 차지할 수 있는 심층차원으로 확대한다. 이 심층차원의 주체는 어디까지나 개인적 무의식이고, 따라서 프로이트는 "집단적 무의식"의 시도를 단호히 거부한다(170쪽). 집단적인 것은 주체가 아니라 내용이다. 프로이트는 이 무의식적 기억을 "계통발생적 기억"으로 규정하면서 이에 대해 다음과 같이 기술한다. "오이디푸스 및 거세콤플렉스에서 부모에 대한 신경증적 어린아이의 행동은 개인적으로 정당화되지 못한 것처럼 보이고 또한 과거의 성 체험과의 관계를 통해서야 비로소 계통발생적으로 파악되는 반응을 아주 많이 보여 준다"(206쪽; Hervorh. J. A.).

무의식은 그러니까 "계통발생적인 기억"과 "개체발생적인 기억"을 포괄한다. 개체발생적인 기억에는 스스로 체험된 경험들, 의식적 기억으로부터 억압된 경험들이 각인되어 있으며, 반면에 계통발생적인 기억은 과거의 성의 외상적 경험을 통하여 형성된다. 따라서 그것은 프로이트의 말처럼 "기질뿐만 아니라 내용을, 과거 세대들의 체험에 대한 기억의 흔적을 포괄하는", 이미 언급한 원시부족으로부터 유래한 고대적 유산이다. "이로써 고대적 유산의 범위와 중요성이 의미심장한 방식으로 증대되었다"(206쪽). 이유인즉 "우리가 고대적 유산에서 이런 기억흔적의 존속을 받아들이면, 우리는 개인 및 집단심리학 사이의 균열을 극복한 것이며, 민족을 개인적 신경증환자처럼 다룰 수 있기"(207쪽) 때문이다.

개인적인 신경증의 경과와 종교사의 과정 사이의 비교는 이 기억흔적의 존속에 좌우된다. "과거의 외상-방어-잠복-신경성 질환의 발병-부분적으로 억압된 것의 회귀. 이렇게 우리가 신경증 발달에 대하여 제기했던 공식이 성립되었다. 독자는 이제 인류의 삶에서 개인들의 삶에서와 유사한 것이 발생했다는 가정에 다가가도록 초대를 받는다"(185-186쪽).

그러므로 종교사적 발전은 결코 전통이론에 의해서만이 아니라 오직 전통과 공명 사이의 상호작용을 통해서만 설명될 수 있다.

"단지 전달에만 근거하는지도 모르는 전통은 아마도 종교적 현상에 해당하는 강박의 성격을 만들어 낼 수는 없을 것이다. 전통은 외부에서 오는 다른 모든 보고처럼 문의를 받고, 판단되고, 경우에 따라서는 거부될 수도 있겠지만, 논리적 사유의 강박에서 해방되는 특권을 결코 얻지 못했다. 전통은 먼저 억압의 운명, 무의식 속에 머무는 상태를 견뎌 냈어야 하며, 그런 다음에야 전통은 회귀하며 강력한 영향을 펼침으로써, 우리가 그것을 종교적 전통에서 놀라워하며 이제껏 이해 없이 봐 왔던 것처럼, 집단을 꼼짝 못하게 사로잡을 수 있다"(208-209쪽).

예언적인 메시지가 강렬하게 지속적으로 민족 내에서 관철되고 민족에 의해 점령되어 표현되는 상태, 이는 프로이트가 보기에는 분명히 단순한 유사성, 즉 유일신교의 강박적이고 병리적인 요소보다 더 큰 의미를 지닐 것이다.

"망각으로부터 회귀하는 모든 부분이 특별한 힘을 가지고 관철되면서 인간 집단에 대해 막강한 영향을 행사하고 진리에 대하여 저항할 수 없는 요구를 제기하면서도 논리적 항변에 대해서는 무력하게 남아 있다는 것은 특별히 강조할 만한 가치가 있다. **부조리하기 때문에 나는 믿는다**(credo quia absurdum)는 방식에 따라서 말이다. 이 기이한 성격은 정신병자의 망상 모형에 따라서만 이해될 수 있다. 망상적 사고에는 일부 망각된 진리가 들어 있어서 그것이 회귀할 때에는 왜곡과 오해가 받아들여질 수밖에 없다는 것, 그리고 망상을 위해 만들어지는 강박적 확신은 이 진리의 핵심에서 출발하여 베일로 둘러싸인 미혹으로 끝난다는 것을 우리는 이미 파악했다. 역사적으로 명명될 수 있는 진리의 이런 내실을 우리는 정신병적 증상의 성격을 자체에 지니고 있지만 집단 현상으로서 고립의 재앙을 모면하는 종교의 교리에도 있다는 사실을 인정해야만 한다"(190-191쪽).

프로이트에 따르면 인간들은 유일신교의 메시지에 너무 과도하게 반응한다. 왜냐하면 내면의 어떤 것이 이 메시지에 호응하기 때문이고 또한 이 메시지가 그들에게 저항할 수 없는 증거를 수여하는 심적 기질과 만나기 때문이다. 이는 오이디푸스 콤플렉스로 형성된 영혼에 대한 아버지 종교(Vaterreligion)의 증거이다. 아버지 종교는 원초적 아버지의 "역사적 진리"로부터 증거를 얻어 낸다. 이 진리 속에서 억압된 원초적 아버지가 아버지 살해의 범죄자 외상을 통하여 거의 적나라한 형태를 취하며 인류의 의식으로 귀환한다.

종교적 확신의 강박성은 이 진리의 핵심에 달라붙어 있다가 그곳으로부터 베일에 둘러싸인 미혹을 향해 퍼져 나간다. 이는 무엇보다 무슨 일이 일어나야 한다는 것을 의미한다. 모든 비판적 이성의 목소리를 어떻게든 흘려들으려는 태도로 종교적 확신에 매달리는 집단은 예전에 이 메시지와 내용적으로 가까운 어떤 일을 틀림없이 체험했을 것이다. 그런데 이 결정적인 체험은 외상을 남길 수밖에 없었고, 이 때문에 그것은 잊히는 것이 아니라 억압되고 이런 식으로 무의식적인 기억 속에 보존될 수 있었다. 이 체험은 한편으로 기억의 자취가 모든 인간에게 고대적 유산의 형태로 등록된 원초적 아버지 살해의 체험이고, 다른 한편으로 유대인들이 이 자취를 실행으로 보여 준 모세 살해의 체험이다. 그것은 오이디푸스 콤플렉스의 반복적 외상충격과 첨예화를 초래한다.

"어떻게 유일신교의 이념이 바로 유대민족에게 그토록 깊은 인상을 주고 또한 그 민족에 의해 그토록 굳게 정착될 수 있었는지 이해하는 것은 수고할 만한 가치가 있을 것 같다. 운명은 유대민족으로 하여금 뛰어난 아버지 형상인 모세라는 인물의 살해를 반복하도록 부추김으로써, 아버지 살해라는 원초시대의 위업과 비행(非行)을 근접시켰다. 그것은 분석작업 동안에 신경증 환자에게서 자주 일어나는 기억하기 대신에 '행동화(Agieren)'의 사례이다"(195쪽).

프로이트가 구약성서 연구자 에른스트 젤린으로부터 차용하고 괴테도 이미 사실로 받아들였던 모세 살해는 그의 유대교에 대한 정신분석에서 원초적 아버지 살해와 동일한 방법적 가치, 즉 치료적인 구성의 가치를 지닌다. 프로이트는 모세와 예언자들 사이의 유일신교적인 메시지의 "잠복(Latenz)"을 설명하기 위하여 이런 구성을 사용한다. 이 잠복은 이제 구성과는 완전히 다르고, 그것은 프로이트가 보기에 부정할 수 없는 역사적 사실이자 그가 계속해서 내놓는 본질적인 카드인 것이다. 그럴 것이 이 수백 년의 잠복은 그에게 외상충격이 틀림없이 선행되었다는 사실을 입증해 주고 또한 어째서 회귀적인 기억이 억압된 것의 힘으로 관철될 수 있었는지를 설명해 주기 때문이다.

모세 살해를 통한 반복적 외상충격은 이집트인들이나 다른 민족들과는 달리 유대인들을 유일신교의 메시지에 대하여 장기적 전망에서 아주 특별하게 감응하도록 만들었다. 왜냐하면 이 메시지는 그들에게 구두로 포고되었을 뿐만 아니라 단호한 계명들, 특히 할례의 명령을 포함한 단호한 명령들로 풍성하게, 글자 그대로 표현하여 제격에 맞게 전달되었기 때문이다(Maciejewski 2002; Mark 2003). 고대적 유산의 오이디푸스 콤플렉스 구조는 그에게서 첨예화되면서 전의식과 의식에 가까워졌다.

"원초적 아버지가 역사적 권리 속으로의 재진입한 것은 커다란 발전이었지만, 그것이 끝일 수는 없었다. 전(前) 역사적 비극의 다른 부분들 또한 인정받기를 강력히 요구했다. 이 과정을 진행한 것은 쉽게 추정될 수 없다. 점증하는 죄의식이 억압된 내용의 회귀를 이끄는 선행자로서 유대민족을, 어쩌면 당시의 전체 문화세계까지도 사로잡았었던 것처럼 보인다. … **타르수스** 출신인 로마의 유대인 **바울**은 이 죄의식을 다루었고, 그 원인을 정확하게 태초의 근원에서 찾았다. 그는 이 근원을 '원죄'라고 불렀는데, 그것은 오직 죽음을 통해서만 속죄될 수 있었던 신에 대한 범죄였다. 원죄와 더불어 죽음이 생겨났다. 실제로 이 죽어 마땅한 범죄는 나중에 우상화된 원초적 아버지의 살해였다. 그러나 살해행위는 기억되지 않았고, 그 대신에 살해행위의 속죄가 환상화되었다 …"(192쪽).

그러나 유대인의 민족성격을 이렇게 결정적으로 만들고 오늘날까지 유지한 것은 이제는 물론 무의식 속에서 작용하는 계통 및 인종발생적 기억의 문제가 아니라 문화적 기억의 문제, "전통"의 문제이다. 프로이트는 여기서 먼저 특별한 자존감을 예로 든다. 그는 유대인들에 관해 이렇게 적고 있다. 유대인들은 "특히 자부심이 강하며, 자신들을 더 고귀하고 더 우수하며, 그들의 많은 관습을 통하여 갈라진 다른 사람들보다 월등하다고 여긴다. … 그들은 실제로 자신들을 신에 의해 선택된 민족으로 여기고, 신과 특히 가깝다고 믿고 있으며, 이것이 그들을 자랑스럽고 자신감 있게 만든다"(212쪽).

프로이트에게 우상숭배 금지에 의하여 부과된 충동포기와 이것과 연관된 "정신성(Geistigkeit)에서의 진보"는 선민의식과 마찬가지로 결정적이다. "… 사람들이 이 금지를 받아들였을 때, 이는 심원한 영향을 행사하지 않을 수 없었다. 그럴 것이 이는 추상적이라고 명명할 수 있는 표상에 대한 감각적 지각의 무시, 감각성에 대한 정신성의 승리, 엄밀히 말해 심리적으로 필연적 결과를 가진 충동포기를 의미했기 때문이다"(220쪽).

그러므로 프로이트의 종교 및 문화이론은 전통과 그가 공명이론을 가지고 추적하려는 무의식적 소질로부터의 공동작용에 기초한다.

수 용

프로이트의 모세 책은 오랫동안 계속해서 거의 주목을 끌지 못했다. 정신분석가들에게 그것은 너무 종교사적이었고, 종교사학자들에게 그것은 —그들이 정말 지각했다면— 너무 사변적이었다. 오늘날도 그들은 프로이트의 역사적 구성에서는 그를 따르지 않는다. 그가 주장한 아톤교와 성서적 유일신교 사이의 유사점들은 존재하지 않는데, 그 이유는 가장 중요한 윤리적 차원이 에크나톤의 태양종교에는 없기 때문이다(Assmann 1998). 그 어떤 것도 성서의 묘사에서 배제된 모세 살해를 옹호하지 않는다. 하지만 성서 자체는 오히려 모세를 살해한 이스라엘인들의 의도를 여러모로 강조하고 있으며, 이런 관점에서 성서는 조금도 변명조로 얼버무리지 않는다(Yerushalmi 1991). 그러나 바로 예루살미의 비판이 전환의 계기를 만들었다. 그 이유는 프로이트의 전통이론을 이 책의 본질적 주제로 부각했기 때문이다. 이런 점 때문에 활발한 논쟁이 일어났다. 물론 여기서 전통과 공명 사이의 구별은 이제까지 소홀히 다루어졌다. 이 구별의 관점에서 한편으로는 예루살미(1991)와 아스만(2004), 다른 한편으로는 데리다(Derrida; 1995)와 베른슈타인(Bernstein; 1998)의 서로 다른 관점이 매개될 수 있다. 프로이트의 문화적 무의식의 접근 역시 공명이론으로서 문화과학적인 의미에서 다시 쉽게 공식화될 수 있다. 원시부족의 외상과 모세 살해를 통한 외상반복 대신에 기원전 722년 아시리아의 북제국의 정복으로부터 기원후 135년 바르-코크바 항쟁 이후 팔레스티나로부터의 종국적인 축출에 이르기까지 유대민족이 겪었던 고난의 역사적 외상충격이 일어났다. 다른 논쟁은 프로이트의 유대인 성격에 대한 토론의 관계에서 벌어졌다. 즉, 다음과 같은 물음이 제기되었다. 프로이트는 자신을 그렇게 불렀던 것처럼 "신이 없는" 교화된 유대인이었는가(Gay 1987) 아니면 이 최후의 저작에서 유대인으로 귀환했는가?(Rice 1990, Yerushalmi 1991, McGrath 1991). 유일신교에 대한 토론의 맥락에서도 프로이트의 책은 새로운 관심을 얻었다. 프로이트에게 중요한 것은 유일신교의 "해체론"이었을까 아니면 "정신성에서의 진보"라는 의미에서 유일신교의 연속이었을까?(Assmann 2002, 반론으로 Schäfer 2003). 결국 1979년 피에르 보리(Pier Cesare Bori)를 통한 초기 "역사소설"의 재발견이 ―프로이트가 독자에게 여러모로 미안해하는 해결되지 않은 형식에도 불구하고― 문체적으로 그의 가장 훌륭한 글에 속하는 저작의 문학적 질에 대한 관심을 환기시켰다.

─── 참고문헌 ────────────────────────────────

Armstrong, Richard H.: A Compulsion for Antiquity. Freud and the Ancient World(고대에 대한 강박. 프로이트와 고대세계). Ithaca/London 2005.

Assmann, Aleida: Neuerfindungen des Menschen. Literarische Anthropologien im 20. Jahrhundert(인간의 새로운 고안. 20세기의 문학적 인간학). In: Dies./Ulrich Gaier/ Gisela Trommsdorff (Hg.): Positionen der Kulturanthropologie. Frankfurt a. M. 2005, 90-119쪽.

Assmann, Jan: Moses der Ägypter. Entzifferung einer Gedächtnisspur(이집트인 모세. 기억 흔적의 해독). München 1998.

_____: Der Fortschritt in der Geistigkeit. Freuds Konstruktion des Judentums(정신성에서 의 진보. 프로이트의 유대교의 구성). In: Psyche 56 (2002), 154-171쪽.

_____: Sigmund Freud und das kulturelle Gedächtnis(지그문트 프로이트와 문화의 기억). In: Psyche 58 (2004), 1-25쪽.

Ater, Moshe: The Man Freud & Monotheism(인간 프로이트와 유일신교). Jerusalem 1992.

Bernstein, Richard J.: Freud and the Legacy of Moses(프로이트와 모세의 유산). Cambridge 1998.

Bori, Pier Cesare: Una pagina inedita di Freud. Il romanzo storico su Mose(프로이트의 게시 되지 않는 페이지. 모세에 대한 역사소설) In: Rivista di storia contemporanea 8 (1979), 1-17쪽.

Breasted, James Henry: A History of Egypt(이집트의 역사). New York 1905.

Derrida, Jacques: Mal d'Archive(아카이브 열병). Paris 1995.

Gay, Peter: A Godless Jew. Freud, Atheism, and the Making of Psychoanalysis(신이 없는 유 대인. 프로이트, 무신론 그리고 정신분석의 제작물). New Haven 1987.

Goldstein, Bluma: Reinscribing Moses. Heine, Kafka, Freud, and Schoenberg in a European Wilderness(다시 기록하는 모세. 하이네, 카프카, 그리고 유럽의 황무지 속에서의 쇤베 르크). Cambridge, Mass. 1992.

Gressmann, Hugo: Mose und seine Zeit. Ein Kommentar zu den Mose-Sagen(모세와 그의 시대. 모세 전설에 대한 주석). Göttingen 1913.

Grubrich-Simitis, Ilse: Freuds Moses-Studie als Tagtraum(백일몽으로서의 프로이트의 모세 연구). Weinheim 1991.

Maciejewski, Franz: Psychoanalytisches Archiv und jüdisches Gedächtnis. Freud, Beschneidung und Monotheismus(정신분석적 기록집과 유대인의 기억). Wien 2002.

Mark, Elizabeth Wyner (Hg.): The Covenant of Circumcision(할례의 서약): New Perspectives in Ancient Jewish Rite. Hanover, N. H. 2003.

McGrath, William: "How Jewish Was Freud?" Rev. of Freud's Moses("프로이트는 얼마나 유대인적이었나?" 프로이트의 모세 리뷰): Judaism Terminable and Interminable by Yosef Hayim Yerushalmi, and Freud and Moses: The Long Journey Home by Emanuel Rice. In: New York Review of Books (1991), 27-31쪽.

Meyer, Eduard: Die Israeliten und ihre Nachbarstamme(이스라엘 사람들과 그들의 이웃혈통). Halle 1906.

Rice, Emanuel: Freud and Moses. The Long Journey Home(프로이트와 모세. 집으로의 긴 여행). New York 1990.

Schäfer, Peter: Der Triumph der reinen Geistigkeit. Sigmund Freuds »Der Mann Moses und die monotheistische Religion«(순수한 정신성의 승리. 지그문트 프로이트의 《인간 모세와 유일신교》). Berlin/Wien 2003.

Sellin, Ernst: Mose und seine Bedeutung für die israelitisch-jüdische Religionsgeschichte(모세와 이스라엘-유대 종교사에 대한 그의 의미). Leipzig/Erlangen 1922.

_____: Hosea und das Martyrium des Mose(호세아와 모세의 순교). In: Zeitschrift fur die alttestamentliche Wissenschaft 46 (1928), 26-33쪽.

Weigall, Arthur E. P.: The Life and Times of Akhnaton, Pharaoh of Egypt(아크나톤의 생애와 시대. 이집트의 파라오). Edinburgh 1910.

Yerushalmi, Yosef Hayim: Freuds Moses. Endliches und unendliches Judentum(프로이트의 모세. 유한하고 무한한 유대인). Berlin 1992(미국판 1991).

Jan Assmann

6

전쟁과 죽음의 주제에 대한 글들

프로이트는 공개적으로 전쟁에 관하여 두 번 견해를 피력했다. 한번은 1915년도에 발표된 《전쟁과 죽음에 대한 시대적 고찰(Zeitgemaßes über Krieg und Tod)》(전집 10, 323-355쪽)이라는 글에서 제1차 세계대전의 경험에 대한 인상을 말하면서, 그다음은 《왜 전쟁인가(Warum Krieg?)》(전집 16, 11-27쪽)라는 제목으로 1933년에 발표된 알베르트 아인슈타인에게 보내는 편지에서 였다. 두 텍스트 모두 프로이트가 '문화'로 이해하던 것에 대한 그의 모순적이고 양가적인 자세를 주제화하고 반영한다.

《전쟁과 죽음에 대한 시대적 고찰(Zeitgemäßes über Krieg und Tod)》(1915)

이 글은 전쟁이나 전쟁과 같은 것에 대한, 다시 말해 해당 문명국가들, "문화세계 시민들"(전집 10, 327쪽)에 대한 프로이트의 고백으로 —그것이 어떻게 바로 이 문명국가들이 서로 공격하고 무자비한 전쟁을 일으키는가를 함께 응시할 수밖에 없는 "실망감"일지라도— 시작된다. 물론 원시적인 민족과 문명화된 민족, 서로 다른 인종과 피부색을 가진 이들 사이의 전쟁이 어느 정도는 정상적이라는 것을 고려해야만 한다고 해도, "인류를 지도해야 할 세계지배적인 백인종의 국가들이"(325쪽) 번갈아 가며 전쟁을 벌인다는 것은 정말 수긍하기 어렵다는 것이다. 프로이트에 따르면 전쟁을 주의하거나 설령 전쟁이 불가피할지라도 적어도 인간적인 법칙과 국제법적 제한의 엄수를 배려하는 윤리적 규범의 보편성 대신에 살기등등한 증오의 배타주의가 등장했다는 것이다. 이 전쟁은 "강력하게 완성된 공격과 방어 무기에 의하여 과거의 그 어떤 전쟁보다 잔혹하고 피해가 클 뿐 아니라 적어도 과거의 어떤 전쟁 못지않게 잔인하고 통렬하고 가혹하다. 전쟁은 모든 제한을 넘어서고 있으며, … 부상자와 의사의 우선권, 인구의 평화로운 부분과 싸우는 부분의 구분, 사유재산권의 요구를 인정하지 않는다. … 전쟁은 서로 다투는 민족들 사이의 모든 공동체 연대를 산산조각 내고 있다"(328-329쪽).

그의 글의 이런 체념적이고 실망을 표현하는 도입부 이후로 —이는 다음 것을 그만큼 더 효율적으로 연출할 수 있기 위한 수사학적으로 노련한 수법이다— 프로이트는 열정적인 어조로 대응하면서 저 실망은 사실상 착각에 —요컨대 "악한 것"을 근절하거나 무해하게 할 수 있다는 착각에— 기인한다고 분석한다. 심리학적으로나 정신분석적으로 관찰할 때 인간은 근원적인 욕구 충족을 목적으로 하면서 '자체로' 선하거나 악하지도 않은 기본적인 충동자극으로 이루어져 있다. 예컨대 프로이트에 따르면 성숙한 개인이 "선한" 사람으로 존경받는 것은 개인적 충동의 운명에 미치는 내적, 외적 영향의 결과이다. 내적 요인의 본질은 에로스적인 구성요소에 의하여 "선한" 또는 이기적인 충동을 사회적 충동으로 변화시키는 데 있다. 외적 요인은 교육의 명령과 문화적 주변환경, 즉 "문화환경"의 요구로부터 파생된다. 프로이트에게 전쟁을 방어하는 유일한 보루인 문화는 충동만족의 포기와 다른 어떤 것도 아니다(333쪽). 그러나 동시에 그는 이런 지속적 포기가 대다수 인간들에게 너무 큰 부담을 주며, 이 때문에 그들의 "문화적응"(336쪽)은 결국 일종의 위선에 의거한다고 냉정하게 확증한다. — 이는 완전히 성충동과 문화적 성도덕의 운명과 관계되는 그의 첫 충동이론의 연장선에 있다. "실제로 문화적 인간보다 문화위선자가 … 비교할 수 없이 더 많다. 이 때문에 우리는 어느 정도의 문화위선이 문화의 지탱에 불가피한 것은 아닌지에 대한 관점을 논의할 수 있을 것이다"(같은 곳).

문화 내지 문명은, 이에 대해 프로이트가 스스로 지식을 넓히고 그의 동시대인들에게 가르치고 있듯이, 임시변통으로 걸치는 얇은 외투만은 아니다. 프로이트가 꿈의 분석을 언급하며 강조하는 바와 같이 매끄러운 표면 아래에는 늘 뚫고 지나가려고 위협하는 힘이 작용하는 법이다. 꿈들을 해석해 보면 다음과 같은 사실이 드러난다. "우리는 잠들 때마다 우리의 의복처럼 우리가 힘들게 획득한 윤리성을 ─아침에 다시 그것을 입기 위하여─ 벗어 던진다"(338쪽). 프로이트에 따르면 이 영적 삶의 조형성, 즉 심적 상태에서 다른 상태로 이동할 수 있는 능력은 주로 하나의 방향으로 ─추후의 상태로부터 "퇴행(Regression)"이라는 개념이 이를 대변하는 과거의 고대적 상태로─ 향한다(337쪽). 더 오래된 심적 상태로의 후퇴는 "원시의 영적인 것이 … 가장 완전한 의미에서 영원하기"(337쪽) 때문에 가능하다. 인간의 문화가 사상누각이고 그런 면에서 늘 위험에 처해 있다는 프로이트의 가정의 핵심은 전쟁이 개인에게 퇴행의 경향을 조장하고 가속화하며 그래서 온화하고 교양 있는 인간들이 돌연 모든 제동장치를 상실하고 서로 죽이는 것을 염려하는 "삶의 작용들"(338쪽)의 일부라는 그의 주장에 있다.

《성이론에 대한 세 편의 논문》과 《꿈의 해석》, 《전쟁과 죽음에 대한 시대적 고찰》에서도 프로이트에게 중요한 것은 문화적으로 "교화된" 내지 순치된 개인들에게 그들의 본질적인 "문화적응"에 대한 환상을 제거하고, 그들에게 지성의 힘을 과대평가하지 않도록 권유하는 일이다. 이유인즉 지성이란 도대체가 "우리의 충동경향(Triebneigung)과 정동의 노리갯감이나 장난감"(Jones II 재인용, 434쪽)에 불과하기 때문이다. 이것이 바로 프로이트 저작 전체를 핵심처럼 관통하는 특징이다. 이는 이 저작의 원천이 과학 및 진보를 신봉하는 19세기의 합리주의와 물리주의(Physicalismus)에서뿐 아니라 셸링, 바더, 카루스와 쇼펜하우어의 이름과 연관된 과학주의에 비판적이고 이성 전복적인 전통에서도 똑같이 찾아져야 한다는 것을 분명히 상기시킨다(Marquard 1987 참조).

전쟁과 죽음은 이웃 친척의 사이이며, 이에 따라 프로이트는 그의 저작 2부에서 문화인과 죽음의 관계를 탐구한다. 그는 첫째로 이 관계의 부정직성을 확립한다. 왜냐하면 "우리 각자가 죽음을 자연에 빚지고 있다"(전집 10, 341쪽)는 값싼 동의에도 불구하고 아무도 정말 본질적으로 자신의 죽음을 믿는 사람은 없기 때문이다. 모든 사람은 무의식적으로 자신의 불멸성을 확신하는데, 프로이트가 쓰고 있듯이 "우리 내부의 충동적인 어떤 것도" 죽음의 믿음을 흔쾌히 받아들이지 "않기"(350쪽) 때문이다. 전반적으로 인간은 죽음을 필연성으로서가 아니라 삶을 향한 우연성의 침투로 간주하려는 경향이 있다. 물론 죽음에 대한 이런 인습적 태도는 프로이트에 따르면 극적인 결과를 가져온다는 것이다. 죽음이 문화적으로 인정되지 않으면 삶 자체도 가치와 강렬함을 상실한다. 그럴 것이 더는 최고의 모험이 통용되지 않는 곳에서는 그리고 더는 목숨을 걸 일이 없는 곳에서는 삶이 "예컨대 미국식 연애행각처럼"(343쪽) 빈곤하고 공허하게 될 수밖에 없기 때문이다. 문화인간은 전쟁이 일어나자 비로소 죽음이 존재하며 또한 죽음은 우연적으로가 아니라 필연적으로 삶에 들어온다는 사실을 받아들이지 않을 수 없게 된다. 이를 통해 삶은 "물론 다시 흥미로워졌으며, 삶은 그 온전한 내용을 다시 얻었다"(344쪽). 프로이트는 하인츠 폴리처(Heinz Politzer)가 다윈과 그의 "적자생존"을 상기시키는(Politzer 2003, 126쪽) 이 마지막 문장을 주해 없이 적어 두고 있다. 반면에 독자는 이것으로 군사전문가인 마르틴 판 크레펠트(Martin van Creveld)를 앞지르고 있는 것은 아닌지 자문한다. 크레펠트는 ―전쟁에 대한 그의 정평이 난 책에서― 전쟁에서 살인행위는 모든 인간적 능력의 무한정한 힘을 허락하는 유일한 창조적 행동이라고 주장한다. "호머 이후로 정말 희열에 가득 차서 고의로 목숨을 거는 사람들만이 완전히 그들 자체, 완전히 인간일 수 있다는 생각이 정착되었다"(van Creveld 1991/1998, 245쪽).

더 나아가 프로이트는 《토템과 터부》에서 이미 상세히 다룬 바 있었던 "원초적 인간"을 등장시킨다. 이렇게 함으로써 그는 이 심리적인 예술형상을 근거로 —일반적으로 생각하는 것보다 원초적 인간에 더 가까운(전집 10, 350쪽)— 현대의 문화인간이 원초적 인간과 마찬가지로 친밀한 인간들의 죽음과 가슴 아픈 양가적 관계를 무의식적으로 맺고 있다는 것을 예증한다. 이 양가성은 친밀하거나 사랑하는 인물이 한편으로는 우리 자신, "내적 소유"(같은 곳, 353쪽)의 부분이라는 것, 그러니까 무의식의 논리에 따라 불멸적이라는 것에서 연유하며, 반면에 그런 인물이 다른 한편으로는 동시에 비-자아, 무의식의 논리에 따라 전멸되어도 좋을 이질적 존재 또는 심지어 적대적 존재라는 사실에서 연유한다. 말하자면 동일한 것, 나의 닮은 모습 속에 전혀 다른 것이 있는 것이다. 이런 맥락에서 프로이트가 자신이 주장한 감정의 양가성에 대한 확실한 표본을 제시했다는 점을 지적하는 것이 아마도 부적절하지는 않을 것이다. 1918년 5월 29일자 카를 아브라함에게 보내는 편지에서 그는 고령의 어머니에 관하여 적고 있다. "나의 어머니는 올해 여든셋이시고, 더는 정말 굳건하시지 못합니다. 가끔 나는 어머니가 돌아가시면 내게 조금은 더 자유가 주어질 것이라고 생각하는데, 왜냐하면 내가 죽었다고 누군가가 어머니에게 전해야만 한다는 가정은 생각만 해도 끔찍한 어떤 일이기 때문입니다"(F/A, 259). 여기서 사랑하는 사람의 경우에 얼마나 더 강한 결합의 소망과 **동시에** 죽음의 소망 또한 작용하는지 어렵지 않게 인식할 수 있다. 정신분석에 의하여 밝혀지는 —의식 앞에서 대체로 철저히 은폐되어야만 하는— 이 양가성의 갈등 속에서 프로이트는 문화적으로 지배적인 죽음에 대한 태도의 가장 날카로운 도발을 발견한다(전집 10, 353쪽).

결국 프로이트는 문화적으로 요구된 살해금지의 의미로 시각을 돌리면서 전쟁과 직면하여 이 살해금지가 불안정한 논리임을 밝힌다. 왜냐하면

금지의 강도는 금지가 마찬가지로 강한 자극을 겨냥하고 있다는 것을 환기시키기 때문이라는 것이다. "어떤 인간의 영혼도 욕망하지 않는 것을 금지할 필요는 없다. … 너는 살인해서는 안 된다는 계율의 강조는 우리가 무한히 긴 일련의 살인자 세대의 후손이라는 것을 우리에게 확실하게 해 준다. 살인의 쾌감은 그들의 혈통 속에 있었던 것처럼 어쩌면 여전히 우리 자신의 혈통 속에 있는지도 모른다"(350쪽). 프로이트는 이 전쟁이 힘들게 얻어진 "문화성층(Kulturauflagerung)"을 사라지게 하고 "원초적 인간을 우리의 내부에" 재등장시킴으로써 죽음에 대한 우리의 인습적 관계를 뒤흔들고 있다고 요약한다. 그리고 이 텍스트는 "네가 삶을 견디려거든, 죽음을 받아들일 준비를 하라(Si vis vitam, para mortem)"는 "시대에 적절한" 요구로 끝맺는다.

프로이트의 텍스트 제2부에서 주제화되는 것이 정말 "죽음의 찬양"(Turnheim 1999, 35쪽)일까? 오히려 프로이트에게 관심의 대상은 문화적으로 억압된 죽음의 진실, 삶의 한가운데에 있는 죽음의 현재성, 피할 수 없는 죽음의 폭력일 것이다. ― 프로이트는 훗날 하이데거의 정형화된 표현들을 생각나게 하는 역설을 통하여 여러 차례 "진실(Wahrheit)"과 "진실성(Wahrhaftigkeit)"이라는 개념을 사용함으로써 그의 동시대인들에게 전쟁과 죽음은 문화인간이 언제나 고려해야만 하는 사실이라는 것을 상기시킨다. 죽음을 배제하거나 과소평가하는 대신에, 그리고 아울러 프로이트가 언급하는 것처럼 우리의 관계에 대하여 심리학적으로 살아가는 대신에 (이는 결국 신경증으로 이어진다) 우리는 대재앙의 시작이 현대인에게 전쟁과 죽음을 의미하며, 삶의 "온전한 내용"으로의 후퇴라는 것을 인정해야만 한다. 삶을 견뎌 내도록 만드는 전제는 오직 모든 환영의 파괴에만 있다.

중후반기의 프로이트에게 적용되는 것은 ―인간의 선하고 평화적인 면에 대한 명백한 거부와 "너의 원수들을 사랑하라"(전집 14, 469쪽)는 계명 준수의 불가능성에 대한 단정은― 이미 중기의 프로이트에게도 어느 정도

적용된다. 《전쟁과 죽음에 대한 시대적 고찰》에서 프로이트는 뒤늦게야 정형화된 근원적 공격충동과 반복강박(전집 13, 1-69쪽 참조)의 요구를 예상하면서 적어도 함축적으로 자유시대의 소망형상, 경쟁적이고 상반되는 관심의 평화적인 조정에 대한, 그리고 더 나은 세계로의 지속적 발전에 대한 그 시대의 표상을 신랄하게 비난한다. 여기서 잘 알려져 있듯이 친구와 적의 구별이 정치성의 차원에 구성적이었던, 심지어 카를 슈미트와 프로이트를 연결시킨 주장들도 있다(Bendersky 2000). 1915년의 글에서 —제1차 세계대전의 외상경험이라는 인상에 따라— 간과할 수 없이 부각되는 프로이트 사유의 점증하는 비관적 성격은 슈미트의 특정한 이론적 전제들, 나아가 영국의 국가이론가 토머스 홉스의 이론적 전제들까지도 상기시킨다(Rieff 1961, 243-244쪽; Waibl 1980; Gay, 614쪽 참조). 요약해서 말한다면 프로이트가 이미 《전쟁과 죽음에 대한 시대적 고찰》에서, 그리고 물론 《문화 속의 불쾌감》에서야 비로소 더 명백하고 결정적으로, 지속적으로 평화로운 세계의 가능성을 대단히 회의적으로 평가했다고 할 수 있다.

프로이트가 자신도 속해 있던 브나이 브리스(B'nai B'rith) 비밀결사의 유대인 친구들 앞에서 그의 에세이의 2부 "죽음과 우리의 관계"를 발표하기 직전에 "우리와 죽음"이라는 제목으로 강연했다는 사실은 부가적으로 언급되어야 할 사항이다(Freud 1915; 이 텍스트는 근본적으로 프로이트의 견해와 일치하는 반면에, 그것은 《전집》에 수록된 판과 세부적으로 상당히 차이가 있다). 프로이트는 세계대전 와중에서 타인이나 적과 충돌하는 순간에 같은 사람들, 즉 그의 "사랑스러운 형제"들인 유대인들에게 의지한다(같은 곳, 132쪽). 이와 동시에 그는 우선 잡지 《이마고》에 수록된 판본[62](전집 10, 341-355쪽)의 일반적 수취인을 배제하면서 강연 제목을 "우리와 죽음" 대신 "우리 유대

---

62) 역주: 《전쟁과 죽음에 대한 시대적 고찰》의 바로 2부에 해당하는 부분.

인과 죽음"(같은 곳)으로 할 수도 있다고 언급한다. 미하엘 투른하임(Michael Turnheim)은 여기서 전쟁과 죽음이라는 주제가 제기되는 이 특수한 유대적인 맥락이 오스트리아와 독일 유대인들에게는 목전의 전쟁과 직면하여 그들이 어떻게 처신해야 하는지 전혀 분명치 않았다는 사실과 관계가 있다는 점을 주지시킨다(Turnheim 1999, 28쪽). ― 가령 작가 카를 크라우스처럼 전쟁의 만행을 비난하면서 반애국적으로 행동해야 할까, 아니면 철학자 헤르만 코헨처럼 차라리 과도한 애국적 태도를 취해야 할까? 프로이트는 이쪽 진영이나 저쪽 진영에도 들어가지 않았다. 오히려 그는 유대인들에게 특히 전형적인(Freud 1915, 132쪽) 죽음에 대한 오해를 포기하고 궁극적으로 죽음의 사실을 받아들이도록 권고했다. 우리는 유대인 형제들에 대한 프로이트의 이 권고가 어쩌면 그들이 그리하여 가장 사악한 일을 ―요컨대 그들의 사회정치적 환경의 양가성이 자아내는 제물이 되는 것을― 모면하게 되었으면 하는 희망과 연관된 것인지 알지 못한다. 프로이트는 페렌치에게 보내는 1915년 4월 8일자 편지에서 다시 "내가 여기 유대인 단체에서 행했던 교수대 유머(Galgenhumor)에서 … 영감을 받은 강연에 대해" 언급한다(F/Fer II/1, 116쪽). 왜 "교수대 유머"일까? 프로이트는 유대인들의 미래 운명에 관하여 무엇을 예감했던 것일까?

《왜 전쟁인가?》(1933)

1932년에 7월 30일에 물리학자 알베르트 아인슈타인은 프로이트에게 편지를 썼다. 아인슈타인은 편지에서 프로이트에게 민족연대와 정신적 공동작업을 위해 그가 국제적 단체를 자극하여 전쟁의 재앙에서 인간을 해방할 방책이 있는지의 물음에 관하여 서로 생각을 교환할 것을 요청했다. 프로이트는 제안을 받아들이고 아인슈타인에게 1932년 9월에 답장을 보냈다. 유명한 물리학자와 유명한 정신분석가 사이의 서신교환은 1933년 초, 다시 말해 독일에서 히틀러의 권력 장악이라는 역사적 사건과 관련하여 《왜 전쟁인가?》라는 제목으로 독일어, 불어, 영어로 파리에서 동시에 출간되었다.

먼저 프로이트는 사회가 개별적인 강자의 무법행위를 많은 약자의 연합으로 억제하는 가운데 폭력에서 법으로 옮겨 감으로써 평화의 창달과 보존이 가능하다고 설명한다. 그러나 폭력에서 법으로의 이행 역시 더 큰 법적 형태로 조직화된 공동체 내에서 ─다시 이익의 갈등과 새로운 폭력성으로 이어지는─ 새로운 권력관계가 생겨나기 때문에 지속적으로 평화로운 상태를 만들어 내지는 못한다는 것이 프로이트의 시각이다. 공동체들은 외부를 향해서도 계속해서 갈등을 강압적으로 해결하지 않으면 안 되는 입장에 처한다. 그래서 프로이트는 인류가 성취한 발전의 본질은 오직 인류가 ─흔치 않지만 그만큼 더 황폐화하는─ 큰 전쟁을 영구적인 작은 전쟁으로 대치하는 데 있다고 결론을 내린다(전집 16, 18쪽). 가령 민족연대의 초국가적 기구나 "볼셰비즘적인 사유방식"(19쪽)과 같은 "이념들"의 힘도 안정적인 평화를 보장하지 못한다는 것이다. "법이 근원적으로 가공되지 않은 폭력이었고 오늘날까지도 폭력의 지원을 받지 않을 수 없다는 것을 우리가 고려하지 않는다면 계산의 오류이다"(19-20쪽).

프로이트는 계속해서 정신분석의 "신화적 충동론"(23쪽), 다시 말해 에로스와 타나토스, 삶의 충동과 죽음의 충동의 대립관계를 가지고 논증한다. 후자의 공격적 표현을 방지하기 위하여, 즉 장래의 전쟁을 막기 위해서는 가장 포괄적 의미에서 인간 사이의 에로스적 결속, 공동성과 결합의 감정을 강화하는 것이 필수적이고, 이는 오직 동일시에 의해서만 실행될 수 있다는 것이다. 하지만 그는 "이를 쉽게 말했으나 성취하기는 어렵다"(23쪽)고 말한다. 개인들이 충동적인 욕구를 포기하고 "이성의 독재(Diktatur der

Vernunft)"에 굴복한다는 것은 이미 유토피아적(24쪽)이거나 《정신분석입문 강의의 새로운 연속》에서 언급되듯이 어쨌든 "미래의 희망"(전집 15, 185쪽)이기 때문이라는 것이다.

그리하여 프로이트는 결국 사람들이 "유기체적인 근거에서"(전집 16, 25쪽) 평화주의자여야 한다는 주장으로만 머무른다. 프로이트에 따르면 일반적인 문화발전의 과정, 즉 육체적이고 영적인 변화를 야기하는 일종의 종의 집단적 충동의 순치는 결국 "지성의 강화"와 "공격경향의 내면화"로 이어진다. 문화과정에 의하여 장려되고 증대된 공격성과 폭력에 대한 "체질적 무관용"에 전쟁은 미적(美的)으로나 다른 관점으로도 더는 어울리지 않는다. 전쟁은 더 이상 선택이 아니다. "문화발전이 요구하는 모든 것은 전쟁에 반하여 작동한다"(27쪽). 평소와는 달리, 가령 프로이트가 문화란 인간이 소유하거나 획득할 수 있는 것 중 가장 귀중한 것은 결코 아니며, 모든 문화적 노력도 그것이 너무 많은 (충동-)희생의 대가를 치르기 때문에 "그럴 만한 가치가 없다"(전집 14, 505쪽)는 주장을 명백하게 고수하는 《문화 속의 불쾌감》에서와는 달리, 그는 《왜 전쟁인가?》에서 무조건 문화를 옹호하는 발언을 한다. 적지 않은 독자는 프로이트의 이런 감각의 변화에서 그의 사고의 균열을 본다. 왜냐하면 보통 근원적 공격충동의 가정에서 출발하여 강압적으로 해결된 갈등사례를 원만한 해결로서 더 개연성 있는 것으로 보았던 프로이트가 여기서는 전쟁이 가져온 공포와 직면하여 거의 그답지 않게 평화주의자로 자처하기 때문이다. 실제로 우리는 《왜 전쟁인가?》를 문화의 미래를 신봉하기 위하여 —단지 생각할 수 있을 뿐인 모든 실제적 항변들을 옆으로 제처 놓는— 이성적 평화주의의 문서, 또는 "희망적 사고"(Bendersky 2000, 630쪽)의 문서로 읽을 수 있다. 프로이트가 아인슈타인에게 보내는 편지에서 강조하는 놀라운 평화주의가 (그의 이론에서 구상된 삼각형으로 된 오이디푸스 콤플렉스 모형에 따라) 친구-적-대립을 초월하는

갈등해소 구조의 결과라고 보는 알프레드 쉽프(Alfred Schöpf)의 반대논증은
그다지 명쾌하지 않다(Schöpf 2004, 530쪽).

──── 참고문헌 ────────────────────────

Bendersky, Joseph W.: Schmitt and Freud. Anthropology, Enemies and the State(슈미트
와 프로이트. 인간학, 적과 국가). In: Dietrich Murswiek u. a. (Hg.): Staat−Souverä-
nität−Verfassung. Festschrift für Helmut Quaritsch zum 70. Geburtstag. Berlin 2000,
623-635쪽.

Creveld, Martin van: Die Zukunft des Krieges(전쟁의 미래). München 1998(영어판 1991).

Freud, Sigmund: Wir und der Tod(우리와 죽음) [1915]. In: Psyche 45 (1991), 132-142쪽.

Marquard, Odo: Transzendentaler Idealismus, Romantische Naturphilosophie, Psychoanalyse
(선험적 이상주의, 낭만적 자연철학, 정신분석). Köln 1987.

Nitzschke, Bernd: Freuds Vortrag vor dem Israelitischen Humanitätsverein "Wien" des Ordens
B'nai B'rith: Wir und der Tod(브나이 브리스 결사단의 이스라엘 박애단체 앞에서의
프로이트의 강연: 우리와 죽음) [1915]. Ein wiedergefundenes Dokument. In: Psyche 45
(1991), 97-131쪽.

Politzer, Heinz: Freud und das Tragische(프로이트와 비극적인 것). Hg. von Wilhelm W.
Hemecker. Wiener Neustadt 2003.

Rieff, Philip: Freud. The Mind of the Moralist(도덕주의자의 마음). New York 1961.

Schöpf, Alfred: Freund und Feind: Das Destruktive und seine praktische Bewältigung(친구와
적: 파괴성과 그것의 실제적 극복). In: Psyche 58(2004), 515-532쪽.

Turnheim, Michael: Das Andere im Gleichen. Über Trauer, Witz und Politik(같은 것 속의
다른 것. 비애, 위트와 정치에 대하여). Stuttgart 1999.

Waibl, Elmar: Gesellschaft und Kultur bei Hobbes und Freud(홉스와 프로이트에서 사회와
문화). Wien 1980.

Hans−Martin Lohmann

10. 문학과 예술

빌헬름 옌센의 《그라디바(Gradiva)》에서 망상과 꿈(1907)

이미 1903년 빌헬름 슈테켈이 방금 출간된 소설[63] 《그라디바. 폼페이 환상곡》의 작품성을 환기한 이후, 1906년에 칼 융은 다시 한 번 프로이트에게 이 소설을 주목하도록 권했다. 이 해에는 둘 사이에 집중적인 서신 교환이 시작되었고, 프로이트는 '융을 즐겁게 하기' 위하여 1906년 여름에 《그라디바》 분석에 착수했다고 한다(전기 작가 존스). 《빌헬름 옌센의 그라디바에서 망상과 꿈들》(전집 7, 29-125쪽)이라는 글은 1907년 5월에 발표되었다. 프로이트는 이 글에서 최초로 완결된 문학작품의 해석을 내놓았다. 그는 여기서 ―레오나르도와 도스토옙스키에 대한 추후의 정신병력학(Psychopathographie)과는 달리― 행위하는 인물들의 문학 내적 심리에 집중

---

63) 역주: 독일어권 문학에서 소설장르의 구분은 한국문학에서의 구분과 매우 다르다. 여기서 소설이란 노벨레(Novelle)를 의미한다.

하면서 작가에 관해서는 일단 다루지 않았다.

1837년 하일리겐하펜에서 태어나서 뮌헨에서 오랫동안 살아온 빌헬름 옌센은 지극히 생산적인 역사소설과 확고한 오락문학 저자였다. 문학사적으로 그는 사실주의 계열에 속한다. 의학을 공부하고 문헌학으로 박사를 한 그는 자기 시대의 정신적 조류에 영향을 받았고, 쇼펜하우어의 신봉자임을 자처하였으며, 슈토름과 라베뿐만 아니라 에른스트 헤켈 및 빌헬름 분트와 친교를 맺고 있었다. 《그라디바》가 만들어지게 되는 상황은 옌센이 작품 내에서 다시 한 번 중심적인 개인적 동기인 '누이'에 대한 사랑을 다루면서 특히 강렬한 창조적 자극에 관해 —친구와의 서신교환 속에서— 언급하는 한 중요하다. 옌센은 정신분석에 대해 알지 못했으나, 쇼펜하우어의 추종자로서 시간의 기만적 성격, 무시간적인 무의식과 '충동'에 대한 개념을 지니고 있었다. 일반적인 심리학 개념과 **주도동기**(idée fixe), '의식적'과 '무의식적'의 구별이 그에게는 친숙했다. 프로이트는 이 작품을 해석할 때에 강렬한 무의식적 역동성뿐만 아니라 정보화된 관리 덕분에 소설텍스트의 심리적 조직과 직접 접촉할 수 있었다.

내용은 다음과 같이 요약될 수 있다. 고고학이 자신에게는 모든 것을 의미하며 여자와의 사랑은 거의 그렇지 않은 젊은 독일인 학자 노르베르트 하놀트(Norbert Hanold)는 5월 어느 날 대단히 불안한 상태에 빠진다. 밤에 그는 서기 79년에 있었던 베수비오 화산 폭발에 대한 꿈을 꾸는데, 여기서 특이한 방식으로 왼발을 내딛는 매혹적인 젊은 여인이 그에게 나타난다. 그는 아침에 그라디바에 대해 꿈을 꾼 것을 깨닫는다. 하놀트는 그의 서재 벽에 걸려 있는 그리고 그가 볼 때 강렬한 —과학적인 것으로 간주되는— 매력을 지닌 젊은 폼페이 여인의 부조(浮彫)에 '걷고 있는 여인'이라는 뜻의 '그라디바'라는 이름을 붙였다. 하놀트는 갑자기 젊은 폼페이 여인의 운명을 추적해 보고 싶은 열망을 마음속에서 떨쳐 버릴 수가 없게 된다.

그는 이탈리아로 여행을 떠난다. 우선 로마에서 나폴리로 간 다음 마치 우연인 것처럼 폼페이에 도착한다. 그는 여행 중에 부분적으로는 에로스적인 성격을 지닌 일련의 꿈들[64]을 꾸고 그 꿈에 의해 이끌려 다닌다. 하놀트는 폼페이에 체류하다가 저승에서 휴가를 나왔음 직한 그라디바와 실제로 폐허에서 마주칠 때 심각한 망상적 상태에 빠져든다. 지금 현실과 환상이 그에게 위험스럽게 뒤섞여 다가온다. 노르베르트 하놀트는 실체를 드러내는 꿈과 젊은 여인의 심리요법적으로 매우 노련한 행동의 도움으로 마침내 망상에서 풀려나와 참된 사실관계를 인식할 수 있게 된다. 즉 폼페이에 있는 그라디바가 실제로는 그의 어린 시절 여자 친구인 초에 베르트강(Zoe Bertgang)인 것이다. 그는 이 여자 친구에게 온전한 사랑을 쏟았지만, 학문 때문에 사랑을 포기한다. 이 사랑은 이제 다시 ─'매몰로부터 다시 발굴된' 폼페이처럼─ 깨어난다. 하놀트는 건강해져서 초에와 함께 다시 삶에 관심을 돌리고, 추측건대 곧 그녀와 결혼할 것이다.

프로이트는 옌센의 《그라디바》에서 그 심리학적 성과가 어쩌면 작가 배후의 무의식에서 생겨났을지도 모르는 원문의 내용과는 관계가 없다. 《그라디바》는 "매몰된"(Jensen/Freud, 216쪽) 어린 시절의 사랑을 서술하는 명료하고 의식적인 텍스트 지향성을 보여 준다. 어린 시절의 사랑은 자취를 남기며 조각품에 꼭 달라붙은 채 어느 봄날 회귀하고 싶어하며, 동시에 이 사랑은 저항하는 주인공을 병들게 한다. 어린 시절이라는 개인적 과거의 재획득을 통한 주인공의 '카타르시스적인' 회복 또한 옌센의 경우에 의식적으로 구상되었다. 당시 정신분석에 점점 더 중요해지던 '개체발생 = 계통발생'이라는 진화론에서 나온 균등화도 망상상태의 계산된 구성의 일부이다.

---

64) 역주: 일련의 꿈들은 동기들의 유사한 군(群)으로 작용하는 주도동기를 이룬다. 이렇게 반복되면서 군을 이루는 동기들을 음악에서는 테마라고도 한다.

예컨대 '매몰된' 어린 시절의 사랑인 초에(Zoe)는 서기 79년도에 존재했던 폼페이의 여인으로 나타난다. 따라서 '개체발생적' 과거는 '계통발생적' 고대에서 일치점을 발견한다. 이러한 관찰은 심리적으로 민감한 문학이 자연스럽게 정신분석의 새로운 구상과 얼마나 근접하게 되었는가를 보여 주거나 그 역의 관계를 보여 준다.

프로이트의 텍스트 해석은 노르베르트 하놀트의 일련의 임상적 병력을 가상적으로 실험한다. 여기서 해석은 이미 다음과 같은 다섯 가지의 사전적 가정에 의해 인식되도록 유도된다. ① 하놀트의 여행하고 싶은 욕구와 그라디바가 그에게 폼페이에서 살아서 나타날 것이라는 '망상'의 경우에 억압된 충동점령(Triebbesetzung)의 회귀가 중요한 관건이다. ② 이 억압된 충동점령의 배후에는 초에 베르트강에 대한 어린 시절의 사랑이 숨어 있다. ③ 억압의 수단은 고고학이고, 동시에 고고학은 억압이 되돌아오는 영역이다. ④ 꿈들은 억압된 것의 회귀와 이에 대한 하놀트의 저항을 반영한다. ⑤ A.D. 79년에 매몰되고 많은 세기를 지나 다시 발굴된 폼페이는 어린 시절 및 청년기에 일어난 사랑의 억압과 그것의 회귀에 대한 상징이다. 그렇다면 이 다섯 개의 가설은 프로이트가 추후에 다시 한 번 서술하는 소설의 모든 중요한 세목에서 유지된다. 그는 이때 그의 증명을 치료과정에서처럼 실행하고, 나아가 정보화되지 않은 증명에 대해서는 정신분석의 원칙을 설명한다.

프로이트의 포괄적인 과정은 여기서 재생산될 수 없다. 하나의 예를 들어 보면, 문학에서 나타나는 꿈들을 우리가 어떻게 파악해야 하고 또한 그 꿈을 실제로 꾼 것처럼 다룰 수 있는지가 첫 물음이기 때문이다. 프로이트는 《그라디바》의 예에서 해명할 것을 약속한다. 프로이트는 매혹에 이끌려 젊은 폼페이 여인의 대리석 부조와 이에 대한 주도동기를 통하여 그것의 역사적 원상에 대하여 무엇인가를 찾아내는 주인공 노르베르트 하놀트를 기술한다. 이어서 그는 폼페이에서 그라디바와 같은 시간에, 그것도 매몰 시점인 79년 8월 24일에 함께 있는 하놀트의 첫 번째 꿈을 보고한다. 모두가 덮쳐 오는 대재앙으로부터 도피하지만, 하놀트가 순간적으로 알아본 그라디바만이 주피터 신전 앞에서 잠을 자려고 조용히 눕는다. 하놀트는 그녀를 구출하려고 하지만, 그녀의 얼굴은 마치 하얀 대리석으로 변하듯 점점 더 창백해진다. 그러자 화산재가 그녀를 뒤덮었다. 프로이트는 이후에도 꿈이 계속 하놀트에게 영향을 행사하여 그가 자발적으로 이탈리아 여행을 떠나도록 한다고 설명한다. 프로이트는 아직도 그를 해석할 수 없다. 프로이트가 망상적이라고 생각하듯이 하놀트는 곧 폼페이에서 정말로 그라디바와 조우한다. 프로이트는 이제 하놀트에게 일어나는 망상의 강화와 초에 베르트강을 통한 '치료적' 공동수행의 전체과정을 기술한다. 여기서 공동수행은 하놀트가 마침내 그녀를 재인식할 때 망상의 해결에 이른다. 억압이 사라지는 이 지점에서 프로이트는 다시 하놀트의 폼페이 꿈에 접근하여 그것을 상세히 분석한다. 이제 프로이트는 그의 **꿈해석**의 가정과 방법을 끌어들이고, 문학적 대상을 놓고 이를 해명할 수 있게 된다. 독자는 **꿈작업**으로부터 가장 중요한 것을 경험한다. [예를 들어 독자는 저항(Widerstand)의 결과로 나타나는 전치(Verschiebung)를 경험한다. 성애를 인정하려 하지 않는 하놀트는 초에와 함께 현재로부터 옛 폼페이로 되돌아가 있는 자신을 꿈꾸었다. 이런 타협 속에서 곧 그들의 공동참여가 꿈속에서 가능하다.] 잠재적 꿈생각(latenter Traumgedanke)과 외현적 꿈내용(manifester Trauminhalt)이 정의되고, 불안은 위장된 성적 감정으로 설명된다. 끝으로 독자는 프로이트의 꿈해석의 핵심을 안다. 그러면서 문학은 꿈해석의 진실의 증거가 되었다.

폼페이는 19세기에 여러 면으로 완전한 문화상징이다. 1750년 무렵에 재발견된 도시의 다채롭고 대중적인 수용사가 시작되는데, 이에 따라 사람들은 이 도시에 정말 적절한 일련의 의미를 부여한다(비너스 도시, 재생의 장소, 유령의 도시 등). 여기서 '폼페이'는 단순하고 이해할 만한 구조로 의미를 가져올 수 있었던 특정한 시간 및 공간관계를 표현한다는 것으로 충분하다. 이 가능성으로부터 옌센의 이탈리아 소설뿐만 아니라 프로이트의 정신분석적 해석 또한 이득을 얻었다. 그리고 여기에 분명히 둘 사이의 놀랄 만한 구조유사성에 대한 설명이 있을 수 있다. 그것은 무엇보다 시간의 다양한 현상형식들이다.

① **무시간성**: 정신분석의 무의식은 시간을 갖지 않듯이 ─다시 말해 유아기의 내용은 늘 현재화될 수 있듯이─《그라디바》역시 회상된 어린 시절의 무시간성을 보여 준다. 초에와 하놀트가 폐허에서 나란히 앉아 있을 때, 초에는 하놀트에게 공동의 어린 시절을 기억하게 하려고 노력한다. "내게는 마치 우리가 이미 수천 년 전에 언젠가 이렇게 함께 빵을 먹었던 것 같다는 생각이 들어요. 당신은 그걸 생각해 낼 수 없나요?"(Jensen/Freud, 196쪽). 이는 **죽음을 통한 우리의 참된 본질의 불멸성**에 대한 쇼펜하우어의 유명한 구절[65]의 반향인지도 모른다.

② **개체발생＝계통발생**: 곧 프로이트의 정신분석적 문화이론에도 중요해지는 이 헤켈-프로이트 원리에 따라서 《그라디바》는 줄거리에서의 직선적 시간관계를 "매몰과 억압, 폼페이와 어린 시절의 일치"(전집 7, 112쪽)로 이해한다.

③ **퇴적층으로서의 시간층**: 19세기의 지질학, 유전이론과 고고학의 중요한 역할은 층위학적(層位學的) 시간표상을 촉진한다. 발달은 확인할 수 있는 층에 퇴적되어 있다. 인기 있는 예는 트로이의 여러 이주민 층이 들어 있는 슐리만의 '트로이 토르테(trojanische Torte)'였다. 층위학적 표본은 《그라디바》의 폼페이처럼 정신분석적 회상의 구상에서도 발견된다. 회복되어 가

---

65) 역주: 쇼펜하우어의 《부론과 보론(parerga und paralipomena)》에 나오는 구절.

는 하놀트에게 어린 시절의 추억이 ―'매몰로부터 다시 발굴'되듯이― 깊숙한 기억의 층에서 솟아오른다.

④ **직선적 시간 대 보존**(Konservierung): 시간의 화살과 무시간성[정지된 현재 (nunc stans)]의 신비로운 관념 사이의 모순은 19세기 문학에서 자주 다루어지며, 그것은 종종 시간적인 것의 보존이라는 지리학적-고고학적 동기 속에서 해결된다. 가령 젊어서 매몰되어 이십여 년 뒤에 젊은이로 다시 발굴되어 나온 팔룬 광산의 (여러모로 가공된) 광부의 일화가 좋은 예이다. 이에 상응하는 관심거리는 79년에 죽은 폼페이인들의 석화된 육체이다. 억압의 정신분석적 구상은 무의식의 내용들을 이와 달리 이해하지 않는다. 무의식의 내용들은 수십 년이 지나도 지치지 않는 에너지를 가지고 자기 권리를 드러낼 수 있기 때문이다. 프로이트는 이런 면에서도 초에를 발굴되고 다시 생동하게 된 어떤 것으로 보는 옌센의 《그라디바》 환상과 일치한다.

《그라디바》의 부조는 프로이트가 그것을 치료용 소파 위에 걸어 놓은 이후로 정신분석의 아이콘이 되어 버렸다. 그것은 오늘날에도 개인의 인터넷 페이지에서 로고가 될 만큼 정말 놀라울 정도로 많이 사용된다. 이 부조는 옌센과 프로이트가 그것에 부여했던 엄밀한 내용적 의미를 대부분 상실했다. 만일 서술된 정신분석 입문으로서 한동안 대단한 교수법적 영향을 행사한 프로이트의 해석이 없다면, 이러한 대중적 인기도 물론 없을 것이다. 연구의 수용사도 집필되어야만 한다. 무엇보다 프랑스와 영국의 문예학에서 그 효과가 입증될 수 있다. 그러나 그것은 아마도 예술 자체에 가장 큰 영향을 미쳤다고 할 수 있을 것이다. 예컨대 우리는 《그라디바》와 이에 대한 해석이 토마스 만의 소설 《베니스에서의 죽음(Der Tod in Venedig)》에 미친 효과를 상정할 수 있다. 정말 마찬가지로 《베니스에서의 죽음》도 억압된 것의 회귀에 관하여 다루고 있다(이는 본인 만프레트 디르크스(Manfred Dierks)[66]의 장편소설 《망상과 꿈》의 주제이기도 하다). 가장 생산적인 효과는 의

심할 바 없이 정신분석을 적용하는 경향이 있는 프랑스의 초현실주의자들에게서 인지된다. 특히 그라디바의 조소형상과 그녀의 '마네킹 같은' 걸음걸이가 정신분석의 적용 대상이 된다. 미술가 달리의 경우 그라디바/초에가 그의 부인 갈라와 함께 여성치료사와 뮤즈의 이중적 관점으로 등장한다. 막스 에른스트, 앙드레 부르통과 앙드레 마송 역시 이 동기를 가공했고, 마르셀 뒤샹은 1937년 부르통이 개설한 그라디바 화랑의 통로 문을 만들었다. 이 문 위에서 원하는 사람은 누구나 한 쌍의 연인인 초에와 노르베르트 하놀트의 조각상을 볼 수 있다(이에 대해서는 본서 4장 10 참조).

─── 참고문헌 ───────────────────────────────

Dierks, Manfred: Der Wahn und die Träume im ›Tod in Venedig‹(《베니스에서의 죽음》에서
    망상과 꿈). In: Psyche 44 (1990), 240-268쪽.
_____: Der Wahn und die Träume. Eine fast wahre Erzählung aus dem Leben Thomas
    Manns(망상과 꿈. 토마스 만의 삶에서 나온 거의 참된 소설). Düsseldorf/Zurich 1997.
Freud, Sigmund: Der Wahn und die Träume in W. Jensens ›Gradiva‹. Mit der Erzählung von
    Wilhelm Jensen(빌헬름 옌센의 《그라디바》에서 망상과 꿈. 옌센의 소설을 가지고).
    Hg. und eingeleitet von Bernd Urban. Frankfurt a. M. 1995.
Jensen, Wilhelm: Gradiva. Ein pompejanisches Phantasiestück(그라디바. 폼페이 환상곡).
    Dresden/Leipzig 1903. In: Freud 1995 (= Jensen/Freud).
Rohrwasser, Michael u. a. (Hg.): Freuds pompejanische Muse. Beiträge zu Wilhelm Jensens
    Novelle ›Gradiva‹(프로이트의 폼페이의 뮤즈. 빌헬름 옌센의 소설 《그라디바》에 대한
    기고). Wien 1996.

Manfred Dierks

66) 역주: 만프레트 디르크스는 토마스 만 연구자로서 독일 올덴베르크 대학교에서 독문학과
    교수를 지냈으며, 나름대로 작품 활동도 병행하였다.

2

《작가와 환상행위(Der Dichter[67] und das Phantasieren)》(1908)

1907년 12월에 프로이트는 출판인 헬러의 응접실에서 이 주제에 관해 이야기했다. 이후 강연문이 1908년 3월에 문학잡지 《노이에 레뷰(Neue Revue)》에 에세이로 작성되어 발표되었다. 프로이트는 이것을 "너무 빈약한 틀로서, … 하지만 실제 상황에의 첫 접근으로서"(전집 7, 221-222쪽) 이해했다. 그럼에도 그는 곧 정신분석이 여기서 문학을 더 이상 그것의 인식을 입증하기 위하여 이용하는 것이 아니라 최초로 문학 그 자체를 위하여 검토한다고 강조했다(같은 곳, 123쪽). 이미 칸트는 《판단력비판》에서 문학과 놀이를 상호 접근시켰고, 이어서 실러도 《미적 교육에 대하여》에서 그렇게 했으며, 프로이트의 시대에는 그도 읽은 적이 있었던 카를 그루스(Karl Groos)의 저서 역시 그러했다(전집 6, 135쪽). 빌헬름 딜타이는 《작가의 상상력(Die Einbildungskraft des Dichters)》(1887)에서 문학적 환상행위의 기능방식을 작가의 경험과 정신사적 기본조건에 따라 심리적이고 역사적으로 탐구했다. 이제 프로이트는 《꿈의 해석》(1900)에서 꿈꾸는 사람의 법칙성을, 위트에 대한 그의 책(1905)에서 미적 선쾌락(Vorlust)처럼 《그라디바》 연구(1907)에서는 망상과 꿈의 관계를 제시한 이후 여기서부터는 문학적 환상행위에 관심을 기울인다(전집 7, 211-223쪽). 그는 충동이론적 관점에서는 작가의 소재에 대하여 그리고 영향미학적으로는 작가가 수용자들을 자극하는 기법에 관하여 물음을 제기한다. 그는 시문학(Dichtung)[68]을 더 넓은

---

67) 역주: 독일에서 시인(Dichter)이란 말은 꼭 시를 쓰는 시인이 아니어도 괴테나 실러, 토마스 만 같은 대작가에게 사용된다. 여기서는 우리의 독자를 고려하여 '시인'을 작가로 번역한다.
68) 시문학(Dichtung)은 글자로 된 온갖 문헌들을 포함하는 문학(Literatur)보다는 좁은 의미이며, 지나치게 현실적이거나 통속적인 문학은 여기서 배제된다. 물론 '시문학'을 넓은 의미에

심적인 맥락에서의 계열형성을 통하여 해석하면서 의식적으로 경험될 수 있는 것과 연결시킨다. 그럼으로써 그는 정신분석적으로 인식된 것을 넘어 미적 이론의 시도에 도달한다. 첫 계열은 백일몽에 대한 놀이로부터 시문학으로 이어진다. 다시 말해 어린아이는 현실세계에 의존하여 자기세계를 만들며 놀이하고 거대한 정동의 총량으로 그 세계를 소유하면서 진지하게 처신하지만, 그 세계를 현실과는 명백하게 구별한다. 성인이 된 사람은 현실원리를 내면화하면서 어린아이의 놀이를 포기한다. 그 대신에 그는 현실과 분리된 공간에서 환상행위를 하면서 자신의 소망표상을 추구하지만, 그럼에도 이 백일몽을 은폐한다. 왜냐하면 그는 현실세계에서 행동하지 않을 수 없으며 금지된 소망을 인정해서는 안 되기 때문이다. 작가는 그것을 이해하기 때문에 자신의 백일몽을 다른 사람들이 싫어하지 않고 즐기도록 형상화한다. 이 계열형성에 의하여 시문학은 어린아이의 놀이와 환상행위로부터 파악될 수 있게 된다. 두 번째 계열은 꿈으로부터 백일몽을 거쳐서 시문학으로 이어지는 일종의 보완계열이다. 이러한 계열에서는 의식적이고 전의식적인 계기가 증가하지만, 그럼에도 《꿈의 해석》에서 발전된 모델은 원칙적으로 유지된 채 남아 있다. 프로이트에 따르면 눈을 뜬 채 꾸는 백일몽은 이차적으로 더 강하고 일관성 있게 가공되고 현실을 더 강하게 포함시킨다. 그것은 가급적 많은 사람들로부터 받아들여지기를 바라는 시문학과 함께 계속된다. 이렇게 프로이트는 백일몽이라는 연결고리를 거쳐 꿈의 모델로부터 생겨나는 시문학과 꿈작업으로부터 이루어지는 창조적 작업을 이해한다.

이 계열의 본질적인 계기는 프로이트의 생리학적 사유와 심리학적-해석

서 문학으로 번역해도 이상할 것은 없지만, 이곳에서는 'Literatur'와의 차이를 강조하는 의미에서 시문학이라고 번역하고자 한다.

학적 사유 사이의 연결고리인 환상행위이다. 환상이란 그에게 방어과정을 통하여 왜곡된 소망의 연출이자 결핍을 전제로 하는 억압된 기억들의 파생물이다. 그러므로 "행복한 사람은 결코 환상행위를 하지 않는다"(216쪽). 환상은 소망을 일깨우는 인상 그리고 소망의 측면에서는 예전의 체험들을 기억나게 하면서도 이제 미래의 성취와 관련되는 실제 인상 사이의 교대작용에서 생겨난다. 이렇게 환상은 현재, 과거와 미래 사이에서 떠다니다가 이 시간성과 더불어 변화한다. 프로이트는 이로부터 상이한 현상들의 유사성과 차이를 파악한다. 즉 매번 방어기제, 점령의 강도와 내면화된 현실원리에 따라서 동일한 환상에서 신경증, 정신병, 도착, 꿈, 백일몽, 신화와 문학(Literatur)이 나타난다는 것이다. 이것들은 통속적인 오락문학에서 수준 높은 시문학의 창조에 이르도록 빈틈없는 계열을 이룬다. 그래서 프로이트는 시문학적 창조의 계열형성을 통하여 특히 문학적 소재 선택을 정신분석에 접근하는 수많은 현상과 연관시킬 수 있으며, 어떻게 이 현상들이 서로 영향을 미치는지 보여 줄 수 있다. 요컨대 그는 문학적 창조를 다른 곳에서 인식된 법칙으로부터 이해할 수 있고 또한 환상행위의 이론으로부터 환상행위를 하는 작가에게 다가갈 수 있는 것이다.

이 계열을 가지고 프로이트는 문학의 정신분석에 이르는 길을 제시했지만, 문학으로서의 정신분석의 이해에는 물론 그다지 기여하지 못했다. 그는 작가가 자아와 자아 사이의 거부감을 극복하기 위한 수단이 무엇인지 물어봄으로써 이를 시도한다. 프로이트는 이 가능성을 아직도 비밀로 남아 있는 본래적 **시학**(Ars poetica)이라고 생각한다. 그는 두 가지 수단을 추정할 수 있다고 말한다. 즉 훌륭한 작가는 변화와 은폐를 통하여 백일몽의 이기적 성격을 완화하고, 나아가 미적 쾌락획득의 형식을 통하여 매혹을 자아낸다는 것이다. 그는 생식기적 쾌락으로 유인하는 에로스적 선쾌락의 모델에 따라 이 쾌락획득을 작품의 본질적 즐거움으로 인도하는 유혹의 보너스(Verlockungsprämie)로 이해한다. 작품의 즐거움은 심적 긴장이 해방됨으로써 생겨난다.

에세이 《작가와 환상행위》는 정신분석적 문예학을 배아형태로 포함하고 있다. (타인의 관심과 관련된) 무의식적 소망의 환상충족으로서 꿈의 모델을 근거로 이행된 문학의 이해는 꿈의 해석을 지향한 해석들로 연결되었다. 이 해석들은 잠재적 내용, 무의식적 소망, 외상, 일차과정의 방법(응축, 전치, 상징형성) 그리고 방어과정과 작가에 대하여 물음을 제기한다. 개별적 계기들만이 자주 검토되는 데 반해, 꿈작업의 모델에 따른 예술작업은 전체적으로 재구성되는 경우는 드물다. 그럼에도 종종 환상과 글쓰기, 삶의 역사 사이의 관계를 밝히는 것은 성공적이었다. 물론 이런 해석에 여러 비판이 가해졌다. 즉 프로이트의 해석은 잠재적 소망에 따라 텍스트를 임의적으로 해석하면서 예술적인 것의 기원을 신경증적인 것에서 찾았고, 형식을 은폐와 선쾌락을 공급하는 기능으로 오해한다는 것이다. 그리고 저속하게도 통속적인 텍스트를 분석하여 문학의 역사적-사회적 위치를 약화시켰다는 것이다. 이와 같은 비판은 해석이 전체적 꿈작업을 재구성하거나 그것의 위치를 자체 내에 반영하지 못하는 한 정당화된다(Schonau/Pfeiffer 2003, 75-114쪽).

이러는 사이에 프로이트의 에세이에 근거하는 문학의 정신분석적 이론형성과 실제가 지속적으로 발전되었다. 이들은 과도기대상(Übergangsobjekt)에 대한 구상이 놀이, 환상행위, 문학적 창조와 수용을 효과적으로 설명하는 위니콧(Winnicott; 1971)에 따르는 한편, 청소년들의 공통적인 백일몽을 가지고 백일몽과 문학 사이에서 **잃어버린 고리**(missing link)를 발견한 작스(Sachs; 1924)에 의존한다. 이 두 학자에 의하면 백일몽을 꾸는 사람이 금지된 환상의 공범자를 발견하면 수치심과 죄책감이 줄어들었고, 그러면 그는 안전함을 경험하게 된다는 것이다. 나아가 자아와 자아 사이의 거부감도 극복될 수 있으며, 개인적인 환상은 공동적인 것, 궁극적으로는 사회적인 것으로 변할 수 있다는 것이다. 여기서 페터 폰 마트(Peter von Matt)는 두 가지 유용한 개념을 논의에 끌어들였다. 그중 하나는 심리극적 기체(das psychodramatische Substrat), 즉 텍스트의 추상적인 무의식의 환상구조이고(1972), 다른 하나는 작품이 어떻게 될 것인가에 대한 작품-환상(Opus-Phantasie; 1979)이다. 이 두 개념은 전통에 기초해 있으며, 개인적 환상을 예컨대 장르의 형식처럼 전승된 형식으로 구체화한다. 피에츠커(Pietzcker; 1983)는 문학 텍스트의 가능한 한 모든 계기의 상호작용을 탐구했다. 텍스트의 역사성과 정신분석적 해석 사이의 관계에 수많은 연구가 참여해 있다(예를 들어 Cremerius 1995). 그러는 사이에 연구는 프로이트가 단지 암시적으로만 해명하고 있는 문학의 문학적인 것에 대한 물음을 여러 면에서 스스로 받아들였다(Pietzcker 1990). 자아심리학적 관점에서 볼 때 형식적 계기들은 만족을 조절하고 불안을 막아 주는 자아기능적인 방어기제로서뿐만 아니라 가상과 경험세계 사이의 지각, 이해와 경계설정의 조직자로 이해되었다. 종합적인 자아는 무의식적 표현의 강박, 전통과 사회적 표준에 완전히 예속되지 않은 채 이것들과 화합할 수 있다는 것이다. 자기심리학적 관점에서 볼 때 형식적 완전성과 조화는 대상과 주체의 통합을 확고히 하는 데 도움을 준다. 형식은 재획득된 완벽함의 상징으로서 자기향유를 창출하며, 죄책감과 대상의 손상을 방지한다고 한다. 문예학적 관점에서 볼 때 문학적 형식은 타협 속에서 투과되는 소망과 현실원리 사이의 경계로 이해되었다. 작품은 무의식적 계기로부터 의식적 계기에 이르기까지 이런 타협 속에서 의식적 접근을 문학적 형식으로 지각하는 경계의 연속으로서 완성된다. 《작가와 환상행위》에 근거하는 문학적인 것의 포괄적 이론은 아직 없지만, 내용적으로 관련된 연구의 단계는 진척되고 있다.

Cremerius, Johannes (Hg.): Psychoanalyse und die Geschichtlichkeit von Texten(정신분석과 텍스트의 역사성). Freiburger literaturpsychologische Gespräche 14 (1995).

Matt, Peter von: Die Opus-Phantasie. Das phantasierte Werk als Metaphantasie im kreativen Prozeß(작품-환상. 창조적 과정에서 메타환상으로서 환상행위화된 작품). In: Psyche 33 (1979), 193-212쪽.

_____ : Literaturwissenschaft und Psychoanalyse(문예학과 정신분석) [1972]. Stuttgart 2001(2).

Pietzcker, Carl: Zum Verhältnis von Traum und literarischem Kunstwerk(꿈과 문학적 예술작품의 관계). In: Psychoanalytische Textinterpretation. Hg. von J. Cremerius. Hamburg 1974, 57-69쪽.

_____ : Einführung in die Psychoanalyse des literarischen Kunstwerks am Beispiel von Jean Pauls Rede des toten Christus(장 파울의 《죽은 그리스도의 말》의 사례로 본 문학적 예술작품의 정신분석 입문). Würzburg 1983(2).

_____ (Hg.): Zur Psychoanalyse der literarischen Form(en)(문학적 형식의 정신분석). Freiburger literaturpsychologische Gespräche 9 (1990).

Sachs, Hanns: Gemeinsame Tagträume(공동의 백일몽). Wien 1924.

Schonau, Walter/Joachim Pfeiffer: Einführung in die psychoanalytische Literaturwissenschaft(정신분석적 문예학 입문). Stuttgart/Weimar ²2003.

Winnicott, Donald W.: Vom Spiel zur Kreativität(유희로부터 창조성으로) [1971]. Stuttgart 1997(9).

Carl Pietzcker

《레오나르도 다빈치의 어린 시절의 추억
(Eine Kindheitserinnerung des Leonardo da Vinci)》(1910)

이 논문(전집 8, 127-211쪽)의 집필은 1909년 10월에 계획되어 1910년 4월에 끝났으며, 《응용심리학을 위한 글들》이라는 잡지 제7권으로 1910년 5월에 출간되었다. 여기서 가장 중요한 맥락은 칼 융과의 관계이다. 이 관계는 가장 긍정적인 상태에 있는 것처럼 보이는데, 융은 프로이트의 선택받은 '황태자'로 간주된다. 그러나 실제로 이 관계는 점점 더 종국적인 갈등을 향하여 나아간다. 융 자신이 언급하듯이 그의 측면에서 추진력은 '아버지 콤플렉스'이다. 이 시기에 두 경쟁자는 ―그들이 무엇보다 신화의 영역에서 연구하는― 인간의 영적 발달의 계통발생적인 초기단계에 진입하고 있다. 특히 중심적 리비도 이론을 두고 근친상간 문제에 대해 상반된 이해에서 시작하는 칼 융의 정신분석으로부터의 이탈은 이제 ―1911년 말까지― 준비된다. 여기서부터 프로이트와 융은 현재의 계통발생 구상과 신화, 문화사에서 서로 상이한 결론을 도출해 낸다. 이에 대한 증거는 《프로이트/융의 서신교환》, 융의 《리비도의 변화와 상징(Wandlungen und Symbole der Libido)》(1912) 그리고 프로이트의 《토템과 터부》이다.

프로이트가 시도하는 해석의 증빙상태는 종종 부족하고, 그 배합은 여러모로 사변적이며 또한 가끔은 ―무엇보다 레오나르도의 핵심적인 '독수리 환상(Geierphantasie)'에 대하여― 입증이 잘못되어 있다. 프로이트 자신은 이 논문을 "반쯤의 소설문학(halbe Romandichtung)"(B, 317쪽)이라고 불렀다. 이런 태도가 ―예컨대 레오나르도 연구에 대하여― 증명에 의존하는 내용적 인식의 상태가 어떤지를 보여 준다. 이는 물론 직관적 정신분석의 성격연구로서의 가치를 비교적 불분명하게 다루는 태도이기도 하다.

프로이트는 레오나르도의 삶과 인격을 방해하던 이중의 장애로부터 실마리를 풀어 나간다. 즉 그는 **성생활**에서 이성애적 사랑의 대상을 동성애적 사랑의 대상으로 바꾸어야 했으며, 성적인 행동을 억제했던 것으로 추정된다. 그는 **예술가**로서 그에게 중요한 작품들을 미완성으로 남겨 두는 특성을 발전시켰고, 그의 예술적 실행은 그의 탐구욕 때문에 갈수록 크게 억제되었다고 한다. 프로이트는 이 강박구조의 실체를 규명하려고 한다.

프로이트는 물론 레오나르도의 유일하게 확고한 어린 시절의 추억 속에서 유아기적 흔적을 지닌 성인의 환상을 인식한다. 그 내용인즉 한 마리의 독수리가 레오나르도의 요람에 내려앉아서 꼬리로 아기의 입술을 두드렸다는 것이다. 성적으로 그것은 구강성교 환상이다. 그러나 프로이트는 무엇 때문에 여기서 독수리를 거론하는지의 물음을 이집트 신화를 끌어들임으로써 해결한다. 이 신화에서 어머니 같은 독수리는 남성에 의해서가 아니라 바람에 의해 수태하는 동물이다. 이 독수리의 의미를 가지고 유추한다면 레오나르도는 오로지 (다정다감한) 어머니와 사는 아버지 없는 독수리의 자식이다. 이는 실제로도 그의 세 살 때의 상황과 일치한다. 프로이트는 어머니 같은 ─꼬리를 하나 가진─ 독수리의 양성성 문제를 이중으로 해결한다. 즉 그는 고대 이집트의 예와 거세불안으로부터 (이제 독수리로 대변되는) 어머니에게 남성생식기가 있다고 생각한 레오나르도의 ─추정되는─ 유아기적 성을 탐구함으로써 해결한다. 나아가 프로이트는 독수리 표상 속에 응축된 레오나르도의 이 전기적인 것과 환상의 관계를 동성애의 전제로 설명한다. 이에 따라 레오나르도는 어머니와의 (포기되지 않는) 에로스적 일체성에서 나타나는 동성애의 특정한 유형을 대표한다. 그의 **성적** 장애가 이런 식으로 설명된다.

프로이트에 따르면 **예술적** 장애는 다음과 같은 일과 관련이 있다고 한다. 즉 어머니와의 에로스적 일체성을 가능하게 했던 아버지와의 동일시는 동성애의 결정에 의해 포기되었다. 하지만 그것은 예술의 영역에서 강박으로 지속되었다. 가령 레오나르도는 아버지가 과거에 아들에게 했던 것처럼 그의 예술작품을 태만하게 다루었다. 반면에 점점 더 그를 예술가로 제한하던 그의 탁월한 연구자로서의 업적은 아버지에 대한 반항 때문이었다. ─ 그는 자신이 어떤 권위에도 속박되어 있지 않다고 느꼈으며, 그래서 사고가 자유로울 수 있었다. 프로이트는 결국 모나리자가 보여 주듯이 이런 관계로부터 '양가적인' 레오나르도의 미소를 해명하고 있으며, **성모와 아기 예수와 함께 있는 성 안나**(Hl. Anna selbdritt)의 그림에 대한 정신분석적 해석을 얻는다.

프로이트가 레오나르도의 유아기적 영혼의 상태와 이에 해당하는 이집트 신화의 계통발생적 일치를 해석하는 근거인 레오나르도의 중심적 독수리 환상은 증빙수단으로서는 부족하다. 프로이트는 그가 끌어다 쓴 문헌에 번역 오류가 있었다는 것을 알지 못했다. 레오나르도의 메모는 독수리가 아니라 전혀 다른 맹금류인 솔개(Milan: nibio)에 관하여 다루고 있다. 솔개는 프로이트가 부각시킨 신화적-심리학적 의미를 지니지 않는다. 이 이상적으로 응축된 것처럼 보이는 핵심적 환상의 결여에도 불구하고 프로이트의 개성에 대한 전반적인 묘사는 이와는 별개로 일관성을 지니고 있으며 레오나르도의 삶의 중요한 자료와 일치한다. 그것은 물론 이런 역사적 원격진단이 어떤 계량할 수 없는 것들에 좌우되는가 하는 점 또한 명백히 보여 준다.

레오나르도 연구에서 두 가지는 정신분석의 역사에서 가치 있는 것으로 남아 있다. 첫째로 **일차적 나르시시즘**과 같은 이론 부분의 도입이나 구축, 둘째로 정신분석과 예술의 관계에 대한 원칙적 진술이 그것이다.

① 프로이트가 《성 이론에 대한 세 편의 논문》(1904/5)에서 제기했던 동성애에 대한 분석은 레오나르도의 예에서 다시 한 번 설명되면서 처음으로 **나르시시즘**과 결부된다. 즉 갓난아이는 대체로 사랑의 대상에 대하여 '[일차적(primär)] 나르시시즘'의 태도를 보인다. 이와 같은 자신에게 집중되는 리비도 점령은 소년이 되면 ―그가 나중에 거세불안의 강박 때문에 억압하게 되는― 어머니에 대한 사랑을 통하여 떨어져 나간다. 하지만 소년이 어머니에게 고착된 채로 있는 데 반해, 청년은 어머니가 그를 어린아이

로서 사랑했던 것과 똑같이 사랑하는 새로운 대상으로서 소년을 선택하게 된다. 근본적으로 이런 경우에는 "대체인물(Ersatzperson)과 그 자신의 유아기적 인물의 갱신"(전집 8, 170쪽)이 중요한 문제가 된다. 이것이 바로 첫 나르시시즘의 유아기적 단계로의 뒤늦은 퇴행이며 프로이트에 의하여 '이차적 나르시시즘(der sekundäre Narzißmus)'이라는 이름을 얻게 된다. 이제부터 점점 더 중요해지는 **나르시시즘** 구상의 기본적 형상은 레오나르도 연구에서 이미 개진되고 있다. ― 프로이트는 이 시기에 그에게 지배적인 진화론에서 유래하는 개체발생 = 계통발생이라는 등식에 근거하여 어린 시절의 영적 삶을 '원초적 유사성'과 연관시킨다. 프로이트에 의하면 "개체의 영적 발달은 인류발전의 경로를 축약하여"(전집 8, 167쪽) 반복하기 때문에 레오나르도의 꼬리가 달린 어미 독수리에 대한 유아기 환상에서도 양성성의 표상이 반복되었다는 것이다. 이는 양성성이 신적인 것으로 이해되었던 초기 인류의 성연구와 종교발전의 발생적 관계와도 일치한다.

② 정신분석이 예술창조를 '설명'하려고 시도한다는 계속된 비난이 처음부터 프로이트에게 해당하는 것은 아니다. 프로이트와 예술, 특히 문학과의 관계는 창조적 과정 자체로의 분석적 접근을 배제하는 전통적인 천재-사고(Genie-Gedanken)에 의해 크게 결정된다. 물론 그는 (6장에서) 예술가의 **병력학**(Pathographie)의 가능성을 옹호한다. 프로이트에 따르면 내적 및 외적 장애를 지닌 '예술가의 삶의 투쟁의 자취'가 부각되고 심리적으로 해명될 수 있다는 것이다. 그러면 예술가가 이런저런 특성을 얻기 위해 지불한 대가와 아울러 그의 예술적 실행의 ―그 실행의 고유한 본질은 아닐지라도― 몇 가지 조건을 알게 된다는 것이다. 프로이트는 레오나르도의 개인적 기질과 그의 억압 및 승화에 의한 실행과의 관계를 보여 준다. 억압 및 승화에 의한 실행은 그의 창조의 전제이다. ― 그러나 프로이트에 의하면 그것이 어떻게 성취되었는가는 그의 '유기체적' 소질의 비밀로 남아 있다. 이와

관련하여 중심적인 구절은 다음과 같다. "충동과 그 변화는 정신분석이 인식할 수 있는 최종적인 것이다. 이때부터 정신분석은 생물학적 연구에 자리를 양보한다. 억압 경향과 승화 능력의 기원을 우리는 그제야 영적인 건물이 그 위에 세워지는 성격의 유기체적 토대에서 찾지 않으면 안 된다. 예술가의 재능과 실행능력은 승화와 내적으로 관련되어 있기 때문에 우리는 예술적 실행의 본질 역시 우리에게 정신분석적으로 접근되기 어렵다는 것을 인정해야만 한다"(전집 8, 209쪽). 프로이트는 레오나르도 연구의 제6장에서 원칙적으로 이런 입장표명을 결코 바꾸지 않았다.

문학적 반향은 환상으로 가득 찬 티머시 핀들리(Timothy Findley)의 칼융 소설 《특사(Der Gesandte)》[69](1999)에서 인지될 수 있다. 문예학과 레오나르도에 대한 연구는 철저히 이 시도를 참조하면서 거부하는 경향이 우세함에도 심리학적 통찰을 상세히 논의한다. 마이어 샤피로(Meyer Schapiro)는 프로이트의 행동방식으로 자연과학적 정확성을 측량한다. 만프레트 클레멘츠(Manfred Clemenz)는 비판적 의도에서 프로이트의 논증을 재구성한다. 한스 이스라엘(Han Israel)의 비판에 대한 크리스트프리트 퇴겔(Christfried Tögel)의 반박은 (발표날짜 없이 인터넷으로) 프로이트의 자료 처리와 그의 레오나르도 가설의 학문이론적 상황에 대하여 유용한 성찰을 제시한다.

------ 참고문헌 ------

Clemenz, Manfred: Freud und Leonardo. Eine Kritik psychoanalytischer Kunstinterpretation

69) 역주: 이 소설에서 핀들리는 1912년 스위스의 부르크휠츨리 정신병원에서 근무하는 칼 융과 자살을 시도하다가 이 병원에 오게 되는 환자 필그림(Pilgrim)과의 관계를 다루고 있다. 수천 년을 넘나드는 환자의 환상 속에는 레오나르도에 관한 이야기도 포함되어 있다. 영어판 원제는 《필그림》이다.

(프로이트와 레오나르도. 정신분석적 예술해석의 비평). Frankfurt a. M. 2003.

Findley, Timothy: Der Gesandte(특사). München 2000(영어판 1999).

Israel, Han: Freuds Phantasien über Leonardo da Vinci(레오나르도 다빈치에 대한 프로이트의 환상). In: Luzifer-Amor 5 (1992), H. 10, 8-42쪽.

Luzifer-Amor. Zeitschrift zur Geschichte der Psychoanalyse 5(정신분석의 역사를 위한 잡지 5) (1992), Themenheft 10: Freuds Leonardo-Studie.

Schapiro, Meyer: Leonardo and Freud. An Art-Historical Study(레오나르도와 프로이트. 예술-역사적 연구) [1956]. In: Ders.: Selected Papers IV. New York 1994.

Tögel, Christfried: Freud, Leonardo und die Wissenschaftstheorie(프로이트, 레오나르도와 학문이론). In: www.freud-biographik.de/feyer.htm [o. J.].

Manfred Dierks

《작은 상자 선택의 동기(Das Motiv der Kästchenwahl)》(1913)

이 소논문(전집 10, 23-37쪽)은 《토템과 터부》가 출간될 무렵에 그리고 정신분석이 계통발생적이고 문화사적 관점으로 결정적 방향전환을 하던 시기인 1912년 6월에 발표되었다. 이때의 지배적인 주제는 오이디푸스 콤플렉스, 친부살해와 죽음이다. 그러나 근친상간 개념의 서로 다른 이해에 대한 칼 융과의 서신토론(1912년 5월, 6월)은 결정적인 충격을 주었다고 할 수 있다. 융은 《리비도의 변화와 상징》을 가지고 정신분석, 특히 쾌락원리로부터 이탈하고 있다. 그는 근친상간 금지를 더는 사실적 의도가 아니라 상징적 의도로 이해하면서 무엇보다 (출애굽기 3장에 따라) 금지가 이상하게도 아버지-딸 관계를 포함하지 않는다는 사실을 근거로 프로이트에게 이런 자신의 생각을 주장한다. 계통발생적-문화사적인 소재와 관련된 두 사람의 해석 방법은 이제 정면 대립하는 것으로 드러난다. 융은 계통발생사적-문화사적 초기로부터 그의 해석을 끌어내어 거기서부터 개별영혼을 이해한다. 반면에 프로이트는 개인에 대한 그의 실무적 활동에서 얻었던 영혼의 모델로부터 출발하여 그것을 초기인간학적-초기문화적 현상들에 적용한다. 이와 관련하여 프로이트가 리어왕처럼 세 딸을 두고 있고, 리어왕처럼 이 딸들 중 하나인 안나 프로이트를 선호한다는 것이 전기적으로 중요한 역할을 한다.

프로이트는 《베니스의 상인》에 나오는 작은 상자 선택의 장면에서 출발한다.

그는 자신이 정신분석적으로 여성에 대한 상징으로 파악하는 세 개의 작은 상자의 '본래'(=신화적) 의미를 밝히고 싶어 한다. 프로이트는 그에게 유사한 상황을 가져오는 신화와 동화, 시문학이라는 통로에 의거하여 여기서 중요한 것이 세 명의 운명의 여신이라는 것을 입증한다. 《리어왕》에 등장하는 막내딸 코딜리아(Cordelia)는 이 때문에 죽음을 상징한다.

프로이트는 그에게 문제가 되는 셰익스피어 작품에 나타나는 두 장면을 끌어들인다. 첫 번째로 《베니스의 상인》에서 세 명의 남자는 아름다운 포샤에게 구혼한다. 그들 앞에는 금과 은, 납으로 된 세 개의 작은 상자가 놓인다. 그들은 이 중 하나를 선택해야만 한다. 포샤의 사랑을 이미 받고 있는 세 번째 구혼자인 바사니오가 납으로 된 상자를 선택하여 신부를 얻는다. 물론 프로이트의 물음은 왜 하필이면 납이 승리하는가이다. 그는 이제 노련한 방법을 사용하는데, 오히려 그것은 교수법적인 기교에 가깝다. 즉 별자리 신화학의 대변인인 에두아르트 슈튜켄(Eduard Stucken)이 얻은 지식에 의하면 구혼장면의 핵심은 인류초기에 인간의 관계로 해석되던 별자리라는 것이다. 여기서 신부는 제3자에 속하는데, 왜냐하면 바사니오가 납처럼 어두운 빛 속에서 승리자로 결정된 '별의 총아(Sternknabe)'이기 때문이라는 것이다. 물론 프로이트는 이것으로 만족하지 않는다. 그는 다음과 같이 그 이유를 설명한다. "우리는 신화가 하늘에서 내려와서 읽혔다는 신화 연구자들의 생각에 동의하지 않는다. 우리는 오히려 … 신화가 하늘로 투사되기 이전에 다른 쪽에서 순수 인간적 조건에 따라 생겨났다고 생각한다"(전집 10, 25쪽). 이런 '순수 인간적 조건'과 더불어 그의 검토는 정신분석의 토대로 향한다. 방법적으로 말하자면 프로이트가 끌어들이는 문학적 텍스트, 신화와 전설은 꿈의 유추에 따라서 다루어진다. 이것들은 꿈작업 형식의 산물로 이해되고 《꿈의 해석》에서의 방법에 따라 분석된다.

다음으로 세 개의 작은 상자는 ―"여성에게 본질적인 것의 상징"(전집 10, 26쪽)인 작은 상자는― 세 여자들 사이에서 한 남자의 선택을 의미한다. 이 세 개의 모형은 셰익스피어의 《리어왕》에 나오는 장면으로 이어진다. 리어왕은 그의 부를 세 딸에게 분배한다. 이 딸들 중에 막내딸이 가장 훌륭하지만, 리어왕은 바로 이 점을 착각한다. 모형은 계속해서 파리스의 미의 선택, 신데렐라 이야기, 아풀레이우스의 정신으로 연결된다. 셋째인 막내딸은 항상 최고의 여자이다. 그런데 이 세 여자는 '본래' 누구란 말인가? 프로이트는 그들의 배후에서 아주 오래된 동기를 추정한다.

작은 상자의 해석은 이제 정신분석적으로 일종의 방정식을 보여 준다. 즉 희미한 빛깔의 납과 코딜리아의 침묵은 두 변수를 상징함으로써 막내딸의 경우 죽음이 중요한 관건이 된다. **전치**(Verschiebung)의 가정은 (꿈작업에서처럼) 심지어 죽음의 여신 자체가 중요한 관건이라는 사실로 귀결된다. 세 여자가 연출하는 앙상블 뒤에서 이제 세 운명적 자매의 옛 신화가 나타나는 것이다. 그러나 죽음이라는 무시무시한 사실이 가장 아름답고, 가장 귀하고, 가장 젊은 자매로서의 운명적 현상과 어떻게 화해를 이룰 것인가? 죽음에 대한 불안은 죽음을 **정반대로 바꾸는** 신화시적인 **대체**(Ersetzung)를 이루었다는 것이 바로 정신분석적 대답이다. 아울러 신화형성적인 환상은 원초적 **양가성**(Ambivalenz), 사랑의 여신과 죽음의 여신의 고대적 동일성에 의존할 수 있었다. 죽음의 가혹함 또한 그것의 반대로 대체된다. 말하자면 자유로운 선택이 이루어진다.

이런 식으로 세 운명적 자매들에 대한 신화의 변형들이 재구성된다. 가장 어린 자매는 근원적으로 죽음의 여신이었고, 추후의 신화와 셰익스피어의 이야기에서는 ―반대로 대체된 채― 인간이 고를 수 있는 가장 적절한 선택으로서 나타난다. 프로이트는 최종 단계에서 그의 발견을 시문학에 대한 그의 높은 평가가 표현되는 **인간의 조건**(condition humaine)과 더 긴밀하게 연관시킨다. 셰익스피어는 소망표상으로부터 (대체 등으로부터) 왜곡된 신화를 그것의 옛 의미를 향해 '퇴행적으로' 가공할 수 있었다는 것이다. 이에 따라 작은 상자선택의 이야기는 다시 핵심에 가까울 만큼 투명해진다. 죽음의 여신인 코딜리아는 늙은 리어왕과 곧 포옹하게 될 것이다. 그녀는 나이가 허락하는 한 여성과 남성의 유일한 관계를 대변한다.

《토템과 터부》의 주변 환경에서 우연히 파생된 이 논문은 프로이트의 경우에 아버지-딸 관계와 같은 개인적인 동인, (개인심리학의 우위를 주장하는) 융과의 학문적 경쟁관계, (신화학과 민족심리학처럼) 새로 획득한 신화적-문화사적인 심층적 관점이 어떻게 상호 연관되는지를 작은 공간에서 이미 잘 보여 주고 있다.

원칙적인 전제는 초기문화 및 선사시대의 의식형태와 그 산물을 **꿈**과 동일시하는 것이다. 여기서 프로이트는 《토템과 터부》 이후로 예증을 위해 민족심리학적 연구, 특히 제임스 프레이저와 윌리엄 분트의 연구를 끌어들인다. 입장은 여전히 개인심리학적이다. 그는 신화시적인 자료를 《꿈의 해석》의 방법으로 해석한다.

그러나 프로이트의 '민족심리학적인' 심층관점이 계속해서 개체발생적-개인심리적 경계를 넘어서고 있다는 것을 ―가령 융이 **집단적 무의식**

(das kollektive Unbewußte)을 가지고 발전시킨 구상들이 나오는 시점에— **작가** (Dichter)[70]에 대한 그의 이해가 잘 보여 준다. 위대한 작가 셰익스피어는 "동기를 근원적인 신화로 환원시키는 데" 성공함으로써 … "우리는 왜곡을 통하여 희석된 인상적인 의미를 다시 감지할 수 있다"(전집 10, 35쪽). 프로이트는 이 '근원적인 것으로의 부분적인 회귀'를 '퇴행적'이라고 부른다. 이런 점에서 작가가 계통발생적인 회상을 자기 내부에서 다시 일깨울 수 있을 때, 그는 **집단적 무의식**의 종류로부터 문화적 기억으로의 통로를 소유한다. 프로이트는 이 경우에도 질풍노도 이후 독일의 천재 개념의 전통을 고수한다.

문학적으로 이탈로 스베보(Italo Svevo)에게서 이런 연구의 반향이 발견되었다. 그의 자부할 만한 소설 《제노의 양심(Zenos Gewissen)》(1923)에는 '동기'의 문제와 프로이트의 해석을 조롱하는 심령술적인 면담이 들어 있다. 문예학에서는 최근 《작은 상자 선택의 동기》가 페미니즘의 측면에서 '다시 읽혀'졌다. 무엇보다 게르부르크 트로이슈 디터(Gerburg Treusch-Dieter)는 《토템과 터부》와의 유사성에 집중하면서 프로이트에게 포함되지만 완성되지 않은 여성적 위치를 재구성한다. 예컨대 고전적인 오이디푸스 콤플렉스 상황에 일치하는 것은 아버지의 근친상간과 어머니의 희생이다. 그러나 여기서는 아들에 의한 아버지 살해도 '아버지를 죽이는 여성' 코딜리아를 통하여 상응관계를 이룬다(Treusch-Dieter 2001, 209-227쪽; Weigel 1996도 참조).

──── **참고문헌** ────────────────────────────

Treusch-Dieter, Gerburg: Die Heilige Hochzeit. Studien zur Totenbraut(신성한 결혼식. 죽은 신부에 대한 연구) [1997]. Pfaffenweiler 2001(2).

70) 역주: 앞에서도 언급한 바와 같이 일반적으로 시인으로 번역되는 'Dichter'는 장르와 상관없이 셰익스피어나 괴테 같은 위대한 작가에게 사용된다.

Weigel, Sigrid: ›Shylock‹ und ›Das Motiv der Kästchenwahl‹. Die Differenz von Gabe, Tausch
und Konversion im ›Kaufmann von Venedig‹ ('샤일록'과 '작은 상자 선택의 동기'. 《베
니스의 상인》에서 희사, 교환과 회심의 차이). In: Hartmut Bohme/Klaus R. Scherpe
(Hg.): Literatur und Kulturwissenschaften. Positionen, Theorien, Modelle. Reinbek
1996, 112-133쪽.

Manfred Dierks

5

《정신분석적 작업에서 나타나는 몇 가지 성격 유형
(Einige Charaktertypen aus der psychoanalytischen Arbeit)》(1916)

여기에 함께 실린 작업들(1. 예외, 2. 성공 때문에 좌절하는 사람들, 3. 죄의식이
동기가 된 범죄자들)은 1916년 잡지 《이마고》 4권(317-336쪽)에 발표되었다.
중요한 것은 이 글들이 정신분석적 성격학을 위한 기고이지만, 문학해석을
위한 기고이기도 하다는 사실이다. 프로이트는 그가 밝히려는 유형들을
셰익스피어, 입센과 니체 문학의 도움으로 해명한다(전집 10, 363-391쪽). 이
유형들은 프로이트 학파에서 반복적으로 상술되었다. 루 안드레아스 살로
메는 1892년에 이미 《헨리크 입센의 여성형상(Henrik Ibsens Frauengestalten)》
에 대한 단일 주제의 논문을 발간했으며, 오토 랑크는 1912년(²1926년)에 입
센의 《로스메르 저택》에 나타난 근친상간의 동기를 인지했다. 프로이트와
랑크는 서로 번갈아 가며 연관적인 작업을 수행했다.

프로이트는 성격의 조건을 저항(Widerstand)이라고 생각한다. 저항에 대
한 작업에서 "놀라운 성격특징들(Charakterzüge)"이 나타날 수 있기 때문이
라는 것이다. 그는 유전적 결함이나 어린 시절에 장애가 있었지만 이로부
터 즐거움을 제한하거나 법을 준수함으로써 단체의 요구에 저항할 권한을

이끌어 내는 사람들을 "예외"(1)로 이해한다. 리처드 3세는 자신의 기형으로부터 불의를 행할 권한을 이끌어 내지만, 그것 때문에 불의를 저질렀다. 결함으로부터 이렇게 공격적 인간이 ─여기서는 소질이─ 구성되고 또한 반공격성의 권리가 파생된다.

프로이트는 "성공 때문에 좌절하는"(2) 사람들의 유형을 놓고 포기가 아니라 소망의 성취가 질병을 일으킨다는 역설에 관해 논의한다. 오랫동안 자신의 학문적 스승의 후계자로 여기는 과학자가 '노인의 은퇴' 이후에 소망하는 목적에 도달하면서 우울증에 걸린다. 프로이트는 성공적으로 변화된 상황으로부터 기대하던 이득이 나올 수 없도록 방해하는 내적인 거부를 가정함으로써 이 역설을 해결한다. 프로이트가 맥베스 부인의 사례에서 그녀의 파멸과 이른 죽음이 본성, 생식성의 소멸에 대한 자기처벌이라고 가정한다면, 그는 《로스메르 저택》에 대한 그의 장황한 분석에서의 중심적 명제에 도달해 있다. 그것은 좌절을 초래하는 오이디푸스 콤플렉스적인 죄책감인바, 여기서 레베카 웨스트는 그렇게 열망하던 로스메르의 결혼 제의를 수락하지 않는다고 프로이트는 설명한다. 분석적 드라마 구조와 더불어 《오이디푸스 왕》과의 유사성이 주어진다. 즉 레베카는 자신도 모르게 사생아로 자신을 낳은 아버지와 근친상간 관계를 맺으며 동거했고, 그가 죽은 다음에는 대체된 아버지이자 애인인 로스메르와 그의 부인과 더불어 새롭게 오이디푸스 콤플렉스의 상황에 처한다. 결국 레베카는 자신이 반복적으로 아버지 곁의 어머니를 대체하거나 어머니를 살해하여 제거하는 "오이디푸스 콤플렉스의 지배"에 있었다는 것을 인식하고, 이 과오를 죽음으로 속죄한다는 것이다.

세 번째 기고문(3)은 같은 모형으로 구성되어 있다. 이번에도 출발점은 특정한 사람들의 경우에 범죄가 죄책감을 초래하는 것이 아니라 죄책감이 범죄를 일으킨다는 역설이다. 결과는 다시 시간적인 간섭, 즉 과거와 현재의 죄 또는 행위를 넘어서서 일어난다. 다시 말해 죄의식의 압박에 시달리는 누군가는 처벌을 통하여 저 '선재하는' 죄책감의 완화를 경험하기 위하여 (반복적으로) 범죄를 저지른다. 그러므로 실제적인 범죄와 이에 대한 처벌은 완전히 어딘가 다른 곳에서 유래하는 죄책감을 경감시키는데, 프로이트에 따르면 그곳은 다시 오이디푸스 콤플렉스라는 것이다.

성격학적으로 볼 때 프로이트의 세 유형은 체계화된 것이 아니라 절충적인 유형분류에 속한다. 프로이트는 충동의 운명으로서의 성격과 동일화의 결과로서의 성격이라는 두 가지 개념을 만들었다(Hoffmann 1984, 50쪽). 하지만 두 가지의 종합, 즉 충동이론과 대상관계이론의 종합은 그에게 결코 이루어지지 않았다. 이런 점에서 보면 여기서도 세 기고문(1-3)은 직접적으로 병렬관계에 있다. 《나르시시즘 입문》(1914)과 《애도와 멜랑콜리》(1917) ―동일시 및 내사과정과 전(前) 오이디푸스 콤플렉스적 발달단계가 전면에 등장하는 글들― 사이의 성립기간을 고려할 때 기고문 《예외》(1)은 가장 진척된 입장을 표명하고 있다. 그럼에도 여기에서 자기심리학과 심리외상학에 대한 전망을 열어 나간다. 프로이트가 "우리의 나르시시즘의 때 이른 모욕"에 대한 보상을 언급하고 있기 때문에, 《예외》는 하인즈 코헛(Heinz Kohut)의 연구와 함께 나르시시즘적인 (자기) 보상의 양식에 포함될 수도 있을 것이다. 하지만 프로이트가 '여성들의 특권에 대한 요구'를 리처드 3세의 요구와 동일시한다는 것은 ―여성들은 "한 부분이 단축되었기 때문에" 유아적 손상을 받은 것으로 자신을 간주한다는 것이다― 기껏해야 어리석은 여성 천시를, 그러나 무엇보다 남근적-일원론적으로 여성을 흠결 있는 결손존재로 구성하는 정신분석의 모욕잠재력(Kränkungspotential)에 대한 통찰력 부족을 입증한다. 문화비판적으로 프로이트에 대해서 나르시시즘적인 모욕과 상관없이 여성의 "분노"를 인정하라는 요구가 제기될 수도 있을 것 같다.

기고문 (2)와 (3)은 충동이론과 오이디푸스 콤플렉스를 고수하면서 과거지향적으로 작용한다. 정신분석 내부에서의 비판은 비록 늦었지만 아주 철저히 죄책감을 다양한 방식으로 범주화하면서 시작되었다. 이런 가운데 한편으로는 환경(외상 포함)을 통한 죄책감의 제약성이, 다른 한편으로는 비-충동조건적인 노력으로 인한 죄책감이 고려의 대상이 되었다. 이와 관련하여 히르슈(Hirsch; 1997)는 네 가지 유형의 죄책감을 구별한다. 히르슈에 따르면 "성공 때문에 좌절"하는 경우에 "활력(Vitalität)에서 비롯되는 죄책감"("성공은 능가하기를 의미한다", 198쪽 이하) 또는 "자율성 추구(Autonomiebestrebung)"("성공은 분리를 의미한다", 238쪽 이하)로 인한 죄책감이 작용할 수 있다는 것이다. 그러므로 만일 의문을 제기한다면 어떤 대상경험이 자율성 또는 분리를 금지하는 초자아로 이어질 것인가? 히르슈는 병리적 오이디푸스 콤플렉스와 관련하여 우선 부모 자신의 근친상간적인 소망의 방어가 어린아이의 마음속에 "오이디푸스 콤플렉스적인" 죄책감을 만든다는 것을 분명하게 확증한다(194-195쪽). 이렇게 볼 때 모든 죄를 어린아이 위치, 딸의 오이디푸스 콤플렉스적인 자극에 돌리면서 아버지/남성을 비호하는 프로이트의 입센 해석의 편견들이 뚜렷해진다. 그럼에도 이 남근적이고 패권적인 독해방법은 ―라캉적으로 변형되어(Hiebel 1990)― 오늘날까지도 작동하고 있으며, 반면에 양아버지인 웨스트 박사에 의한 성폭행에서 시작되는 심리외상학적 독해방법은 아직 착수되지 않았다. 결국 주인공들의 행위, 그리고 아버지이자 애인인 로스메르의 행위 역시 심지어 여러 세대에 걸쳐서까지 작용하는 외상경험의 행동화(Agieren) 내지 재연출로서 이해되었다. 그러는 사이에 '죄책감이 동기가 된 범죄자들'이라는 개념은 상식이 되어 버렸고, 범죄학을 위한 사전마다 나오고 있다. 프로이트의 시도는 라이크(1925)와 알렉산더/슈타우프(1929), 참고로 슈나이더(1981)에 의하여 계속 발전되었다. 오이디푸스 콤플렉스는 위니콧(1958)에 이르기까지 '선재하는' 죄책감의 근원으로서 가정된다. 하지만 시간이 지나면서 대상관계에서의 사유, 유발된 처벌의 반복구조와 그것의 자가공격적(autoaggressiv) 행위와의 유사성에 대한 통찰은 결국 심각한 죄책감의 원인을 외상적 내사에서 찾게 되었다. 이에 따라 반복적 처벌받기는 견뎌 온 외상을 주목하게 하는 소통적 기능을 이행하게 될 것이다.

───── 참고문헌 ─────────────────────────────

Alexander, Franz/Staub, Hugo: Der Verbrecher und seine Richter(범죄자와 그의 재판관). Wien 1929.

Andreas-Salomé, Lou: Henrik Ibsens Frauengestalten(헨릭 입센의 여성형상). Berlin 1892.

Hiebel, Hans H.: Henrik Ibsens psychoanalytische Dramen(헨릭 입센의 정신분석적 드라마들). München 1990.

Hirsch, Mathias: Schuld und Schuldgefühl(죄와 죄책감). Göttingen 1997.

Hoffmann, Sven O.: Charakter und Neurose. Ansätze zu einer psychoanalytischen Charakterologie(성격과 신경증. 정신분석적 성격학을 위한 시도들) [1979]. Frankfurt a.M. 1984.

Kohut, Heinz: Die Heilung des Selbst(자기의 치료) [1977]. Frankfurt a. M. 1979.

Mertens, Wolfgang: Scheitern am Erfolg(성공으로 인한 좌절)-wrecked by success. In: Ders.: Psychoanalytische Grundbegriffe. Ein Kompendium. Weinheim ²1998, 203-205쪽.

Rank, Otto: Das Inzestmotiv in Dichtung und Sage(시문학과 전설에서 근친상간 동기) [1912]. Leipzig/Wien 21926.

Reik, Theodor: Geständniszwang und Strafbedürfnis(고백의 강박과 처벌의 욕구). Leipzig u. a. 1925.

Schneider, Hans J.: Psychoanalytische Kriminologie(정신분석적 범죄학). In: Die Psychologie des 20. Jahrhunderts. Bd. XIV. Zürich 1981, 114-140쪽.

Winnicott, Donald W.: Psychoanalyse und Schuldgefühle(정신분석과 죄책감) [1958]. In: Reifungsprozesse und fördernde Umwelt [1965]. München 1984, 17-35.

Astrid Lange-Kirchheim

6
《괴테의 "시와 진실"에 나타난 어린 시절의 추억》(1917)

이 텍스트(전집 12, 13-26쪽)는 프로이트가 빈정신분석학회에서 행한 두 연설문에 기초한다(1916년 12월 13일과 1917년 4월 18일). 발행된 글은 1917년 잡지 《이마고》 5권(2), 49-57쪽에 실렸다(Studienausgabe 10권, 256쪽 참조). 괴테 전문가 한스 작스와 에두아르트 히치만이 기고한 글은 예술가 전기의 탐구뿐만 아니라 일반적으로 유아기에 대한 추억의 기능과 연관된다. 프로이트 자신은 1919년에 괴테 논문을 개괄하는 더 긴 주석(전집 8, 128-211쪽, 153쪽)을 삽입함으로써 《레오나르도 다빈치의 어린 시절의 추억》(1910)이라는 그의 논문과 연결을 시도한다.

괴테의 자서전 《시와 진실》의 첫 페이지에 묘사된 어린 시절의 사건에 대하여 프로이트는 "네 살까지의 나이"에 생긴 일이라고 추정한다. 장면은 새장 같은 나무 격자의 증축건물인 '게렘스(Geräms)'[71]이며, 관련된 인물은 어린아이와 어른 셋, 즉 관객의 역할을 하는 옥센슈타인 형제들이다. 그들은 먼저 '도자기 시장'을 지나왔다. 어른들은 부엌을 새로 설비했고, 어린아이들에게 장난감 그릇을 장만해 주었다. 혼자서 놀고 있는 어린아이가 '그릇 하나를 거리로' 집어 던지며 '연극'을 시작한다. 연극은 세 형제의 박수가 나오고 격려하는 외침이 커지면서 묵직한 접시들까지도 모조리 어머니의 부엌에서 밖으로 덜그럭거리며 깨져 버릴 때까지 고조된다. 프로이트는 자신의 두 사례와 여성 아동분석가인 헤르미네 폰 후크-헬무트(Hermine von Hug-Hellmuth)가 제공한 두 사례를 통하여 보강된 그릇 내던지

---

71) 역주: 게렘스는 집에 딸린 테라스 비슷한 건축물이다. 괴테의 기억에 의하면 이곳에서 여자들이 뜨개질하면서 대화를 나누었다고 한다.

기를 동생의 탄생을 겨냥하는 마술적 행위(magische Handlung)로 해석한다. 괴테가 남동생 둘과 여동생 둘이 죽는 것을 보았기 때문에 ―그와 쌍둥이처럼 연결되어 있었던 한 살 아래의 여동생 코르넬리아만이 살아남았다― 프로이트는 자서전의 앞쪽에 제시된 추억을 나르시즘적인 승리로 해독한다. 어떤 남성 경쟁자도 괴테에게서 어머니에게 사랑받는 아들의 위치를 부정할 수 없었다는 것이다.

이 연구는 정신분석적 전기론(프로이트 자신)에 대한 기고이자 형제관계에 대한 기고인바, 이는 성별구상과 결부된 특권적 모자관계를 바탕으로한다. 프로이트는 가장 이른 (그리고 분석에서 최초로 서술된) 어린 시절의 추억에 핵심적 기능을 부여한다. 현대적으로 설명하자면 이 추억은 은폐기억(Deckerinnerung)으로서 "천진함"과 "관계없음"이라는 전경(前景)의 배후에서 무의식적 차원이 나타나는 자기구상을 포함한다. 1910년부터 발전되는, 그렇지만 계속해서 오이디푸스 콤플렉스적인 표제가 붙게 되는 프로이트의 나르시즘 이론의 논증계열을 인식할 수 있다. 형제의 경쟁관계는 사랑의 대상인 어머니를 두고 벌이는 경합과 일치한다. 프로이트는 사내아이(단 하나의 여자아이 사례가 있을 뿐이다)와 3-4세의 나이를 주요 대상으로 삼는다. 그래서 프로이트는 괴테의 형제자매 계열에서 여동생보다는 남동생을 (헤르만 야콥 괴테를) 방해자로 추정한다. 그러나 사실상 괴테의 어머니는 괴테가 4년 9개월 되었을 때 5개월 된 여동생 엘리자베트를 임신하고 있었다(von Gersdorff 2001, 54쪽). 전 오이디푸스 콤플렉스적인 관계 내지 정신외상학적인 관계에 대한 프로이트의 난점은 그가 어린아이의 전멸소망(Vernichtungswünsche)이 성취되어 실제로 형제가 죽을 때 생겨나는 죄책감을 간과한다는 사실에서 인식될 수 있다. 프로이트는 범죄자 행위를 형제를 제거하여 어머니의 사랑을 확보하는 운명으로 돌림으로써 그런 아들의 무죄를 변호한다.

프로이트는 여기서 괴테로 분장한 채 그 자신의 어린 시절의 외상들을 효과적으로 이용하고 **또한** 부인하려는 것처럼 보인다. 프로이트는 1년 5개월 아래인 동생 율리우스를 "저주와 진짜 어린아이다운 질투심으로 맞아들였고", 이어서 6개월 된 동생의 죽음은 평생 질책의 원인이 되었다고 1897년에 플리스에게 고백했다(F, 288-289쪽). 이런 죄책감은 아버지가 돌아가셨을 때 반복되었을 개연성이 있다는 것을 크륄(Krüll; 1979/1992) 등이 밝힌 바 있다.

그러므로 이러한 괴테 연구가 자기변론에 도움이 되는 것일까? 프로이트에게 적대적인 형제간의 알력은 중심적인 문제였으며, 그것의 외상적인 질은 어쩌면 오늘날까지 정신분석에서 형제관계를 소홀히 한다는 비판을 초래하는 원인이었는지도 모른다(Wellendorf 2000). 더욱이 불화를 방어하는 어머니 형상의 이상화는 오해의 여지가 없다. 하지만 프로이트 전기들은 오히려 서먹서먹한 육체적 어머니와 사랑스럽고 자애로운 보모 사이의 대립을 제시했다. 프로이트가 두 살 반의 나이였을 때, 가족상황이 위기 단계에서 보모의 돌연한 사라짐은 "대상의 변화와 대상의 교체"를 끝낼 것을 요구하는 외상적 경험이나 마찬가지였다고 한다(Grubrich-Simitis 1991/1994, 42쪽). "프로이트와 두 어머니를 가졌던 남성들과의 동일시"(Harsch 1994)는, 여기서 그가 결국 괴테의 할머니를 그의 관찰에 포함시키는 한, 괴테로도 연장되는 것처럼 보인다. "친절하고 조용한 정령처럼 다른 방에 거주하던 저 어린 시절에 고인이 된 할머니"(전집 12, 26쪽)는 프로이트의 어린 시절에 사라진 보모를 연상시킨다. 여러 번 반복된 프로이트의 관점, 즉 아들에 대한 어머니의 사랑이 "모든 인간관계 중에서 가장 완벽하고 가장 일찍 양가성이 없는 관계"(전집 15, 143쪽), 그야말로 미화된 평가오류를 서술하고 있는 관계라는 사실은 오늘날 이론의 여지가 없으며, 그러는 사이에 때 이른 외상적 경험들이 프로이트로 하여금 자기분석을 이 어두운 지대로까지 진행하지 못하게 한다는 것 또한 이론의 여지가 없다(Grubrich-Simitis

1991/1994, 42쪽). 위니콧(1947/1976)은 아무리 사내아이일지라도 어린아이에 대한 어머니의 양가성을 조건화하는 수많은 근거들을 열거했다. 프로이트의 모자관계의 미화가 오랫동안 반박을 받지 않고 있었다는 것은 ―아이슬러는《시와 진실》에 나타나는 일화에 대한 프로이트의 해석에 동의하고 있다― 나중에 시작되는 프로이트의 남근적-일원론적 성별개념에 대한 원칙적인 비판에서도 지적된다. 여성이 거세된 남성으로 제시되고 또한 어린아이가 음경대리의 기능을 수행한다. 손상된 여성을 가장 잘 보완하고 어머니의 "무제한적 만족"을 성취시켜 주는 것은 바로 아들인 셈이다 (전집 15, 143쪽).

마리안네 크륄(Marianne Krüll)은 "확실한 어머니의 총아"가 아니라 어머니로부터 무조건 사랑받는 것이 중요하다는 것을 숙고하게 했다. 크륄은 프로이트의 어머니에게서 뭔가 베풀고 자애로운 형상이 아니라 독단적으로 요구하는 형상을 발견한다(1979/1992, 178-179쪽). 프로이트의 전기 작가들에 대한 그녀의 비판은 괴테의 전기 작가들에게로 연장되었다. 어머니들을 미화하는 시각 때문에 아들들을 전권대리인으로 만드는 경향이 여성성의 가치절하에서 생긴다는 사실을 망각하게 한다는 것이다.

마술적 행위로서 (어린 동생 내지 임신한 어머니 자체를 상징화하는) 그릇 내던지기에의 집중은 프로이트에게 '게렘스(Geräms)'에서 사내아이의 이런 연출이 보여 주는 의사소통적 차원에 대한 시각을 바꾸어 놓는다. '그릇' 깨기의 '연극'을 진행하고 고조시키는 것은 ―그리고 부재중인 어머니를 대신하여 나르시시즘적인 보상을 얻게 하는 것은― 관객들의 갈채이다. 놀이하는 아이에게는 훗날의 작가가 내포되어 있으며, 파괴를 전제로 하는 창조성의 이해가 장면에 들어가 있다. 이와 관련하여 괴테는 "불행한 일이 일어났는데", 그러나 "즐거운 역사를 … 갖게 되었다"(전집 12, 16쪽)고 썼다고 한다. 그러므로《시와 진실》의 앞부분에 시학적-전략적으로 제시된 이 일화 속에는 괴테의 어린 시절에 대한 다른 사람들[베티나 폰 아르님(Bettina von Arnim) 어머니, 이웃들]의 보고로부터 그 자신의 역사를 만들어 내고, 궁극적으로 연극과 이야기를 통하여 어머니 부재를 이겨 내면서 창조적 잠재력을 입증하는 대작가의 모습이 구성된다.

─── 참고문헌 ────────────────────────

Eissler, Kurt R.: Goethe. Eine psychoanalytische Studie(괴테. 정신분석적 연구) 1775-1786.
　　2 Bde. Basel/Frankfurt a. M. 1983(영어판 1963).

Gersdorff, Dagmar von: Goethes Mutter. Eine Biographie(괴테의 어머니. 전기). Frankfurt a.
　　M./Leipzig 2001.

Goethe, Johann Wolfgang: Aus meinem Leben. Dichtung und Wahrheit(나의 삶으로부터,
　　시와 진실). Hg. von Klaus-Detlef Müller. Frankfurt a.M. 1986.

Grubrich-Simitis, Ilse: Freuds Moses-Studie als Tagtraum. Ein biographischer Essay(프로이
　　트의 백일몽으로서의 모세 연구. 전기적 에세이) [1991]. Frankfurt a. M. 1994.

Harsch, Herta E.: Freuds Identifizierung mit Männern, die zwei Mütter hatten: Ödipus, Leo-
　　nardo da Vinci, Michelangelo und Moses(두 어머니를 갖고 있었던 남성들: 오이디푸스,
　　레오나르도 다빈치, 미켈란젤로 및 모세와 프로이트의 동일시). In: Psyche 48 (1994),
　　124-153쪽.

Krüll, Marianne: Freud und sein Vater. Die Entstehung der Psychoanalyse und Freuds unge-
　　löste Vaterbindung(프로이트와 그의 아버지. 정신분석과 프로이트의 해결되지 않은 아
　　버지와의 결속) [1979]. Frankfurt a. M. 1992.

Wellendorf, Franz: Geschwisterbeziehung(형제관계). In: Bruno Waldvogel/Wolfgang Mertens
　　(Hg.): Handbuch psychoanalytischer Grundbegriffe. Stuttgart u. a. 2000, 249-253쪽.

Winnicott, Donald W.: Haß in der Gegenübertragung(역전이에서의 증오) [1947]. In: Von
　　der Kinderheilkunde zur Psychoanalyse [1958]. München 1976, 75-88쪽.

Astrid Lange-Kirchheim

7

《섬뜩함(Das Unheimliche)》(1919)

이 기고문(전집 12, 227-268쪽)은 1919년 5월에 저술되었지만, 날짜를 알 수 없는 더 이른 초안이 있었다. — **섬뜩함**의 본래적 감정에 대한 관심은 프로이트가 평생 양가적 관계를 맺고 있었던 심령적인 것의 범주에 속한다. 2년 뒤에 그는 심령적인 주제를 —《정신분석과 텔레파시(Psychoanalyse und Telepathie)》(1941년에야 비로소 출간)에서— 다시 받아들이고, 그것을 이 글 《섬뜩함》보다 본질적인 면에서 더 적극적으로 다루고 있다.

프로이트는 **섬뜩함**의 심적인 유래에 대하여 두 가지 원인을 내세운다. 즉 섬뜩함은 억압된 유아기적 내용의 회귀로서 또는 극복된 '애니미즘적' 사유형식의 출현에서 발생한다. 그는 호프만(E.T.A. Hoffmann)의 소설 《모래유령(Der Sandmann)》[72]의 분석으로부터 본질적 통찰을 얻는다. 소설의 주인공인 대학생 나타나엘은 유아기의 양가적인 아버지 상에 영향을 받는다. 그가 클라라라는 아가씨에게 사랑에 빠질 때, 모래유령의 표상과 결부된 억압된 거세콤플렉스가 되살아난다. 이 때문에 코펠리우스와 코폴라라는 위협적인 아버지 형상은 **섬뜩해**진다. 어느 주석은 전체 소설에 간결한 정신분석적 해석을 내리고 있다. — 문학적 허구에서 **섬뜩함**은 특수한 조건에서 성립되기 때문에, 프로이트는 정신분석적 미학의 재구성에 중요한 시문학의 자기법칙성에 대해서도 확고한 태도를 취한다.

첫 단계에서 프로이트는 "섬뜩함이란 오래 전에 알려진 것, 이미 친밀한

---

72) 역주: 호프만 소설에서 '모래유령'은 잠을 안 자고 부모의 방을 기웃거리는 어린아이들에게서 눈을 빼가는 무서운 존재이다. 반면에 독일의 동화 이야기에서는 등에 모래자루를 짊어진 작고 귀엽게 생긴 '모래아찌(Sandmännchen)'가 밤에 나타나 모래를 살짝 뿌려서 어린아이들을 잠들게 한다.

것으로 되돌아가는 저 무시무시함의 일종이다"(전집 12, 231쪽)라고 주장한다. 그러므로 "어떤 조건하에서 친밀한 것이 섬뜩하고 무시무시해질 수 있는가를"(같은 곳) 추적해야만 한다는 것이다. 그는 '비밀스러운(heimlich)'이 지닌 언어적 의미의 미묘한 차이를 고찰한 후에 그것이 대립적 언어인 '섬뜩한(unheimlich)'과 일치되는 변형에 —그 배후에 늘 해결할 수 없는 감정적 대립이 추측될 수도 있는 개념적 양가성 문제에— 부딪친다. 프로이트는 1912년부터 이 '양가성' 문제를 가지고 1910년에 오이겐 블로일러(Eugen Bleuler)가 조현병 연구에 도입한 용어를 차용하여 그것을 이론전개의 과정에서 영적 삶의 여러 분야에 적용한다. 《토템과 터부》의 두 번째 논문 《터부와 감정자극의 양가성》에서 이 용어는 이미 '민족심리학적'으로 사용된다. — 그것은 계통발생적 내용을 특징화한다. 여기서 오늘날 문화학에서 아주 효과적인 개념의 영향이 나타나기 시작된다. '비밀스러운'의 양가성이 이 개념 사례들 가운데 하나이다.

프로이트는 이제 호프만의 《모래유령》이라는 "야경소설(Nachtstück)"[73]에서 이 사례를 탐구한다. 그는 이 소설을 '어린 시절의 이야기'와 대학생 나타나엘의 현재 상태로 분해한다. 프로이트는 말하자면 한 개인 분석의 고전적 모델에 따라 재구성한다. 이렇게 해서 그는 상징적인 내용과 나타나엘에게 나타나는 거세콤플렉스의 행동에 도달한다. 거세의 위협은 나타나엘이라는 사내아이의 눈을 빼 가려는 '모래유령', 변호사인 코펠리우스로부터 시작된다(눈을 멀게 하기=거세). — 이에 반해 실제의 아버지는 좋은 부분을 대변하며, 모래유령이 아이에게서 눈을 빼 가지 못하도록 거듭 만류한다. 코펠리우스로 대변되는 나쁜 아버지의 몫에 대한 나타나엘의 죽

---

73) 역주: 'Nachtstück'은 음악에서는 야상곡으로 번역되지만, 문학에서는 괴기하고 무시무시한 야경을 그리는 소설이나 작품을 말한다. 독일낭만주의에서 즐겨 사용되었다.

음의 소망은 정말 현실화되지만, 나쁜 아버지 대신에 ─전치로서─ 좋은 아버지가 죽는다. 죄는 코펠리우스에게 전가된다. 전체적인 콤플렉스는 이제 **억압**의 지배를 받는다. 그렇지만 성인이 된 나타나엘이 사랑에 빠질 때, 그의 거세콤플렉스가 억압으로부터 다시 부상한다. 선과 악으로 나타나는 한 쌍의 양가적인 아버지상은 (호의적인) 슈팔란차니 교수와 광학기구를 파는 (위협적인) 상인 코폴라에게서 새롭게 대변된다. 두 사람을 아버지로 둔 올림피아라는 인형은 나타나엘의 아버지에 대한 여성적 태도의 인격화로 부각된다. "올림피아는 나타나엘에게 인격으로서 다가오는, 말하자면 그에 의해 분리된 콤플렉스이다. 이 콤플렉스를 통한 지배는 올림피아에 대한 지나치게 강박적인 사랑에서 잘 나타난다"(전집 12, 244쪽). 이 사랑은 순수 나르시시즘적이고 또한 그를 그의 실제 사랑의 대상인 클라라와 멀어지게 한다.

그러므로 여기서 **섬뜩함**은 억압된 유아기적 거세콤플렉스에서의 나쁜 아버지 부분의 대변자로서 '모래유령'(코펠리우스)에게 달라붙어 있다. 모래유령이 ─성인이 된 나타나엘의 삶에서─ 광학기계를 파는 코폴라로 재등장할 때, 이는 과거에 친숙한 (='비밀스러운') 거세에 대한 어린아이의 불안이 다시 나타났기 때문에 **섬뜩해**진다. 모래유령의 **섬뜩함**은 그러니까 바로 '오래전에 알려진 것, 이미 친밀한 것으로 되돌아가는 저 무시무시함의 일종'이라는 조건을 충족시킨다. 프로이트는 이 정황을 다음과 같이 일종의 규칙으로서 공식화한다. ① **섬뜩함**은 회귀하는 억압된 감정의 자극(Gefühlsregung)이다. ② 언어 사용에서 '비밀스러움'은 그 대립적 언어인 '섬뜩함'으로 어려움 없이 전환될 수 있는데, 왜냐하면 섬뜩함은 실제로 예전부터 영적인 삶에 (긍정적이든 부정적이든) ─단지 억압을 통해서만 비밀스러움으로부터 소원해졌었던─ 친밀한 어떤 것이기 때문이다.

이어서 프로이트는 발견된 규칙을 호프만의 장편소설 《악마의 묘약(Die

Elixiere des Teufels)》을 가지고 검증한다. 이를 위해 그는 이 소설의 **섬뜩한** 동기에 대해서도 유아기적 근원으로부터 연역을 시도한다. 이와 동시에 프로이트는 순수 소재적으로 또는 순수 미학적으로 결정된 것처럼 보이는 문학적 동기들의 정신분석적 설명에 대한 일종의 모형 방법을 정초한다. 그것은 가령 낭만주의에서 자주 애용되는 '도플갱어' 동기에 해당한다. 프로이트는 그것이 어린아이의 무제한적 나르시시즘에서 생겨나는 것으로 파악한다. 말하자면 도플갱어는 자아의 몰락을 방어하는 보증인이다.

최종적 단계에서 프로이트는 자신이 발견한 섬뜩함의 논거를 '개체발생=계통발생'의 등식에 종속시킴으로써 이를 안정화한다. 이에 따르면 어린 시절에 개인의 정신(Psyche)은 인류 초기의 극복된 발전단계를 반복한다. 에른스트 헤켈에 의하여 첨예화된 이 진화의 법칙은 당시에 '민족심리학적' 관계에 대한 정신분석적 시각을 결정했으며, 이 법칙에 따라 《토템과 터부》에서 원시적인 '미개인'과 동시대의 신경증 환자가 서로 연관될 수 있었다. 특정한 신경증적 강박관념처럼 **섬뜩한** 현상들의 연구에서 또는 오늘날까지도 미신에 의하여 두려움의 대상이 되는 '악마의 눈빛(böser Blick)'과 관련하여 프로이트는 다시 '생각의 전능함(Allmacht der Gedanken)'과 만난다. 이와 더불어 이 섬뜩한 현상들은 가령 특정한 인물들이 마술적 정신력을 갖춘 것처럼 보이던 **애니미즘**의 초기적 세계관과 일치한다. 나타나엘이라는 사내아이 역시 '모래유령'에게 마술적 힘이 있는 것으로 생각한다. 이 때문에 친밀한 어떤 것이 억압으로부터 되돌아오면서 **섬뜩한** 것으로 느껴질 때, 개인의 정신에서 깨어나는 것은 언제나 먼 옛날에 있었던 애니미즘의 영적 행동성의 (미소한) 잔재이다. 그러므로 **섬뜩한** 것에는 언제나 계통발생적 애니미즘의 흔적 또한 참여해 있는 법이다.

이와 같은 혼합은 **섬뜩함**이 체험된 회귀의 두 가지 형식에 의하여 생겨난다는 원칙적인 구별에 전혀 변화를 가져오지 않는다. 여기서 두 가지 형식의 하나는 (거세콤플렉스처럼) 억압된 유아기적 관념내용이 되돌아오며, 그것이 심적인 사실이라는 점이다. 아니면 다른 하나는 초기 인류의 극복된 사유방식은 되돌아온다는 점이다. —죽은 자의 귀환에 대한 믿음이나 마술적 행동에 대한 믿음처럼. 후자의 경우에 추정된 정황에 대한 믿음을 폐기해야만 하는 **사실검증**(Realitätsprüfung)이 필요하다. 하지만 되돌아오는 유아기적 관념들의 경우에는 비현실적인 것으로 폐기될 수 있는 것은 아무것도 없다— 그것은 심적인 사실이기 때문이다.

이 자리에서 프로이트의 연구는 **미학적** 물음으로 넘어간다. 우리가 현실적으로 체험된 **섬뜩함**의 느낌 속에서 결실을 얻는 사실검증이 왜 **허구**에서는 —시문학에서는— 통용되지 않는가? 프로이트는 여기서 특히 계몽주의 이후로 미학이 검토했던 문제 (예컨대 '무대 위의 유령들') 그리고 요즘에는 케테 함부르거(Käte Hamburger)의 《시문학의 논리(Logik der Dichtung)》[74]에서 '시문학의 체계'란 다른 사실조건을 창출한다고 하는 가장 명료하게 설명된 문제를 제기한다. 예컨대 동화의 세계는 우리의 사실검증에 지배되지 않는데, 왜냐하면 그 세계는 우리가 동화적 현실의 조건으로서 관계될 수밖에 없는 애니미즘적 신념의 수용을 신봉하기 때문이다. 그럼에도 갑자기 엄습하는 극복된 불신임으로서의 **섬뜩함**은 이 때문에 발생할 수 없다. 마찬가지로 우리는 셰익스피어의 유령의 등장을 받아들인다. 그러나 시문학이 평범한 사실의 토대 위에 세워져 있을 때는 사정이 다르다. 그렇다면 시문학은 가령 독일의 '사실주의' 시문학이 요구했던 수용자를 통한 사실검증에 크게 종속된다. 여기서 경이로움은 배제된다. 물론 전술한 것은 극복된 애니미즘적 사유방식으로부터 생겨나는 **섬뜩한 것**하고만 거의 관련

---

74) 역주: 다시 언급하지만 'Dichtung'은 'Literatur'와 차이를 두기 위하여 시문학으로 번역했을 뿐 지금 여기서는 문학으로 번역해도 상관없을 것 같다.

된다. 반면에 억압된 개인의 콤플렉스에서 나오는 섬뜩함은 사실적 체험에서와 마찬가지로 모든 시문학에 섬뜩하게 남아 있다. — 프로이트가 구상하는 것은 근본적으로 **수용검험적**(rezeptionsempirisch) 숙고들이다. 그렇지만 일반적인 정신분석적 미학을 위한 중요한 시도들이 공식화된다는 것은 분명해진다. 여기서 제기된 근본물음은 시문학에서 어느 정도까지 문학적 수단으로 독자에게서 집단으로 극복된 것과 개인적으로 억압된 것을 관심사로 끌어내고 '조작하는' 데 성공하느냐 하는 것이다.

《모래유령》은 호프만의 작품 중에서 가장 논의가 많이 되는 텍스트이다. 이는 서술구조와 기본 동기들 덕분이다. 시간의 연속과 공간질서는 서로 맞물려 교차되고, 변형적인 반복은 동일성의 유희를 허락한다. — 텍스트는 다분히 확정되지 않은 상상공간을 제공한다. 눈, 거울, 단편화, 자동인형, 주체와 망상과 같은 중심적 동기들은 최근 무엇보다 정신분석적, 담론분석적이고 해체주의적인 해석방법에 자극을 주었다. 그 외에도 서술이론적이고 사회사적인 해석의 전통이 생겨남으로써 바로 《모래유령》 문헌학이 거론될 수 있게 된다. 프로이트의 연구는 이런 국면에서 중요한 위치를 차지한다. 그것은 대부분의 연구 작업들에 의하여 다루어지고, (예컨대 페미니즘적인 측면에서) 비판적으로 적용되거나 특정한 방향, 가령 (신경증에서 정신병에 이르는) 라캉의 입장으로 계속 발전된다. — 섬뜩함에 대한 프로이트의 규정은 뇌피질의 영상물이 사실검증에서 벗어날 때는 심지어 뇌과학의 분야에서까지 영향력을 행사한다(Hagner 2005).

───── 참고문헌 ─────

Liebrand, Claudia: Aporie des Kunstmythos. Die Texte E.T.A. Hoffmanns(예술신화의 아포리아. E.T.A. 호프만의 텍스트들). Freiburg i.Br. 1996 [mit weiterführender Bibliographie].

E.T.A. Hoffmann-Jahrbuch(호프만 연감). Hg. von Hartmut Steinecke u. a. Bamberg 1992
    쪽 이하.

Hagner, Michael: Der Hirnspiegel und das Unheimliche(뇌거울과 섬뜩함). In: Röntgenpor-
    trait. Hg. von Torsten Seidel u. a. Berlin 2005, 90-101쪽.

Hamburger, Käte: Logik der Dichtung(시문학의 논리). Stuttgart 1957.

8

《유머(Humor)》(1927)

프로이트는 유머의 몇 가지 관점을 개진하는 이 짧은 에세이(전집 14,
381-389쪽)를 1927년에 집필했다. 에세이는 같은 해에 출간되었다. 딸(1920)
과 손자(1923), 카를 아브라함(1925)이 죽은 후에, 그리고 특히 구강암이 발
견되면서(1923) 고통을 견디고 수많은 수술을 받은 이후에 71세의 노인
인 프로이트가 유머에 대하여 숙고했다는 것은 분명한 일이었다. 그는 나
중에 "어느 정도의 선량함과 유머가 무섭게 늙어 가는 것을 견디는 데 필
요한가"라고 썼다(F/AS, 225쪽). 그의 새로운 구상을 고려할 때 프로이트는
1905년에 발표된 논문 《위트와 무의식의 관계(Der Witz und seine Beziehung
zum Unbewußten)》(전집 6, 260-269쪽)에서 나온 생각들을 다시 받아들였다.
거기서 그는 유머를 지극히 심적인 능력들 가운데 하나로 이해했다. 프로
이트에 의하면 유머는 고통스러운 정동에도 불구하고 절제된 정동의 소모
에서 생겨나는 쾌락을 얻게 해 준다는 것이다. 감정의 소모는 예컨대 동정
심이나 분노, 고통, 잔인함이나 혐오감 같은 여러 가지 감정자극으로부터
생겨날 수 있다. 유머는 의식된 채 남아 있던 고통스러운 표상내용들에 의
해 정제되고 유머러스한 쾌락으로 변화되는 정동의 전의식적인 또는 자동

적인 전치 속에서 수행된다. ㅡ 이는 방어행위, 심지어는 최고의 방어행위이다. 이유인즉 방어행위는 예컨대 억압과는 달리 주의력에서 표상내용을 빼앗기 때문이다. 자아가 성인의 위치로 고양되고, 이어서 유머리스트가 그 위치로부터 자신과 그의 고통스러운 정동을 어린아이의 그것을 내려다보듯이 내려다본다면, 그는 아마도 이런 영혼의 확대에 도달하는 것인지도 모른다. ㅡ 유머는 단 하나의 유일한 인물인 유머리스트만을 필요로 한다. 수용자는 준비된 정동의 전개와 그 실망을 추후에 공감함으로써 쾌락을 얻는다.

프로이트는 1905년에 경제적 관점에 따라 유머에서 쾌락의 근원을 충동이론적으로 다룬 바 있었다. 이어서 1923년에 《자아와 이드》에서 그의 제2위상모델을 그리고 1914년 《나르시시즘 입문》에서는 이미 나르시시즘의 구조적 정의를 시도한 이후에, 그는 이 새로운 이론들로부터 유머리스트의 심적인 태도에 대하여 그리고 이런 태도가 어떻게 성립되는지에 대하여 물음을 제기한다. 프로이트는 유머리스트란 내면화된 부모 심급인 초자아의 위치로부터 거기서는 작아 보이는 자아를 내려다봄으로써 마치 어른이 어린아이를 대하듯이 자기 자신에게도 그런 태도를 취한다고 정의한다. 이런 유머의 상태는 자아의 심적인 강세를 초자아로 전치시킴으로써, 그러니까 초자아를 팽창시키고 정동적인 자아를 사소하게 하는 에너지 점령의 교체를 통하여 발생한다. 이렇게 되면 자아에게서 일어나는 정동들이 미소 속에서 방출될 수도 있다. 그렇지 않으면 그렇게도 엄격한 초자아가 여기서 위로하는 성향을 받아들인다. 이는 초자아가 물려받은 부모 심급의 계보와도 일치한다고 할 수 있다. 점령의 전치(Besetzungsverschiebung)는 나르시시즘의 승리, 현실을 통하여 상처받는 것을 거부하는 신성불가침의 해방감으로 이어지는바, 그것은 결국 고통조차도 쾌락획득의 계기가 된다. 이렇게 유머는 저 퇴행적 과정에 접근함으로써 개인은 고통의 강박을 모면한다. 그럼에도 유머가 영적 건전성의 토대를 포기하지 않는다고 프로이트는 강조한다.

일상적 언어개념인 유머는 일반적으로 웃음 및 좋은 기분과 관련된 모든 것을 포괄한다. 심리학적인 것을 포함하여 풍성한 연구작업과 이론들이 유머 또는 유머에 대한 몇몇 개별적인 관점들에 적용되고 있다(Strotzka 1976, 305-307쪽; Frings 2000, 294쪽). 프로이트의 의미에서 유머, ―다시 말해 거리두기, 관점변화, 예기치 않은 관계 및 유희적인 교제 속에서 고통스러운 감정이 변형됨으로써 모욕적인 경험으로부터 쾌락을 얻도록 허용하는― 정동 취급의 태도는 지금까지도 어떤 새로운 개념화에는 도달하지 못했지만, 그럼에도 그것은 세밀해지고 확장되었다. 여러 면에서 자아와 그 강도의 의미가 강조되었다. 가령 자아심리학적 시각에서 유머는 심지어 자율적 자아기능으로까지 이해되었다(Frings 2000, 295쪽). ― 슈트로츠카 (Strotzka; 1976, 317쪽)는 초자아 내지 자아 이상으로의 점령전치를 우울증을 방어해야만 하는 필연성에서 나타나는 자아 행동성의 결과로서 파악한다. 크리츨리(Critchley)에 따르면 유머는 주체가 대상 자체로 변화하는 자아분열을 통하여 항진정제(Antidepressivum)의 역할을 한다고 한다(2004, 111-132쪽). 잇스와트(Ietswaart)는 자신의 고통, 자신의 모순과 불확실성을 의식적으로 인정할 수 있는 능력이란 자기확신을 전제로 한다고 강조한다 (1988, 187-188쪽).

유머러스한 행동에는 우호적인 자아이상의 몫뿐만 아니라 처벌적인 초자아의 몫이 들어 있다. 그렇기에 쾌활한 유머의 구성적 특징뿐만 아니라 냉소적이고 신랄한 파괴적 특징이 존재한다는 것이다(Frings 2000, 294쪽). ― 특히 슈트로츠카는 프로이트가 유머를 과대평가한 점에 대해 동의할 수 없었다. 그에게 유머는 인격의 미성숙 단계에서 문제를 해결하려는 시도이다. 따라서 유머는 단지 임시적인 외견상의 해결만을 가져올 뿐이다

(Strotzka 1976, 311쪽). 유머리스트가 어린아이의 위치를 차지하는 한, 그는 어떤 일에도 사람들의 호의적인 웃음의 대상이 되는 어린아이로서 겉으로 보기에는 굴복함으로써 성인 위치의 거대한 나르시시즘을 구원한다는 것이다. 유머는 점령을 잠정적으로 중단하고, 양가성을 완화하면서 긴장해소를 자아내지만, 그럼에도 합리적이고 지속적인 해결은 가져오지 못한다. 자신을 옥죄는 사슬을 보고 웃는 죄수는 오랫동안 자유롭지 못하지만, 유머가 불필요한 갈등을 피하도록 돕는 것만은 사실이라는 것이다. 슈트로츠카가 방어와 환상적 성격의 계기를 강조하는 반면에, 자기심리학의 틀에 따라 일차적 나르시시즘에서 성숙한 나르시시즘으로의 변형이라는 발달심리학적 구상으로부터 출발하는 코후트(Kohut)는 유머를 나르시시즘적 성숙의 표현으로 평가한다. 만일 점령이 나르시시즘적인 자기(Selbst)로부터 빠져나가 새롭게 배분되어 초자아의 강력한 이상화로 변화된다면, 나르시시즘적 성숙이 이루어진다. 이를 실행하는 것은 온전한 자아(ein intaktes Ich)이다. 이 자아가 자기를 지배함으로써 자기의 요구에 더는 굴복하지 않고 자신의 유한성을 거부 없이 견뎌낼 능력을 갖게 된다는 것이다. 점령이 나르시시즘적으로 사랑받는 자기로부터 빠져나가면 결과적으로 과대망상의 쇠퇴, 나르시시즘적 완전성에 대한 믿음의 쇠퇴뿐 아니라 우수가 섞여 있는 조용한 내적 승리가 이루어진다(Kohut 1975, 163-166쪽). ─ 정신분석적 유머 개념의 문예학적이고 문화사적인 개념화는 이제까지 발견되지 않는다.

참고문헌

Critchley, Simon: Über Humor(유머에 대하여). Wien 2004(영어판 2002).

Frings, Willi: Humor(유머). In: Wolfgang Mertens/Bruno Waldvogel (Hg.): Handbuch psychoanalytischer Grundbegriffe. Stuttgart 2000, 293-296쪽.

Grotjahn, Martin: Vom Sinn des Lachens(웃음의 의미에 관하여). München 1974.

Ietswaart, Willem L.: Humor and the Psychoanalyst(유머와 정신분석가). In: Zeitschrift für Psychoanalytische Theorie und Praxis 3 (1988), 187-198쪽.

Kohut, Heinz: Die Zukunft der Psychoanalyse(정신분석의 미래). Frankfurt a.M. 1975.

Preisendanz, Wolfgang: Humor(유머). In: Joachim Ritter (Hg.): Historisches Wörterbuch der Philosophie. Bd. 3. Basel 1974, 1232-1234쪽.

Roeckelein, Jon E.: The Psychology of Humor(유머의 심리학): A Reference Guide and Annotated Bibliography. Westport 2002.

Strotzka, Hans: Witz und Humor(위트와 유머). In: Dieter Eicke (Hg.): Die Psychologie des 20. Jahrhunderts II. München 1976, 305-321쪽.

Carl Pietzcker

9

《도스토옙스키와 아버지 살해》(1928)

여기서 중요한 것은 묄러 판 덴 브루크(Moeller van den Bruck)가 편찬한 거대한 도스토옙스키 전집에 대한 임시작업이다. 추정컨대 프로이트는 1926년 6월에서 대략 1927년 중후반의 시기에 이 논문(전집 14, 397-418쪽)을 집필했다.

프로이트는 이 논문의 주요 부분에서 도스토옙스키의 간질에 집중한다. 여러 분석과정에서 그는 간질을 우발적인 요소와 분리하면서 그 원인을 아버지 살해의 소망에서 찾는다. 즉 가성간질[75]에 의한 '죽음의 발작들'은 살해환상에 대한 자기처벌(Selbstbestrafung)의 형태이며, 나중에 그 환상을

---

75) 역주: 가성간질(Schein-Epilepsie)은 심인성 간질 또는 히스테리 발작 등으로 불린다.

실행한 것은 실제의 아버지 살해자였다. ㅡ 하지만 이는 정신분석적으로 구별되지 않는다고 한다. 이 죄의 지정으로부터 도스토옙스키가 보여 주는 국가적이고 종교적인 권위의 '부권적' 영역에의 굴복 또한 설명된다. 프로이트는 오이디푸스 콤플렉스의 의미가 《카라마조프 형제들》을 《오이디푸스 왕》과 《햄릿》에 버금가는 위치에 놓고 있다는 것을 보여 준다. ㅡ 끝부분에서는 도스토옙스키의 도박 강박이 분석된다.

도스토옙스키의 인성은 프로이트에게 작가(Dichter), 윤리적 인간, 죄인, 신경증 환자라는 네 가지 '외형'으로 나타난다. 논문의 도입부에는 예술가적 재능이 분석될 수 없다는 정신분석적 관점에 상응하여 다음과 같은 유명한 문장이 제시된다. "유감스럽게도 분석은 작가의 문제 앞에서 무기를 내던질 수밖에 없다"(전집 14, 399쪽). 이보다 더 잘 파악할 수 있는 것은 **윤리적 인간**이다. 윤리적 인간의 큰 업적은 충동요구의 억제였지만, 그는 결국 전통적인 권위에 굴복함으로써 황제, 기독교의 신과 러시아의 민족주의에 승리를 선사하였다. 도스토옙스키의 이 윤리적 좌절은 그의 신경증 때문이었다.

죄인(범죄자의 성향)은 소재의 선택에서 드러난다. 작가 자신의 내면에서 유사한 성향을 암시하고 있는 것은 바로 폭력적이고 살해 의도를 지닌 성격이다. 그렇지만 이것은 그 자신을 조준한다. 그는 내부를 향하는 사디스트이고, 그러므로 마조히스트이다.

프로이트는 도스토옙스키의 **신경증**을 간질에 대한 그의 평가에서 얻어낸다. 그는 간질을 그 증상이 간질기질의(epileptoid) 발작과 같았던 중증 히스테리로 이해한다. 여기서는 거의 민감하지 않은 모종의 메커니즘을 가지고 정신분석적 신경증이론이 진행되는데, 그것은 ㅡ부족한 증거에도 불구하고ㅡ 필연적인 함축으로서의 특정한 상황을 강요한다. 사실상 이는 프로이트 자신도 인정하듯이 완전히 불충분하다. 왜냐하면 간질기질의 발작을 영적인 삶과 연관시키기에는 전기적으로 너무나 알려진 것이 없기 때문이다. 그럼에도 프로이트는 얼마 안 되는 전기적 요소를 가지고 유일한 (정신분석적) 확실성에, 무엇보다 오이디푸스 콤플렉스의 편재(遍在)에 의존하는 구성(Konstruktion)을 감행한다.

'간질'은 도스토옙스키가 18세 되었을 때 농노들에 의해 아버지가 살해당한 이후에 발현되었다. 프로이트는 이 '가장 심각한 외상'을 바탕으로 신경증을 ─신경증은 필연적으로 이미 일찍이 입증되어야 하기 때문에 과거를 거슬러서─ 재구성한다. 그는 도스토옙스키가 어린 시절에 죽음의 불안에 떨며 무기력한 수면상태에 빠지곤 했다는 것을 알아낸다. 이는 증오하는 아버지가 죽기를 바라는 소망에 대한 자기처벌이다. 프로이트는 원시인간의 (가설적) 친부살해가 현재의 신경증 환자가 가지고 있는 죽기를 바라는 소망으로 설명되었던 《토템과 터부》를 참고로 죽음의 소망이라는 가정을 강화한다. 역사적으로 그리고 개인사적으로 때 이른 친부살해 사건에 대한 순환적 논증은 증명구조를 가지고 있는 것이 아니라 그보다는 납득가능성의 제고에 유용하다. 이에 대해서는 감정이입이 가능하고 고상한 수사학이 마련되어 있다. 게다가 그것은 이제 착수되지 않은 것에 대한 이후의 가정들을 인정할 수 있게 한다. 뚜렷하게 부각되는 도스토옙스키의 **양성애**(Bisexualität)와 동시에 아버지에 대한 강한 애착의 요구가 이에 속한다. 그는 아버지에 대한 죽음의 소망으로 양성애를 거부한다. 그는 죽음의 소망에 대해 무의식적으로 이미 어린 시기에 '발작'함으로써 자신을 처벌한다. 발작은 실제로 아버지가 살해된 이후에는 중증 '간질'의 증상을 띤다. 이것이 도스토옙스키의 경우에 죄와 속죄의 순환이다.

종종 그렇듯이 프로이트는 간질에 대해 언급하는 주요부분의 끝에서 문학이 도스토옙스키에게 도움이 되었음을 확인한다. 그는 《카라마조프의 형제들》을 소포클레스의 《오이디푸스 왕》과 셰익스피어의 《햄릿》과 함께 오이디푸스 콤플렉스의 세 가지 세계문학적인 완성품으로 동일 선상에 올려놓는다. 그러므로 도스토옙스키는 그의 소설로 친부살해라는 인류의 '원초적 범죄'로 되돌아가서는, 자신의 죄에 대하여 소설로 '그의 문학적 고백'을 행사한다.

　프로이트는 《카라마조프의 형제들》을 도스토옙스키가 결과적으로 그의 삶을 결정한 어릴 적 친부살해-환상을 인정하고 있는 "문학적 고백"(전집 14, 414쪽)으로 이해한다. 이런 기본가정으로부터 도스토옙스키의 간질이라는 전기에 입각한 중심적 사실들이 프로이트에게는 늘 반복되는 살해소망의 추억으로 이해된다. 아버지의 실제 죽음은 간질의 **아우라**(Aura) 속에서 승리로서 체험되지만, 그것은 즉시 자기처벌에 의하여 발작의 고통으로 이어진다. 살해에 가담한 아들들의 원시부족이 축제를 벌이는 추모제야말로 ―승리와 회한이라는― 바로 이 양가성의 구조를 갖고 있다. 우리는 여기서 정신분석의 계통발생적 가설과 개인심리학적 가설이 상호 교대적으로 납득가능성을 입증하면서 서로를 떠받치는 좋은 사례를 얻게 된다.

　이 순환적인 논증구조는 과학적 증명이라기보다는 능란한 수사학적 표현에도 불구하고 주장된 것의 명증성을 세우려는 작업이다. 정신분석을 간주관적으로 증명할 책임이 있는, 철저히 실증적인 과학으로 가정하는 자만이 여기서 반감을 갖게 된다. 하지만 우리는 ―정신분석에서 일련의 영적 '사실들'이 무의식적이기 때문에― 그 질에 따라 '증명할' 수 없는 영혼의 모델을 다루고 있다. 도스토옙스키에 대한 이 논문은 정신분석에서 최초의 해석방법인 예술가-**병력학**(Pathographie)에 대한 아주 좋은 사례이다. 정신분석은 이 방법을 가지고 예술작품을 작가의 삶으로부터 이해하고 또한 그의 전기를 재차 예술작품으로부터 이해한다. 이런 해석은 우리가 정신분석적 모델을 얼마나 받아들이느냐 하는 정도에 따라 받아들여진다. 프로이트의 문헌학적으로 불충분한 증명방법 역시 바로 이 정도에 따라 ―도스토옙스키의 경우에― 함축적인 정신분석적 가정을 통하여 만족스럽게 보완된다. 오늘날의 도스토옙스키 연구는 분명히 유사한 관점을 보여 준다. 즉 모두가 **도스토옙스키에 대한 프로이트의 환상**을 거론한다.

이 연구의 문학적 영향은 규명될 수 없다. 도스토옙스키 연구는 문헌학적이고 전기적인 충분한 근거들을 인용하지 않으면 안 되었던 프로이트의 이 출판물(1928)을 향하여 부정적으로 반응했다. 현재 영향력 있는 문예학적 평가는 도스토옙스키의 환상보다는 프로이트의 환상에 오히려 더 치중한다(Schult 2003, 43-55). 네덜란드의 러시아 문헌학자 카렐 판 헤트 레베(Karel van het Reve)는 연구를 프로이트의 증명방법에 대한 날카로운 논쟁의 계기로 삼는다(Reve 1994). 노르웨이의 러시아 문헌학자 조스타인 보르트네스(Jostein Bortnes)는 도스토옙스키에 나타나는 프로이트의 동성애적 암류(暗流)의 가정에 동의하면서 이 주제에 관한 영어권의 정신분석적 연구물에 대한 개관 또한 제시한다(Bortnes 2000, 3쪽).

───── 참고문헌 ─────

Bortnes, Jostein: Male Homosexual Desire in the Idiot(《백치》에서 남성의 동성애적 욕망). In: Severnyj Sbornik. Proceedings of the Norfa Network in Russian Literature 1995-2000. Hg. von Peter Alberg Jensen/Ingunn Lunde. Stockholm 2000, 103-120쪽.

Neufeld, Jolan: Dostojewski. Skizze zu seiner Psychoanalyse(도스토옙스키. 그의 정신분석에 대한 스케치). Wien 1923.

Reve, Karel van het: Dr. Freud und Sherlock Holmes(프로이트 박사와 셜록 홈스). Frankfurt a. M. 1994.

Schult, Maike: Verlockende Vatertötung. Freuds Phantasien zu Dostojewskij(유혹적인 친부살해. 도스토옙스키에 대한 프로이트의 환상). In: Deutsche Dostojewskij-Gesellschaft (Hg.): Jahrbuch 10 (2003), 43-55쪽.

Manfred Dierks

10

《무대 위의 정신병적 인물들》(1942)

이 에세이 《무대 위의 정신병적 인물들(Psychopathische Personen auf der Bühne)》(증보판, 655-661쪽)은 본래 1905년 말 또는 1906년 초에 집필되었다. 프로이트는 이 에세이를 막스 그라프(Max Graf)에게 증정했고, 그라프는 그것을 영어로 불완전하게 번역한 채 1942년에 발표했다. 그것은 1962년에 독일어로 완전하게 잡지 《노이에 룬트샤우》에 게재되었다. 1904년에는 헤르만 바르의 《비극적인 것에 관한 대화(Dialog vom Tragischen)》가 카타르시스의 문제를 놓고 논쟁에 불을 지폈는데, 이는 프로이트의 부인 마르타의 삼촌인 야콥 베르나이스의 《아리스토텔레스의 드라마 이론에 대한 두 편의 논문》(1880) 이후에 빈에서 벌어진 논쟁이었다. 이에 앞서 프로이트는 1890년대에 요제프 브로이어와 함께 "카타르시스의" 방법을 개발하여 그것으로 환자에게 외상적 사건에 대한 강한 기억들을 재생시키고 이와 결부된 정동을 방출시켰으나 얼마 뒤에 이 방법을 포기하였다. 《꿈의 해석》에서 오이디푸스 콤플렉스의 갈등을 《오이디푸스》 비극과 《햄릿》에 연관시키고, 이 두 작품에서 자신의 이론을 입증하면서 관객에 미치는 그 효과에 촉각을 기울이던 프로이트는 여기서 정신병적 인물들의 무대유용성이라는 특수한 문제로 관심을 돌린다.

프로이트는 연극 일반으로부터 문제제기를 시작한 다음, 단계적으로 연극의 특수한 문제에 접근해 간다. 그는 비극이 공포와 동정심을 불러일으켜 관객의 감정을 정화한다는 아리스토텔레스의 규정을 비극은 정동적인 삶(Affektleben)으로부터 향락의 원천을 열어 나간다는 말로 변형한다. 정동은 성적인 공동자극 하에서 마음껏 분출되었다가 말하자면 방출된다. 향락은 감정분출 시에 나타나는 그리고 긴장완화를 통한 심적인 고도 긴장의 결과인 것이다. 이에 대한 전제는 관객의 태도이다. 관객은 주인공과 동일시되고 함께 고통스러워하지만, 정작 자신은 고통스러워하는 것이 아니라 안전하다는 것을 의식하면서 자신의 고통을 즐겁게 보상받는다는 것이다. 이것이 환각을 일으킨다는 것이다. 프로이트는 이를 놀이로부터 이해한다. 어린아이는 어른놀이를 함으로써 열등감을 이겨내지만, 자신이 어른이 아니라는 것을 알고 있다. 이에 비해 현실원리를 내면화하면서 자신의 크기와 강렬한 감정을 포기해 온 어른은 주인공과의 동일시 속에서 이 두 가지를 체험하지만, 동시에 영웅적 장면들의 허구성을 의식하는 가운데 주인공에게 위협을 가하는 위험에 대해 확실히 알 수 있다. 이것이 모든 장르에 통용된다면, 드라마는 감정의 가능성 속으로 더 깊이 상승해 들어가 심지어 고통조차도 향락을 위하여 형상화한다. 이런 숙고로부터 프로이트는 고대비극에서 시민비극, 성격비극과 심리극에 걸쳐 있는 문화사적이고 장르사적인 경로를 따라서 정신병적 인물들이 어떻게 구상되어야 관객들이 감상자로서 공포와 고통을 즐기며 공감할 수 있는지의 물음을 향해 이동한다. 그에게 첫 번째 정신병리학적 드라마인 《햄릿》에서 프로이트는 다음과 같은 세 가지 경우에 이것이 이루어진다는 것을 보여 준다. ① 주인공이 정신병적이 아니라 드라마가 먼저 그런 성향을 보임으로써 관객이 주인공의 병리학을 넘겨받게 되는 경우, ② 드라마가 뒤흔들어 놓은 억압된 자극이 모든 관객에게도 나타남으로써 그들이 이 갈등을 인정할 때는 자극의 억압비용이 절감되는 경우, ③ 억압된 것이 그 자체로가 아니라 파생의 형태를 띤 채 의식 내부로 들어오는 경우, 그것도 주의력이 산만해졌을 때에만 그럴 경우이다. 이 파생의 형태가 관객의 기호와 일치하지 않는다면, 관객은 정신병적 인물들에 의해 불쾌해져서 갈등을 감상자의 입장에서 고통스럽게 추체험할 수 없게 된다. 프로이트는 헤르만 바르의 드라마 《다른 것(Die Andere)》(1905)을 근거로 이 점을 비판한다. 무대 위에서의 정신병적 성격들의 유용성은 동일시에 대한 저항을 피하고 미적인 선쾌락을 허용하는 작가의 기법을 통하여 그리고 마찬가지로 관객의 신경 증적 불안정성, 즉 관객이 위협을 받을 때는 억압을 유지하지만 다음에는 그것을 포기하는 그들의 성향을 통하여 제한된다는 것이다.

　프로이트는 독자적인 텍스트에서 문학에 대해 정신분석적으로 숙고하려는 이 최초의 시도를 결코 공개한 적이 없었다. 이는 분명히 그가 그것을 보존할 만한 가치가 있다고 여겼지만, 그것으로 공공연히 아리스토텔레스와 그의 처삼촌인 야콥의 거대한 전통에 끼어들 수 있을 만큼 완성된 것으로는 간주하지 않았다는 것을 특징적으로 보여 주는 예라고 할 수 있다. 이런 전통의 흔적 속에서 프로이트는 해방적 승화로서의 카타르시스 개념과 함께 드라마의 영향미학적 이해(wirkungsästhetisches Verständnis)를 받아들였고, 이를 정신분석적으로 새롭게 공식화했다. 하지만 그는 자신의 드라마 이론을 개발한 것이 아니라 특수사례를 찾는 것을 목표로 삼았다. 그는 무의식의 의미, 주의력 전환의 원리와 선쾌락의 원리를 새롭게 도입했다. 그리고 그는 《햄릿》에 대한 그의 숙고를 영향미학적으로 계속 발전시켰다. 비록 그가 인정받는 이론가들과 우열을 다투었고 그들을 정신분석적으로 능가했지만, 그럼에도 그는 완성된 이론에 대한 요구를 거의 정당화할 수는 없었다. 아마도 그는 이런 양가성 때문에 시도를 중단한 것으로 추정되며, 그의 숙고를 거의 양가성이 없는 분야에서 계속해 나갔다. 또한 양가성은 헤르만 바르에 대해서도 역할을 한 것 같았다. 바르는 그의 《대화(Dialog)》에서 비극을 프로이트와 브로이어의 《히스테리에 대한 연구》로부터 이해하여 아리스토텔레스의 카타르시스에 대한 베르나이스의 해석과 —이에 따르면 카타르시스는 의식을 거슬러 격렬하게 들끓는 흥분의 상태에서 쾌락의 방출로서 일어난다— 연관시켰다. 두 의사가 그들의 환자들을 치료하듯이, 비극은 관객들을 비극적 치료에 내맡긴다. 비극이 관객들에게서 "야성이 진정될 때까지" 짐승을 풀어 주고, 그들의 소망을 인식하도록 강요함으로써 그들을 치유하는 것이다. 그러는 사이에 최면에 의한 카타르시스의 방법을 중단한 프로이트는 헤르만 바르와 베르나이스의 사고를 받아들인다. 하지만 그는 정신분석적 치료에서가 아니라 드라마에서 이런 진정시키기의 성공에 대한 전제들을 저항에 대한 작업의 관점에서 서술함으로써 그들을 암묵적으로 비판한다. 여기서 프로이트는 제목의 성격이 지나칠 정도로 분명히 《히스테리에 대한 연구》(안나 오, 카타리나)의 사례에 의존하면서 회상을 통하여 건강을 되찾으려고 시도하는, 그러나 성공하지 못하는 헤르만 바르의 드라마에서의 실패를 거론한다. 바르와의 논쟁은 아마도 프로이트로 하여금 이 논문을 쓰도록 자극했을 테지만 그 폭을 제한함으로써 결국 논문이 그의 기대에는 미치지 못하게 되었다. 바르에게 프로이트는 분명히 의무감을 느낀 것처럼 보였지만, 자신이 이미 중단한 방법을 그가 지나치게 확장하는 태도에 거부감을 보였다.

이후의 현상, 즉 특수사례로 폭을 좁히는 집중적인 연구, 충동이론적 관점, 예술성격에 대한 미약할 뿐인 고려와 개별적 드라마 분석에 대한 빈약한 적용은 이제까지 《정신병적 인물들》이라는 에세이에 대한 의도적인 분석으로는 이어지지 않았다. 에세이는 대부분 《햄릿》 연구의 맥락 속에서 논의되고 있다. 여기서 시사된 계기들 가운데 몇 가지는 이 에세이와는 관계없이 계속해서 숙고되었다. 예컨대 관객에게 향락의 근거가 되는 주인공의 패배로 인한 마조히즘적 만족, 그러니까 마조히스트의 처벌받으려는 욕구로부터 나오는 고통의 향락이 그러하다. 그 외에도 미하엘 발린트(Michael Balint)의 불안쾌락(Angstlust)의 환각을 통한 향락(Anz 1998, 145-146쪽)과 자아심리학적으로 미적 쾌락의 방어기능에서 나오는 향락이 그러하다. 자아심리학적으로 미적 쾌락은 자아로 하여금 저지된 충동소망 때문에 위협받는 지배권을 카타르시스를 통하여 재획득하는 것을 허락한다. 환각은 죄로부

터 자유를 보장하고, 사회적으로 인정된 예술의 공간에서 강렬한 정동반응
(affektive Reaktion)을 허락한다는 것이다(Kris 1952/1977, 40-41쪽). — 이와 관
련하여 프로이트의 고전적 예술이해의 문제가 곧바로 지적되었다. 그의 교
양시민적-고전적 예술이해는 현대에 특징적인 정신병적 인물들을 거부하
는 태도에서 나타나지만, 그럼에도 그는 관객과 기법이 이들과 부합될 경
우에는 이들에게 넓은 공간을 용인한다(Spector 1972/1973, 152-153쪽).

─── 참고문헌 ─────────────────────────────────

Anz, Thomas: Literatur und Lust. Glück und Unglück beim Lesen(문학과 쾌락. 독서에서의
　　행복과 불행). München 1998.

Bahr, Hermann: Dialog vom Tragischen(비극적인 것에 관한 대화). Berlin 1904.

Bernays, Jacob: Zwei Abhandlungen über die aristotelische Theorie des Dramas(드라마의 아
　　리스토텔레스 이론에 대한 두 편의 논문). Berlin 21880.

Kris, Ernst: Die ästhetische Illusion. Phänomene der Kunst in der Psychoanalyse(미적 환영.
　　정신분석에서 예술의 현상들). Frankfurt a. M. 1977(영어판 1952).

Spector, Jack: Freud und die Ästhetik. Psychoanalyse, Literatur und Kunst(프로이트와 미학.
　　정신분석, 문학과 예술). München 1973(영어판 1972).

Wakeman, Mary: Dynamics of the Tragic Catharsis(비극적 카타르시스의 역동성). In: Lite-
　　rature and Psychology 9 (1959), 39-41쪽.

Carl Pietzcker

미켈란젤로의 모세(1914)

1914년에 발표된 에세이 《미켈란젤로의 모세(Der Moses des Michelangelo)》

(전집 10, 171-201쪽)의 앞부분에서 저자는 예술작품 가운데 문학과 조각이 그에게 가장 강렬한 영향을 주었다고 고백한다. 어떤 조각술의 창조물도 (로마의 산 피에트로 인 빈콜리 성당에 있는, 1545년에 완성된 율리우스 2세 교황을 위한 묘비의 일부인) 미켈란젤로의 모세상보다 프로이트에게 더 큰 감동을 준 것은 없었다. 그는 1901년과 1923년 사이에 반복해서 모세상을 찾아갔으며, 1912/1913년에는 수차례 거기에 찾아간 바 있었다.

그는 글의 첫머리에서 이에 대해 예술가가 그의 작품에서 의도를 가장 명료하게 표현함으로써 감상자의 마음을 사로잡는 데 성공하는 한, 위대한 예술의 신비로운 영향력은 예술가의 의도와 밀접하게 연관되어 있다고 언급한다. 우리가 무엇이 우리에게 감동을 주었는지를 파악하고 싶어 했다면, 요컨대 이 의도는 해독되어 말로 이해되어야만 한다는 것이다(같은 곳, 172쪽). 우선 프로이트는 미켈란젤로의 모세에서 무엇이 신비롭지 않은지를 확실히 한다. 예술가의 의도는 의심의 여지없이 십계명 석판들을 붙잡고 있는 바로 유대인들의 입법자를 표현한다는 것이다. 이어서 두 번째 단계에서 프로이트가 주로 19세기의 수많은 박식한 저자들[76]을 거론할 때는 지극히 상이한, 부분적으로 지나치게 모순적인 기술과 관점이 혼재된 채 전개된다. 하지만 성서적 주인공의 삶에서 특정한 계기가 표현된다는 사실로부터 이런 기술과 관점이 출발하는 한, 물론 인용된 것들은 상호 연관성을 지닌 것처럼 보인다. 모세상은 순간의 표현인데, 모세가 하나님으로부터 율법판들을 받았던 시나이 산을 하산한 뒤에 이스라엘 민족이 그 사이에 변절하여 금송아지 둘레를 돌며 춤을 추었다는 것을 ―하필이면 그때― 알아차리기 때문이다. 그를 격분시키는 이 우상을 분노, 고통과 경

---

76) 역주: 모세 상에 대해 거론한 야콥 부르크하르트, 뤼프케(W. Lübke), 보이토(C. Boito) 등의 미술사가 및 평론가들을 말한다.

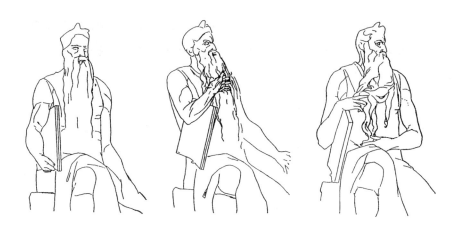

멸이 혼합된 모세의 눈빛이 폭풍이 몰려오기 직전, 즉 그가 자리를 박차고 일어나 율법판들을 바닥에 내던지기 직전의 고요함 속에서 노려보았다고 프로이트는 말한다.

프로이트는 미켈란젤로의 표현의도를 추정하는 시도에서 주로 가슴 부분, 수염가닥과 오른손을 포함한 왼팔에 주의를 집중하고는, 대리석의 움직임이 정지되기 **이전에**[77] 미켈란젤로를 통하여 진행된 운동의 가설을 발전시킨다. 그는 이 운동을 어느 화가에게 그리게 했으며, 그 스케치들을 에세이와 함께 공개했다(같은 곳, 191-192쪽). 프로이트의 설명에 따르면 본래 모세는 조용히 앉아 쉬면서 똑바로 세워진 율법판들을 안전하게 팔 아래 끼고 있었다. 그런데 이때 우상을 숭배하는 민족의 요란한 소리가 귓전을 때렸고, 그는 그 소리가 들려온 왼쪽으로 고개를 돌렸다. 그러자 곧 눈에 들어온 광경이 어떤 것인지 파악되었다. 갑자기 그는 분노에 휩싸여 자

---

77) 역주: "vor der marmornen Stillstellung"으로 되어 있는 원문의 의미는 프로이트가 그리게 한 스케치들의 운동 또는 동작으로부터 정지(모세의 최종적 모습)에 이르는 과정에서 이해될 수 있다. 이런 과정에서 볼 때 미켈란젤로가 형상화한 모세상은 분노를 터트리며 석판들을 내던지는 성서 속의 내용과는 달리 해석될 수 있다는 것이 프로이트의 입장이다.

리를 박차고 일어나려고 했다. 오른손은 잡고 있던 판들을 놓고서 왼쪽 상단의 수염으로 옮겨갔다. 이 때문에 판들은 떨어져 깨질 위험에 처하게 되었다. 이를 막기 위하여 오른팔이 급히 판들이 있는 쪽으로 되돌아갔으며, 동시에 손은 수염 일부분을 부지중에 끌어당겼다. 이에 따라 직접 앞쪽에 있는 판들의 깨어지기 직전의 모습이 나타나는 것이 아니라 율법판들을 보존하려는 임무에 따라 분노를 자제하는 급한 동작의 결말이 표현된다는 것이다. 그러므로 프로이트는 미켈란젤로가 성서를 의도적으로 교정하면서 거기서 기술된 불처럼 노여워하는 모세의 성격을 재정의했다고 가정한다. "이로써 그는 새로운, 초인적인 어떤 것을 모세의 모습에 부여하였는데, 형상이 지닌 강력한 신체용적과 힘찬 근육조직은 한 인간에게 가능한 지극히 심적인 능력에 대한, 다시 말해 자신의 열정을 위하여 그리고 자신이 바쳤던 천직의 임무 속에서 억제에 대한 육체적 표현수단이 되어 버린다(같은 곳, 198쪽).

프로이트는 평생 동안 ―그는 물론 해석이 일치한다는 점을 조금도 의심치 않았다― 이런 해석을 고수했다. 그가 작업을 "모험(Wagstück)"(F/Fer I/2, 285쪽)이라고 불렀던 것은 우연이 아니었다. 프로이트가 나중에 그의 해석을 입증하는 것처럼 보였던 12세기에 유래하는 니콜라스의 작은 모세 조각상에 주의를 기울였을 때, 그는 1927년에 《미켈란젤로의 모세에 대한 작업의 추가기록(Nachtrag zur Arbeit über den Moses des Michelangelo)》(전집 14, 319-322쪽)을 발표했다.

사실상 프로이트의 해석은 적절치 않다. 이는 여러 단계에서 입증되었다(암묵적으로는 Reik 1919, 명시적으로는 Rosenfeld 1951, 그 외에 Grubrich-Simitis 2004 또한 참조). 프로이트가 그의 방법과 관련하여 ―자신이 도입한 비교 회화감상의 형태론적 방법을 가지고― 바로 하위적인 것처럼 보이는 세밀함에 주목한 바 있었던 지오반이 모렐리(Giovanni Morelli)를 고의로 끌어들였다는 사실에도 불구하고, 그는 그 밖에도 그가 인용한 저자들처럼 정말 간과할 수 없는 특징, 즉 모세 머리 위의 두 뿔에 관심을 기울이지 않았다. 만일 그가 두 뿔에 관심을 기울였더라면, 묘사된 순간을 최초의 율법판들을 집어 던지기 직전인 시나이 산에서의 첫 하산에, 그러니까 출애굽기 32장에 편입시킬 수 없었을 것이다. 아울러 성서와는 달리 미켈란젤로가 계율판들의 보존을 위하여 파괴적인 감정분출을 억누를 줄 아는 모세를 보여 준다고 가정할 수도 없었을 것이다. 그럴 것이 이 뿔들은 조각품을 분명히 최초의 율법판들이 깨져 버린 이후 —출애굽기 34장에 기술된— 두 번째 율법판들을 가지고 내려온 추후의 시나이 산에서의 하산에 편입시키고 있기 때문이다. 이 추후의 하산에서야 비로소 모세의 얼굴이 하나님에게 특히 오래 머물렀기 때문에 환하게 빛이 났고, 이로 인해 이스라엘 민족은 그의 면전에서 두려워했으며, 그래서 모세는 수건으로 자기 얼굴을 가렸던 것이다. 미켈란젤로는 이런 —게다가 프로이트에 의하여 감추어진— 수건을 그의 조각상의 오른쪽 무릎 위에 주름 장식으로 올려놓았다. 다른 모세-표현들의 특징이기도 한 뿔에 대한 세밀 묘사는 그 기원을 오늘날 히브리어 "카란(karan)"(환하게 빛나다/뿔이 달려 있다)의 이중적 의미에서 찾아지지만 환유로도 이해된다.

미켈란젤로 에세이는 전체 작품 내에서 특수한 위치를 차지한다. 이것은 정신분석적 논문이라기보다는 오히려 예술비평적 논문이다. 프로이트가 순수 정신분석적, 그러니까 무의식적 갈등의 역동성뿐만 아니라 어린 시절의 운명, 성적인 발달과 외상영향에 대한 그의 정신병력학적 최초모형을 예술작품과 예술가에 대한 중심연구로 시작했던 —4년 전에 출간된— 레오나르도에 관한 논문(전집 14, 128-211쪽)과는 달리, 여기서 마치 예술사가처럼 그에게 중요한 문제는 본래 그가 자신의 영역으로 느꼈던 **무의식적** 의미의 발견이 아니라 미켈란젤로의 **의식적 표현의도**의 해독이다. 그러나 그를 부끄럽게 하는 딜레탕티슴이 그가 이 연구를 아주 특이하게 먼저 익명으로 잡지 《이마고》에 게재토록 한 유일한 이유는 아니었다. ― 1924년에야 비로소 그는 이 연구를 《전집》에 들어가는 조건으로 실명을 받아들였다. 아마도 익명화에 대한 주요 동기는 그것이 자서전적인 텍스트라는 것을 숨기고자 했기 때문인지도 모른다. 성서 원문과는 반대로 미켈란젤로가 우리 앞에 제시한 것으로 보였던 스스로를 억제하는 형상에서 프로이트는 진실로 그의 중심적 동일시의 인물, 감정절제와 최고도의 승화능력을 보이는 확고한 구체적 자아이상을 만들어 냈다. 그는 1912/13년 칼 융과의 갈등과 종국적인 결렬에 의해 야기된 분노 속에서도 이런 이상을 본받으려고 노력함으로써 그의 필생의 작품을 보존할 수 있었다. 정신분석의 핵심적 구상에 대하여 흥미로운 점은 미켈란젤로 에세이와 거의 같은 시기에 획기적인 이론적 저술인 《나르시시즘 입문(Zur Einführung des Narzißmus)》(전집 10, 138-170쪽)이 집필되었다는 사실이다. 프로이트는 이 논문을 통하여 내적 세계의 정신병적 차원을 체계적으로 탐구하기 시작했고 '초자아'라는 추후의 개념으로 가는 도정에서 '자아이상'의 개념을 소개했다.

프로이트는 "정신성에서의 진보"를 대변하는 모세연구를 그의 종교심리학적 만년의 작품인 《인간 모세와 유일신교》(전집 16, 103-246쪽)에서 속행했다. 오늘날 수십 년간이나 거의 주목을 받지 못하던 이 책에 대한 열띤 토론은 답답한 문화적 퇴행의 현 단계에서 프로이트의 동일시 인물과 승화이상이 일반적으로 매력을 끌고 있다는 표징으로서 이해될 수 있을 것이다.

《미켈란젤로의 모세》에 대한 이차문헌은 방대하다(근래에 Spero 2001; Grubrich-Simitis 2004; 개관에 대해서는 Goldsmith 1992 참조). 프로이트의 해석이 오늘날 일반적으로 부적절한 것으로 간주될지라도, 이 에세이는 특히 예술사가들 사이에서 여전히 높게 평가되고 있다(근래에 Verspohl 2004 참조).

그 이유는 무엇보다 조각상에 대한 대가다운 서술, 동시적이고 시각적인 감각표현을 선형적인 언어텍스트의 나열로 변형시키는 프로이트라는 위대한 저술가의 능력 때문이다.

──── 참고문헌 ────────────────────────────

Goldsmith, Gary N.: Freud's Aesthetic Response to Michelangelo's Moses(미켈란젤로의 모세에 대한 프로이트의 미적 반응). In: The Annual of Psychoanalysis 20 (1992), 245-269쪽.

Grubrich-Simitis, Ilse: Michelangelos Moses und Freuds »Wagstück«. Eine Collage(미켈란젤로의 모세와 프로이트의 "모험". 콜라주). Frankfurt a. M. 2004.

Reik, Theodor: Probleme der Religionspsychologie. I. Teil: Das Ritual(종교심리학의 문제들. 1부: 제식). Leipzig/Wien 1919.

Rosenfeld, Eva M.: The Pan-Headed Moses(목양신의 머리를 한 모세) — A Parallel. In: The International Journal of Psycho-Analysis 32 (1951), 83-96쪽.

Spero, Moshe Halevi: Self-Effacement as Self-Inscription: Reconsidering Freud's Anonymous »Moses of Michelangelo«(자기 글로서 표면에 나서지 않기: 프로이트의 익명의 《미켈란젤로의 모세》를 재고함). In: Psychoanalysis and Contemporary Thought 24 (2001), 359-462쪽.

Verspohl, Franz-Joachm: Michelangelo Buonarroti und Papst Julius II. Moses – Heerführer, Gesetzgeber, Musenlenker(메켈란젤로 부오나로티와 교황 율리우스 2세. 모세—사령관, 입법자, 문예의 지도자). Göttingen/Bern 2004.

Ilse Grubrich-Simitis

11. 자서전적인 글들

자서전적인 글은 몇 편만이 분명히 자선적인 것으로 인정되지만 많은 프로이트 글들 속에 포함되어 있다(Grubrich-Simitis 1971/1973). 가장 중요한 것은 1914년의 《정신분석 운동의 역사(Geschichte der psychoanalytischen Bewegung)》와 1925년의 《나의 이력서》이다. 그 밖에 《김나지움 학생의 심리학(Zur Psychologie des Gymnasiasten)》(1914) 또는 브나이 브리스 유대인 비밀결사에게 행한 연설(1926)처럼 짧은 문헌이 이에 속한다(Meyer-Palmedo/Fichtner 1989/1999, 179쪽 참조). 그러나 프로이트는 개인적인 삶에 대한 가장 심원한 통찰을 (그의 편지들을 제외하고) 이 글들이 아니라 ―자기관찰이 그에게 결정적 전거를 제공했던― 일반적으로 심리학적인 성격의 작업들에서 허용한다. 이는 특히 《꿈의 해석》(1900)과 《일상생활의 정신병리학》(1901)에 해당한다. 나아가 《은폐기억에 대하여(Über Deckerinnerungen)》(1899) 또는 《아크로폴리스에 관한 기억장애(Erinnerungsstörung auf der Akropolis)》(1936)와 같은 논문들 역시 자기체험이 중심에 위치한다. 프로이트의 경우 자서전 집필의 두 번째 초점은 역설적으로 다섯 강의로 된 《정신분석에 대하여》(1910) 또는 《정신분석의 짧은 개요》(1924)처럼 그의 학설을 전체적으로 개관하는 일에 집중된다. 이런 경우에 추상적 체계론 대신 다음과 같은 모토에 충실하게 여러 면에서 역사적인 기술을 보여 주었다. "우리가 정신분석의 기원과 발전을 추적한다면, 우리는 언제나 정신분석을 가장 잘 이해할 것이다"(전집 13, 211쪽). 프로이트는 그의 간행물의 어떤 것도 순수한 자서전으로 이해하지 않았다. 그가 1929년에 이런 글을 써달라는 청탁을 받았을 때, 그는 "모든 자서전을 무가치하게 만드는 것은 바로 그것의 기만적 성격이다"(B, 408)라는 말로 이를 거절했다.

정신분석 운동의 역사에 대하여

엄밀한 의미에서 프로이트의 첫 자서전적인 글은 전쟁의 충격으로부터 생겨났다(Schröter 1995). 1912년에서 13년으로 해가 바뀐 이후에 프로이트와 칼 융과의 관계는 개인적이고 실무적인 견해의 차이 때문에 파탄에 이르렀다. 앞서 아들러와 갈등이 생겼을 때, 프로이트는 그의 학파에서 그의 학설의 특정한 핵심을 인정하지 않는 어느 누구도 허용할 수 없다는 점을 명백히 밝힌 바 있었다. 이로 말미암아 두 사람은 결별하게 되었다. 그리고 이제 결별의 역사가 반복되었다. 그러나 이번에는 문제가 더 심각했는데, 왜냐하면 융은 국제 정신분석학회의 회장이자 《정신분석 및 정신병리학 연구 연감》의 편집인으로서 그 밖의 명성을 묵살할 수 있을 만큼 정신분석 운동의 중심적 힘의 위치를 차지하고 있었기 때문이다. 융과의 결별은 융이 중도적인 회원을 포함한 학회뿐만 아니라 가장 중요한 정신분석 잡지를 차지할지도 모르는 위험을 초래했다. 이 때문에 프로이트의 측근 모임인 "위원회(Komitee)"는 그런 만큼 융의 권한을 빼앗아 차후 생겨날 위험을 미리 방지하려고 노력했다.

1913년 10월에 칼 융은 《연감(Jahrbuch)》의 편집인 자리를 사퇴했다. 얼마 뒤에 프로이트는 《정신분석 운동의 역사(Geschichte der psychoanalytischen Bewegung)》를 집필하기로 결심했다(잠정적인 제목으로는 "역사를 위한 기고문들" 등이 구상되어 있었다: F/A, 161쪽). 이 계획은 1914년 1월 3일 자 편지에서 최초로 나타나지만, 이미 2-3개월 더 길게 지속되었다. (자매편에 속하는 《나르시시즘 입문》이라는 글처럼) 이 글의 표면적인 목적은 분명히 이제까지 주로 취리히의 기고문으로 충당되던 《연감》의 지면을 채우는 것이었다. 본질적으로 프로이트는 편집 변화의 배경을 해명하고, 정신분석의 고유성을 제시하면서 지금과는 달랐던 과거의 추종자와의 경계를 확고히 하거나 정당한 것으로 입증하고자 했다(전집 10, 44쪽). 2월 15일에 텍스트가 완성되었다(F/Fer I/2, 285쪽). 이 글은 위원회 내부적으로 "폭탄"이라고 불리었고, 그것은 가능한 한 다음 번 회의 (추후의 회의는 1차 세계대전 때문에 개최되지 않았다) 전에 칼 융 및 그의 신봉자들과 갈라지게 하는 기폭제가 되었다. 《정신분석 운동의 역사》가 발표되기 이전인 4월 《국제적 정신분석 잡지(Internationalen Zeitschrift für Psychoanalyse)》에 이어 비판적인 논쟁을 통하여 공격을 당한 융은 국제 정신분석학회 회장의 자리도 사퇴했다. 그 이후 프로이트는 《역사》의 개별적 산물을 급히 집필했고, 《연감》이 마무리되기 한 달 전인 6월 말에 별쇄를 발송할 수 있었다. 행동은 바라던 결실을 얻었다. 7월 25일에 "취리히인"의 사직에 대한 공식적 보고가 도착했고, 동시에 세르비아에 대한 오스트리아-헝가리의 선전포고가 발표되면서 제1차 세계대전이 일어났다(F/A, 180쪽).

분노의 열기로 집필된 텍스트는 3부로 나누어진다. 1부에서 프로이트는 브로이어의 카타르시스 방법과 최면을 통한 암시에서 시작된 1902-1906년까지의 정신분석의 발전을 서술한다. 그는 여기서 특히 정신분석의 본질로 제시하고 있는 세 가지 관점을 개진한다(전집 10, 53쪽). "억압과 저항에 대한 학설, 유아성욕의 도입, 무의식의 인식을 위한 꿈의 해석과 활용"이 그것이다. 신경증의 병인론에서 성욕의 역할에 대한 그의 견해에 거부적으로 반응하는 학계 동료들의 태도 때문에 그는 "엄청난 고립"에 빠져들었다고 한다. 이 근본원인에 대한 설명의 목적은 정신분석이 전적으로 프로이트의 "창작품"이라는 것, 따라서 그는 그것의 경계를 규정할 권리가 있다는 함의까지도 함께 증명하기 위한 것이다.

2부는 빈의 "수요회(Mittwoch-Gesellschaft)"에서 시작되는 정신분석 단체 형성의 첫 출발을 다루고 있다. 여기서는 취리히 대학교 정신의학 정교수였던 오이겐 블로일러와 수석의사였던 칼 융이 프로이트의 학설에 관심을 기울였던 점이 프로이트에게 어떤 돌파구를 의미했었나 하는 것이 아주 분명히 강조된다. 그 이후로 프로이트 학파는 커다란 도약을 경험했다는 것으로, 이런 도약의 국제적 경로가 요약적으로 설명된다. 프로이트에 따르면 지리적 확장을 위하여 정신분석을 모든 가능한 정신과학에 적용하려는 내용적 확대가 이루어졌다고 한다.

3부에는 논쟁이 들어 있는데, 이것 때문에 전체 텍스트가 집필되었다. 우선 프로이트는 국제 정신분석학회의 창설과 칼 융의 회장 선출을 정당화한다. 그리고 나서 그는 자신의 추종자들 가운데 두 사람의 "이탈운동"에 대하여 언급한다. 먼저 아들러의 경우가 언급된다. 앞서 거론된 정신분석의 세 가지 본질은 이제 리비도적인 충동자극 대신에 자아심리학을 강조하는 아들러의 학설이 더는 정신분석에 포함될 수 없다는 것을 보여 주기 위하여 이용된다. 융의 경우에도 유사하게 그가 억압, 아동 성욕 등의 가정을 포기한다는 것이 강조된다. 프로이트는 융이 가족 및 오이디푸스 콤플렉스에서 성적인 문제를 배제함으로써 윤리와 종교를 구출하려 한다는 것을 동기로 제시한다. 그는 비판을 통하여 "거부해야 하는 학설의 어쩌면 있을 수도 있는 진리내실"을 논박하는 것이 아니라 단지 그 학설이 "분석의 원칙을 부인한다"는 것, 그리고 이 때문에 동일한 학술적 명칭을 사용해서는 안 되리라는 것을 예증하려고 한다(93쪽). 그렇다면 이런 학술의 대변자들은 정신분석학회에서 더는 어떤 자리도 차지할 수 없다는 것이 암묵적 결과이다. 몇 가지 **사적으로** ―아들러 논문들의 "자질구레한 간계", 융의 태도에서 드러나는 "부정직성"처럼― 아주 신랄한 표현들(95쪽, 105쪽)도 나타난다. 이런 표현들이 실무적 불일치의 관점에서 부족한 부분을 사적인 화해불능의 관점으로 보완한다.

전체적 서술의 기본성향은 이 서술이 날카로운 필치로 학문적 지형을 동지와 적으로 나누고 있다는 점이다. 프로이트는 과거의 세월을 고려하면서 자신을 고독한 자로서뿐만 아니라 몰이해와 경멸에 둘러싸인 자로서 기술한다. 나중에 학계는 물론 그에 대해 점점 더 많이 주목했지만, 그의 소수의 추종자를 제외하면 대체로 그의 학설을 거부했다. 항의와 적대시가 더 강하면 강할수록, 그만큼 더 그는 자신이 "특별히 의미심장한 관계들"을 발견했다고 확신했다(60쪽). 이는 프로이트 자신도 때때로 인정한 "정복자"의 기질로, 그는 "이런 자의 호기심, 대담함과 강인함"을 지니고 있었다(F, 437쪽). 아들러와 융의 "이탈"과 마찬가지로 동료들의 부정적 반응을 프로이트는 ―금기시된 사정들이 노출되자 이에 맞서는 환자의 저항과 유사하게― "저항"의 표시로 받아들였고, 이와 동시에 그것을 필연적일 뿐만 아니라 그가 거의 옳았다는 사실의 확증으로 받아들였다(GW 10, 62쪽, 92쪽). 이렇게 그는 적대적인 환경 속에서 "진리"의 소유자로서 그의 단체를 결속시켰다(F/Fer I/2, 216쪽 참조). 외부로의 확실한 경계와 내부로의 안정이 일체를 이루었다.

《나의 이력서(Selbstdarstellung)》

이 글의 발생 동기는 그다지 주목할 만한 점이 없었다. 라이프치히의 펠릭스 마이너 출판사는 1921년에 《자기묘사[78]로 이루어진 현대철학(Philosophie der Gegenwart in Selbstdarstellungen)》이라는 시리즈를 계획했다. 1923년에는 이와 유사한 의학 시리즈가 계획되었고, 이후 후속판이 나왔다. 기획에서 주안점은 "자동근육작업기록(Autoergographie)"에 두어졌다. 저자들은 이 안에 기록된 "개인적 계기"를 참고하여 필생의 작업의 "신빙성 있는" 표현을 구사할 수도 있다(Grote 1923). 모든 시리즈 가운데 《자기묘사로 이루어진 현대의학(Medizin der Gegenwart in Selbstdarstellungen)》 시리즈가 가장 방대하며 총 8권으로 되어 있다. 각 권에는 5-8개의 기고문이 들어 있는데, 이것들은 책 속에서 이어져 있을 뿐만 아니라 독립적으로 쪽수가 매겨져 있어서 소매하기에도 적합했다. 발행인은 내과의사 루이스 R. 그로테(Louis R. Grote)였다. 그는 "탁월한" 의사들에게 기고를 청탁했다. 그에게 선택된다는 것은 그 자체로 뭔가 명성의 표시였다. 프로이트는 제4권의 첫머리를 장식했다. 그는 정신의학 분야에 편성되었는데, 이를 대변하는 사람들은 프로이트 외에 정신분석의 공공연한 적대자인 알프레트 에리히 호흐(1권), 블라디미르 베크터레프, 아우구스트 포렐(6권)과 콘라트 리거(8권)였다(Grote 1930 참조, 여기에는 이 다섯 사람의 문헌이 모여 있다). 프로이트의 《나의 이력서》(이 제목은 그에게서가 아니라 시리즈 제목에서 차용되었다)는 《정신분석 운동의 역사》와 비교하여 훨씬 더 조용하고 균형 잡혀 있으며 또한 세밀하다. 이 글에서 중요한 것은 모든 자기 분석적 해석 없이 시리즈의 표준에 따르는 학술적 자서전의 형식을 갖추는 일이다. 프로이트는 1924년 여름에 빈 근처의 제메링 협곡에서 휴가를 보내는 동안 이 기고문을 쓰기 시작했다. 그는 집필에 대하여 원고가 8월 6일에 우송되었다고 페렌치에게

---

78) 역주: 프로이트의 경우에 통용되고 있는 '나의 이력서(Selbstdarstellung)'라는 번역이 이 부분에서는 매우 부적절하여 '자기묘사'로 옮겼다.

알렸다(F/Fer III/1, 222쪽, 227쪽). 그는 여러 차례에 걸쳐서 《나의 이력서》가 앞서 나온 것의 재생품에 불과하며, 그것을 "내적인 열망 없이 발행인의 촉구에 따라서만" 저술했다고 진술했다(F/G, 78쪽). 그는 이 텍스트를 관계의 관리를 위하여 활용하고자 했고, 따라서 그는 자신의 고료를 별쇄본으로 받을 수 있었다. 별쇄본은 1925년 2월에 도착했지만(C, 569쪽) 충분치 않았다. 그래서 그는 추가분을 주문했고 6월에 그것을 배포했다(C, dt. 37쪽). 그는 1935년에 출간된 미국의 신판에 대해서는 현 상황에 맞는 《부록》을 작성했으며, 본래의 텍스트에 몇 가지 보충과 각주를 첨부하였다(Freud 1973/1971, 37-38쪽).

프로이트에 따르면 《나의 이력서》는 과거의 글들에 비해 "주관적이고 객관적인 표현 사이에서, 자서전적이고 역사적인 관심 사이에서 새로운 혼합관계"(전집 14, 34쪽)를 제시한다. 그것은 일단 그가 이번에는 그의 가족과 유대인 문제, 학교와 대학에서의 그의 이력과 관련된 개인적 정보의 전달에서 더 관대하다는 것을 의미한다. 그는 어떻게 해서 그리고 왜 신경질환을 전공했는지를 서술하고, 자신이 겪은 샤르코와 최면술의 대가인 베른하임과의 경험을 이야기한다. 이어서 프로이트는 정신분석이 신경의학적 실무의 특수한 산물인데, 왜냐하면 그는 **외래환자의** 치료에 대한 **효과적인** 방법을 찾았기 때문이라고 설명한다. ― 약 1890년까지의 일들을 서술하는 1장은 프로이트의 전 작품에서 자서전적으로 상세히 서술되는 유일한 것이기 때문에 이 글에서 가장 귀중한 부분이다. 이 부분은 첫 출간부터 전집에 수록되었고 자서전 시리즈의 작품 관련적인 구상과 일치하던 8포인트 활자 때문에 읽기가 어려웠다. 큰 활자가 시작되는 지점부터 《나의 이력서》는 주로 정신분석의 임상적이고 이론적이며 조직적인 관점으로 변화한다. 아울러 그것은 독자들이 다른 글에서도 실제로 읽어 볼 수 있는 내용의 반복으로 변화한다. 그럼에도 프로이트가 계속해서 자신의 학설을 새로운 말로 주조할 수 있었던 신선함은 우리에게 감탄을 자아낸다. 이러한 신선함은 그의 사유 속에서 명백히 진부하게 퇴색되는 법이 없었다.

그는 우선 2장에서 어떻게 해서 자신이 최면적 암시의 은폐된 방법보다 브로이어의 카타르시스적인 방법을 선호하기 시작했는지를 설명한다. 그는 카타르시스적인 방법을 한편으로는 더 효과적이고, 다른 한편으로는 더 만족스럽게 느꼈다. 왜냐하면 그것이 증상의 원인을 해명하는 데 유력하기 때문에, 그러므로 연구목적에 도움을 주기 때문이었다. 이어서 그는 히스테리뿐 아니라 신경증도 성기능의 장애를 통하여 야기된다는 자신의 경험을 언급하기 시작한다. 카타르시스적인 것으로부터 완전히 최면을 포기하고 정신분석적 치료로 나아가는 과정에 대한 보고에서 어떻게 그가 여자환자의 전이를 통한 사랑의 문제와 부딪쳤는지를 서술하는 일화는 특히 인상적이다. 저항, 억압과 무의식에 대한 다음 논문(3장)은 완전히 알려진 궤도에서 움직인다. 프로이트는 성이론을 요약하는 가운데 성욕의 확장된 개념을 강조한다. 4장은 "기본규칙"을 지닌 자유연상, 분석적 해석기술과 전이의 취급 등 정신분석적 기법의 특징을 기술한다. 끝으로 프로이트가 종종 반복적으로 강조하는 꿈이론의 개요가 첨가된다. 프로이트에 따르면 꿈이론은 정신분석이 "정신병리학의 보조학문"이라기보다는 오히려 "정상적인 것의 이해에 대해서도 필수불가결한 새롭고 더 심원한 영혼학을 위한 시도"라는 것을 보여 주었다는 것이다(전집 16, 73쪽).

5장은 정신분석의 외적인 운명, 예컨대 정신분석 운동의 성장, 부분적으로는 무엇보다 독일에서 전문인 집단의 악의적인 저항, 국제적 확산, 첫 "이탈운동"에 관해 다룬다. 프로이트는 이 운동과 관련하여 "편협함"이라는 비난에 대해 자신을 방어한다. 제1차 세계대전은 만족스러운 결실을 가져왔다. 신경증 장애의 정신발달에 대한 가정 가운데 몇 가지가 전쟁으로 인한 신경증 환자와 관련하여 널리 알려지게 되었던 것이다. 이어서 부다페스트에는 정신분석센터의 계획과 베를린의 정신분석 외래환자 진료소의 구축이 언급된다. 프로이트는 1906년과 1907년 이후에 나온 그의 저작의 이론적 발전으로부터 나르시시즘의 구상, 에로스와 죽음의 충동이라는 충동 이원론에 대한 그 자신의 사색, 이드, 자아와 초자아에 대한 메타심리학적 공식들, 정신병의 분석적 이해를 얻으려는 노력을 그 자신의 기여로서 강조한다. 그는 독일의 젊은 정신의학자 중에서 "분석적 관점으로 일종의 평화적인 침투(pénétration pacifique)"(87쪽)가 이루어지고 있음을 확신한다. 6장은 정신분석을 ―프로이트 본인이 이에 관여하는 만큼― 문학과 예술론, 종교사와 선사시대, 신화, 민속학과 교육학 등에 적용하려는 그의 시도를 상술하고 있다. 《토템과 터부》는 특히 광범위하게 다루어진다. 그는 신화와 상징, 교육학에 대해서는 아주 조금만 다루었다고 말한다.

1935년의 《후기(Nachschrift)》에서 프로이트는 1920년대 후반기, 즉 "자연과학, 의학과 정신요법에 걸쳐서 평생의 우회로"를 지나온 시기에 그의 관심이 젊은 날의 문화적 문제제기로 되돌아왔다고 언급한다. 프로이트에 따르면 《환영의 미래》와 《문화 속의 불쾌감》 같은 관련 글들이 크게 호응을 받았다. 이 때문에 그는 "자신이 독일인처럼 거대한 민족이 경청할 준비가 되어 있는 저자들 중에 속한다"는 ―곧 반증되는― 착각을 일으켰다고 한다. 그러나 이 글들은 더 이상 정신분석에 대한 본질적인 기고문들이 아니었고, 정신분석에 대해서는 "없어도 손실이 될 것은 없었다"(전집 16, 32-33쪽). 종결하는 단락은 그의 저작의 존속을 위한 보증으로서 국제 정신분석학회(IPV)의 번성을 확언한다.

추후영향

프로이트는 자서전적인 글에서 그의 학설의 성립과 발전을 영웅적 투쟁의 역사로 구성했다. 그는 이런 역사를 우선 혼자서, 다음에는 고루하고 적대적이기까지 한 주변세계에 맞서서 성장하는 추종자 그룹의 도움으로 수행했다. 철저한 경험적 작업과 제시된 결과의 정당성에 대한 확고한 믿음 속에서 정신분석의 인식들이 구축되고 확장됨으로써 그것은 더 많은 사람에게 인정받게 되었다. 그 이후로 프로이트의 저작을 읽는 모든 분석가 세대는 이렇게 열정적으로 사물을 보는 시각과 새롭게 동일시되고 있다. 이 세대가 역사적인 자기상을 갖고 나서는 수십 년에 걸쳐서 프로이트 학파의 역사적 기록을 만들어 냈다. 대략 어니스트 존스의 프로이트 전기를 보면 알 수 있다. 특히 "이탈운동"과 관련하여 프로이트의 《정신분석 운동의 역사》가 인상적인데, 왜냐하면 아들러나 융도 반대진술로 맞대응하지 않았기 때문이다. 그렇게 한 유일한 사람은 빌헬름 슈테켈이었다(1926).

패러다임의 변환은 헨리 엘렌버거(Henry Ellenberger)의 저작 《무의식의 발견(Die Entdeckung des Unbewußten)》(1970/1973)을 통하여 일어났다. 엘렌버거가 정신분석의 역사를 프로이트와 존스가 언급했었던 고립으로부터 본연의 역사적 맥락으로 회복시켰다는 점, 또한 선구자들의 이름을 거론하면서 넓은 자료의 토대 위에서 정신분석을 탄생시킨 지적 공간을 기술했다는 점이 그의 커다란 업적이었다. 엘렌버거는 프로이트가 일깨웠던 거의 자생적인 작업의 인상, 그리고 분석의 진리 탐구자들과 눈먼 주변세계에 대한 그의 흑백논리를 철저히 무너뜨렸다. 많은 점에서 그는 프로이트의 이야기를 다른 문헌들과 비교함으로써 그것에 의문을 제기했다. 얼마 후에 설로웨이(Sulloway)는 대체로 프로이트의 자서전적인 글들로 되돌아가던 "프로이트-신화들"에 대한 진실한 목록을 제시하고 그 신화들을 깨뜨리려고 했다(1979/1982, 664-672쪽). 새로운 융 연구는 융이 독립적인 사상가로 불리지 못하고 "배신자"로 낙인찍히는 점에 항변한다. 융의 프로이트와의 제휴는 그 자신의 연속성에 있어서 하나의 일화였다는 것이다

(Shamdasani 2003). 자서전의 기록자 프로이트는 이런 저런 저자들의 비판이 부풀어 오르고 있어서 오늘날 전반적인 의혹에 싸여 있다.

이제 불신해도 좋을 만한 프로이트의 발언들이 실제로 존재한다. 브로이어의 첫 번째 여자 환자는 물론 카타르시적인 방법을 통해서 치유되지 않았다. 또한 프로이트는 1894년부터 동료들과 충돌했는데, 동료들의 저항은 프로이트에게 부분적으로 책임이 있었다. 왜냐하면 프로이트가 확신에 찬 목소리로 입증이 잘못된 광범위한 일반화를 내세웠기 때문이었다. 반면에 다른 일들은 부당하게도 의심을 받았다. 가령 프로이트가 1896년부터 10년 동안 계속 "엄청난 고립"에 빠져 있었다거나 《꿈의 해석》이 정신병학 및 신경의학 전문지에서 거의 언급되지 않았으며 —설령 그렇지 않을지라도— 근본적으로 거부적이었다는 진술은 틀린 말이 아니었다. 이렇게 프로이트에 대한 비판적 역사서술은 많은 것을 수정했으나 그 목적의 한계를 훨씬 넘어섰다(Köhler 1989). 일반적으로 프로이트의 자서전적인 글을 공정하게 판단하면, 그것은 —물론 타협이라곤 없이 자기중심적이지만— 놀라울 만큼 신뢰성을 지닌다. 하지만 프로이트의 자서전적인 글은 단체형성의 이해관계 속에서 역사전략을 수행하는 것도 사실이다. 그리고 그것은 더 넓은 학문적 논의에서 이탈하려는 경향, 외부의 모순을 **즉석에서**(a limine) 거부하고 배제를 통하여 내적인 견해 차이를 끝내려는 경향을 입증한다. 여기서 내적인 견해 차이는 한편으로 프로이트 학파의 성격분류작업(Profilierung)에 기여했고, 다른 한편으로는 자기고립을 가속화함으로써 오늘날까지 좋지 않은 영향을 미쳤다.

──── **참고문헌** ────

Ellenberger, Henry S.: Die Entdeckung des Unbewußten(무의식의 발견). 2 Bde. Bern/ Stuttgart/Wien 1973(영어판 1970).

Freud, Sigmund: »Selbstdarstellung«. Schriften zur Geschichte der Psychoanalyse(《나의 이력
서》. 정신분석의 역사에 대한 글들). Hg. von Ilse Grubrich-Simitis [1971]. Frankfurt a.
M. 1973².

Grote, L. R.: Vorwort des Herausgebers(편집자 서문). In: Die Medizin der Gegenwart
in Selbstdarstellungen. Bd. 1. Leipzig 1923, III-XI. — (Hg.): Führende Psychiater in
Selbstdarstellungen. Leipzig 1930.

Grubrich-Simitis, Ilse: Sigmund Freuds Lebensgeschichte und die Anfänge der Psychoanalyse
(지그문트 프로이트의 삶의 역사와 정신분석의 시초). In: Freud 1971/1973, 7-33.

Köhler, Thomas: Abwege der Psychoanalyse-Kritik. Zur Unwissenschaftlichkeit der Anti-
Freud-Literatur(정신분석비평의 잘못된 길들. 안티-프로이트-문학의 비학문성).
Frankfurt a.M. 1989.

Meyer-Palmedo, Ingeborg/Gerhard Fichtner: Freud-Bibliographie mit Werkkonkordanz(저
작 용어색인이 들어 있는 프로이트-참고문헌) [1989]. Frankfurt a. M. ²1999.

Schröter, Michael: Freuds Komitee 1912-1914. Ein Beitrag zum Verständnis psychoanalyti-
scher Gruppenbildung(프로이트의 위원회 1912-1914. 정신분석 단체형성의 이해에 대
한 기고). In: Psyche 49 (1995), 513-563쪽.

Shamdasani, Sonu: Jung and the Making of Modern Psychology: The Dream of a Science(융
과 현대심리학의 조성). Cambridge/New York 2003.

Stekel, Wilhelm: Zur Geschichte der analytischen Bewegung(분석적 운동의 역사). In: Fort-
schritte der Sexualwissenschaft und Psychoanalyse 2 (1926), 539-575쪽.

Sulloway, Frank J.: Freud — Biologe der Seele. Jenseits der psychoanalytischen Legende(프
로이트 — 영혼의 생물학자. 정신분석의 전설의 저편). Köln-Lövenich 1982(영어판
1979).

Michael Schröter

12. 편지들

프로이트는 글을 쓰려는 강한 욕구를 지니고 있었다. 그의 학문적 저작 중에서 수만 쪽의 글들이 이런 욕구로부터 생겨났다. 작업노트들과 다른 수기들, 그리고 엄청난 양의 편지들도 이런 욕구로부터 생겨났다. 편지의 양은 약 20,000쪽에 달하는 것으로 평가되었고, 그 가운데 적어도 절반은 보존되어 있다고 한다(Fichtner 1989, 810쪽). 이것으로 프로이트의 전체 편지 의 양은 그의 학문적 저작보다 더 방대한 것으로 보인다. 편지 작성자로서 프로이트의 솜씨를 **최고로 잘** 보여 주는 단면을 《1873-1939년의 편지》 선 집이 제공한다(B). 훨씬 오래된 기초자료에 대한 포괄적 논의는 그로트얀 (Grotjahn; 1976)에게서 찾아볼 수 있다. 개별적인 서신교환에 대한 정보는 그때그때 발행되는 판들의 서문이나 후기가 제공한다(F, S, F/B, C, F/Fer, F/ E). 피히트너(Fichtner; 1989)는 편지 작성자 프로이트를 면밀하게 검토하면 서 높게 평가한다. 그 밖에 드 미졸라(de Mijolla; 1989/1997)의 연구도 참조할 만하다.

1998년까지 발행된 프로이트의 전체 편지는 마이어 팔메도(Meyer- Palmedo)와 피히트너(1989/1999)의 《프로이트 도서목록》에서 인용되고 387

개의 기록이 들어 있는 "편지수신자의 색인"을 통하여 밝혀진다. 프로이트 편지들의 가장 큰 문서수집 카탈로그(미국 의회도서관 소장) 속에는 "가족서류/지그문트 프로이트와의 서신교환"이라는 항목으로 약 40명의 이름이, "일반적인 서신교환"이라는 항목으로 꼭 600명의 이름이 기입되어 있다. 가령 경매들에서는 계속해서 새로운 프로이트 편지들이 나타난다. 그러나 무엇보다 인쇄된 편지들의 수가 끊임없이 증가하고 있다.

전체적인 편지를 분류하고자 한다면, 첫 번째 유형으로 가족편지들이 등장한다. 여기에는 약혼녀 및 약혼에 대한 편지들이 포함된다. 그런 다음 전형적인 친구 및 제자와의 서신교환이 가장 복잡한 성격을 형성한다. 그 나머지로는 흥미롭고 자질구레한 수많은 꾸러미와 개별적인 편지들이 존재한다. 이어서 제시될 수 있는 것은 공적인 자료에 집중된다. 출판을 위하여 결정된 공개적인 편지들은 —가장 중요한 예는 아인슈타인과의 서신교환에 대한 답장으로 발표된 《왜 전쟁인가?》(1932)이다— 소홀히 되고 있다(본서 2장 9.6 참조). 서지학적인 증거들은 마이어 팔메도 등의 저작에도 아직 나타나지 않는 제목들에 대해서만 제공되고 있다. 거기에는 생성시기에 대한 더 상세한 정보도 기재되어 있다. 이제껏 인쇄되지 않은 자료에 대한 정보를 보완하는 것은 가장 일반적인 범례로 의회도서관의 웹사이트이다.

가족편지

1882년에 프로이트는 **마르타 베르나이스**(Martha Bernays)와 약혼했는데, 그녀는 1년 뒤에 그녀의 고향인 함부르크의 반츠베크로 돌아갔다. 1886년 결혼에 이르기까지 헤어져 있던 기간 동안 두 연인은 편지를 주고받으며 관계를 이어 나갔다. 프로이트는 약 750통, 마르타는 약 800통의 편지를 보냈다. 프로이트가 보낸 편지 중에서 선정된 일부는 《편지들(Briefen) 1873-1939》에 실렸다. 완전한 판은 현재 준비 중에 있다. 이 판은 엄격한 성적 규범과 발달된 교통망이 거의 없던 시대에 전화 없이 이루어질 수 있었던 거대한 사랑의 서신교환을 선보일 예정이다. 그것은 프로이트가 공부를 마치고 신경과 의사로서 정착을 준비했던 시절을 그의 인생에서 가장 잘 알려진 시간으로 만들 것이다. 또한 그것은 특히 마르타의 몫과 인격을 아주 새롭게 정당화하게 될 것이다.

이제껏 출간된 선집으로부터 프로이트가 그의 약혼녀에게 직업적이고 사적인 일부터 아주 사소한 일에 이르기까지 모두 알렸을 뿐만 아니라 그의 사고와 감정에 대한 깊은 통찰을 전달했다는 사실이 밝혀진다. 이로부터 우리는 그의 가족, 스승과 친구들에 관하여, (그 자신도 복용한) 코카인에 대한 약제 연구가 나오게 된 그의 과학적 작업들에 관하여 그리고 샤르코와의 엄청난 체험을 가져온 파리를 향한 그의 여행, 그의 금전적인 궁핍에 관하여 알게 된다. 유명해진 문구에서 프로이트는 남녀 역할분담(B, 81-83쪽), 중산층과 하층 사이의 습성 차이("천민은 삶을 마음껏 즐기는데, 우리는 결핍을 느끼며 산다." B, 56쪽)에 대한 보수적 시각을 표명하거나 장래의 전기작가들에게 어려움을 주기 위하여 자신의 문서를 파기하는 일에 대하여 보고한다(B, 144-145쪽). 프로이트처럼 늘 약혼녀에게 자신을 열정적인 남성으로 인식하도록 처신한 사람은 결코 없을 것이다. 그만큼 그는 질투심과 공명심이 강하고, 자의식적인 동시에 지극히 민감하며, 성적 결핍으로 인하여 고통을 받는다. 그리고 이미 정신분석을 창안하기 오래전에 그는 날카로운 자기 및 인간관찰자로서 깊은 인상을 남긴다.

결혼 후에 프로이트는 무엇보다 아내 없이는 해볼 생각도 못 하던 휴가여행에서 마르타에게 편지들을 보냈다. 이와 다른 꾸러미에는 1928-1930년까지 의치를 만들고 그것에 적응하기 위하여 베를린에 머물 때 보냈던 편지들이 들어 있다. 여행에서 보낸 편지 중에는 가령 1907년 로마에서 카르멘-공연에 대하여 유쾌한 묘사 솜씨를 보여 주는 귀중한 자료들이 존재한다(같은 곳, 228-233쪽). 하지만 후기의 대다수 편지는 장식 없는 보고체로 일관되어 있으며, 그것은 무엇보다 가족적 일상의 공존관계를 유지하려는 목적, 아니 그보다는 그렇게 하려는 프로이트의 욕구에 일조한다. 신부에게 보내는 편지들의 "내 사랑 그대"는 "사랑하는 아내"가 되어 버렸다. 그러나 이 글들은 여러 면에서 "나의 사랑하는 사람들"이라는 호칭으로 되어 있다. 따라서 그것은 더는 개인으로서의 아내가 아니라 —모두에게 낭독하거나 소식을 전달하기 위한— 집단으로서의 가족을 향하고 있다.

결혼하지 않은 채 1896년부터 언니의 가정살림을 도우며 살던 민나 베르나이스(Minna Bernays)도 이 가족의 일부였다. 프로이트가 그녀에게 보낸 편지들의 거의 절반(Freud/Bernays 2005)은 약혼 기간에 보낸 것들이다. 이후 그는 처제 민나에게 무엇보다 그의 아이들의 탄생에 대하여, 알프스 여행이나 1893년 빌헬름 플리스를 만나러 베를린으로 간 여행에 대하여 편지에 적었다. 그녀의 편지를 보면 민나는 —언니 마르타보다 프로이트의 학문적 관심에 훨씬 더 많이 관여하는 당사자가 되었다는 사실이 그리 놀랍지도 않을 만큼— 의욕적이고 영리하며 언변이 날카로운 여자임이 입증된다. 끝으로 1938년 5월부터 6월에 이르는 동안의 연속된 편지들이 있는데, 여기서 프로이트는 이민에 대한 고통스러운 기다림에 관해 보고하고 있다. "사랑하는 민나"와 "친애하는 지기(Sigi)"[79] 또는 "사랑하는 아내" 사이의 관계는 분명히 자매의 친밀함에 의해 형성되었다.

프로이트와 그의 자식들과의 서신교환 가운데 그의 공주이자 친구, 간호사가 되어 주었던 막내딸 안나와의 서신교환이 가장 중요하다(Freud/A.

---

79) 역주: 프로이트의 어머니는 어린 지그문트를 '금덩이 같은 지기(goldener Sigi)'라고 불렀다.

Freud i.V.). 편지를 보면 아버지가 청소년기의 어려운 시기에 주의 깊은 분석적 해석으로 어떻게 딸에게 감동을 주었는지, 딸은 예컨대 자신의 꿈을 상세히 이야기함으로써 어떻게 아버지의 애정을 얻으려고 노력했는지를 알 수 있다. 프로이트는 편지에서 18세의 딸에게 그녀가 다른 자매들보다 "더 많은 정신적 관심"을 가지고 있으며 또한 "순수 여성적인 행동"에는 쉽게 만족스러운 태도를 보이지 않을 것이라고 쓰고 있다. 안나가 교사직에서 번역가로 전업하는 1915년에서 1920년까지의 추이과정은 제대로 문서화되어 있다. 안나가 아버지의 지원을 받아 고인이 된 자매 소피의 아이들을 어떻게 돌보는지는 그녀의 아동분석 실무의 앞선 경험이라는 점에서 특히 흥미롭다. 바로 어린 시절의 편지들에는 안나의 총명하고 소녀다운 매력이 사람들의 마음을 사로잡는다. 물론 1923년부터 서신교환은 전신이나 전신유형의 보고체계로 대체되면서 줄어든다.

더 큰 편지 꾸러미들은 며느리와 사위를 포함하여 다른 자식들과의 서신교환에서 얻어진 것들이다. 단지 올리버만이 이민의 혼란한 와중에 아버지가 보낸 편지 대부분을 잃어버렸다. 자연히 빈에 살지 않았던 자식들에게 [베를린의 에른스트와 함부르크의 소피/막스 할버슈타트(Max Halberstadt)에게] 더 많은 편지가 발송되었다. 일반적으로 가족편지가 그렇듯이 자식들에게 보내는 편지는 확장된 가족을 결속하고 질서 있게 유지하는 가부장의 표현으로서 감탄을 자아낸다. 이 편지들에서는 계속해서 돈, 건강, 휴가계획 및 휴가체험에 대한 이야기가 화젯거리로 등장한다. 남아 있는 이런 편지들 가운데 이제까지 개별화된 몇 통이 공개되었다. "그다지 아름답지 못해서 남자의 마음에 들지 않을까 봐"(B, 287쪽) 걱정하던 마틸데에게 보내는 1908년의 위로편지가 이에 속한다.

프로이트의 형제자매에 관한 한, 여동생인 로자와 마리아뿐 아니라 남동생인 알렉산더와 언급할 만한 서신교환이 존재한다. 이제까지 완전하게 공개된 것은 단지 마리아와 그녀의 아이들에게 보낸 편지들뿐이다(Freud 2004). 프로이트는 가족 일에 대하여 맨체스터로 이주한 이복형제 엠마누엘의 아들인 샘 프로이트와 영어로 편지를 주고받았다. 뉴욕에 거주하는 그의 조카 에드워드 베르나이스(Edward Bernays)는 1920년대에 외삼촌인 프로이트의 미국에 있는 에이전트로서 역할을 수행했고, 이와 관련하여 선정된 편지들을 그의 자서전에서 문서화하였다.

친구와 제자에게 보내는 편지: 커다란 꾸러미

프로이트가 친구 및 제자와 주고받은 수많은 서신교환은 ―그것이 늘 축소되었지만― 거의 모두 공개되었다. 아직도 계속 출간을 기다리고 있는 거론할 만한 예외적 사례는 잔 람플 드 그루트(Jeanne Lampl-de Groot)에게 보낸 편지들과 아브라함 브릴(Abraham A. Brill) 및 마리 보나파르트와의 서신교환이다. 프로이트의 50통, 오토 랑크의 200통을 포함하는 두 사람의 서신교환으로부터도 이제까지 소수의 편지들이 발간되었을 뿐인데, 둘 사이에 불화가 시작된 1924년 여름에 인쇄된 문서들이 이에 속한다. 파울 페더른(Paul Federn)에게 보낸 대체로 인쇄되지 않은 수많은 편지는 실무적인 내용을 전달하고 있다.

에두아르트 질버슈타인(Eduard Silberstein)에게 보낸 편지들

서신교환이 없다면 거의 알려지지 않았을 한 친구에게 보내는 이 편지들은 시기적으로 프로이트의 마지막 김나지움 시절과 대학시절에 걸쳐 있다(S). 여기서 두 번의 청춘기의 사랑은 그가 특히 트리에스트에서 수행한 최초의 동물학적 연구 작업만큼이나 인상적인 흔적을 남겨 놓았다. 친구들, 지적인 관심과 읽은 책들에 대한 수많은 일화는 이루 말할 수 없이 귀중하다. 편지 중에서 많은 것은 두 친구가 사적인 언어로 사용한 조금은 어설픈 스페인어로 이루어져 있다. 가령 그들은 "시피온(Cipion)"과 "베르간사(Berganza)"라는 이름으로 서로를 호칭[80]하는데, 이는 세르반테스의 소설 《개들의 대화(Zwiegespräche der Hunde)》에서 유래한다.

빌헬름 플리스에게 보내는 편지들

베를린의 이비인후과 의사인 빌헬름 플리스에게 보내는 편지들(F)에서는 —이를 이해하기에는 대응하는 답장이 없어서 지장이 있다— 프로이트가 뇌신경 해부학자와 마취의사에서 이론과 실무로서의 정신분석 창시자로 발전하는 과정이 관찰된다. 이 편지들에서처럼 새로운 패러다임으로의 돌파가 유사하고 정확히 입증되는 과학사의 출처들은 거의 없다. 이 자료가 최초로 (선택적으로) 알려졌을 때, 그것이 분석가 단체에 얼마나 주목을 끌며 영향을 미쳤는지는 1955년에 나온 에릭슨(Erikson)의 에세이집을 보면 알 수 있다.

프로이트는 어떻게 신경증의 성적 병인학에 대한 사고가 그를 사로잡았는지, 또한 어떻게 그가 질병의 원인에 대한 추적을 계속해서 어린 시절로 확장했고, 그런 와중에 어떻게 이른바 유혹이론의 딜레마에 빠져들었는지를 플리스에게 보고했다. 그가 병인학적으로 구상한 신경증의 학설과 나란히 추구한 —신경학적으로 고취된— 심리학의 계획은 1895년의 "심리학 초고(Entwurf einer Psychologie)"에서 구체화되었는데, 그것은 플리스가 읽어 보도록 문서로 발송되었다(텍스트는 전집 증보판에 수록되었다). 1897년부터

---

80) 역주: 《개들의 대화》는 뒷골목을 유랑하는 '시피온'과 '베르간사'라는 두 마리 개들이 내다 본 세상을 풍자화한 소설이다. 프로이트는 이 소설을 읽고 자신을 시피온, 친구를 베르간사 라고 부른다.

그의 이론형성은 《꿈의 해석》 집필이라는 특징으로 윤곽을 드러냈다. 프로이트는 《히스테리 연구》에 이어서 이제 심리학적 관계와 기제들에 초점을 맞추면서 그의 무의식의 모델을 발전시켰다. 여기서 본질적인 연구의 도구는 자기분석이었다. 마찬가지로 자기분석의 시작과 어릴 적 체험들은 플리스에게 보낸 편지들에서 파악될 수 있다. 예컨대 그는 이렇게 적고 있다. "나는 어머니에 대한 사랑에 빠졌고 아버지에 대해서도 질투심을 느낀다는 것을 알았다. 나는 지금 그것을 먼 어린 시절에 일어나는 일반적인 일로 간주한다"(F, 293쪽).

프로이트의 플리스와의 ―자네라는 호칭으로 불렀던 마지막 친구와의― 우정과 이로 인한 서신교환은 스스로 과학의 위대한 개혁자로 느끼고 원대한 환상 속에서 서로를 인정하던 두 국외자의 필요성 때문에 유지되었다. 이러한 인정은 프로이트가 1896년 그의 분과의 정상적인 담론으로부터 멀어진 이후로는 그만큼 더 그에게 중요했다. 이제 플리스는 그에게 청중의 화신이자 전적으로 그의 작업의 수취인이 되었다. 플리스는 프로이트에게 자기분석의 불안정한 시도 속에서도 없어서는 안 되는 대화상대자로서 도움을 주었다. 프로이트가 분량에 대한 그의 요청을 처음으로 실행에 옮긴 《꿈의 해석》이 출간된 뒤에, 두 사람의 관계는 그들이 매번 다른 사유를 하면서 아무것도 더 이상 시작할 수 없다는 인식과 아울러 깨어졌다. 1900년 여름 이후의 편지들은 점점 더 소원해지는 그들의 관계를 반영한다.

칼 융과의 서신교환

플리스와의 편지가 끊기고 1906년 융과의 서신교환이 시작될 무렵에 프로이트의 장년기적 삶에서 볼 때 **전인미답의 영역**(terra incognita)이 그의 앞에 놓여 있다. 그의 편지의 물결은 그의 학설을 인정하는 오이겐 블로일러를 중심으로 하는 취리히의 정신과 의사들이 그와의 접촉을 받아들였을 때야 비로소 시작된다. 취리히로부터 또는 취리히를 경유하여 정신분석의 확장을 추진하는 중요한 인물들이 찾아왔다. 그들과의 서신교환은 프로이트가 국제적 지배권을 구축하기 위한 가장 중요한 수단이었다. 이에 상응하여 편지 속에는 **조직적인 문제가** 주도적인 역할은 아니지만 일관되게 역할을 수행한다. 프로이트가 이 관계를 지적인 설득력, 부드러운 청탁의 자세, 열정의 현전, 인간적인 도량과 권위적인 엄격성을 가지고 다루던 방식에서 그의 대인관리의 카리스마적인 솜씨가 나타난다. 그는 곧 자신만을 대표하는 학파 형성을 위하여 이런 솜씨가 크게 필요했다. 모든 열정적 동기를 통하여 그는 목적, 자신의 "일"의 학문적이고 사회적인 결실을 주시했다.

취리히 프로이트 운동의 중추인물은 칼 융이었다. 융과의 서신교환(F/J)은 프로이트가 또 한 번 의학계의 담론에 진입해 보려는 시도를 보여 주는 문서를 의미한다. 하지만 프로이트는 이 시도, 즉 자신의 잡지 및 독단적인 회합들과 학회를 포함하는 프로이트 학파를 자기이해에 따라 움직여 보려는 행보에서 좌절한다. 극단적 역동성을 지닌 이런 발전은 융과의 편지에서 여기저기 단편적으로 언어화되고 있다. 여기서 서신교환자들은 학문적 적대자들에 대한 신랄한 언급이나 이전 정신분석의 대변자들에 대한 꾸밈없는 언질을 자제하지 않는다.

동시에 프로이트는 그의 추종자들 중 어느 누구와도 융만큼 집중적으로, 임상적이고 이론적인 문제들에 대하여 말하자면 같은 눈높이로 의견을 교환한 바가 없었다. 특히 두 사람은 취리히 학파와의 연결을 통해서야 비로소 프로이트가 중점적으로 관심을 갖게 된 주제영역인 조발성치매(Dementia praecox)[조현병(Schizophrenie)]의 이해에 관하여 논의했다. 여기서 과거의 쟁점은 병인학적으로 심적인 것인가 또는 독물에 의한 것인가에 대한 물음이었다. 기존에 나온 저작들(예컨대 프로이트의 레오나르도 연구)에 대한 의견 교환도 아주 많다. 하지만 융이 1910년에 그의 신화적인 연구들을 시작했을 때 학문적인 대화는 시들해지기 시작했다. 이 연구들은 융의 저작 《리비도의 변화와 상징(Wandlungen und Symbole der Libido)》(1911/12)이 나오기 이전의 작업들로, 그는 이를 가지고 다시 프로이트에게서 등을 돌린 바 있다.

이런 것과는 다른 차원에서 융과 프로이트의 서신교환은 감동할 만한 인간적 문서이다. 아이슬러(1982, 7)는 이에 대해 두 사람의 "서신교환은 마치 더 나이 든 남자와 더 젊은 남자의 비극적 우정이 표현되는 위대한 저술가의 편지소설처럼 보인다"고 편지를 읽은 감상을 서술했다. 프로이트는 융의 지성과 활력에 매료되었고, 융이 학술적으로 명망 있고 유대인이 아니라는 점을 높게 평가했다. 융은 프로이트의 임상적 탁월함을 인정했고 (성이론이 아니라) 무의식에 대한 그의 혁신적 견해에 영향을 받았다. 그러나 프로이트가 과도하게 친밀감과 추종을 요구하면서 자신의 "후계자와 황태자"를 찾으려고 했던 반면에(F/J, 241쪽), 융은 그 자신의 길을 가려고 했다. 결국 융은 거칠게 반응하면서 프로이트를 신경증 환자라고 불렀고, 이로써 종국적인 불화를 일으켰다.

막스 아이팅곤과의 서신교환

고립된 프로이트를 1907년 초에 방문한 최초의 '취리히인'은 막스 아이팅곤이었고, 그는 1909년부터 베를린에 거주했다. 물론 두 사람의 서신교환(F/E)은 1918년에야 비로소 우정관계처럼 본격적으로 진행되었다. 중요한 것은 이를 통해 프로이트가 그의 제자들 가운데 아이팅곤과 숫자상 두 번째로 많은 편지를 주고받았다는 사실이다. 편지에는 임상적이고 이론적인 주제들은 거의 없고, 행정적이고 특히 금전적인 문제가 긴요하게 거론된다. 이와 같은 문제는 프로이트가 그의 운동의 가장 중요한 기관으로 간주했던 국제정신분석 출판사와 아이팅곤이 1920년에 창설하여 1933년까지 주도한 베를린 정신분석 외래환자 진료소와 관련된다. 그뿐만 아니라 아이팅곤이 국제정신분석학회(IPV) 회장이었던 1926년부터 1932년까지 정신분석 교육을 국제적으로 표준화하는 문제와도 관련된다[표어는 "비전문인분석(Laienanalyse)"이었다]. 아이팅곤과 주고받은 편지들은 제1차 세계대전 이후 정신분석가의 단체가 연구, 출판과 교육의 팽창된 기구로 성장하면서 특수한 노력과 이에 상응하는 자격 있는 전문가를 요구했다는 것, 그리고 프로이트가 이러한 발전을 대체로 현실적이고 노련하게, 때로는 성급하고 격렬하게, 하지만 가능한 한 배후에서 추진하고 조종했다는 것을 극명하게 입증한다.

막스 아이팅곤은 관리자 기능을 제외하면 (랑크와 나란히) 프로이트와의 관계에서 "친애하는 막스"를 통하여 상징화된 "아들"의 위치에 가장 일찍 도달한 제자였다. 반면에 다른 사람들의 경우에 (그들이 남자들인 한) 친밀감이 "친애하는 친구"를 넘어서지 않았다. 아이팅곤에게 보내는 프로이트의 편지는 다른 사람에게 보내는 편지보다 더 자주 자신의 가족 안부와 건강에 대한 소식 내지 암 수술 이후의 고통으로 가득 차 있다. 그루브리히 지미티스(2005, 270쪽)는 이들의 편지들이 "많은 특징에 있어서 가족과의 서신교환과 같다"고 서술한다. 둘 사이의 서신교환은 아이팅곤이 1934년 팔레스타나로 이주했을 때, 하지만 프로이트가 그의 친밀한 추종자 가운데 가장 유대인적인 이 사람에게 자신의 런던으로의 이주에 대하여 아주 꼼꼼한 내용의 편지를 써 보냈을 때 시들해지기 시작한다(F/E, 901-903쪽). 프로이트에 대한 아이팅곤의 사랑과 순응하려는 자세는 거의 한계가 없는 것으로 밝혀진다. 프로이트와 제자들과의 중요한 관계 중에서 이 경우가 심각한 갈등이 없는 유일한 관계이다.

카를 아브라함과의 서신교환

마찬가지로 카를 아브라함도 취리히를 떠나와 프로이트에게 합류했다. 그는 1908년 베를린으로 돌아와 신경의학적인 실무의 틀에서 분석가로서의 실존을 구축하려고 노력했다. 이런 그의 결실 있는 노력은 ─그는 프로이트의 제자 세대에서 이런 행보를 과감하게 수행한 최초의 인물이었다─ 프로이트와의 서신교환 초기에 베를린에 있는 분석단체의 발전과 마찬가지로 그가 일찍 죽을 때까지 베를린 분석단체의 논박할 여지없는 지도자로 남아 있게 된 주도적인 동기이다(F/A). 프로이트는 젊은 동료의 작업들에 대해 논평하면서 편지로 그의 최초 사례들을 관리하였고, 그에게 환자들을 보내 그들에 대하여 보고를 받았다. 프로이트와 아브라함의 임상적이고 이론적인 논의들 가운데 특히 부각되는 것은 두 사람이 고전적 작업에서 다루었던 우울증에 대한 논의이다. 융의 본질적인 기능을 아브라함이 떠맡았는데, 이때 융과의 결별로 인한 갈등이 1913/14년의 편지들에 결정적인 영향을 주었다. 둘 사이의 서신교환은 전쟁 중에 특별히 집중되었다.

아브라함은 정신분석 운동에서 "우리 보수주의자들의 지도자"(F/E, 340쪽)가 되었다. 프로이트는 그의 글들의 명쾌함, 다면성과 "정확성"을 칭찬했으며(F/A, 225쪽), 1920년부터 독일에 최초로 전문화된 ─정신치료를 위한 교육장소인─ 베를린 연구소의 구축에서 새롭고 생산적인 행동영역을 발견한 그의 믿을 만한 행동력을 높게 평가했다. 그러나 아브라함이 정신분석을 명백한 의료업무로 주장한 것에 프로이트는 반감을 가졌다. 1924년에 아브라함이 **부활한** 융처럼 랑크를 음해했을 때, 두 사람의 우정에는 어두운 그림자가 드리워졌다. 아브라함이 죽기 직전의 마지막 편지들에서 그들은 베를린과 빈에서 추진되던 정신분석적 영화의 경쟁적인 기획 때문에 다툼을 벌였다. 무엇보다 이 일화는 아브라함 때문에 가급적 조용히 유지되던 서신교환의 피상성이 드러났을 때, 프로이트와 이 베를린 총독 사이의 관계가 긴장상태였다는 사실을 입증한다.

산도르 페렌치와의 서신교환

헝가리의 든든한 추종자인 산도르 페렌치와 프로이트의 서신교환(F/Fer)은 가장 방대할 뿐만 아니라 프로이트의 제자들과의 서신교환 중에서 융과의 편지 다음으로 또는 대등하게 내용이 풍부하고 생동적이다. 이에 기여한 것은 그의 따뜻한 품성과 번뜩이는 지성에 못지않게 프로이트에게 충실한 그의 분명한 태도였다. 이론적이고 임상적인 많은 주제가 이 편지들에서 언어화되는데, 여기서는 특히 치료기법의 문제들이 부각된다. 프로이트는 편집중에 대하여 페렌치에게 "동성애적 구성요소들로부터 리비도가 떨어져 나감"으로써 그것이 발생한다는 공식을 전달했다(같은 곳, 1/1. 53쪽). 그는 페렌치의 텔레파시에 대한 연구를 대단하지만 양가적인 관심을 가지고 지켜보았다. 전쟁 동안에 두 사람은 "라마르크와 정신분석"이라는 공동기획을 추진했다. 전문가적인 소견을 주고받던 끝 무렵에는 프로이트가 ―"키스기법(Kußtechnik)"이라고 명명된― 페렌치의 새로운 기법에 거리를 둔 바 있었던 1931년의 저 거친 내용의 편지가 존재한다(같은 곳, III/2, 272-274쪽).

조직적인 차원에서 페렌치에게 보내는 프로이트의 편지들은 아들러와 슈테켈, 융과의 갈등이 어떻게 비화되어 가는지에 대한 상세한 설명을 포함하는 반면에, 페렌치는 그가 이끄는 부다페스트 단체의 파란만장한 운명에 대하여 보고했다. 고통스럽게 읽을 수밖에 없는 것은 1924년 오토 랑크와의 위기[81] 시에 나온 편지들이다. 이때 페렌치는 우선 오토 랑크를 지

---

81) 역주: 프로이트가 거의 아들처럼 정성을 들여 키운 애제자 오토 랑크는 1924년에 오이디푸스 콤플렉스 이전 시기의 중요성을 강조함으로써 프로이트와 불화가 시작되었다. 이때 나

지하면서 프로이트에 대한 반대 의견을 접을 수가 없었다. 이 때문에 그는 프로이트에게로 다시 돌아가는 길을 찾기가 힘들었다. 1926/27년에 그는 장기간의 미국 체류에 관해 많은 일을 이야기했다. 비전문인분석을 두고 벌어진 논쟁에서 페렌치는 프로이트와 마찬가지로 의사가 아닌 사람들에 의한 정신분석의 실행을 위해 전력을 기울였다. 그가 이렇게 하면서 보여준 비사교적인 급진성 때문에 그는 IPV 회장직에서 물러나야 했다.

페렌치는 프로이트의 개인적인 친밀감을 얻으려고 노력했지만, 이것이 동시에 그를 무기력하게 만들었다. 1910년 프로이트와 휴가 여행을 다녀온 뒤에 페렌치는 상호 교제에서 완전한 개방성을 갖기를 피력했으나 거절당했다. 그는 예컨대 장문의 꿈 해석을 보냄으로써 정신분석에 대한 프로이트와의 서신교환을 은연중에 이용하려고 했다. 그러나 프로이트는 이를 용납하지 않았고, 전쟁 중에야 비로소 그에게 총 9주일의 정규 분석에 대한 세 단락의 보고서를 허락했다(Dupont 1994). 페렌치는 그의 애인의 딸을 분석하다가 사랑에 빠진 적이 있었고, 결국 프로이트가 이 아가씨와의 관계를 끊도록 권유하기 위하여 분석을 속행한 이야기는 어리둥절할 만큼이나 흥미롭다. 페렌치가 정신신경증의 외상적 원인에 대한 프로이트의 옛 이론을 다시 이용하여 기법적인 실험을 강행한 마지막 2-3년의 쓰라린 불화는 무엇보다 점점 더 줄어드는 서신교환의 횟수와 사무적으로 제한되는 서신 내용을 통하여 잘 드러난다.

어니스트 존스와의 서신교환

1912/13년까지 토론토에서 살다가 이후 런던에서 정신분석 진료소와

온 그의 저서가 바로 《출생의 외상과 정신분석에 대한 그 의미(Das Trauma der Geburt und seine Bedeutung für die Psychoanalyse)》이다.

IPV 단체를 구축한 어니스트 존스와 프로이트는 영어로 계속 편지를 주고받았다. 왜냐하면 프로이트는 "독일어를 라틴문자로" 쓸 수가 없었고(C, 181쪽), 존스는 독일어의 ("고트어의") 글자를 거의 읽을 수가 없었기 때문이다. 이 영국인은 편지에서 프로이트의 불안정하고 가끔 오류가 있는 영어에 "고전적 옛 세계의 울림"(같은 곳, 212쪽)이 들어 있다고 기술했다. 이들의 서신교환에서도 정신분석 운동의 중요성이 부각된다. 이는 특히 프로이트를 중심으로 하는 모든 핵심적 구성원들 가운데 존스가 가장 강력하고 확실하게 권력을 얻고자 애썼기 때문이다. 동시에 그는 단합정책을 위한 사교성, 강인함과 현실적 유용성에 특별히 재능이 있었다. 그는 자신의 권력 추구를 프로이트에 대한 깊은 충성심과 연결하면서 다른 사람들 같으면 이로 인해 깨어져 버렸을지도 모르는 프로이트와의 갈등을 견뎌 나갔다.

처음에 편지들에서 우선적으로 다루어지는 것은 미국에서의 정신분석의 발전에 관해서이다. 여기서 존스가 이미 그의 생전에 추구하던 야망의 실체, 즉 전체 영미세계에서 조직화된 정신분석의 지도자가 되고자 했다는 사실이 드러난다. 그는 닥쳐오는 융과의 위기와 직면하여 1912년에 IPV의 비공식적인 반(反) 회장단에 속하는 "위원회"의 설치를 제안한다. 대략 1920년부터 프로이트와의 서신교환은 존스가 시종일관 그 자신의 이해관계를 내세우는 바람에 날카로운 긴장으로 점철된다. 가령 그는 공적인 정신분석적 출판물, 특히 영어로 된 프로이트의 출판물에 대한 독점적 권한을 요구했으며 분석가 교육의 중심적인 규정에 저항했다. 소원함의 정점은 1927년에 극에 달했다. 존스는 이때 멜라니 클라인이 구상하기 시작하던 ―프로이트가 인정하지 않았던― 유아기의 발달모델을 '현대적인' 특정 영어권 정신분석학파의 근간으로 받아들였고, 안나 프로이트에 대한 클라인의 반론을 지지했다. 그러나 이후에 프로이트는 다음과 같이 화해의 말을 찾아냈다. 다툼은 "끊어질 수 없다고 느끼는 끈 하나를 잡고서 잡아당기듯이 한 가족에서 일어난 불화에 불과했다"(C, 643/dt. 60쪽). 존스의 아내가 프로이트에게 분석을 받았던 1912년에서 1914년까지의 시기는 서신교환의 인간적인 정점으로 나타난다. ─ 그런데 존슨의 아내는 다른 남자와 결혼했다.

루트비히 빈스방거와 오스카 피스터와의 서신교환

루트비히 빈스방거와 오스카 피스터는 프로이트가 장기간 편지를 주고받았던 마지막 두 명의 취리히 사람이다(F/B; F/P). 그들은 여러 가지 이유로 정신분석 운동의 가장자리에서 행동했으며, 여러 면에서 프로이트와는 다른 견해를 가지고 있었다. 하지만 이것이 프로이트가 그들과 친분관계를 유지하는 데 방해가 되지는 않았다.

정신과의사 가문의 후예이자 요양원의 상속자인 빈스방거는 빈으로의 첫 여행에서 융과 함께 갔었다. 얼마 후에 프로이트는 그에게 환자들을 보내서 그의 임상적인 소견서에 주해를 달기 시작했다. 1912년에 그는 스위스에서 빈스방거를 융의 후계자로 세우려고 했으나 실패했다. 그는 정신분석을 철학적 심리학의 틀에서 비판적으로 정립하려던 빈스방거의 시도를 보고 불쾌하게 생각했다. 하지만, '위대한 사람'이라는 스위스인의 언변 좋은 찬양 때문에 서로 접촉이 이루어졌다. 빈스방거의 두 아들이 죽은 뒤에 보낸 프로이트의 조문편지들은 그의 진심을 담고 있어서 감동적이다.

목사이자 종교심리학자인 오스카 피스터는 제1차 세계대전 이전에 정신분석을 교육학에 적용했던 중요한 대변자였다. 프로이트가 피스터에게 보내는 편지들에서 그의 순수 분석적 기법의 특성에 대하여 숙고한다면, 교육자이자 사제인 피스터는 종합, 승화, 전이를 적극적으로 지지한다. 두 사람 사이에 가장 활발한 서신교환은 나중에 《환영의 미래》에 대하여 의견을 나눌 때 일어난다. 그러나 1918년 이후 정신분석에 등장하는 ─전문화

표준에 더는 일치하지 않았던— 피스터의 규칙 없는 교육행동은 프로이트에 의하여 질책을 받았다.

루 안드레아스 살로메와의 서신교환

작가로서 이미 명성을 가졌던 루 안드레아스 살로메는 프로이트의 이론을 공부하기 위하여 1912년과 13년 사이에 빈에서 6개월을 체류했다. 이어서 얼마 후 그녀는 정신분석을 실행하기 시작했는데, 1918년 이후로는 영리를 목적으로도 정신분석을 실행했다. 그녀는 프로이트와 거의 동년배로, 플리스 이후 프로이트와 서신을 주고받은 당사자들 가운데 가장 눈에 띄는 인물이었다. 두 사람의 서신교환(F/AS)은 제1차 세계대전 중에 활발해졌고, 안나 프로이트와 그녀가 친교를 가졌을 때도 완전히 친밀한 사이를 유지했다. 프로이트는 그녀에게 환자들을 보냈고, 그녀가 어느 사례에서 일을 더 진척시키지 못하면 서신으로 조언해 주었다. "친애하는 루"는 프로이트의 글이 새로 나올 때마다 유일하게 사려 깊은 장문의 평을 써서 그에게 보내 주었다. 이때 업무상의 요점은 나르시시즘과 여성성에 관한 것이었다. 프로이트는 루 살로메라는 "탁월한 이해자"(같은 곳, 50쪽)의 숙고를 즐겁게 받아들였으며, "당신이 나의 미완성 원고를 제대로 구성하기 위하여 얼마나 예언자적으로 보완하려고 노력하는지"(같은 곳, 68쪽)라고 우아하고도 당혹해 하면서 그녀의 솜씨에 놀라움을 표했다.

아르놀트 츠바이크와의 서신교환

노년의 프로이트는 그간 지속적이고 집중적인 서신교환을 가졌던 남자들과는 거의 교제를 하지 않았다. 유일한 예외가 아르놀트 츠바이크와의 친교이다. 츠바이크는 정신분석과 그 창시자에 대하여 공개적으로 놀라움을 표했고 강력한 언어구사로 프로이트와 쉽게 교류할 수 있었다. "친애

하는 프로이트"와 1933년부터 팔레스티나에 사는 "친애하는 거장 아르놀
트" 사이의 대화에서 중심주제는 "소위 건강"(F/Z, 103쪽)을 제외하면 유대
인의 운명, 시국과 무엇보다 방금 계획된 저작, 형성되고 있거나 완성된 저
작에 관한 것이었다. 프로이트는 츠바이크의 소설 《베르됭전투 전의 교육
(Erziehung vor Verdun)》에 감탄하면서 그에게 니체 소설을 (그리고 프로이트 전
기를) 그만둘 것을 조언했고, 아울러 그 자신의 저작자로서의 강박관념과
《인간 모세》에 대하여 보고했다. 어떤 다른 서신교환자와도 그는 정치, 문
학과 역사에 대하여 이렇게 느긋하게 담소를 나눈 바가 없었다.

위원회 회람(Komitee-Rundbriefe)

프로이트의 서신교환 중 특별한 사례는 1920년에 그의 제안에 따라 설
치된 이른바 비밀 위원회의 회람이다. 중요한 것은 업무적인 서신교환인
데, 여기서 참여자들은 서로가 정보를 얻으며 공동의 관심사에 대하여 논
의했지만, 그들의 지역분회와 출판사를 포함한 국제정신분석학회(IPV)에
서 일어나는 일들에 대해서는 (시간이 지날수록 점점 더) 확고한 거리를 두었
다. 매번 타자된 복사물은 빈, 런던, 베를린과 부다페스트로 전달되었다.
본래의 희망은 회람이 시너지 효과를 일으키면 좋겠다는 것이었다. 하지
만 그것은 갈등의 현장이 되어 버렸다. 랑크-위기 때는 갈등이 절정에 달
했고, 마침내 위원회는 해체되고 서신교환도 중단되었다. 빈 회람은 보
통 프로이트와 협의를 거친 후 랑크에 의하여 작성되어 공동으로 서명되
었다. 1922년과 1924년에 두 번 프로이트는 단독으로 발언하면서 "단결합
시다, 단결, 단결"(회람 Ⅲ, 235쪽)이라고 주의를 환기시켰으나 소용없었다.
1924년 가을에 위원회가 새로 결성되고 나서 1927년 공식적인 IPV 이사회
로 이관되기까지 빈 회람은 프로이트에 의하여 구술되었고, 그것을 타자
한 안나 프로이트가 회람에 공동 서명했다. 위원회 회람은 해당 연도에 따

라서는 아이팅곤, 아브라함, 페렌치, 존스와 주고받은 프로이트의 개별적인 서신교환과 유사하며 여러 면에서 이것과 중복된다.

자잘한 편지 꾸러미와 개별적 편지들

잦은 빈도의 편지와 기본적인 교류의 지속을 통하여 방대해진 앞서 다룬 서신교환 외에 프로이트가 친구, 환자, 동료, 제자, 작가, 조언을 구하는 사람 등에게 보낸 자잘한 많은 편지 꾸러미와 개별적인 편지들이 존재한다. 그것들은 여기서는 선별적으로만 참조될 수 있을 뿐이다. 50통 이하의 편지를 포함하는 꾸러미들은 '자잘한' 것으로 정의된다.

이 계열의 편지들은 친구인 에밀 플루스(Emil Fluss)에게 보내는 편지처럼 프로이트가 보관하고 있던 청년기의 것들로부터 시작된다. 고교졸업 시험에 관한 편지가 이에 속한다. 프로이트는 이 편지에서 자신이 치른 필기시험에 대해 보고하고 있다. 그는 독일어 시험에서 "최고" 점수를 받았는데, 담당 선생으로부터 "너는 헤르더가 멋지게 **기가 막힌** 문체라고 명명하는 그런 문체를 가지고 있구나, 정확하면서도 특징이 있는 문체 말이다"(B, 6쪽)라는 이야기를 들었다고 한다. 학업을 마친 뒤로는 프로이트가 미국으로 이주할 것을 권고한 안과의사 칼 콜러에게 보내는 일련의 편지들이 있다.

프로이트의 치료 실무에 관한 편지들은 거의 보존되지 않은 것으로 보인다. 가장 귀중한 초기의 편지 꾸러미에는 1903년에서 1926년까지 안나 베스트(Anna v. Vest)라는 여자 환자에게 보낸 24통의 편지가 들어 있다. 휴가 중에 작성된 이 편지들 가운데 여러 통은 부분적으로 치료에 관한 것인데, 프로이트는 다른 편지들에서 끝난 요법을 다시 시작하자는 요구를 거절한다. 엠마 에크슈타인(Emma Eckstein)에게 보내는 그의 편지들도 유사한 성격을 지닌다. 한편 23세의 아르투어 피셔 콜브리에(Arthur Fischer-Colbrie)는 젊은이의 열정으로 프로이트와 좋은 결과를 이루어 냈다. 프로이트는 분석기법의 모든 규칙을 거슬러 가며 그를 "친밀성의 토대 위에서" 정성껏 치료했다(Goldmann 1985, 271쪽). 1918년 이후 프로이트에게는 환자들과 제자들 사이의 경계가 희미해졌다. 왜냐하면 그는 주로 그에게 배우기를 원하던 사람들을 분석했기 때문이다. 영미권의 여성시인인 힐다 둘리틀(Hilda Doolittle)에게 보내는 그의 편지들은 이전 환자와 느슨하지만 진심 어린 추후 분석적 접촉이 계속되었음을 입증한다.

나이가 더 많거나 같은 연배의 동료들에게 보내는 프로이트의 편지는 놀랄 만큼 드물다. 1913년에 활발한 단계가 끝난 오이겐 블로일러와의 서신교환에서는 이제까지 프로이트에게 자신의 꿈을 분석해 달라고 의뢰한 블로일러의 단 몇 통의 긴 편지들만이 존재한다. 그런데 두 서신교환자가 정신분석 내지 과학에서 다원성이냐 독단성이냐의 문제를 두고 논쟁한 1910년에서 1913년에 이르는 시기의 발췌문들은 잘 알려져 있다. 프로이트는 정신과 의사 파울 네케(Paul Näcke)에게 보내는 두 통의 긴 편지에서 아주 솔직하게 자신의 실수행위 이론을 방어했다. 여기서 그는 "비판하는 누군가는 비판하기 때문에 이미 비판적 정신의 소유자로 간주된다는 사실이 늘 이상하게" 여겨졌다고 전제했다. 무엇보다 그는 1909년에서 1916년까지 종교와 도덕의 문제에 대한 내용이 풍부한 편지들을 보스턴의 정신병리학 교수 제임스 퍼트넘(James J. Putnam)과 주고받았다. 그는 정신분석이 정신분석의 전문가를 성자로 만들어 주지는 못한다고 편지에서 인정하면서 "도덕적인 것은 저절로 이해된다"는 프리드리히 테오도르 비셔(Friedrich Theodor Vischer)의 주장에 동의했다. 나중에 성과학자 해브록 엘리스에게 보낸 몇 통의 편지들은 냉담한 친교관계의 한계에서 멈추게 된다.

대부분의 '자잘한' 꾸러미에는 제자들에게 보내는 편지들이 포함된다.

그들이 빈에 거주하고 이주하지 않는 한 프로이트는 그들에게 산발적이고 사무적으로 편지를 썼기 때문에 전달한 글에서 일관적인 관계양상은 나타나지 않는다. 알프레드 아들러에게 보낸 27통의 보존된 편지들과 엽서들은 이제까지 완전하게 발간되지 않았다. 이 안에는 환자들(소견서의 위임, 조언)과 아들러와 공동 편집한 《정신분석 중심지(Zentralblatt für Psychoanalyse)》에 관한 논의가 주로 거론된다. 이전에 프로이트가 철학자 헤르만 스보보다(Hermann Swoboda)와 주고받은 편지들에서는 양성애 및 인간 주기율과 관련하여 플리스가 제기한 표절 논란이 중점적으로 다루어진다(Tögel/Schröter 2002). 프로이트는 테오도르 라이크에게 보내는 수많은 통지문에서 계속해서 그의 글들을 인정한다. 달갑지 않은 전기(1924)를 쓴 프리츠 비텔스에게 보내는 편지 중에서 일부는 공개된 상태인데, 그 가운데 전기에 대한 주석과 정정이 들어 있는 세 통의 편지는 매우 유익하다. 빌헬름 라이히에게 보낸 다섯 통의 발간된 편지들은 무엇보다 1930년까지 빈에서 기술연구소 소장으로서 논란이 많은 라이히의 입장을 다루고 있다. 그런가 하면 프로이트는 그의 "주치의" 막스 슈어(Max Schur)에게 부적절하게 낮은 비용을 청구한다고 불평했다.

외지의 제자들에게 보낸 편지들은 일반적으로 빈에 거주하는 제자들의 그것보다 서신교환자의 관계에 더 큰 의미를 부여한다. 최초의 의미심장한 예는 1917년에 자신이 육체적 질병의 이해와 치료에 정신분석을 이용한다고 보고하여 프로이트를 놀라게 한 바덴바덴의 의사이자 요양원 소유주인 게오르그 그로드덱과(Georg Groddeck)의 서신교환이다(F/G; Freud/Groddeck i.V.). 이런 일이 있자 프로이트는 그를 제자로 선언했다. 프로이트는 많은 편지에서 "이드" 개념 때문에 발생하는 그로드덱의 난해한 저작들에 호의를 표명했지만, 반면에 육체적인 것과 영적인 것 사이에 차이를 두지 않는 이드 개념의 신비적인 성향에는 불만을 토로했다. 유사하게 분량이 많은 베를린의 에른스트 짐멜(Ernst Simmel)과의 서신교환은 —현존하는 편지들은 이제까지 절반이 안 되게 (영어로) 공개되었다— 마찬가지로 프로이트의 만족감의 표명으로 시작된다. 그 이유는 프로이트가 알지 못하는 인물이 그의 견해를 받아들여 전쟁신경증이라는 새로운 분야에 적용했기 때문이다. 차세대를 대표하는 사람들은 (슈투트가르트에 이어서 프랑크푸르트에서 활동한) 하인리히 멩(Heinrich Meng)과 프로이트가 높게 평가한 두 명의 선택된 베를린 출신의 프란츠 알렉산더(Franz Alexander)와 산도르 라도(Sándor Radó)이다. 비록 프로이트가 그들과 더 밀접한 관계를 쌓지는 않았지만, 그는 상대적으로 그들에게 많은 편지를 보냈다. 멩에게 보내는 주로 짧은 편지들에서 프로이트는 정신분석을 확장하려고 노력한 그의 공적에 대해 칭찬을 아끼지 않았다. 알렉산더에게 보낸 편지 중에서 이제껏 몇 통이 간행되었는데, 초자아 이론에 대한 논평이 이에 속한다. 라도에게 보내는 프로이트의 편지들은 영어 번역문으로 되어 있다. 여기서는 《국제정신분석잡지》의 (1925년 이후로) 발행인과 편집자 사이의 의견교환이 중심적으로 거론되고 있다.

러시아 태생의 자비나 슈필라인(Sabina Spielrein)에게 보낸 프로이트의 편지들에서 끊임없이 나오는 주제는 그녀와 불행한 애정관계를 맺은 바 있었던 그녀의 분석가 융과의 결별이다. 1919년에 시작되는 이탈리아인 에도아르도 바이스(Edoardo Weiss)에게 보낸 편지들의 특징은 분석의 실제에 대한 풍부한 조언이 들어 있다는 점이다. 프로이트는 영국의 분석대상자이자 교육생이며 초보적인 번역가였던 여성 조안 리비에르(Joan Riviere)에게 그의 글의 영어판 문제로, 때로는 안나 프로이트에 대한 영국의 공격을 방어하기 위하여 편지를 보냈다. 독일어로 되어 있지만 이제까지는 불어로만 공개된, 1923년에서 1937년에 걸쳐서 확장된 르네 라포르그(René Laforgue)와의 서신교환은 편지의 수신자가 너무 성급하게 이론적이고 기법적인 쇄신을 하지 못하게 하려는 프로이트의 시도에 중요한 의미를 지닌다. 프로이트가 제네바의 전(前) 분석대상자였던 레이몽 드 소쉬르(Raymond de Saussure)에게 보낸 여섯 통의 편지 중에서 독일어의 손상을 한탄하는 —1938년 런던에서 보낸— 편지가 잊을 수 없는 기억으로 남아 있다. 페루로는 호노리오 델가도(Honorio F. Delgado)에게 보낸 전략적 목적을 지닌 편지들이 발송되었다. 스위스인 에밀 오버홀츠와 러시아인 니콜라이 오시포프와 같은 제자들에게 보낸 다른 편지 꾸러미 중에서는 이제까지 개별적인 편지들이 발행되었다. 신경과 의사 빌리 헬파흐(Willy Hellpach)와 젊은 작가 한스 뷜러(Hans Blüher)에게 보낸 전쟁 전 몇 통의 편지들은 프로이트가 동지와 제자를 어떻게 얻고자 노력했고 또 그들의 고집과 어떻게 충돌했는가에 대한 증거로서 유효하다.

자체로 생산적인 유형은 프로이트가 저명한 작가들과 나눈 서신교환이다. 제일 먼저 눈에 띄는 것은 카를 크라우스에게 보낸 편지들이지만, 이것들은 플리스와의 표절다툼에 관해서만 다루고 있다. 반면에 아르투르 슈니츨러에게 보낸 편지들은 프로이트가 '작가들'과의 교류에서 정신적으로나 언어적으로 얼마나 노력을 했는가에 대한 좋은 범례이다. 슈니츨러가 털어놓은 프로이트의 1922년의 편지야말로 이에 대한 가장 흥미로운 발언인데, 프로이트가 이제까지 "일종의 도플갱어 불안 때문에"[82] 자신과의 만남을 피해 왔다는 것이다(B, 257쪽). 30년 이상 계속된 슈테판 츠바이크와의 서신교환은 방대하고 내용도 충실하다. 예컨대 프로이트는 남성 동성애의 금기를 다루는 츠바이크의 소설에 감동적인 찬사를 보냈고, 반면에 츠바이크는 그의 심리학의 용기를 통하여 한 세대의 작가들에게서 여러

---

82) 역주: 차례 1, 3의 빈 모더니즘에서 슈니츨러에 관한 사항 참조. 프로이트가 슈니츨러의 60회 생일에 보낸 편지에서 사용한 표현.

장애를 제거했다고 확언했다. 한편 로맹 롤랑과의 서신교환 덕분에 프로이트는 종교성의 토대로서 "대양적 감정(ozeanischer Gefühl)"의 개념을 이해할 수 있었다. 토마스 만의 경우에 프로이트는 그가 "반동적 신비주의라는 비난에 반하여" 자신을 옹호한 사실에 감사함을 표했다. 1936년 게오르그 헤르만에게 보내는 편지에서 프로이트는 무엇보다 국가사회주의자들에 대하여 그들이 "양심의 근원인 죄책감으로부터 공격성으로의 문화적 퇴행을 관철하려는 것" 같다고 적었다.

프로이트가 전후에 미국에서 정신분석에 대한 선전을 맡긴 독일계 미국인 저술가 조지 실베스터 비어렉(George Sylvester Viereck)과의 교류에 대한 증거들은 아직도 발굴되지 않았다. 프로이트는 자신이 높게 평가한 여배우 이베트 길베르(Yvette Guilbert)와 그녀에 의하여 구체화되는 인물들의 입장으로 변화하는 그녀의 능력의 원천에 대하여 편지를 주고받았다. 그가 1930년 무렵에 12통의 간단한 편지들을 교환한 윌리엄 벌릿(William Bullitt)의 경우에는(Roazen) 환자와 (윌슨 대통령에 관한 책의) 공동저자라는 역할이 중첩된다.[83] 프로이트의 초상화를 그린 조형예술가 헤르만 슈트룩(Hermann Struck)과 막스 폴락(Max Pollak)에게 보낸 프로이트의 편지들 중에서 슈트룩의 초상화에 대한 논평은 이제까지 거의 공개되지 않았다. 프로이트는 무엇보다 알베르트 아인슈타인에 대해서 자신은 아인슈타인을 부러워하는데, 왜냐하면 모든 물리학자는 자신의 분야에서 전문지식이 필요한 심리학만큼 그리 쉽게 모순에 부딪치지 않기 때문이라고 강조한다. 게다가 이 서신교환은 다른 정신적 인물들과 편지로 이루어진 정상 간의 만남이 얼마나 자주 특별한 생일들[84]에 결정되었는가 하는 예를 보여 준다.

---

83) 역주: 벌릿은 프로이트의 환자였으나 서로 친분은 맺게 되면서 윌슨 대통령에 대한 심리분석 책을 공동으로 저작했다. 책은 미국에서 1967년에야 출간되었다.

나머지 유형의 서신교환으로부터는 주제적 범위를 제시하기에는 거론할 만한 편지가 거의 없다. 한편으로는 개별적인 편지들이, 다른 한편으로는 더 큰 계열에서 나온 개별적인 편지들이 있을 뿐이다. 이런 유형의 편지들을 열거하면 다음과 같다. 프로이트에게서 꿈의 해석을 (성과 없이) 배우려고 했던 철학자 하인리히 곰페르츠에게 보낸 편지, 프로이트가 최면을 제한하도록 주의를 준 의사 아르투어 무트만에게 보낸 편지, 민속연구에서 공동연구자로 작업했던 고문헌학자 다비드 에른스트 오펜하임에게 보낸 편지, 프로이트가 비전문인분석에 받아들이려고 시도했던 빈 위생국 수석고문 아르놀트 두리히에게 보낸 편지, 프로이트가 학교친구로 나중에 사회주의자가 된 하인리히 브라운에 대한 회상록을 쓰도록 맡긴 율리에 포겔 슈타인(Julie Braun-Vogelstein)에게 보낸 편지, 프로이트가 정신신체의학에 대한 숙고를 전달했던 빅토르 바이체커(Viktor v. Weizsäcker)에게 보낸 편지, 끝으로 미국인 동성애자의 어머니에게 보낸 편지가 있다. 프로이트는 이 편지에서 그녀에게 정신분석은 동성애를 가진 누군가를 "치료하는" 것이 아니라 기껏해야 어느 불행한 사람을 좀 더 행복한 사람으로 만들 수 있을 뿐이라고 설명했다.

편지 작성자로서의 프로이트(Freud als Briefschreiber)

　프로이트는 신경과의사로 재직하거나 의료 활동을 하는 사이마다 시간을 활용하여 편지를 썼다. 그것은 대부분 주로 여름휴가 또는 그의 실무가 원활하게 진행되지 않았던 시기에 이루어진 작업에 해당한다. 그중에 몇

---

84) 역주: 독일어로 'runde Geburtstage'를 특별한 생일날로 번역했는데, 이는 60, 65, 70세와 같은 생일날들을 뜻한다.

몇은 종종 그가 한밤중에 그리고 특히 일요일에 작성한 서신교환에 해당한다. 휴가 중에 작성된 많은 통지문에는 긴장이 풀어진 편지작성의 즐거움이 역력히 나타난다. 프로이트는 서신교환의 상대자들에게 신속하고도 신뢰성 있게 답장을 하는 사람으로 알려져 있다. 반대로 상대자들이 그에게 답장을 기다리게 하면 그는 그것을 잘 참지 못했다. 프로이트는 도착한 편지들과 보낸 편지들에 대한 리스트를 만들었다. 그는 특별한 생일을 보내고 나서 일주일 내내 리스트 작업을 끝내야만 했던 산처럼 수북한 축하 편지들을 보고 불평을 늘어놓았다. 그런데 75세와 80세 생일에는 미리 인쇄된 감사엽서의 도움으로 일을 쉽게 마칠 수 있었다.

  프로이트는 축하 편지를 받은 후 감사의 뜻을 전하기 위하여 매번 크고 작은 편지지와 봉함엽서를 이용했는데, 얼마나 할 일이 많았던지 맨 위에는 대부분 주소 성명 등이 인쇄되어 있었다. 그는 대체로 편지지에 글을 가득 채워서 썼으며, 그의 편지들의 반 이상은 두 쪽 분량으로 되어 있었다. 그는 손으로 힘차게 독일어 글자를 썼으며, 단지 고유명사나 외국어의 관용구, 의학전문용어만은 라틴어 자모로 옮겨 적었다. 그는 암수술 이후에야 비로소 타자를 치도록 구술하기 시작했다. 하지만 그가 신뢰하는 유일한 비서는 그의 막내딸 안나였다. 하지만 그녀는 1927년 여름부터는 더 이상 아버지를 도울 시간이 없었다. 그의 필적은 나이를 먹을수록 더 읽기 쉬워졌으며, 노년에는 (종종) 달필의 경지에 도달했다. 가령 그가 필적이 추위 때문에 흐트러졌을 때는 거의 우울증에 걸린 것처럼 필적의 질을 끊임없이 타박했다. 그는 기껏해야 딸이 그를 위해 일하던 짧은 시간 동안에만 공식적인 것에 가까운 편지들에 대하여 초안을 작성했으며, 타자 대신 자필로 그것을 작성했다. 보통 그의 편지들은 몇 가지가 수정되기는 했지만 펜으로 깔끔하게 쓰여 있었다. 그는 쓰기과정 자체를 ―예컨대 잘못쓰기, 외적인 또는 내적인 끊어짐 등을― 본문에 그대로 드러낼 때가 많았다. 이렇게 해서 그의 편지들은 이들을 만들어낸 연상적 과정의 모사가 되었다.

프로이트는 편지쓰기를 즐겼지만 거기에는 압박감도 뒤따랐다. 그에게 는 공개를 목적으로 하는 편지쓰기가 최고의 가치였다. 그가 편지 쓰는 의 무를 소홀히 할 경우는 어떤 문서 작성에 몰두했을 때였다. 그러나 편지 쓰기는 그에게 안락함을 느낄 필요가 있었던 정신활동의 진지한 형식으 로 간주되었다. 이미 젊은 나이에 그는 다음과 같이 중얼거렸다. "내가 편 지를 쓰고 읽을 수 없다면, 나는 지독하게 지루하여 몹쓸 병에라도 걸릴까 봐 걱정스러워"(S. 35쪽). 다른 한편으로 "나는 오늘 피곤한 날을 보내면서 편지쓰기에만 진땀을 빼고 있어"(F/Fer I/1, 319쪽)와 같은 진술들도 많이 나 타난다. 노년기에 그는 심지어 "편지쓰기는 나에게 맡겨진 유일한 생산성 의 일종이다"라고까지 말했다(F/E, 485쪽). 그가 친구에게(플리스, 페렌치, 융 에게) 처음으로 새로운 생각을 전달했을 때 또는 그가 이런 생각을 기록해 둔 문서 중에 하나를 보냈을 때는 두 종류의 글쓰기가 병행되었다. 즉 그의 과학적 글들을 특징짓는 대화체의 높은 수준을 상징하는 글쓰기가 그것이 다. 그는 갈수록 편지 상대자들에게 발행이 결정된 원고나 별쇄를 보내는 일이 잦아졌다. 이는 논평해 주기를 바라는 명시적인 또는 암묵적인 바람 이 있었기 때문이다.

이처럼 부단한 쓰기행동은 어떤 기능을 가지고 있었던 것일까? 여기에 는 우선 나날의 인상들을 언어로 옮기고, 그럼으로써 그 인상들을 완화하 려는 지극히 예민한 인간의 욕구가 있었다. 동시에 편지쓰기는 그의 광범 위한 생활을 통제하는 데 도움을 주었다. 예컨대 그가 여행하면서 자신도 소식을 알고 싶던 가족에게 보냈던 상세한 보고가 이런 역할을 했다. 나 중에 편지들을 통해 그가 관리하고 후원한 것은 무엇보다 국제적 정신분 석운동이었다. 그가 이런 식으로 생동감 있게 유지한 친척, 친구, 동료, 제 자, 대화상대자의 연결망의 외연은 이루 헤아릴 수 없이 넓었다. 프로이트가 어떻게 모든 서신교환자에게 특수한 태도를 취하고 또한 그에게 흥미를 유발할 수 있는 주제를 선별하는지는 그가 맺고 있는 의미 있는 관계에서 가장 인상적인 특징이다. 상대방에 대한 이런 프로이트의 조정 능력은 전승의 과정에서 부분적으로 감춰졌는데, 그 이유는 답장들이 종종 유실되었기 때문이다. 우리는 프로이트가 그의 문서 중에서 많은 것을 없애 버린 세 번의 사례에 대해 알고 있다. 1885년에는 그가 "하찮은 것이 스핑크스 주변에 흩날리는 모래처럼 사방에 놓여 있다"(B, 144쪽)고 느꼈기 때문이다. 1908년에는 이사 때문이었다. 그리고 1938년 런던으로 이주하기 전에 그는 문서들을 없앴다. 이렇게 그의 서신관계의 상호성은 그가 상대방의 편지들을 보관할 만큼 그 자신에게 충분히 중요한 경우에만, 아니면 상대방이 지니고 있는 편지들의 초안이나 사본이 보존되어 있는 한 추적될 수 있다.

프로이트는 자신이 원한다면 상대방에게 매혹적인 공손함과 설득력을 발휘했지만, 때로는 칼날처럼 날카롭게 비판하거나 냉정하게 거리를 두었다. 그가 이런저런 사람에게 편지를 보냈거나 답장을 받은 개별 사례들에 대한 그의 기억력은 뒤늦게야 비로소 가물거리기 시작했다. 불리한 제도적 조건하에서 정신분석이 이룬 커다란 사회적 성과는 서신교환이 입증하는 그의 비상하고도 미묘한 교제능력 없이는 이해할 수 없다. 그 모든 것에도 불구하고 프로이트는 (성인이 된 이후에) 탁월한 문장가임이 증명되었다. 그는 자신의 관찰, 체험과 사고를 문학적 기교 없이 다채롭고 견고한 형태로 ―바로 자신의 말처럼 "우직한" 형태로― 주조했다. 그의 수려한 문체를 엿볼 수 있는 여행기가 있는데, 그것은 1898년 새해에 아퀼레이아로 떠났던 여행에 대한 글이다(F, 336-338쪽). 그는 많은 일에 대하여 ―1902년에 교수 임명에 대한 회상(F, 501-503쪽), 융(F/Fer I/2, 157-159쪽)에 대한 그리고 랑크(F/E, 371-373쪽)에 대한 견책이 이에 해당한다― 매혹적인 보고문들을 작성했다. 그의 애도 및 축하편지는 종종 따뜻함과 지혜로 가득 차 있다. 그런데 개별적 편지들에 나오는 표현들로부터는 금언 편람이 만들어질 수 있었다고 한다. 여기에는 다음과 같은 문장들이 들어 있다. "행복은 전 역사적 소망의 추후 성취이다. 이 때문에 부는 거의 행복하게 하지 못한다. 돈은 어린아이들의 소망이 아니었다"(F, 320쪽). "내게는 언제나 자주성과 확실한 자신감이 결실을 이루었을 때 우리에게 위대함으로 나타나는 것의 필수불가결한 조건이라고 생각된다"(F/B, 97쪽). "우리가 권위를 요구하지 않는 한, 우리는 권위를 지닌다"(F/E, 747쪽).

그러나 프로이트의 걸작들은 사자의 앞발처럼 위풍당당할 뿐만 아니라 그가 쓴 모든 것에 고유성이 각인되어 있었다. 이에 대해 피히트너(Fichtner; 1989, 806쪽)는 "가장 사소하고 평범한 편지조차도 그의 언어와 사유의 특징을 지니고 있다"고 말한다. 프로이트 본인은 그의 서신교환이 공개되는 것을 결코 원치 않았다. 후세가 그의 바람을 무시한다는 것이 《편지들 1873-1939》의 출간과 관련된 발터 옌스의 다음 말보다 더 잘 정당화되는 것은 없다. "우리나라는 마침내 발견된 의미 있는 저술가 때문에 더 풍요로워졌다"(같은 곳, 804-805쪽).

발행사(發行史)에 대하여

아버지가 사망한 직후 안나 프로이트는 "소유자들이 바로 양도하는 원본 또는 사본으로"(F/B, 251쪽) 그의 편지들을 수집할 계획을 세웠다. 존스의 프로이트 전기는 이 수집으로부터 매우 큰 이득을 얻었다. 규모가 큰 최초의 편지 발행은 1950년에 안나 프로이트에 의해 수행된 플리스와의 서신교환 판이다. 에른스트 크리스(Ernst Kris)가 작성한 이 편지들의 주석은 프로이트 연구의 표석(標石)이 되고 있다. 문제는 이 책이 프로이트의 학문적 작업이나 그의 삶의 정치적-문화적 조건들과 관련된 자료를 참조한 축약된 판으로 발행된 반면에, 환자와 가족사, 일상적인 일이나 (예컨대 질병처럼) 은밀하게 느껴지는 사건들에 대한 발언은 오히려 빠져 있다는 사실이다.

에른스트 프로이트의 관리에 따라 발행된 다음번으로 규모가 큰 편지판들의 특징 또한 이와 유사한 선택에 의해 결정되었다. 가령 1960년에 축소 선정된 판은 피스터(1963), 아브라함(1965)과 아르놀트 츠바이크(1968)와의 서신교환처럼 "느끼고 사유하며 투쟁하는 남자"의 관점으로 극단화되었다(B, 480쪽). 흥분되고 감동적인 자료를 풍부하게 제시한 팔체더의 책들은 매우 평가할 만하지만, 내용의 축소는 문제였다(F/P und F/A와 관련하여 Falzeder 1997 참조). 이 책들이 문제가 되는 이유는 예컨대 독자가 없는 질문에 대한 대답을 읽어야 할 정도로 종종 소홀히 다루어졌기 때문이다. 이 책들이 문제가 되는 또 다른 이유는 예컨대 편집인들이 독자에게 이론의 역사 및 반 조직화의 역사에 대하여 그들의 우위를 지나치게 주장했기 때문이다. 요컨대 프로이트의 편지들에서보다는 답장에서 내용이 더 많이 삭제됨으로써 서신교환자 사이에 균형이 사라졌다(F/Z에서도 마찬가지였다). 나아가 이렇게 축소하는 가운데 프로이트의 공적인 이미지를 미화하려는 의도가 인지된다. 다시 말해 그를 본래의 그보다 덜 격정적이거나 덜 격분하는 사람인 것처럼, 사업가나 지도자로서도 오류가 적으며, 덜 일상적이고 덜 유대적인 것처럼 보여 주려는 의도가 엿보인다. 비록 이런 수정의 동기를 —어린아이들의 외경심, 살아 있는 사람과 넓은 독자층의 관심에 대한 배려를— 존중할지라도, 계획된 침해가 여러 면에서 감추어져 있다는 불쾌감의 잔재는 남는다. **마지막으로 말하지만 결코 무시하지 못할 것은** 편집인들이 설명을 위한 주석을 지나치게 적게 사용했으며, 신뢰할 수 없는 필사(筆寫)에 의존했다는 점이다.

역사적이고 문헌학적인 요구를 —주석의 집중성에서뿐만 아니라 축소를 적게 제한하고 있다는 점에서— 어느 정도 충족시킨 첫 발행은 프로이트와 안드레아스 살로메(1966) 사이의 서신교환을 모아놓은 판이었다. 이어서 기준에 적절하게 발행된 융과 주고받은 편지들의 판(1974)은 주로 융 연구자인 윌리엄 맥 가이어(William McGuire) 덕분이었다. 이 판은 신뢰할 만한 필사를 통하여 근본적으로 모든 편지의 완벽한 원본을 제공했다. — 신뢰할 만한 필사를 가능하게 한 것은 오늘날까지 기본정보의 귀중한 창고 역할을 하는 주석의 도구, 모범적인 기록 장치였다. 여기에는 다만 적절한 서문이 결여되어 있었다. 환자의 이름은 공개되지 않았고, 아직도 살아 있는 사람들이 반감을 느낄지도 모르던 몇몇 부분이 빠져 있었다. 이 책으로 프로이트 서간집 출간을 위한 학문성의 길을 열어나갈 발판이 마련되었다. 이 책은 피셔 출판사에서 프로이트 전문위원회의 감독하에 진척된 발행의 전통에 기초를 확립했다. 아울러 [처음으로 문헌비평 연구자료(textkritischer Apparat)가 들어 있는] 플리스와 주고받은 완전하게 필사된 편지들의 판(1986)과 질버슈타인과 주고받은 편지들의 판(1989), 그리고 빈스방거와 주고받은 편지들의 판(1992)이 연이어 발행되었다.

발행사의 세 번째 단계가 출발하는 시점은 프로이트의 유산, 즉 프로이트 저작권의 문헌 대리인이 일의 과정을 결정하기 시작했을 때부터였다. 이제 중요한 것은 가능한 한 많은 편지를 그때그때 가장 많이 제공하는 출판사에서 가능한 한 빨리 출간하는 일이었다. 이 과정을 대표하는 것은 존스와의 서신교환(1993), 페렌치와의 서신교환(1993-2005), 완전하게 필사된 아브라함과의 서신교환(2002)과 아이팅곤과의 서신교환(2004)의 발행이다. 진행 중인 몇 개의 서신교환들은 출간 직전에 있다. 의심할 바 없이 출판의 속도는 이제 빨라졌다. 그러나 책들은 종종 지속적이고 자격을 갖춘 신중함 없이 따로 따로 출간됨으로써 발행의 질에 영향을 미쳤다(Schröter 1994

참조). 존스-편지들의 판은 계속 앞서 확립된 수준을 넘어서지 못했고, 페렌치-편지들의 판도 비판의 계기를 제공했다. 오늘날까지 논란이 되는 특수한 문제는 여러 편집인이 더는 환자의 이름을 익명화하려 하지 않는다는 것, 다시 말해 의사의 비밀엄수 표준을 역사적-문헌학적 영역으로 넘기려고 하지 않는다는 점이다. 원본이 점점 더 자주 표준화 없이 능란하게 그대로 복제되는 한, 프로이트 문헌의 형성과정에서 최근에 패러다임의 전환이 두드러진다.

최종적으로 개관된 단계는 프로이트 글에 대한 권리가 자유롭게 되는 2009년 말부터이다. 그 이후부터는 그의 저작들은 물론이고 그의 서신교환들에 대한 판권 경쟁의 새로운 물결이 예견될 수 있다. 어쨌든 현재 이에 대한 관심이 증대되어 이제까지 공개되지 않은 프로이트의 개별적인 편지들이 계속해서 전체적인 그의 글들의 초점이 되고 있다. 이에 상응하는 피히트너의 시리즈(2003쪽 이하)가 표본을 보여 주듯이 이 편지 모음집에서는 아직도 많은 훌륭한 습득물이 발견될 수 있다.

─────── **참고문헌** ───────────────────────────────

Dupont, Judith: Freud's Analysis of Ferenczi As Revealed by Their Correspondence(그들의 서신교환에 의해 밝혀진 페렌치의 프로이트 분석). In: International Journal of Psycho-Analysis 75 (1994), 301-320쪽.

Eissler, Kurt R.: Psychologische Aspekte des Briefwechsels zwischen Freud und Jung(프로이트와 융 사이에서 서신교환의 심리학적 관점). Stuttgart-Bad Cannstatt 1982.

Erikson, Erik H.: Freud's »The Origins of Psycho-Analysis«(프로이트의 《정신분석의 기원》). In: International Journal of Psycho-Analysis 36 (1955), 1-15쪽.

Falzeder, Ernst: Wem eigentlich gehört Freud? Anmerkungen zur Herausgabe von Freuds Briefen(프로이트는 본래 누구의 소유인가? 프로이트 편지들의 발행에 대한 주해). In: Jahrbuch der Psychoanalyse 38 (1997), 197-220쪽.

Fichtner, Gerhard: Freuds Briefe als historische Quelle(역사적 전거로서의 프로이트의 편지들). In: Psyche 43 (1989), 803-829쪽.

_____: Freud als Briefschreiber. [Kolumne](편지 작성자로서의 프로이트 [칼럼]). In: Jahrbuch der Psychoanalyse 46쪽 이하 (2003쪽 이하).

Freud, Sigmund: Briefe an Maria (Mitzi) Freud und ihre Familie[마리아 (미치) 프로이트와 그녀의 가족에게 보낸 편지들]. Hg. von Christfried Tögel und Michael Schröter. In: Luzifer-Amor. Zeitschrift zur Geschichte der Psychoanalyse 17. Jg. (2004), H. 33, 51-72쪽.

_____: Unser Herz zeigt nach dem Süden. Reisebriefe 1895-1923(우리의 마음은 남쪽을 향한다. 여행에서의 편지들 1895-1923). Hg. von Christfried Tögel. Berlin 2002.

_____/Karl Abraham: Briefwechsel 1907-1925. Ungekürzte Ausgabe(서신교환 1907-1925. 축소되지 않은 판). Hg. von Ernst Falzeder und Ludger M. Hermanns. Wien (in Vorb.)(영어판 2002).

_____/Minna Bernays: Briefwechsel 1882-1938(서신교환 1882-1938). Hg. von Albrecht Hirschmüller. Tübingen 2005.

_____/Anna Freud: Briefwechsel 1904-1938(서신교환 1904-1938). Hg. von Ingeborg Meyer-Palmedo. Frankfurt a. M. (in Vorb.).

_____/Georg Groddeck: Briefwechsel 1917-1934(서신교환 1917-1934). Hg. von Michael Giefer und Beate Schuh. Frankfurt a. M./Basel (in Vorb.).

Goldmann, Stefan (Hg.): Sigmund Freuds Briefe an seine Patientin Anna v. Vest(그의 환자 안나 베스트에게 보내는 지그문트 프로이트의 편지들). In: Jahrbuch der Psychoanalyse 17 (1985), 269-295쪽.

Grotjahn, Martin: Freuds Briefwechsel(프로이트의 서신교환). In: Die Psychologie des 20. Jahrhunderts, Bd. II: Freud und die Folgen (1). Von der klassischen Psychoanalyse··· Hg. von Dieter Eicke. München 1976, 35-146쪽.

Grubrich-Simitis, Ilse: »Wie sieht es mit der Beheizungs- und Beleuchtungsfrage bei Ihnen aus, Herr Professor?« Zum Erscheinen des Freud-Eitingon-Briefwechsels("교수님, 관계 및 관찰의 문제는 어때 보이십니까?" 프로이트-아이틴곤 서신교환의 출간에 대하여). In: Psyche 59 (2005), 266-290쪽.

Library of Congress, Sigmund Freud Collection(의회도서관, 지그문트 프로이트 수집품):

http://lcweb2.loc.gov/service/mss/eadxmlmss/eadpdfmss/2004/ms004017.pdf.

Meyer-Palmedo, Ingeborg/Gerhard Fichtner: Freud-Bibliographie mit Werkkonkordanz(작
품색인이 있는 프로이트 도서목록) [1989]. Frankfurt a. M. 1999².

de Mijolla, Alain: Images of Freud from His Correspondence(서신교환으로 본 프로이트의
이미지). In: Patrick Mahony u. a. (Hg.): Behind the Scenes. Freud in Correspondence.
Oslo 1997, 369-412쪽(불어판 1989).

Roazen, Paul: Biography of a Book. The Story of Freud, Bullitt and Woodrow Wilson(한 권
의 전기. 프로이트, 벌릿과 우드로 윌슨의 이야기). (in Vorb.). Die Rundbriefe des
»Geheimen Komitees«. Hg. von Gerhard Wittenberger und Christfried Tögel, 4 Bde.
Tübingen 1999-2006.

Schröter, Michael: Freud und Ferenczi. Zum ersten Band ihres Briefwechsels(프로이트와 페
렌치. 서신교환 제1권). In: Psyche 48 (1994), 746-774쪽.

Tögel, Christfried/Michael Schröter: Sigmund Freud und Hermann Swoboda. Ihr Briefwechsel
(지그문트 프로이트와 헤르만 스보보다. 그들의 서신교환) (1901-1906). In: Psyche 56
(2002), 313-337쪽.

Michael Schröter

13. 저자 프로이트

1935년 프로이트가 10년 전에 저술된 《나의 이력서》의 2판을 내기 위해 보완하고 확장했을 때, 그는 1930년 프랑크푸르트 암 마인 시의 괴테상 수여[85]에 대해 명시적으로 언급했다. 돌이켜 볼 때 그의 글들에 대한 이런 공식적인 평가와 성과는 더 넓은 독자층에서 "일시적인 환영(Illusion)을 만들어 내는" 계기를 촉발함으로써, "그가 독일인처럼 거대한 민족이 경청할 준비가 되어 있는 저자 중에 속하게" 되었는지도 모른다. 프로이트는 "그것이 나의 시민적 삶의 절정이었다 …"고 술회하였다(전집 16, 33쪽).

그가 저자로 자칭하고 있어도, 그것이 곧 프로이트가 상의 수호성인임을 인정하는 것은 아니다. 아마도 그에게는 한 국가에서 위대한 저자의 한 사람으로 손꼽히는 것이 그의 연구와 글쓰기를 인정받는 가장 확실한 증거였을 것이다. 프로이트가 정신분석이 독일문화에 뿌리내리는 것을 얼마나 염원했는지 또한 그의 간행물이 저작으로서 독일문화에 인정받는 것을

---

85) 역주: 프로이트는 1930년 3월 8일 괴테상을 수상했다. 그는 이 상에 대한 수상연설로 《알폰스 파케트 박사에게 보내는 편지(Brief an Dr. Alfons Paquet)》(전집 14)를 낭독했다.

얼마나 진심으로 알고 싶어 했는지는 그의 말에서 간과할 수 없다.

이런 뒤 곧바로 발생한 일은 실제로 "일시적인 환영"이었다. 프로이트가 몇 년 전에 이미 조심스럽게 제기했던 "유대인 혈통을 결코 감추려고 하지 않았던 유대인으로서 그 자신의 인격"이 독일의 정신분석 거부에 한몫 거든 것은 아닌지(전집 16, 110쪽)라는 물음은 이제 분명해졌다.

저자 프로이트는 히틀러의 독일제국에 더 이상 실존하지 않았기 때문이다. 프로이트가 사망하기 직전에 시작된 전집[Gesammelte Werke(GW)] 판은 런던으로 발송되었고, 그곳에서 표준판[Standard Edition(SE)]이 출간되었다. 그리고 정신분석의 발원지로의 귀환은 이런 추방을 통하여 낙인찍힌 채 머물러 있었다. 이렇게 볼 때 다름슈타트의 어문학아카데미가 매년 수여하는 "학문적 산문을 대상으로 하는 지그문트 프로이트 상(Sigmund Freud Preis für wissenschaftliche Prosa)"의 설립[86]은 미심쩍은 존중으로 보일 수밖에 없다. 추방된 저자를 명예의 복원으로서 추모한다 할지라도 이 상의 설립은 오늘날까지 정신분석 연구에 대한 저명한 상이나 프로이트에 대한 비평판도 존재하지 않는다는 허점을 감출 수는 없을 것이다. 나아가 프로이트가 —비전문가도 이해하는— 학문적 산문의 표본을 제시했노라고 이 상에 그의 이름을 붙여 공지할지라도, 이는 너무 초라한 평가라는 것이 중론이다. 다음에서는 프로이트의 저자로서의 성향과 글쓰기 방식에 대한 물음이 더 많은 의미를 포괄하고 있다는 점을 보여 줄 것이다.

---

86) 역주: 이 상은 프로이트의 업적을 기리는 의미에서 1964년에 설립되어 모든 학문 분야에서 탁월한 산문을 발표한 학자에게 수여된다. 신학자 카를 바르트, 독문학자 에밀 슈타이거, 철학자 가다머, 역사학자 아르놀트 에슈 등이 이 상을 받았다. 그러나 현재까지 법학, 자연과학, 고고학, 심지어는 음악학에서 수상자가 나왔으면서도 정작 정신분석 연구 분야에서는 수상자가 없었다.

저자와 그의 작품

프로이트의 작품(Werk)[87]이란 무엇인가? 《전집》의 각 권 또는 정신분석을 말하는가? 이 물음은 이런저런 측면에 따라 결정될 수는 없다. 양자가 얼마나 밀접한 관계에 있는지는 《꿈의 해석》의 출간연도가 실제보다 뒤늦은 1900년으로 지정되었다는 익히 알려진 사실로부터 분명해진다(전집 16, 261쪽 참조). 《꿈의 해석》과 더불어 정신분석의 창설행위(Gründungsakt)로서 작품이 갖는 신기원적인 기대가 외부로도 역사적인 날짜로서 알려지게 되었다.

프로이트에게는 정신분석이 지속적으로 발전할 수 있는지에 대한 염려와 작품으로서의 그의 글들이 인식될 수 있을 만큼 독자적으로 표현될 수 있는지에 대한 염려가 병행했다. 이렇게 아주 의식화된 작품 및 출간, 조직화 정책은 일제 그루브리히 지미티스(Ilse Grubrich-Simitis)의 연구서인 《프로이트의 텍스트로 돌아가자(Zurück zu Freuds Texten)》 1부에 상세히 서술되어 있다. 이런 것을 넘어서서 이 연구서의 특별한 가치는 텍스트 비평적인 프로이트 판[88]을 고려하는 프로이트 유고의 선별에 있다. 물론 프로이트가 여러모로 서재용 책상을 엄격하게 치운 것, 요컨대 원고와 수기, 발췌문을 없애버린 것도 사실이다(Grubrich-SimitisGrubrich-Simitis1993, 117-118쪽). 그러나 메모와 원고로 된 유고에 포함된 것은 예상보다 더 방대하다. 그것은 프로이트 평생의 집필 작업을 통찰하게 해 줄 뿐 아니라 개별 작품들의 텍스트 역사에 대한 비평적 주석에 대해서도 많은 것을 시사한다.

그루브리히 지미티스의 작업 외에 패트릭 마호니(Patrick J. Mahony)의 연

---

87) 역주: 'Werk'와 관련하여 역자는 프로이트가 쓴 글들은 대부분 저작으로 번역하였고, 문학가나 예술가와 관련된 곳에서만 작품이라고 번역하였다. 하지만 필자가 정신분석을 프로이트의 창의적인 성과물로 이해하고 있기 때문에 여기서는 'Werk'를 작품으로 번역하였다.
88) 역주: 텍스트 비평적인 판이란 편집인의 주해나 해설 등이 들어가는 판을 말한다.

구서 《저술가 지그문트 프로이트(Der Schriftsteller Sigmund Freud)》는 프로이트의 저술행위라는 주제를 가장 잘 알게 해 준다. 여기에는 가장 중요한 해당 문헌이 소개되어 있다. 그렇지만 프로이트의 글들에 매료된 탈구성적 텍스트이론과 저술행위 및 글쓰기 방식에는 관심이 없는 전통적 정신분석 사이에서 마호니 자신의 중재 시도는 어정쩡한 태도를 취한다. 그는 본질적으로 프로이트의 "과정적인 문체(prozessualer Stil)"(Mahony 1987/1989, 142쪽 이하)와 직면하여 개방성을 옹호하는 입장에 도달한다. 이렇게 함으로써 프로이트의 독자가 성급하게 요약과 개념정의를 쫓는 대신에 텍스트의 리듬과 저자의 안내에 몰두할 수 있도록 많은 것이 올바르게 전달된다는 것이다.

독자와의 관계

일반적인 문화의 자기이해에서 정신분석의 성과는 순수한 표현으로서 언어 사용과 관련된 전문용어의 확립에서 —모든 경우에 프로이트가 창안한 것은 아닐지라도— 잘 나타난다. 예를 들어 무의식, 오이디푸스 콤플렉스, 심화작업하기(durcharbeiten)/가공작업하기(verarbeiten), 나르시시즘, 페티시즘, 억압, 실수행위, 낮의 잔여물(Tagesrest), 쾌락원리, 전이, 은폐기억(Deckerinnerung), 이상화, 초자아, 승화 등이 그러하다. 정신분석의 어휘로부터 일반적 언어사용에 연관되지 않은 표현을 발견하기는 어렵다.

물론 이런 대중성은 개념들에만 있는 것이 아니다. 오히려 그것은 프로이트가 —영혼, 성욕, 의식과 인간의 특수한 위치에 대한 전승된 담론은 엄청난 변화 속에 있었기 때문에— 정신분석을 하나의 시점으로 발전시켰다는 점에 있다. 그러나 설명은 이것으로 충분치 않다. 프로이트의 개념들이 일반적 언어사용으로의 통로를 발견했다는 것은 그의 연구가 시대를 불안하게 하고 뒤흔든 어떤 것과 만났다는 사실에 기인할 뿐만 아니라 바로 이런 일이 일어나게 된 방식, 즉 그가 텍스트를 쓰던 방식에 있다. 아르놀트 츠바이크는 그의 에세이 《독일계 유대인의 대차대조표(Bilanz der deutschen Judenheit)》에서 다음과 같이 기술했다. "그의 최초의 병력은 이미 그가 대단한 저술가임을 입증했으며, 그 이후로 그는 이런 재능을 점점 더 순수하게 연마하면서 그의 독일어의 용어법과 개념형성을 통하여 우리에게 새로운 표현수단을 선사했다"(Zweig 1998, 179-180쪽).

프로이트의 어마어마한 영향력에 본질적으로 기여한 것은 그가 고전적 교양의 지평에서 글을 쓰면서 소포클레스, 셰익스피어와 괴테, 고대 예술뿐 아니라 르네상스 예술을 자유자재로 사용하는 누군가로서 암시와 참고문헌을 인용하여 자신을 표현했다는 사실이었다. 이를 훨씬 더 힘들게 했던 것은 영적인 사건을 음란하게 언제나 성적인 것으로만 환원시키고, 이를 순진무구한 어린아이에게 전가하는 '조야한 남자'로 그를 낙인찍는 뭇사람들의 태도였다.

그 밖에 프로이트의 작품과 정신분석의 대중화에서 아주 결정적인 요인은 이런 과정에서 독자를 그의 작품에 참여시키는 프로이트의 연출 시도였다. 작품 곁으로 그리고 그 내부로 독자를 결속하고 끌어들이는 그의 솜씨를 문학사가 발터 무슈히(Walter Muschg)보다 —1930년 그의 탁월한 에세이 《저술가로서의 프로이트》에서— 더 일찍이 자세하게 인식한 사람은 없었다. 프로이트는 넓은 독자층을 기대하고 찾았을 뿐만 아니라, 끊임없이 사고발전의 과정 속으로 들어오는 '독자'의 심급을 통해서도 독자층을 끌어들였다.

이는 두 차원에서 이루어진다. 한편으로 프로이트는 대체로 독자가 이용할 수 있는 '발견 자료'를 가지고 작업한다. 그것은 해석에 앞서 먼저 서술되는 사례사뿐만이 아니라 바로 학문적 연구 상황이라고 불리는 것과도 관련된다. "그가 어디선가 새로운 문제제기에 접근한다면, 그는 먼저 오류가 없도록 대상에 대하여 이제까지의 관점들을 완전히 배제하리라고 예측될 만큼 꼼꼼하게 분석할 것이다. 그리고 그는 최고의 학문적 전통이 … 작용하는 것으로 보이는 양심적인 태도로 이 의무를 다한다. 프로이트는 아주 훌륭하게 남의 말에 귀를 기울일 줄 안다. 그는 마치 밀실에 있는 것처럼 조용히 그의 선배들이 발언하도록 허용한다 …"(Muschg 1930/1975, 29쪽).

자료의 묘사는 의심할 바 없이 특정한 방식으로 준비되고 구성된다. 하지만 그것은 독자에게 그가 제시한 논증과 숙고를 비판적으로 검토할 수 있게 해 줄 것이라는 인상을 전달하는 방식으로 이루어진다. 여기에 덧붙이자면 저자 프로이트는 끊임없이 자신의 꿈을 이야기하고 또한 자신의 실수를 분석함으로써 자신을 시험에 내맡기는 것처럼 보이는 개인적 경험에 의존한다.

두 번째 차원은 프로이트 글들의 극작법과 관련된다. 프로이트는 머리말과 서론에서 그가 독자에게 매번 보여 주려는 시도를 알려 줄 뿐만 아니라 지속적으로 독자와 접촉한다. 나아가 그는 독자를 그 자신의 어려움과 의혹에 참여하게 하고, 기대가 충족되지 않았을 때는 독자에게 사과하며, 독자에 의해 생길 수 있는 모순에 대해서는 예측을 시도한다. 물론 여기서 중요한 것은 상투적으로 삽입된 미사여구가 아니라 텍스트의 완성에 분명히 필수불가결하고, 그 밖에는 어떤 이론적 저자에서도 거의 나타나지 않는 놀랍도록 다양하게 변형되는 레퍼토리이다. 이는 명쾌한 비교 대상들의 선택과도 관련된다. 무슈히는 정신분석가의 작업과 고대를 파헤쳐 비밀을 밝히려는 고고학자의 작업에 대한 비교가 프로이트의 글에 얼마나 자주 나타나는지를 강조한다(같은 곳, 43-47쪽). 독자는 그와 함께 비밀을 파내야 한다. 이처럼 독자는 저자와 작업동맹에 이끌려 들어가 함께 생각하는 관계가 되며, 아직도 밝혀지지 않은 무의식이라는 전인미답 지대의 탐험에 동참하게 된다.

"언어의 지배자"인가?

무슈히가 당시 74세의 프로이트를 저술가(Schriftsteller)로 설정하고 있는 —그리고 그의 비범한 창작 감각을 제시함으로써 깊은 인상을 심어 주는— 인물평은 현재의 프로이트 수용과는 아주 먼 거리에 있다. 하지만 오늘날에도 무슈히의 에세이를 인정해야만 하는 이유는 그가 정신분석적 해석방법을 수단으로 프로이트라는 저자를 비난하거나 거인의 어깨 위에 올라앉은 난쟁이의 값싼 승리에 휩쓸려 그를 질책하려는 어떤 유혹도 멀리하기 때문이다.

독자와 프로이트의 대화에 강력한 아버지의 위치를 확립하려는 정복의 전략만이 숨겨져 있다고 주장하는 것으로 과연 얻을 수 있는 것이 무엇이겠는가? 프로이트라는 저자가 그의 사례보고를 미화했다거나 그의 꿈들을 오직 자기검열의 방법으로만 보고했다는 증거가 무슨 쓸모가 있었을까?(이에 대해서는 마호니에게 나타나는 양가적인 논증 1982/1989, 226쪽 이하 참조). 그리고 우리는 왜 저자가 자신의 수법이 잘못된 것을 알아차리고 만족스러워하는 태도를 인정할 수 없다는 것인가? 예컨대 프로이트는 《일상생활의 정신병리학》에 나오는 "착오(Irrtümer)"라는 장에서 자신이 《꿈의 해석》에서 "역사적인 것과 아주 실제적인 자료를 연달아 변조하는 실수를 저질렀다"(전집 4, 242쪽)고 기록한다. 그는 추후에야 비로소 이런 변조된 사실에 주목하면서 이를 실수행위로서 비교적 상세히 해명하고 있다.

무슈히가 제시하는 인물평이 진부한 것처럼 보일지라도, 프로이트라는 저자가 그의 글들에서 "의식적으로 언어의 지배자임을" 보여 준다는 서두에 기술된 전제에서 그의 인물평은 명료해진다(Muschg 1930/1975, 7-8쪽). 그러나 누가 프로이트의 정신분석과 달리 이런 언어 지배력의 표상을 끊임없이 무너트렸던 것일까? 프로이트는 충동, 무의식과 억압이라는 표제에 따라 그 자신이 완벽하게 지배할 수 없었던 그리고 자신의 프로그램에 의해 지배하는 것이 전혀 불가능했던 무엇인가를 가동시켰다.

초현실주의자들의 대부 앙드레 브르통의 수필집《연통관(Vases communicants)》에 대한 기묘한 서신교환에서 프로이트는 서지 오류에 대한 논쟁에서 이런 바라지 않았던 동맹자에 대한 불쾌감을 은폐한 채 다음과 같이 솔직한 심경을 털어놓는다. "나 자신은 당신의 초현실주의가 무엇이고 그것이 무엇을 원하는지 표명할 처지가 아닙니다. 어쩌면 예술을 멀리하려는 나로서는 그것을 이해할 필요가 없는지도 모르겠습니다"(Breton 1932/1973, 131쪽). 그러나 자유연상 기법을 과학적 방법으로 창립했고 가장 흥미로운 언어적 위트를 좇을 줄 아는 저자는 크리스티안 모르겐슈테른과 초현실주의자들의 형제로 찬양되는 것에 거의 항변할 수 없을 것 같다.

그런데 이를 뒤집어 보면, 말을 할 때 실언이 생긴다는 것을 프로이트가 날조한 것은 아니었다. 그런 일은 전부터 늘 있어 왔다. 그러나 천진난만한 실언이란 없다는 것 그리고 실언하는 자를 프로이트가 알아차리지 못하리라 생각하는 일이 더는 있을 수 없다는 것은 정신분석의 문화적 승리를 통해서야 비로소 가능해졌다.

두 가지 모두 저자의 의도와 일치하지 않는 이론적 결과에 대한 예들이다. 그러나 이 결과가 어떤 이론의 경우에는 현저하게 두드러지는데, 왜냐하면 바로 이 이론이 의도적인 의식의 주권을 믿지 않는다고 가르쳤기 때문이다. 무의식과 억압의 왜곡된 반복이라는 기본가설을 통하여 자기현전의 의미가 갖는 심급, 즉 전지적인 원저자의 태도(auktoriale Urheberschaft)와 자아의 주체 중심적 심급은 철저한 해체에 저항하는 심층적 차원에 도달했다. 프로이트에 따르면 어떤 꿈도 마지막까지 해석될 수 없다. ― 그리고 이 경험은 해석방법 자체와도 연관된다.

이런 관점에서 작품과 저자의 특성을 더 자세히 파악하기 위해서는 다음 세 가지 접근방식이 제시된다. 한편으로는 언어와 문자의 의미에 대한 접근, 다른 한편으로는 텍스트의 해석학에 대한 접근, 끝으로 담론형성으로서의 프로이트라는 저자의 규정에 대한 접근이 그것이다.

기록하기 – 독일어

언어와 문자는 프로이트의 텍스트들이 긴장 영역으로 들어가는 두 극을 표현한다. 패러다임으로 볼 때 이들은 일치하는 것이 아니라 분리된 것으로 파악되어어야 한다고 생각하는 것이 중요하다.

먼저 문자에 대해 살펴보자. 프로이트의 깔끔한 원고 또는 그의 책상 사진을 보기만 해도 글쓰기, 즉 그의 사고과정을 필체로 고정하는 일이 그에게 얼마나 높은 가치를 지녔는가를 인식하기에 충분하다. 그것은 프로이트가 속한 세대의 저자에게 이례적인 것이 아니다. 하지만 이 일은 문자가 정신분석의 기본정리와 직접 연관되는 순간에 흥미로워진다.

프로이트가 아주 여러 가지의 인식론적 모델들을 가지고 작업했다는 사실과는 별개로 문자의 패러다임에 특별한 의미가 주어진다. 우리는 우선 프로이트가 기록하기, 지우기와 흔적의 남김이라는 삼중 과정에 대한 모델을 발견했던 신비한 양초판(전집 14, 1-8쪽)에 관한 짧은 텍스트를 생각해서는 안 된다. 기억, 망각과 마찬가지로 의도하지 않은 회상의 수수께끼에 대한 프로이트 평생의 숙고는 문자와 흔적이라는 주요 표상을 중심으로 움직인다.

자크 데리다(Jacques Derrida)는 이미 초기 논문에서 기호의 구조주의적이고 언어학적인 구상을 능가하는 프로이트의 사유와 글쓰기에 나타나는 문자은유 및 문자모델로 관심을 돌린 업적을 거두고 있다(Derrida 1967/1972). 아마도 이에 좀 더 접근한 연구는 마찬가지로 문자의 패러다임을 중점적으로 다루고 있는 한스 블루멘베르크(Hans Blumenberg)의 "꿈을 읽을 수 있도록 하기"라는 통찰력 있는 프로이트-장(章)(Blumenberg 1986)일 것이다. 비록 두 철학자는 문자가 오히려 정신분석의 정립 패러다임으로 빠지는 난점을 제시하고 있을지라도, 이것으로부터 매우 생산적인 통로가 나타난다. 자극의 지속적 흔적을 기록하는 체계가 지각 및 의식체계와 동일할 수 없다는 프로이트의 기본사고는 그가 심적인 것의 위상론을 위하여 작성한 모든 글에 존속한다.

문자의 은유법과 문자에 대한 성찰이 본질적으로 흔적 기록의 기억이론적인 틀 내에서 움직이는 반면에, 프로이트와 언어의 관계는 주로 낱말들의 풍부한 연상과 (성공적인 또는 성공하지 못하는) 언어행동의 실행을 지향한다. "말로 치료하기(talking cure)"의 창안은 바로 말의 "오랜 마법의 힘"에 좌우된다(전집 11, 10쪽).

저자의 특성이라는 주제에 관한 한 이런 관점은 예나 지금이나 프로이트 수용에서 거의 고려되지 않는 다른 방식으로, 다시 말해 프로이트와 독일어의 결속관계라는 관점에서 숙고되어야 한다. 제1차 세계대전의 와중에 집필된 저작《전쟁과 죽음에 대한 시대적 고찰(Zeitgemäßes über Krieg)》에는 자서전적인 해명을 포함하는 "문화세계시민"에 관한 긴 구절이 나온다. 프로이트는 전승되어 내려온 예술이라는 보물과 많은 민족문학으로부터 그가 어떻게 "새롭고 더 큰 조국"을 구성했는지를 묘사하면서 다음과 같은 말로 끝맺는다. "그는 당시에 자신의 국가와 사랑하는 모국어에 불성실했다고 자책한 적이 한 번도 없었다"(전집 10, 327-328쪽).

독일어와 프로이트의 깊은 결속관계를 인식하기 위해서는 먼저 저술가이자 번역가인 게오르게스 아르투어 골트슈미트(Georges-Arthur Goldschmidt)

의 책이 그를 어떻게 설명해 나가는지와 같은 특별한 접근 방식이 필요할 것 같다. 골트슈미트 자신은 독일계 유대인으로서 다행히 프랑스에서 유대인 집단수용소 유형(流刑)을 모면한 바 있다. 골드슈미트의 에세이는 프로이트의 **부정**(Verneinung)에 관한 텍스트를 새로 번역할 때에 그가 해본 프로이트의 번역 불가능성의 경험을 화제의 출발점으로 삼았다. 골트슈미트는 자신의 시도에 대하여 이렇게 쓰고 있다. "중요한 것은 프로이트가 사용한 그리고 그의 사유의 원천이었던 독일어를 프랑스의 독자층에게 … 제시하고" … "동시에 프로이트의 언어를 국가사회주의 속에서 만연하게 된 저 억압적인 것을 고려하여 분석하는 일"이었다(Goldschmidt 1988/1999, 11쪽, 31쪽). 프로이트와 독일어의 결속관계에 대한 이런 표명은, 누군가가 '유대인 말살정책'의 언어 황폐화로부터 독일어의 역사적 언어력으로의 접근을 올바로 정립할 수 없을 때, 독일의 독자층에게 그만큼 더 소중하다.

골트슈미트는 '충동'이나 '망상', '영혼', '수치심' 또는 'ver'라는 접두사 같은 표현을 근거로 프로이트의 정신분석이 독일어에 얼마나 강하게 뿌리박고 있고 또한 ―프로이트가 번역의 문제성을 건드리지는 않았지만― 이런 결속관계 자체를 얼마나 함축적으로 반영했는지를 인상적으로 보여 준다. 골트슈미트가 성공적으로 부언하는 것은 필연적으로 정신분석의 대상을 달리 연관시키면서도 생산적으로 변형하는 프랑스어의 유사한 언어형성의 상이성에 대한 동시적 시각이다. (프로이트 저작들을 번역한 공적이 지대한 영어 《표준판》의 이와 같은 언어능력의 부족을 새삼 거론하는 것이 비방은 아닐 것이다.)

이런 관점에서 언급된 언어의 자기운동은 번역의 문제로서뿐만 아니라 한편으로는 독일어와 근원적 결속관계를 맺고 있는 정신분석 자체의 통합적 구성요소로서, 다른 한편으로는 보편적 학문이 요구하는 통합적 구성요소로서 나타난다. 우리는 이제 골트슈미트의 숙고로부터 다음과 같은 사실을 도출할 수 있다. 즉 이 순환적인 폐쇄성은 바로 프로이트 글들의 번역 불가능성이 그 대상(꿈 및 증상 등)과 밀접하게 관련되기 때문에 다른 언어로의 성공적인 전환에 의하여 해결될 수 있을 것이며, 그런 가운데 정신분석의 다문화적 영향력이 비로소 본질적으로 전개될 수도 있으리라는 점이다.

텍스트의 암호학

또 다른 문제는 프로이트의 텍스트가 읽힐 수 있는가 하는 물음이다. 《인간 모세와 유일신교》라는 후기의 글에는 프로이트가 모세에 대한 성서 원전의 불합리성을 ― "두드러진 균열, 성가신 반복, 명백한 모순을"― 어떻게 처리해야만 하는지 숙고하는 비교적 긴 구절이 나온다.

이어서 다음과 같은 문장들이 나온다. "'왜곡(Entstellung)'이라는 말에 비록 오늘날 그 말의 사용법이 다를지라도 그것이 요구하는 이중적 의미를 부여하고 싶다. 왜곡이라는 말은 그 현상 내에서 변화시킨다는 것을 의미할 뿐만 아니라 다른 위치로 가져가는 것, 다른 어느 곳으로 이동시키는 것을 의미할 수 있을 것 같다. 따라서 우리는 텍스트 왜곡의 많은 경우에 억압된 것과 부정된 것이 비록 수정되고 관계에서 결렬되었을지라도 어딘가에는 그것이 숨어 있다는 사실을 기대해도 좋을 것이다"(전집 16, 144쪽). 프로이트는 여기서 꿈이나 다른 심적 현상들을 해석할 때 늘 추구해 왔던 것만을 본질적으로 반복하여 말하고 있을 뿐이다.

이것은 이제 그 자신의 텍스트가 읽힐 수 있도록 말하자면 저자에 의해 제시된 암호학적 해독모델인 셈일까? 물론 이런 식으로 방법적 절차를 거치려고 하는 것보다 더 비생산적인 것은 아마 없을 것이다. 여기서 "텍스트의 암호학(Kryptologie der Texte)"이라고 명명되는 것은 전혀 다른 어떤 것이다. 요컨대 독서에서는 의미 해석의 문제를 또 한 번 주제화하는 독서방식이 중요한 관건이다. 그리고 프로이트가 결과에 그다지 신경을 쓸 필요가 없었다 할지라도, 그는 여기서 사전작업을 아주 철저히 준비했다.

프로이트의 주의력이 억압과 왜곡, 실수행위와 증상의 형성에 집중되어 있다면, 그는 ―텍스트 표현의 다의성 이면에서 얻을지도 모르는 해명 가능하고 처리될 수 있는― 의미의 오랜 해석학적 모델에서 벗어나는 텍스트와 텍스트성의 (그리고 비교 문화적 표현형식의) 이론적 통로를 개척한 셈이었다. 낱말들의 다의성, 언어표현의 형상성(Figuralität), 텍스트에서 저자의 대표성, 의미생산의 저항성, 이런 것들은 텍스트 속에서 의미의 완전한 현전의 가정에 대립되는 텍스트의 특성들이다. 왜곡과 전치는 문학적이고 시적인 텍스트들의 좁은 원환으로 결코 제한된 채 남아 있는 것이 아니라 이론적 텍스트들 속에서도 작용하는 '기본 질(Grundqualität)'을 형성한다. 그것은 텍스트 읽기 가능성의 조건에 대한 성찰을 요구한다. 왜냐하면 이 텍스트들은 완전하게 통제될 수 없는 언어적인 것의 고유운동에 어느 정도 내맡겨져 있기 때문이다.

프로이트라는 계몽가의 철저성, 그의 글쓰기 및 이론 생산의 모험은 그렇다면 바로 지침서 종류의 요약에서가 아니라 개념형성의 노력과 대상의 저항성(Widerspenstigkeit des Gegenstandes)이 작용하는 과정의 추구에서 해명된다.

그렇다면 프로이트가 가령 이집트인이었던 인간 모세에 관한 책을 일단 "역사소설"로서 시작할 수밖에 없다고 진지하게 생각했다(Grubrich-Simitis 1993 참조)는 것은 문학적인 자기과대평가가 아니라 완성된 텍스트 자체, 그것의 표현충동과 문제성의 부분을 드러낸 것이다. 그렇지 않고 프로이트가 그의 책《위트와 무의식의 관계》가 "《꿈의 해석》에서 직접 유래한 하나의 파생"이며, 플리스가 그에게 많은 꿈들의 위트적인 성격을 일깨웠기 때문에 그것을 집필해야 했다(전집 14, 91쪽)고 기록하고 있다면, 이것으로 설명은 거의 불충분하다. 그러나 마지막까지 연구가 위트와 코믹의 해결되지 않은 관계를 추적해 나가는 이 책의 고유한 구성 및 구조에 대한 상세한 분석은 《꿈의 해석》을 전형으로 한 틀이 어떻게 계속해서 텍스트 운동에 의하여 무너지는가를 입증할 수 있다.

텍스트의 암호학은 ―전위적인 텍스트 이론을 고려한 프로이트 독서법은― 프로이트 이후로 확립된 정신분석이 서서히 약화시켰던 그의 작품의 저술가적 차원에 대한 통찰만을 끌어낸 것이 아니다. 무엇보다 무미건조한 정리(Theorem)의 형태에서와는 달리 그것은 정신과학 및 문화과학에서 고향을 발견해 내는 결실을 이루었다.

적어도 여기서는 '섬뜩함'[89]에 대한 프로이트의 글처럼 탁월한 사례가 거론되어야 한다. 이 글은 텍스트의 발생이나 그 형태에서도 프로이트가 저술한 것 가운데 가장 특이한 작업 중 하나임을 보여 준다. 그럴 것이 서두에는 "떨어져 있는" 영역이 해명될 것이라고 적혀 있는데, 말미에는 "우리는 이 연구 영역으로 올바른 의도 없이 이끌려 오게 되었다 …"(전집 12, 229쪽, 267쪽)고 적혀 있기 때문이다. 마지막까지 프로이트는 텍스트의 진행 속에서 자신이 섬뜩한 반복에 연루되어 있음을 발견한다. 그는 자신의 고통스러운 체험을 떠올리면서 이 주제로 어떤 오류에 빠져들 수 있는지를 자문하고는, 텍스트 전략의 지속적인 변화에 의존하여 작업해 나간다. 이 프로이트 텍스트의 재독서는 섬뜩함의 개념을 문화과학에서 실제로 처음 정착시켰고, 많은 연구를 통하여 완전히 자체의 담론을 정초하였다(Cixous 1972; Derrida 1993/1996; Hertz 1985/2001; Lindner 2006).

89) 역주: 본서의 차례 10. 문학과 예술에서 '섬뜩함(das Unheimliche)' 참조.

담론성의 창시자로서의 저자

프로이트의 전이 개념은 ―그것이 프로이트의 텍스트란 계속해서 읽히면서도 말하자면 종래에는 결코 읽히지 않는다는 사실로 우리의 시선을 돌리게 한다는 점에서― 전이의 임상적 활용과 상관없이 중요하다. 프로이트의 지속적인 영향력은 정신분석학파의 역사나 다른 학문을 통한 정신분석의 거부와 무관하게 형성된다. 그렇다면 대체 왜 '프로이트'를 읽으려고 하는가?

미셸 푸코는 그의 영향력 있는 논문《저자란 무엇인가?》에서 특정한 종류의 저자들을 "담론성의 창시자(Diskursivitätsbegründer)"라고 불렀다. 그는 저자들을 새로운 담론을 창설하여 문화적 기억 속에서 위대한 이름으로 통하는 유명한 사상가 및 연구자의 보편적 범주와 확실하게 구분한다. 물론 이들에게도 저자 기능이 특정한 작품들의 순수 저작자 역할을 넘어 확장되는 것도 사실이다. 하지만 이 기능은 그들이 진행한 담론에서는 상당히 약화된다. 따라서 유전자 연구를 집필하는 그 누구도 예수회 신부 멘델의 글들을 새로 읽을 리 없다.

반면에 푸코가 특히 프로이트와 마르크스를 담론성의 창시자로 설명하고 있다면, 그는 그들의 저자로서의 대단히 비범한 창립행위를 인정하는 것이다. 프로이트와 마르크스의 이론에서 "담론성의 창시는 이질적으로", 다시 말해 "이들 이론의 추후적인 변형"과 관련하여 저항적인 상태로 남아 있다(Foucault 1969/1974, 26쪽). 저자로의 회귀에 대한 요청은 주기적인 거리를 두고 원천으로 회귀함으로써 유효해지는 것이 이런 예에 속한다. 이런 현상에 대한 푸코의 설명은 이 텍스트들에서는 이른바 끌어당기기와 밀어내기의 지속적 유희를 열어 나가는 "망각의 빗장"이 설치되었다는 말로 귀결된다. "정말이지 그것은 이미 저기 있었고, 우리는 읽기만 하면 되는 일이었다. 이제 모든 것이 저기 있는데, 보고 듣지 않으려면 우리는 장

님과 귀머거리가 될 수밖에 없었다. 그런데 반대의 상황이 있다. 아니 ⋯ 그것은 볼 수 없거나 읽을 수 없는 낱말을 말하는데, 이제는 그것이 문제이다. 이제는 오히려 행들 (낱말들) 사이에서 말해지는 그것이 문제인 것이다 ⋯"(같은 곳, 28쪽). 담론성의 창시자들은 그들 스스로가 설정하는 원천에서 작업한다. 그러므로 특정한 소용돌이, 그들 텍스트의 끊임없는 흡인력이 우리에게 감동을 준다.

기이하게도 푸코는 기본적인 관점을 소홀히 한다. 이 유희가 수행되고 소용돌이가 전개될 수 있으려면 과학적 구상과 문학적 저작행위의 특수한 일치가 필요했다. 여기서 '저술가적인' 것은 외적으로는 가령 대중화의 수단으로서 투입되는 것이 아니라 구상 자체의 일부분이다. 그 모순적인 수용과는 전혀 상관없이 프로이트의 작품이 계속해서 텍스트로의 회귀를 요구하고 또한 요구하리라는 것은 다름 아닌 프로이트의 문학적 저자로서의 특성에 기인한다.

───── 참고문헌 ─────────────────────────────────

Blumenberg, Hans: Die Lesbarkeit der Welt(세계를 읽을 수 있는 가능성). Frankfurt a.M. 1986.

Breton, André: Die kommunizierenden Röhren(의사를 소통하는 관). München 1973(불어판 1932).

Cixous, Hélène: La fiction et ses fantômes. Une lecture de l'Unheimliche de Freud(허구와 그것의 환상들. 프로이트의 두려운 낯설음에 대한 하나의 독해). In: Poétique III (1972), 199-216쪽.

Derrida, Jacques: Freud und der Schauplatz der Schrift(프로이트와 글쓰기의 무대). In: Ders.: Die Schrift und die Differenz. Frankfurt a. M. 1972, 302-350쪽(불어판 1967).

───────: Marx' Gespenster. Der Staat der Schuld, die Trauerarbeit und die neue Internationale(마르크스의 유령들. 죄의 국가, 애도작업과 새로운 국제적인 것). Frankfurt a. M. 1996(불어판 1993).

Foucault, Michel: Was ist ein Autor(저자란 무엇인가?) In: Ders.: Schriften zur Literatur. München 1974, 7-31쪽(불어판 1969).

Goldschmidt, Georges-Arthur: Als Freud das Meer sah. Freud und die deutsche Sprache(프로이트가 대양을 보았을 때. 프로이트와 독일어). Zürich 1999(불어판 1988).

Grubrich-Simitis, Ilse: Zurück zu Freuds Texten. Stumme Dokumente sprechen machen(프로이트의 텍스트로 돌아가자. 말 없는 문서들을 말하게 만들기). Frankfurt a. M. 1993.

_____: Freuds Moses-Studie als Tagtraum(프로이트의 백일몽으로서의 모세연구). Ein biographischer Essay [1991]. Frankfurt a. M. 1994.

Hertz, Neil: Freud und der Sandmann(프로이트와 모래유령). In: Ders.: Das Ende des Weges. Die Psychoanalyse und das Erhabene. Frankfurt a.M. 2001, 127-156(영어판 1985).

Lindner, Burkhardt: Freud liest den »Sandmann«(프로이트가 《모래유령》을 읽는다). In: Klaus Herding/Gerlinde Gehrig (Hg): Orte des Unheimlichen. Die Faszination verborgenen Grauens in Literatur und Bildender Kunst. Göttingen 2006 (im Erscheinen)

Mahony, Patrick J.: Der Schriftsteller Sigmund Freud(저술가 지그문트 프로이트). Frankfurt a. M. 1989(영어판 1982).

Muschg, Walter: Freud als Schriftsteller(저술가로서의 프로이트) [1930]. München 1975.

Pontalis, Jean-Bertrand: Das Beunruhigende an den Wörtern. In: Ders.: Die Macht der Anziehung. Psychoanalyse des Traums, der Übertragung und der Wörter. Frankfurt a.M. 1992, 79-93(불어판 1990).

Zweig, Arnold: Freud und die Psychoanalyse(프로이트와 정신분석). In: Ders.: Bilanz der deutschen Judenheit 1933. Ein Versuch. Berlin 1998, 178-181쪽.

Burkhardt Lindner

프로이트 연보

약부호 및 약어

연대순에 따른 프로이트 전집의 글들

용어색인

1856년 5월 6일   오스트리아(현재는 체코)의 프라이베르크에서 지기스문트 슐로모 프로이트(Sigismund Schlomo Freud) 출생. 부친의 이름은 칼라몬 야콥 프로이트(Kallamon Jacob Freud), 모친의 이름은 나탄존(Nathanson) 가문의 아말리아(Amalia)이다.

1859/60년   가족이 라이프치히로, 이어서 빈으로 이주하다.

1865년   김나지움 입학.

1873년   김나지움을 졸업하고 대학에서 의학수업 시작.

1876년   트리에스트에서 2년간 수학한 뒤 에른스트 브뤼케(Ernst Brücke)의 심리학 연구소에서 연구.

1878년   요셉 브로이어(Josef Breuer)와 친교를 맺는다.

1879/80년   1년간 군 복무.

1881년   박사과정을 마치고 의사자격증 획득.

1882년   마르타 베르나이스(Martha Bernays)와 약혼.

1883년   빈의 일반병원에서 신경과 의사로 근무.

1884년   코카인 실험.

1885년   사강사로 임명되다.

1885/86년   샤르코(Charcot)의 살페트리에르 병원에서 연구를 위하여 파리에 체류.

1886년   개인병원 개업. 마르타와 결혼.

1887년   딸 마틸데 탄생. 빌헬름 플리스(Wilhelm Fließ)와 첫 만남.

1889년   아들 장 마르텡(Jean-Martin) 탄생. 낭시 대학의 정신의학자 이폴리트 베른하임(Hippolyte Bernheim)을 방문하다.

1891년	《실어증의 이해(Zur Auffassung der Aphasien)》 발표.
1892년	아들 올리버 탄생. 베르크가세 19번지로 이사.
1893년	아들 에른스트 탄생. 브로이어와 밀접한 관계를 맺으며 공동작업.
1894년	딸 소피 탄생.
1895년	딸 안나 탄생. 브로이어와 공동 작업한 《히스테리에 대한 연구(Studien über Hysterie)》, 《심리학의 구상(Entwurf einer Psychologie)》 발표.
1896년	부친의 죽음. 성적인 외상이론(유혹이론)에 관심을 갖고 연구.
1897년	유혹이론이 환자의 환상에서 나온 것임을 알고 유혹이론을 포기.
1899년	이미 이 해에 《꿈의 해석(Die Traumdeutung)》이 출간되었으나 출판사가 출간 연도를 1900년으로 명기함.
1901년	《일상생활의 정신병리학(Zur Psychopathologie des Alltagslebens)》 발표.
1902년	유명무실한 교수로 임명된다. 알프레트 아들러(Alfred Adler), 막스 카네(Max Kahane), 루돌프 라이틀러(Rudolf Reitler), 빌헬름 슈테켈(Wilhelm Stekel)이 프로이트의 첫 제자로 들어오고 수요회가 시작된다(1908년부터는 빈정신분석학회가 시작됨).
1904년	플리스와의 관계가 끝난다.
1905년	《위트와 무의식의 관계(Der Witz und seine Beziehung zum Unbewußten)》, 《성이론에 대한 세 편의 논문들(Drei Abhandlungen zur Sexualtheorie)》 발표.
1906년	칼 융(C. G. Jung)과 서신교환 시작.
1907년	카를 아브라함(Karl Abraham)과 막스 아이팅곤(Max Eitingon)이 프로이트 서클에 합류. 루트비히 빈스방거(Ludwig Binswanger)와 교제.
1908년	산도르 페렌치(Sándor Ferenczi)와 공동작업 시작. 어니스트 존스(Ernest Jones)와 첫 만남. 《"문화적" 성도덕과 현대인의 신경증(Die »Kulturelle« Sexualmoral und die moderne Nervosität)》 발표.
1909년	강연하기 위하여 미국으로 여행.
1910년	뉘른베르크에서 정신분석회의가 개최되고, 국제정신분석학회가 창설된다. 《레오나르도 다빈치의 어린 시절의 추억(Eine Kindheitserinnerung des Leonardo da Vinci)》 발표.

1911년	루 안드레아스 살로메(Lou Andreas-Salomé)와의 친교가 시작되고, 아들러와의 관계는 결렬된다.
1912년	융과 점점 더 긴장된 관계를 갖게 된다. 소위 "비밀위원회" 창립.
1912/13년	《토템과 터부(Totem und Tabu)》 발표. 융과 결별.
1914년	《정신분석 운동의 역사(Zur Geschichte der psychoanalytischen Bewegung)》, 《나르시시즘 입문(Zur Einführung des Narzißmus)》, 《미켈란젤로의 모세(Der Moses des Michelangelo)》 발표.
1915년	《전쟁과 죽음에 대한 시대적 고찰(Zeitgemäßes über Krieg und Tod)》 및 메타심리학에 대한 논문들 발표.
1916/17년	《정신분석입문 강의(Vorlesungen zur Einführung in die Psychoanalyse)》 발표.
1918년	부다페스트에서 정신분석회의가 개최되었고, "전쟁노이로제"의 치료에 대한 성과들이 나오게 된다.
1920년	프로이트의 딸 소피의 죽음. 외래환자 진료소가 있는 베를린 정신분석연구소 개관. 국제정신분석 출판사 창설. 《쾌락원리의 저편(Jenseits des Lustprinzips)》 발표.
1921년	《집단심리학과 자아-분석(Massenpsychologie und Ich-Analyse)》 발표.
1923년	암 진단을 받다. 《자아와 이드(Das Ich und das Es)》 발표.
1925년	오토 랑크와의 갈등. 브로이어와 아브라함의 죽음. 《나의 이력서(Selbstdarstellung)》 출간.
1926년	《억압, 증후 그리고 불안(Hemmung, Symptom und Angst)》, 《비전문인 분석의 문제(Die Frage der Laienanalyse)》 발표.
1927년	《환영의 미래(Die Zukunft einer Illusion)》 발표.
1930년	프랑크푸르트 암 마인 시가 수여하는 괴테상 수상. 모친의 죽음. 《문화 속의 불쾌감(Das Unbehagen in der Kultur)》 발표.
1932년	알베르트 아인슈타인과의 서신교환에서 나온 《왜 전쟁인가?(Warum Krieg?)》 발표.
1933년	이 해 5월에 독일에서 나치가 프로이트의 책들과 다른 유대인들 및 좌파 저자들의 책들을 불태운다. 페렌치의 죽음. 《정신분석입문 강의의 새로운 연

속(Neue Folge der Vorlesungen zur Einführung in die Psychoanalyse)》 발표.

1936년   프로이트 80세 생일을 맞이하여 토마스 만이 빈 대학에서 축하강연을 한다.

1938년   3월에 오스트리아가 나치 독일에 합병됨. 6월에 프로이트와 그의 가족이 런던으로 망명을 떠남.

1939년   이마고 출판사 설립. 1940년부터 프로이트의 《전집(Gesammelte Werke)》이 출간되기 시작함. 《인간 모세와 유일신교(Der Mann Moses und die monotheistische Religion)》 출간. 이 해 9월 23일 프로이트가 죽음을 맞이한다.

1950년   《정신분석의 시작으로부터(Aus den Anfängen der Psychoanalyse)》 출간.

1951년   프로이트의 부인인 마르타의 죽음.

1953년   어니스트 존스(Ernest Jones)의 프로이트 전기 제1권 출간. 프로이트의 영어판인 《표준판(Standard Edition)》 출간 시작.

1960년   프랑크푸르트의 피셔 출판사가 이마고 출판사로부터 프로이트의 저작권을 취득한다.

1969년   알렉산더 미처리히(Alexander Mitscherlich), 제임스 스트래치(James Strachey) 등에 의해 편집된 프로이트 저서의 《연구판(Studienausgabe)》 출간 시작.

1982년   안나 프로이트의 죽음.

1987년   《전집》에 대한 《증보판(Nachtragsband)》 출간. 피터 게이(Peter Gay)의 프로이트 전기 출간.

약부호 및 약어

GW (로마자로 순번을 매긴 전집) = Sigmund Freud: Gesammelte Werke Bd. I-XVIII. Unter Mitwirkung von Marie Bonaparte hg. von Anna Freud, Edward Bibring, Willi Hoffer, Ernst Kris und Otto Isakower. London/Frankfurt a.M. 1940ff.

Nachtr. (전집의 증보판) = Sigmund Freud: Gesammelte Werke, Nachtragsband. Hg. von Angela Richards unter Mitwirkung von Ilse Grubrich-Simitis. Frankfurt a.M. 1987.

B (프로이트의 편지들) = Sigmund Freud: Briefe 1873-1939. Hg. von Ernst und Lucie Freud. Frankfurt a. M. 1980.

F (빌헬름 플리스에게 보낸 편지들) = Sigmund Freud: Briefe an Wilhelm Fließ 1887-1904. Hg. von Jeffrey Moussaieff Masson. Bearb. der deutschen Fassung von Michael Schröter. Frankfurt a. M. 1986.

S (질버슈타인에게 보낸 청소년기 편지들) = Sigmund Freud: Jugendbriefe an Eduard Silberstein 1871-1881. Hg. von Walter Boehlich. Frankfurt a. M. 1989.

C (프로이트와 어니스트 존스의 서신교환) = The Complete Correspondence of Sigmund Freud and Ernest Jones 1908-1939. Hg. von R. Andrew Paskauskas. Cambridge/London 1993.

F/A (프로이트와 카를 아브라함의 서신교환) = Sigmund Freud und Karl Abraham: Briefe 1907-1926. Hg. von Hilda C. Abraham und Ernst L. Freud. Frankfurt a. M. 1980.

F/AS (프로이트와 루 안드레아스 살로메의 서신교환) = Sigmund Freud und Lou Andreas-Salomé: Briefwechsel. Hg. von Ernst Pfeiffer. Frankfurt a. M. 1980.

F/B (프로이트와 빈스방거의 서신교환) = Sigmund Freud und Ludwig Binswanger: Briefwechsel 1908-1938. Hg. von Gerhard Fichtner. Frankfurt a. M. 1992.

F/E (프로이트와 아이팅곤의 서신교환) = Sigmund Freud und Max Eitingon: Briefwechsel 1906-1939. Hg. von Michael Schröter. Tübingen 2004.

F/Fer (프로이트와 페렌치의 서신교환) = Sigmund Freud und Sándor Ferenczi: Briefwechsel. Hg. von Eva Brabant, Ernst Falzeder und Patrizia Giampieri-Deutsch unter der wissensch. Leitung von André Haynal. Wien/Köln/Weimar 1993ff.

F/G (프로이트와 그로드덱의 이드에 대한 서신교환) = Sigmund Freud und Georg Groddeck: Briefe über das Es. Hg. von Margaretha Honegger. München 1974.

F/J (프로이트와 융의 서신교환) = Sigmund Freud und C. G. Jung: Briefwechsel. Hg. von William McGuire und Wolfgang Sauerländer. Frankfurt a. M. 1974.

F/P (프로이트와 피스터 목사의 서신교환) = Sigmund Freud und Oskar Pfister: Briefe 1909-1939. Hg. von Ernst. Freud und Heinrich Meng. Frankfurt a. M. 1980.

Gay (피터 게이의 프로이트 전기) = Peter Gay: Freud. Eine Biographie für unsere Zeit. Frankfurt a. M. 1989.

Jones I-III (어니스트 존스의 세 권짜리 전기) = Ernest Jones: Das Leben und Werk von Sigmund Freud, Bd. I-III. Bern/Stuttgart/Wien 1960-1962.

전집 1 (1892-1899)

최면 치료의 한 사례와 아울러 "반의지"를 통한 히스테리 증상의 성립에 대한 소견: Ein
Fall von hypnotischer Heilung, nebst Bemerkungen über die Entstehung hysterischer
Symptome durch den »Gegenwillen« (1892/1893), 1-17.

샤르코: Charcot (1893), 19-35.

히스테릭한 생체운동신경 마비의 비교 연구를 위한 몇 가지 고찰: Quelques considéra-
tions pour une étude comparative des paralusies motrices organiques et hystériques
(1893), 37-55.

방어-신경정신병: Die Abwehr-Neuropsychosen (1894), 57-74.

히스테리 연구: Studien über Hysterie(1895), 75-312.

신경쇠약에서 "불안 신경증"으로서의 특정한 증상콤플렉스를 분리시켜야 할 근거: Über
die Berechtigung, von der Neurasthenie einen bestimmten Symptomenkomplex als
»Angst-Neurose« abzutrennen (1895), 313-342.

강박관념과 공포증. 그 심리적 기제와 병인론: Obsessions et phobies. Leur mécanisme
psychique et leur étiologie (1895), 343-353.

불안신경증의 비판: Zur Kritik der »Angstneurose« (1895), 355-376.

방어-신경정신병에 대한 더 진척된 소견들: Weitere Bemerkungen über die Ab-
wehr-Neuropsychosen (1896), 377-403.

신경증의 유전과 병인론: L'hérédité et l'étiologie des névroses (1896), 405-422.

히스테리의 병인론에 대하여: Zur Ätiologie der Hysterie (1896), 423-459.

사강사 프로이트 박사의 학문적 작업의 내용보고: Inhaltsangaben der wissenschaftlichen

Arbeiten des Privatdocenten Dr. Sigm. Freud 1877-1897 (1897), 461-488.

신경증의 병인으로서의 성욕: Die Sexualität in der Ätiologie der Neurosen (1898), 489-516.

건망증의 심적인 기제: Zum psychischen Mechanismus der Vergeßlichkeit (1898), 517-527.

은폐기억에 대하여: Über Deckerinnerungen (1899), 529-554.

전집 2/3 (1900-1901)

꿈의 해석: Die Traumdeutung (1900), V-XV, 1-642.

꿈에 대하여: Über den Traum (1901), 643-700.

전집 4 (1901)

일상생활의 정신병리학: Zur Psychopathologie des Alltagslebens (1901), 1-310.

전집 5 (1904-1905)

프로이트의 정신분석 방법론: Die Freudsche psychoanalytische Methode (1904), 1-10.

정신치료에 대하여: Über Psychotherapie (1905), 11-26.

성이론에 대한 세 편의 논문: Drei Abhandlungen zur Sexualtheorie (1905), 27-145.

신경증의 병인에서의 성욕의 역할에 대한 나의 견해: Meine Ansichten über die Rolle der Sexualität in der Ätiologie der Neurosen (1905), 147-159.

히스테리-분석의 단편(도라 분석): Bruchstück einer Hysterie-Analyse (1905), 161-286.

심리 치료: Psychische Behandlung (Seelenbehandlung) (1905), 287-315.

전집 6 (1905)

위트와 무의식의 관계: Der Witz und seine Beziehung zum Unbewußten (1905), 1-269.

전집 7 (1906-1909)

사실진단과 정신분석: Tatbestandsdiagnostik und Psychoanalyse (1906), 1-15.

어린아이의 성교육: Zur sexuellen Aufklärung der Kinder (1907), 17-27.

옌센의 《그라디바》에서 망상과 꿈: Der Wahn und die Träume in W. Jensens »Gradiva«
(1907), 29-125.

강박행위와 종교의 관습: Zwangshandlungen und Religionsübungen (1907), 127-139.

"문화적" 성도덕과 현대인의 신경증: Die »kulturelle« Sexualmoral und die moderne Ner-
vosität (1908), 141-167.

유아기 성이론에 대하여: Über infantile Sexualtheorien (1908), 169-188.

히스테리성 환상과 양성 소질의 관계: Hysterische Phantasien und ihre Beziehung zur
Bisexualität (1908), 189-199.

성격과 항문 성애: Charakter und Analerotik (1908), 201-209.

작가와 환상행위: Der Dichter und das Phantasieren (1908), 211-223.

신경증 환자의 가족소설: Der Familienroman der Neurotiker (1909), 225-231.

히스테리성 발작에 대한 일반적 언급: Allgemeines über den hysterischen Anfall (1909),
233-240.

다섯 살배기 소년의 공포증 분석: Analyse der Phobie eines fünfjährigen Knaben (1909),
241-377.

어느 강박신경증 사례에 대한 소견: Bemerkungen über einen Fall von Zwangsneurose
(1909), 379-463.

전집 8 (1909-1913)

정신분석에 대하여: Über Psychoanalyse (1910), 1-60.

자살-토론에 대한 서문. 맺음말: Zur Einleitung der Selbstmord-Diskussion. Schlußwort
(1910), 61-64.

애정생활의 심리학을 위한 기고들: (1) 남성의 대상선택의 특수한 유형에 대하여, (2) 애
정생활의 가장 일반적인 굴욕에 대하여 Beiträge zur Psychologie des Liebeslebens:
(I) Über einen besonderen Typus der Objektwahl beim Manne (1910), (II) Über die
allgemeinste Erniedrigung des Liebeslebens (1912), 65-91.

시각의 심인성 장애에 관한 정신분석적 견해: Die psychogene Sehstörung in psychoanalytischer Auffassung (1910), 93-102.

정신분석 치료의 미래 전망: Die zukünftigen Chancen der psychoanalytischen Therapie (1911), 103-115.

"거친" 분석에 대하여: Über »wilde« Psychoanalyse (1910), 117-125.

레오나르도 다빈치의 어린 시절의 추억: Eine Kindheitserinnerung des Leonardo da Vinci (1910), 127-211.

원시어의 반대의미에 대하여: Über den Gegensinn der Urworte (1910), 213-221.

자서전적으로 기술된 편집증 사례에 대한 정신분석적 소견 (망상증 치매): Psychoanalytische Bemerkungen über einen autobiographisch beschriebenen Fall von Paranoia (Dementia Paranoides) (1911), 239-320.

신경증의 발병 유형에 대하여: Über neurotische Erkrankungstypen (1912), 321-330.

자위행위-토론에 대한 서문. 맺음말: Zur Einleitung der Onanie-Diskussion. Schlußwort (1912), 331-345.

정신분석에서 꿈 해석의 처리: Die Handhabung der Traumdeutung in der Psychoanalyse (1912), 349-357.

전이의 역동성: Zur Dynamik der Übertragung (1912), 363-374.

정신분석 치료를 행하는 의사에 대한 조언: Ratschläge für den Arzt bei der psychoanalytischen Behandlung (1912), 375-387.

정신분석에 대한 관심: Das Interesse an der Psychoanalyse (1913), 389-420.

어린아이들의 두 가지 거짓말: Zwei Kinderlügen (1913), 421-427.

정신분석에서 무의식 개념에 대한 몇 가지 소견: Einige Bemerkungen über den Begriff des Unbewußten in der Psychoanalyse (1913), 429-439.

강박신경증에 잘 걸리는 기질: Die Disposition zur Zwangsneurose (1913), 441-452.

치료의 개시에 대하여: Zur Einleitung der Behandlung (1913), 453-478.

전집 9 (1912-1913)

토템과 터부: Totem und Tabu (1912-1913), 1-194.

전집 10 (1913-1917)

꿈속의 동화 소재들: Märchenstoffe in Träumen (1913), 1-9.

증거수단으로서의 꿈: Ein Traum als Beweismittel (1913), 11-22.

작은 상자 선택의 동기: Das Motiv der Kästchenwahl (1913), 23-37.

분석의 실제로부터 나오는 경험과 사례: Erfahrungen und Beispiele aus der analytischen Praxis (1913), 39-42.

정신분석 운동의 역사: Zur Geschichte der psychoanalytischen Bewegung (1914), 43-113.

정신분석 작업 중의 기억착오("이미 말한 것 같음")에 대하여: Über Fausse Reconnaissance (»Déjà raconté) während der psychoanalytischen Arbeit (1914), 115-123.

기억, 반복과 심화작업: Erinnern, Wiederholen und Durcharbeiten (1914), 125-136.

나르시시즘 입문: Zur Einführung des Narzißmus (1914), 137-170.

미켈란젤로의 모세: Der Moses des Michelangelo (1914), 171-201.

충동과 충동의 운명: Triebe und Triebschicksale (1915), 209-232.

정신분석 이론에 반하는 편집증 사례: Mitteilung eines der psychoanalytischen Theorie widersprechenden Falles von Paranoia (1915), 233-246.

억압: Die Verdrängung (1915), 247-261.

무의식: Das Unbewußte (1915), 263-303.

전이사랑에 대한 소견: Bemerkungen über die Übertragungsliebe (1915), 305-321.

전쟁과 죽음에 대한 시대적 고찰: Zeitgemäßes über Krieg und Tod (1915), 323-355.

덧없음: Vergänglichkeit (1916), 357-361.

정신분석 작업에서 나타난 몇 가지 성격유형: Einige Charaktertypen aus der psychoanalytischen Arbeit (1916), 363-391.

상징과 증상 사이의 관계: Eine Beziehung zwischen einem Symbol und einem Symptom (1916), 393-395.

항문 에로티시즘의 예로 본 충동 변형: Über Triebumsetzungen, insbesondere der Analerotik (1916), 401-410.

꿈 학설에 대한 메타심리학적 보충: Metapsychologische Ergänzung zur Traumlehre (1916), 411-426.

애도와 멜랑콜리: Trauer und Melancholie (1916), 427-446.

오스카 피스터 박사의 《정신분석적 방법》에 대한 서문: Geleitwort zu »Die psychoanaly-tische Methode« von Dr. Oskar Pfister (1913), 448-450.

전집 11 (1916-1917)

정신분석입문 강의: Vorlesungen zur Einführung in die Psychoanalyse (1916-1917), 1-482.

전집 12 (1917-1920)

정신분석의 난점: Eine Schwierigkeit der Psychoanalyse (1917), 1-12.

괴테의 《시와 진실》에 나타난 어린 시절의 추억: Eine Kindheitserinnerung aus »Dich-tung und Wahrheit« (1917), 13-26.

유아기 신경증의 역사(늑대인간): Aus der Geschichte einer infantilen Neurose (1918), 27-157.

애정생활의 심리학: 처녀성의 터부에 대한 기고: Beiträge zur Psychologie des Liebesle-bens: III Das Tabu der Virginität (1918), 159-180.

정신분석 요법의 여러 길들: Wege der psychoanalytischen Therapie (1919), 181-194.

아이가 맞고 있다. 성적 도착의 기원을 알기 위한 기고: »Ein Kind wird geschlagen«. Beitrag zur Kenntnis der Entstehung sexueller Perversionen (1919), 195-226.

섬뜩한 것: Das Unheimliche (1919), 227-268.

여성 동성애 사례의 정신발생에 대하여: Über die Psychogenese eines Falles von weibli-cher Homosexualität (1920), 269-302.

네 살배기 어린아이가 갖고 있는 생각의 연상: Gedankenassoziation eines vierjährigen Kindes (1920), 303-306.

정신분석 기법의 전사(前史): Zur Vorgeschichte der analytischen Technik (1920), 307-312.

《전쟁신경증의 정신분석》에 대한 서문: Einleitung zu »Zur Psychoanalyse der Kriegsneu-rosen« (1919), 321-324.

테오도르 라이크 박사의 《종교심리학의 문제》에 대한 서언: Vorrede zu »Probleme der Religionspsychologie« von Dr. Theodor Reik (1919), 325-329.

국제정신분석 출판사와 정신분석 작업에 대한 시상: Internationaler Psychoanalytischer Verlag und Preiszuteilungen für psychoanalytische Arbeiten (1919), 331-336.

전집 13 (1920-1924)

쾌락원리의 저편: Jenseits des Lustprinzips (1920), 1-69.

집단심리학과 자아분석: Massenpsychologie und Ich-Analyse (1921), 71-161.

꿈과 텔레파시: Traum und Telepathie (1922), 163-191.

질투, 편집증과 동성애의 몇 가지 신경증적 기제: Über einige neurotische Mechanismen bei Eifersucht, Paranoia und Homosexualität (1922), 193-207.

《정신분석》과 《리비도이론》: »Psychoanalyse« und »Libidotheorie« (1923), 209-233.

자아와 이드: Das Ich und das Es (1923), 235-289.

유아의 생식기관: Die infantile Genitalorganisation (1923), 291-298.

꿈의 해석의 이론과 실제에 대한 소견: Bemerkungen zur Theorie und Praxis der Traum-deutung (1923), 299-314.

17세기의 악마신경증: Eine Teufelsneurose im siebzehnten Jahrhundert (1923), 315-353.

요제프 포퍼 린코이스와 꿈의 이론: Josef Popper-Lynkeus und die Theorie des Traumes (1923), 355-359.

신경증과 정신병에서의 현실감 상실: Der Realitätsverlust bei Neurose und Psychose (1924), 361-368.

마조히즘의 경제적 문제: Das ökonomische Problem des Masochismus (1924), 369-383.

신경증과 정신병: Neurose und Psychose (1924), 385-391.

오이디푸스 콤플렉스의 쇠퇴: Der Untergang des Ödipuskomplexes (1924), 393-402.

정신분석의 짧은 개요: Kurzer Abriß der Psychoanalyse (1924), 403-427.

한스 어린이의 분석에 덧붙이는 글: Nachschrift zur Analyse des kleinen Hans (1922), 429-432.

막스 아이팅곤의 《베를린 정신분석 폴리클리닉에 대한 보고》에 붙이는 서문: Vorwort

zu Max Eitingon »Bericht über die Berliner psychoanalytische Poliklinik« (1923), 441.

산도르 페렌치 박사 (50주년 생일): Dr. Ferenczi Sándor (Zum 50. Geburtstag) (1923), 443-445.

잡지 《초록색 판》에 보내는 서신: Zuschrift an die Zeitschrift »Le Disque Vert« (1924), 446.

전집 14 (1925-1931)

"신비한 글자판"에 대한 메모: Notiz über den »Wunderblock« (1925), 1-8.

Die Verneinung (1925), 9-15.

해부학적 성별차이에 따른 몇 가지 심적인 결과: Einige psychische Folgen des anatomischen Geschlechtsunterschieds (1925), 17-30.

《나의 이력서》: »Selbstdarstellung« (1925), 31-96.

정신분석에 대한 저항들: Die Widerstände gegen die Psychoanalyse (1925), 97-110.

억제, 증상과 불안: Hemmung, Symptom und Angst (1926), 111-205.

비전문인 분석의 문제: Die Frage der Laienanalyse. Unterredungen mit einem Unparteiischen (1926), 207-286.

《비전문인 분석의 문제》에 대한 후기: Nachwort zur »Frage der Laienanalyse« (1927), 287-296.

정신-분석: Psycho-Analysis (1926), 297-307.

페티시즘: Fetischismus (1927), 309-317.

미켈란젤로의 모세 작업에 덧붙이는 글: Nachtrag zur Arbeit über den Moses des Michelangelo (1927), 319-322.

환영의 미래: Die Zukunft einer Illusion (1927), 323-380.

유머: Der Humor (1928), 381-389.

종교적 체험: Ein religiöses Erlebnis (1928), 391-396.

도스토옙스키와 아버지 살해: Dostojewski und die Vatertötung (1928), 397-418.

문화 속의 불쾌감: Das Unbehagen in der Kultur (1930), 419-506.

리비도의 유형들에 대하여: Über libidinöse Typen (1931), 507-513.

여성의 성에 대하여: Über die weibliche Sexualität (1931), 515-537.

할스만 사례에 대한 전문적 소견: Das Fakultätsgutachten im Prozeß Halsmann (1931), 539-542.

괴테-상: Goethe-Preis 1930 (1930), 543-550.

로맹 롤랑에게: An Romain Rolland (1926), 553.

어니스트 존스 50주년 생일: Ernest Jones zum 50. Geburtstag (1929), 554-555.

데카르트의 꿈에 대하여 막심 리로이에게 보내는 편지: Brief an Maxim Leroy über einen Traum des Cartesius (1929), 558-560.

프리보르 시장에게 보내는 편지: Brief an den Bürgermeister der Stadt Příbor (1931), 561.

요제프 브로이어: Josef Breuer† (1925), 562-563.

카를 아브라함: Karl Abraham† (1926), 564.

아이히호른의 《내버려진 청춘》에 대한 서문: Geleitwort zu »Verwahrloste Jugend« von August Aichhorn (1925), 565-567.

《토템과 터부》의 히브리어 판 에 대한 머리말: Vorrede zur hebräischen Ausgabe von »Totem und Tabu« (1934), 569.

《베를린 정신분석 연구소 10년》에 대한 서문: Vorwort zu »Zehn Jahre Berliner Psychoanalytisches Institut« (1930), 572.

에도아르도 바이스의 《정신분석의 요소》에 대한 서문: Geleitwort zu »Elementi di Psicoanalisi« von Edoardo Weiss (1931), 573.

전집 15 (1933)

정신분석입문의 새로운 연속: Neue Folge der Vorlesungen zur Einführung in die Psychoanalyse (1933), 1-197.

전집 16 (1932-1939)

불의 획득에 대하여: Zur Gewinnung des Feuers (1932), 1-9.

왜 전쟁인가?: Warum Krieg? (1933), 11-27.

《나의 이력서》에 덧붙이는 1935년의 추신: Nachschrift 1935 zur »Selbstdarstellung«

(1935), 29-34.

실수행위의 민감성: Die Feinheit einer Fehlhandlung (1936), 35-39.

정신분석에서 구성: Konstruktionen in der Analyse (1937), 41-56.

끝이 있는 분석과 끝이 없는 분석: Die endliche und die unendliche Analyse (1937), 57-99.

인간 모세와 유일신교: Der Mann Moses und die monotheistische Religion (1939), 101-246.

토마스 만 60주년 생일을 맞이하여: Thomas Mann zum 60. Geburtstag (1935), 249.

로맹 롤랑에게 보내는 편지(아크로폴리스에서 일어난 기억장애): Brief an Romain Rolland (Eine Erinnerungsstörung auf der Akropolis) (1936), 250-257.

나와 요제프 포퍼 린코이스의 접촉: Meine Berührung mit Josef Popper-Lynkeus (1932), 261-266.

산도르 페렌치: Sándor Ferenczi† (1933), 267-269.

루 안드레아스 살로메: Lou Andreas-Salomé† (1937), 270.

헤르만 눈베르크의 《정신분석적 토대에 의거한 일반적 신경증 학설》에 대한 서문: Geleitwort zu »Allgemeine Neurosenlehre auf psychoanalytischer Grundlage« von Hermann Nunberg (1932), 273.

《정신분석입문 강의》의 히브리어 판에 대한 머리말: Vorrede zur hebräischen Ausgabe der »Vorlesungen zur Einführung in die Psychoanalyse« (1934), 274-275.

마리 보나파르트의 《에드가 포, 정신분석 연구》에 대한 서문: Vorwort zu »Edgar Poe, étude psychanalytique« par Marie Bonaparte (1933), 276.

전집 17 (유고 1892-1938)

요제프 브로이어에게 보내는 편지: Brief an Josef Breuer (1892/1941), 3-6.

히스테리성 발작 이론에 대하여 (브로이어와 공동으로): Zur Theorie des hysterischen Anfalles (gemeinsam mit Josef Breuer) (1892/1940), 7-13.

충족된 꿈의 예감: Eine erfüllte Traumahnung (1899/1941), 19-23.

정신분석과 텔레파시: Psychoanalyse und Telepathie (1921/1941), 25-44.

메두사의 머리: Das Medusenhaupt (1922/1940), 45-48.

브나이 브리스 회원에 대한 연설: Ansprache an die Mitglieder des Vereins B'nai B'rith
(1926), 49-53.

방어과정에서의 자아분열: Die Ichspaltung im Abwehrvorgang (1938/1940), 57-62.

정신분석의 개요: Abriß der Psychoanalyse (1938/1940), 63-138.

정신-분석에서 몇 가지 기초수업: Some Elementary Lessons in Psycho-Analysis
(1938/1940), 139-147.

결실, 이념, 문제: Ergebnisse, Ideen, Probleme (1938/1941), 149-152.

전집 증보판 (1885-1938)

대학창립 기념장학금으로 시도한 파리와 베를린 여행기: Bericht über meine mit Univer-
sitäts-Jubiläums-Reisestipendium unternommene Studienreise nach Paris und Berlin
Oktober 1885-Ende März 1886 (1886/1960), 31-44.

부록 — 교수자격논문 청구, 이력서, 교과과정, 여행 장학금 청구: Anhang: Habilitations-
gesuch, Curriculum vitae, Lehrplan, Reisestipendiumsgesuch (1885/1960), 45-50.

샤르코의 《살페트리에르의 신경계 질환에 대한 강의》에 대한 번역자 서문: Vorwort des
Übersetzers von J.M. Charcot, *Leçons sur les maladies du système nerveux, faites à la Sal-
pêtrière* (1886), 50-53.

남성 히스테리 환자의 경우에 위중한 반 마취 상태 사례의 관찰: Beobachtung einer
hochgradigen Hemianästhesie bei einem hysterischen Manne (1886), 54-64.

아버베크의 《급성 신경쇠약》에 대한 보고: Referat über Averbeck, *Die akute Neurasthenie*,
Berlin 1886 (1887), 65-66.

위어 미첼의 《모종의 형태를 지닌 신경쇠약과 히스테리 치료》에 대한 보고: Referat über
Weir Mitchell, *Die Behandlung gewisser Formen von Neurasthenie und Hysterie*, Berlin
1887 (1887), 67-68.

히스테리: Hysterie (1888), 69-90.

히스테리 발작: Hysteroepilepsie (1888), 91-92.

오버슈타이너의 《임상적이고 법적인 의미를 특별히 고려한 최면술》에 대한 보고: Referat über Obersteiner, *Der Hypnotismus mit besonderer Berücksichtigung seiner klinischen und forensischen Bedeutung*, Wien 1887 (1888), 105-106.

베른하임의 《암시와 그 치료효과》에 대한 번역자의 서문: Vorrede des Übersetzers zu H. Bernheim, *Die Suggestion und ihre Heilwirkung*, 1888 (1888/1889), 107-120.

아우구스테 포렐의 《최면술》에 관한 평론: Rezension von Auguste Forel, *Der Hypnotismus*, Stuttgart 1889 (1889), 123-139.

최면: Hypnose (1891), 140-150.

샤르코의 《살페트리에르의 신경계 질환들에 대한 강의》의 번역에 대한 서문과 주석들: Vorwort und Anmerkungen zur Übersetzung von J.M. *Charcot, Leçon du mardi á la Salpêtrière (1887-8)* (1892-1894), 151-164.

《최면과 암시에 관한》 강연에 대한 보고: Bericht über einen Vortrag ›Über Hypnose und Suggestion‹ (1892), 165-178.

히스테릭한 현상들의 심적인 기제에 대한 강연: [Vortrag:] Über den psychischen Mechanismus hysterischer Phänomene (1893), 181-195.

《히스테리에 대한 연구》에 대한 요제프 브로이어의 기고들 — 《안나 O 양》과 《이론적인 것》: Die Beiträge Josef Breuers zu den *Studien über Hysterie*: ›Frl. Anna O ···‹ und ›Theoretisches‹ (1893-1895).

브로이어의 《관찰 1 — 안나 O 양》: ›Beobachtung 1 Frl. O‹ ··· (J. Breuer) (1895), 221-243.

브로이어의 《이론적인 것》: ›Theoretisches‹ (J. Breuer) (1895), 244-310.

프로이트의 《니나 R.》 사례에 대한 네 개의 문서들. 병력 《니나 R.》: Vier Dokumente über den Fall »Nina R.« Anamnese »Nina R.« (S. Freud) (1891/1978), 313-315.

프로이트의 병력 《니나 R.》: Krankengeschichte »Nina R.« (S. Freud) (1893/1978), 316-319.

브로이어의 《니나 R.》에 대한 보고: Bericht über »Nina R.« (J. Breuer) (1893/1978), 320.

프로이트의 빈스방거에게 보내는 편지: Brief an Robert Binswanger (S. Freud) (1894/1978), 321.

《히스테리》에 관한 3부로 이루어진 강연문에 대한 두 개의 동시대적 보고: Zwei zeitge-
nössische Berichte über den dreiteiligen Vortrag ›Über Hysterie‹ (1895), 322-351.

《강박관념과 공포증의 기제》라는 강연문의 자평: Autoreferat des Vortrags ›Mechanismus
der Zwangsvorstellungen und Phobien‹ (1895), 352-357, und Anhang: Auszüge aus
der Diskussion, 357-359.

P. J. 뫼비우스의 《편두통》에 관한 논평: Besprechung von P. J. Möbius, *Die Migräne*,
Wien 1894 (1895), 360-369.

저서전적인 메모: Autobiographische Notiz (1901), 370-371.

심리학의 구상: Entwurf einer Psychologie (1895/1950), 373-477.

A. 헤가르의 《성충동. 사회적-의학적 연구》에 관한 논평: Besprechung von A. Hegar,
Der Geschlechtstrieb; Eine sozial-medizinische Studie, Stuttgart 1894 (1895), 489-490.

존 비글로의 《잠의 신비》에 관한 논평: Besprechung von John Bigelow, *The Mystery of
Sleep*, London 1903 (1904), 493.

알프레트 바움가르텐의 《신경쇠약. 본질, 치유, 예방》에 관한 논평: Besprechung von
Alfred Baumgarten, *Neurasthenie. Wesen, Heilung, Vorbeugung*, Wörishofen 1903
(1904), 494.

R. 비히만의 《신경쇠약증 환자에 대한 생활규칙》에 관한 논평: Besprechung von R.
Wichmann, *Lebensregeln für Neurastheniker*, Berlin 1903 (1905), 495.

레로폴트 뢰벤펠트의 《심적인 강박현상》에 관한 논평: Besprechung von Leopold Lö-
wenfeld, *Die psychischen Zwangserscheinungen*, Wiesbaden 1904 (1904), 496-499.

강박신경증 사례("쥐인간")에 대한 최초의 메모들: Originalnotizen zu einem Fall von
Zwangsneurose (»Rattenmann«) (1907-1908/1955), 505-569.

민속음악에 내재된 꿈(프로이트와 오펜하임): Träume im Folklore (von Sigmund Freud
und David Ernst Oppenheim) (1911/1958), 573-599.

부록, 오펜하임에게 보내는 편지: Anhang: Brief an D. E. Oppenheim (1909/1958), 601-
603.

꿈의 해석에 대한 추후보충: Nachträge zur Traumdeutung (1911), 604-611.

분석의 실제에서 나오는 경험과 사례: Erfahrungen und Beispiele aus der analytischen

《정신분석입문 강의》의 체코어 판에 대한 서문: Vorwort zur tschechischen Ausgabe der *Vorlesungen zur Einführung in die Psychoanalyse* (1936), 748.

《정신분석 개요》에 대한 서문: Vorwort zum *Abriß der Psychoanalyse* (1938/1940), 749.

레이몽 드 소쉬르의 《정신분석 방법》에 대한 서문: Geleitwort zu Raymond de Saussure, *La méthode psychanalytique* (1922), 752-753.

리하르트 슈테르바의 《정신분석 사전》에 대한 서문: Vorwort zu Richard Sterba, *Handwörterbuch der Psychoanalyse* (1932/1936), 761.

나의 이력서에 대한 보충: Ergänzungen zur Selbstdarstellung (1935), 762-764.

빌헬름 슈테켈의 《노출증의 심리》에 대한 주석: Anmerkung zu Wilhelm Stekel, ›Zur Psychologie des Exhibitionismus‹ (1911), 765.

푸트남의 《정신신경증의 병인론과 치료》에 대한 소견: Anmerkung zu James J. Putnam, ›Über Ätiologie und Behandlung der Psychoneurosen‹ (1911), 766.

어니스트 존스의 《루스벨트 정신-분석》에 대한 소견: Anmerkung zu Ernest Jones, ›Psycho-Analysis Roosevelts‹ (1912), 767.

의식기능에 대한 작가 호프만: E.T.A. Hoffmann über die Bewußtseinsfunktionen (1919), 769.

반유대주의에 대한 소견: Ein Wort zum Antisemitismus (1938), 777-781.

용어색인